U0330094

古典学译丛

阮　炜◎主编

罗马帝国的元老院

【美】理查德·J.A.塔尔伯特（Richard J.A.Talbert）
梁鸣雁　陈燕怡◎译

华东师范大学出版社

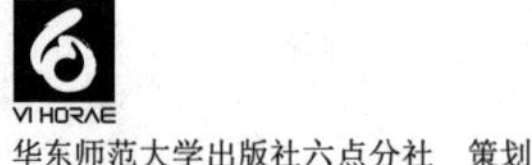

华东师范大学出版社六点分社　策划

总　　序

我国接触西方古典文明，始于明末清初。耶稣会士来华传教，为了吸引儒生士大夫入基督教，也向他们推销一些希腊罗马学问。但这种学问像“天学”一样，也并没有真正打动中国的读书人。他们中大多数人并不觉得“泰西之学”比中土之学高明。及至清末，中国读书人才开始认真看待“西学”，这当然包括有关希腊罗马的学问。及至新文化运动时期，中国人才如饥似渴地学习西方的一切，激情澎湃地引进一切西方思想。正是在这一过程中，我们对希腊罗马文明才有了初步的认识。

回头看去，在相当长一段时间里，我们对西方古典学的引进是热情有余，思考不足，而且主要集中在希腊神话和文学（以周作人为代表），后来虽扩展到哲学，再后来又扩大到希腊罗马历史，但对古代西方宗教、政治、社会、经济、艺术、体育、战争等方方面面的关注却滞后，对作为整体的古代西方文明的认知同样滞后。在抗日战争和解放战争期间，我们对希腊罗马文明的认知几乎完全陷于停滞。但从50年代起，商务印书馆按统一制订的选题计划，推出了“汉译世界学术名著丛书”，其中便有希罗多德的《历史》（王以铸译，1958年、1978年）和修昔底德的《伯罗奔尼撒战争史》（上下卷，谢德风译，1960年、1977年）。1990年代以来，该丛书继续推出西方古典学名著。与此同时，中国人民大学出版社出版了《亚里士多德全集》（10卷本，苗力田主编，1990—1997年），人民出版社出版了《柏拉图全集》（4卷本，王晓朝译，2002—2003年）。至此，我们对古代西方的认识似乎进入了快车道。但很显然，这离形成中国视角的古典学仍十分遥远。

近年来，华夏出版社和华东师范大学出版社又推出了“西方传统：经典与解释”，其中有不少首次进入汉语世界的希腊原典，如色诺芬《远征记》、《斯巴达政制》等。这套丛书很有规模，很有影响，但也有一特点：有意识地使用带注疏的源语文本，重点翻译有“解经学”特色的古典学著作。在特殊的国情下，这种翻译介绍工作自然有其价值，但是对于包括古希腊罗马（以及埃及、西亚、拜占廷）宗教、神话、哲学、历史、文学、艺术、教育等方面的研究在内的主流古典学来说，毕竟只是一小部分。一两百年来，古典学在西方已然演变为一个庞大的学科领域，西方的大学只要稍稍像样一点，便一定有一个古典学系，但是有“解经学”特色的古典学仅仅只是其一个分支。

因市场追捧，其他出版社也翻译出版了一些古典学著作，但总的说来，这种引进多停留在近乎通俗读物的层次，并不系统、深入，对西方各国近三四十年来较有影响的古典学成果的引介更是十分有限。与此同时，进入新世纪后，中华大地每天都发生着令人目眩的变化，而这种变化最终必将导致全球权力格局发生深刻变化。事实上，在国际经济和政治事务上，中国已经是一个大玩家。据一些机构预测，以购买力平价计算，中国经济总量在2020年以前便将超越美国，成为世界第一大经济体。这一不可逃避的态势必将到来，可是中国学术是否也会有相应的建树呢？必须承认，三十几年来中国经济建设日新月异，天翻地覆，但学术建设却未能取得相应的进步，而未来中国不仅应是头号经济强国，也应该是一个学术强国。因此，一如晚清和五四时代那样，融汇古今中外的学术成果，开启一种中国视角的西方古典学研究，一种中国视角的古代西方研究，仍是摆在人文学者面前的一个大课题。

要对古代西方作深入的研究，就有必要把西方古典学的最新成果介绍到中文世界来。可是学界目前所做的工作还远远不够。因学术积累有限，更因市场经济和学术体制官僚化条件下的人心浮躁，如今潜心做学问的人太少，这就是为什么我们对希腊罗马文明的认识仍缺乏深度和广度，久久停留在肤浅的介绍层次。虽然近年来我们对西方古典学表现出不小的兴趣，但仍然远未摆脱只知其一不知其二、浅尝辄止、不能深入的状态。甚至一些学术明星对希腊罗马了解也很不准确，会犯下一些不可原谅的常识性错误。

西方古典学界每年都有大量研究成果问世，而且有日益细化的趋势——如某时期某地区妇女的服饰；如西元前 4 世纪中叶以降的雇佣兵情况；再如练身馆、情公—情伴（lover-the loved）结对关系对教育的影响等。相比之下，我国学界对希腊罗马文明虽有不小的兴趣，但对文明细节的认知仍处在初级阶段。基于为曩考虑，拟推出“古典学译丛”，系统引入西方古典学成果，尤其是近二三十年来较有影响的成果。本译丛将包括以下方面的内容：希腊文明的东方渊源、希腊罗马政治、经济、法律、宗教、哲学（十几年来我国对希腊罗马哲学的译介可谓不遗余力，成果丰硕，故宜选择专题性较强的新近研究成果和明显被忽略的古代著作）、习俗、体育、教育、雄辩术、城市、艺术、建筑、战争，以及妇女、儿童、医学和“蛮族”等。

只有系统地引入西方古典学成果，尤其是新近出版的有较大影响的成果，才有可能带着问题意识去消化这些成果。只有在带着问题意识去消化西方成果的过程中，才有可能开启一种真正中国视角的西方古代研究。

阮　炜

2013 年 6 月 29 日

附　记

本书引言、第一部分和第二部分（即第一章至第九章）、附录及补充注释（A 至 H）由梁鸣雁翻译。第三部分（即第十章至第十七章）、补充注释（J 至 L）、非专业读者指引及参考文献由陈雁怡翻译。索引部分由两位译者共同翻译。全书由梁鸣雁统稿。

目　录

引　言

本书主要目的在于研究元首制时期，即大约公元前 30 年至公元 238 年期间古罗马元老院作为立法团体①的程序和职能。迄于公元前 30 年，屋大维（后来称为“奥古斯都”）在尤利乌斯·恺撒死后的长期内战中取得了不容争议的胜利，因此得以开始复兴战后破碎的城邦。而公元 238 年，也同样标志着一个自然转变。从那年起，详细的书面描述史料逐渐消失，持续了很长时间，接下来有半个世纪，罗马帝国处于动荡之中，史无前例，而之后帝国以新的方式重建又是另外一回事了。

元首制期间，元老院构成的改变、每个在位元老的职责、还有元老院成员与皇帝关系的发展吸引了众多现代学者的注意。他们的研究成果价值重大，我能在此处引用表示深为感激，特别是在前面两章介绍部分，回顾元老院有哪些成员，元老阶层所具备的资格均有参考。但近年来，学者的兴趣主要在于概貌的几个方面，而元首制时期立法团体的工作、运作方式却被忽视。这种忽视不是从今天开始，事实上，还没有一本书论述这个主题。确实，上个世纪

① 译注：The corporate body，具有立法、司法、行政、外交和宗教仪式等职能，本书取其代表性立法职能，译为“立法团体”。

后半期，蒙森（T. Mommsen）在综合论述古罗马法规的时候有提及，但是蒙森坚信从尤里乌斯·恺撒时期开始，罗马的体制内部“……变得……完全萎缩并死亡”，[1]他的重点主要放在共和时期。勒克里文（C. Lecrivain）也在《达伦伯格-塞格里欧》（*Daremberg-Saglio*）（1910）古典学词典中表达了同样的偏见，还有奥布莱恩·摩尔（O'brien Moor，普利斯顿大学）在《保利-维苏瓦》（*Pauly-Wissowa*，1935）古典学词典中也表达了类似观点。以后关于元老院的百科词条要么过于简单，[2]要么不尽如人意，[3]对元首制时期
3 元老院程序和职能的全面深入研究仍然欠缺。

学者对此主题研究的明显不情愿或许情有可原。毫无疑问，元老院这种古老的，决定性的权威在元首制时期受到削弱，这种局面的形成不该忽略更早时候对它的众多质疑，并在共和时期最后一个世纪逐渐取得上风，但因为受到的削弱很严重，而且是永久性的，所以元老院的作用的确有限。况且，大部分关键的研究资料湮没无存，特别是《元老院记事》（*Acta Senatus*）中的会议记录、从公元前 9 年开始制约元老院程序的《朱利亚法》（*Lex Julia Senatu Habendo*）、绝大多数的《元老院法令》（*Senatus Consulta*），以及当时的法学家在法规上所写的全部注释。几乎没有一篇在元老院里的完整演讲，不论长短，得以逐字保存。更加令人沮丧的是，连一次会议的完整事务处理，甚至是梗概都没有保存下来，这样就连当时元老院工作的范畴和职责的大致印象也无从获得。[4]

---

① *The History of Rome*, Everyman edition, London, 1868, vol. 4, p. 440.

② 比如：A. Momigliano, s. v. senatus, *Oxford Classical Dictionary* (ed. 2), Oxford, 1970, pp. 973—975。

③ 比如：A. Nicoletti, s. v. senato (diritto romano), *Novissimo digesto italiano XVI*, Turin, 1969, pp. 1009—1016。

④ 参见 F. Millar 的评论，*The Emperor in the Roman World*, London, 1977, 第 350 页相关论述。

尽管障碍重重，要考察元首制时期元老院的程序和职能也不是毫无希望的事。出乎意料，充分权威的丧失和政治自由的终结都没能导致元老院迅速衰落，变得无足轻重，这本身就是个悖论，值得阐释一番。另外，即使其权利范围和自主决定的自由受到强大外部势力的限制，元首制时期的元老院与世上古今众多立法机构都很相似，对它的研究也将会很有指导意义。希望本书可以引起不只是研究各时期的历史学家的关注，还有社会学家和政治学家的关注。本书所引主要术语均列成表，便于查阅。

不可否认，我们的所知实际上有不可填补的空白，让人厌烦。话虽如此，研究此主题的各流派古代历史学家也经常面临这样的难题。事实上，可以说，我们对公元 1 世纪和 2 世纪早期元老院会议的实际进展和操作，比起我们对整个古希腊和罗马的立法团体或其他机构的理解更深。相反，我们对公元前 5 世纪到公元前 4 世纪雅典公民大会和议会的了解主要基于他们的决议而不是程序。关于罗马共和时期的元老院，李维（Livy）的记载是最好的史料来源，但现存下来的据其描述的那些会议，全都发生在其所处时代至少一个半世纪之前，而那个时候并不可能保存任何经常性的官方会议记录。至于后共和时期，可惜的是，西塞罗对元老院会议确切情况的陈述甚少，不能如愿。然而，公元 1 世纪和 2 世纪早期 4
的大半时期，塔西佗和普林尼却提供了详尽、准确的记述，让人非常吃惊。大部分记述——出奇丰富的记述——我们还没有进行发掘，以了解他们对元老院作为运行机构的洞见。普林尼描述了 100 年左右他出席参加的会议。与他同时代的塔西佗，我认为，主要是，虽然不完全是，取材于始于公元前 59 年的《元老院纪事》（*acta senatus*）。不管《纪事》确切性质如何，这一点会在下面讨论，比起我们所知的古代任何机构会议，《纪事》编纂的会议程序似乎更为完善。虽然《纪事》遗失，依我看我们仍然可以通过塔西佗获得宝贵的印象，而这也将促进对他研究历史的方法及其重要性的重新评估。还有三人根据他们的经验为我们了提供各方面更多的相关信息——1 世纪中期的塞内加，2 世纪中的弗朗图(Fronto)，还有 2 世纪晚期、3 世纪早期的狄奥·卡修斯(Dio Cassius)。此外，皇帝对元老院及其成员的态度这个主题在所有帝王传记中都有描述，不管是出自 2 世纪早期的苏维托尼乌斯(Suetonius)，还是后来所谓的《奥古斯都史》(*Historia Augusta*)。

除了书面文献，还有大量各种各样的史料来源——钱币、纸莎草纸、考古发现、碑文、法规文本。虽然各种资料都有重大贡献，20 世纪 30 年代意大利考古学家修复罗马元老院的显赫功绩应该特别单独指出。此外，后两种资料来源值得特别关注。

第一，关于元老院及其当时的职责，仅是碑文资料的多样就值得关注。部分原因是资料分散广泛，质量不均，从来没有以现在的研究目的收集过，更别说分析，所以它的价值还有待重视。这类资料的不断增加也是很显著的，某些特别宝贵的文献近年才得见天日。希望今后还将有更多的发现，这也是有可能的吧。

第二，与碑文一样，相关的法规文本也没能得以深入研究，无法形成元首制时期元老院职责的全面印象。虽然完整的《元老院法令》和法学家在上面所作的注释几乎遗失殆尽，但重要的一点是，大部分现存的罗马法规文本包含了活跃于公元 100 至 250 年间作者的文章摘录。尽管是经过删减的断章，但关于元首制时期元老院法规的范围和属性，这些摘录提供了相当多的信息，这一点单单从第十五章列出的清单中就可以看出。显然，再次让人惊讶
5 的是，已经有人首次尝试系统地阐述元首制时期所有既知立法方面的《元老院法令》和谕令，并列出了重要法规的概要或每条法规的目的。

这些资料中的主要缺陷不该忽视，但仍有理由相信现存的资料已经足够开展如本书的研究。简要来说，本书开章介绍了元老院成员、他们的等级及生活方式，随后主要的两部分以较长的篇幅

首先探究元老院的程序，然后是它的职能，都在广义的范畴下论述，最后一章旨在从论述中引出相关主题，并得出关于元老院角色
转换的结论。 6

第一部分　立法团体

第一章　元 老 院[①]

要了解帝国时期罗马元老院的程序和职能首先得知道它的成员。为此，开篇描述了加入元老院的资格、此后元老的晋升及其成员的社会构成。关于成员的离职和复职也用了一小节进行论述，除了这一节，其他三节就主题本身而言也很重要，但限于篇幅，在某些相关事项上无法进行深入讨论。本书也深为感谢以前学者所做的详细研究。

第一节　加入元老院

不管在任何时期，加入元老院的资格仅限于罗马自由身份出生的居民，并且家世清白。因此，正如马里亚努斯所说，[②]根据《关于侵害私人的暴力行为的朱利亚法》(*Lex Julia de vi privata*)定

---

① 特别参见卡斯塔诺(A. Chastagnol)，"La naissance de *l'Ordo Senatorius*"，*MEFR* 85，1973，第 583—607 页；同上，"'Latus Clavus' et 'Adlectio'：l'accès des hommes nouveaux au sénat romain sous le haut-empire"，*Rev. Hist. Droit* 53，1975，第 375—394 页；尼科利特(C. Nicolet)，"Le cens senatorial sous la République et sous Auguste"，*JRS* 66，1976，第 20—38 页，加里诺(A. Guarino)有更多讨论，"Il mestiere di senatore"，*Labeo* 24，1978，第 20—36 页。

② *Dig*. 48. 7. 1pr.

罪后的任何人，不得担任任何尊崇职位或具有重大责任的职位，包括不得加入元老院。[1] 健康也同样重要，乌尔比安解释说，如果失明了，元老可以保留头衔，也可以继续担任原来的官职，但他认为盲人不能再继续晋升，他声称能够找到很多例子来证明这一点（实
9 际上，一个例子也没引述）。[2] 当然，我们知道当时肯定有些——如果不是所有或瞎[3]或聋[4]的成员——是在职之时患残疾的，而据说在公元前 13 年，奥古斯都绝不会考虑让任何有身体残疾的人加入元老院。[5]

在共和时期，成员需要服兵役，并且需要拥有骑士等级的资格费（40 万塞斯特斯，译注：塞斯特斯[sestertius]，古罗马钱币，缩略为 HS，下同）。成员由前元老官员组成，都具享有终身职位：就共和时期提到的元老“阶层”来说，其实指的是元老成员。屋大维在公元前 28 年第一次审核元老院名单（lectio senatus）的时候显然没有改动这些资格要求。但我们可以推断后来发生了两处改动，要么是在公元前 18 年他第二次审核元老院名单的时候，要么是之后不久。第一要求成员具有更高的资格费，即 100 万 HS。正如狄奥（Dio）在第一次提到这些费用时（公元前 18 年）：“奥古斯都允许所有财产达到 40 万 HS 的人成为职位候选人，具有合法的资格

---

① 同样，被元老院开除的成员也禁止担任审查员（*Dig*. 5. 1. 12. 2），注意元老院成员自己正式阻止小 laticlavius（?）Curtius Montanus 参政采取的特别措施（塔西佗，《编年史》16. 33）。

② *Dig*. 3. 1. 1. 5.

③ Cerrinius（?）Gallus（苏维托尼乌斯，《奥古斯都》53；*PIR*^{2} C 678）；卡西乌斯·朗吉努斯（C. Cassius Longinus）（苏维托尼乌斯，《尼禄》37）；克劳狄乌斯·庞培（狄奥 74. 3. 2）。

④ L. Sulla（狄奥 60. 12. 3）；哈德良（Galen，De usu partium 3. 895 Kühn）或 Arrianus（II. p. 151 Helmreich）consularis（前者参见 *PIR*^{2} H 6；后者参见 P. A. Stadter，《尼克米迪亚的阿里安》[*Arrian of Nicomedia*]，Chapel Hill，1980，第 18 页和注释 97、102）。

⑤ 狄奥 54. 26. 8。

担任职位。这是他起初规定的元老资格费，但后来增加到 100 万 HS。而那些生活正直的人，如果没有达到起初规定的 40 万 HS，或者后来规定的 100 万 HS，奥古斯都替他们补足短缺的部分。”①

在公元前 18 到前 13 年，新的规定显然导致元老院成员招募人数的大幅下跌。狄奥在公元前 13 年的文中说道：

> 除此之外，元老还要满足另一项要求。起初元老的资格费是 40 万 HS，战争剥夺了很多人祖先留下的资产，之后，随着时间的流逝，财富的累积，资格费提高到 100 万 HS。因此不再有人愿意成为元老，甚至元老自己的儿子和孙子也不愿意。有些人非常贫困，还有些人因为祖先的不幸遭遇变得贫穷，他们不仅不要元老院职位的尊显，甚至当选上了还发誓拒绝担任。因此，早期奥古斯都还在外的时候，颁布了这么一条法令：所谓的二十人委员会必须从骑士阶层中选任：如果他们没有担任这些通向元老院的职位，还是不能加入元老院。②

苏维托尼乌斯（Suetonius）提供的数据与狄奥的不同，他说奥古斯都“增加了元老资格费，数目达 120 万 HS，而不是 80 万”。③ 10
较低的那个数目尤其让人困惑，它要么未经证实，要么只是代表暂时的过渡阶段，高于开始的 40 万 HS，或者是苏维托尼乌斯弄错了，最好先置之不理。至于较高的那个数目 120 万 HS，可以从语境中去理解——文章是关于奥古斯都慷慨的讨论。狄奥在其他地方更详细地告诉我们，公元 4 年，“因为很多年轻人，不管是元老家庭，还是其他骑士家庭，如果并不是因自己的过错变得贫穷，奥古

① 54.17.3.

② 54.26.3—5.

③ 《奥古斯都》41。

斯都替他们大部分人补足了要求的资格费，当中 80 个甚至增至 120 万 HS”。[1] 根据这个不同寻常的例子，苏维托尼乌斯可能仓促地把这个较高的数目当成规定的元老资格费，而不是 100 万 HS，即使后面这个数字几乎可以肯定是正确的。[2]

奥古斯都的第二个改动，可能发生在公元前 18 年第一次定义元老阶层的时候。[3] 即限制紫红宽纹的着装（latus clavus，即丘尼卡[译注：tunic，束腰外衣]上的宽纹）。以前不仅元老院成员可以穿这种长袍，任何渴望从事元老职业的年轻骑士都可以穿。元老和骑士上层之间的关系一向紧密。有合适身份的年轻人，职业的选择主要由他们准备进入的公共生活（译注：即政治生活）的参与度决定。但是，现在奥古斯都规定唯一非元老院成员允许穿这种
11 紫红宽纹服装的只能是元老的儿子，[4]其余所有骑士只能穿窄纹袍，但他们成为二十人委员会或元老院官员（senatorial magistractes）的自由没有减少[5]——后者通常是指财务官，但有时也指保民官或市政官，[6]在特殊的情况下，如塞扬努斯（Sejanus）、克劳狄乌斯（Claudius），或许尤利乌斯·乌尔苏斯（L. Julius Ursus）[7]

---

[1] 55. 13. 6.

[2] 关于奥古斯都和提比略给贫困元老 100 万 HS 的赠金，参见塔西佗，《编年史》1. 75；2. 37。给奥斯托留斯·萨比努斯（Ostorius Sabinus）的 120 万 HS 奖赏，他是 66 年巴里亚·索拉努斯的骑士原告，如前，16. 33。

[3] 参见第二章，第一节。

[4] 关于讨论继承元老身份时法律上的困难，参见 *Dig.* 1. 9. 5—7。

[5] Strabo 5. 1. 11。

[6] 苏维托尼乌斯，《奥古斯都》40；狄奥 54. 30. 2；56. 27. 1；60. 11. 8；Alföldy，“Ein senatorischer Cursus Honorum aus Bracara Augusta”，*Madrider Mitteilungen* 8，1967，第 185—195 页的第 193—194 页。

[7] 图密善让人好奇的遗嘱补正书没有说明那个皇帝统治早期采用的途径将 L. Julius Ursus“移交”给元老院，似乎出自后者自己的请求。作为禁卫军长官仅凭直接选拔担任副执政首先看来不太合适，更别说侮辱；而塞扬努斯直接选为执政官似乎更可信，而这肯定是狄奥在文中（67. 4. 2）给人留下的印象。参见 R. Cavenaile，*Corp. Pap. Lat*，no. 238，*PIR*^{2} I 630 特别是此处所引文献。R. Syme，*JRS* 44，1954，第 117 页。

是执政官，但只有他们当选上这样的官职，并且开始就任，才可以穿紫红宽纹袍。

与奥古斯都的第一次改动不同，第二次，比较正式的一次，并没有持续下去。对渴望从事元老职务的骑兵的限制最后在盖乌斯(Gaius)时期取消了，从那时起，骑兵有可能得到皇帝的允许在正式成为元老院官员前穿着紫红宽纹袍。① 我们无法追溯演变过程的细节，但有资料表明，不久，那些符合要求，渴望从事元老院职务的人首先会向皇帝请求穿紫红宽纹袍。② 通常他们也会寻求有资历的元老，或皇帝圈子里有影响的人物的支持。因此，普林尼替两三个人说过好话，③年轻的塞普蒂米乌斯·塞维鲁得到过亲戚塞普蒂米乌斯·塞维鲁的支持，④而莉维亚(Livia)则帮过未来的皇帝奥索(Otho)的祖父。⑤

我们不知道一次合格的申请有多大的成功机会。我们找不到拒绝的例子，但这并不奇怪：拒绝的事都不会张扬。有两个令人生疑的例子：科卢梅拉(Columella)，一本农业手册的作者，担任过军队保民官，酸溜溜地暗示说他本想谋求更高的职位：但也许他从没尝试过。在这一点上，他说得含糊不清。⑥ 格里芬(Griffin)⑦从老

---

① 最明显的例子参见 C. Julius Montanus(*PIR*[2] I 435)。

② 实际授予紫色宽纹权在碑刻的职业记录中很少提到，这一点都不奇怪，很少人希望将自己不是元老出身的背景突出宣传。但比如参见 *IGRR* III. 1422；*ILS* 1018 和 6857；*PIR*[2] I 427；*RIB* 1329；*AE* 1957. 238；比较 *SEG* 27. 1977. 723 和 *BE* 1980，no. 443。

③ 参见《书信集》2. 9. 2；8. 23. 2；10. 4. 2(比较 A. N. Sherwin-White，*The Letters of Pliny：A Historical and Social Commentary*，牛津，1966，ad loc. 还有 R. Syme，*Historia* 9，1960，第 365—367 页＝*Roman Papers* II，牛津，1979，第 480—483 页)。

④ 参见 A. Chastagnol，"Latus Clavus et Adlectio dans l'Histoire Auguste"，*BHAC* 1975/1976，第 107—131 页中的第 111—113 页。

⑤ 苏维托尼乌斯，《奥索》1。

⑥ 参见 *ILS* 2923；*De re rust*. I. praef. 9—10；*PIR*[2] I 779。

⑦ M. Griffin，"老塞内加和西班牙"(The Elder Seneca and Spain)，*JRS* 62，1972，第 1—19 页的第 9 页；同上，《塞内加：政治中的哲学家》(*Seneca：A Philosopher in Politics*)，牛津，1976，第 33—34 页。

塞内加对他最小的儿子梅拉(Mela)(不同于他的兄弟,没有政治抱负)的话中推断他自己也曾想当元老:“既然你的兄弟们有远大的抱负,决心加入罗马政坛,从事政治职业,甚至可以说从中希望得到别人的敬畏。即使我本来也有这种渴望和追求,并鼓励赞赏这种努力(只要它是高尚的,危险无关紧要),虽然我将你留下,却让你的两个兄弟扬帆前行。”①这里没有明确的迹象表明塞内加将追求的念头付诸行动。确实如果仅从这段话中得出塞内加所谓的
12 早期雄心,格里芬也许过度解读了。塞内加从未表明过去曾渴望为自己谋利,他不过是像所有的父亲一样表达了对自己儿子前途的热切。

可以推测各位皇帝在挑选成员方面很不相同,在某段臭名昭著的时期,穿紫红宽纹长袍的权利甚至可以买卖。② 同样,我们也不知道皇帝在面临选择的时候,会在多大程度上偏于完全接受可能的空缺职位数还是偏向略高于空缺数。狄奥确实说过,在 16 年和其他某些年份,选任的财务官要比空缺的职位数要少,但他没有解释原因。③ 至少在公元前 18—前 13 年间,没有迹象表明又出现招募危机严重到或持久到足以引起恐慌的地步。值得争论的是那些年前所未有的艰难,部分不过是因为在社会不稳定和内战前的 20 到 25 年里特别低的出生率,由此带来的自然后果。④

最晚到盖乌斯时期,出现了独特的“元老阶层”(Laticlavii)。在他们未就职之前就有穿紫红宽纹长袍的权利。在担任军队保民官时,如我们所见,他们确实仍与骑士混合,但他们已经是特有的

---

① *Controv*. 2. Praef. 4.

② 参见第二章,第三节。

③ 57. 16. 1;53. 28. 4,更多参见第四章,第一节。

④ 更多讨论参见 A. Chastagnol,“La crise de recrutement sénatorial des années”,16—11. Av. J. -C,in *Miscellanea di studi classici in onore di Eugenio Manni II*,罗马,1979,第 465—476 页。

二十人委员会成员。毫无疑问，出于合理性和招募困难的考虑，奥古斯都在他统治早期（也许是公元前 20—13 年）减少了初级职位的数量，从 26 减至 20。任职期满一年成了从事元老职务的必要准备，所有职位都由皇帝授予，[1]而且要在罗马担任不同的象征性职责，分散到 4 个不同的岗位。贵族担任最高等级职位，也就是财政三人委员会（triumviri monetales）成员。有显赫背景的（即执政官的儿子）至少会担任法规十人委员会委员（decemviri stlitibus iudicandis）成员，排在第二。其余的 7 个职位——维修罗马城内的道路四人委员会（quattuorviri viarum curandarum），还有重大罪行审核三人委员会（Triumviri capitales）留给没有那么显赫的成员。[2] 一个有前途的元老到 20 岁时有望担任初级职位，而且如果没有担任显然不够格成为财务官的候选人。至少在 20 年，提比 13
略（Tiberius）特别要求元老院免除尼禄·恺撒在二十人委员会的职位，而在 41 年，克劳狄乌斯规定他的女婿们应该按常规方式担任这些职位，直到后来才允许他们在更高的职位任期内享有特权。[3]

担任二十人委员会职位后可能晋升为军队保民官（tribunate）[4]——即在军团中仅次于军团总督（legatus）的官职。这一职位要么是由皇帝直接授予，[5]要么是由军团所在的行省总督授

---

① 参见 HA，*Did. Jul.* 1.4。少数所知的招募的例子 ex s. c.（都是在帝国时期早期？）很特殊：参见 *ILS* 915—916；亦或 *CIL* XI. 4359。

② 关于奥古斯都职位的改革，还有职责，参见 H. Schaefer，*PW* 8 A s. v.，二十人委员会，cols. 2579—2587；亦可参见 *AE* 1967. 55。那时在二十人委员会担任职位肯定暗示一个人在元老阶层的地位。E. Birley 甚至说，“一个人在元老院的主要职业轨迹可能会由他在二十人委员会中的等级决定”（“为皇帝尽责的元老”，*Proc. Brit. Acad.* 39，1953，第 197—214 页的第 213 页）。

③ 塔西佗，《编年史》3. 29；狄奥 60. 5. 7—8。

④ 偶然顺序可能会颠倒过来。

⑤ 苏维托尼乌斯，*Aug.* 38；狄奥 53. 15. 2；Statius，*Silvae* 5. 1. 97；5. 2. 165—167；Juvenal，*Sat.* 7. 88—89。

予，大体上也要得到皇帝的批准。① 每个军团6个保民官职中的一个通常由具有穿紫红宽纹权利的人（Laticlavius）担任（其他5个由骑士担任），但没有证据证明为此总会保留一个，而且只保留一个保民官职位。可以推测担任此职位的目的是让年轻人具备一定军事经验，当然，只有少数人才真正有实践经验，其余的并没有安排正式训练的迹象。通常任期的长短不太确定，但按理是一年左右。② 担任军队保民官毫无疑问是加入元老院的必要条件。平民（Novi homines）（就是说，没有元老家庭背景的人）通常确实会担任此职，在特殊情况下甚至不止一职。狄奥提及在图密善（Domitian）时期一位年轻人担任了此职，"希望成为元老"。③ 但是贵族，或者资深元老家庭的成员，并不用如此费心。

进入元老院需要担任每年选拔的20个财务官中的一职。从14年起，这些元老官员的选举，其实所有其他职位的选举，除了执政官之外，都交由元老院负责，并需符合两个条件。④ 第一，所有候选人都得获得皇帝大体同意。⑤ 第二，皇帝可能会支持某些候选人，支持的人必然当选。但多少还是会有竞争存在，虽然二十人委员会的空缺职位减少到每年20个之后，财务官的竞争会小一些。

以这种方式加入元老院的年轻人仍然占据了总人数的大部分。除了他们，还有皇帝希望引荐的人，他们可以凭各种方式晋
14 升。可以想象，皇帝仅赐予他们紫红宽纹权，他们仍需通过竞争来获得职位。据狄奥记载，公元38年时，盖乌斯似乎就是以这种方

---

① 塔西佗，《编年史》2.55；普林尼，《书信集》2.13。

② 关于这些观点的讨论，参见 B. Campbell, *JRS* 65, 1975，第18—19页，A. R. Birley，《罗马不列颠年表》（*The Fasti of Roman Britain*），牛津，1981，第9页，更长任职的争论。

③ 67.11.4.

④ 关于选举更多参见下文第十章。

⑤ 关于保民官，参见普林尼，《书信集》2.9.2；总体参见《颂词》，69.1。

式招募骑士的。① 马可斯·阿佩尔是我们所知道的唯一一位在1世纪中期可能以同样方式招募的成员，虽然塔西佗的《对话》(*Dialogus*)7中，他对自己职业的大概描述含糊不清，不知道皇帝在他作为候选人的时候有没有给予支持。哈德良赐给另外一个高卢人瓦莱里·马塞多财务官紫红宽纹权，待遇更好，但除此之外反而没有所闻。② 从我们的资料看，在克劳狄乌斯担任审查官时，他为提拔一些参选者所做的安排仍然不清楚。苏维托尼乌斯告诉我们，他不会容忍他看中的人拒绝他。狄奥举了个例子证明他的规矩，皇帝用"金链条绑住"一位名叫苏丁尼乌斯·加卢斯的人，让他在罗马担任元老。③

尽管列举了这些例子，很明确的是大部分皇帝推荐的人选都通过直接选拔晋升，并不是授予官职，而是元老院内的官衔。尽管有很多明显不同的地方，这种招募办法让人想起共和制前苏拉(Sullan)时期的制度，审查官可以任意招募他们喜欢的人作为元老院成员。奥古斯都剥夺了审查官的权力而不是撤销审查官的职位，但并没有发现他使用这些权力招募新的元老。相反，克劳狄乌斯在47/48年时担任审查官，他是我们知道第一个直接选拔元老的皇帝。不管怎样，从现存单独记录这点的碑文来判断，他这种方式选拔的人

---

① 59.9.5.

② *ILS* 6998. 关于 Iul[ius]·Ro[mu]lus 的例子可以对比"... adlectus [tribunus p]lebis a divo Claudio"，但关于他的职业有更多的争论(参见 *PIR*[2] I 523)。更多的可能(然而，不止如此)参见 *RIB* 1329 和希律的3.15.1和 A. R. Birley,《罗马不列颠年表》，第140、144页。高卢贵族在48年从克劳狄乌斯那里谋求什么这样为难的问题在此处讨论不合适——紫色宽纹权，选拔，还是官职(参见 *FIRA* I 编号43；塔西佗,《编年史》,11.23—24)。但应该补充似乎有足够的证据证明 A. Chastagnol 的理论,"Les modes d'accèss au sénat romain au début de l'empire: remarques à propos de la table Claudienne de Lyon", *Bulletin de la société nationale des antiquaires de France*, 1971，第282—310页，他讲述了 *ius honorum* 的应用，外邦人必须投票选举才能加入元老院。

③ 苏维托尼乌斯,《克劳狄乌斯》24；狄奥 60.29.2。弗朗图，*Ad M. Caes.* 2.9＝第31页，Van Den Hout 在担任执政官必须待在罗马时说法也相同。

数也很少：只有三个是肯定的，都是在他担任审查官期间直接选拔为内部保民官。在那之后没有听过直接选拔，直到维斯帕先上任，同样，大部分的例子都发生在 73/74 年皇帝和提图斯共同担任审查官的时候，有一些则更早。有 20 人以上得到晋升，不仅是保民官，还有财务官，副执政，还有一个市政官。[①] 从图密善时期起，我们清楚地发现，皇帝可以随心所欲地直接选拔新人。图密善，从公元 84 或 85 年起，当然是固定审查官，但后来的皇帝即使没有这个头衔，也在行使审查官的权力。塞维鲁王朝之前，唯一出现一例非元老被直接选拔到执政官最高职位的似乎叫塔鲁特努斯·帕特努斯，康茂德时期的禁卫军长官。[②] 但总体来说，应该强调的是，从我们目前掌握的资料来看，直接选拔的人数总体来说是很少的。没有任何一个皇帝曾经用直接选拔或别的方式让元老院“挤满”他的人。

第二节 晋 升[③]

当选上财务官就够格加入元老院。我们不太清楚是否有类似让新成员在元老院名单上签名这样的正式仪式。狄奥确实提过未

---

① 更多参见第四章，第一节。

② 狄奥 72.5.1。

③ 这节同样概述一个大的主题，具体的讨论参见 J. Morris，“Leges Annales under the Principate，I. Legal and Constitutional”，*List. Fil.* 87，1964，第 316—337 页；“II. Political Effecs”，List. Fil. 88，1965，第 22—31 页；W. Eck，“Sozialstruktur des romischen Senatorenstandes der hohen Kaiserzeit und statistische Methode”，*Chiron* 3，1973，第 375—394 页；同上，“Beforderungskriterien innerhalb der senatorischen Laufbahn，dargestellt an der Zeit von 69 bis 138 n. Chr.”，*ANRW* II. i.，1974，第 158—228 页；B. Campbell，“who were the‘viri militares’?”，*JRS* 65，1975，第 11—31 页；G. Alföldy，*Konsult und Senatorenstand unter den Antoninen：Prosopographische Untersuchungen zur senatorischen Fuhrungsschicht*，Bonn，1977，主要的发现用英语总结，同上，“安东尼统治下的执政官和元老地位：人物传记和历史”（Consuls and Consulars under the Antonines：Prosopography and History），《古代社会》（*Ancient Society*）7，1976，第 263—299 页；A. R. Birley，《罗马不列颠年表》，第一章。

来的皇帝塞普蒂米乌斯·塞维鲁“加入元老院”的场景，[1]当然，这可能是一种修辞的说法，而不是字面上的意思。不管怎样，可以推测，为了庆祝首次加入元老院这样值得纪念的时刻，卢斯提乌斯（或鲁斯库斯）·凯皮欧曾要求他的继承人馈赠给每位新成员一笔赏金。[2] 但苏维托尼乌斯为图密善说好话时提到这位皇帝在他的遗嘱中取消了这种做法，可能因为这么做有利于“地位未稳的人（incertae personae）”。[3] 在某些情况下，这一点下面会继续讨论，元老以后可能会被撤职，或者辞职，不然的话，一旦上任，他就终身享有这一职位。[4] 他的名字会被列入所有元老院成员的名单中， 16
写在一块公告板上，正如奥古斯都在公元前 9 年《朱利亚法》（*Lex Julia de senatu habendo*）中规定的那样。狄奥[5]告诉我们，这种做法在 3 世纪早期仍然持续，每年名单会有所更新。没有资料表明是谁在负责这些更新，但既然推断这是通常情况下的惯例，以下提到的国库管理员（quaestores nrbani）也许是最有可能的人。如果名字是按照资历的顺序来排列，那么这样的元老名册[6]对于主持会议的官员在让元老发言时就非常宝贵了。

每年定期选举的 20 名财务官中，大概有 12 位会在意大利履行他们的行政职责（直到克劳狄乌斯时期），[7]或者在元老行省担任财政官。两人将作为国库管理员（quaestores urbani）承担萨吞

---

① 75. 3. 1；54. 26. 5.

② 苏维托尼乌斯，图密善，9，“quotannis ingredientibus curiam senatoribus certam summam viritim praestaret heres suus”，“Ingredi senatum（地位未稳的人）”这里肯定是指“第一次进入元老院的人”：参见塔西佗，《历史》4. 40；HA，*pert.* 3. 2。

③ 盖乌斯，*Inst.* 2. 238—243。

④ 关于“退休年龄”，过了退休年龄后就没有义务参会，参见第四章，第三节。

⑤ 55. 3. 3. 关于在 6 世纪君士坦丁堡的名单，参见 Corippus，*In Laudem Justini* 4. 142—143。

⑥ 关于这个词组，塔西佗，《编年史》4. 42，参见 Apuleius，*Metam.* 6. 23，在虚构的会议中，神圣的主持人朱庇特，将会议称为“dei conscripti Musarum albo”。

⑦ 狄奥 55. 4. 4；60. 24. 3；塔西佗，《编年史》4. 27。

尼国库的行政职责；[1]四人将辅佐执政官；[2]两人将辅佐皇帝担任宣读敕令官。[3] 可以理解，后面两人的职位最有威望，所以贵族或者出身高贵的人有望担当此职。

除了1世纪后期起元老院会议汇编员这一个职位，[4]没有可以招募前副执政以下元老的常规职位，虽然他还可以担任总督的使者。[5] 有那么一个短暂的时期，在克劳狄乌斯安排下，低级元老可以管理萨吞尼国库，[6]并且在整个1世纪，有些元老受雇为军团使节。[7] 不然，在他们职业的这个阶段，只能参选上一级的两个元老职位。

在共和时期，满30岁可以担任财务官，39岁担任副执政官
17 （也可能是40岁）。很可能，在奥古斯都早期，这些年龄限制下降到分别为25岁和30岁。[8] 期间，也要求担任市政官或保民官。[9]

---

① 更多参见第九章，第三节。

② 参见普林尼，《书信集》4.15；8.23.5 及 Sherwin-White（舍温-怀特）关于此处的论述；*ILS* 412；还有第三章，第三节。

③ 参见第五章，第一节。如 A. R. Birley（《罗马不列颠年表》，第13页）所说，在某些年份可能有两人以上获此荣誉。

④ 参见第九章，第三节，也见奥古斯都撤掉财务官担任百人法庭主持人（苏维托尼乌斯，Aug. 36）。

⑤ 特别的是，我们知道一些人在第一次担任元老官员前已经担任过使节，参见 M. Dondin，"Une anomalie du cursus sénatorial sous l'empire: les legations provincials préquestoriennes"，*Latomus* 37，1978，第148—172页。

⑥ 塔西佗，《编年史》13.29。

⑦ 参见 A. Passerini，*Diz. Epig.* IV，第567页，s. v. legio；G. Alfoldy，"Die Legionslegaten der römischen Rheinarmeen"，*Epig. Stud.* 3，1967，第103—105页。

⑧ 参见 J. Morris，*List. Fil.* 87，1964，第316—317页。不知道改变是如何开始的——是否一次性降低最低年龄，还是连续5年每年减1岁。为了让有希望的人够格任职，比预想的提前5年，前面的安排可能会引起很大的压力，特别是竞争财务官有限职位的时候。

⑨ 只是因为内战才允许财务官 A. Caecina Alienus（*PIR*^{2} C 99）和未来的皇帝提图斯（*PIR*^{2} F 399）直接晋升为执政官。69年前，提图斯原打算遵循正常的职业轨道（参见塔西佗，《历史》2.1）。

每一行政职位任期中间必须间隔两年(biennium)。然而,除了皇帝可能对个别官员有特殊照顾,①这些规则实际上会有所变动。首先,财务官可能是在当选人 25 岁那年担任的,而不是严格从他 25 岁生日那天算起,基于“一年开始就算作一整年”②的规则。这条规则同样适用于副执政,因此,实际上有人可能 24 岁当上财务官,29 岁当上副执政。第二,从奥古斯都执政起,每生一个小孩就有一年的豁免。③ 第三,很明显,如果严格按照财务官/两年间隔/市政官或者保民官/两年间隔/副执政这样的顺序,那么就需要花 6 年的时间才能担任后面的职位,所以通常不太可能比如说 25 岁担任财务官,5 年后,30 时成为副执政。但是如果按照“一年开始就算作一整年”这样的规则,假如在 12 月 4 日辞去财务官职务或 12 月 9 日辞去保民官的职位,到 12 月 31 日为止中间的间隔可算作一整年,那么就有可能在担任财务官 5 年后晋升为副执政。很多元老都以此为目标,而且也想在最年轻的时候晋升。④

每年有 10 个保民官和 6 个市政官的职位空缺,竞争非常激烈。没错,少数直接选拔的财务官在这时第一次面临谋求官职,但贵族不允许担任平民保民官,也不能担任市政官,所以他们靠边站。他们的数量会有波动,而之前皇帝特别允诺祭司的候选人资格和其他特权也会造成每年总候选人数的变化。⑤ 保民官 18

---

① 比如,参见 *ILS* 1048 向 L. Aemilius Honoratus 表示敬意(*PIR*^{2} A 350),“he honores beneficio optumi princip(is) maturius quam per annos permitti solet, gessit”。

② *Dig*. 50. 4. 8. 哈德良为地方的官员也规定了同样的年龄和原则(*Dig*. 36. 1. 76. 1)。

③ 参见 *Dig*. 4. 4. 2。

④ 关于这些间隔和年龄参见狄奥 52. 20. 1—2。关于加入财务官的年龄,更多参见 G. V. Sumner,“日耳曼尼库斯和德鲁苏斯・恺撒”(Germanicus and Drusus Caesar),*Latomus* 26,1967,第 413—435 页。

⑤ 关于其早期的晋升及其与同代元老 Calestrius Tiro 的关系,参见普林尼,《书信集》7. 16. 1—2。

和市政官都将在罗马任职。传统保民官的至高特权现在几乎不再适用,①他们的职责除了一些细微的法律工作也没有其他了。②市政官保留了一些城邦和市场的责任,但他们以前主要的职责现在也由皇室官员掌控。③

直到1世纪后期,副执政的职位竞选还是很激烈,因为那是候选人数远超过职位空缺数的最早阶段。奥古斯都统治早期,他将副执政的职位数削减到每年不超过8个,还有2个副执政财务官。④ 在他晚年,公元11年时,很不寻常的是他让16位候选人全部上任;其余时候他会每年批准12个空缺职位,这个数目直到提比略时期仍属常规。⑤ 16年,阿西琉斯·加卢斯提议皇帝应该提前5年指定官职,遭到拒绝,提比略认为加卢斯知道副执政官职位的竞争激烈。毫不惊奇的是,17年一位副执政官逝世,造成职位意外空缺,日耳曼尼库斯和德鲁苏斯不得不为了他们的亲戚哈特利乌斯·阿古利巴争取当选而费尽全力,他们的对手有小孩,根据帕皮亚·波比亚法(*Lex papia poppaea*),⑥应该优先考虑。也是在盖乌斯统治后期,每年选任的副执政在15人左右。⑦ 克劳狄乌斯时期,则在14人到18人之间浮动,但仍有拒绝的风险。⑧ 60年,当候选人数超过空缺职位3人时,尼禄安抚那些未当选的

---

① 参见第七章,第八节和第二十五节。

② 参见塔西佗,《阿格里可拉传》(*Agr.*)6;普林尼,《书信集》1.23;6.8.3;HA,*Sev.* 3.1。

③ Edict,*FIRA*[2] I no. 66;狄奥 55.8.7.关于保民官和市政官的职责,参见 M. Hammond,《安东尼的君主政体,罗马美国研究院的论文和专题论著》(*The Antonine Monarchy, Papers and Monographs of the American Academy in Rome*)19,1959,第294—195页。

④ Vell. 2.89.3;塔西佗,《编年史》13.29;狄奥 53.32.2。

⑤ 狄奥 56.25.4;塔西佗,《编年史》1.14。

⑥ 塔西佗,《编年史》2.36和51。

⑦ 狄奥 58.0.5;59.20.5。

⑧ 狄奥 60.10.4;塔西佗,《编年史》13.29。

竞任者，他们将“拖延或推迟”上任，并委任他们为军团使节（即通
常为前副执政保留的职位）。[1] 两年后，有人举报某些候选人为
了选举和拉票假装收养小孩。值得注意的是，塔西佗首先大致提
了下这种做法，然后暗示说欺骗主要是为了竞选上副执政和地方
总督的职位。[2] 在所有官职中，这两个职位确实是竞争最激烈
的。因此，科尔尼利乌斯·马塞勒斯（他应该是尼禄时期的副执 19
政）夸口说自己是“从众多候选人中脱颖而出的指定副执政”有一
点道理。[3]

副执政职位的激烈竞争直到弗拉维乌斯王朝开始才消除，常规职位增加到 18 个，候选人未选上和延迟就职的现象已经很少见，[4]因此以后再也没有听到激烈的竞争了。此外，从维斯帕先和提图斯担任审查员起，皇帝也用直接提拔的方式将已经是元老的人晋升到更高职位。[5] 科尔努图斯·特尔突罗[6]和弗拉维乌斯·西尔瓦·诺纽斯·巴苏斯[7]就是以这种方式从市政官提拔为副执政的。但是直到 3 世纪，我们才发现有晋升为执政官的。副执政仍然在罗马任

---

① 塔西佗，《编年史》14.28；苏维托尼乌斯，《尼禄》15，也许从个例中概括。这一年批准的职位有多少没有记录。

② 《编年史》15.19。更多参见第十章，第三节。

③ *CIL* X. 7266，“pr(aetor)d[es(ignatus)] ex multis”； *PIR*² C 1403.

④ 虽然其他解释也有可能，Attius 或 Accius 或 Sura，在他的支持下，普林尼（《书信集》10.12）在意外空出一个副执政位子的时候写信给图拉真，一位在最低年龄限制以上的元老谋求此职，但没有成功。

⑤ 很引人注目的是，一份纪念 A. Claudius Charax 的碑文详细说明，是元老院，而不是皇帝在 2 世纪中的时候将他从财务官提拔为市政官（C. Habicht，《伊斯坦布尔》[*Istanb. Mitt.*]9/10，1959/1960，第 110 页，第 10—12 行）。虽然其他关于此事的资料缺乏，可以猜想直接选拔有时由元老院定夺（参见 HA，*Sev. Alex.* 19.2，不一定在元老院内）。但提议只能由皇帝提出。

⑥ H. Halfmann，《至 2 世纪末罗马帝国来自东方的元老》（*Die Senatoren aus dem östlichen Teil des Imperium Romanum bis zu Ende des 2. Jahrhunderts, n. Chr.*）*Hypomnemata* 58，哥廷根（Göttingen），1979，no. 22。

⑦ W. Eck，*PW* Suppl. 14 s. v. Flavius，no. 181，cols. 121—122.

职，履行各种行政和司法职责，[①]同时也负责组织比赛表演。[②]

在帝国时期，当上元老后的机会而不是职位本身才是重要的。首先当上副执政让元老有资格担任效劳皇帝和元老院的岗位。在朱里亚-克劳狄乌斯时期，新人会很高兴获得这样的官衔，即使职位没有提升。但不久之后，如我们所见，晋升为副执政官对大多数元老来说几乎成了必然，因此，只有到了副执政这个阶段，同代人的事业生涯才开始大不相同。极端地说，贵族在晋升为副执政后，很快就有望担任执政官，大约在 32 到 33 岁间，在这两个行政官职之间不用担任任何岗位。有元老背景的平民作为前副执政将只担任一个或两个岗位，然后在 38 到 42 岁间晋升为执政官。他们的
20 岗位都效劳于皇帝：最可能晋升为执政官的岗位有军团使节，行省总督，或者财务总管。幸运的新人在晋升为执政官之前有可能担任至少 3 个辅佐皇帝的岗位，没那么幸运的也可能担任 3 个岗位，但有些是效劳于元老院。[③]

最高级别的官员——执政官——很快成了由皇帝一人任命。帝国时期任命的执政官数量稳定增长。[④] 但即使在皇帝最慷慨的时候，也不会超过一半从事元老职业的人能得以晋升。当然 1 世纪的大部分时候，未能晋升的比率更大。从公元前 5 年起，奥古斯

---

① 参见狄奥 53. 2. 2 和 *ILS* 914(C. Propertius Postumus)“pr. ex s. c. pro aed. Cur.”，更多参见 M. Hammond，《安东尼君主制》(*The Antonine Monarchy*)，第 292—294 页。副执政职能的价值，参见塞内加，*De Tranq*. Anim. 3. 4。

② 参见第二章，第三节。

③ 关于这些不那么有声望的岗位，参见 W. Eck，“关于帝国时期副执政总督，一种批评性思考”(Über die prätorischen Prokonsulate in der Kaiserzeit. Eine quellenkritische Überlegung)，*Zephyrus* 23/24，1972/1973，第 233—260 页。

④ 参见最新资料见 P. A. Gallivan，*Antichthon* 13，1979，第 66—69 页(盖乌斯统治时期)；*CQ* 28，1978，第 407—426 页(克劳狄乌斯)；*CQ* 24，1974，第 290—311 页(尼禄)；*CQ* 31，1981，第 186—220 页(弗拉维乌斯)；G. Alföldy，《执政官和元老地位》(*Konsulat und Senatorenstand*)(A. D. 138—180)；或者 A. Degrassi，*I fasti consolari dell' impero romano*(30 a. c. —613 d. c.)，罗马，1952，补充资料参见 *AE*。

都每年将执政官的数量增加一倍，通过在 7 月 1 日由两名“补任”执政官代替传统的两位“常任”执政官（他们仍然在年初选出）。此后，补任执政官的数量在增加，所有任职者的期限不断缩短。这成了一种惯例，直到克劳狄乌斯统治结束，除了某些年份“常任”执政官任职两个月后就辞职，以便由补任执政官继续担任接下来的 4 个月，在 7 月 1 日又让位于下一对补任执政官。所以在这些年份，一共有 6 个执政官。但在尼禄时期，几乎每对常任执政官都会担任整 6 个月的职务。但是，这种传统最终从维斯帕先起给打破了。在弗拉维乌斯时期，执政官的人数每年从 6 个到 10 个不等，每对通常任职两个月、4 个月或 6 个月。图拉真时期是每年 6 个到 8 个执政官，哈德良时期有 8 个，安东尼时期有 8 到 10 个，奥略留时期 10 个。到 2 世纪末，人数甚至更多，在 190 年，人数达到最大 24 人，[①]前所未有，加上皇帝要满足当时大量直接选拔的元老。但在塞维鲁时期，人数稳定在 12 人。因此，据狄奥说，在他那个时期通常情况下，执政官最多担任两个月。[②] 很多执政官的职责都由皇室官员接任了，而余下的因任期缩短也逐渐变得更加形式化。[③] 但执政官一直都是元老院的首领，发挥一定的司法作用，还 21
举办比赛。[④] 当皇帝不在罗马的时候，他们也会代为管理城邦。[⑤] 而在皇帝退位或逝世时，他们则成为新的首领。[⑥]

显然要成为执政官通常要求要么出身高贵（最主要是贵族身份），要么担任效劳皇帝的要职。有时候，具有出色演讲才能或法律方面才能的人也能担任此职。在选任执政官的时候，提比略跟

---

① 狄奥 72.12.4。

② 43.46.5—6.

③ M. Hammond，《安东尼君主制》，第 292 页。

④ 参见第二章，第三节。

⑤ 苏维托尼乌斯，《卡利古拉》18。

⑥ 塔西佗，《编年史》4.9；希律 2.12.4。

其他皇帝一样会考察候选人“祖辈是否是贵族，军事才能是否突出，在民众中是否有威望”。① 维特里乌斯皇帝——克劳狄乌斯担任审查官时一位同事的儿子，塔西佗在记述他的时候说：“他死的时候 57 岁，赢得过执政官的职位，担任过各种祭司，他的名字荣列于罗马领导者中，这一切都得益于他父亲的显赫，而他丝毫没有付出过努力。”②弗朗图反问过奥略留为什么自己深受学生的爱戴，并声称他根本没有做过这些事情却能受到皇帝的重赏，对此表示不赞同：

> 你的弗朗图给过你什么了不起的好处，让你对他如此爱戴？他为你或你的父母牺牲过吗？他曾为你赴汤蹈火？他是某个行省忠心耿耿的总督？他带领过军队？一样都没有。甚至和其他人那样没有为你分担多少个人的日常事务，相反，如果你想知道真相的话，他没有几次在岗的时候，他不会在清晨向你早朝，不会在日间觐见你并陪伴左右，更不会经常照看你。③

密切陪伴君王和他的家人是贵族的首要职责。升为执政官之后，他们不可能再担任元老岗位，除了亚细亚或者阿非利加的元老总督。这职位是留给资深执政官的，并具有相当的威望。贵族也可以第二次担任执政官，通常是常任执政官（即年初选任时最有特权的职位）。其他相对顺利从副执政晋升为执政官的有机会担任为执政官保留的岗位，并且不止一个，所有岗位都效力于皇帝。在

---

① 塔西佗，《编年史》4.6。

② 《历史》3.86；1.52。

③ *Ad M. Caes*. 1.3.4＝ p. 3H. 关于弗朗图确实在担任两任财务官时给予执政官嘉奖的观点，参见 E. J. Champlin，《弗朗图和安东尼时期的罗马》(*Fronto and Antonine Rome*)，Harvard，1980，第 80—81 页。

意大利以外担任行省总督，比如不列颠、塔拉哥纳和叙利亚，等级很高。[1] 如果在罗马，当上城邦总管就是事业的巅峰了。有此才 22
干的人可能希望第二次担任执政官，[2]也有可能担任祭司——主要是按皇帝旨意授予贵族或其他出色的执政官的荣誉。维莱里乌斯特别震惊地发现，尤卢斯·安东尼——三执政之一的儿子——竟然跟奥古斯都的女儿茱莉亚通奸，之后，国王却饶恕了他的性命，还尊封为祭司、副执政、执政官、各行省总督等，甚至让他与皇室联姻，这些都是相当了不起的封赏。[3] 那些缓慢晋升到执政官职位的可能只会分派到不那么显赫的岗位，假如在执政官之后他们真的有机会分配到这些岗位的话。

很容易推测所有的元老都希望在职业生涯中晋升到尽可能高的职位。无疑，这是大部分人的抱负，但我们也了解到有一些例外。值得注意的是，那些不谋求发展，甚至机会来临也拒绝的元老，有些甚至完全从公共生活中退隐。我们知道，任何时候都不可能有超过半数有资格的副执政晋升为执政官，而且在 1 世纪的时候，人数更是少得多。同样，到弗拉维安乌斯王朝时期，许多初级元老想要晋升为甚至是副执政都会拖延很长时间。因此，到达这个阶段的元老有些放弃晋升的希望也就不足为奇了。很难找到个例，但我们相信布鲁提乌斯·帕雷森斯·福尔维乌斯·卢斯提库斯就是这种情况，在普林尼鼓励他继续发展元老事业的时候，作为副执政，他觉得晋升为执政官是无望了。[4] 事实上，后来发生的情况出乎预料，他灰心丧气的预言被证明是错误的。不巧，他在图拉真帕提亚的战争中担任军团使节，出色的表现为他

---

① 参见塔西佗，《阿格里可拉传》40；A. R. Birley，《罗马不列颠年表》，第 28—29 页。

② 因此，无疑盖乌斯觉得到 27 岁已经担任两次执政官对他来说是“非法的”（狄奥 59. 19. 3）！

③ 2. 100. 4.

④ 《书信集》7. 3。

职业生涯的继续腾飞打下了基础，最终在 139 年达到顶峰，获任第二任执政官职位。①

奥古斯都时期有这样的例子，两名法学家甚至在机会来临时拒绝接受晋升：奥卢斯·卡塞留斯和安提斯提乌斯·拉贝奥两人都在奥古斯都授予他们执政官的时候选择了继续担任副执政。②
23 我们可以从塔西佗（他没有提到授予更高职位一事）那里得知，不喜欢奥古斯都是拉贝奥止于副执政的一个原因。③ 而就这两位法学家来说，沉迷于法律工作无疑是另一个重要原因。

当政治气候改变时，有些元老寻求晋升机会，有些却躲避不前。普林尼称赞涅尔瓦最终提拔了那些曾在图密善手下任职的人，他们曾祈求皇帝想不起他们，从而逃避他的注意。④ 因为跟塞扬努斯的关系有过不愉快，导致波比亚的父亲俄琉斯没能担任高于财务官的职位。⑤ 而"哲学家"赫伦尼乌斯·塞内西是另一位还在初级阶段就不愿意再晋升的人。⑥ 据狄奥记载，图密善对他不

---

① 参见 R. Hanslik，*PW* Suppl. 12，第 133 卷；W. Eck，同上，15，第 77 卷。

② *Dig*. 1. 2. 2. 45 和 47。虽然蓬波尼乌斯很肯定，但很难接受他在这里说卡塞留斯（Cascellius）在奥古斯都赐予他执政官时只是财务官。但可参见 W. Kunkel，《罗马法学家的出身和社会地位》（*Herkunft und soziale Stellung der römischen Juristen*），第 2 版，Graz，Vienna，Cologne，1967，第 25—26 页；A. Rodger，"关于卡塞留斯的观点"（A note on A. Cascellius），*CQ* 22，1972，第 135—138 页。

③ 《编年史》3. 75。

④ 《颂词》90. 6；《书信集》8. 14. 7；关于尼禄的统治，参见塔西佗，《阿格里可拉传》6。

⑤ 苏维托尼乌斯（尼禄 35）称他为财务官，而塔西佗（《编年史》13. 45）将他描述为"honoribus nondum functus"（可能同意苏维托尼乌斯的意见，如果 honores［接受荣誉］就意味着"更高等级的官阶"）。

⑥ 就我们目前所知，这两个例子是仅有的，因此在 *Sat*. 1. 6. 130—131 贺拉斯只选择最低级别的官员来代表元老院的成就显得奇怪。在解释了为什么他满足于骑士身份后，他总结道：

His me consolor victurum suavius ac si
Quaestor avus pater atque meus patruusque fuerat.

Bucheler 大胆猜测"patruusque"其实是"praetorque"（副执政）。但如果争辩说这篇文章说的肯定是其他人，故意不愿意晋升到高于财务官级别，那就错了。

满的其中一点就是在漫长的生涯中，他并不追求高于财务官的职位。[①] 在弗拉维乌斯时期，我们不知道是否真的还有其他人，如塔西佗所声称的那样，没能担任官职成了对他们的一项指控。[②] 可以肯定，还有两位在公元 93 年同赫伦尼乌斯一起受到审判的“哲学家”小海维迪乌斯·普利斯库斯和朱尼厄斯·阿茹勒努斯·鲁斯提库斯[③]已经晋升为执政官。

赫伦尼乌斯的例子突出了罗马高级阶层普遍感受到这样那样的两难困境。在帝国时期，和以前一样，哲学家们仍深为这些问题困扰：该为国家提供怎样的服务——若有的话；而当形势变得无法忍受的时候，那些愿意服务的要坚持多久——特别是在暴政统治下。这是个很大的论题，在这里讨论不合适。[④] 但我们应注意到在共和制的末期，元老中西塞罗和萨鲁斯特强烈感到需要为他们 24
不积极参与事务的行为维护。[⑤] 在帝国时期，元老至少能够期待在退休年龄时光荣退位——这种期待甚至奥古斯都在写给元老院的信中也反思过。[⑥]

在众多理由中，斯多葛派的信仰无疑是其中之一，促使塞内加从公众生活中逐渐淡出。[⑦] 特拉塞亚·培图斯也一样，从 63 年起就不再出席元老院，以此出名。但是特拉塞亚将自己的行

---

① 67. 13. 2.

② 《历史》1. 2。

③ *PIR*^{2} H 60；I 730.

④ 比如，参见 A. Grilli, *Il problema della vita contemplative nel mondo Greco romano*，米兰和罗马，1953，第三章；P. A. Brunt，“斯多葛主义和元首制”(Stoicism and the Principate)，*PBSR* 43，1975，第 7—35 页；M. Griffin，《塞内加：政治中的哲学家》(*Seneca: A Philosopher in Politics*)，第十章。

⑤ 参见西塞罗，《布鲁图斯》(*Brutus*)7—8；《论责任》(*De Off.*)2. 2—3. 3；《论共和国》(*De Repub.*)1. 9；Sallust，*BJ* 4. 3—4。

⑥ 塞内加，《论生命之短暂》(*De Brev. Vit.*)4. 2—4。

⑦ 在 60 年代早期，不管怎样他肯定已经到达退休年龄。关于他出生日期的讨论，参见 M. Griffin，《塞内加：政治中的哲学家》，第 35—36 页。

为看作个人的选择，并不希望（不管谴责他的人怎么说）别人仿效他，[①]显然，也没人仿效。[②] 可以公平地说，老海维迪乌斯·普利斯库斯职位升迁上难以解释的延滞同他的斯多葛信仰不无关系[③]——51 年之前在克劳狄乌斯统治下担任财务官，56 年担任保民官，70 年副执政。但有一次，他比较坦率地表达了自己的立场，他的原则是一丝不苟地处理元老院事务，并用他的发言权来攻击维斯帕先。皇帝婉转地暗示他不要插手，或者保持沉默，显然他置之不理。[④] 我们从菲洛斯特拉图斯[⑤]那里得知，在图密善时期，66 年的资深执政官卢修斯·特里希努斯，[⑥]对自己的信仰非常执着，宁可忍受流放之苦也不愿意呆在罗马。当时在一些圈子中都可以感觉到对这些"哲学家"拒绝参与事务的失望，也许，这可以解释为什么昆体良会意想不到地爆发出对他们的愤怒："参与公众生活的人应该真正明白事理，不是把时间浪费在无用的争辩上，而是要用来管理国家，但是那些所谓的哲学家们却远远地置身事外……"[⑦]

很难说埃利乌斯·阿里斯泰德斯的朋友，副执政色达提乌斯是否义无反顾地放弃了元老的职位，转向哲学。但我们确实发现，145 年的夏天和秋天，他在亚细亚，还有 147 年的 8 月也在那里，这可能是同一次行程，可能只是获批延长了修养的假期。[⑧] 在 3

---

① 参见他给阿茹勒努斯·鲁斯提库斯的建议（塔西佗，《编年史》16. 26）。

② 塔西佗，《编年史》16. 22。

③ *PIR*² H 59.

④ 埃比克提图，1. 2. 19—21。

⑤ *Vit. Apoll.* 7. 11.

⑥ *PIR*² L 366.

⑦ *Inst. Or.* 11. 1. 35； 12. 2. 7.

⑧ 参见 Aelius Aristides，《神圣的故事》（*Sacred Tales*）2. 48；4. 16 和 43，以及 C. A. Behr，《埃利乌斯·阿里斯泰德斯和神圣的故事》（*Aelius Aristides and the Sacred Tales*），阿姆斯特丹，1968，第 47 页；H. Halfmann，《元老》（*Die Senatoren*），no. 78 表明，要证明 M. Sedatius Severianus（公元 153 年补任执政官）的身份不再可能。

世纪中期，我们得知“不止一些”元老受到普罗提诺在罗马宣讲哲学的蛊惑。甚至有一位叫罗嘉提安努斯的，在影响下 25

> ……走得更远，他放弃了公众生活，疏散了所有财产，解散了所有奴仆，辞去了官阶。当他就要以副执政的身份在公众面前露面，扈从已经站好位之时，却没有出席，不愿就任。他甚至不愿保留自己的房子，而是辗转于朋友或熟人的住处，在这家用餐，在另一家寄宿（但他是隔天用餐）。因为对生活所需的放弃和冷淡，虽然他曾患痛风，要用椅子抬着行动，现在却恢复了健康，虽然他曾经无法伸展双手，现在却比专业的手工艺人还要灵活。①

显然，身体欠佳也可能是促使罗嘉提安努斯放弃职业的原因。但他的放弃不一定是永久的：他是否就是 254 年在亚细亚担任总督的同一个尤里乌斯 · 沃卢森那 · 罗嘉提安努斯（C. Iulius Volusenna Rogatianus），这还是个疑问。②

就我们所知，16 年卡尔普尼乌斯（占卜师，公元前 1 年执政官）在一次会议上威胁说要完全退隐到偏远的地方，然后走出了元老院，③这仅仅是出于总体上对公众生活所谓的腐败感到不满，并不是什么哲学思想的影响。苏维托尼乌斯④提到一个例子，要不然这位元老不会为人所知，他的名字叫车儿里尼乌斯 · 加卢斯，因为突然失明想将自己饿死，奥古斯都劝说他放弃了这个念头，他本人对这种绝望也并不陌生。⑤ 我们也可以想象到其他元老因重病

① Porphyry，《普洛提诺的一生》（*Life of Plotinus*）7。

② *PIR*^{2} I 629；参见 E. Fischer，*PW* Suppl. 15，第 465 卷。

③ 塔西佗，《编年史》2. 34。

④ 《奥古斯都》53。

⑤ 普林尼，《自然史》7. 149；参见 Epit. *De Caes*. 1. 29。

而放弃了事业,或者采取了更极端的举动,但很难找到个例。①

总而言之,应该反复强调的是这一节仅仅是对两个半世纪多以来元老职业的概述。显然,概述肯定不完善,难以让人满意。在当时,这样的晋升"体系"很少有固定步骤,所以要克制忍不住去概括任何特定时段的冲动,或者形成一成不变的规则。我们必须记住,1 世纪经历了很长的发展时期,而 2 世纪晚期的压力和混乱状态则需要采取紧急措施。每个元老的雄心抱负肯定大不相同,并不是所有人开始的时候都雄心勃勃,而那些确实如此的,有的也会在后来调整他们的目标。况且,在任何时期,晋升
26 不仅受到传统和既定规矩的影响,也受到不同皇帝对个人评价的影响,还有一些难以预料的因素,如军事危机,或者,仅仅是运气而已。

第三节　离职和复职

我们知道,一旦元老得以任用,他就终身具有立法团体成员的资格。但也有辞职的情况,或者被正式免职。除了少数已经讨论过的因哲学信仰理由退位,主动辞职的极少数人都是在朱里亚-克劳狄乌斯时期,他们表示再无法达到最低的财产要求。②同时,其他人显然也因皇帝施加压力而辞职,威胁他们不然的话就会面临免职,这种情况要么是他们无法达到最低的财产要求,要么是皇帝认为他们道德上无法达到元老的标准。③ 元老院选举容易造成一波辞职潮。④ 但总体上,不管是否真正担任审查

① 身体状况不佳当然是导致狄奥(80.5.2)在 229 年担任第二任执政官之后退休的理由之一,但他也到了退休年龄。

② 塔西佗,《编年史》12.52;1.75。

③ 塔西佗,《编年史》2.48。

④ 塔西佗,《编年史》11.25;狄奥 60.29.1;更多参见第四章,第一节。

官，皇帝总是掌握元老道德的监督权，还有将他们从立法团体驱逐的权力。① 在48年，维特里乌斯，甚至以前审查官的身份将尤尼乌斯·西拉努斯·托夸图斯免职。② 诸如这样因道德原因被皇帝免去元老职位的现存零散例子下文还会进一步讨论。③而某些皇帝武断行使特权的方式至少应该在此处提及。比如提比略，据说免去一位元老的职位仅仅是因为他想在7月1日前搬出罗马到乡郊居住以节省费用。④ 还是提比略，在32年写了封信谴责尤尼乌斯·加里奥阿谀奉承的提议，元老院立即投票将其开除。62年，尼禄谴责鲁北留斯·普劳图斯和浮士德·科尔尼利乌斯·苏拉·菲利斯的时候，元老院同样免去了他们的职位。⑤

提比略免去阿匹迪乌斯·梅鲁拉的职位至少更让人能够理解，因为他没有按奥古斯都的决议起誓，⑥这是可以起诉的冒犯行为。我们因此知道很多人，如果算不上多数的话，被免去立法团体 27
职位的理由就是这个，即对他们冒犯行为的谴责，并通常导致名声损毁的后果。这意味着官衔的丧失，并被排除在公共生活之外，⑦通常犯了严重罪行的人，这也是判决的一部分，特别是叛逆罪和索贿罪。⑧ 如果判了叛逆罪，声名狼藉本身通常算不了什么，因为很多被告很可能会被判处死刑。如果是索贿罪，判死刑是比较极端的惩罚，当时的人们觉得有充足实际的理由剥夺这些已定罪的被告元老的职位，尤其因为如果允许犯此罪的元老以后坐在元老院，

---

① 埃比克提图 1.2.19；狄奥 53.17.7；杰罗姆(Jerome)，《书信集》52.7.3。

② 塔西佗，《编年史》12.4。

③ 参见第二章，第六节。亦可参见塔西佗，《编年史》14.17。

④ 苏维托尼乌斯，《提比略》35，参见第二章，第三节讨论。

⑤ 塔西佗，《编年史》6.3；14.59。

⑥ 塔西佗，《编年史》4.42；16.22。

⑦ 参见 Marcellus, *Dig.* 1.9.2；Paulus，同上 22.5.15，反驳 Papinian，同上 22.5.13。

⑧ 比如塔西佗，《编年史》3.17；4.31；6.48；12.59；13.11(跟梅萨丽娜通奸)。

审判跟他犯同样罪行的同事是很不合适的。[1] 不管怎样，元老院仍会行使所谓“既降低又增加法律的严厉”的权利。[2] 这样一来部分被告就不必遭受名声损毁的惩罚，要不然的话是很有可能的。

名声损毁，按词义本身，指的是在公众面前遭受耻辱，但首先不要太快得出结论，所有定罪的被告施与惩罚后将如到处逃避的被逐之人一样在以后的日子里无法见人。特别是那些被判索贿罪的元老最多可能遭到驱逐，一种相对宽容的流放刑罚，他们会被囚禁在一个特定的地方（通常是一个岛上），或者不让踏进某些地区。[3] 通常他们仍然可以保留财产，总体上仍然具有个人的公民权利。据狄奥记载，公元 12 年，奥古斯都确实对驱逐的人采取过一系列明显更加严厉的限制，但几乎没有证据表明这些限制得以一贯执行。[4] 因此，总而言之，在很多流放的例子中，定罪的元老可以在一个舒适的地方安静舒服地生活，轻巧地免去了身在其职的元老所面对的压力、义务和担忧。如此吸引人的前景并不是个什么秘密，[5]对于某些元老来说求之不得也可理解——至少在一段时期内——特别是那些已经晋升为副执政，并担任地方总督，但
28 看不到更好发展前景的人。

其次，名声损毁（infamia）的判决并不是说就此而终身丧失地位，受贬的元老在定罪时所任之职仍有可能恢复，[6]可以向元老院[7]

---

① 普林尼，《书信集》2. 12. 4；4. 9. 19。

② 普林尼，《书信集》4. 9. 17，参见第十六章，第一节讨论。

③ 关于流放及其不同的形式，参见 P. Garnsey，《罗马帝国的社会地位和法律特权》(*Social Status and Legal Privilege in the Roman Empire*)，牛津，1970，第 111—122 页。亦可参见 Ulpian，*Dig*. 48. 22. 14，Paulus，同上 50. 1. 22. 4。

④ 56. 27. 2—3.

⑤ 狄奥 58. 18. 4；Juvenal，《讽刺诗集》(*Sat.*)1. 45—50。

⑥ 海维迪乌斯·普利斯库斯的例子肯定是这样（*PIR*^{2} H 59），比如 Tarquitius Priscus 可能也是如此（参见下文）。按照公元前 18 年因推选（lectio）而被免职的元老，愿意继续任职的也为他们作出了让步。据狄奥记载（54. 14. 4—5），很多元老都继续任职了。如果他们都被迫从头开始自己的职业，紧接着推选（lectio）的那些年就几乎不会有任用危机了。

⑦ 参见苏维托尼乌斯，《奥索》2，还有也许是塔西佗的《编年史》13. 32。

或者皇帝求助，皇帝可能因各种理由而回应。比如，我们知道尼禄让普劳袭斯·拉特兰乌斯复职是想显示他的宽厚，而后来让科苏提安努斯·卡皮托复职是出于对提格利努斯的恩惠。[①] 在登基时为了显示他们的慷慨，加尔巴和奥索都恢复了克劳狄乌斯和尼禄时期被免职的元老的职位。[②] 70 年初，维斯帕先统治初期，有更多的人得以复位，但那时有两个定罪的成员很有信心地离开了他们的流放地，期待能得到宽恕，最终还是将他们遣返。[③] 公元 3 世纪早期，卡拉卡拉在大赦中肯定也包括了流放的元老，企图在谋杀格塔后赢得人心。[④] 相反，帕尔弗里乌斯·苏拉被维斯帕先免除元老院职位，在朱庇特山(Capitoline)的争辩中，众人一致为这位天才的演讲家求情复职，而图密善却对此充耳不闻。[⑤]

简而言之，元老院的职位是终身的。主动辞职的例子很少，免除职位也限于两类人：那些恶习无法容忍，足以招致皇帝不满的人，还有那些被判严重罪行的人。即使这样，后者至少还有希望在以后复位，假如帝王想显示慷慨，而他们又能符合这样的要求的话。

第四节　元老院构成

我们将会在后面看到更多的细节，[⑥]奥古斯都将元老院的成

---

① 塔西佗，《编年史》13.11；14.48。尼禄肯定也让 Tarquitius Priscus 复了职(同上 12.59；14.46)。

② 塔西佗，《历史》1.77(和《编年史》14.18)；2.86；4.6；普鲁塔克，《奥索》1。

③ 塔西佗，《历史》4.44。

④ 狄奥 77.3.3；参见 79.3.5。无疑 P. M. Meyer, *Griechische Papyri im Museum der oberhessischen Geschichtsvereins zu Giessen*，详细引用了那些元老，莱比锡和柏林，1910, no. 40，第 2 卷，第 1 行。但应该注意文件的这节比提及的要损害得严重，比如在翻译 A. C. Johnson, P. R. Coleman-Norton, F. C. Bourne，《古罗马地位》(*Ancient Roman Statutes*, Austin, 1961，第 226 页)的地方。

⑤ 苏维托尼乌斯，《图密善》13；Scholia on Juvenal(尤维纳尔的评注)4.53。

⑥ 参见第四章，第一节。

29 员削减到约600人，而此后在帝国时期这个数目似乎相对稳定。还有，奥古斯都让元老院职位成为世袭制，鼓励儿子继承父业加入元老院，这样我们可能会以为元老院在很大程度上仍然是自我延续的寡头政治，正如在共和时期那样。然而，大家都知道这种情况并没有发生。在帝国时期，已确立稳固地位的元老家庭历经几代都没能找到继承人。详细讨论这种新趋势的原因已经超出本文的范围，①但至少我们不能轻易地认为(正如一些现代作者所做的那样)②主要的原因肯定在于这些家庭缺乏传承的天生才能或者故意拒绝继任。还有更多的可能性需要细查。死刑或者在任时死亡也应该考虑在内。③ 其他情况下也可能是经济上的窘迫造成他们的子孙没有加入元老院，所以甚至机会来临时，他们也会躲避从事这种职业需要承担的风险和艰苦。另外，所有活到成年的后代也绝不可能全都没有身体或精神上的疾病。不管是什么原因，肯定有很多人像有些穿紫红宽纹袍的人那样，在他的墓碑上乏善可陈，除了还差1个月满30岁这样的事实。④

在共和制垮台后，⑤贵族阶层在冲突中受到的伤害最严重。他们在残暴帝王的统治下继续受害，特别是尼禄。据我们所知，大多数共和制时期的贵族家庭，如果能存活到奥古斯都统治时期，那

---

① 参见K. Hopkins,《死亡和复兴》(*Death and Renewal*,剑桥,1983)第二章,以及下文第二章第一节的评论。

② 参见M. Hammond,*JRS* 47,1957,第75页;Alföldy,《古代社会》7,1976,第290页。

③ 这样的伤亡,士兵和资深总督(可能已经有孩子了)首先浮现到脑海中:参见R. Syme,《塔西佗》,牛津,1958,第69页,注释5—6,还有塔西佗,《编年史》11.18,普林尼,《书信集》7.27.2,以及普林尼自己的例子。但在比较年轻的人中的例子,见一位财务官(普林尼,《书信集》5.21.3),纳庞西斯的总督,死时44岁(*ILS* 950),两位亚加亚的总督(Aelian, *Hist. Anim.* 13.21;*PIR*^{2} I 719;E. Groag,《富官》[*Die Reichsbeamten*],第74—75、97—98卷),还有一位昔兰尼总督,他在岗位上的经历是之后不久致其死亡的主要原因(Josephus,*BJ* 7.451—453;*PIR*^{2} C 582)。

④ *CIL* VI. 1538;*AE* 1978.421.

⑤ 狄奥52.42.5。

么到弗拉维乌斯时期，也已要么灭绝，要么不再担任元老院职位。奥古斯都和克劳狄乌斯都将平民家庭提升为贵族阶层：所知的大约有 20 个家庭得到奥古斯都恩惠，而克劳狄乌斯恩赐的有 17 个。但是到图拉真时期为止，37 个家庭中在元老院有职位的不到一
半。[1] 补充元老阶层的需要一直在持续，维斯帕先选拔了多达 20 30
个家庭。[2] 公元 2 世纪所有的皇帝都进行了选拔，一直到塞普蒂米乌斯·塞维鲁。[3] 在选择新的贵族阶层时，曾在元老院任职的最古老的意大利家族通常会优先考虑，但从维斯帕先起，出色的或有前途的外地人也会被选拔。

古老的平民家族同样也从元老院迅速衰落。塞克斯图斯·阿普雷乌斯的父亲和祖父都曾任执政官（分别在公元 14 年和公元前 29 年），他的墓碑代表了很多人的心声：在建造纪念碑的时候，他母亲说他是“家族中的最后一个元老”。[4] 但在尼禄统治后期，可能有不超过 15 个在元老院任职的家族声称，他们的祖辈曾于公元前 2 世纪在元老院有一席之地，而只有 12 个家族声称 1 世纪时自己的祖辈曾在元老院任职。此后，古老家族的消失变得更加突出，因此到卡拉卡拉时期，很少有人能够将在元老院任职的祖辈追溯到一代或两代前。

现存的材料无法让我们追溯古老家族消失的详细情况，但我们对新的元老，当任的意大利人和外地人了解更多些。后者是最引人注目的群体。尤利乌斯·恺撒引进了一些外地人，奥古斯都

---

① 概述参见 H.-H. Pistor，“从奥古斯都到康茂德时期的元首和贵族”（Prinzeps und Patriziat in der Zeit von Augustus bis Commodus）论文，弗莱堡，1965，特别是第 43—44 页。

② W. Eck，*Senatoren von Vespasian bis Hadrian. Prosopographische Untersuchungen mi Einschluss der Jahres- und Provinzialfasten der Statthalter*，Vestigia 13，慕尼黑，1970，第 108—109 页。

③ Pistor，同前所引，pp. 51ff.。

④ *ILS* 935；*PIR*^{2} A 961—963.

和提比略也谨慎地继承了这种做法，克劳狄乌斯声称他们的做法有坚实的事实根据，即使有点夸大："按照新的规矩，我的曾叔父，神圣的奥古斯都，我的叔父提比略·恺撒，希望殖民地和自治区的精英都汇聚在元老院，即品行好的和富有的人。"①事实上，在他们统治时期，外地人几乎完全来自帝国的西部。克劳狄乌斯仍然沿袭了同样的做法，因此从他那时起，外地人在元老院成了引人注目的群体。如刚才引用他演讲中所说的，他的做法并不新颖，而是对传统的继承，所选任的外地人逐渐融入了罗马社会。② 然而，直到69 年内战后，维斯帕先登基，才有不少希腊人和东方人觉得已经准备好并有资格加入元老院。③

31 此后，很明显外地人的任用人数不断增长，他们成了元老院成员构成重要的一部分。然而，想更深入地进行探讨，用数据（如一些学者尝试的那样）来说明这种趋势最好还是免了，④我们的资料有限，很多情况下，一个人的原籍无法从现存资料中得以确定，所以对外地新成员的任何概括容易包含大量的猜测，这是难以让人接受的。当然，即使能够做到更精确，我们还是无法说出在某个特定时期，这些成员在元老院总人数中所占的比例。

最主要的是，由于无法对"外地人"给出一个满意的定义，所有的数据都会变得毫无价值。没错，当时的人也许能在"意大利人"和"外地人"中粗略划出界线。48 年在支持或反对克劳狄乌斯将高卢要人引进元老院的辩论中区分表现得很明显，塔西佗描述塞内加时，让他在充满辛酸讽刺的"退休"演讲中说到了这点："……

---

① *FIRA*^{2} I no. 43，第 2 卷，第 1—4 行。

② 这点特别参见 T. P. Wiseman，《公元前 139 年到公元 14 年罗马元老院的新人》(*New Men in the Roman Senate* 139 *B. C.* -*A. D.* 14)，牛津，1971。

③ 为了获得足够的资格和引荐人造成东方人加入元老院的延迟，而不是种族歧视，关于这个论点，参见 H. Halfmann，《元老》，第 16—77 页。

④ 比如 M. Hammond，*JRS* 47，1957，第 77 页。

于是我经常问自己：'我，一位外地骑士的儿子，是不是位于元老院领导者的行列？我的名字是不是跟古老荣耀家谱一起闪光的新名字？'"[1]在弗拉维乌斯统治后期，斯塔蒂乌斯向年轻的塞普蒂米乌斯·塞维鲁表示抗议，因为塞普蒂米乌斯出生于莱普提斯，但小时候被带到意大利："你说的不是古迦太基话，你穿的也不是古迦太基的衣服，你的思想并不是外邦人的思想——你是意大利人，意大利人！"[2]在一次比赛中，一位坐在塔西佗旁边的骑士问他："你是意大利人，还是外地人？"[3]显然他知道问这么一个问题的意义所在——塔西佗并没有直接回答他。

然而，"意大利人"和"外地人"这么彻底的区分是否能让研究元老院成员的现代学生感到满足，这让人怀疑。我们必须记住，意大利人也好，外地人也好，都不具有真正代表性或单一性。在意大利，富人之间差别很大，更富的人来自半岛北部更发达的地区，而稍穷的来自人口较稀少的南部：可以料想的是大部分意大利元老来自半岛北部。在外地人中，差别更加大，尤其是西部拉丁地区和东部希腊区之间。但元老院的任用显示了每个地区之内的更多差异。举个例子，来自贝提卡或者纳庞西斯的人长期罗马化，他们不会愿意不加区别地将自己跟达尔马提亚人或不列颠人归为一类。来自前面两个西部行省的人是早期加入元老院的外地人选。而在
2 世纪前没有一个达尔马提亚人加入元老院，此后到帝国后期也 32
只有少数人加入。不列颠人根本没有当元老的。[4] 在奥古斯都和

① 《编年史》14. 53。

② Silvae 4. 5. 45—46.

③ 普林尼，《书信集》9. 23. 2。

④ 我先抛开 Cogidubnus 国王是否高卢，还是不列颠出身，他是否被赐予元老头衔的争论。没有新的证据后面那点还只是个猜测。事实上，赢得元老院同意他就职 RIB 92 几乎不会影响这点。参见 A. A. Barrett，"提比略·克劳狄乌斯·科吉杜努斯的生涯"（The career of Tiberius Claudius Cogidubnus），*Britannia* 10，1979，第 227—242 页；P. Salway，《罗马不列颠》（*Roman Britain*），牛津，1981，附录 4；和两者引用的文献。

康茂德统治之间，我们知道东部地区有 69 人加入了元老院，其中 55 人来自罗马殖民地或者已被证实罗马人定居的地方。① 在亚细亚和其他东部行省中也有差异。在公元 1 世纪和 2 世纪，已知来自所有地区的元老家族中有三分之一(92 个中有 31 个)来自亚细亚，而来自其他任何一个行省的家族没有超过 9 个。② 更普遍的是，联姻肯定让"外地人"的定义更加复杂：比如，母亲来自意大利，父亲来自亚细亚的儿子该怎么归类？因为联姻，最后要指出的一点是，加入元老院的非意大利人，他的子孙有几代可以算作是外地人？③

为了说明问题，有充分理由可以说，从弗拉维乌斯时期起，那些大体上可以称为"外地人"的人在元老院成员中占据了相当大的一部分。然后，我们可以继续探讨一个关键的问题，这些人从本质上，而不是从数量上，对立法团体产生了多大的影响。

当恺撒将高卢人引进元老院时，当时有笑话传说他们根本就格格不入，甚至连进元老院的门也找不到！④ 更严肃地说，可以争辩的是，这些外地来的新人比起意大利人对传统的观念更淡薄，对法规程序的把握也更松散。确实，他们可能需要拉丁文技能，特别是他们来自东方的话。此外，意识到在某些场所他们会遭受歧视，还有对皇帝所欠的情，他们对事情不太可能采取独立的立场去看
33 待，而只会毫无疑问地遵从元首的意愿。这样的态度尤其可见于原来为皇帝效劳，之后被选入元老院的骑士阶层，特别是在帝国

① 参见 C. Habicht，"来自帕加马的两个新碑刻"(Zwei neue Inschriften aus Pergamon)，伊斯坦布尔，9/10 月，1959/1960，第 109—127 页中的第 122 页。

② 参见 H. Halfmann，《元老》，第 68—70 页。

③ 可以推测是未来的皇帝安东尼的高卢血统让人震惊，导致 P. Lambrechts(*La composition du sénat romain de l'accession au trône d'Hadrien à la mort de Commode*, Antwerp，1936，第 183 页)在哈德良统治时将他归为"外地"元老，虽然奥略留，西班牙血统，却在安东尼统治时期(同上，第 184 页)归为意大利成员。要了解 M. Hammond 提供的数据的局限性，可以回想一下他对 Lambrechts 结论的依赖。

④ 苏维托尼乌斯，*DJ* 80。

后期。

这些论点只能在大幅修正后才能接受。当然，外地来的新人通常会遭到势利和歧视的眼光，①但不仅仅是他们，所有的新成员都会遭遇这种情况，因为元老院的传统是出身决定是否受人尊敬。② 在帝国初期，贺拉斯③提到过对新元老明显的势利，而塔西佗④也提到在61年，三位元老受命去进行高卢人口普查时，有两个贵族对出身低微的同事表示出蔑视。毫无疑问，48年间，地位牢固的家族代表最强烈反对任用高卢人。⑤ 但在追求荣誉时，只要还存在出身高贵就更受尊重的情况(如我们所见，情况确实如此)，他们就不能抱怨自己的地位岌岌可危。尤韦纳尔对贵族态度的讽刺描写有预言性：

> "你们其他人都是尘土"，你说，"大众之中的渣滓；
> 你们没有一个能够说出自己父亲的出生地，
> 而我是有着最古老血统的人。"⑥

---

① 参见亚历山大的希腊人向图拉真提出的特别批评，说"他的"συνέδριον都是犹太人(H. A. Musurillo,《异教烈士法规：亚历山大指令》[*The Acts of the Pagan Martyrs*: Acta Alexandrinorum]，牛津，1954，no. 8，第3卷，第42—43，47行)。如评论家所理解的那样，这个词可以看作元老院会议或者元老院：关于讨论和支持后者的观点，参见 E. M. Smallwood,《罗马统治下的犹太人》(*The Jews under Roman Rule*)(校正版)，Leiden，1981，第390页，注释7在她特别强调这份文件算不上专业，她没有解释为什么作者先用συνκλητικοί来表示元老(第2卷，第26—27行)，然后却又改为συνέδριον表示立法团体(元老院)。总的来说，元老院会议是更可能的解释，特别是那时指控至少看起来可信，如果是元老院的话就不可能。

② 塞内加，*De Benef*. 4. 30. 1；普林尼，《颂词》69. 4—6。

③ *Sat*. 1. 6. 27—44.

④ 塔西佗，《编年史》14. 46。

⑤ 塔西佗，《编年史》11. 23。

⑥ *Sat*. 8. 44—46；在最后三行，还有第53行，Juvenal 的"Cecropides"似乎并不具有雅典狭窄的含义。

这是个极端的例子，但是直到帝国制末期，有人坚持认为某些第一代元老不适合担任元老院职位或者对他们取得的显著成就持异议，这种反应其实很自然。普林尼[①]提到在选举时，候选人的手段之一是诽谤对手的出身；在另一个例子中，他没有忘记提到被谋杀的副执政拉修斯·马塞多是一个奴隶的儿子。公元前 12 年，领导成员拒绝参加阿古利巴葬礼上的竞技活动。[②] 在公元 3 世纪，
34 狄奥对马克里努斯选拔阿德文图斯感到厌恶，认为阿德文图斯的背景和教育都不符合元老的要求。[③] 克罗狄乌斯·阿尔比乌斯据称出身显赫，得到了贵族的支持，反对塞普蒂米乌斯·塞维鲁。[④]要不然反对的声音不会这么强烈。据狄奥记载，佩蒂纳克斯在奥略留统治时晋升为执政官，也有人表示不满，因为他出身低微。[⑤]而一旦称帝，佩蒂纳克斯自己也担忧“贵族”元老的反应，因为继承皇位的是“一位突然崛起的新贵，他的家族没有地位而且出身低微”。至少，他故意装作拱手想将元首的位置让给当时最显赫的贵族阿奇利乌斯·格拉布里奥。[⑥] 马克西米努斯也遭遇了同样的尴尬。[⑦]

虽然我们应该认识到所有的外地人，实际上所有的新人都受到歧视，但也不应该夸大这点。毕竟，元老之间的关系紧张总是有很多不同的原因：这只是其中之一，而且不一定是最重要的原因。怀有恶意的歧视可能只局限于 1 世纪，此后，当古老家族在元老院的代表成了残余的力量，他们的不满变得越来越不重要。在 2 世

---

① 《书信集》3.20.6；3.14.1；塔西佗，《编年史》11.21。

② 狄奥 54.29.6。

③ 78.14.1—2.

④ 希律 3.5.2。

⑤ 72.22.1.

⑥ 希律 2.3.1—4；更多参见 E. J. Champlin，“关于康茂德后裔的注解”（Notes on the heirs of Commodus），*AJP* 100，1979，第 288—306 页。

⑦ 希律 7.1.2。

纪中期，新人弗朗图冒失地指出贵族阶层正在消亡，①而他同时代的人阿普列乌斯写道：“在芸芸众生中没有几个是元老，而元老当中没有几个来自贵族阶层。”②当然，从 2 世纪起，如果不是更早的话，几乎所有的人都会在意他们非元老的家庭出身。这种在意也肯定会存在下去，因为成员的快速流动，这在 1 世纪时似乎是短暂的现象，而事实上则成了永久的趋势。很多新人的家庭在帝国时期没能在他们的后代中培育出元老，渐渐从元老院退出，正如他们的共和制先辈那样。这种趋势可以从 18 年到 235 年记录在案的执政官的研究中得以说明。③ 研究表明，只有大约四分之一的家庭有儿子获任父辈相同的职位，而只有大约三分之一的家庭在下三代中有直系后裔获任相同职位。虽然我们关于帝国时期执政官 35
的所知不全面，继任的比率看来还是相当低，尤其是执政官本身代表最成功的元老，从而最有利于提拔自己的儿子担任元老院职位。但看来这些人的继任比率低很典型，从非元老家庭选任成员一直以来很有必要。

问题是，比起意大利人，元老院的外地新人是否真的传统意识较差，或者对法规程序掌握得没那么牢固。首先我们应该回忆下他们作为元老院成员带来的重大价值。有碑文说到奥古斯都同时代的意大利人瓦里乌斯·杰米努斯（Q. Varius Geminus），“他是所有帕利尼人中第一个成为元老的”。④ 毫无疑问，有些外地人也为进入元老院不遗余力。⑤ 获任后，他们也同样对自己新的地位以及以后依次的晋升无比地骄傲，这一点都不奇怪，文字资料和碑

---

① *Ad M. Caes.* 1. 9. 1＝p. 17 H，E. J. Champlin 讨论过，《弗朗图和安东尼时期的罗马》，第 88—90 页。

② *Florida* 8，关于评论，参见 T. D. Barnes，*Phonix* 28，1974，第 448 页。

③ 参见 K. Hopkins，同前所引，本书第 36 页，注释①。

④ *ILS* 932.

⑤ 比如，参见狄奥 72. 12. 3。

文资料都有相关阐述。弗朗图的信中一再流露出元老是独特精英的感觉。[1] 比如，普布利乌斯·波斯图穆斯·罗穆鲁斯（Publius Postumus Romulus）在碑文中被描写成“第一个被授予紫绶元老的苏布斯西坦人（Thubursicitani）”。[2] 被图密善直接选拔为市政官的阿伦提乌斯·克劳狄安（M. Arruntius Claudianus）是来自克桑托斯（Xanthus）的利西亚人（Lycian），据他自己竖立的碑刻上所写，[3]他是“全国第一个成为罗马元老的人”。还有一块在狄迪马（Didyma）发现的石碑，上面一位未知名姓的元老以惊人的自豪细致地描述了自己：“罗马人中的名人，整个亚细亚中第五个进入元老院的人，米利都和爱奥尼亚地区第一个也是唯一一个进入元老院的人。”[4]来自潘诺尼亚的两个人也曾经这么夸口。[5] 当然，还有一位元老被描述为“来自阿非利加的第一位执政官”，[6]而在 3 世纪上半叶，以弗所一块石碑的碑文将科拉迪·卡尼尼亚·塞维鲁（Claudi Caninia Severa）称为“提比略·克劳迪乌斯·塞维鲁的
36 女儿，她父亲是第一个成为执政官的以弗所人”。[7]

外地人如此热衷于加入元老院，而且非常重视他们的职位，因

---

① 参见 E. J. Champlin，《弗朗图和安东尼时期的罗马》，第六章，特别是第 91 页。

② *AE* 1906. 6.

③ 参见 *ILS* 8821；D. Knibbe，*JÖAI* 49，1968/1971，Beiblatt 6，no. 1；C. Habicht，*ZPE* 1；1974，第 1—4 页；H. Halfmann，《元老》，no. 28。

④ R. Harder，*Didyma* II，柏林，1958，注释 296，第 6—11 行；关于身份的讨论，参见 H. Halfmann，《元老》，注释 12。

⑤ *CIL* III. 731＝1359 和 H. Halfmann，《元老》，第 212 页。只有从 Perinthus 发现的碑刻残片被安科纳（Ancona）的 Cyriacus 保存下来：“Tropiophoro fratre ex provincial Pannonia in amplissimum ordinem adsumpto”。换句话说，我们是否可以猜想这个人和他的弟弟是第一个（或者第某个）来自潘诺尼亚（Pannonia）加入元老院的人？Halfmann 认为这位加入元老院的人不是来自潘诺尼亚，而是恰好驻扎在那里，这让人感到困惑。

⑥ *ILS* 1001. 关于身份，参见 T. D. Barnes，*CR* 21，1971，第 332 页。

⑦ 参见 *JÖAL* 45，1960，Beiblatt 92，注释 19＝C. Börker 和 R. Merkelbach，《以弗所的碑刻 III》（*Die Inschriften von Ephesos* III），伯恩，1980，注释 892 和 C. Habicht，*ZPE* 13，1974，第 4—6 页。

此不太可能对传统和法规掉以轻心。我们应该记住他们的教育背景跟意大利人的不会相差太远,实际上,如果不接受语言、文学和修辞方面的教育,没有人能够进入元老院,而这些方面的教育在整个帝国时期上层阶级中都是普遍的。因此,从这关键性的一点看来,意大利人和外地人并无差别,要在他们之间划清界限实际上毫无意义。与本族文化的联系必须断绝。① 相反,所有元老,不管他们来自哪个地方,都只遵循一种传统。没错,偶尔有人批评元老的口音,②但这些吹毛求疵的评论不仅针对外地人,也针对意大利人。至于法规,应该反思一下,我们的知识有多少是源于外地新人的著作,他们在加入元老院时受益于有经验元老的教导,而后,他们又将这些知识传授予他人。③ 公元1世纪的塞内加是西班牙后裔的新成员,而塔西佗很可能来自高卢。④ 公元2世纪的弗朗图来自阿非利加——"利比亚人当中的利比亚人",他这么称呼自己⑤——他跟奥略留讨论过不适合在元老院使用的词语的细致问题。⑥ 来自外地的新人也可能造成了元老院独立性越来越差的状况,特别是与皇帝交涉的事情上。但应该强调的是这种变化在他们占据元老院相当比例之前已经在发生。

帝国时期元老院构成的两次最显著的进展可以看成是世袭制

---

① 参见 E. J. Champlin 引人注目的讨论,*Fronto and Antonine Rome*,第16—19页,提到阿非利加。

② 参见苏维托尼乌斯,《维斯帕先》22;HA,《哈德良》3.1;*Sev.* 19.9。关于罗马人嘲笑一位受过教育的希腊人的拉丁口音,参见 Lucian,《论带薪职位》(*On Salaried Posts*)24。

③ 关于这种趋势的评论,参见 R. P. Saller,《帝国早期时的个人赞助》(*Personal Patronage Under the Early Empire*),剑桥,1982,第142—143页。

④ R. Syme,《塔西佗》,第XLV章;同上,《塔西佗研究十讲》(*Ten Studies in Tacitus*),牛津,1970,第140、145页。

⑤ *Ad M. Caes.* 1.10.5=p. 23H;参见为他的一位"赞助人(dei patrii)"的祈祷,Hammo Juppiter(*Ver. Imp.* 2.1.6=p. 116 H)。

⑥ *Ant. Imp.* 1.2.5=p. 90H.

度的衰落，以及成员范围的扩展，吸纳了非意大利人。在朱里亚-
克劳狄时期，大部分共和时期的元老家庭都已经消亡，他们被其他
意大利人和不断增长的外地人所代替。刚开始的时候，外地人主
要来自西部地区，但 69 年后也有来自东部地区。但是，这些新人
家族也同样没能保持职位的延续，因此还需要不断地补充新成员。
37 虽然让人惊讶，但不管是人员的不断流动，还是外地人的任用，看
来都没有明显地削弱立法团体。事实上，任用外地人还增强了它
的实力。新成员这个群体对自己取得的地位都感到很骄傲，而外
地人在财产、教育和眼界上与意大利人旗鼓相当。元老院仍然是
38 一个统一保守的机构，遵循自我的传统，维护自我的尊严。①

① A. H. M. Jones 将这点阐释得很好，《罗马帝国后期》(*The Later Roman Empire*)，牛津，1964，第 6—7 页。

第二章　元　老

上文我们已经考察了元老在立法团体有限范围内的职位，本章将接着讨论他们在更大范围的地位。首先讨论的是他们的法律地位和财富，然后探讨对他们的要求的特点和范围——经济上、社会上和个人方面的要求。在讨论中也关注为什么某些骑士即使在符合条件的情况下也拒绝从事元老职业的原因。最后，在材料允许的条件下，试图从元老自身还有较低阶层的两个立场出发，在本质上评估当时人们看待元老院机构的观点和态度。总之，本章的目的是更好地了解元老的义务，评价他们和他们所代表的机构在社会上所占据的地位。

第一节　法律地位

在共和制时期，元老一直在罗马社会享有崇高的地位。奥古斯都不仅希望保持地位，而且进一步采取措施在公元前 18 年的婚姻法中第一次定义了“元老阶层”，元老资格属于元老和他们的男性后代，以及他们的妻子，一直延续到第三代。[1] 因此，在材料允

---

① *Dig.* 23. 2. 44 pr.

许的条件下，我们需要考察这种阶层的法律地位和它的发展。[1]发展的说法其实很随意，绝不是因为此阶层享有的权利和特权从来没有全面地定义过，它的限制也没有定义过。事实上，某些法令显然只适用于元老，而其他法规也适用于他们的亲属，由此引起更多的困惑。不管怎样，定义几乎没有必要，因为实际上很少较低阶层的人敢于质疑这些高高在上的要人的意愿和行为。

39 托伽(toga)、特别的凉鞋和丘尼卡上的宽纹让元老院议员在公众场合中一眼就能被人认出。[2] 此外，从克劳狄乌斯时期起，执政官和元老的妻子有权乘坐有遮蔽的抬椅。[3] 当然，元老一直都受到尊重。在2世纪中期，盖乌斯提到地位低的人对元老造成任何伤害将以严重侮辱罪(iniuria atrox)严刑处罚。[4] 也许，早在奥古斯都时期，元老似乎享有某些保护政策来防止民事指控(特别是欺骗罪)——地位低的人可能对他们提出起诉。[5] 当然，在2世纪早期，元老及其妻子被指控欠债的话，可以享有部分变卖财产的特权(distractio bonorum)，即他们个人财产的某些物件将由特别的代理以体面的方式卖掉，而被告人不会损失地位(声名狼藉)。[6]

元老的居住地应该在罗马，总体上有规定不允许他随便离开意大利。[7] 因为这些原因，还考虑到他对国家政府应有的贡献，他可以免去所有的地方职责(munera)。[8] 但同时，他仍保留和原

---

① 关于这些方面的早期讨论，参见 Mommsen, *St. R.* III. I，第466—475页。

② 参见第六章，第五节。

③ 狄奥 57.15.4；60.2.3。

④ *Inst.* 3.225. 参见 *Sent. Paul.* 5.4.10；*Dig.* 47.10.7.6—9.2。

⑤ 参见 *Dig.* 4.3.11.1 和 P. Garnsey，《罗马帝国的社会地位和合法特权》(*Social Status and Legal Privilege in the Roman Empire*)，第182—187页。

⑥ 参见 *Dig.* 27.10.5 和 9；G. Wesener，附录 9 s. v. distraction bonorum，第27—32卷。

⑦ 参见 *Dig.* 1.9.11 和第四章，第二节的讨论。尤利乌斯·恺撒加于元老儿子头上的同样限制没再听说过(苏维托尼乌斯 DJ 42)。

⑧ 塔西佗，《编年史》2.33。P. A. Brunt 认为(*JRS* 71，1981，第162页)执政官，或者所有的元老都免于缴纳额外的税赋似乎理由不够充分。

居住地的正式联系，也仍有可能被召去那里就职。① 属于自治区阶层(municipal ordo)的元老会将他们的名字刻在成员名册的最前面。② 惊奇的是，他们中很多人，包括家庭里的其他成员，确实遵循了传统，即显赫的人实际上不会要求豁免地方责任，而严格说来他们是有权这么做的。③ 相反，他们表现出愿意承担赞助人、元老官职和祭司等各种职位的开支，不论是在自己的原居住地，还是在别的地方。④ 在西部地区，他们会担任团体(colle- 40
gia)⑤的赞助人，而在整个帝国时期，他们会为各种自治区项目贡献力量。

反映元老公共精神的资料丰富，更值得注意的是，我们现在有7份皇帝手令(sacrae litterae)的副本，由塞普蒂米乌斯·塞维鲁和卡拉卡拉于204年5月31日发布："显然你对元老院的法规无

---

① *Dig.* 50.1.22.5; 23 pr.

② Ulpian, *Dig.* 50.3.2; *ILS* 6121.

③ 特别注意诡辩家的传统，G. W. Bowersock 讨论过，《罗马帝国的希腊诡辩家》(*Greek Sophists in the Roman Empire*)，牛津，1969，第三章。

④ 参见 W. Eck，"罗马帝国到3世纪晚期城市中的元老家庭"(Die Präsenz senatorischer Familien in den Städten des Imperium Romanum bis zum späten 3. Jahrhundert)，选自《古代社会历史研究：论文集》(*Studien zur antiken Sozialgeschichte: Festschrift*)，F. Vittinghoff 编辑：W. Eck, H. Galsterer, H. Wolff，科隆/维也纳，1980，第283—322页，目录 I；L. Harmand, Le patronat sur les collectivités publiques des origins au bas-empire，巴黎，1957；J. Nicols，"普林尼和自治区赞助人"(Pliny and the patronage of communities)，*Hermes* 108，1980，第365—385页。极少已知担任过行省赞助人的元老 L. Harmand 讨论过，同前所引，第411—417页，还有 A. R. Birley，《罗马不列颠年表》，附录3。M. Nonius Balbus，*commune Cretensium*，关于自治区的赞助人有争议的日期的讨论，参见 L. Schumacher，"为了来自赫库兰尼姆的诺纽斯·巴尔布斯的名誉法令"(Das Ehrendekret für M. Nonius Balbus aus Herculaneum)，*AE* 1947，53，*Chiron* 6，1976，第165—184页。

⑤ 参见 G. Clemente，"Il patronato nei collegia dell' impero romano"，*Studi classici e oriental* 21，1972，第142—229页。罕见的行省例子参见 ILS 5505(Clemente，第209页)。关于 Ostia/Portus，更多参见 R. Meiggs，*Roman Ostia*，第2版，牛津，1973，第316页。在东方很少允许设立 Collegia(团体)。

知,如果你请教有经验的人,就会发现罗马人的元老没有义务违反自己的意愿接待公众客人。”[1]除了一份副本出处未知,其余副本的发现地都是在那时的亚细亚行省:其中两份在以弗所(都用拉丁文撰写),[2]两份在帕罗斯岛(用希腊文和拉丁文书写),还有一份在佛里吉亚和吕底亚都有副本(都用拉丁文撰写)。很有可能皇帝瓦莱留和加利恩努斯寄给一位元老的信中也提到了同样的事情,并且说发生在士麦那。[3] 究竟是谁要皇帝手令的“庇护”——行省总督?还是另一位元老?或者他的代理人?在这里讨论这令人烦恼的问题有点不太合适。我们也无法完全了解为什么要进行裁决,为什么在好些元老的领地上明显都有宣告。

不管怎样,在这些例子上特别花费工夫去证明元老的一点小小特权看来让人惊讶,奇怪的是,我们发现关于另外一件事也要同样努力去证明。据帕皮尼安说,“元老的自由民如果参与管理他们赞助人的事务,根据元老院法规,可以免去监护人的责任”。[4] 其他资料表明,这里对特权的描述很不严谨。某位不知名的皇帝的法令描述得更准确:“自由民如果参与管理罗马人民的元老的事务,可以免除担当监护人的职责;但因为他享有公共福利,不能免
41 除他的公民职责(munera)。”[5]据乌尔比安说,对此特权认可的裁决仅适用于元老的一位自由民,他参与元老的总管事务,也因此得以免除职责。[6] 这种解释也在 239 年得到了戈尔迪安的肯定。[7] 这项特权无疑是对每位长期离家的元老的一种肯定,因此要求他

① 拉丁文:“Videris nobis senates consultum ignorare quod si cum peritis contuleris scies senatori populi Romani necesse non esse invite hospitem suscipere”。

② 第十五章,第五节,列表第 164 条。

③ 参见 W. Eck, *Chiron* 7,1977,第 367 页,注释 53。

④ *Dig*. 50. 1. 17. 1.

⑤ Ulpian, *Frag. Vat*. 131.

⑥ 同上,132—133。

⑦ *CJ* 5. 62. 13.

将沉重的责任放在别人的肩膀上。[①] 然而，从戈尔迪安的法令还有法学家的描述中，可以很明白地看出有人企图用各种办法从这项有限的特权中获取超出法律允许的更多利益。有些成员不仅想豁免一位自由民代理人的责任，还想豁免他们每个住处的代理人。[②] 元老的妻子也为她们的自由代理人取得豁免。[③] 如果曾担任元老的自由民代理人，甚至在他被赋予戴指环(anulorum)的权利(凭此可视为自由出身的人)之后仍然担任的话，他也会想继续利用这项特权。[④] 在这一点上，值得一提的是在担任赞助人孩子的监护人时，元老的自由民同样企图免除其他监护职责，虽然多少要求更高。[⑤]

虽然起初看来让人惊奇，但元老尽可能利用那两项小小的特权也许证明了 2 世纪晚期和 3 世纪早期，即使社会最高阶层也面临军队和政府不断增长的压力。然而，不顾法律限制利用第二种特权的做法让人不安。因此，另一方面可能要预防利用不正当的手段获取特别的身份，所以奥略留发了道谕令让寻找逃亡奴隶的人有权进入任何一位领主的领地，特别包括皇帝和元老的领地。[⑥]

我们没有听说为元老作为监护人所享有的特权有过争论，他们在罗马担任官职时都免除了这样的职责。此外，塞维鲁和卡拉卡拉作出裁决，他们永远不会被要求去超过罗马城 200 英里的辖

---

① 比如见 *ILAlg*. 2. 638 和 *ILS* 1091 和 P. D. A. Garnsey 的评论，"帝国时期罗马的阿非利加王国"(Rome's African empire under the Principate)，选自 P. D. A. Garnsey 和 C. R. Whittaker 编辑，《古代的霸权主义》(*Imperialism in the Ancient World*)，剑桥，1978，第 223—254 页中的第 228 页。

② Ulpian, *Frag. Vat*. 132.

③ Modestinus, *Dig*. 27. 1. 15. 8.

④ Tryphoninus, *Dig*. 27. 1. 44. 3.

⑤ Hermogenianus, *Dig*. 27. 1. 43.

⑥ Ulpian, *Dig*. 11. 4. 1. 2; 4. 3. 第十五章，第五节，列表第 113 条。

区当监护人。[1] 但是，根据奥略留和康茂德的一份法令，他们如果
42 被指定去担任低层民众的监护人就不能拒绝了。显然，如果担任低于元老阶层的人的监护人，而他后来成了元老，那么他的责任会立即免除，但如果他的监护人是元老，他的责任就不会免除。[2]

作为这个阶级的最后一项特权，虽然微不足道，我们还是注意到从奥古斯都时期起，任何演出不论在任何地方，第一排的位子都要保留给元老院的观众。[3] 在罗马，长久以来，元老作为独立的群体在剧院的乐团表演时坐在一起，[4]外国使者也会被邀请加入他们。[5] 同样，从奥古斯都时期起，若不是更早的话，元老在竞技场也跟别人分开坐，并从克劳狄乌斯时期起享有专座。[6] 在圆形剧场，情况也如此。[7]

由同等地位的人审判有时候也被看作元老的特权。但如我们将在第十六章中所见，对元老的指控在多大程度上会在作为法庭的元老院中进行无法确定。当然他们在别处受审也没有法律上的限制，在选择法庭的时候，似乎起诉人更多地受到的是传统和指控性质的影响，而不是被告的地位。因此，实际上所有叛逆罪和索贿罪案件都会交由元老院或皇帝审判，[8]而元老院要是听审诸如伪造罪的指控是相当不寻常的，即使它有审判资格。元老层和地位

---

① Ulpian, *Frag. Vat.* 146—147; *Dig.* 26. 5. 18. Marcianus(同上，27. 1. 21. 3)提到只有 100 英里的限制；参见 Callistratus, *Dig.* 5. 1. 36。

② Modestinus, *Dig.* 27. 1. 15. 2. 3.

③ 苏维托尼乌斯，《奥古斯都》，44。

④ Vitruvius, *De Arch.* 5. 6. 2；苏维托尼乌斯，《奥古斯都》35；尼禄 12；狄奥 54. 14. 4。

⑤ 塔西佗，《编年史》13. 54；苏维托尼乌斯，《克劳狄乌斯》25；狄奥 68. 15. 2；主要参见 J. Reynolds，《爱欲和罗马》(*Aphrodisias and Rome*)，伦敦，1982，注释 8，第 76—78 行(公元前 39 年)。

⑥ 苏维托尼乌斯，《克劳狄乌斯》21；狄奥 55. 22. 4；60. 7. 4；参见普林尼，《书信集》9. 23. 2，一位元老和一位骑士在竞技场坐在彼此旁边。

⑦ 参见埃比克提图 1. 25. 26—27；狄奥 72. 21。

⑧ 指控元老犯索贿罪的案例只在元老院审理。

较低的起诉人，在选择法庭的时候都会受以上考虑的影响，虽然元老起诉人可能会说服元老院聆听通常不会受理的指控，理由是案件会影响立法团体的荣誉或利益。在元老院进行的任何审讯，假如被告是元老阶层的人，自然会得到同伴的同情。但这样的偏心也不应该被夸大：被告所属阶层只是影响元老院态度的众多因素之一，尤其是在被告的行为对元老院或其利益造成损害时，他们只会遭到敌视，不管地位如何。元老院拥有随意改变判决的权利，虽然不管是在元老院，还是其他法庭，定罪的元老院成员通常肯定会 43
根据照顾上层阶级的较轻刑罚判定。叛国罪（叛逆罪）几乎是唯一会被判处死刑的罪行。[①]

如果我们现在继续讨论元老阶层的限制，首先应该考虑显然还在折磨法规作者的其中一项。然而，实际上，我们并不清楚这一限制在多大程度上得以严格遵守。根据保卢斯引用的公元前 18 年的《朱利亚法》（*Lex Julia*），[②]元老成员被禁止与自由民、自由女人、或者其他低职位的人通婚。这项禁令由公元 9 年的《帕皮亚·波比亚法》（*Lex Papia Poppaea*）确认。[③] 在某个时期，元老院添了一个规定，任何元老都不能娶公开审判[④]定了罪的女子，或者将她当妻子看待。安东尼·庇乌斯批准诉讼一位女自由民（freewoman），因为她同一位元老说自己是自由出身（free born），并和他结了婚。[⑤] 这条全体禁令再次在奥略留统治时得到皇帝的谕令和元老院法令的肯定。[⑥] 我们恰好知道这些后来的法规指的

---

① 参见塔西佗，《编年史》14. 48；狄奥 62. 15. 1；P. Garnsey，《社会地位和合法特权》（*Social Status and Legal Privilege*），第 105—116 页。

② *Dig*. 23. 2. 44 pr.；参见狄奥 54. 16. 2 和 S. Treggiari，《共和晚期的罗马自由民》（*Roman Freedmen During the Late Republic*），牛津，1969，第 82—86 页。

③ Celsus，*Dig*. 23. 2. 23.

④ Ulpian，*Dig*. 23. 2. 43. 10.

⑤ Marcianus，*Dig*. 23. 2. 58.

⑥ 第十五章，第五节，列表第 129 条。

仅仅是结婚，而不是订婚，它们还明确宣布一位元老女儿和自由民的婚姻无效。帕皮尼安再次强调了后面订婚那一点，①但可以推测，在奥略留统治时期，当时的法学家马塞勒斯解释说，即使一位自由民让一位自由出身的人收养，他还是不够格娶元老的女儿，虽然他可以享有其他自由出身的人的待遇。②

此外，有更多的证据表明，在马库斯前后的法学家都曾讨论过这条禁令。之前有奥克塔维努斯和蓬波尼乌斯，③他们在保卢斯的文中有提到，紧接着他引用了上面提到的《朱利亚法》之后。④后来乌尔比安不仅讨论了如果一个人的妻子是女自由民，他当上元老后婚姻是否解散，他还讨论了相反的情况，就是说如果一位女自由民的"丈夫"曾经是元老，但是后来卸任了，她的身份会怎么
44 样。在后面这个例子中，乌尔比安说，女自由民确实因为男方降职而成了他的合法妻子。⑤ 乌尔比安还告诉我们，元老总是可以向皇帝请求让女自由民身份的"妻子"合法化。⑥

还有更多约束元老行为和举动的各种限制，有些情况下甚至是整个元老阶层。无疑，约束的目的一直是为了维护此阶层的尊严，但在多大程度上达到了目的却值得怀疑，有迹象表明有人违反了某些限制，如果不是所有限制的话。首先，元老本人禁止担当告密人（delatores），⑦这道禁令是何时颁布的仍然未知（除了显然是在提比略统治之后），而且很难查证有没有严格执行。虽然没有资料提及，但这道禁令不可能适用于叛逆罪的指控。对元老来说，这

---

① *Dig*. 1. 9. 9＝23. 2. 34. 3；参见 Ulpian，同上 24. 1. 3. 1。

② *Dig*. 23. 2. 32.

③ Kunkel，《罗马法学家的出身和社会地位》（*Herkunft und soziale Stellung der römischen Juristen*），第 150—151 页和第 170—171 页。

④ *Dig*. 23. 2. 44. 1—8.

⑤ *Dig*. 23. 2. 27；CJ 5. 4. 28.

⑥ *Dig*. 23. 2. 31.

⑦ Marcianus，*Dig*. 49. 14. 18. 1；狄奥 58. 21. 6。

是一项严重的罪行。并且，如保卢斯所说，“保证皇帝的安全，维护国家利益是每个人的职责。”[1]众所周知，有些元老非常愿意指控甚至是他们的同行犯了叛逆罪，这些指控在一些不自信的皇帝统治下给立法团体和统治者本人都造成了悲剧性后果。

第二，保卢斯引文中提到共和制时期的禁令仍然有效，禁止元老和他们的父母订立合约征收公共赋税，不得以私船牟利，或租借马匹给公共比赛。[2] 根据公元前 59 年的关于《索贿罪的朱利亚法》(*Lex Julia repetundarum*)，所有这些行为都要受到惩罚。但最后一项的禁令不是特别针对元老，因为为公共比赛提供马匹依照传统是只给骑士阶级保留的特权。无论如何，据狄奥记载，公元前 2 年，奥古斯都将这特权扩大到了元老，即使结果证明他们享有的时间很短暂。[3] 其他两项禁令无疑是用来限制元老某些方面的商业活动，但并没有迹象表明他们在帝国时期，甚至更早的时候有什么举动惹人生厌。元老一直能够通过代理人或中介从事商业活动。[4] 也许对船只拥有权的禁令唯一尚存的价值就是可以顺理成章地免除元老举行需要海上交通的礼拜仪式的义务。[5] 就其他方 45
面而言，清楚的一点是在帝国时期，比如说拥有罗马附近出产黏土地区的元老会很乐意以地主的名誉将自己的名字印在砖块上。[6]

---

① *Sent. Paul. Frag. Leid.* 10.

② *Sent. Paul. Frag. Leid.* 3.

③ 55. 10. 5.

④ 参见 H. Pavis d'Escurac, “Aristocratie sénatorial et profits commerciaux”, *Ktema* 2, 1977, 第 339—355 页; J. H. d'Arms, “共和晚期元老在商业中的参与：西塞罗的一些证据”(Senators' involvement in commerce in the late Republic: some Ciceronian evidence), *MAAR* 36, 1980, 第 77—89 页; 最主要的是 J. H. d'Arms, 《古罗马的商业和社会地位》(*Commerce and Social Standing in Ancient Rome*), 哈佛, 1981, 特别是第 152—159 页。

⑤ Scaevola, *Dig.* 50. 5. 3.

⑥ 参见 P. Setälä, “帝国时期罗马砖印上的私人领主：罗马地区地主的历史和人学研究”(Private domini in Roman brick stamps of the Empire: a historical and prosopographical study of landowners in the district of Rome), *Ann. Acad. Scient. Fen. Diss. Hum. Litt.* 10, 赫尔辛基, 1977 和 G. Alföldy 的有用解读, *Erasmvs* 30, 1978, 第 297—302 卷，在这里，比起其他人，元老作为领主的数量更大。

元老和上层阶级的其他成员一样，拥有大笔贷出[1]和贷入[2]的钱财。不管怎样，塔西佗宣称[3]在33年经济危机中没有一个元老是无辜的，他们以高于合法的利率放贷，这种说法似乎有点夸张。[4]

第三，对整个元老阶层行为更大范围的考察确实有些困难。保卢斯解释说："元老的女儿如果从妓，或者登台演出，或者受到公诉，仍可嫁给自由民，因为虽然她目前堕落，荣誉地位还在。"[5]同样，从公元前38年起，元老不允许当角斗士参与角力，而到了公元前22年，也严令禁止整个阶层在舞台上或演出中露面。[6] 后来，在公元19年，元老院颁布了一道法令规定元老阶层任何成员为了参与卖淫、演出或在表演中露面而故意降级的都将受到惩罚。[7]不管这条法规是否有效，毫无疑问元老们参与大众娱乐的热情仍然不减。奥维德说，[8]他们很多人出演哑剧，而在提比略时期他们甚至禁入剧院。[9]

在皇帝中，禁止元老在舞台或其他地方露面的规定遭到盖乌斯
46 首次公开嘲讽：据说，他组织了赛马，所有的骑手都是元老层成员。[10]

---

① 比如，参见 M. Griffin，《塞内加：政治中的哲学家》，第232、291页；普林尼，《书信集》3. 19. 8 和 R. Duncan-Jones，《罗马帝国的经济：定量研究》(*The Economy of the Roman Empire: Quantitative Studies*)，剑桥，1974，第21页；HA，*Antoninus* 2. 8。

② 塔西佗，《编年史》2. 27；普林尼，《书信集》3. 9. 13。

③ 《编年史》6. 16。更多主要参见 C. Rodewald，《提比略时期的金钱》(*Money in the Age of Tiberius*)，曼切斯特，1976，第一章。

④ 也许应注意到这里的提议没有法律根据，E. Rawson in M. I. Finley, ed.，《罗马地产研究》(*Studies in Roman Property*)，剑桥，1976，第9页，K. Hopkins 跟随其后，《征服者和奴隶》(*Conquerors and Slaves*)，1978，第47页，注释65，曾经有条禁令禁止元老在意大利外拥有土地，在帝国早期废除了。

⑤ *Dig*. 23. 2. 47.

⑥ 狄奥 48. 43. 3；54. 2. 5；51. 22. 4。

⑦ 第十五章，第五节，列表第22条。

⑧ *Tristia* 2. 502.

⑨ 塔西佗，《编年史》1. 77。

⑩ 苏维托尼乌斯，《卡利古拉》18。

尼禄也多次在自己的表演中表示对禁令的蔑视。[①] 但是维特里乌斯却赞同禁令,[②]因此给了图密善驱逐一位在哑剧院演出的元老的理由。[③] 然而,有迹象表明,还是有人不断违反禁令,[④]虽然在 2 世纪末,塞普蒂米乌斯・塞维鲁批评某些元老有损名誉的生活方式时也许心里是想着禁令的。[⑤]

总体来说,可以合理地总结元老阶层享有的合法特权和他们所受的限制在实际上都无关紧要。就特权而言,免除某些地方性的责任具有最大的潜在价值,但就这价值也可能无法完全兑现,因为按照传统作为居民首领不会完全享用这样的权利。霍金斯可能没有考虑到这一点,因为他在思考为什么元老的儿子没能继承父业加入元老院时,认为其中一个重要的理由可能是他们自动享有元老阶层的特权。[⑥] 至于限制,与自由民结婚的禁令显然是最令人讨厌的,但在适当的时候,他们也会采取向皇帝祈求的办法免于受限,正如乌尔比安所说的那样。元老阶层地位的尊崇从不在于享有合法特权,也没有因这些特权而得以加强,相反,一直以来,它是基于成员的官职、财富和他们在社会中的领导地位。正是后面几点,我们接下来要进行讨论。

第二节 财 富

除了其他条件,元老院成员资格还包括财富。按照克劳狄乌

① 塔西佗,《编年史》14.14;《历史》3.62;苏维托尼乌斯,《尼禄》11;埃比克提图 1.2.12—13;狄奥61.17.3。

② 狄奥 65.6.3。

③ 苏维托尼乌斯,《图密善》8;狄奥 67.13.1。

④ 关于 Juvenal 的评注 4.53(Valla);弗朗图,Ad M. Caes. 5.37 和 38=第 77 页;HA, *Marcus* 12.3。

⑤ 狄奥 75.8.2。

⑥ K. Hopkins,《死亡和复兴》,第二章。

斯的理解，奥古斯都和提比略说“希望各殖民地和自治区的精英都汇聚在元老院”有两层重要含义，“即优秀的人，并且是富有的人”。[①] 因此，很重要的一点是我们应该了解元老的财富情况。[②]

对很多同时代的人来说，在一个财富极端不均的社会，即使是最低级别的资格审核所需的 100 万塞斯特斯都是一笔庞大的
47 数目。成为骑兵需要 40 万 HS；成为市议员（town councilor）需要 10 万 HS。在 1 世纪，一个军团下士一年可赚 900HS，而与他相应职位、享有较少特权的外援军（auxilia）只能拿到 300HS。[③] 这些报酬当然能够按时全额获得，从这点来说，很难同农民因受天气和收成影响而浮动的收入相比较。但是，可以很容易看出仅资格审核这一项就会将很多人排除在元老院之外，除了极为有限的一些家庭，而他们只占帝国总人口的极小一部分。在当时的一部小说中，当自由民特拉马乔说他成了主人的继承人，与皇帝共同继承财产，因此得到“世袭的紫红宽纹权力”（patrimonium lati clavium），[④]他的客人完全明白他因此获得了普通人不敢想象的财富。

元老也许是罗马最富有的人，虽然有些非元老仍可能跟他们个人的财产相当，甚至超过他们。他们之间，如其他阶层一样，也存在极大的财产差别。现存证据很难将这一点阐释清楚，特别是在 1 世纪和 2 世纪早期之后，但没有理由怀疑差异的存在。在社会的最顶端，有帝国最富有的人，他们的财产以亿计算，[⑤]如多米

---

① *FIRA*^{2} I，注释 43，第 2 卷，第 2—4 行。

② 很不幸 I. Shatzman 有帮助的著作《元老的财富和罗马政治，拉脱姆斯集》(*Senatorial Wealth and Roman Politics*, *Collection Latomus*)142（布鲁塞尔，1975）只讨论共和时期。

③ 主要参见 R. Duncan-Jones，《经济》，第 3—5 页。

④ Petronius，*Sat.* 76. 2.

⑤ 特别参见 R. Duncan-Jones，《经济》，附录 7，也注意莉维亚给未来的皇帝加尔巴一笔百万 HS 的馈赠——从来没支付过！（苏维托尼乌斯，《加尔巴》5）。

提乌斯·图鲁斯，甚至很难记清他们有多少财产。① 塞克斯图斯·庞培有着与他财富不相称的某种低俗，他在罗马最好的地段有一座宅邸，在西西里、马其顿、坎帕尼亚也有房产，他的名字就是财富的代名词，但他攻击一位执政官同事曼纽斯·雷比达，说他是“一个懒惰的穷人，没给祖辈增光”。② 当然，元老院赶紧替雷比达辩护。公元 2 世纪中期，在“给尼格里努斯的信”和“论元老院有薪水职位”的文章中，卢西恩感情强烈地描述了罗马富有阶层中浮现的庸俗和炫耀之风。虽然他很谨慎地没有指名道姓，但当中有元老院的成员，无疑这点他肯定心里有数。

然而，并不是所有元老院成员都那么富有，在 47 年，一名指定执政官攻击像苏依留·鲁弗斯那样没有道德的律师时，要求以古代的辛西亚法予以制裁。辛西亚法禁止因提供法律服务而收取钱财或礼物。苏依留却辩驳说，他们不过是“收入有限的元老，在和 48
平的国家只要求有和平时期的收入”。③ 他们申辩其他元老靠军事服务或农业收入来维持生计，而他们因为关注其他人的事务而忽视了自己，因此索取一些回报也理所当然。克劳狄乌斯完全被他们的申辩所打动，允许索取费最高达到 1 万 HS。④ 我们在这里讨论的重点是这些元老说到自己财富的时候将自己归属于哪个阶层，而不是他们的话是真是假。事实上，几乎不用怀疑苏依留的财富比他在 58 年审判中又一次提到的“靠辛勤工作所获得的有限收入”要多。⑤

我们对财产状况有详细了解的唯一一位元老是小普林尼。⑥

---

① 参见普林尼，《书信集》8. 18，还有舍温-怀特在此处的论述；*FIR*² D 167；R. Syme，*AJP* 100，第 253—255 页。

② 塔西佗，《编年史》3. 32；R. Hanslik，*PW* 21 s. v. Pompeius no. 62，第 2265—2267 卷。

③ 塔西佗，《编年史》11. 7。

④ 塔西佗，《编年史》11. 5—7。

⑤ 塔西佗，《编年史》13. 42。

⑥ 关于完整的讨论和文件材料，参见 R. Duncan-Jones，《经济》，第 17—32 页。

尽管有人反对说资料不全,①但我们清楚地知道他一直生活优渥,公开或者私下赚取大额的回报。他在意大利不同地方有不少地产,宅邸估计有 6 座,从他的遗嘱中可以合理地推算出他拥有 500 多个奴隶。特别是因为他在坦斯帕达纳的地产价值不甚清楚,所以很难计算他的总财产有多少,但可以推测大概在 2000 万塞斯特斯左右。

在继承和享受遗产方面,普林尼的情况可以说特别有利,②显然没有其他的兄弟姐妹分享他父亲、母亲和伯父留下的大笔财富。他结了 3 次婚,他的妻子带来的嫁妆可以享用一辈子,即使在她们死后要归还。③ 而最重要的一点是,他自己没有孩子。不可避免,孩子会给一位元老带来沉重的经济负担。如果女儿要嫁得好,他们需要给她配好足够的嫁妆,④而儿子要继承父业进入元老院的话,必须满足资格审核的条件。在向朱里厄斯·毛里库斯的侄女推荐一位副执政官做丈夫的时候,普林尼写道:“我不知道是否要将他的父亲有大笔财产这一点加上,因为想到为你兄弟找一位女
49 婿,我觉得没必要提到财产,但考虑到今天通行的习俗和国家法规将一个人的财富作为首要的标准来看,也许还是不能省略。当然,如果想到结婚以后生了小孩,还有他们的后代,我们作出选择的时候,钱财的问题还是应该加以考虑。”⑤

塔西佗生动地描述了年轻的元老霍尔塔勒斯 16 年间向提比略求助一事,⑥可能因为他无能,挥霍无度,但毫无疑问面临安排 4

---

① 更多参见下文第四节。

② 特别对比阿基利乌斯·雷古勒斯(塔西佗,《历史》4.42)和 Galvius Clarus(如下)的处境,还有 Tarius Rufus 继承人的困境(普林尼,《自然史》18.37)。

③ 关于嫁妆,参见 J. Crook,《法律和罗马生活》(*Law and Life of Rome*)简述,伦敦,1967,第 104—105 页。

④ 注意,据说莉维亚帮助过很多元老,为他们的女儿配嫁妆(狄奥 58.2.3);上层阶级中的捐赠也许通常是由父亲的朋友给的(参见西塞罗,*De Off*,2.55;普林尼,《书信集》2.4.2;6.32.2)。

⑤ 《书信集》1.14.9。

⑥ 《编年史》2.37—38。

个儿子进入公共生活的巨大难题。提比略给他每个儿子至多 20 万 HS 的赠礼帮助甚为有限。哈德良更加理解作为父亲的艰辛。据《奥古斯都史》记载:“他为那些并非因己之错而陷入穷困的元老提供补贴,根据每个人孩子数量的多少决定补贴额度,让那些元老足以安稳地从事工作。”①因此,卡里奥多鲁斯和他弟弟的窘境(为此,马提尔还写了一首诙谐的讽刺诗②)得以解决:家里的财产只够他们中的一人通过骑士资格审核,而不是两人!作为元老家庭,所有的财产比别人更多,但问题仍然存在。③

对于“更贫困”的成员我们所知甚少,但我们确实听说塞姆普朗纽斯·格拉古因为父亲被流放,不得不在阿非利加和西西里从事贸易,艰难为生。④ 据苏维托尼乌斯说,在维斯帕先担任阿非利加总督之后,也曾被迫从事骡子贸易,以保住职位。⑤ 比起昆提留斯·瓦鲁斯,他的举动并不奇特,昆提留斯担任叙利亚总督时,据维莱里乌斯说:“一位穷人进了富裕的行省,走的时候成了富人,留下一个穷省。”⑥奥古斯都时期,另外两个执政官塔留斯·鲁弗斯⑦和苏比修斯·圭里尼乌斯,⑧据说背景异常地模糊。前者明显地从来没有改掉年轻时吝啬的习惯,即便后来获得巨大财富。库尔提乌斯·鲁弗斯的背景同样说不出口。⑨ 庇索——加尔巴决定收养的儿子——被看作是元老阶层中的穷人,而他同时代的瓦林斯是个“穷”元老,在 69 年内战时得了一笔横财。⑩ 有 3 位元老 50

---

① 《哈德良》7.9。

② 5.38.

③ 关于元老的合适资产构成,参见附录 2。

④ 塔西佗,《编年史》4.13。

⑤ 《维斯帕先》4;关于维斯帕先的财政困难,参见 *Tit.* 2 和《图密善》1。

⑥ 2.117.2.

⑦ 公元前 16 年执政官;普林尼,《自然史》18.37。

⑧ 公元前 12 年执政官;塔西佗,《编年史》3.23 和 48。

⑨ 塔西佗,《编年史》11.21;参见普林尼,《书信集》7.27.2。

⑩ 塔西佗,《历史》1.48 和 66。

当了告发人取得了名声和财富，据说他们也出身微寒——伊拜鲁斯·马塞勒斯、维比乌斯·克里斯普斯，还有阿基利乌斯·雷古勒斯。① 另外一个也因告密而为人所知的叫多米提乌斯·阿弗特，长期贫困潦倒。② 塔西佗描述了33年因经济危机造成对职位和名声的影响，很多借债人倾家荡产。③ 出于同情，后来他没有指出那些"因贫困而腐败"的贵族，他们曾答应为了尼禄登台表演。④ 很多元老无疑会同意他们的同行阿西琉斯·马塞勒斯的观点——与塔西佗的不同⑤——即"贫穷是最大的不幸"。

此外，塔西佗还描述了在48年时，高层的高卢人申请加入元老院，让一些元老感到震惊。他们鄙视这些高卢人的背景和财富，问道："（如果允许高卢人加入），还有什么职位可以留给我们幸存下来的贵族或者来自拉丁裔的穷元老？"⑥我们禁不住猜想一位元老紧紧抱住尼禄的自由民以巴弗提——一位处理给皇帝申请书的官员（libellis）——的双膝，声泪俱下地宣称他只剩150万塞斯特斯的财产。于他，这么一笔数目代表贫困。⑦ 公元2世纪早期，普林尼推荐一位朋友当副执政官，坦率地向图拉真描述他"很穷"。⑧ 后来，当维鲁斯在东方时（公元163—166年），弗朗图更详尽地向他描述了加维乌斯·克拉鲁斯的困境：

如果我的财产更丰厚的话，我会尽最大能力帮他，让他可

---

① 塔西佗，*Dial.* 8；《历史》4.42；普林尼，《书信集》2.20.13。

② 塔西佗，《编年史》4.66；*PIR*² D 126。

③ 《编年史》6.16—17。

④ 《编年史》14.14；狄奥 61.17.3—5。

⑤ 《编年史》14.40。

⑥ 《编年史》11.23。

⑦ 故事是埃比克提图讲的（1.26.11—12），他成了 Epaphroditus 的奴隶。参见 F. Millar，*JRS* 5，1965，第143—144页。

⑧ 《书信集》10.12.2。

> 以轻松地免除元老的责任，也绝不会让他因此事漂洋过海。事实上，因为我的财产不多，而他经济上又拮据，我不得不放逐他到叙利亚去继承一位非常要好的朋友在遗嘱中指定给他的财产，即使他不情愿。
>
> 我的朋友克拉鲁斯如此贫困的命运并非由于自己的过错，因为他没有从父亲或者母亲那里得到任何财产，作为他父亲继承人的唯一好处就是连还清他的债务都很困难。但通过节约、对职责的专注和俭省，他免除了作为财务官、市政官和副执政官的所有义务，而他不在的时候，你尊贵的父亲用你的私库付清了他作为副执政官的费用，克拉鲁斯一康复，回来罗马就全额清还了你的私库支出。① 51

公元2世纪晚期，有一段时间，塞普蒂米乌斯·塞维鲁在意大利的地产似乎相当少——在罗马只有一所小房子，在韦约(Veii)只有一处农场——当然我们并不知道他在海外还有别的什么财产。② 最后，《奥古斯都史》描述了在埃拉加巴鲁斯统治时期，很多在罗马的元老既没有马车，也没有奴仆。③

虽然我们对“贫穷”的元老所知甚少，也应该考虑经常提及的财政困难。这些谈论说明很多元老成员以并不充足的资金从事自己的职业。2世纪中期，很突出的一个例子是，安东尼·庇乌斯特地解除了禁令，允许夫妻间交换合法的礼物，如果做丈夫的因此得以穿上紫色宽纹长袍，或者加入骑兵的行列，或者举办赛事。④ 因

---

① *Ver. Imp*. 2. 7. 5—6＝第127—128页。关于弗朗图的财富状况见下文第三节。

② HA. *Sev*. 4. 5和A. R. Birley，《塞普蒂米乌斯·塞维鲁》(*Septimius Severus*)，伦敦，1971，第78页及其引文。

③ 《埃拉加巴鲁斯》(*Elagab*.)16. 1.

④ 参见*Dig*. 24. 1. 42的阐释和F. Millar，《皇帝》(*Emperor*)，第279页，注释1，“ut ecce si uxor viro lati petendi gratia donet vel ut equestris ordinis flat vel ludorum gratia”，参见乌尔比安，*Reg*. 7. 1。

贫困而失去官衔并不是什么新鲜事：在共和时期就曾发生过。[1]但帝国时期可以请求皇帝的帮助，皇帝也因馈赠换取了忠心。[2]据《奥古斯都功业录》(*Res Gestae*)记载，奥古斯都帮助通过资格审查的朋友和元老可说数不胜数。[3] 我们可以相信，据狄奥所说的来判断，[4]仅在公元 4 年，他就帮助过 80 多位年轻人。我们所知道的这些人中包括科尔尼利乌斯·兰图鲁斯，[5]还有一位元老，据马克罗比乌斯说，其所欠的债高达 400 万塞斯特斯。[6] 当然，有些元老因不负责任而丧失钱财，因此提比略要求每位寻求援助的元老要向元老院解释原因，他不会给那些浪费财产的人提供援助。[7]没有资料表明克劳狄乌斯帮助过那些困难的元老通过资格审核，相反，他很赞赏因贫困而主动辞职的元老。[8] 尼禄更加慷慨：[9]事
52 实上，65 年时，比索念奴的阴谋是让指定执政官普老裘斯·拉特兰乌斯假装请求援助，借机抓住尼禄将他按倒。[10] 维斯帕先也提供过援助。[11] 在后来的帝王中，只有哈德良被明确证明替元老的审核提供过经济支援，[12]涅尔瓦也可能做过此事。[13] 但是，据了解，从 2 世纪开始，皇帝是以职位的开支来帮助不那么富裕的元老。但在

---

① C. Nicolet，*JRS* 66，1976，第 27—28 页。

② 参见塔西佗，《编年史》1. 2，关于奥古斯都给贵族钱财的馈赠。

③ 第 4 节。

④ 55. 13. 6.

⑤ 塞内加，*De Benef*. 2. 27. 2；参见塔西佗，《编年史》4. 44；*PIR*^{2} C 1379。

⑥ *Sat*. 2. 4. 23. 关于元老的忘恩负义，参见 F. Millar，《皇帝》，第 297 页，注释 55，并比较塞内加，*De Ira* 3. 31. 2。

⑦ 塔西佗，《编年史》1. 75；2. 47；苏维托尼乌斯，《提比略》47；塞内加，*De Benef*. 2. 7. 2；《书信集》*Mor*. 122. 10；狄奥 57. 10. 3—4。

⑧ 塔西佗，《编年史》12. 52；狄奥 60. 11. 8 和 29. 1。

⑨ 塔西佗，《编年史》13. 34；苏维托尼乌斯，《尼禄》10。

⑩ 塔西佗，《编年史》15. 53。

⑪ 苏维托尼乌斯，《维斯帕先》17。

⑫ HA，《哈德良》7. 9 上文引述。

⑬ Martial 12. 6. 9—11.

3世纪早期，狄奥确实让米西纳斯劝告奥古斯都善待元老："不要因为贫穷辞退品行端正的人，而是要给他所需的钱财。"①

我们不清楚元老的财产状况是否一直都有清查，也不知道是如何实施的。在狄奥为米西纳斯写的同一篇演说词中，②他建议奥古斯都指定一位元老官员监督元老和骑士的家庭、财产以及品行等所有事务。至少到狄奥写这篇演说词的时候，显然有一位皇室官员管理元老和骑士的资格审核：据西律说，③埃拉加巴鲁斯雇用了一名演员来担任此职。更早的时候，我们听说在公元前13年，当奥古斯都审核元老阶层35岁以下的所有成员时，他只要他们提交财产保证书就够了。④ 如果对塞内加的评论⑤理解正确的话，那么似乎职位的候选人也要求申明他们的债务情况。在大多数情况下，元老因贫困辞职看来是自愿的，但并不总是如此：克劳狄乌斯在52年采用了强制的手段。⑥

简而言之，可以说，元老的财富比我们偶尔的猜想更加不均。特别是，财产最多勉强达到标准，而从事元老职业的例子绝不罕见。总之，如以下关于他们的义务的讨论表明，很多元老可能在经济上都有压力。⑦ 53

第三节 财政义务

要维持公共生活的职位很昂贵，普林尼毫不迟疑地提醒他的

① 52.19.2.

② 52.21.3—5.

③ 5.7.7.

④ 狄奥 54.26.9。

⑤ *De Benef*. 6.19.5.

⑥ 塔西佗，《编年史》12.52。

⑦ K. Hopkins in P. Abrams and E. A. Wrigley, eds.，《社会中的城镇》(*Towns in Societies*)，剑桥，1978，第49页，注释36，认为2000万HS的资金是帝国时期元老财富的象征，这可能是一个很高的估计。

两位受益人这一点。[①] 我们已经知道很多元老和他们的家人承担了担任地方官职和祭司的花费，以及捐赠自治区各种项目，但是我们应该更仔细考虑的是，在元老加入元老院，以及之后的晋升中，加诸他们头上的经济义务的性质和范围。

其中主要的一项花费是，有志于从事元老职业的新人可能会觉得首先要从皇帝那里得到紫红宽纹权价值不菲，如果他既没有朋友，也没有亲戚支持的话。在 62 年，法布里修斯·威恩托替人获取"职位的权利(ius adipiscendorum honorum)"，按塔西佗的话来说(即紫红宽纹权)，收取钱财而被定罪。[②] 大概在同一时期，维斯帕先也因提供紫色宽纹长袍收了一位年轻人 20 万 HS。[③] 公元 2 世纪晚期，康茂德的禁卫军长官克林德肯定征收了更加大得多的金额。狄奥嘲讽说："事实上，有些人在花光了所有积蓄后才当上元老，所以有人说尤利乌斯·索伦，一位少为人知的人，是在被剥夺了所有财产之后流放到元老院的。"[④]

获取紫色宽纹权后，大多有志于元老职业的人都会在这个或那个阶段为选举支付费用。如上所见，当选上最高官职——执政官完全取决于皇帝的推荐。他也会经常支持一部分候选人担任较低的职位，所以他们的当选是肯定的，这就省去了拉票的麻烦和花费。然而，剩余的职位仍然要公开招募。塔西佗说，当 14 年选举从公众集会的形式转移到元老院内部选举，元老们都很满意，"因为他们不必再进行不体面的拉票活动，也不用花费金钱了"。[⑤]

然而，从普林尼的《书信集》中，我们可以看到 1 世纪末时，竞

---

① 《书信集》2.4.3;6.32.1。更多参见下文第四节。

② 《编年史》14.50。

③ 苏维托尼乌斯,《维斯帕先》4,注意父亲反对儿子的抱负。

④ 72.12.3.

⑤ 《编年史》1.15。早在公元前 23 年,元老院从自己的成员中挑选副执政财务官(*praetores aerarii*)的做法已经废止,因为不当的拉票行为(塔西佗,《编年史》13.29;狄奥 53.32.2)。

争仍然相当激烈，选举还是要严肃对待，因此成员间互相拉票很正
常。① 值得一提的是，在向朱尼厄斯·莫里科斯的侄女推荐丈夫
的时候，普林尼说到那人已经升任副执政官，“因此省了为他拉票 54
的必要”。② 特别是拉票时候选人和他的支持者总有出面游说或
信件劝说朋友的麻烦。正如普林尼说起他支持一位保民官候选人
时：“我联系了所有的朋友恳求他们给予支持，走遍了个人私舍和
各个公共场所，四处乞求，动用了我所有的影响力和名声”。③ 在
提及另一位可能是谋求财务官职的候选人的时候，他同样说到此
人曾为之尽心竭力，还说到一位过早去世的朋友为了谋取市政官
不辞劳苦。④

这些信件说明拉票要耗费时间和精力，而不是金钱，这毫无疑问是《关于选举舞弊的朱利亚法》（公元前 18 年）所制裁的。但 1 世纪中期，科鲁梅拉，一位从直布罗陀海峡来的外地人心怀不满，除了农业以外，他倔强地指出所有行业的弊端，并且逃避政治，“因为官职不是通过自愿的劳役获取，而是靠贿赂买得”。⑤ 普林尼也指出在实际操作中法律经常被置之不顾：“在最后所有的选举中，元老院表达了非常正确的观点，‘候选人都不得款待他人、派送礼品、或给执事人钱财’。然而，前两项大家照行不误，毫无约束，也不隐瞒，第三项偷偷地进行，但是大家心知肚明。”⑥在这封信的后面，他还提到了“候选人无耻的花费总额”。除了其他几点，埃比克提图也同样表达了对加入元老院要求的轻蔑，其中提到了拉票的花费：“如果你想当执政官，你就得牺牲睡眠，每天东奔西走，亲人

① 苏维托尼乌斯，《维斯帕先》2；塔西佗，《编年史》14. 28。

② 《书信集》1. 14. 7。

③ 《书信集》2. 9. 5。

④ 《书信集》6. 6；8. 23. 5—6。

⑤ *De re rust*. I. *praef*. 10.

⑥ 《书信集》6. 19. 1—2。

家的手，把别人的门槛踏扁，说些不体面的话，做些不体面的事，到处派送礼品，给人散些钱财。”①

我们没有更多的资料去了解某职位候选人实际上所需要的花费，即使法律严格禁止。正如普林尼在上文提及的信件里所解释的那样，图拉真企图消除拉票的费用，让所有的职位候选人将三分之一的财产投入意大利房地产。到那时为止，奥古斯都在公元前8年规定所有候选人先付定金，如果采用非法手段就必须没收定
55 金，这条规定显然早就不再执行了。② 图拉真的规定也可能相继遭遇了同样的命运，直到奥略留多少让其得以恢复。他要求非意大利籍的元老将财产的四分之一投资于意大利。③ 同样，这要求也很快流产了：当然，假如此项规定持续了一段时期的话。关于外地籍元老拥有意大利地产的现存证据也很少，让人不解。④ 至少如果真的执行这些规定，也会给非意大利籍元老造成更大的负担，甚至给本地意大利人也同样带来负担，他们已经在外地房产中投入了大笔资金。我们禁不住猜想瓦列里乌斯·马塞多拒绝哈德良授予财务官紫色宽纹长袍的诸多理由中的一点是，他必须在成为候选人之前，卖掉在罗纳河边众多美丽、利润丰厚的葡萄园，以便投资意大利地产，这样的前景并不美妙。⑤ 相反，肯定有很多外地

---

① 4. 10. 20. 参见塞内加，《论生命之短暂》20. 1，“mille indignitates”，如 Millar 所说（《皇帝》，第 307 页），埃比克提图提到的这种拉票肯定和争取与皇帝接近的人的青睐（为了当上执政官）有关，或者和获取最高元老官职前需要担任的早期职位相关。

② 狄奥 55. 5. 3。

③ HA，*Marcus* 11. 8.

④ 参见 F. Millar，《卡西乌斯·狄奥研究》(*A Study of Cassius Dio*)，牛津，1964，第 10 页；H. Halfmann，《元老》，第 66—67 页；W. Eck 在 *Chiron* 7 中讲述了元老财产的准备工作，第 374 页，注释 90。

⑤ *ILS* 6998 和 D. van Berchem，“Un banquier chez les Helvètes”，*Ketma* 3，1978，第 267—274 页中的第 270 页，注释 10，F. Millar（《皇帝》，第 292 页）说授予可能是在哈德良在 121/122 年拜访高卢的时候提出的。

籍元老完全迁到了意大利，弗朗图肯定是。[①] 而很显然，和他同姓氏的卡里斯塔尼乌斯·弗朗图，第一个来自皮西迪亚的安条克（公元 90 年补任执政官）的元老也是他的家族中最后一位提到在那里的成员。应该承认，碑文记录遭到偶然的破坏也可能是后面例子同样合理的解释。[②] 但是，更广泛地说，保卢斯特别突出地提到，卸任的元老只有通过特别请求，才能恢复原国籍。[③]

一旦加入元老院，元老需要在罗马有一所房子。[④] 在奥古斯都时期，建筑作家维特鲁威解释了适合常务元老的住宅风格："对于贵族，那些拥有职位和官衔的人有义务尽居民的责任，必须修建豪华的前厅，让人惊叹的门廊和列柱廊园，另外还要有宽广的小树林和散步的地方，风格能让他们的尊严增辉添彩；此外，藏书阁、画廊和长方形柱廊大厅要富丽堂皇，可以跟公共建筑媲美，因为这些人的房舍经常用作会议场所讨论公共事务和个人讼案及仲裁。"[⑤] 56

毫无疑问，杰出执政官的宅邸采用了这种理想的住宅风格，如卡尔普尼乌斯·庇索（常任执政官，公元前 7 年）、塞克斯图斯·庞培（常任执政官，公元 14 年）、阿伦提乌斯·斯特拉（补任执政官，101 年的最后几个月）、或裴达纽斯·塞古斯都，城市执政官，在 61 年，他被谋杀时，他的市内宅邸有 400 个奴隶。[⑥] 但对于那些没那么富有的元老，罗马的住房费用让他们发愁。如我们所想，

---

① E. J. champlin，《弗朗图和安东尼时期的罗马》，第 5 页。关于希腊领导人中的趋势参见普鲁塔克，《论流放》（*De Exilio*）14，*Mor*. 605B-C。

② B. M. Levick，《小亚细亚南部的罗马殖民地》（*Roman Colonies in Southern Asia Minor*），牛津，1967，第 113 页。

③ *Dig*. 50. 1. 22. 4；参见 Modestinus，同上，1. 9. 3。

④ 主要参见 B. W. Frier，《罗马帝国时期的地主和租客》（*Landlords and Tenants in Imperial Rome*），普林斯顿，1980，第 39—41 页。

⑤ *De Arch*. 6. 5. 2.

⑥ 塔西佗，《编年史》3. 9；14. 43；Ovid，《来自黑海的信件》（*Exponto*）4. 5. 9—10；Martial 12. 2. 9—10。关于上层阶级家庭中的大批奴仆参见 S. Treggiari，"莉维亚家中的工作"（Jobs in the household of Livia），*PBSR* 43，1975，第 48—77 页。

那里的总体生活消费比别处要高，大家都知道出卖或出租房子的价格贵得离谱。① 这就很难节俭，“我没有奢侈的品味”，塞内加感叹道，“但在城里生活却需要高消费”。② 提比略甚至因为一位元老在7月1日前就搬到了自己的庄园而降了他的职，因为7月1日那天城中通常开始签订长期租约，这样，这位元老就可以免去在城中保有住所的整年花费，而之后不管他什么时候回来，都有希望可以找到一处特意降低了房租的房子，只要那房子过了惯例签订日期还空着。③ 显然，皇帝认为这种节省的做法有失尊严。

很遗憾，我们没有数据估算元老在罗马雇佣适当仆人、找到合适住处的费用。不过，根据贺拉斯的暗示，陪伴一位副执政官等级的元老在城市附近出游，5个仆人是远远不够的。④ 公元前125年前，严厉的审查官训斥一位元老以6000HS租了一所房子，魏莱里乌斯解释了原因后评论道：“这是153年前的价格，今天要是哪个人租这么低价的房，没有人会认为他是元老。”⑤不管怎样，不那么富有的元老要找到合适的住所仍然觉得拮据。41年，维斯帕先的儿子提图斯出生的时候，他住在“七节楼”(Septizonium)附近一所简陋的房子里，房间又窄又暗。⑥ 我们也知道塞普蒂米乌斯·塞维鲁在罗马也只有一所小房子。

57 不过，很典型的是，维斯帕先⑦和塞维鲁在附近都有乡村地产。事实上，除了城里的住处外，每位有能力负担的元老在乡郊都

① R. Duncan-Jones(*PBSR* 33，1965，第225页)，从苏维托尼乌斯的DJ 38猜测，在公元前1世纪，罗马的基本租赁比起意大利其他地方大概高出4倍，帝国时期这种差别可能甚至更大：总体参见R. Duncan-Jones，《经济》，附录8，15。

② 《书信集》*Mor*. 50.3；参见Apuleius，《变形记》(*Metam*)11.28。

③ 苏维托尼乌斯，《提比略》35和B. W. Frier，《罗马帝国时期的地主和租客》，第34、39页。

④ *Sat*. 1.6.107—109.关于执政官的最低需求，参见普林尼，《书信集》3.16.8。

⑤ 2.10；参见普林尼，《自然史》36.109。

⑥ 苏维托尼乌斯，《提图斯》2。

⑦ 苏维托尼乌斯，《维斯帕先》5(“in suburban Flaviorum”)。

有地产。[①] 科卢梅拉在他的关于1世纪中期的农业论著中只是原则上同意迦太基人马戈提出的建议，即有乡郊地产的人不应该有市内宅邸。他在论著中说道："这项规定，如果今天要遵守执行的话，我不会作出改变。但情况是，在城市谋求发展的抱负经常让我们大多数人离开乡村，当事务需要的时候，甚至更为频繁地离开，因此，我觉得在城镇附近有一处房产是最方便的，那样，即使是事务繁忙的人在他的法庭公务完成后也可以很容易每天回去。"[②]普林尼的郊区住宅在离罗马城17英里的洛兰图姆，奥斯蒂亚附近，这和科卢梅拉的建议相当接近：住宅位于城中忙完一天后能在晚上赶回的地段。[③] 普林尼还有一处房产在罗马的埃斯奎林山。[④] 在城外，提维里、普莱纳斯特和图斯卡伦都是最受欢迎的其中几个地段。[⑤] 然而，有充足的理由相信紧邻罗马城的周边地带整体房价都很高——虽然肯定还是没有城内的价格离谱。[⑥] 塞内加有充分理由认为，在城郊有不错的房产是富有阶层的象征。[⑦] 他自己在第四里程标处(fourth milestone)有郊区房产，在诺门顿和阿尔巴也有。[⑧] 加尔巴，还有其他人在图斯卡伦[⑨]有避暑宅邸，而安东尼·庇乌斯家族在罗丽木[⑩]有一处房产。和普林尼同时代但比他富有得多的阿基利乌斯·雷古勒斯拥有"横跨台伯河"的几个园

---

① 关于普遍以为一位元老可能拥有不止一套住房，参见 *Frag. Vat.* 132。

② *De re rust.* 1. 1. 19.

③ 普林尼，《书信集》2. 17. 2；关于怎样才算"整一天"，参见第六章，第二节 2. 1，当然，不可能每天往返洛兰图姆。

④ R. Duncan-Jones，《经济》，第22页。

⑤ 参见普林尼，《书信集》5. 6. 45 及舍温-怀特关于此处的讨论。

⑥ 唯一相反的证据——即罗马周围的价格很低——来自老普林尼(《自然史》14. 50)，最好将此说法放一边。参见 R. Duncan-Jones，《经济》，第52页。

⑦ 《书信集》*Mor.* 87. 7。

⑧ M. Griffin，《塞内加：政治中的哲学家》，第287页及其引文。

⑨ 苏维托尼乌斯，《加尔巴》4。

⑩ HA，《安东尼》1. 8。

林，在离罗马城第三里程标处有一栋乡间别墅(rus)，还有另一房产在图斯卡伦。[1] 弗朗图也不例外，在埃斯奎林山有一所市内宅邸，在奥列里安有郊区住宅，在那不勒斯港湾时尚的苏伦图姆地段有海景房。[2]

担任几乎每个官员职位时，元老都要求为竞技比赛和其他方面的花费捐赠大笔钱财。按照就职顺序，先上任的财务官必
58 须为铺路(stratura viarum)捐款，直到 47 年，多拉贝拉规定指定财务官的"团体(college)"每年只需付一场角斗表演(gladiatorirum munus)的费用就可以了。尽管阿格里皮娜反对，这项规定到 54 年尼禄登基后不久就废除了。[3] 因此，让人不解的是，卢坎的匿名传记作者曾提及他在 60 年代担任财务官时，和同僚以"当时流行的方式"[4]举办了一场角斗表演，但也许是支付得起费用的那些人仍然在举办传统的娱乐，即使义务的规定已经失效。据苏维托尼乌斯说，[5]财务官赞助角斗士表演(quaestoria munera)在图密善时期重新实行，到塞维鲁·亚历山大时期仍然在举办。[6]

据我们所知，担任保民官并没有带来任何实质性的支出，因此下面的例子是个例外——为了纪念奥古斯都保民官的威严——保民官在 14 年提出庆祝奥古斯都节时得到了元老院的同意。但即使那样，费用还是由国家支付。[7] 正如我们所知，只有到了帝国初期，市政官才被要求支付竞技比赛的费用。在那之后，担任此职还是有一定的花费要支付，弗朗图在 160 年给维鲁斯写了一封关于

---

① 普林尼，《书信集》4. 2. 5；Martial 7. 31；1. 12。

② E. J. Champlin，《弗朗图和安东尼时期的罗马》，第 21—24 页。

③ 塔西佗，《编年史》11. 22；13. 5；苏维托尼乌斯，《克劳狄乌斯》24。

④ 《卢坎的生活》(*Vita Lucani*)，第 2 页，Endt，"more tunc usitato"。

⑤ 《图密善》4。

⑥ HA，*Sev. Alex*，43. 3—4；参见 *Fasti Filocali*，*Inscr. Ital.* XIII. 2. P. 261。

⑦ 塔西佗，《编年史》1. 15；狄奥 56. 46. 4—5 和 47. 2。

加维乌斯·克拉鲁斯的职业的信(上面引用过),信中也暗示了这一点。也许这跟市政官管理城邦的职责(cura urbis)有关,但我们没有证据。无论如何,《奥古斯都史》宣称奥略留"将保民官、市政官的官衔赐给很多贫穷但诚实的元老",[1]无疑是说担任这两个官职相对便宜些。但是,和其他官员一样,市政官也可以主动举办角斗表演。[2]

然而,资助表演的真正负担主要落在副执政官头上,执政官次之,他们的努力和投入的费用让表演很精彩。[3] 从公元前 22 年起,奥古斯都规定副执政官应该从市政官手里接过庆祝传统节日的任务。这些节日主要是一种竞技场比赛和戏剧表演的混合,包括:

1. 大母神节,4 月 4 日—10 日(7 天)
2. 谷物节,4 月 12 日—19 日(8 天)
3. 花神节,4 月 28 日—5 月 3 日(6 天)
4. 阿波罗节,7 月 6 日—13 日(8 天) 59
5. 罗马节,或者大罗马节,9 月 4 日—19 日(16 天)
6. 众民节,11 月 4 日—17 日(14 天)[4]

从 14 年起,外国籍副执政官也有庆祝奥古斯都节(10 月)的义务。[5] 我们曾听说一位名叫帕西卡留斯的副执政官,据推测,由他主办庆祝帕提亚人胜利的表演。[6] 直到克劳狄乌斯结束了这些

---

① *Marcus* 10.4.

② 狄奥 54.8.5;HA,*Gord*. 3.5。

③ 普林尼,《自然史》34.20;普林尼,《颂词》92.4—5;Juvenal, *Sat*. 10.36—46;11.193—201,更多参见 E. Habel,*PW* Suppl. 5 s. v. 众民节,第 608—630 卷。

④ 详细资料参见 *Inscr. Ital*. XIII. 2,第 372 页。

⑤ 塔西佗,《编年史》1.15,54。

⑥ 这样的竞技表演由图拉真或哈德良创立,但在狄奥那时(69.2.3)废止了。我们所知道的一位副执政 Parthicarius 生活在塞维鲁时期(*ILS* 2931 和 J. Fitz,《碑文》[*Epigraphica*]23,1961,第 84—94 页)。

活动，还经常有副执政官负责的角斗表演。[1] 另外，他们也不时赞助自发举行的竞技表演，[2]当举办百年节的时候，他们也会承担一些责任。[3]

执政官举办竞技表演的义务要轻些，因此也更难辨别。但我们知道任职肯定意味着某些支出，也许可以合理推测执政官至少要为这些竞技表演捐赠费用，不管他任职多少年。[4] 特别是执政官要负责 9 月 2 日到 3 日在亚克兴角举办的纪念奥古斯都胜利的竞技表演，[5]也同时庆祝这位皇帝的生日。[6] 他们也会为特别的事情举办竞技表演——比如庆祝胜利。[7]

担任祭司的元老会按要求为他们的祭司团在特别时候举办的表演捐款，[8]但据我们目前所知，在罗马，荣誉捐款（*summae honorariae*）并不能用来作为加入祭司团的条件。据称，盖乌斯从克劳狄乌斯和其他渴望在他团体中担当祭司的人身上敲诈了 800 万 HS 或 1000 万 HS，不仅仅是这笔数目没有代表性，敲诈本身也没有代表性。[9]

关于竞技表演的实际花费和官员捐赠的数目资料很少。但是在塔西佗看来，举办一场角斗表演向财务官征收的费用足以让贫
60 困的候选人对职位望而却步。这样的困境也许解释了为什么元老

---

① 苏维托尼乌斯，《尼禄》4；狄奥 54.2.4；55.31.4；56.25.8；59.14.1—2；60.5.6。

② 狄奥 54.26.2 和 34.1—2；60.12.4—5 和 17.9。

③ 塔西佗，《编年史》11.11。

④ 关于他们竞技比赛的举办参见 *RG* 9.1；22.2；苏维托尼乌斯，《尼禄》4；埃比克提图 4.10.2；弗朗图，*Ad M. Caes.* 2.1.1＝p.24H；狄奥 56.46.4；75.4.3。

⑤ 狄奥 59.20.1—2。

⑥ 普林尼，《颂词》92.4—5；塔西佗，《历史》2.95；狄奥 56.46.4。

⑦ Martial 8.78；狄奥 56.1.1；60.23.4。

⑧ 比如塔西佗，《编年史》3.64；狄奥 58.12.5，更多参见 M. W. H. Lewis，《朱里亚-克劳狄王朝时期罗马官方祭司，在罗马的美国研究院论文和专著》（*The Official Priests of Rome under the Julio-Claudians*, *Papers and Monographs of the American Academy in Rome*）16，1955，第 19 页。

⑨ 苏维托尼乌斯，《卡利古拉》22；《克劳狄乌斯》9；狄奥 59.28.5。

院在尼禄上台后[1]很快就施压将这项规定废除了，重新获得自由。当举办表演义务的规定重新实施时，财产不多的元老如加维乌斯·克拉鲁斯需要凭“节约，对职责的专注和俭省”的借口，以免除作为财务官和市政官的义务。

就是举办表演的义务曾经让担任市政官职务的代价十分高昂。[2] 但如我们所知，从公元前22年起，奥古斯都将这重担转移到副执政官肩上。起初，他规定一个团体的所有成员必须捐赠同等数目的钱财作为国家拨款的补充——一种有意保护不那么富有的官员的做法。[3] 但是在公元前18年，他又允许副执政花销3倍于国家补贴的份额，如果他们愿意的话。[4] 就目前我们所知，承担各种不同节日的责任通常由传统的抽签方式决定。[5] 据说，加尔巴皇帝还在当副执政的时候就是以这种方式举办花神节的。[6] 即使副执政因某些原因在任时外出，他们还是有义务捐赠费用，如加维乌斯·克拉鲁斯和塞普蒂米乌斯·塞维鲁两人都是这么做的。[7]

《奥古斯都元老院管理人员日程》(*Fasti Antiates Ministrorum Domus Augustae*)[8]提供的一些资料告诉我们，从23年到37年国家拨给3个节日的款项：38万HS给阿波罗节(1天竞技场比赛+7天戏剧表演)；76万HS给罗马节(5天竞技场比赛+7天戏剧表演+2天盛宴+2天马力挑战)；60万HS给众民节(3天竞技场比赛+7天戏剧表演+2天盛宴+2天马力挑战)。另外，象征

---

① 塔西佗，《编年史》11.22和13.5。

② 参见狄奥53.2.2和54.11.1关于无法承担费用的官员的辞职，后者甚至是在公元前19年，奥古斯都变革后。

③ 狄奥54.2.4。

④ 狄奥54.17.4。

⑤ 狄奥59.14.2；60.31.7。

⑥ 苏维托尼乌斯，《加尔巴》6；狄奥58.19.1—2。

⑦ HA, *Sev.* 3.5；苏维托尼乌斯，《奥古斯都》43。

⑧ *Inscr. Ital.* XIII.2，第206页。

性的1万HS拨给奥古斯都节。我们不知道其他节日拨了多少款项，如果有的话。通常这些国家拨款不足以支付各种庆典的总开支。共和制的市政官毫无节制地花费以增加名望，从而有更多的机会当选副执政。一旦将责任转移给副执政，这样的激励作用就消失了，因为他们是否升任为执政官全由皇帝说了算。当然，比较
61 而言，吝啬也会遭到众人的反对。比如我们从塔西佗记述中得知，阿格里科拉担任副执政期间处理这种问题很明智："在赞助这些比赛和其他官场上的浮华活动时，他在冷静的理智和奢侈之间掌握了适中的尺度，一方面远算不上奢侈浪费，另一方面也很注重公众的看法。"①

马提尔的两首讽刺诗②也许可以为副执政从他自己口袋里掏出的捐款数目提供点线索。其中一首提及一位副执政官在竞技场的比赛中花了超过1万HS，而另一首诗则讲到为庆祝大母神节至少得捐赠10万HS，众民节也至少要花上2万HS。想想后面的两笔数目促使这位元老的未婚妻离开了他，并马上拿回了嫁妆！③ 但并不是因为如此大额的花费使得当时的副执政官凯基利乌斯·卡尔西库斯欠下共计400万HS的债。④ 我们也知道马提尔所说的数目普林尼完全有能力提供，不会有任何麻烦。比如，他很乐意地为一位来自科姆的朋友提供了30万HS。⑤ 与科塔·梅萨里奴斯（20年执政官）相比，他的私人赠礼算是少的。⑥ 科塔的自由民仆人在墓碑上用诗文感谢他慷慨赐予了超过一位骑士资格

① 《阿格里可拉传》6。

② 4.67；10.41.

③ 相反，图拉真给哈德良当副执政的200万HS显然是特别大的一笔款项，就像戈尔迪安在当执政官（HA，《哈德良》3.8；《戈尔迪安》4）时奢侈的花费一样。

④ 普林尼，《书信集》3.9.13。

⑤ 《书信集》1.19.关于普林尼的私人馈赠，参见R. Duncan-Jones，《经济》，第28—29页；关于副执政举办比赛，参见《书信集》7.11.4。

⑥ *PIR*². A 1488.

审核所需的资金，并且他的孩子也有幸得到了他馈赠的嫁妆。[1] 塞维鲁时期，两位元老显然也对他们的情妇表现出同样的慷慨。第一位元老庞修斯·保利努斯给他的自由民女人的赠款还引起了一场官司，赠款被指控违法，因为法律禁止夫妻间互赠礼物：但塞普蒂米乌斯·塞维鲁断定庞修斯是将那女人当情妇而不是妻子看待，因此可以赠礼。[2] 第二位元老科奇乌斯·卡西亚努斯更是让情妇的女儿和他自己的孙女一同继承财产。[3]

虽然有些元老没有感到压力，很显然为比赛表演捐款的要求确 62
实大大加重了很多元老的开支，甚至超出了承受的能力。[4] 从塞内加的一篇文中，我们可以推测，副执政的朋友为他的花费捐赠是正常的。[5] 这种赠礼似乎在别处提到过，2 世纪后期，马塞勒斯举过一个例子以引起讨论，说的是一个人在他遗嘱中规定他的继承人必须支付 40 奥里斯(aurei)金币给他妹妹的儿子“作为担任执政官的费用”(in honorem consulatus)。[6] 总的来说，这种做法类似给朋友的女儿赠送嫁妆费，上文已有提及，或如一位有名望的人房子给火烧掉后给他重建费和装修费，尤韦纳尔很嫉妒地提到过这个例子。[7]

---

① *ILS* 1949. 与普林尼不同，Cotta 有一个儿子(*PIR*[2] A 1486)，但无疑后者在他的父亲在职时花天酒地和不顾后果地奢侈浪费之后，需要尼禄的帮助。参见附录 2。

② Ulpian，*Dig*. 24. 1. 3. 1.

③ Papinian，*Dig*. 34. 9. 16. 1. 相反，M. Otacilius Catulus(88 年补任副执政)只有 2 万 HS 给情妇(Celsus，*Dig*. 31. 29 pr.)。

④ 必须说大概 10 万到 12 万 HS 的数额与约 177 年元老院角斗的花费(*sententia prima de gladiatorum sumptibus minuendis*)相比还不算高到无法支付，当中公共职责的各种项目最高花费达 15 万到 20 万 HS 以上(*Aes Italicense*，第 29—35 行，*Hesperia* 24，1955，第 332 页)。不管怎样，这种比较不应该着重。Martial 的数字和第一发言人意见之间有 80 年左右的差距。并不完全清楚是否一个人要担负公共职责的所有花费，不管怎样，有理由相信大多数公共职责的花费远远不止一点，参见 R. Duncan-Jones，《经济》，第 245—246 页。

⑤ *De Benef*. 2. 21. 5.

⑥ *Dig*. 35. 1. 36 pr. 做儿子的显然还是指定执政的时候承担了一次公共职责。

⑦ *Sat*. 3. 212—222 和 *PIR*[2] A 1268 和 F51。

这些馈赠自然让受益人有回报好意的义务，[1]但它们也说明了元老阶层紧密的关系。

毫无意外，那些扩大比赛规模或增加比赛项目的皇帝难以得到元老的感激。[2] 康茂德要求所有的元老、他们的妻子和孩子每年为他的生日捐赠两奥里斯(aurei)金币，为此被人痛恨。[3] 皇室消减节日天数的做法让元老松了口气。[4] 从 217 年起，显然副执政官也不必再为他们举办的比赛捐款，除了花神节外。[5]

有些元老入不敷出，不得不辞职。[6] 尼禄统治早期，副执政官法布里修斯·维恩托觉得养马人和马车手的要求让人难以忍受，
63 于是削减了费用，改为赛狗。[7] 如我们所见，在 2 世纪中期肯定是为了解决这样的难题，安东尼·庇乌斯才允许做妻子的给他们的丈夫赠礼以支付比赛的费用。在皇帝中，奥古斯都自己定下规矩帮助那些无法支付比赛的官员(可以推测多是副执政官)。根据《奥古斯都功业录》记载，他声称替别人支付过 23 场比赛——是因为他们离开了，[8]或者如苏维托尼乌斯所言，是因为他们缺钱。[9] 克劳狄乌斯也同样帮助过一位副执政官。[10] 从 2 世纪开始，这种

---

① 狄奥 57.8.6。

② 比如，参见 R. F. Newbold，“这种事情成了盖乌斯和元老院之间的问题”(The spectacles as an issue between Gaius and the senat)，《阿非利加古代联盟会议》(*Proceedings of the African Classical Associations*)13，1975，第 30—35 页；*Inscr. Ital.* XIII. 2.，第 373—375 页。

③ 狄奥 72.16.3。

④ 比如，参见塔西佗，《编年史》13.41；《历史》4.40；狄奥 60.17.1；68.2.3；78.17.1；HA，《马库斯》10.10；《佩蒂纳克斯》15.5。

⑤ 狄奥 78.22.1。

⑥ 关于执政官的辞职，参见狄奥 60.27.2。

⑦ 狄奥 61.6.2 和 8.2，关于演员要求更高的报酬，参见塔西佗，《编年史》1.77；狄奥 56.47.2。

⑧ 22.2.

⑨ 《奥古斯都》43。

⑩ 狄奥 60.31.7。

帮助执政官和副执政官的方式取代了以前在资格审核时资助他们的传统。[1] 同样，除了荣誉之外，也可能是为了替他们省下拉票和担任公职的费用，一些皇帝直接选拔一些元老担任更高职位。比如至少2世纪时，不太可能是因为预料到选举竞争的激烈促使了两名财务官的直接选拔：尤利乌斯·尤利安[2]和克劳狄乌斯·沙拉克斯。显然，没有哪个有财务官职的人为了当上市政官或保民官，也就是达到晋升的目的，会有特别的困难。[3]

除了朋友和皇帝的帮助，元老在他职业最需要的那些阶段不可能有更多的直接经济援助。到元老院上任当然一直都没报酬。[4]罗马元老官员担负的职责是没有工资的。至少狄奥暗示了克劳狄乌斯时期设立的财务官(quaestores aerarii)领取工资的做法很特殊。[5] 相反，我们可以猜测，在国外就职的财务官确实定期领取工资。帝国制的后半期皇室使节侍从(comites of imperial legati)无疑还有行省总督肯定也有工资，[6]当然，相比较而言，他们的职位很 64
少会比副执政官低，因此大多数本来已经有大笔花费了。但更常见

① 弗朗图，*Ver. Imp.* 2. 7. 6＝p. 128H；狄奥 80. 5. 1；HA，《哈德良》3. 8；7. 10；《安东尼》8. 4；《马库斯》2. 5；*Sev. Alex.* 43. 3—4。

② *PIR*^{2} I 366.

③ 不管怎样，直接选拔的财务官克劳狄乌斯·塞维鲁，财务官库尔提乌斯·尤斯图斯都分别被图拉真(?)和哈德良直接选拔为保民官：参见 *PIR*^{2} C 1613；H. Halfmann，《元老》，注释 39。

④ 关于卢斯提乌斯·凯皮欧遗嘱中让人好奇的条款的讨论，它可能是个例外(苏维托尼乌斯，《图密善》9)，参见第一章，第二节。

⑤ 60. 24. 2. 付给 Salvius Julianus 作为宣读皇帝谕令的官员的工资是个谜(*ILS* 8973，"... quaestori imp. Hadriani, cui divos Hadrianus soli salarium quaesturae duplicavit propter insignem doctrinam ...")，相关的是他可能 131 年在埃及陪伴过哈德良，因此像行省财务官一样领取工资？关于他的职业难题，包括这一点，主要参见最近资料，D. Nörr，"Drei Miszellen zur Lebensgeschichte des Juristen Salvius Julianus"，选自 A. Watson 编辑，*Doube Noster*: *Essays in Legal History for David Daube*，爱丁堡和伦敦，1974，第 233—252 页。

⑥ Papinian，*Dig.* 1. 22. 4；参见 Modestinus，同上，4. 6. 32。

的是，所有在国外任职的元老总能找到各种众人熟知的渠道额外赚钱，如果他愿意冒点小风险的话。[①] 在罗马，那些腐败的市政官和副执政官也可以从职位中捞取好处。[②] 公元2世纪中期，维努勒乌斯·萨图宁一边说城中官员不得受贿，一边又特别强调赠礼的限额一年是1万HS。[③] 不管怎样，通常一位元老只有在当上副执政官后才够格担任真正有报酬的岗位，这当然更加凭他的运气和皇室的宠幸。所有副执政官，除了贵族外，当上执政官后首先会担任至少一个带薪职位，为期两到三年。这也是比起副执政官较少听说执政官在支付花费方面有困难的原因之一。比如，229年，在狄奥担任第二任执政官时，皇帝为他支付花费被看作是一种荣誉，而不是解救他的贫困。[④] 普林尼曾描述过担任公职是作为在担任副执政和早期官职时候表现优异的一种回报（praemium）。[⑤] 因此，当霍斯提留斯·菲米努斯，遭贬斥的阿非利加总督马吕斯·塞赫斯的使节，被认为没有资格抽签担任任何行省的总督时，普林尼很同情他的困境，即使判决看起来很宽容：为此，如他所说，霍斯提留斯被剥夺了担任元老职位的好处，但并没有免去他的苦差和困窘。[⑥]

虽然关于这个话题的讨论，和其他话题一样，很不幸只能建立在零星的印象上，但很明显任何从事元老职业的人不可逃避地摊上了大笔的花销。即使节俭，要在罗马城及其周边得到并保留一处或多处住所，过上舒适的生活，为官职拉票，为官员举办的比赛做必须的捐赠也是非常昂贵的。从意大利以外的地方来的新成员可能会发现最初的开支特别高昂，毕竟在2世纪实施的规定要求他们将财产的

① 塔西佗，《阿格里可拉传》6；普林尼，《书信集》4.9.1和6。

② 塔西佗，《编年史》14.41；苏维托尼乌斯，《图密善》8；HA，《马库斯》12.4。

③ *Dig.* 48.11.6.2.

④ 狄奥80.5.1。

⑤ 《书信集》8.24.8。

⑥ 《书信集》2.12.3。

一部分投放在意大利。在所有元老中只有一小部分凭着运气和能力
才能得到为他们的花销给予丰厚回报的职位，即使那样花费和回报 65
中间的间隔总是很长。难怪在帝国制时期很多元老当了告密者，总督也继续敲诈外地人来偿还债务，就像以前在共和制时那样。

第四节 其他要求

我们已经对元老职业的财富要求和元老不可避免的支出有了初步印象，接下来要详细讨论便是元老院会议，可想而知元老们在当中度过了大量时光。重要的是要知道参加会议只是众多义务中的一项。要对元老生涯有正确的了解，先考察对他们正式和非正式的其他要求很重要。

一个没有抱负的人，追求享受安静的生活，不愿受人瞩目是不适合从事元老职业的。必须承认，一旦当选财务官，享有在元老院的终身职位，就没有人会再强迫你升任更高的职位：正如乌尔比安说，“一个人可以成为元老而不再追求更高的荣誉”。[①] 我们确实知道有两个人在当上财务官后就不再尝试晋升。[②] 但很难说其他很多人当上元老后也只想待在元老院最低的职位。不论如何，如我们所见，在帝国时期，晋升到副执政越来越容易。当然，更高官职的补充也有很惨淡的时候，如果低级元老整体反应冷淡的话。但事实上，大多数人还是一直和众人期待的那样希望得到晋升，不管花费多少工夫和钱财。

因此，元老是个服务他人的高尚职业，他们要履行“公共职责”。[③] 带着这些想法，普林尼的一封信中描述了他在拜访一位杰出的已

① *Dig*. 48. 22. 7. 21.

② 参见第一章，第二节。

③ 关于这个说法参见塔西佗，《编年史》15. 19；16. 27；弗朗图，*Ad Ver*. *Imp*. 2. 7. 5＝p. 127 H；Livy 27. 34。参见 Pausanias（5. 24. 4）随意区分罗马居民和元老——后者显然被当成是另一群人。

退休的执政官维斯特里修斯·斯普林那后受到了很大鼓舞,他继续写道:

> 当时我已经百务缠身,但斯普林那再次给我作出榜样,让
> 66 我安心,因为他也接受了公共职务,担任元老官职,管理行省,这么做只是因为荣誉所在,所以说他现在退休了,那是艰苦工作换来的。我也决心要以他为标尺,为自己定下目标,你可以当我的见证人……①

不可避免,这样的"标尺和目标"要有一定的雄心,也就是当时哲学家的绝望。塞内加本人就是元老院的一员,他说没必要妒忌执政官,因为他将会浪费掉自己的所有岁月来换取以自己名字命名的一年。② 他以讽刺的手法描述了普遍感到不满足的情况:

> 他给了我副执政的职位,但我原想要的是执政官;他给了我十二束棒,但没能让我当成常任执政官;他愿意以我的名字命名年份,但在祭司职位这点上让我失望;大家都选我加入元老团,但为什么只加入一个元老团呢? 他给我带来了最高荣誉,但他对我的财富什么贡献都没有;他给我的是不得不给的——他没有从口袋里掏出过任何东西。③

普鲁塔克以类似的风格感叹希腊同胞的雄心:

> "可他是个萨索斯人",人家会这么说。但是还有其他人:

---

① 《书信集》3.1.11—12;4.23.2。

② 《论生命之短暂》20.1。

③ *De Ira* 3.31.2.

> 开俄斯岛人,迦拉太人或俾泰尼亚人,他们并不满意在自己同胞中分享到多少名声或权利,反而哭泣流泪,因为没能穿上贵族身份的鞋,即使穿上了这样的鞋,他们还是会哭泣,因为还没当上罗马的副执政;假如当上了副执政,又要为不是执政官而哭泣;如果当上执政官,他们还是会哭泣,因为不是第一个而是后一个当选。①

我们已经知道担任官职需要时间和金钱。全心全意为了他人的事情,却忘了自己的事,埃比克提图正确地指出这是元老职业要求中最突出的:"……你当元老要当一辈子。你难道不知道担任此职的人极少关注自己的家庭事务,大部分时间都不在家,要么去指挥别人,要么听从别人的指挥,或者在某个公务职位上,或者在军队里,又或者坐在法官椅上?"②

塔西佗称颂维斯帕先的哥哥弗拉维乌斯·萨比努斯担任了 35 年公职,③而凯西纳·塞维鲁宣称在奥古斯都和提比略统治时在行省服务了 40 年。④ 长久明显的缺席肯定很特殊,但 20 个副执政中有 12 个左右每年任职期间都会定期在国外度过。事实上,多数副 67
执政以上的可选岗位都在行省担任,而不是在意大利,就是说,那些职位上升到这个高度的人迟早都会按要求在国外度过一段时期。⑤塔西佗哀叹任副执政时离开罗马太久,无法在岳父阿格里科拉生

① *De Tranq. Anim.* 10=*Mor.* 470 C.

② 3.24.36.

③ 《历史》3.75。

④ 塔西佗,《编年史》1.64;3.33。

⑤ 例外参见 R. J. A. Talbert,"小普林尼担任比提尼亚-蓬托斯总督"(Pliny the Younger as governor of Bithynia-Pontus),选自 C. Deroux 主编,《拉丁文学和罗马历史研究 II》(*Studies in Latin Literature and Roman History* II),《拉托姆斯集》(*Collection Latomus*) 168,布鲁塞尔,1980,第 417—419 页。根据狄奥的记载(58.24.3),Mamercus Aemilius Scaurus(*PIR*^{2} A 404)从来没有管理过行省:但他这个例子是出于提比略的敌意。

命的最后 4 年中见到他。[①] 然而，最痛苦的是那些外地的元老，他们没有选择完全搬迁到意大利，因此在那或在别处任职的时候，被迫忍受长期和在家中的妻儿分离。[②]

在罗马，元老的正式义务无疑决不限于出席元老院。当皇帝在他住处的时候，所有元老需要不时登门拜候，即使在小圈子里他们会保持更紧密的联系。因此，66 年，尼禄皇帝巡游希腊时，维斯帕先没有理会他的行程，从而冒犯了他。维斯帕先不仅被禁止和士兵同住，而且不能参加众人的拜谒礼仪。[③] 据普鲁塔克所记述的一则不完全的轶事说，奥古斯都统治末期，当法比乌斯·马克西姆斯和往常一样参加拜谒礼时，皇帝断绝了他们之间的友谊，因为法比乌斯背叛了信任。[④] 皇帝正式和朋友断绝关系的决定自然包括不能再进他的门。[⑤]

从公元前 12 年起，奥古斯都免除了元老院每次开会时的拜谒礼，以免耽搁会议。到他特别年迈的时候，干脆将其取消了。[⑥]然而，莉维亚还是继续接受元老院的问候。[⑦] 作为皇帝，提比略显然企图简化事务，但有一段时期，元老们发现他们必须等着拜谒他和塞扬努斯。[⑧] 尼禄被人称赞能够不凭提示就认出拜谒他
68 的人，但是因为接待元老时穿着随便而冒犯了他们。[⑨] 在尼禄去

---

① 《阿格里可拉传》45。

② 关于这样的孩子(阿格里可拉和狄奥·卡西乌斯也在其中)，参见 W. Eck in *Festschrift F. Vittinghoff*，第 284 页，注释 11。

③ 苏维托尼乌斯，《维斯帕先》4。关于维斯帕先自己统治时期更局限的圈子，参见同上 21；普林尼，《书信集》3.5.9。

④ *De Garull*. 11＝*Mor*. 508 A-B；参见塔西佗，《编年史》1.5；PIR^{2} F 47。

⑤ R. S. Rogers，"The emperor's displeasure-amicitiam renuntiare"，*TAPA* 90，1959，第 224—237 页。

⑥ 苏维托尼乌斯，《奥古斯都》53；狄奥 54.30.1；56.26.2—3；56.41.5。

⑦ 狄奥 57.12.2。

⑧ 狄奥 57.11.1 和 21.4；塔西佗，《编年史》4.74。

⑨ 苏维托尼乌斯，《尼禄》10；狄奥 63.13.3。

世后和加尔巴上任前的那段时期,禁卫军首领尼姆菲迪乌斯·萨比努斯企图将权利掌握在自己手中,普鲁塔克特别指出元老院成员每天到他门口聚集。① 在69年中,问候凯西纳和瓦林斯的人排成长队,因为维特里乌斯没什么皇帝威信。② 更往后,普劳蒂亚努斯是另一位元老等着拜见的禁卫军首领。③

在普林尼的《颂词》48章中,他比较了拜谒图密善的痛苦和觐见图拉真的快乐。当然,尤韦纳尔描述说,图密善在他阿尔巴的郊区住宅并不接见元老,而扛着巨大的大比目鱼的渔夫却可以进去!④ 如果在这一点上我们可以相信普林尼,那么看来在图密善时期分等级接见在皇室中还是普遍存在的。塞内加曾提及奥古斯都如何从敌人那里征召可以"优先觐见的所有幕僚(*tota cohors primae admissionis*)"⑤,这或许显示着这一习俗较早的迹象。据老普林尼所言,克劳狄乌斯给那些亲近的人分发了金指环,允许他们任何时候都可以觐见,但维斯帕先废止了这种做法。⑥ 小普林尼的记载也告诉我们,在涅尔瓦和图拉真时期,所有接见的等级规定都给废除了。⑦ 然而,这些规定可能又得以重新实施。至少我们发现副执政普罗提乌斯·萨比努斯在其墓碑上刻写下了其"也享有对安东尼·庇乌斯·奥古斯都皇帝的二等觐见权"。⑧

在同一时期,弗朗图定下每天拜谒和陪伴奥略留的规矩,认为

---

① 《加尔巴》8。

② 塔西佗,《历史》2.92。

③ 狄奥 76.5.3—4。

④ *Sat*. 4.64.

⑤ *De Clem*. 1.10.1. 参见 C. Caesius. Niger,一位骑士,曾是奥古斯都或提比略时期(*ILS* 1320)的"ex prima admissione"。

⑥ 《自然史》33.41。

⑦ 《颂词》47.4—5。

⑧ *ILS* 1078.

这些表现是元老有资格升任的条件：而演说家本人在这方面却不怎么用功，尽管他为自己争辩。[1] 狄奥说，康茂德会穿上去圆形剧场的服装接见元老。[2] 后来，将皇权交给狄第乌斯·朱利安后，元
69 老们集体——狄奥也在其中——在早上去拜见他。[3] 我们有足够的资料证明卡拉卡拉 214/215 年冬天在尼克米迪亚，216 年 5 月在安条克的时候，[4]保留了拜谒礼。在前一个例子中，狄奥描述了（还是凭他个人的经历）卡拉卡拉是如何让元老等上一整天，最后却谁都不见的情形。[5] 在罗马，当卡拉卡拉外出的时候，茱莉亚·多姆娜倒成了要元老等待问候的人。[6] 最后一个例子是埃拉加巴鲁斯，他在接见元老的时候斜躺着，冒犯了他们。[7]

元老问候皇帝被看作他们的日常工作之一，不用说，在重大场合，他们肯定也要出席。在公元前 4 世纪奥古斯都给昔兰尼的《元老院法令》副本中，很突出的一点是，挑选参加紧急听审外国人索贿罪的元老可以免去所有的公共职责，公共祭拜除外，直到听审结束作出裁决。[8] 同样，19/20 年间，一块所谓的赫巴铜板（Tabula Heban）记载了元老阶层所有成员都要（虽然不是实际要求）参加日尔曼尼库斯骸骨的葬礼，除非是生病或家人去世而不能出席。[9] 所有身体状况良好的元老必须出席重大场合，这点在普林尼的信件中也有例证。老执政官希利乌斯·伊塔利库斯早

---

① 参见 *Ad M. Caes.* 1. 3. 4＝p. 3H 和 E. J. Champlin，《弗朗图和安东尼时期的罗马》(Fronto and Antonine Rome)，第七章，特别是第 97—98 页，关于 Marcus 作为皇帝的问候礼，参见狄奥 71. 35. 4。

② 72. 17. 3.

③ 狄奥 74. 13. 2；HA，*Did. Jul.* 4. 1。

④ *SEG* 17. 759，第 1 卷，第 2—3 行；参见 *CJ* 9. 51. 1。

⑤ 77. 17. 3.

⑥ 狄奥 77. 18. 3。

⑦ 狄奥 79. 14. 4。

⑧ *FIRA*^{2} I no. 68 V 第 134—136 行。

⑨ *EJ* 94a 第 54—57 行，Oliver 和 Palmer 修改。

就过了退休的年龄，在 99 年图拉真当上皇帝第一次到罗马的时候住在坎帕尼亚。普林尼写道：“他一直待在坎帕尼亚家中，甚至新皇帝来了也不愿意出门：这件事反而显得皇帝宽宏大量，允许他随心所欲，伊塔利库斯也足够有胆量利用这点自由。”①如果就连希利乌斯也本应去罗马迎接皇帝，那其他还身在其位的元老该出席多少场合。出于相同的理由，对霍斯提留斯·菲米努斯，一位遭贬斥的阿非利加总督使节的判决，普林尼的看法②是值得注意的。他反思说，如果采用完全开除霍斯提留斯的提议，事情会好很多，但他只是被罚没有资格抽签到行省担任官职，这样一来，他就无法以退休的借口避而不见众人，而是成了一位打上烙印暴露在公共视野中的人。

也许我们最常见到的是元老在皇帝进罗马城(adventus)和离
开罗马(profectio)的时候在场。也可以指定一个或几个人代表元 70
老院出席，但那是例外的做法，另作别论。③ 其实根本没必要这么要求，每个在城中身体状况良好的元老都清楚皇帝的到来和离开不管怎样都是必须出席的场合，一来遵循传统，二来表示尊重。我们有非常多关于阿瓦尔兄弟祭司团(Arval Brethren)为这些场合起誓并履行誓言的事例。④ 更具体的例子是，公元 9 年，提比略从伊利里库姆回来时为他举办欢迎仪式。⑤ 日耳曼尼库斯死后，⑥阿格里皮娜在 20 年回到罗马，执政官、元老院成员和其他很多人都出来迎接她。59 年尼禄的母亲死后，第一天到罗马时元老集体

① 《书信集》3.7.6—7。

② 《书信集》2.12.3。

③ 参见第十四章，第一节。

④ *Arval Acta*，9c 段，第 15—17 行；26，第 35—36 行；34，I 第 77 行；35；47，第 14 行，第 21—22 行，第 40—41 行；55，第 26—30 行，40ff.；56，第 41 行；60，II 第 24 行。参见塔西佗，《编年史》3.47。

⑤ 苏维托尼乌斯，《提比略》17；狄奥 56.1.1。

⑥ 塔西佗，《编年史》3.2。

出席迎接他，68 年从希腊回来时也是如此。[1] 据苏维托尼乌斯说，[2]64 年在维斯塔神殿举行仪式的时候，尼禄受了惊，放弃了那天启航访问埃及的计划。66 年，尼禄一直走到那不勒斯去接见提里达提斯，并在罗马受到隆重接待——但对元老和其他必须出席的人来说，这比以往累得多，因为天气不好，接待推迟了。[3] 69 年，维特里乌斯来到罗马的时候，元老和骑兵都出来迎接他；[4]后来，他打算退位时，很有趣的是“众元老”马上跑去了维斯帕先弟弟弗拉维乌斯·萨比努斯的住处。[5] 当中有些元老是在 69/70 年冬天漂洋过海到亚历山大港支持维斯帕先的，而其他则在后来无需催促不畏远途走出罗马城——有些甚至远至布林迪西——来迎接他返回意大利。[6] 马提尔凭想象描述了全城民众出来迎接图拉真第一次到罗马当皇帝的情景，[7]狄奥则阐述了后来很多人打算在离城相当远的地方迎接他从东方回来。[8] 180 年康茂德以及 193 年塞普蒂米乌斯·塞维鲁到来的时候，元老也肯定出来迎接了，193 年那次，狄奥也是当中一员。[9]

71 相反，40 年盖乌斯作战回来时明确规定元老不许出来迎接。[10]而尼禄在他到来和离开的时候却没有按规矩赐吻元老，得罪了他们——与图拉真 99 年更亲善、更得体的表现形成对比。[11] 我们已经见识了他在 99 年到罗马当皇帝时宽恕年迈的执政官希利乌

① 塔西佗，《编年史》14.13；狄奥 63.20.5。

② 《尼禄》19；塔西佗，《编年史》15.36。

③ 塔西佗，《编年史》16.24；苏维托尼乌斯，《尼禄》13；狄奥 63.2 和 5。

④ 塔西佗，《历史》2.87 和 89。

⑤ 塔西佗，《历史》3.69。

⑥ 塔西佗，《历史》4.51；Josephus，*BJ* 7.68—74；狄奥 66.9.3。

⑦ 10.6.5—8. 参见普林尼，《书信集》10.10.2。

⑧ 68.29.3.

⑨ 哈德良 1.7.3；狄奥 75.1.3—5。

⑩ 苏维托尼乌斯，《卡利古拉》49。

⑪ 苏维托尼乌斯，《尼禄》37；普林尼，《颂词》23.1。

斯·伊塔利库斯呆在坎帕尼亚不来接见，显示了他的友善。①

除了皇帝的进城出城外，元老在其他重大场合也得集体出席，特别是庆祝胜利，队列行进既缓慢，又累人。② 他们还要出席葬礼、比赛和宴会。③ 适当之时，会为他们预先安排座位。④ 然而，他们出席的明确证据比我们期望的要薄弱，但是当时的作家对此大都想当然。⑤ 不管怎样，元老一定会被邀请参加艺术性的隆重仪式，比如公元前 13 年 7 月 4 日的和平女神祭坛(Ara Pacis)献祭。⑥与公众宗教礼仪相关，在哈德良时期的献祭助理团(collegium victimariorum)完全应该服务"皇帝、祭司、元老和元老院"。⑦ 奥古斯

---

① 关于皇帝的进城和出城，亦可参见马提尔 8. 65；HA，*Marcus* 8. 10；以及罗马文书院宫弗拉维乌斯的浮雕，J. M. C. Toynbee 在"查尔顿关于艺术的演讲"讨论此点时尖锐地评论过(牛津，1957)。在两个浮雕中都出现了元老院的样子。关于整个主题，更多可参见如 T. E. V. Pearce，*CQ* 20，1970，第 313—316 页(进城)；I. S. Ryberg，《罗马艺术中的国家宗教仪式》(Rites of the State Religion in Roman Art)，*MAAR* 22，1955，第九章；T. Hölscher，《维多利亚罗曼娜》(*Victoria Romana*)，Mainz，1967，第二章。G. Koeppel，"出城和进城"(Profectio und Adventus)，*Bonn. Jahrb.* 169，1969，第 139—194 页，还有碑刻和钱币上的丰富资料，这里不作充分讨论。

② 苏维托尼乌斯，《维斯帕先》12。

③ 比如，可参见 Statius，*Silv.* 1. 6. 44；4. 2. 32—3；Martial 8. 50；Josephus，*AJ* 19. 75；苏维托尼乌斯，《卡利古拉》17 和 58；《图密善》4 和 7；狄奥 57. 12. 5；59. 11. 3；60. 7. 4；*Fast. Ost.*，*Kal. Mart*，112。

④ 参见上文第一节。

⑤ 但是，可参见 Ovid，*Tristia* 4. 2. 15；*Consolatio ad Liviam* 202—204；[塞内加]，《奥塔维亚》(*Octavia*)699—702；苏维托尼乌斯，《卡利古拉》16；埃比克提图，*de Caes.* 13. 11。

⑥ J. M. C. Toynbee，"重审 Ara Pacis 和意大利罗马的历史艺术"(The Ara Pacis reconsidered and historical art in Roman Italy)，*Proc. Brit. Acad.* 39，1953，第 67—95 页中的第 72 页。更多可参见 G. Forni，*Enciclopedia dell'* arte antica classica e orientale，7，1966，s. v. senato.，第 192—196 页；总体可参见，比如 R. Brilliant，《罗马艺术中的姿态和等级，康乃狄克艺术和历史研究院的研究报告》(*Gesture and Rank in Roman Art*，*Memoirs of the Connecticut Academy of Art and Sciences*) 14，1963，从 1 世纪晚期起，元老院经常被守护神所代表：参见 H. Kunckel，《罗马守护神》(*Der römische Genius*)，海德堡，1974。

⑦ *ILS* 4963；参见 S. Weinstock，*PW* 8 A，s. v. Victimarius，第 2483—2485 卷。

都的葬礼上甚至佩剑士兵(Principes)的子女也提议要出席。① 众
72 民节时,元老自己,他们的妻子、儿女肯定是要出席的。② 相反,尼禄两次禁止特拉塞亚·培图斯出席对他是一种严重的侮辱,第一次是在 63 年元老院全体去安提乌向皇帝祝贺女儿诞生的时候,第二次是在 66 年隆重迎接提里达提斯到达罗马的时候。③ 65 年,卡西乌斯·朗吉努斯也被禁止参加波比亚的葬礼。特拉塞亚也缺席葬礼成了后来引起抱怨的原因。④

从个人经验中,狄奥生动地描述了 2 世纪晚期、3 世纪早期元老必须参加各种仪式的情景——"我们元老",他这么称呼他们,唤起了关系紧密的成员间的"团队精神"。康茂德在竞技场射倒野兽的时候,他们在场,接着还和他们一起观看角斗比赛。⑤ 狄奥说道:"皇帝在决斗的时候(以角斗士的身份),元老和骑兵总要在场。"只有克劳狄乌斯·庞佩亚努斯因为缺席而显得很突出。而其余人不管怎样都会遵照命令大声欢呼,并在看到康茂德的疯狂,作出滑稽动作的时候,试图掩藏对他既感到好笑又害怕的复杂感情。⑥ 后来,埃拉加巴鲁斯身边的元老在他私下组织战车"比赛"时,他们也得到场。⑦ 狄奥在讲述塞普蒂米乌斯·塞维鲁安排佩蒂纳克斯葬礼的时候,仔细描写了元老院的角色。最后他还提到在 202 年卡拉卡拉皇帝和普劳蒂亚努斯的女儿成婚时宴请了整个元老院。⑧

几乎没有必要再提元老在罗马和别的地方都有相当多需要履

---

① 苏维托尼乌斯,《奥古斯都》100;哈德良 4.2.4。

② G. B. Pighi,《百年节》(*De Ludis Saecularibus*),第 2 版,阿姆斯特丹,1965,第 237ff.、292—294 页;关于元老儿子的此类参与,参见苏维托尼乌斯,《卡利古拉》16。关于《百年节》的概要,参见 G. B. Pighi.,*Diz. Epig.* IV,第 2106—2125 页。

③ 塔西佗,《编年史》15.23;16.24。

④ 塔西佗,《编年史》16.7 和 21。

⑤ 72.18.2; 19.5.

⑥ 72.20.1—21.3.

⑦ 狄奥 79.14.2。

⑧ 75.4.4—5.5; 76.1.2.

行的公共职责。我们已经知道元老、祭司、行政的和军队的岗位,但还有其他一些岗位需要简单提一下,包括两个和元老儿子有关的职位。也许最大的荣耀就是成为皇帝的私人顾问——通常只有一小部分核心元老才能得到这一殊荣,其他人如果有的话也很少。顾问团的大小和组成肯定经常变换,完全取决于皇帝在哪里。[①] 唯一一次提到顾问团总数为 36 人是在克劳狄乌斯听审某个案件的时候,[②]还有一次提到是的 11 人,在图密善时期,而那是尤韦纳尔在讽刺诗第四章中猜想的。[③] 当然,顾问不仅仅局限于元老,但毫无 73
疑问他们通常占据了大多数。至少进入 2 世纪早期后,元老也被邀请出席罗马法庭审问处(quaestiones)。有多少人参与不清楚,但有理由相信总数包括了在任元老的相当大的一部分。相反,执政官只指定 5 位元老和 5 位骑兵组成罗马顾问团,他们定期会面,听审解放奴隶的一些申请。[④] 然而,在其他地方,如我们所预料,所有在国外行省的元老,不管出于什么理由,都够格受邀参加当地元老的听审,正如奥德斯提努斯[⑤]建议的那样。在元老各种混杂的事务中,我们应该注意到经常要派 4 个元老的儿子参加阿瓦尔兄弟祭司团的仪式,[⑥]而按照传统规定,会选一位元老的小儿子担任每年罗马节日总管(Praefectus Feriarum Latinarum)的荣誉岗位。[⑦]

---

① 关于此话题的讨论,参见 J. Crook,*Consilium Principis*,剑桥,1955,第 59 页。

② H. A. Musurillo,《异教殉道者法案》(*The Acts of the Pagan Martyrs*),no. 4,第 2 卷,第 5—7 行。

③ 比较 177 年显然有 12 位皇帝顾问见证了罗马居民身份的批准(AE 1971,534)。

④ 盖乌斯,*Inst.* 1. 20;乌尔比安,*Reg.* 1. 13(用现在时);*Dig.* 1. 10. 1. 2。

⑤ *Dig.* 48. 1. 12 pr.

⑥ 很多 *Arval Acta* 中的引用(比如,第 41 段,第 9—10 行);*Diz. Epig.* I.,第 688—689 页。

⑦ 关于列表和讨论,参见 S. Panciera,"L. Pomponius L. F. Horatia Bassus Cascus Scribonianus",*Atti della Pontificia Accademia Romana di Archeologia*,Rendiconti 45,1972/1973,第 105—131 页。关于禁卫军(Prefect)是否有权召集元老院会——一个纯粹的学术问题,参见 Gellius 14. 8. 1—2。

元老不仅有公共责任和对皇帝的义务，他也会得到其他人的照顾。当然，杰出的元老也行拜谒礼，而且问候的人还会挤满整个屋子。当代的人会觉得这种问候非常肤浅和累人——不仅是被问候的人，还有那些问候他的人。① 然而，礼仪也并不完全是浮泛的做法。如果克劳狄乌斯禁止士兵参加元老的拜谒礼，那可能是要阻止他们进行颠覆政权的讨论。② 普林尼谈起年迈的执政官希利乌斯·伊塔利库斯的时候认为他毫无诚意："作为市民的领导人之一，他既没有影响力，也没有煽动不良思想，别人等着问候他，拜访他，他经常在挤满人的房间里一连几个小时呆在躺椅上，而那些来访者也没有考虑过他的级别。"③普林尼一次回到家乡科姆(Comum)接见别人问候的时候，才发现当地的父母都将自己的儿子送到米迪兰
74 姆去受教育，并在那里资助建立了一所学校。④ 相反，塞内加 62 年的时候不再接待来问候他的人，表示已经退休不再参与公共生活。⑤

当杰出的元老在公共场合出现的时候，他也需要随从跟着，为了安全，也为了显耀。⑥ 因此，我们听说 69 年的时候，奥索在宫殿设晚宴招待要人和他们的妻子，都有"亲友团"和"经常服侍的人"跟着。⑦

还有，和其他有地位的罗马人一样，元老也会被要求帮助朋友和委托人，因为他们的社会地位各不相同，甚至要分成不同类别。⑧

---

① 塞内加，《书信集》*Mor.* 19. 11；Columella，*De re rust*. I. Praef. 9；普鲁塔克，*de amic. mult.* 3=*Mor.* 94 B；Lucian，*Nigrinus* 22—23。

② 苏维托尼乌斯，《克劳狄乌斯》25。

③ 《书信集》3. 7. 4。

④ 《书信集》4. 13. 3。

⑤ 塔西佗，《编年史》14. 56。

⑥ 苏维托尼乌斯，《维斯帕先》2，"anteambulo fratris"；普林尼，《书信集》3. 14. 7；Lucian，*Nigrinus* 21 和 34。

⑦ 塔西佗，《历史》1. 80—81。

⑧ 普林尼，《书信集》2. 6. 2；7. 3. 2；9. 5. 3；9. 30。苏维托尼乌斯(《奥古斯都》74)评论奥古斯都在就餐时对等级的严格对待。

特拉塞亚甚至在他不再出席元老院时还继续帮助委托人而犯下过错。① 招待客人，甚至为他们提供膳宿是很重要的：肯定是因为这一点，富有、长寿的执政官和罗马总督沃卢修斯·萨图宁乌斯才在罗马殷勤款待了一位自由民。② 有一次晚宴，普林尼发现自己被安排坐在法迪乌斯·鲁菲努斯旁边，他带了个跟随，是他的同乡，第一次来到首都，这个例子很典型。③ 写信推荐下属或支持朋友申请这样那样的职位或荣誉在普林尼和弗朗图的通信中很常见。同样，两人都竭力帮助那些贫困的人或为在公共生活中维持职位需要支付高昂费用的人。仅说经济状况，如果认为他们两人很穷是很荒唐的，即使以罗马上层阶级的标准来衡量。但他们的困难可能更多地在于向他们求助的人太多，为了不浪费钱财，不让太多求助的人失望，他们的请求确实要仔细审核，并且要作出痛苦的选择。有个极端的例子，佩蒂纳克斯传说在当上皇帝的时候大大冒犯了他的家乡人：他们成群结队地向他要求职位或帮助，请求没有满足时都很失望。④

我们可以用两篇当时人写的文章作为结尾，它们出色地总结了加诸于罗马元老身上的各种各样沉重的日常要求。首先，是一篇帝国制就要开始之前所写的诗句，贺拉斯向米西纳斯解释他为什么即使有机会也不想当元老： 75

> 大家都会认为我疯了，但能免掉一堆烦恼
> 你就会觉得我明智，对烦恼我从来都不喜欢。

---

① 塔西佗，《编年史》16.22；参见塞内加在 *De Tranq. Anim.* 3.3 的推荐。

② *ILS* 7446；参见 *CIL VI*. 9474。

③ 《书信集》9.23.4。很有可能 Fadius 是一位元老(参见舍温-怀特，《普林尼》对此的论述；*PIR*^{2} F 99—100)。关于 hospitium，更多参见 R. P. Saller 的评论，《在帝国早期的个人赞助》(*Personal Patronage under the Early Empire*)，第 185 页。

④ HA. *Pert*. 13.6.

当上元老我就得马上找更大的房子，
接见更多的客人，再带上一两个随从
不能独自一人去乡郊，
或者去异国；我要饲养更多的马夫和马匹，
带着马车队巡游。就目前来说，我可以，
如果我愿意，一直走到塔伦特姆，骑着阉掉的骡，
两侧挂上沉沉的鞍囊，坐在骡肩上。
没人叫我吝啬鬼，正如他们叫你那样，提留斯，
当上副执政，5个随从就会跟着你，
扛着坐便椅，还有大酒桶，一直走到提维里。
就凭这一样，还有其他千百样，我可过得更舒服
好过你，有名的大元老。①

第二篇是在2世纪早期，普林尼给他的同事布鲁提乌斯·帕雷森斯写了一封信，他已经离开罗马很长时间了：

你还要回来罗马吗？回来享有你的荣誉，继续你的职责，还有深厚的友谊以及委托人的关注？你还要独自一人过多久？想要熬夜的时候就熬夜，想睡多久就睡多久。你的鞋还要放多久才穿，托伽在节日也被搁置，其余的日子随便应付？该是你重新了解我们苦恼的时候了，但愿可以阻止你大吃大喝而失去快乐。回来向我们问候一声吧，这样才能更开心地接受别人的问候，在这里多和大家待一会吧，才能更好地享受孤单的时刻。②

① *Sat*. 1. 6. 97—111（翻译稍微有所改动，译自企鹅经典系列中的 N. Rudd 版本，1973）。有趣的是，关于提比略统治早期在皮西迪亚的萨格拉苏斯（Sagalassus）官用交通供应的条款规定，“罗马元老（senator populi Romani）”可以使用10辆马车——跟皇帝总管（procurator）一样！

② 《书信集》7. 3. 2—3；参见 Martial 12. 29。

第五节 合格的骑士不想当元老

我们已经知道，元老的儿子都会追随父业加入元老院。自然，也有骑士本可以从事元老职业，但是他们却不愿意。简单考察一下我们所知的少数这类骑士的动机还是值得的，他们都来自 1 世纪和 2 世纪早期，并且可以分为两类。①

第一类是那种没有热情从事在大家看来竞争激烈的职业，宁 76
可另有选择。在帝国制刚开始的时候，诗人奥维德就是个很好的例子。这位骑士开始想努力进入元老院，但在要升任财务官的时候却失去了热情。他在后来解释说：

> 岁月悄然无声地流逝，我弟弟和我穿上了比较宽松的托伽，肩上有紫色的宽纹，我们的衷心依然未改。而我弟弟却在 20 岁的时候去世了，让我失魂落魄。在年轻的时候我接任了第一个职位，成了三人委员会中的一员。元老院在等着我，但我将托伽上的条纹改窄了：那样的负担我无力承受，我的身体经不起压力，我的精神状况也不允许。我不愿追求难以预料的前程，而爱奥尼姐妹不断催促我过一种有保障的平凡生活，那其实是我一直想要的。②

可能也是出于同样的理由，奥维德同时代的维比乌斯·维斯库斯，从来就没想过担任元老院职位。他的两个儿子贺拉斯还提到过。这位学者解释说："……虽然他喜欢财富，还有和奥

---

① 关于更早的讨论，参见 A. Stein，《罗马骑士阶层》(*Der romische Ritterstand*)，慕尼黑，1927，第 195—202 页。

② *Tristia* 4. 10. 27—40.

古斯都的友谊，他仍然待在骑士阶层，即使他已经将儿子培养成了元老。”①在提比略时期，塞内加和他的哥哥诺瓦都斯明显在元老职业上晋升缓慢：直到提比略末期，当他们都 30 多岁了，才升上财务官的职位。两人长久以来都明显地对政治不感兴趣，并且身体羸弱。也可能是因为来自外地，缺少强有力的支持、家族跟塞扬努斯有某些关联（即使是很疏远的关系）成了一个污点、还有提比略统治最后几年众人对职位普遍的冷淡让他们感到泄气。就塞内加本人来说，沉迷于哲学和自然科学让他更加远离公共生活。②在提比略后期，未来的皇帝维斯帕先也曾犹豫是否从事元老的职业，他的例子原因不明。他的哥哥则相反，锐意进取。③

公元 1 世纪晚期，普林尼的朋友马图鲁斯·阿里安努斯显然对公共生活很感兴趣，④但没有雄心。正如普林尼这么说他：“他没法使自己在仕途上更进一步，正因如此，一直处于骑士阶层，虽然本来很容易就能升到最高职位。”⑤相反，另一位朋友米尼修斯·
77 马克里努斯主动拒绝了元老职位，而是选择当骑士的首领，“因为他没有更高的要求。神圣的维斯帕先皇帝直接任命他为副执政，但他固执地选择过一种不为公众注意的高尚生活，而不是追求我们远大的志向——或者，我应该说，我们的尊严？”⑥雅典有一块碑文碎片，石碑是为了纪念在图密善统治时期托洛萨（纳庞西斯）的

① Schol. in Horat. *Sat*. 1. 10. 78ff(II p. 114 Keller).

② 参见 M. Griffin 的讨论，《塞内加：政治中的哲学家》，第 43—51 页。

③ 苏维托尼乌斯，《维斯帕先》2。

④ 《书信集》2. 11 和 12，关于马吕斯·普利斯库斯和霍斯提留斯·菲米努斯的审判，是对他说的。

⑤ 《书信集》3. 2. 4；2. 11. 1。

⑥ 《书信集》1. 14. 5。Terentius Iunior 可能是普林尼的另一个骑士朋友，他也回避了元老职业（《书信集》7. 25. 2），但舍温-怀特太仓促得出这个结论了。Terentius 在纳庞西斯担任总管之后只是被描述为“paratis honoribus”，“honores”可以指任何官职或荣誉，不管是在元老院，还是别的地方（关于类似的大意，参见 *CIL* VIII. 5770；乌尔比安，*Dig*. 48. 22. 7. 21—22）。

特雷贝留斯·鲁弗斯而竖立的，我们有理由猜测也同样给了他进入元老院的机会，但他拒绝了，因为“他喜欢过安静的生活”。①

当然，元老的儿子和骑士一样也可能选择其他职业而不当元老。阿格里科拉年轻时，曾有一段时间很喜欢哲学，差点禁不住要放弃追随父亲加入元老院的愿望。② 科尔尼利乌斯在同样年纪的时候，的确放弃了元老的职位，为了寻找安宁。③

除了那些不想从事公共事业的骑士，还有的更有抱负，他们会衡量可以选择的机会。从这方面来说，奥古斯都任用那些在岗位上承担更大责任的骑士，以及后来几个皇帝慢慢发展起来的骑士职责是有重大意义的革新。开始，有些人狡猾地估算留在骑士阶层为皇帝服务仍可以和成功的元老一样得到名声和利益，却不用承担后者生涯中的风险和负担。奥古斯都时期有两个突出的例子：米西纳斯和萨鲁斯特·克里斯普斯。谈及后者时，塔西佗写道：“他可以很容易地谋到公职。但他可与米西纳斯匹敌，因为虽然没有元老头衔他却比很多执政官和战争胜利者的权力还要大。”④虽然我们对马提乌斯在那个时期的情况了解不多，但他被描述为“神圣奥古斯都的朋友”， 78
这是另一个不求升迁满足于作为皇帝公仆享有权利的骑士。⑤ 公元

---

① J. H. Oliver，《西方之国》(*Hesperia*)10，1941，第 74—75 页；同上，11，1942，第 80 页。最新评论参见 M. Griffin，《塞内加：政治中的哲学家》，第 446 页，注释 4。公元 3 世纪初左右，作家 Aelian(*PIR*² C 769)是又一个宁可选择私人生活而不愿从事公务的人，正如他在自己的论著《论动物的特点》(*On the Characteristics of Animals*)后记中所解释的那样。但他是否特意回避加入元老院，我们就不清楚了。

② 塔西佗，《阿格里可拉传》4。

③ 塔西佗，《历史》2. 86，“... vigens aetate, claris natalibus. Prima iuventa quietis cupidine senatoium ordinem exuerat”，Grotius 提议说文献的“quietis”应该理解为“quaestus”，尽管听起来不错，但最好还是不采纳：参见 R. Syme，“卡梅留斯·弗斯库斯的殖民地：在 Bellum Neronis 的插曲”(The colony of Comelius Fuscus: an episode in the *Bellum Neronis*)，*AJP* 58，1937，第 7—18 页的第 7—8 页(=《多瑙河文件》[*Danubian Papers*]，布达佩斯特，1971，第 73—83 页)。

④ 《编年史》3. 30。

⑤ 塔西佗，《编年史》12. 60；普林尼，《自然史》12. 13。

1世纪后期,阿奈乌斯·梅拉,据他父亲[①]和兄弟[②]说,开始没有雄心,不愿担任公职,不像他的哥哥们那样最终选择担任官职:与其追逐"显贵",他更愿意选择"怡然","悠闲","安宁平静的生活"。但在某个时期,他的态度肯定有所转变,因为塔西佗将他重点描述为"具有罗马元老威严的骑士"。塔西佗解释道:"……他不愿担任公职是因为具有不同寻常的雄心,想以骑士的身份拥有执政官的威信。并且他找到一条积累财富的捷径,当一名处理皇帝事务的总管。"[③]

毫无疑问,当一名皇室财务总管是有利可图的,虽然和元老获得的好处还不太容易比较。不管怎样,很大程度上要凭个人的才能和运气,还有在某种程度上凭在位的人是否愿意利用职权去获取个人利益。虽然担任元老院岗位的官员的应付工资我们不知道,除了3世纪早期,亚细亚的总督可领取100万塞斯特斯的高额年薪,[④]我们有理由相信,比起骑士,他们的平均收入要高。但是,如我们所知,元老的职业伴随诸多花费,包括保留职位(即使报酬很高)的费用,即使是就那么几年。相反,一位总管几乎没有这样的花费,可以更长久地享有工资报酬。弗朗图[⑤]请求安东尼·庇乌斯给阿皮安(历史学家)一个总管的官职,可见它的报酬有多高。他向皇帝保证阿皮安要的只是个荣誉,在他年老后有尊严,而不是出于什么雄心,也不是为了钱财。

不管怎样,在朱里亚·克劳狄乌斯时期,梅拉作出了显然不同寻常的选择,他的真正风险是可能在骑士岗位上再也没有一席之地,更别说以后的晋升了。当然,这在很大程度上还是得凭竞

---

① *Controv.* 2. Pref. 3—4.

② *Ad Helv. De cons.* 18. 1—3.

③ 《编年史》16. 17。

④ 狄奥 78. 22. 5。

⑤ *Ant. Pium* 9=pp. 161—162 H 和 E. J. Champlin,《弗朗图和安东尼时期的罗马》,第98—100页。

争、个人以及他和皇帝的关系。作为元老也可以这么说，但至少 79
元老院每年有 20 个空缺岗位，每一个都有很大的晋升机会。而作为骑士，可能总共不超过 46 个岗位，即使到朱里亚·克劳狄乌斯末期，这个数目还是从奥古斯都统治时 23 个岗位慢慢发展起来的。几乎所有岗位仍然要承担相当大的责任——不适合年轻人。① 因此，这么一来，那些有幸能在元老职位和骑士职位中作出选择的年轻人可能会倾向于前者，全然不是因为那里的空缺岗位多得多。

和元老院相比，骑士的规模要小些，显然在弗拉维乌斯时期和他之后，空缺职位在稳定增长，特别是加入初级骑士的机会在增加。虽然当时的趋势没有记录，但我们可以推测，相应有更多合适的年轻人被骑士岗位而不是元老岗位吸引。特别是定下惯例，如果挑选的总管证明有能力，就可以直接选拔为元老，要么是在他们相当年轻时（在早期的服务中表现出很有前途的样子）或者等到具备丰富的经验。不管怎样，这种通过财务官到元老院的晋升模式所产生的潜在后果都由上面所说过的愿意向更多意大利人和外地人开放岗位得到了弥补。

第六节　元老院和元老的评价

到此为止，本章已经讨论了元老的合法地位、职位所需的财富以及其他加于他们头上的义务。此外，促使一些够格骑士不愿选择元老职位的原因也简单进行了讨论。但除了这有限的方面，还没能更多地探讨当时人们对这个立法团体和机构成员的评价。虽然他们的观点很难重构，我们更多只能凭印象。虽然无法描摹完

---

① H-G. Pflaum 总结了帝国时期骑士岗位的增长，方便查阅，*Abrégé des procurateurs équestres*，巴黎，1974，第三、四章。

整的图景，还是有相关资料可以得出几个方面的特征。本节的目的就是要讨论那些资料。

没必要费工夫指出元老院作为一个机构从古时候起就是国
80 家必不可少的一部分。可以推测，47 年时，下日耳曼的总督科布罗将弗里斯人安顿在他划出来的土地上，据说他按照罗马人的方式建立了他们的政府——“元老院，元老，法律”。① 在罗马宗教庆典上要为皇帝、元老院和人民的利益祈祷。② 因此，在开辟一条运河通过科林斯地峡③的开幕仪式上，尼禄的祈祷辞没有提到元老院，这对他们是重大的侮辱。无疑，所有罗马人，不管他们对历史和传统的感情有多么淡薄，对于元老院在国家中的地位和重要性都是有一些认识的。他们很少表露出来也不足为奇。因此，很讽刺的是，在帝国时期，塔西佗必须将元老院地位最崇高最持久的评价借奥索皇帝的口说出来。这位短命的 69 年的统治者让人憎恨，因为据狄奥说，“他表示皇室职位是可以买卖的，并将城邦交由胆子最大的人管理。而且他认为元老院和元老不用负任何责任，告诉士兵说，他们可以杀死一位恺撒，也可以创造出一位恺撒”。④ 一次，奥索在招待一大批市民首领和他们妻子的时候，一些禁卫军首领很紧张会发生叛乱，错误的猜想让他们几乎狂乱地跑着去保护他。⑤ 第二天，他发表了一番谴责演讲作为安抚。可以理解，他对元老院的评价颇受当时危急情况的影响，尽管如此，发言也很不寻常：

---

① 塔西佗，《编年史》11.19。

② 比如，参见狄奥 51.19.7；Apuleius，*Metam.* 11.17；Tertullian，《道歉》(*Apology*) 30.4。

③ 苏维托尼乌斯，《尼禄》37。

④ 64.9.1—2.

⑤ 苏维托尼乌斯，《奥索》8；普鲁塔克，《奥索》3；狄奥 64.9.2—3。

> 我希望世上没有军队会听到你反对元老院的话。上帝，即使那些维特里乌斯竭力召集起来反对我们的日耳曼人也没这样的胆量说要报复帝国的基石，各行省的荣光。有哪一个意大利子民，真正的罗马勇士能够要求血腥屠杀这样阶层的人？他们的光辉和荣耀让我们能够在摸不清前路时笨拙地跟随着维特里乌斯的做法变得黯淡无光。确实，他控制了一些当地的部落，他有滥竽充数的军队，但是站在我们一边的是元老院。所以国家站在这一边：那边，反对我们的，是国家的敌人。你难道真的想象这座城市的辉煌会跟着宅邸、楼房和石墙站立或倒塌？这些是不会出声的，没有生命的东西——他们的倒塌或修复没有任何意义。但我们帝国的生存，国家之间的和平，你的生活和我的生活在长久存在的元老院中才能找到坚固的支撑。它是由我们城邦的前辈和创始人庄严设立的：从帝王时期一直到帝国制，它的存在没有中断过。我们从 81
> 父辈的手中继承了它，让我们保证将它传给我们的子孙。你们为元老院供应新鲜血液，元老院也会为我们选出君王。①

这一次禁卫军长官对元老院的敌意与69年1月1日时上日耳曼第四、第二十二军团对它的敬意形成鲜明的对比。有理由怀疑两位元老的动机：尤里乌斯·温德克斯，卢迪楠的总督和维吉尼乌斯·鲁弗斯，上日耳曼的总督。两人都在68年坚持说，“元老院和元老”必须在尼禄下台后所有采取的措施中发挥作用。② 但在69年1月1日只是对加尔巴不满，而不是对国家不忠的士兵③选择向“元老院和元老”发誓，其单纯的忠心是不同寻常的。塔西佗，

① 塔西佗，《历史》1. 84；参见 Josephus，*AJ* 19. 365。

② *Zonaras* 11. 13（狄奥，Loeb 版，第8卷，第176页）；狄奥 63. 25. 2—3。

③ R. J. A. Talbert，“68—69年混乱的一些原因”，*AJAH* 2，1977，第69—85页。

这位久经世故的元老历史学家，可能会嘲笑这种盲目忠诚的肤浅，军官们很快就说服士兵放弃誓言，转向维特里乌斯效忠。[①] 不过，匆忙立下的誓言只是反映了对那些国家机构的传统观念，这种观念超越了皇帝个人。因此，在少有的几次将“元老院”描述为像罗马铸币一样重要时，无疑是强调它在维护国家稳定和持久的正面影响。特别是，元老院被看成是值得将帝国相继托付给加尔巴、[②]维斯帕先、[③]涅尔瓦、[④]图拉真[⑤]统治的机构。

如果我们要更详细地讨论不同的人对元老院的看法，那么先说说元老院成员对他们自己的地位和立法团体的看法比较合适。但糟糕的是要作出全面的评价不可能，因为关于当时元老院的现存著作的作者没有代表性。正如我们所知，除了一人，所有的都好像是新成员，他们有时对自己的地位、所加入的排外团体既敏感又骄傲，但这不过是表面的东西。可以想见，他们都对元老院及其成员非常尊敬。维莱里乌斯很高兴地认为在奥古斯都统治下，元老院的“伟大”(maiestas)得以恢复，消除了不和谐。[⑥] 一个多世纪以
82 后，弗朗图同样强调了元老院和它的成员的尊严。[⑦] 塞内加[⑧]也强调说要向元老致以敬意，特别是对资深官员：他对盖乌斯愚蠢残忍地对待元老感到非常愤怒。[⑨] 他说元老院是具有特别荣誉的地方，[⑩]并将出席会议看成是严肃的义务。为了阐明最优秀的人在别人懒惰的时候还在工作的观点，他说元老院经常整天都在办公，

---

① 《历史》1. 55 和 57。

② *BMC* I.，第 359 页(“SENATUS PIETATI AUGUSTI”)。

③ *BMC* II，第 113 页(“CONCORDIA SENATUI”)。

④ *BMC* III，第 21 页(“PROVIDENTIA SENATUS”)。

⑤ *BMC* III 38 和第 157 页。

⑥ 2. 89. 3 和 126. 2；参见苏维托尼乌斯，《奥古斯都》35。

⑦ *Ant. Imp*. 1. 2. 5＝p. 90 H.

⑧ 《书信集》*Mor*. 64. 10；参见普鲁塔克，*Quaest. Rom.* 81＝*Mor*. 283C。

⑨ *De Ira* 3. 18. 3—19. 2；*De Benef*. 2. 12. 1—2.

⑩ *De Vita Beata* 27. 1.

“而那时，所有不成器的人要么高兴地在户外闲逛，要么窝在饭馆里，要么成群结队地浪费时间”。[①] 不管某些现代的研究者会怎么想，对塞内加来说，元老院显然不是一帮“不成器的人”“成群结队”地浪费时间。

塔西佗对元老院的尊敬体现在几个方面，虽然很少是他的直接评价。但在一篇引人注目的文章中，他确实公开表达了对元老院传统的深厚感情，在22年听取外国代表团在庇护所权问题意见的时候：“那天元老院审阅了祖辈赋予的权利、跟同盟订立的条约、在罗马之前国王的诏书，那诏书就是一种权威，甚至是神圣的宗教，但还是可以自由地加以确认或修改。看到这一幕真是壮观。”[②]尼禄统治时期有数不清的阿谀法令，在发现比索念努的阴谋后达到顶峰，塔西佗为此暴跳如雷，他的感情表现了个人为元老院堕落的羞愧。[③] 这种羞愧在图密善后期关于元老院被迫行动的坦言中也可以看到，塔西佗当时也是元老院中的一员：“在我们手中，海维迪乌斯被送进了监狱；莫里斯和鲁斯提库斯的话伤了我们，塞内加无辜的血洒在我们身上。”[④]

塔西佗对元老院的尊重也许在为他的两个主要作品挑选材料的时候表现得最强烈：《编年史》和《历史》。对会议的记录基于细读《元老院纪事》是两本书的主要特征，尤其是《编年史》，我们在后面会看到。[⑤] 有一些小事件作为内容是挑选过的，还有说话人的观点，都突出了塔西佗的骄傲和对传统的看重。他不会忘记讲述21年多米提乌斯·科尔布罗的抱怨，一位年轻的贵族苏拉在角斗表演中拒绝将位子让给这位长辈。在接下来的争吵中，站在科尔布罗一

---

① *De Provid*. 5. 4.

② 《编年史》3. 60。

③ 《编年史》14. 64。

④ 《阿格里可拉传》45。

⑤ 参见第九章，第四节。

83 边的用诸如“祖辈的先例”，“上了年纪，传统做法，帮助年老的人”等表述为他辩护，站在苏拉那边的则是贵族亲戚，但最后还是替他道歉。[1] 70年代初，塔西佗记录了一位元老，实际上是整个元老院在意大利一个叫塞纳的城镇遭到公开侮辱后，“进行了一次调查，按照的规矩让人想起过去”。[2] 记录中别人的观点，发言人口中的话在多大程度上是塔西佗自己的观点，要确定这一点很尴尬。但很难相信他不会支持日耳曼尼库斯对日耳曼反叛者的指责，因为他们蔑视元老院的权威，并且恶劣对待元老院的使节，还跟大家一同嘲笑罗西乌斯·雷古勒斯在69年10月底只当了一天执政官的闹剧。[3]

虽然普林尼说在图密善时期传统元老院程序的知识都丢失了有点夸张，他的抱怨可以作为对这个立法团体有崇高敬意的一种表示。[4] 他大篇幅地描述涅尔瓦和图拉真时期的诸多元老院会议，主要是那些他也主动参与其中的会议。在另一处还写到半个世纪以前，因为将荣誉票投给克劳狄乌斯的自由民帕拉斯，普林尼不仅因等级的观念被激怒：他相信元老院作为一个机构也因此而丢脸。[5] 同样，当他受委派为一位已经去世的地方总督担任起诉人时，总督的罪行臭名昭著，他想的仍然是“让一位元老处于危险境地”[6]将会是最痛苦的事，假如被告还活着的话。总体来说，他对元老义务的态度显得非常严肃。他很赞同一位骑士朋友对元老院处理事务的方式感到骄傲，觉得受之无愧。[7] 在选举以书写的方式投票时，一些不负责任的元老（他们拒绝透露名字）毁坏了选票，将整个选举陷于不光彩的境地，让他非常愤怒，那是“在严肃场

① 《编年史》3.31。
② 《历史》4.45；更多参见下文。
③ 《编年史》1.42；《历史》3.37。
④ 《书信集》8.14。
⑤ 《书信集》7.29；8.6。
⑥ 《书信集》3.4.7，“periculum senatoris”。
⑦ 《书信集》2.11.1。

合对重要事情”进行的投票。[①] 虽然他清楚很多人认为保民官不
过是个虚有的头衔，他可不这么认为：对于他来说，这个职务“的确
有它的价值”。他在任的时候谨小慎微地不去法庭办事。[②] 为了
将全副精力放在“萨吞尼国库管理人”职责上头，他上任时也按同 84
样的规矩行事。并且只有在元老院和皇帝特别批准后，才同意为
阿非利加和贝提卡的各个行省作代表参与两次索贿审判。[③] 值得
注意的是，法律专家狄第乌斯·阿里斯托的朋友们批评了普林尼，
因为作为元老，他却有写诗并在公众场合朗读的习惯，普林尼发表
了长篇大论竭力为这习惯辩护。[④] 总的来说，他不认可极端的行
为。他反对在宴会的时候划分等级——他解决这个难题的方法是
给所有人都上劣等酒！[⑤] 同时他又在注重等级的社会对元老的阶
级和地位保持坚定的看法。在推荐一位副执政做新郎的时候，他
甚至夸赞他“具有元老的风度”，“元老的举止”。[⑥]

狄奥，作为元老的儿子，在今天还有记载的帝国时期的元老作家中显得很独特。他以自己的方式认可上几代人为元老职位的尊严和特权而流露的骄傲，[⑦]他希望立法团体的特权能够得到维护，很同情那些在尼禄的命令下不得不登台演出而感到羞愧的元老，还为克林德贩卖元老职位并且前所未有地提拔了大量执政官而感到非常震惊。[⑧] 后来，马克里努斯和埃拉加巴努斯在元老院还没选举他们时，就用上了皇帝的头衔，对此，他感到深深的遗憾。同

① 《书信集》4.25.3。

② 《书信集》1.23。

③ 《书信集》3.4；6.29；10.3A-B。

④ 《书信集》5.3。

⑤ 《书信集》2.6.2—4。其他主人将更好的食物和酒留给更尊贵的客人。

⑥ 《书信集》1.14.8。

⑦ 参见 F. Millar 收集的关于当时机构和传统的资料，《卡西乌斯·狄奥研究》附录 4；亦可参见 65.10.4。

⑧ 61.19.3；72.12.3.

样让他痛苦的是马克里努斯在阿德文图斯还没成为元老之前就任命他为城市执政官，还有埃拉加巴努斯篡夺了执政官的头衔。①

尽管这些还有记载的元老院作者们可能各不相同，维系他们的共同之处是都非常尊重立法团体、元老的义务、还有崇高的原则——至少按罗马的标准。因此他们无疑是元老中很大一部分人的代表，甚至可能是大多数人的代表。但重要的一点是意识到并不是所有元老都有这样的敬意，也不会以同样的勤勉和顾虑去履行他们的职责。没错，奥古斯都已经尽力革除他认为在行为和道德上不合格的成员，②并且毫无疑问，他提出或者促成的众多辞职确实起
85 到了增强立法团体道德观念的作用。③ 他的做法被提比略、④克劳狄乌斯⑤和维斯帕先⑥继续大力发扬。此后，帝王们总是对元老和骑士⑦的道德总体上疏忽，虽然我们对他们如何行使特权所知更少，但确实碰巧听说过一位骑士被图密善驱逐的例子，因为他在舞台上露面。⑧ 值得注意的是，奥略留根据自己的哲学观点从元老中为他女儿们挑选夫婿，“并不是那些具有古代血统的贵族或者以累累财富闻名的人，而是要那些有良好的习惯和理性的生活方式的人”。⑨ 然而，这位皇帝只不过给了“名声可憎”的元老维普珊尼乌斯一个小小的警告了事，他还得到允许晋升为副执政。⑩ 很难评价

① 狄奥 78.14.4；16.2；79.2.2；8.1。

② 参见第四章，第一节。

③ 狄奥 57.10.4。

④ 塔西佗，《编年史》2.48；苏维托尼乌斯，*Vitell*. 2；狄奥 57.23.4。

⑤ 塔西佗，《编年史》11.25；12.52。

⑥ 苏维托尼乌斯，《维斯帕先》9；狄奥 67.13.1。据说，维斯帕先在选拔安东尼·萨图宁乌斯到元老院的时候知道他道德上不合格，这可能是在 89 年叛乱后的杜撰（Aelian，*frag*. 112 Hercher；*PIR*^{2} A 874 和 R. Syme，*JRS* 68，1978，第 20 页）。

⑦ 狄奥 53.17.7。

⑧ 苏维托尼乌斯，《图密善》8。

⑨ 哈德良 1.2.2。

⑩ HA，*Marcus* 12.3.

整篇《讽刺诗》8 中尤韦纳尔对生活放纵的贵族提出的指控，还有康茂德无节制的故事。

其他资料肯定了一点：并不是所有的元老队都以严肃、严格遵照原则的态度对待他们的官衔和职责。比如在会议上，我们会看到[①]成员之间的争执很常见，经常还带有不加约束的人身攻击。苏维托尼乌斯描述了元老和骑士为图密善举办的表演争抢特地扔到他们位子上的入场券，[②]这幅场景毫无尊严，而在任何时期都有元老愿意嘲笑，偶尔也能够嘲笑禁止他们在舞台上或表演上露面的法律条令。然而，最主要的是，在行省上任的很多元老无耻地利用职位为自己谋取利益，恶名昭彰，却几乎不会因此受到同僚的责难。在审判时——一般不太可能发生——他们期待得到元老院的普遍同情，最糟也不过是宽容的惩罚。当留存下来的元老院作者回顾元老严肃的态度、遵照原则时，特别重要的是要知道在他们的旁边总还有其他人不那么负责，不会那么一丝不苟，但这些人都没留下任何文字。他们的态度并不奇怪：元老也是人，在行省上任，地位具有不可辩驳的权威，他们承受的压力和诱惑可能非常大；他们的道德准则也从来不是我们的道德准
则。确实，在东方，贿赂官员已是既成的规矩，如果坚不受“礼”可 86
能反而会得罪人。[③]

所有元老无疑在不同程度上都能意识到他们所处地位的矛盾之处。一方面，他们应该是高尚、独立的国家领导人物，另一方面，他们又是皇帝的仆人，完全依赖于他的喜好决定个人升迁和在立法团体中——实际上是在他们整个的阶层中保持地位。[④] 当然，通常的情况是皇帝没有一点同情之心。这种矛盾最明显地表现在

---

① 参见第七章，第二十二节。

② 《图密善》4。

③ *Dig*. 1. 16. 6. 3.

④ 关于皇帝“保护”的这个阶层，参见苏维托尼乌斯，《维斯帕先》9；《图密善》8；给贫困元老的礼物，参见本章第二节和第三节。

埃比克提图提到的例子上，[1]他特别提醒我们回想当过两任执政官的伟人，虽然他获得了“自由”，但还是会被“恺撒，万民的君主”不时使唤。即使是普林尼[2]也悄悄地抱怨，在图拉真时期，元老院没有政治事务：至少从他的描述中可以看出，印象中那时最引人注目的会议是对索贿罪的审判，皇帝谨慎地不加干预。

如果我们现在来考察非元老那些人对元老和立法团体的态度，我们还是会遇到资料比例不均的问题，显然还有态度截然不同的潜在问题，如骑士，至少和元老有一些联系，而非居民的外地人，会毫不犹豫地服从所有有权力的罗马人，他们之间态度是不一样的。

毫无疑问，罗马帝国居民的压倒性大多数认为元老的地位非常高（如果他们有想过的话），几乎超出他们想象。当马提尔的朋友和同乡，律师利希尼亚努斯回到他的家乡比比利斯，这位诗人自信地向他保证在那里没有元老会打扰他。[3] 因此，对大多数人来说，元老的财富和地位让人嫉妒不已，以致对他们的愿望不能掉以轻心。105 年，副执政索莱尔向元老院提出请假到维塞提亚附近他自己的地产上举办一星期的集市，这件“小事”可以作为一个例子。市镇官冒失地反对这项申请，并请图西留斯·诺米纳图斯（他自己本人不是元老）作为他们的辩护人。[4] 在会议上要将反对意见提出，诺米纳图斯跟他朋友交谈后却受到惊吓，在该他发言的时候惶恐地离开
87 了元老院。后来他泪流满面地解释：“他们建议他不要在反对元老意愿的事上太执着（特别是在元老院里），因为元老不再是为了提议集市一事而辩护，而是因为他的威信、名声和地位都受到了威胁。不然，比起上一次，诺米纳图斯会更不受欢迎。”[5]显然，图西留斯不

---

[1] 4.1.6—14.

[2] 《书信集》3.20.10—12；4.25.5。

[3] Martial 1.49.31—32；*PIR*^{2} L 170.

[4] 普林尼，《书信集》5.4。

[5] 普林尼，《书信集》5.13.2。

是个有胆量的人，但不管怎样甚至一位受过教育的律师被叫去反对一位副执政的“利益(gratia)”“名声(fama)”和“尊严(dignitas)”也一样会恐慌，这也许说明了大部分人是怎么看待元老的。

和反对索莱尔的例子相反，在1世纪60年代迦太基的市议员表现出对阿非利加元老斯特拉博·埃米利亚努斯(156年补任执政官)的顺从无疑是可以理解的，因为有人明白提到他是行省未来的总督。但即使这样，市议员的行为仍然很典型。① 当提议为纪念他的老朋友——当时杰出的阿普列乌斯——建造一尊雕像的时候，斯特拉博特别出席了会议。在表明支持意见的时候(所有人也跟着他表示支持)，他表示要自己出资私下建造另一尊雕像。结果，市议员的提议反被搁延到下一次的会议，这样才显得他们是在跟从斯特拉博建造雕像的建议，而没有要和他比较的意思。同样，在克劳狄乌斯统治时期，整个纳庞西斯省多少因特别顺从元老的立场而出名。② 在一次审讯外地人的管理不当时，因普林尼也在其中，一位前总督的亲信估算他们的辩护肯定百无一失，因为“作为外地人他们被吓坏了，一定会执行总督的所有命令”。③

意大利殖民地特杰斯特发现了一块2世纪中期不同寻常的碑刻，上面说市议员向元老法比乌斯·塞维鲁——他们的同乡——表达殷勤的谢意，感谢他为这个地方所做的工作。第一发言人说：“主要因为这点，他曾渴望成为尊贵的元老，就是说，他要为自己的家乡谋求福利，并且保障它的安全，不受任何伤害。”④虽然这番话都是赞美之词，但不必从字面上去理解。从其他资料来分析，如我 88

① Apuleius, *Florida* 16; M. Fluss, *PW* 4 A s. v. Strabo no. 2，第75—76卷。不知道Strabo是否真的来自迦太基，或者他是否真的担任过阿非利加的总督。

② 塔西佗，《编年史》12.23。

③ 普林尼，《书信集》3.9.15。

④ *ILS* 6680, A. Degrassi 修改，*Inscr. Ital.* X. 4. no. 31. I 第31—34行，“ac senatoriam dignita[t]em hac maxime ex causa co[nc]upivisse, uti patriam suam cum orna[ta]m tum ab omnib[us] in[i]uriis tutam defensamque praestaret”；参见II，第32—33行。

们将会看到的，到那时为止，元老院的外交事务总体感觉是在下滑，而且值得怀疑是否真的有人从事元老职业主要是为了自己的家乡（即使他不介意人家这么夸他）。而以外人的角度给予元老职位的威望和价值如此高的评价让人印象深刻。然而，可以想见，当第一发言人继续说到法比乌斯给予的帮助时，他举的例子，不管是笼统的，还是具体的，都发生在皇帝任命的法官（iudices a Caesare dati）和安东尼·庇乌斯面前，没有一个例子和元老院有关。一个主要的例子是来自“附属于”这个城市的两个部落的人，如果够格，他们要求允许参与政府的事务：①自然，这样的要求涉及到罗马籍居民的同意，严格说来要交由皇帝决定，而不是元老院。如果有关涉到特杰斯特的案子确实交给了元老院，应该承认法比乌斯可以担任律师。但应该说，在辩论中像他财务官这么低的职位所能产生的影响肯定很小。他作为元老的特别价值，如他同乡所重视的，是在别的地方才有的更大影响。

在众多人中，那些在卡佩纳为死于157年的卡尔普尼乌斯·埃斯克莱皮亚德斯医生竖立纪念碑的人认为提到他怎样“凭才能和个性受到高级官吏的尊重”很合适，②这样的例子并不让人惊奇。公元3世纪早期，埃利安在他的专著《论动物的特征》中不仅为他的傲慢道歉，因为他怀疑德莫斯特拉图斯讲述乌龟交配习惯的几个地方有误，而且还特地添了一句“虽然他是罗马的元老”，③

① 这是J. Gascou集中讨论的文献内容，“Le décret municipal de Tergeste en l'honneur de Lucius Fabius Severus”，*Annuaire de l'école pratique des hautes études*（IVe section, sciences historiques et philologiques）99，1966/1967，第511—520页。

② *ILS* 7789第5行，“studiorum et morum causa probates a viris clarissimis”。

③ 15. 19. Demostratus很难确定日期。如果Aelian引用的这个名字的作者不是老普林尼引用的那个人，这当然会有帮助——因此，他可能是2世纪的人物，甚至可能是C. Claudius Titianus Demostratus，如E. Groag认为的那样（*Die Reichsbeamten von Achaia*，第75卷）。更多可参见*PIR*^{2} C 1044；D 49；H Halfmann，《元老》，no. 104。

因为德莫斯特拉图斯的职位使他的冒犯更严重。当时的法学家乌尔比安在两次讨论中也提到了敬重元老的类似例子。[①] 一次是他解释在特定情况下允许儿子(filius familias)采取诉讼。比如,父亲在行省,儿子在罗马学习,儿子发现他必须通过诉讼来赢回房产,他父亲原打算用来为他支付生活费用,那么这种情况下可以采
取诉讼。假如儿子是元老,乌尔比安总结说,那么诉讼不是因为他 89
的尊严而更有价值吗?在别的地方,他肯定了一点,副执政确实有权力强迫仲裁人完成他所承担的责任,即使他是执政官。副执政也一样可能受到他们上级的胁迫!

可以反例证明元老在众人眼中地位崇高,即普通人擅自滥用他们头衔的资料几乎完全找不到。[②] 相反,大家都知道经常有针对自由民和其他人的指责和流言,某人因种种理由不够资格,就假装成骑士,[③]但是几乎没有人假装成元老。尤韦纳尔最大胆的虚构不会超过获得骑士头衔。确实,在彼德罗纽斯的小说中,[④]那个荒诞的自由民百万富翁特拉马乔有一块带紫色宽纹的餐巾,但除此之外,他的梦想明显也是加入骑士行列,而不是元老院。除了那些伪称是某人的人之外,[⑤]帝国时期唯一一个为人所知的故意假冒元老的例子似乎让人费解,[⑥]有一位校长叫努美利安努斯从罗

---

① *Dig*. 4. 8. 3. 3;5. 1. 18. 1.

② 关于冒犯的概述,参见 *Sent. Paul*. 5. 25. 12;Modestinus,*Dig*. 48. 10. 27。

③ 特别参见 M. Reinhold,“罗马帝国身份的盗用和身份的象征”(Usurpation of status symbols in the Roman Empire),*Historia* 20,1971,第 275—302 页。Reinhold(第 280 页)提到的公元前 25 年,一位保民官带着他的父亲,一位自由民,坐在剧院官员座位上,他的旁边,几乎算不上是盗用元老身份的例子(狄奥 53. 27. 6)。

④ *Sat*. 32.

⑤ 比如,参见 Sextus Condianus(狄奥 72. 6. 4—5;H. Halfmann,《元老》,no. 108)的假冒,还有瓦列里乌斯·马克西姆斯那节的概述(9. 15)“de iis qui infimo loco nati mendacio se clarissimis families inserere conati sunt”。

⑥ 这故事讲到一个假冒副执政头衔的人为了非法得到交通便利和别人的热情对待,故事是瓦列里乌斯·马克西姆斯所讲(7. 3. 9),和三人委员会时期相关。

马出发,假装成元老,召集了一支非常有能力的志愿军,在 196 年同克罗狄乌斯·阿尔比努斯的内战中,①他用这支部队支援替塞普蒂米乌斯·塞维鲁。显然,在混乱时期,甚至塞维鲁自己都相信努美利安努斯真的是元老。他似乎不为别的理由,只为元老的尊崇而盗用了这个头衔,我们可以看到,这头衔也确实给他带来了别人的敬意。内战之后,他拒绝了塞维鲁赐予他的这个头衔。

然而,在更安稳的时期,不仅元老的名字可以按照《元老院名册》来查核,元老院成员之间的关系也很亲密,任何一位真正的元老认真问几个问题就可以马上揭穿一位假冒的人。塔西佗回顾了元老之间的亲密关系,说到几乎所有的成员都可能通过家族或朋友的关系联结在一起,32 年的时候,甚至有 5 个有名的元老一起受到审讯。② 应该承认,当凯西乌斯·克莱门斯元老因支持培森尼乌斯·尼日尔而
90 不是塞普蒂米乌斯·塞维鲁遭到审讯时,他可以说和二人都不熟。③
但这件事当然又与 2 世纪末内战的混乱有关,凯西乌斯拼命想逃过死刑。较低阶层的人可以不假冒元老,而是假装有元老的荣誉头衔,就是说,官衔的挂名。但这样的例子一个都没有,并且实际上这种假冒的风险一样大,因为除了朱里亚-克劳狄时期,荣誉头衔只赐给某些特别的人,而且赐予的人数极少。④ 假装成骑士总是更安全些。骑士阶层的人数远多得多,并且没有正式的任用程序,也没有经常的会议场所。对普通人来说,骑士的头衔已经很了不起了。

除了对个人的敌意,元老的特权和影响自然会招致他人对整个阶层的仇恨。也许最强烈的敌意来自某些帝王。⑤ 在罗马城里,城民无疑长期以来对整个上层阶级保持怀疑和不信任,特别是元老

---

① 狄奥 75.5.1—3。

② 《编年史》6.9。

③ 狄奥 75.9.1。

④ 参见第十一章,第六节。

⑤ 参见第五章,第一节。

院，导致他们从尤里乌斯·恺撒以来只支持统治者。[①] 约瑟夫认为，41 年，盖乌斯被谋杀后，大众坚决反对元老院回到共和时期的愿望，[②]他的看法肯定是对的。即使考虑到当时人们对被告的判决取决于其地位有所预期，我们还是可以发现广大非元老人员因为元老院在法庭中对自己人臭名昭著的宽容而多少憎恨他们。我们确实发现有文献提到这一点，但只提过一次，并且是稍稍带过。普林尼描述了在 97 年，他攻击普布利希乌斯·塞尔图斯之后，“几乎整个元老院都张开双臂拥抱我，热情的祝贺让我有点承受不了，因为我恢复了为大众利益按元老院规矩行事的做法，它早已久置不用，且有招致个人仇恨的风险。我其实是为元老院摆脱了别人的仇恨，因为对他人严惩却单单对自己人互相包庇，从而纵容激怒了其他阶层”。[③] 虽然缺乏更多的证据，这种仇恨很可能长期以来广为存在。大众不会因为元老院攻击了普布利希乌斯·塞尔图斯而完全满意，因为我们知道在图拉真时期元老们审判时的偏心仍然存在。 91

此外，我们不必诧异对元老院和元老这种具有颠覆性的仇恨普遍却很少有文字记录。尤韦纳尔在他的《诗篇》8 中对一些贵族堕落行为的批评非常严厉，但是他批评他们不是因为元老的身份，而是因为他们相信高贵的出身允许他们随心所欲，根本不会考虑付出努力或培养良好的品性。瓦提尼乌斯对他们的憎恨更加强烈，作为皇帝的朋友，皇帝会倾听他的意见，他可以大胆地发言。他经常的嘲讽让尼禄很高兴，狄奥说引用了他的原话：“我恨你，恺撒，因为你是一位元老。”[④]

然而，最引人注目的是发生在意大利塞纳镇的一件事，关系到

---

① Z. Yavetz，《平民和要人》(*Plebs and Princeps*)，牛津，1969，特别是第 53—54，114—115，136—137 页。

② *AJ* 19.228.

③ 《书信集》9.13.21。

④ 63.15.1.

一位元老,要不是这事大家肯定不认识他。事情推断是发生在69年的后半年。塔西佗将它记录如下:"一位叫曼留斯·帕楚因努斯的元老抱怨说他在塞纳这个殖民地遭到一群粗鲁流民的攻击,而他们是受地方官的驱使。这还不算,他还遭到一群在他眼前假装举行葬礼的哭哭啼啼的镇民的包围,并攻击辱骂整个元老院。"[①]这件事很特别,我们完全不知道是在什么情况下引起的。塞纳可能在69年间遭受过一队队向罗马行进的军队之苦,但仍然很奇怪为什么一名不是特别有名的元老经过此镇时会引起对整个元老院如此激烈的反应,甚至是在当地的官员鼓励下。

正如我们很少见到非成员公开表示对元老院的憎恨,也很难找到对立法团体及其作用批评性的评价。我们已经知道,诗人贺拉斯和马提尔以相当传统的方式比较过一位胸怀壮志的元老所担负的疲惫义务和一位级别较低的人更悠闲的生活方式。很遗憾我们不知道更多关于狄第乌斯·鲁弗斯的地位或观点,他在盖乌斯时期自杀了,因被指控宣称元老院投票的时候想一套做一套。[②]但马提尔同时代的埃比克提图的意见更深刻,也更加有意思。关于皇室法庭和在那里露过面的人,他的观点一反传统,甚至带有颠覆性,其他人指出了当中的意义。[③] 应该认识到,所讨论的
92 主题以及其他主题,主要是用来阐述哲理层面的思辨,而不是就事论事。即便如此,当埃比克提图在罗马作为尼禄的自由民以巴弗提的奴仆时,关于在弗拉维时期的元老院,他的观点特别有价值。为了论证我们必须接受自己的命运,他以元老职业的要求为例,作为元老需要长时间离家外出去照料他人的事务。[④] 他声称以传统

---

① 《历史》4.45。

② 狄奥59.18.5。

③ C. G.. Starr, Jr. "埃比克提图和暴君"(Epictetus and the tyrant), *Class. Phil.* 44, 1949,第20—29页;F. Millar,"埃比克提图和皇室法庭"(Epictetus and the imperial court), *JRS* 55, 1965,第141—148页。

④ 3.24.36—37.

的方式在社会上攀升，一个人是无法找到"自由"的。确实，到社会顶层时，当他成为元老，"那么他就成了奴隶，一旦他加入元老院，他就会在最美观、最时尚的奴隶制度下服务"。[1] 他以同样的语调继续劝说人们不应该说一套想一套："这就是为什么在为哲学家作证的时候，他的朋友应该受到谴责，这就是为什么哲学家变成了寄生虫，这就是为什么他是为了钱出卖自己，这就是为什么人们在元老院不敢说出心里话的原因，而他内心真正的看法在大声呐喊，他的看法不是无聊的争辩中毫无感情的可怜的多余话，像悬在毛发上吹弹可断，而是强有力的有用的判断，是经过实际训练从而熟悉业务得出的判断。"[2]

他以海维迪乌斯·普利斯库斯的大胆和其他元老的软弱相比。海维迪乌斯太过直言不讳，以至维斯帕先建议他不要出席元老院，至少别发言。但为了自己的原则，他还是无视建议，即使那意味着死。相反，埃比克提图说："……如果皇帝在这样的情况下让另外一个人不要来参加元老院会议，他肯定会说，'谢谢你让我离开'。像那样的人，皇帝根本用不着开口叫他别来参加会议，也能知道他会像坛子一样坐着一声不吭，如果发言也会说些皇帝想听的话，并添油加醋一番。"[3]

和其他帝国时期的哲学家一样，埃比克提图谴责世俗的志向。他不会因为一个人当选为元老后大家齐声祝贺而觉得了不起，[4]他会因为人们渴望当保民官、副执政或执政官而被奴役感到遗憾。[5]可以推测，他最不赞同执政官职位："情况就是如此：不付出代价什么事都办不成。他为什么要感到惊讶？如果你想成为执政官，你就 93

---

① 4.1.40. 关于元老作为奴隶，参见塔西佗，《编年史》中的提比略 3.65。

② 4.1.138—140.

③ 1.2.23—24.

④ 1.19.24—25；参见塔西佗，*Dial.* 7。

⑤ 4.1.60.

要失去睡眠，到处跑动，亲吻别人的手，踏坏别人的门槛，说一些不体面的话，做一些没尊严的事，给这些人送礼，给那些人金钱，但是结果呢？只有12根束棒，在法庭上坐上三、四回，举办竞技表演，用篮子分派晚餐，或者谁告诉我，除了这些还有什么？”①

埃比克提图带有敌意的观点是阿里安记录的，第一眼看上去似乎很讽刺。阿里安自己后来从事元老职位，并在129年左右当上执政官。② 在前言中，他肯定了埃比克提图的言论，可以理解，一开始，他并没有发表记录，直到后来未经许可的版本开始流传。但如果《论文》(*Dissertations*)重现了埃比克提图108年左右在尼科波利斯城发表的学说(很有可能)，当中的一些例证也许反映了元老院在图密善时期的困境，而不是普林尼说的图拉真时期更多的自由。还有值得一提的是，埃比克提图完全认可国家需要管理：③他反对的是不诚实，还有那些加入公共生活的人只顾自己的利益。同样，他也没有觉得元老的判断有任何差错，④只是在暴君的统治下，元老院已经麻痹了。

不管怎样，埃比克提图对元老院的批评没有阻止阿里安从事元老职业。而且，我们收集了大量的碑文资料证明希腊上层阶级对元老院的评价同样没有受到哲学家批评的影响，或者在残酷的帝王手中遭受苦难的元老的影响。成为元老仍然是具有相当财产、背景和教育的希腊人的崇高追求。先前引用的资料可以看出，从1世纪中期起，希腊人实现愿望的人数在不断增加，并对自己的成就很自豪。

---

① 4.10.19—21；参见4.7.21—23；尤韦纳尔，Sat. 10.33—46(副执政的)。

② H. Halfmann，《元老》，no. 56；P. A. Stadter，《尼科米迪亚的阿里安》(*Arrian of Nicomedia*)，第二章。A. B. Bosworth，《阿里安的亚历山大历史的历史评论》(*A Historical Commentary on Arrian's History of Alexander*)I，牛津，1980，第1—4页。更多参见P. A. Brunt，“从埃比克提图到阿里安”(From Epictetus to Arrian)，*Athenaeum* 55，1977，第19—48页中的第31页。

③ 3.7.21.

④ 4.1.140. 上文有引用。

卢西恩记载了一则轶事，希腊人过分的自豪遭到欢乐的嘲笑：一位贵族“按照自己紫色条纹的宽度做了个大橱柜”，使得2世纪的哲学家德莫纳克斯“将袍子拿来仔细看，并在他耳边悄悄地说：‘在你穿这衣服之前有只绵羊穿过，但它没有变成别的东西，还是一只绵羊’”。[①]
甚至是小国的王子们，凭着自己的头衔受到罗马皇帝青睐也不会鄙 94
弃元老职位的尊显。[②] 但亲戚们是最自豪的。我们经常在碑刻上发现不管男人女人都会写上他们是元老——最好是执政官的父亲、祖父或者亲戚的字样。像这种自豪的字句在小亚细亚一次又一次地出现，在希腊也有，相对少些，所以要列成单子反而多余了，并且无论如何也说明不了什么问题：光是事例的数目已经足够说明问题了。[③]

相反，在帝国的其他地方，既没有为获得元老职位的激烈竞争，也没有大众狂热地标榜成功，因此，相关的例子很少。他们很少像东方认可的那样大肆炫耀，虽然在2世纪晚期，一篇在锡尔塔（阿非利加）的题词确实陈述了索西亚·法尔康尼拉和四代执政官的关系，而提到在意大利也找到了类似碑文，[④]和三代执政官有关系。同样，在安东尼时期，一位女子，能确定的名字是法比亚，在贝提卡的伊斯帕利斯被心怀感激的受赠人（alimenta）称为“执政官的家人或妻子（filia 或者 uxor），元老的姐妹，元老的母亲”。[⑤] 而奥庇乌斯·马塞林努斯在意大利阿克兰努竖立的纪念碑上将自己称为“元老的父亲”，这看起来倒挺谦虚的：但突出的是这些字在石碑上占据了最显眼的位置，在最上面一行的“d(is)m(anibus)”字母的中间。[⑥] 有

---

① *Demonax* 41.

② 参见 H. Halfmann，《元老》，no. 25，36，96。当然，也很常见其他元老炫耀他们的东方国王的血统。

③ 突出的例子参见 *IGRR* III. 500；IV. 910；Philostratus，*Vit. Soph.* 536。关于一些分析，参见 A. Stein，《罗马的骑士地位》(*Der römische Ritterstand*)，第293ff. 页。

④ *ILS* 1105；1129—1134；*AE* 1978. 288—289.

⑤ *CIL*. II. 1174；*PIR*[2] F 73.

⑥ *ILS* 6484.

文字资料记载，魏莱里乌斯将埃利乌斯·塞扬努斯描述成“和他母亲一方古老的非常显赫的家族有关系，荣誉突出，还有兄弟、表兄弟和一位叔叔获得过执政官职位”，①真是夸得天花乱坠。塔西佗举的例子更典型，他只提到维尼修斯的父亲和祖父当过执政官（30年和45年的执政官），②而死于62年的诗人佩尔西乌斯·弗拉库斯在《生活》中将他描述为“出生于伊特鲁里亚的沃莱特拉的罗马骑士，和最高阶层的绅士有血缘及姻亲关系”。③ 在碑刻中，这样的描述比较克制，因为罕见而引人注目。④

95 然而，在东方，不只是领导层的居民渴望从事元老职业，似乎不太介意罗马政治形势的起伏变化，还有更多的人对元老院同样具有不可动摇的热爱，表现在另外两种形式中。第一种，很突出的是，元老院被描述为“神圣的议会”，或者较少为人所知的“神的议会”，或者其他类似的叫法，在帝国时期及之后，加利努斯时期被刻在钱币上。除了3种克里特（Crete）银币，所有在亚细亚行省城市发行的都是铜币。据弗尼推测，仅100多个城市就制作了约500种钱币，在3世纪可能大量制造这些钱币。⑤ 元老院通常印在钱币正面，外观和罗马人的有很大不同。⑥ 反面最常见的要么是当地的神，要么是当地有特色的象征，或者是皇帝的肖像，或者有时

---

① 2. 127. 3；参见塔西佗，《编年史》15. 48关于C. Calpurnius Piso的内容。

② 《编年史》6. 15。

③ *Vita* 2 Cartault.

④ 例子参见：意大利，*ILS* 2682，2735，6717，8531；*CIL* IX. 1587；西西里，*ILS* 6770. Lugdunum，*CIL* XIII. 1683（2世纪早期？）；阿非利加，*ILS* 2956。

⑤ 关于他的全面研究，参见G. Forni.，“ΙΕΡΑ e ΘΕΟΣ ΣΥΝΚΛΗΤΟΣ：un capitol dimenticato nella storia del Senato Romano”，*Atti Accad. Naz. Lincei*，Moemorie（Classe sc Mor. Stor. Fil.）VIII. V. 3，1953。更多参见J. 和L. Robert，*BE* 1954，no. 54，第111—113页；L. Robert，*Monnaies Grecques*，日内瓦和巴黎，1967，第75—78页；和K. Kraft，*Das System der Kaiserzeitlichen Münzprägung in Kleinasien*，*Istanbuler Forschungen* 29，柏林，1972，第27—29页。

⑥ 关于设计，参见第六章，第五节。

候是“罗马女神”。3 世纪时，东方的其他地方皮西迪亚、安条克和伊康发行的钱币印着“S(元老院)R(罗马)”，菲罗梅留印发的上面是“SPQR”(“罗马元老院和人民”)，马鲁斯印的是“SACRA SINATUS”(sic)(“神圣的元老院”)。①

第二，在雅典②和塞浦路斯③，我们找到印有元老院祭司(一个人或者是跟其他的神)的钱币，在小亚细亚的费拉德费亚、④多利留姆、⑤塔拉勒(或者可能是马格尼西亚)、⑥特摩罗斯⑦也有此类钱币。然而，除此之外，没有和祭仪相关的钱币。据说，以弗所有相似的祭司钱币，可以置之不理。⑧ 但裴达纽斯·弗斯库斯·萨伊纳托在 99/100 年任亚细亚总督，他在那里建了一尊元老院的 96
雕像，⑨而另一尊银雕像是维比乌斯·萨鲁塔利斯在 104 年留给那座城市的礼物之一。⑩ 这可能是我们在科玛玛(皮西迪亚)和赛德(潘菲利亚)找到的碑刻上所提到的其他类似的雕像。⑪ 希罗恺

---

① 参见 B. Levick，“公元 3 世纪的皮西迪亚·安条克钱币”(The coinage of Pisidian Antioch in the third century A. D.)，*NC* 6，1966，第 47—59 页中的第 55—59 页及其引文。

② *SEG* 26. 1475(严格说来，这观点的依据是猜测，但看起来很肯定)。

③ *IG* II^2 3547 和 L. Robert 支持的修复，这点参见 *BE* 1977，no. 76，第 326 页，与 R. Mellor 的反对相反，《希腊世界对罗马女神的崇拜》(*The Worship of the Goddess Roma in the Greek World*)，*Hypomnemata* 42，哥廷根，1975，第 102 页，n. 479。

④ L. Robert，*Monnaies grecques*，第十三章(同样纯粹是猜测，但很有说服力)。

⑤ *OGIS* 479.

⑥ *AE* 1894. 122；L. Robert，同前所引，第 76 页，n. 4。

⑦ J. Keil，“Die Erste Kaiserneolorie von Ephesos”，*Num. Zeitschr.* 52，1919，第 115—120、117 页，no. 2；L. Robert，同前所引，第 76 页(图密善时期)。

⑧ 《大不列颠博物馆的古希腊碑文》(*Ancient Greek Inscriptions in the British Museum*)III，no. DC.，第 24 行=C. Böker 和 R. Merkelbach，《来自以弗所的碑文》(*Die Inschriften von Ephesos*)，no. 1600，L. Robert 反对这点，同前所引，第 76 页，n. 4。

⑨ *ILS* 8822= C. Börker 和 R. Merkelbach，同前所引，V，no. 1499。

⑩ 《以弗所的研究》(*Forschungen in Ephesos*)II，第 127 页，no. 27，第 160—161 行=C. Börker 和 R. Merkelbach，同前所引，Ia. No. 27 及其所引文献。

⑪ *AE* 1961. 23；*SEG* 6. 731(3 世纪?)，G. F. Hill 在《给 W. M. Ramsay 爵士的安纳托利亚人研究》(*Anatolian Studies Presented to Sir W. M. Ramsay*)，曼切斯特，1923，第 216 页。

撒利亚(亚细亚)的人肯定建过雕像,也许是22年为了感谢对庇护权的肯定。[①]

各种各样对元老院的热衷起因总体来说不太清楚。我们猜测将元老院印在钱币上是仿照23年的做法,亚细亚各城市投票为提比略、莉维亚和元老院建一座神庙,士麦那得以批准在26年建造。[②] 然而,事实上,我们知道,这些做法第一次出现的时间更早,只是在2世纪晚期和3世纪早期才达到高峰。要不是戈尔迪安三世时期铸币很轻率,大多数情况下,选择在钱币正面印制政治实体会很难。随着元老院的权威和作用的衰落,无疑这种做法也越来越少。然而,反常的是,在元老院衰落的时候,这种做法反而增加了。塞维鲁时期在某个私人纪念碑上也可以看到同样的热忱,在一尊可能是城民的雕像下面刻着"光荣的阿芙罗蒂西亚斯城民,向皇帝效忠,根据最神圣的元老院法规、订立的协约和神的(帝王的)回应,享有自由和自主的权利"。[③] 这里细心提到元老院和它的尊崇的字句,让人惊奇。

和东方相比,这种热忱在西方不管是哪个时期几乎都没听说过。我们只在阿非利加找到了一些没有日期的碑文,纪念"元老院守护神"(主要作为保护人),[④]还有安东尼·庇乌斯时期发行了一系列印有同样图案的罗马钱币。[⑤] 在卢西塔尼亚皇室行省挖掘一

---

① 参见塔西佗,《编年史》3. 62—63 和 L. Robert,《希腊》(*Hellenica*)6,1948,第50—52页,no. 15。注意这里不同寻常的形容词,它的最高级可能被一位总督(?)在图拉真时期写信给珀加蒙的时候使用(*IGRR* IV. 336,第5行)。

② 塔西佗,《编年史》4. 15,37,55—56。

③ J. Reynolds,《爱欲和罗马》(*Aphrodisias and Rome*),no. 43。既然亚细亚对元老院的忠诚不会随着罗马皇帝的态度而变化,她的观点(第170页)认为碑文很可能是在皇帝对立法团体有好感的时期建立的,这似乎不恰当,有局限性。

④ *CIL*. VIII. 11017; *ILS* 3676; *AE* 1911. 10; 1917/1918. 21; 1921. 27; *CIL* VIII 23604.

⑤ *BMC* IV,第31、154、181、200、214、219页。公元213年类似的钱币(*BMC* V,第442页),有人说"值得怀疑"。

座用于皇室祭仪的神殿时出土了一尊铜雕像，可以信服地鉴定出
是一位“元老院守护神”，这样的发现可真是了不得，直到今天仍然 97
有独特意义并且出人意料。这尊雕像也来自 2 世纪中期。①

可以说，当时对立法团体及其成员的评价让人印象深刻，结论也可想而知。在一个社会金字塔高耸陡峭的国家中，最小最骄傲的顶层圈子自然表现出维护自己地位的关心，而底层的人对他们态度各异，嫉妒、仇恨、顺从、敬畏，有时是冷淡，甚至是蔑视。可以争论的是，这些都在预料之中，但是还有两点很突出，一是立法团体，尽管它很排外，但并不是个封闭的精英圈子。在帝国时期，富有、受过教育、有适当支持的居民都可以加入元老院；②也一直有愿意加入的人，尽管元老的职业显然会带来负担和危险。第二，很显著的一点是，在东方，元老院出乎意料地成了一种象征和激励，
即使它在国家事务中的权利范围和性质已经大大削弱。 98

① 参见 J. M. Alvarez Martinez，“Una escultura en bronce del genius senates hallada en Merida”，*Archivo Español de Arqueologia* 48，1975，第 141—151 页以及更多参见 H. Kunckel，《罗马守护神》(*Der römische Genius*)，第 80—82 页。

② 即使奴隶的儿子在恰当的时候也能升到高位，参见苏维托尼乌斯，《克劳狄乌斯》24；《尼禄》15；*PIR*^{2} H 73；L 97 和 W. Eck，*ZPE* 42，1981，第 245—246 页。

第二部分　会　议

第三章　会议地点和朱利亚元老院内部结构

第一节　会议地点

接下来，我们将全面讨论元老院会议，本章开篇的目的有两个：第一，整合讨论帝国时期有关元老院会议地点的所有资料，然后详细考察座位的安排和朱利亚元老院的内部结构。

如公元前70年，为庞培加入元老院，瓦罗在指南中写道：只有占卜师指定一个地点，将它称为"神殿"，在里面制定的元老院法令才算是正式的。[①] 这条规定在共和制时期一直被遵守，在帝国时期也同样适用。[②] 因此，1世纪中时，一位不知名的人（克劳狄乌斯？）——他的话都记录在纸莎草纸上——才会大声训斥他的元老同事："如果你赞同这些提议，元老们，马上明白说出来，用斟酌过的话说出来。不过，如果你反对，就去另想办法，但要在这神殿中想，或者，也许你要更多的时间来考虑，那就去想吧，

---

① *Gell.* 14.7.7. 参见 Servius, *ad Aen.* 11.235。严格来说，不是所有的神圣建筑都是神殿，被指定为神殿的地方也不必供奉某个具体的神。

② 如狄奥所言(55.3.5)，其中一种情况是，当元老院不是在常规例会的情况下开会时，他们仅仅是达成一项决议。

但要记住不管在哪个地方召唤你，都必须告诉我们你自己的想法。”①

这段话不只是强调了元老院必须在神殿中召开会议，还表明他们绝不会局限在一个地方。② 从这方面来说，元老院和英国的
113 国会不同，他们只用威斯敏斯特宫，并和它息息相关。没错，国会也可以在别的地方举行：1940，1941 和 1944 年的轰炸过后，必须得搬迁，但那是被迫暂时的撤离。当然，元老院只会局限在一个小区域举行会议，在罗马城和罗马城外③一英里以内的地方，但在此范围之内会议可以在不同的地方进行，这是当然的。

这点确定以后，应该知道从我们极少的资料来看，帝国时期的元老院和库里亚・朱利亚元老院关系最紧密，经常在那里聚会。因为会议大楼地点便利，造型独特，它是专门为元老院会议而设计的，会议在那里召集自然很合理。的确，我们也碰巧从来没听说过元老的选举和审讯程序明确说在别的地方举行。会议大楼位于朱利亚广场④西北角的人民大会场北部边缘，那是传统元老院所在地点。在整个帝国时期，这栋建筑都被称为朱利亚元老院，在尤利乌斯・恺撒被害前不久，他开始建造这个会厅，最终在公元前 29 年 8 月 28 日由屋大维落成。⑤

毫无意外，公众对元老院事务的兴趣使得这个新的会议地点很快就成为罗马最有名的建筑之一，普罗佩提乌斯将它称颂为“闪

---

① *FIRA*^{2} I 44 号，第 3 卷，第 10—16 行。

② 第 15 行中的“Quoc[u]mque loci”应该翻译成“到任何地方”，而不是“按任何顺序”，比如 N. Lewis 和 M. Reinhold 的《罗马文明》(*Roman Civilization*)II，第 119 页所表达。

③ 保民官的否决权没有扩大。不太清楚加尔巴 68 年反抗之初打算给他在西班牙设立的元老院什么样的地位或身份。在苏维托尼乌斯(加尔巴 10)的描述中，他巧妙地将它称为“velut instar senates”。总体参见 E. Gabba，“Senati in esilio”，*Boll. 1st*，*Dir. Rom.* 63，1960，第 221—232 页。

④ 关于“in comitio”的情况，参见普林尼，《自然史》7. 181；35. 27。

⑤ 狄奥 44. 5. 1—2；*EJ* 第 51 页；*RG* 19. 1。

亮的”，“崇高的”，[1]奥维德称赞它为“目前召开隆重会议最有资格的地方”。[2] 在奥古斯都病危的时候召开了一次会议，一只大雕飞到大楼屋顶上，征兆很不吉祥，还有一次是在奥古斯都死后召开第一次会议时，大雕又飞到楼顶，这两件事大家都记得很清楚。[3] 就在布狄卡反叛前，人们还听到晚上从大楼那里传来神秘的混杂的大笑声和粗野的喧闹声。[4] 不久之后，朱利亚元老院在 64 年的大火中几乎完好无损地幸存下来。[5] 但根据更晚一点的资料，元老 114
院是图密善修建的众多公共建筑之一。更可能的是，图密善将楼房修缮或者翻新了一下，而不是整个重建，但关于这一点，我们没有更多的资料。[6] 在贝尼芬顿[7]图拉真拱门的其中一个浮雕上也许对元老院可窥一斑，还有个前廊，虽然在“罗马广场浮雕群(Anaglypha Traiani)”[8]的救济浮雕上可能没有呈现（有人这么

---

① 4.1.11：“curia praetexto quae nunc nitet alta senatu.”

② *Ars Amat*. 3.117：“curia consilio nunc est dignissima tanto.”

③ 狄奥 56.29.3 和 45.2。关于将 bubo 看作可怕的预兆，参见普林尼，《自然史》10.34—35。据狄奥记载(73.24.1)，康茂德死之前不久同样的鸟在朱庇特神庙上鸣叫（而不是元老院上方）。

④ 狄奥 62.1.1—2。

⑤ 塔西佗（《编年史》15.40—41）没有将它列入大火摧毁的建筑中，而两年后，特拉塞亚·培图斯的审判地点不详，如果元老院是在库利亚·朱利亚（《编年史》16.27）召开的会议，那么维纳斯·吉尼翠斯神庙安置护卫就完全可以理解。

⑥ “Multae operae publicae fabricatae”：Chronog. 354（T. Mommsen 编辑），*MGH* IX，柏林，1842，第 146 页。更极端的观点认为库利亚·朱利亚原来位于戴克里先时期元老院的西北边，后来图密善重建后才挪至现在的位置，参见小 L. Richardson，“朱利亚元老院和雅努斯·杰米努斯”（The Curia Julia and the Janus Geminus），*Röm. Mitt.* 85，1978，第 359—369 页，小 J. C. Anderson 也支持这一观点，参见“图密善、阿尔吉列图与和平神庙”（Domitian, the Argiletum and the Temple of Peace），*AJA* 86，1982，第 101—110 页。他们的论据要非常谨慎对待。上面所引记录员粗略的记录过于看重，也要着重考虑到我们相信（远算不上确定）公元前 29 年到公元前 27 年之间印发的钱币上印的是朱利亚，而不是其他建筑。

⑦ A. Bartoli，《库利亚元老院》(*Curia Senatus*)，*lo scavo e il restauro*，罗马，1963，第 7 页。

⑧ 参见 M. Hammond，“在‘Anaglypha Traiani’（罗马广场雕像群）上面的图拉真雕像”，*MAAR* 21，1953，第 127—183 页中的第 137—138 页。

说)。因此,我们只知道,建筑在 283 年被烧毁了,戴克里先将它重建。[1] 在 7 世纪,它又被改建成圣阿德里亚诺教堂,20 世纪 30 年代在巴托利的监督下恢复成原样。[2] 现代专家争辩说,戴克里先保留了原建筑的大小、场址、朝向以及原有的一些细节,才能让我们从现存的结构考察中对朱利亚元老院形成准确的印象,这点是合理的。

还有两个建筑显然跟朱利亚元老院有关,虽然对它们的大小和功用没有确定的证据。第一个建筑有几个名字,叫作卡尔西迪库姆、密涅瓦中庭、或者雅典娜神庙。[3] 它要么是整个建筑群的一部分,要么临近朱利亚元老院,和它分开。[4] 合理的猜测是,它被用作元老院的资料储存室,但没有现存资料能明确地说明它的用途。第二个建筑是元老院等候厅(senaculum),瓦罗是这样描述它的:"格雷科斯塔西斯会场上方是元老院等候厅(senaculum)、协和
115 神庙和巴西利卡·欧皮米亚神庙所在地,将它称为元老院等候厅是因为那是元老或长者就坐的地方。"[5]提比略时期的瓦列里乌斯·马克西米努斯曾写到,在他那个时代,有一个地方叫元老院等候厅(senaculum),元老们会议前会在那里等待。[6] 但缺乏更多的

① Chronog. 354,*MGH* IX.,第 148 页,s. vv. 卡里努斯和戴克里先。

② 他对修建的讲述,参见上页注释⑦的引用,具有相当的重要性;更早更简洁的记录,参见 A. Bartoli,"Il monument della perpetuità del senato",《罗马研究》(*Studi Romani*)2,1954,第 129—137 页。

③ 参见狄奥 51. 22. 1;对密涅瓦的敬奉可以追溯到图密善时期,考虑到他对这位女神的虔诚。

④ 参见 *RG* 19. 1,"Curiam et continens ei Chalcidicum",关于讨论,参见 F. Zevi,"Il calcidico della Curia Iulia",*Atti Accad. Lincci*(Classe sc. Mor., storiche e filologiche)26,1971,第 237—251 页。

⑤ *De Ling. Lat.* 5,156;参见 Festus,第 47 页,Lindsay。*Graecostasis* 是元老院附近的一座平坛,外国使者在进入会厅之前就在此处等候,共和时期之后没有再提过,虽然这么一出地方一直都有它的用途:除了 Varro 提到过关于这方面的论述,参见西塞罗,*Ad Q. Fr.* 2. 1=Shackleton Bailey 5。

⑥ 2. 2. 6.

有关资料。

现存资料中，在帝国时期很少用“库利亚·朱利亚”具体的全名来指举行会议的地方。但在公元前 25 年 6 月通过的关于米蒂利尼的法规中是这么称呼的，[①]奥维德指的是在这里的会议。[②]138 年的《在贝根西斯地产上举行市场集会的元老院决议》(*SC de nundinis saltus Beguensis*)就是在“朱利亚元老院”通过的。[③] 同样，203 年，元老院被要求赞助百年节也是在这里提出的，几乎可以肯定在公元前 17 年也是在这里提出同样的要求。[④] 然而，在那个时代，大多数资料中的“库利亚·朱利亚”被缩写成“库利亚”，甚至奥古斯都也这么称呼。[⑤] 41 年，卡利古拉被杀之后，苏维托尼乌斯讲述了紧接着发生的事情，在他的讲述中可以找到从帝国早期起大部分会议都是在库利亚举行的更多证据。他解释说：“元老院一致坚持维护自己的自由，因此执政官第一次召集他们开会的时候，是到朱庇特神庙，而不是库利亚，因为它叫作朱利亚(译注：尤利乌斯阴性词)”。[⑥]

如果要讨论其他的会议地点，自然应当把朱庇特神庙放在首位，主要是因为共和时期的会议都在那里召开，包括每年的第一次会议，但事实上，并没有证据表明这个传统延续到帝国时期。狄奥[⑦]和约瑟夫在《犹太战争》[⑧]中确实赞同了苏维托尼乌斯的观

① R. K. Sherk，《从希腊东部来的罗马文件：元老院法令和直至奥古斯都时期的书信集》(*Roman Documents from the Greek East*: *Senaus Consulta and Epistuale to the Age of Augustus*)，巴尔的摩，1969，no. 26，卷 b，第 39 行。

② Ex Ponto 4. 5. 21，“pates in Iulia templa vocati”.

③ *FIRA*² I，no. 47，第 5 行。

④ G. B. Pighi，*De Ludis Saecularibus*，第 140 页，I，第 5 行；第 108c 页；第 132 页，I，第 8 行。

⑤ *RG* 19. 1.

⑥ 《卡利古拉》60。

⑦ 60. 1. 1.

⑧ 2. 205.

点，认为卡利古拉被杀后，元老院在这里开会。但除了那一次，朱庇特神殿只在帝国时期238年召开过一次会议，在两位戈尔迪安死后。希律认为，元老院此举仍然是极具象征性的选择，正如他们在41年所做的那样：

> 他们决定举行会议讨论实际措施……首先他们必须挑选
> 116 并选举出皇帝，并且提出和皇帝分享统治权，以防权力移交一人之手带来暴政。因此，会议召开了，不是在平常所用的会议厅，而是在朱庇特山的朱庇特神庙，罗马人在他们城堡中祭拜的神。因此他们将自己关在圣殿里面，由朱庇特作为他们的见证人、他们的顾问和行动的监护人……①

朱庇特神庙没再作为会厅也许部分是因为奥古斯都从公元前2年起找了另一个神庙，并规定某些类型的事务必须在那里讨论。这座神庙就是战神奥托庙，矗立在它的新广场上，②会厅比朱庇特神庙更大，并且朱庇特神庙没有合适的房间用于会议。③ 据狄奥说，④元老院必须在奥托神庙里作出关于战争胜利的决定，苏维托尼乌斯也提到了奥古斯都的指令——“元老院必须在这里讨论战争和胜利事宜”。⑤ 同样，我们没有在神庙讨论这些事务的记录，但是39年盖乌斯在日耳曼战役中下达的夸张指令却有记录：“他给罗马派送了一封很自负的信件，指示信使们说，他们必须直接驾车到奥托广场元老院门前，并且只能在全体元老院成员出席奥托

① 7.10.2—3.最奇怪的是，这次会议特别说到在内殿召开，但 L. R. Taylor 和 R. T. Scott 几乎没有注意到，“罗马元老院的座位间隔和二级元老”，*TAPA* 100，1969，第529—582页中的第559—568页和第576页（只在注释67）。

② 关于它的落成，参见狄奥 55.10.1a 和 b；60.5.3；Vell. 2.100.2。

③ 关于朱庇特神庙的内殿，参见 Taylor 和 Scott，*TAPA* 100，1969，第563—564页。

④ 55.10.3.

⑤ 《奥古斯都》29。

庙的情况下才能将信件交给执政官。”①可以想象，不再使用奥托庙作为会场是因为它的内殿不够大，虽然比起朱庇特山上的所有神庙都大，相比库利亚，它的空间还是小了点，②因此需要商议重大事务，出席人数众多的时候，会场会显得狭窄。

在帝国时期之前，很少在帕拉蒂尼召开会议，③但在朱里亚-克劳狄时期，为了方便皇帝，会议就在公元前 28 年④落成于帕拉蒂尼的阿波罗神庙的图书室和门廊召开，这些建筑是整个宫殿的 117
一部分。据苏维托尼乌斯记载，在奥古斯都年迈的时候，元老院会议经常在这里召开。⑤ 16 年的一次会议中，在著名演说家们雕像的环视下，荷尔顿西乌斯（Q. Hortensius）的孙子乞求提比略帮助他一家。⑥ 一份 19 年的《元老院法令》文本幸存下来，法令“在帕拉蒂尼通过，阿波罗神庙旁的门廊上”（in Palatio，in portico quae est ad Apollinis）。⑦ 同样，19/20 年的赫巴铜板（Tabula Hebana）上的法令详细规定了应该在“元老院惯常集会的阿波罗神庙附近

---

① 《卡利古拉》44。

② 柱子内部大概 21.5×15 米，对比库利亚的 25.6×17.7。在奥古斯都为努力提高元老院的出席率而感到沮丧的时期也许批准了神庙的设计？参见 Macrobius，*Sat.* 2.4.9，关于据说修建工作进展缓慢的情况。

③ 关于公元前 39 年 10 月一起值得注意的例子，参见 J. Reynolds，《爱欲和罗马》，no. 8，第 3 行和第 66 页讨论。

④ 关于落成，参见，比如，狄奥 53.1.3。我们知道公元前 4 年两个犹太大使（Josephus，AJ 17.301 和 BJ 2.81）和 12/13 年一位亚历山大的大使（*Ox. Pap.* 2435 verso）在这里得到奥古斯都的接待。更多参见 F. Castagnoli，“Sulla biblioteca del tempio di Apollo Palatino”，*Accademia dei Lincei*（Classe di scienze morali），*Rendiconti* Ser. 8.4，1949 年，第 380—382 页；和 D. L. Thompson，“在帕拉蒂尼山召开的罗马元老院会议”，*AJA* 85，1981，第 335—339 页，他说帝国时期那里没有其他地方让元老院开会，这观点肯定是对的，尽管有些资料提出相反的看法（比如 Servius，*ad Aen.* 11.235，“etiam in Palatii atrio ... apud maiores consulebatur senates”）。

⑤ 《奥古斯都》29；参见一次日期不详的会议，同上，28。

⑥ 塔西佗，《编年史》2.37。

⑦ 第十五章，第五节，列表第 22 条。

的宫殿前廊”增加雕像。[1] 据狄奥记载，31 年塞扬努斯遭指控的会议就是在帕拉蒂尼召开的，[2]而约瑟夫的记载则是，克劳狄乌斯在 41 年一掌握皇权就马上召集元老院在这里开会。[3] 记录中帕拉蒂尼的最后一场会议是在 54 年，尼禄统治早期，会场后面修了几扇门，以便阿格里皮娜在后面垂帘听政。[4] 费了这么大劲，她大概希望会议能经常在这里召开，事实上，她的希望或许也没落空。至少值得讨论的是，在沃卢修斯・萨图宁乌斯 56 年死的时候，如果元老院过去不是经常在那开会并且将来也会继续在那开会的话，他们就不会在“属于阿波罗的地方，元老院视线范围之内”[5]为他竖立雕像。不管怎样，随着尼禄统治时间的增长，他同元老院关系变得紧张的时候，这个会议场所不再使用也是可以理解的。会场可能被 64 年的大火所吞噬，虽然建筑后来在图密善手中得以修复，元老院在那里开会的传统却再也没恢复。[6]

有些学者声称，协和神庙，广场西北角靠近库利亚・朱利亚的
118 地方，在帝国时期经常被用来召集元老院会议。[7] 神庙在 10 年 1 月 16 日落成，[8]它的内殿比例不同寻常（45 米宽，24 米深），对于大型的集会特别宽敞合适，但老普林尼证实神庙里摆有艺术品，[9]也就是说，内殿并非没有物体干扰，但在神庙召集会议的实际记录很少。

---

① *EJ* 4a，第 1 行。

② 58. 9. 4.

③ *AJ* 19. 266.

④ 塔西佗，《编年史》13. 5。

⑤ *AE* 1972，174，第 10 行，“[i]n aria [A]pol[inis] in conspectum c[uriae]”，W. Eck 作了评论，Hermes 100，1972，第 471—472 页，关于将库利亚用来指“元老院”的情况（不管会议在哪召开），参见比如塔西佗，《编年史》2. 37。

⑥ 塔西佗，《编年史》15. 39；狄奥 62. 18. 2；苏维托尼乌斯，《图密善》20。

⑦ 比如 S. B. Platner 和 T. Ashby，《古罗马的地形学词典》(*A Topographical Dictionary of Ancient Rome*)，牛津，1929，第 139 页；Taylor 和 Scott，*TAPA* 100，1969，第 559 页，注释 67。

⑧ *EJ* 45.

⑨ Platner-Ashby，第 139 页。

狄奥确实告诉我们，31 年 10 月 18 日一早，在帕拉蒂尼召开重大会议之后，元老院当天晚一点的时候又在协和神庙集会。[1] 神庙的落成很重要，并且靠近监狱，因此判死刑的人可以马上得以转移。有学问的人可能会进一步思索为什么那次会议会选择显然不同寻常的地点，究竟是否合适。神庙是奥比米乌斯修建的，此人是害死格拉古的执政官。神庙被用来讨论喀提林的阴谋，后来又由提比略自己修复。[2] 在那之后，我们没有任何在神庙开会的有关资料，直到 192 年 12 月 31 日晚上，据《奥古斯都史》记载，[3]佩蒂纳克斯在这里被授予了皇权，因为给朱利亚元老院开门的侍从找不到。佩蒂纳克斯好像在早上回到了朱利亚元老院，狄奥提到他在那里。[4] 在帝国时期，《奥古斯都史》还提到了两次在协和神庙召开的会议，但都让人生疑。根据《罗马城纪事》不可靠的说法，第一次是在塞维鲁·亚历山大 222 年登基的时候。[5] 第二次是在 238 年两位戈尔迪安死的时候，但希律所记载的在朱庇特神庙的说法则更可信些。[6]

在共和时期，元老院有时会在罗马城外召开会议。比如，去听审一位支持元老的人举行凯旋仪式的请求，如果跨过边界的话他就会丧失这样的荣誉。或者去接待外国大使，他们不允许跨境因为他们的国家没有跟罗马签订合约。在帝国时期，碰到这些情况，会议还是会在罗马城外进行，虽然远没有像在共和时期那么频繁。然而，在公元前 7 年 1 月 1 日，提比略作为执政官召集元老院在城外召开会议，这样他就不会在庆祝胜利之前跨过边界。这次会议是在狄奥称之为'Οκταονίειον 的地方召开的。[7] 在帝国时期，没有 119

① 58. 11. 4.

② 狄奥 55. 8. 2。

③ *Pert*. 4. 9.

④ 74. 1. 4.

⑤ *Sev. Alex*. 6. 2.

⑥ 参见 HA，*Max. Balb*. 1. 1 及希律 7. 10. 2—3 和 Whittaker 关于此处的注释。

⑦ 55. 8. 1.

更多在那里召开会议的记录。但它似乎是整个建筑群的一部分，包括屋大维教廷，老普林尼曾经提过一次。① 来自没有和罗马订立协约的国家的使者仍然会受到元老院的接待，②虽然在哪里接待我们没有记录。帝国时期，在罗马城外举行的其他会议还有公元前 17 年 5 月 23 日那次，在塞普塔·朱利亚(Saepta Julia)神庙通过了和百年节③相关的法规；还有(如果狄奥的话可以相信④)68 年 6 月让人震惊的一件事，据说元老院成员走进禁卫军营宣布尼禄是敌人，并推举加尔巴为皇帝。

帝国时期还有另外三个会议地点，都只有单一的资料提到。第一个是雅典娜神庙，为哈德良所建，用于文化和教育活动。⑤ 据狄奥记载，193 年宣判狄第乌斯·朱利安死刑，宣告塞普蒂米乌斯·塞维鲁为皇帝的会议就是在那里举行的，⑥因他亲眼所见，⑦我们完全有理由相信他的陈述。但是要相信约瑟夫的证词⑧就没那么容易了，他说在 41 年盖乌斯遭杀害之后，元老院在朱庇特·维克托神庙集会：但在别处，约瑟夫却同意别的资料说会议是在朱庇特山举行的。卡斯托尔和波卢克斯神庙在《奥古斯都史》⑨一篇

---

① Platner-Ashby，s. v. Porticus Octaviae；普林尼，《自然史》36. 28。

② 参见第十四章，第三节。

③ G. B. Pighi，*De Ludis Saecularibus*，第 111 页，第 50 行。关于 Saepta Julia 神庙作为神圣的建筑，参见 L. R. Taylor，《罗马投票会议》(*Roman Voting Assemblies*)，Ann Arbor，1966，第 49 页。

④ 63. 27. 2^b. 比较 69 年早期加尔巴和他的顾问考虑是否收养庇索应该宣布“pro rostris an in senatu an in castris”选择了最后一个，紧接着召开了元老院会议(塔西佗，《历史》1. 17 和 19)。

⑤ Platner-Ashby，s. v. 地址不详，虽然 Philostratus，*Vit. Soph.* 589 暗示说跟元老院还有些距离。概述可参见 H. Braunert，“Das Athenaeum zu Rom bei den Scriptores Historiae Augustae”，*BHAC* 2，1963，第 9—41 页。

⑥ 74. 17. 4.

⑦ 希律(2. 12. 4)说会议是在元老院。

⑧ *AJ* 19. 248. 关于可能在帕拉蒂尼的神庙，参见 Platner Ashby，s. v. 。

⑨ *Maximin.* 16. 1.

不太可靠的文章中有提到，文章说元老院 238 年在这个神庙集会，宣称马克西米努斯和他的儿子为国家的敌人。因神庙离集会广场很近很方便，共和时期曾在那里召开会议，并且好几位皇帝相继保持了这个传统，但没有别的例子证明在帝国时期元老院在那里举行会议。

最后，如果《奥古斯都史》记载的故事有一点是事实的话，[①]那么 180 年马尔库斯・奥略留死后，元老院和平民一起举行了会议
将他尊奉为神明，有趣的是，这集会究竟是在哪里召开的？ 120

第二节　座位安排和朱利亚元老院内部结构

帝国时期关于座位安排的资料很少，让人失望，除了朱利亚元老院，我们的确对其他会议地点一无所知。事实上，问题也不太要紧，如我们所知，大多数会议似乎都是在朱利亚元老院召开的，也只有在这专门为元老院会议设计的建筑才可能有座位安排的惯例。在别处情况也许很不相同，还要考虑到有相当多的临时会议。

泰勒和司各特将戴克里先时期的建筑内部结构描述如下：

> 内部面积为 25.63×17.73 米，入口从人民集会广场延伸过来，大约 4 米宽。中间通道 5.40 米宽，21 米长，从门这一端一直延伸到主席台(suggestus)升起的另一端，并且两端各铺了 2 米长的凹雕大理石，除了保留区。在过道两边朝侧墙的方向有三级平台，每级平台大概 19 米长，两级较低的各 1.80 米宽，入口右边最上方的 2.05 米宽，左边最上方的是 2.58 米宽。[②]

---

① HA, *Marcus* 18.3，篡改章节的部分。

② *TAPA* 100，1969，第 541 页。

另外,还有两扇后门,在主席台的两侧。就目前的建筑来看,主席台并不太高,升起到大概在两侧第二级平台那个高度。大家都认为戴克里先在保存下来的结构上按原来的面积和方位重建了朱利亚元老院,这点没什么理由值得怀疑,但内部的布置就不那么肯定了。

首先,至少有一点是肯定的,执政官(或其他元老官员)会在升起的平台或法官席上主持会议。因此,66年,巴里亚·索拉努斯和他的女儿被带到"执政官的'法官席'前"审判,[1]而在203年十五人祭司团站在"最崇高的执政官的席位前"。[2] 埃比克提图傲慢地列举了在"法官席上坐过三、四回",[3]以示作为执政官的特权。狄奥还说到,执政官从他们的位置上下来,同坐在元老院成员中的克劳狄乌斯谈话。[4] 同样,普林尼也提到图拉真在100年作为主持人,"从座位上下来,走到地面",[5]拥抱选举的候选
121 人。而提比略提醒执政官坐在普通的席位上(就是坐在众元老中间)跟他们的尊严和等级不相符,23年,德鲁苏斯死的时候他们就是那样坐的,还有之前14年奥古斯都死的时候也是如此。[6] 在法官席上,执政官坐两边椅子(sellae curules),中间那张椅子留给皇帝(当他没有担任执政官时)。[7] 坐台要高到能不被靠近站着的成员挡着视线。[8]

40年通过了一条法规,皇帝的座位平台应该高到元老院中没

---

① 塔西佗,《编年史》16.30。

② G. B. Pighi, *De Ludis Saecularibus*,第140页,I,第5行。

③ 4.10.21.

④ 60.6.1.

⑤ 《颂词》71.1。

⑥ 塔西佗,《编年史》4.8;狄奥56.31.3。

⑦ 狄奥54.10.5;参见苏维托尼乌斯,《加尔巴》18;普林尼,《颂词》61.1。Martial(11.98.17—18)描述了元老官员坐在法官席高处的官椅上制定全国的法律——可能是在元老院内,因此,不是在法庭上。

⑧ 普林尼,《书信集》2.11.22。

人能靠近他。[1] 在盖乌斯死后可能没再沿袭这种规定。克劳狄乌斯要么是坐执政官的法官席，要么是坐在全体元老中保民官的长凳上。[2] 在元老院审判时或其他重大场合，据狄奥说，“他会坐在执政官中间的官椅(sella curulis)或长凳上宣布指控，然后他会在固定的位子(全体元老中)就坐，而将官椅(sellae)让给执政官坐”。[3] 在这样的审讯中，克劳狄乌斯可能是想通过此举来表示他参会的身份也不过和其他元老一样。公元 2 世纪晚期，皇帝的座位可能成了一件大事：不管怎样，希律将它称为“御座”。[4] 皇帝也会邀请其他人和他一起就坐，埃拉加巴鲁斯在 221 年收养亚利仙努斯的时候肯定这么做过，[5]他让他的母亲和祖母坐在他两边。佩蒂纳克斯也应该邀请过克劳狄乌斯·庞培和阿奇利乌斯·格拉布里奥坐在他旁边。我们可以想象，他们坐的是长凳，据狄奥说，长凳代替了原来放在高台上的皇帝的椅子。[6]

显然，在共和时期，元老们坐的是木头长凳，没有单人的椅 122
子，[7]我们认为这也是帝国时期的惯例。[8] 不管他们的位置怎么安

---

① 狄奥 59. 26. 3。

② 苏维托尼乌斯，《克劳狄乌斯》23，同时参阅 Mommsen 的“medius inter consulum sellas tribunicio〈ve〉 subsellio sedebat”，参见狄奥 60. 6. 1。B. M. Levick(*AJP* 99，1978，第 89 页)选择保留苏维托尼乌斯的文本，不加修改：因此，在她看来，克劳狄乌斯待在法官席上，但特别将自己坐的保民官的凳子放置在执政官之间，以此象征他倾向于行使保民官的权力。关于他的意图的这种观点完全合理，但意图表现得并不明显，因为(就我们所知)凳子看起来都差不多。克劳狄乌斯在元老院和其他保民官坐在一起意图肯定更明显，如狄奥所说。

③ 60. 16. 3—4.

④ 2. 3. 3—4. 在 Apuleius，《变形记》(*Metam*)6. 23 中的会议，朱庇特在“sedes sublimis”主持。

⑤ 狄奥 79. 17. 2；参见 HA，《埃拉加巴鲁斯》4. 2。

⑥ 74. 3. 3.

⑦ Asconius，第 33 页，Clark；Appian，*Bell. Civ.* 2. 21.

⑧ “Sedes”在普林尼的《颂词》73. 6 中可以解释为单人椅，但其他资料不支持这个观点，并且上下文不能严格按照字面意思理解。在本章(第二节)更早的部分，普林尼用了一个模糊的词“vestigium”对比塞内加的 *De Ira* 2. 25. 3，“tracti subsellii stridor”。

排，开会时间久了肯定坐着不舒服，我们只能希望椅子至少有个靠背。在某种程度上，元老可能会坐固定的位子，有些位子肯定留给了至少两个元老团。因此，我们听说有副执政位子①和保民官位子②的说法。前者大概靠近法官席，因为有一次一位年迈的元老被安排坐在那里，以便更好地听清审讯。③ 还有，狄奥在描述14年奥古斯都死后第一次会议时，他说“大部分成员都坐在惯常的位子上”，④这说明座位的安排是有规律的。并且，如前所述，克劳狄乌斯通常坐在众元老中固定的位子上。不巧的是，没有更多关于位置安排的可靠资料。因此，不管怎样，泰勒和司各特⑤想当然地以为在帝国时期，执政官和副执政会各自作为一个团体坐在一起，占据中间通道两旁最前排的位子。即使以前有固定的传统，我们可以肯定地说，在1世纪和帝国时期更多的时候，这种情况都有所改变，因为执政官和副执政人数逐渐增加，初级元老相应地在减少。⑥ 实际上，关于不同等级的元老怎么安排座次，我们缺乏资料。就我们所知，如果（比如）说执政官都坐在一起的话，他们会占据很大一片的位子，而不是依次坐到某一排位子上。当然，元老以这种或那种形
123 式的分组便于主持人按顺序让他们发表意见，但我们没发现这样的资料，而且在很多时候，他们的秩序会被参会人员在会场大范围的

① 狄奥 56.31.3；60.12.3。

② 狄奥 56.31.3；60.6.1。同时参见贺拉斯暗喻的文章（*Sat.* 1.6.40—41），诗人想象一位元老官员（参见第38—39行，只有一位元老官员可以下令处决）说另一位元老官员：“At Novius college gradu post me sedet uno：namque est ille，pater quod erat meus”，此处引用通常被理解为坐在剧院里的意思，但也可以是在元老院，表示一位元老官员可能坐在另一位后面。

③ 狄奥 60.12.3。但是 Taylor 和 Scott 的意见是（*TAPA* 100，1969，第535页）元老官员坐的凳子直接摆在主持人法官席的正前方，这个观点并不那么让人信服，因为这样一来中间通道就给堵住了。

④ 56.31.3.

⑤ 比如 *TAPA* 100，1969，第545页。

⑥ 参见 *TAPA* 100，1969，第550—551页，更多参见第四章，第二节。

走动而打乱，这种场面（如我们将要看到的）在争辩中很常见。

戴克里先重建朱利亚元老院后，三级阶梯式平台占据了几乎整个会厅的长度，座位安排在平台上，元老隔着宽阔的通道面对面相望而坐。我们不知道这样的平台是不是朱利亚元老院的特色，还是长凳本应不同放置，以便元老面对法官席而不是面对彼此就坐，没有文献资料能回答这个问题，[①]但是我们的资料强有力地推测，戴克里先时期，安排元老面对面而坐，那样非元老成员就可以从元老院门边站着的地方清楚地观看会议的程序。[②] 面对面坐在大多数时候让人很尴尬，但所有元老面朝法官席而坐不太可能（所以他们说话的时候背对着观众）。

不管座位如何安排，朱利亚元老院跟戴克里先重建后一样，肯定有一条很宽的中间通道。如果《奥古斯都史》可信，卡拉卡拉向元老发言为谋害格塔辩护之前，在座位夹道间驻扎了两排军队。[③] 普林尼抱怨 2 世纪初在元老院选举时，参会人员表现很糟糕，他说，"每个人都跟着他的候选人往前跑，人群杂乱，（过道）中间挤着一小堆一小堆的人，混乱不堪，毫无体面"。[④] 每一项提议的支持者和反对者要按指示在会厅分成两组投票，所以要有足够的空间。[⑤] 元老的行动可以从传统的谚语中得到体现——"用脚投票（pedibus in sententiam ire）"。[⑥] 元老在会议开始阶段频繁地走动，这也说明了会场中间要有开阔的空间。我们听说他们在两位

---

① 虽然在 Apuleius，《变形记》6. 23 中会议回顾了元老院，但不能看作罗马惯例的准确反映：有意思的是会场是在剧院。

② 参见第六章，第三节。

③ 《卡拉卡拉》2. 9。

④ 《书信集》3. 20. 4。

⑤ 普林尼，《书信集》8. 14. 19—20 和第七章，第二十五节。

⑥ 字面的意思是"用脚为提议投票"。关于帝国时期作者的用法，参见比如塞内加的 *Apocol.* 11. 6；塔西佗，《编年史》14. 49。这句谚语的比喻用法见阿普列乌斯《变形记》2. 7；6. 32。

发言的人之间跑来跑去，渴望听清他们说的每一个字。[①] 在投票
124 之前，他们通常分成两组，支持或反对提议，也可以在两组间调换，如果在继续争辩的时候，他们被另一方的话所打动。[②] 31 年 10 月 18 日，在宣读提比略致元老院的信时，一些靠近塞扬努斯坐着的元老站起来，走开了。[③] 还有一次，在普林尼得到特别批准先发言后，一位执政官在按顺序又轮到他发言之前向他抗议。[④] 在塞内加的讽刺诗中，赫拉克勒斯也一样在辩论的时候跑来跑去拉票，担心他支持的提议会通不过。[⑤] 克劳狄乌斯出席了一次会议，会上可能会通过提议惩罚那些违背古代禁令为合法服务收取报酬的人，被指控的人围在皇帝周围，极力要求原谅他们的过错。[⑥] 虽然元老们通常站在自己位子上发言，他们也可能会走到中间的通道上。[⑦]但就我们所知，他们离开自己的位子后并没有专门的席位或桌子让他们发言。

安排非元老成员参加会议的安排我们几乎不知道，也不知道在帝国时期速记员坐在哪里，或者律师、原告、证人审判的时候在哪个位置。西多尼·阿波里纳斯在提到 469 年阿凡德斯的审判时，说原告和被告及陪同他们的人在元老院分成两边对立排列。[⑧] 这种安排很自然，但我们不能说早期的做法就是这样。作为被告，

---

① 普林尼，《书信集》6.5.5。可以争辩的是，这些坐立不安的元老们更多是因为讨论尖锐问题时兴奋地走动，而不是因为会厅声音效果极差，下文会加以讨论。

② 普林尼，《书信集》2.11.22。

③ 狄奥 58.10.4。事实上，在帕拉蒂尼一次会上发生这样的事情并不影响会议时元老行动的总体表现。

④ 《书信集》9.13.10—12。我想这位执政官要走动才能批评他。当然，如果他没有走动，那么我们可能有证据证明不同等级的两位元老从会议一开始就紧挨着坐在一起。

⑤ *Apocol.* 9.6.

⑥ 塔西佗，《编年史》11.6。他没有说克劳狄乌斯在这次会上坐在哪里。

⑦ 比如，参见狄奥 60.16.5；76.8.6；约瑟夫，*AJ* 19.261。

⑧ 《书信集》1.7.9。

巴里亚·索拉努斯和他的女儿肯定被要求站在“执政官法官席前”并且彼此离得很远，扈从可以阻止他们拥抱。[1] 203 年，十五人祭司团作为团体来到元老院的时候，他们站在“最崇高的执政官席位前”，前面也提到过，可以推测，所有的使者都一样。换句话说，被告，使者，当然，还有其他外人，都必须面对主持人，背朝门口。很难想象他们面对元老院成员站着，背朝主持人。因此，在门槛边的外人很难听清他们的发言。 125

当然，我们对朱利亚元老院的声音效果一无所知，但值得一提的是，不管是偶然，还是设计时，有所考虑，这栋房子的结构确实和维特鲁威[2]建议的大致一样，能让说话人的声音清楚地听到：就是说，元老院房子是椭圆形的话，内部高度应该是长度和宽度之和的一半。如我们所见，戴克里先的元老院大约是 26 米长，18 米宽，而到天花板的高度是 23 米。很难说原来的内部饰面是否按维特鲁威的另一建议在四周半壁的地方都装上了檐口。

作为高建筑，朱利亚元老院在夏天的时候可能还凉快，能够忍受，但无疑在冬天是非常冷的。因此，在冬天的时候，大家都很乐意有机会在房子内走动，不愿一直坐着。那些审讯会议很多在冬天进行，而且要持续很久，很少有机会让元老们走动，所以特别难受。没有资料说元老院有供暖系统，即使有的话，也起不了很大作用，因为开会时门开着，连鸟都进出自由。[3] 但至少在帝国时期没有发生像公元前 54 年 2 月 12 日那样的事情，执政官因为元老抱怨冷而答应取消要召开的会议。[4] 同样，如果戴克里先重建了朱

---

① 塔西佗，《编年史》16. 30 和 32。

② *De Arch* 5. 2.

③ 狄奥 78. 37. 5。

④ Cic. *Ad Q. Fr.* 2. 11. 1＝SB 15；A. W. Lintott，“西塞罗给昆图斯信中的大众司法”，*Rhein. Mus.* 110，1967，第 65—69 页，他说到这里“寒冷”只是比喻的用法，并不让人完全信服。关于罗马普遍不健康的冬天气候，参见苏维托尼乌斯，《奥古斯都》72。

利亚元老院的窗户，光线是非常充足的，主要的几扇门上方有三扇窗，另外三面墙的中间各有一扇高窗。我们可以想象窗户设计得那么高部分是为了减少城里无休止的喧闹声肯定经常给元老院带来的干扰，特别是在早上完工时。窗户也是为了借光，甚至从法官席左侧较远的一端，阿尔吉列图只修了一条狭窄的通道连接朱利亚元老院和埃米利亚巴西利卡大圣堂。跟今天不一样，元老院内部的墙面也会加以修饰，如我们所见，会用一些装饰增加亮度。另外，主门外的前廊（如果有的话，很可能有）也没法让房间更亮一些，加上那么多围观的人堵在入口就更暗了。 126

我们听说奥古斯都会将议题贴在元老院内的公告板上让元老们看，还有讽刺他的文章也会在那里传播。① 有人提议将 22 年授予德鲁苏斯保民君主（tribunicia potestas）头衔的法规用金字镌刻，在元老院展示，这遭到了元老的嘲笑，提比略还重点指责了一番。② 但朱利亚元老院内有好些纪念碑和纪念物装饰，估计是安放在离中央通道较远的位置。一面纪念奥古斯都“宽厚、正直、虔敬”的盾牌在公元前 27 年建立，此外，纪念盖乌斯和卢修斯的金色盾牌和长矛也加入了行列。③ 纪念图密善的盾牌在 96 年他遭谋害时被拆掉。④ 奥古斯都自己至少在元老院内挂了两幅画像，我们可以从老普林尼的描述中得知。⑤ 奥古斯都的名字也刻在了朱利亚元老院，还有一尊他的雕像在 14 年前放置在那里。⑥ 因此我们仍不住会想在卡里斯乌斯引用哈德良的演讲中原指的是元老院

---

① 狄奥 55.4.1；苏维托尼乌斯，《奥古斯都》55。

② 塔西佗，《编年史》3.57 和 59。

③ *RG* 34.2；狄奥 55.12.1；关于原本是用来纪念奥古斯都的一副盾牌在阿尔勒被发现，参见 F. Benoit，“Le sanctuaire d' Auguste et les cryptoportiques d' Arles”，*Rev. Arch.* 39，1952，第 31—67 页和图 11。

④ 苏维托尼乌斯，《图密善》23。

⑤ 《自然史》35.27—28 和 131。

⑥ *RG* 35.1；塔西佗，《编年史》1.11。

的装饰:“我请求你们,元老们,我特别想征得你们的同意,最好立一面跟奥古斯都地位相称的银盾牌纪念他。”①

其他人的雕像也被竖立了起来,虽然我们并不总是很清楚它们保留了多久。② 在阿格里皮娜59年被杀后,有人提议为密涅瓦和尼禄在元老院内竖立金雕像。③ 希律说,康茂德特意在元老院门前竖立了一尊自己的雕像,扮成弓箭手的模样,拉开了弓,准备射箭以威慑元老。④ 雕像在他死后就被移除了,代之以自由神像。埃拉加巴鲁斯让人在元老院内维多利亚胜利女神雕像的上方挂了一幅他自己的巨大画像,⑤马克西米努斯同样让人将一幅他在日耳曼战争中的画像挂在元老院门前,这些画像后来都被元老院拆除了。⑥

维多利亚胜利女神雕像的突出地位和名声胜过了元老院的 127
其他纪念碑。⑦ 它是在某个时期从塔伦特姆带来罗马的,在公元前29年8月28日,由屋大维在朱利亚元老院落成,⑧在狄奥时期和之后很长的一段时间里,一直在那。⑨ 普鲁登修斯⑩对它的描述符合奥古斯都时期钱币上的雕像。⑪ 它的大小不清楚,但不可能太笨重,因为奥古斯都葬礼的行进队伍是由它领头的。⑫ 看起

---

① *Art. Gramm.* II 287 Barwick.

② Drusilla,狄奥 59. 11. 2;图密善,苏维托尼乌斯,《图密善》23;M. 奥略留,狄奥 71. 34. 1;赛普特米乌斯·塞维鲁,狄奥 78. 37. 5。

③ 塔西佗,《编年史》14. 12。

④ 1. 14. 9—15. 1.

⑤ 希律 5. 5. 7。

⑥ 希律 7. 2. 8;HA,*Maxinim.* 12. 10。

⑦ 关于雕像上所费工夫的总结,参见 H. A. Pohlsander,“胜利:一尊雕像的故事”,*Historia* 18,1969,第588—597页。

⑧ *EJ*, Calendars 51.

⑨ 狄奥 51. 22. 1—2。

⑩ *Contra Orat. Sym.* 2. 27—38.

⑪ Platner-Ashby 中的引用,第144页。

⑫ 苏维托尼乌斯,《奥古斯都》100。

来像它的基座残遗在主持人席后端给找到了,[①]并且没有充足的理由去怀疑那不是它站立的地方。希律[②]说它站在元老院的中央,肯定是不准确的。除了雕像,还有一个和它搭配的祭坛。在刚刚引用的同一篇文章中,希律解释说,元老在进入元老院时,用祭品和奠酒在雕像前祭祀,[③]所以祭坛自然在雕像下面。有件事也许能支持这个结论,巴里亚·索拉努斯的女儿,被叫到"执政官席位前"审讯,在回答问题之前先紧紧抓住祭坛(altaria et aram)。[④]

我们可以得出结论,在朱利亚元老院,专门为举行会议修建的地方,元老们有了一个既让人惊叹,位置居中,同时又能为会议增加尊严的所在。会厅也设计得很好,装饰时尚。最后,如我们所见,也有理由相信,座位的安排和惯常的出席人数也匹配得很好,至少到 2 世纪早期都是如此。

第三节　元老院工作人员

关于维护元老院和出席会议的工作人员,我们几乎一无所知。提图斯和康茂德死后召开会议的那晚,我们从元老们因等待元老
128 院开门而延迟会议这事可知,有个看守人(aedituus)掌管钥匙,并且住在元老院外头。[⑤] 在奥古斯都最后病危时,元老院召开会议那次,房子也锁上了,佩蒂纳克斯死后,[⑥]狄第乌斯·朱利安也将门锁了。可以推测,在审讯时,肯定有工作人员照看水钟,在图拉

① A. Bartoli,《朱利亚元老院》,第 57 页。

② 5.5.7.

③ 关于仪式,参见第七章,第二节。

④ 塔西佗,《编年史》16.31。他这句的表达是否按照字面意思表示不止一层结构,我们不太清楚。

⑤ 苏维托尼乌斯,《提图斯》11;Eutrop. *Brev.* 7.22;HA,*Pert.* 4.9。

⑥ 狄奥 56.29.3;HA,《狄第乌斯·朱利安》(*Did. Jul.*)2.4。

真时期选举时，也有人递送灯盏，分发选票，[①]摆正桌椅。[②] 这些人可能是公共服务人员，据《奥古斯都史》记载，[③]他们通常跟记录员和审核员一起到会。帝国时期审核员的工作在别的地方再没有提到，不太清楚，记录员可能是负责文书工作，也许包括帮助记录参会人员的重要事项。[④] 在准确计算支持或反对某项决议的人数时，[⑤]他们也需要帮忙。除了记录员，在帝国时期较早的时候起，还需要一位或几位速记员（notarii），虽然他们只在塞内加写的会议讽刺诗中提到过。[⑥] 在两个逃跑奴隶的铜颈圈上——日期已不可考——写着他们的主人是抄写员，[⑦]或者，如果能用另一个不太肯定的词，是"元老院抄写员"（scriniarius senatus）（"记录的保管员"，或者说，可以储存卷轴的箱子）。[⑧]

从监狱送往元老院受审的被告[⑨]必须由扈从跟随，扈从显然在审讯的过程中也在场，保证犯人在拘留中。维布伦努斯·阿古利巴骑士在指控他的案件结束后吞下毒药倒在元老院，扈从马上将他带回监狱。[⑩] 66 年，审讯巴里亚·索拉努斯和他女儿时，做父亲的企图过去拥抱女儿，但扈从阻止了他。[⑪] 24 年，维比乌斯·塞利努斯元老从流放之地带回，必须在审讯时戴上锁链，所以肯定也有人押送他。[⑫]

---

① 分别参见普林尼，《书信集》2. 11. 14；4. 9. 14；3. 20；4. 25。

② 关于加尔巴椅子的预兆，参见苏维托尼乌斯，《加尔巴》18。

③ *Gord*. 12. 3. 应该注意这篇文章整体的可靠性让人怀疑。

④ 狄奥 55. 3. 4。

⑤ 参见第七章，第二十五节。

⑥ *Apocol*. 9. 2.

⑦ *ILS* 8726；1958.

⑧ *ILS* 8728："serv. Sum Leonti scrin. s."

⑨ 我们特别注意到，比如阿西利乌斯·萨比努斯就是这样带进来的（塞内加，*Controv*. 9. 4. 20）。

⑩ 塔西佗，《编年史》6. 40。

⑪ 塔西佗，《编年史》16. 32。

⑫ 塔西佗，《编年史》4. 28。

129 在辩论会上，扈从不在场，和审讯会不一样，显然也没有人供主持的元老官员支配以维持秩序。这种没有可供使唤的侍卫或其他官兵的现象可以看成是主持人地位虚弱的诸多表现之一。[①]在会议中，要是有元老担心安全受到威胁，就会直接求助于保民官。69 年，维特里乌斯感到被海维迪乌斯·普利斯库斯[②]侮辱时，发出了这样的求助。[③] 图密善死后，当法布里修斯·维恩托反对普林尼攻击普布利希乌斯·塞尔图斯[④]时，也同样向保民官求助(没有成功)。需要维持秩序(元老院的秩序)时，[⑤]元老官员要亲自行动——虽然多少是出于自愿，多少是出于主持人的鼓动很难说。31 年 10 月 18 日宣读提比略信件的时候，副执政和保民官肯定也采取了行动，保证塞扬努斯不会离开会场。[⑥] 在海维迪乌斯不肯停止对维斯帕先皇帝当面辱骂时，确实遭到了保民官的逮捕，然后被转交给助手。[⑦] 如果元老院面临无法控制的危险，主持人最后的办法是解散会议。法布里修斯·维恩托坚持回应普林尼对普布利希乌斯·塞尔图斯的攻击时，主持人就是这么做的。[⑧]

元老官员本人也会传达元老院需要采取行动的决议。盖乌斯被害后是保民官他们给克劳狄乌斯带信说，要他参加元老院会议。[⑨]

---

① 更多参见第七章，第二十三节。

② 塔西佗，《历史》2.91；狄奥 65.7.2。

③ 普林尼，《书信集》9.13.19。

④ 塞内加，*Apocol.* 9.1。

⑤ 狄奥 58.10.5。

⑥ 狄奥 66.12.1。关于保民官让大家保持安静的权利，参见普林尼，《书信集》1.23.2；9.13.19。关于保民官的助手，参见狄奥 54.36.1，文中说到，他们在帮助保民官和市政官保存法规的时候没有效率；亦可参见 60.12.2。

⑦ 普林尼，《书信集》9.13.20。

⑧ 苏维托尼乌斯，《克劳狄乌斯》10。

⑨ 塔西佗，《编年史》2.34；狄奥 58.3.3(副执政)；58.4.6(财务官)；塔西佗，《编年史》16.34(quaestor consulis)关于士兵和元老个人的随从出席会议，参见第四章，第四节。

特别的是，我们听说过，由副执政和财务官传达死刑执行令并且监督执行。这项任务由执政官的财务官助手(quaestor consulis)来执行是很自然的，他是元老院主持人的副手。 130

第四章 出席会议

这章讨论出席元老院会议的重要事宜。当然，元老的出席是讨论的重点，尤其是因为普遍认为他们总的来说在这方面很懒散，所以要加以大力修正。和这章主要内容相关的还有两小节，关于元老的总人数和他们退休的年龄。结尾部分讲述非元老成员允许在会议时到场的情况。文中会特别讲到士兵和女人的参会情况，皇帝的参会在下一章专门讲述。

第一节 元老的总人数

可以想象，关于这关键的一点资料很少，但很明显奥古斯都采取措施将元老的数量减到低于恺撒专政时和之后内战时的总数。据狄奥记载，当奥古斯都在公元前 29 年裁员时，总数是 1000 人，①苏维托尼乌斯则认为不止这个数。② 元老院膨胀到这个程度部分是因为恺撒大量直接选拔，将人数增加到 900 人，③部分是

① 52.42.1.

② 《奥古斯都》35。

③ 狄奥 43.47.2。

因为他死后其他人“通过关系和贿赂”得以提拔。[1] 另外，将财务官的人数从 20 人增加到 40 人，[2]恺撒将每年选举的人数翻了一倍，因为元老官员实际上可以在元老院终身占有席位。

公元前 29 年，奥古斯都通过不同的办法削减了 190 人。[3] 狄奥声称，在公元前 18 年，他还计划将元老院削减到 300 人，和“古 131
时”一样数目。[4] 但最后他屈服于压力，反对如此大规模的裁员，只任用了约 600 人——换句话说，削减了约 200 人。他的计划各人看法不同，可以说他像老古董一样愚蠢，也可以说是带来了前所未有的巨大变革的精心步骤。所以为元老保留的军队和管理岗位最多只能容纳 300 人，[5]而剩下参加会议的人数将会大幅下降。狄奥提到，还有两次奥古斯都变革元老院人数，第一次是在公元前 13 年，另一次是在两年后公元前 11 年。[6] 然而，狄奥在记录第一次人数的时候，可能误解了原始资料，另一种说法是这两次变革可能是同一次，在公元前 13 年开始，但直到公元前 11 年才结束。[7] 奥古斯都自己在《奥古斯都功绩录》[8]中声称只变革了 3 次人数。狄奥提到在他任期的最后一次变革，在公元 4 年委托给元老委员会，虽然他特别指出这次没有大幅度的裁减。[9] 因此，在奥古斯都任期元老总人数减到 600 左右——换句话说，接近苏拉元老院的人数。几乎可以肯定的是这个数目只是理论上最恰当的数目，不

① 苏维托尼乌斯，《奥古斯都》35。

② 狄奥 43.47.2。

③ 狄奥 52.42.2。

④ 54.14.1.

⑤ 关于这些岗位的数目。参见下文第二节。

⑥ 54.26.8 和 35.1。

⑦ 关于这些论据分别，参见 A. H. M. Jones，《罗马政府和法律研究》(*Studies in Roman Government and Law*)，牛津，1960，第 22—23 页；A. E. Astin，“Augustus and ‘Censoria Potestas’”；*Latomus* 22，1963，第 226—235 页，IA 节。

⑧ 8.2.

⑨ 55.13.3.

是固定的最大数目或固定的总数。

不幸的是，奥古斯都之后没有资料提供元老院的总人数，后来唯一知道的人数审核是在克劳狄乌斯和维斯帕先时期，他们作为审查官进行审核。显然常规的招募形式仍然通过每年 20 个财务官的空缺岗位，通常由 25 岁左右的人获得。因为这些固定数目的新人招自越来越广大的地区，可以合理地推测，总的来说，每年符合要求的应征者的热情还是相当高的，足够补充 20 个空缺岗位。话虽如此，我们有两个理由相信有时也会有小小的人数短缺。第一，当二十人委员会(必须先担任此职)的岗位不多于财务官的岗位时，有时二十人委员会的人还没来得及升任财务官就早逝了，那么财务官的人数就
132 会偶尔短缺。二十人委员会和财务官之间的间隔时间不固定，有时可能达约 6 年之久。① 第二，据狄奥记载，有几年财务官担任的岗位没有足够的人员补充，因此上一年的财务官必须再任一届。② 他没有详细阐述，但我们可以找出帝国时期好些显然担任了两届甚至三届的人，无疑这是其中一个理由。③ 值得注意的是，从 1 世纪中起，延长任期的需要显示出那一年至少减少了 4 位财务官，因为从那以后从来不会超过 17 个岗位固定由 20 位元老官员担任。④ 但也是从

---

① J. Morris，*List. Fil.* 87，1964，第 321 页。

② 57.16.1；53.28.4；更多参见 58.20.4。

③ A. R. Birley 列出了 8 个例子，《罗马不列颠年表》，第 282 页，加上 *ILS* 8842；*ILS* 1002 和 E. Groag，*PW* 8 A s. v. 图利乌斯，no. 56，第 1325—1326 卷。在 *CIL* XL. 383 中，M. Vettius Valens 的第二任财务官职位可能是石匠的错误(参见 R. Hanslik，*PW* 8 A s. v. Vettius no. 52，第 1869 卷)。除了招募的困难，担任第二届财务官也可能是因为同事的早逝或者某些临时危机的出现：因此，很突出的是 217 年元老院的一次会议上没有一位财务官出席(狄奥 78.16.4)。关于担任第三届财务官，也许是在哈德良晚期，参见 *PIR*[2] 1391＝H. Halfmann，《元老》，no. 83。

④ 参见第一章，第二节。我认为的 17 这个数字只包括两位宣读皇帝敕令的官员。西西里岛是否仍然像共和晚期一样要两位财务官，而不是通常的一位的问题，因缺乏资料仍有待回答；但 Birley(《罗马不列颠年表》，第 12 页，n. 6)怀疑仍有两位财务官的看法也许是对的。

那时起，立法团体偶尔的人数短缺会由别处直接选拔人员补充，无论如何，我们都没有有说服力的理由认为财务官有严重持续短缺的时候。因此除了这个小问题，要保持元老人数达到600，每年20位年龄约25岁的新成员平均还有30年的寿命。从人口统计来说，这显然是合理的预期。当然，我们没有罗马的统计数据，但这个推测跟16和17世纪欧洲当权家族和英国公爵家族的数据是相符的。①

推测元老院的总人数在600人左右，这至少和我们掌握的相关资料不冲突。就我们所知，按照现存每次出席会议人数的数据统计，1世纪中在任元老最保守统计超过500人。同样，计算了一下头两个世纪所知的每位皇帝任期的元老人数，哈蒙德在1959年得出总数是在奥古斯都时期最少483人到康茂德时期最少243人之间。② 另外，我们已经注意到，元老院通过直接选拔的人数（除 133
每年的20名财务官之外）一直是很少的。公元1世纪我们所知的仅有3人由克劳狄乌斯直接选拔，③维斯帕先提高到20人，④图密善两人。整个2世纪——在96年和192年间——我们知道的仅有35人是直接选拔的。⑤ 当然，这些数目可能会因发现新的资料

---

① K. Hopkins，《死亡和重生》，第二章。

② M. Hammond，《安东尼君主制》，第254页；更多参见同上，“公元68—235年元老院的构成”，*JRS* 47，1957，第74—81页。

③ *CIL* X. 6520；*AE* 1925. 85；*ILS* 968. 关于最后一次，更多参见G. Alfoldy，“来自维琴察的一位元老”（Ein Senator aus Vicetia），*ZPE* 39，1980，第255—266页。A. Chastagnol猜想可能有第四次选拔，《古代社会历史学研究：F. Vittinghoff纪念文集》（*Studien zur antiken Sozialgeschichte：Festschrift F. Vittinghoff*），第270页，n. 2。

④ G. W. Houston，“维斯帕先在元老院的直接选拔”（*Vespasian's adlection of men in senatum*），*AJP* 98，1977，第35—63页；J. Devreker，“*L'adlectio in senatum* de Vespasien”，*Latomus* 39，1980，第70—87页。R. Syme（*HSCP* 73，1969，第228页—《罗马文论》[*Roman Paper*]II，第766—767页）似乎有点急于论断塔西佗将P. Licinius Caecina（*PIR*^{2} L 178）描述为“novus adhuc et in senatum nuper adscitus”（《历史》2. 53）的意思肯定是他被加尔巴选拔为元老。

⑤ A. Chastagnol，*BHAC* 1975/1976. 116—118；关于直接选拔骑士为市政官或保民官，更多参见H. G. Pflaum，“La carrière de C. Iulius Avitus Alexianus，grand'père de deux empereurs”，*Rev. Et. Lat.* 57，1979，第298—314页的第302—305页。

而增加:但除非涌现前所未有的资料才能改变直接选拔只是在元老院总人数中影响微弱的印象。

巴贝利收集了塞普蒂米乌斯·塞维鲁和卡拉卡拉时期所知元老的资料,并且在高达 604 位成员得以确认,还有 333 位可能是成员的基础上,争辩说这些时期的元老数目明显增长。但他的说法靠不住。① 首先,假如 193 年可能有 600 人,然后每年增加 20 名财务官直到 217 年,那么至少有 1080 个名字,甚至还没计算直接选拔的人数和这些不稳定时期可能出现的快速人员流动。所以没有说服性的理由认为总人数超过 600。217 年后,资料太少,没有任何有用的数据可以确定人数。② 但总的来说,考虑到围绕这个问题的诸多不确定因素,如果我们认为在奥古斯都变革后元老的人数维持在 600 左右,这也许不会错得太离谱。

第二节 元老的出席

依照传统,一位尽责的元老会将参加会议看成自己的义务。"首
134 先我认为一位好元老应该坚持参加元老院会议",西塞罗说。③ 他在别处也表达了同样观点,还补充说,"全体成员的出席为元老院的商讨增加了尊严"。④ 当然,元老们也总是遵守相互义务的原则,而且会秉承下去。朋友和亲戚互相帮助,在塞内加的讽刺诗中,当赫拉克勒斯需要别人支持他赞同的决议的时候,他提醒同事说"善有善报"。⑤

---

① G. Barbieri,*L'albo senatorio da Settimio Severo a Carino*(193—285),罗马,1952,第 415—419 页,亦可参见 G. Alföldy,"塞普蒂米乌斯·塞维鲁和元老院"(Septimius Severus und der Sena),*Bonn. Jahrb.* 168,1968,第 112—160 页。

② 更多参见 K. Dietz, *Senatus contra principem*: *Untersuchungen zur senatorischen Opposition gegen Kaiser Maximinus Thrax*, *Vestigia* 29,慕尼黑,1980。

③ *De Domo* 8.

④ *De Legibus* 3. 40.

⑤ *Apacol*. 9. 6.

出于同样的道理，普林尼在 107 年 9 月 1 日他的朋友瓦列里乌斯·保利努斯就任补任执政官的时候无法出席，他特别道了歉。[1]

然而，还有一种持续的责任感根源更深。一位具有相当地位和意愿的罗马人会认为加入公共生活为国家服务是他的使命，作为一名元老，参加元老院会议被认为是服务的固有部分。在埃比克提图所写的维斯帕先和海维迪乌斯·普利斯库斯之间的对话中可以看出这种强烈的责任感："有一次，维斯帕先告诉他不用参加元老院会议时，他回答：'你有权利否认我的元老资格，但只要我是元老，就必须参加会议'"。[2] 66 年，科苏提安努斯·卡皮托对特拉塞亚·皮图斯的一项主要指责就是，"他已经 3 年没有进元老院的门了"。[3] 尼禄在给元老院的谕令中特别提到了这一点："没有指名道姓地指责了忽略公共责任的元老，他们为骑士作出了懒散的榜样。如果众多执政官和祭司都更热衷于装饰他们的花园，那么(他写到)住在偏远行省的元老不来又有什么奇怪?"[4]

特拉塞亚的人以这则谕令为武器，指控他不出席的罪名。[5] 这里，塔西佗借尼禄之口提到"偏远行省"的元老缺席更可能指的是在 2 世纪早期这位历史学家的那个时代，而不是 60 年代，当时来自偏远地区的元老人数并没增长多少。[6] 然而，尼禄的指责突 135

---

① 《书信集》9.37.1 及 Sherwin-White 关于此处的论述；参见 4.17.6。

② 1.2.19.

③ 塔西佗，《编年史》16.22。

④ 塔西佗，《编年史》16.27。比较塔西佗请求尼禄允许他退休的演说中，塞内加极不赞成地提及他专注于花园和别墅(《编年史》14.53 和 54)。关于作为立法团体的骑士会议，参见 A. E. Gordon，《昆图斯·维拉尼乌斯，公元 49 年执政官》(*Quintus Veranius Consul 49 A. D.*，加利福尼亚，1952，第 259 页，n. 88)的简述。

⑤ 塔西佗，《编年史》16.28；参见狄奥 62.26.3。

⑥ 显然，尼禄的发怒是催促特拉塞亚垮台的一次情绪上的攻击。皇帝的观点不能深究，"偏远(longinquus)"也无法定义。然而，毫无疑问，这个时期比高卢和西班牙更远的行省数目还很少：更多参见第一章，第四节。类似元老来自哪里的夸张描述，参见塔西佗，《历史》1.84；4.74。

出了害怕冒犯皇帝成了帝国时期督促元老出席的新动力。在邪恶的君主统治下,这个消极的新理由偶尔也能比传统的正面理由有力得多。因此,狄奥解释了为什么他和其他人在狄第乌斯·朱利安193年夺权后参加了第一次召集的会议:

> 当消息传达到每个人那里,我们了解了形势时,作为元老,我们处于对朱利安和士兵的惊恐之中,特别是那些帮过佩蒂纳克斯的人,或者干过让朱利安不高兴之事的人。我是其中之一,因为我从佩蒂纳克斯手中获得过各种荣誉,包括当上副执政,并且在审讯中为他人作律师时经常证明诸多对朱利安的指责属实。不管怎样,我们还是出席了,尤其是我们觉得待在家里不安全,这么做可能会引起怀疑。①

帝国时期元老的缺席不是新问题。② 但与共和时期相比,此时有皇帝施加压力进行阻止。虽然他们中很少有人会真心追求提比略的理想,要求元老院有高出席率,在政府中扮演完整独立的角色,但对所有理智的皇帝来说,保持出席率仍然对他们的地位很重要。元老院代表延续和传统,它本身就可以让皇帝的地位和措施合法化。③ 帝国时期的大部分君主,和早期的第二三人委员会成员一样,渴望得到正式的认可。④ 因此,在极端的例子中,元老出席元老院的随便或根本不出席可能会造成对皇帝的蔑视。在特拉塞亚指控人的各种描述中,这种行为是"分离","派别斗争","战争","背叛","怀有敌意"。⑤ 值得注意的是,元老的道歉或缺席理

① 74.12.2—3.关于朱利安的恐惧和憎恨,参见狄奥74.12.5。

② 关于共和时期的低出席率,参见A. O'Brien Moore, *PW* Suppl. 6 s. v. 元老院,第705卷。

③ 参见塔西佗《历史》1.84中奥索的演讲。

④ F. Millar,"三人委员会和元首制"(Triumvirate and Principate),*JRS* 63,1973,第50—67页。

⑤ 塔西佗,《编年史》16.22和28。

由通常是向皇帝提出，而不是执政官。

接下来我们讨论皇帝个人作出的努力，其中奥古斯都保证良好出席率的困难相当大。他的措施在于加强元老院长期的尊严，不可避免的是他的元老院条文（lectiones senatus）却在短期之内让元老的信心和士气丧失。对于年纪较大的成员，要适应新的管 136
理体制很难，而元老院的顾问团的准备工作无疑让人感觉严重侵犯了将事情交给元老院讨论的权利。提比略时期将准备工作省略肯定受到了欢迎。

狄奥告诉我们说，当奥古斯都在公元前 11 年改革元老院人数的时候，他强制取消了少于 400 人出席就无法通过法规的规定。① 现在总人数最多 600 人左右，显然有时出席会议的人数很少，可以理解将法定人数定为 400 人会成为通过法规的障碍。两年后，在公元前 9 年，除了其他事宜，奥古斯都在《朱利亚法》②中为元老的出席定下了规矩。同时，他引进了一项革新，规定会议要在固定的日期召开，不受其他公务干扰，③他为不同事务定下不同的法定人数，对没有理由缺席会议的成员定下更重的罚金，并将参加会议的元老名单张贴公布。④

法定人数不是什么新举措，但迄今为止，奥古斯都在更多的事务会议上作了规定。⑤ 结果，几乎出席每种会议的元老人数都要

① 54.35.1. 这个法定人数可能源自恺撒独裁时期，如 Mommsen，*St. R.* III 2，第 990 页，n. 3 所说。

② 参见第七章，第一节。

③ 更多参见第六章，第四节。

④ 更多参见第一章，第二节。

⑤ 在共和晚期，"frequens senatus"可能有专门的含义，指按照日程事务安排的会议要求达到法定人数（参见 J. P. V. D. Balsdon，*JRS* 47，1957，第 18—20 页）。公元前 9 年后，当《朱利亚法》为诸多事务规定法定人数时，专门含义可能已经失去意义，可以争论的是"frequens/infrequens senatus"不过是指出席率高/出席率低的会议。注意盖乌斯在日耳曼远征后很夸张地调遣信使给执政官送信，要求"frequente senatu"（苏维托尼乌斯，《卡利古拉》44）。

准确计算(除了皇帝亲自出席的会议外),这种做法持续了整个帝国时期。① 人数记录在“元老院的决议”末尾。② 我们对奥古斯都规定的法定人数的分类和数量没有详细了解,除了公元前 4 年他给昔兰尼送的一份元老院法规的副本,上面规定参与勒索案审讯
137 的委员会不能少于 200 法定人数。③ 我们知道,要达到那样的出席率在那个时期根本不困难,之后很长时间也一样。④ 如果《奥古斯都史》可信,那么到塞维鲁·亚历山大时期为止,出席的法定人数只要达到 70 人就可以通过一项元老院法令。⑤

在现存资料中没有关于帝国时期出现有人质疑法定人数的情况。费斯图斯以“元老院人数”⑥为标题的记录解释了如果“清点”元老院人数的话,有可能会让会议受阻。共和时期晚期就发生过这样的事情。⑦ 帝国时期,任何元老都有提出清点人数的可能,特别是法定人数是奥古斯都时期的特色,但我们没有听说过这样的事例,这不足为奇。

主持会议的元老官员长久以来都有以下权利:一是在举行某个会议之前指定某个元老必须出席,二是在会议结束后,对缺席的

---

① 关于有具体数据的例子,见下文。更概括的引用参见普林尼,《颂词》76. 2。亦可参见 Calpurnius Siculus, *Buc.* 1. 71, Verdière,“numerabit”,还有下文第 154 页注释⑤中的日期。

② 更多参见第九章,第一节。可以推测,这里的数据最可能让提比略在卡普里岛时明白一项他未同意的法规在 32 年出席人数很少的会议中通过了(塔西佗,《编年史》6. 12)。

③ *FIRA*^{2} I, no. 68 V,第 106—107 页。公元前 67 年采用了同样的法定人数, Asconius, *In Cornelian*,第 59 页 C。

④ 确实在 19/20 年的赫巴铜版(*EJ* 94a,第 33—34 行)制定了应变法规以应对没有元老或骑士,或者少于 5 人(?)代表一个部族在征询意见的环节出席的情况。但此条款不过是考虑到每种情况的措施,并不说明总体来说只有少数的元老出席会议。

⑤ *Sev. Alex.* 16. 1.

⑥ 174L.

⑦ 西塞罗, *Ad Att.* 5. 4. 2=SB 97; *Ad Fam.* 8. 11. 2=SB 91。

人罚款。[①] 然而,缺乏资料表明在共和晚期会议的常规过程中实施过这些权利。公元前 44 年时,安东尼要求西塞罗在发表第一篇《反腓力辞》(*First Philippic*,译注:西塞罗痛斥安东尼系列演说之一)的前一天参加会议,西塞罗认为安东尼的这种要求不同寻常且无根据,即使有争议,[②]他的观点也无疑是正确的。据盖利乌斯说,公元前 70 年,瓦罗在为庞培加入元老院而准备的手册中讨论的事情确实包括“向没有履行职责参加会议的元老征收罚款”。[③]因为瓦罗的手册是要付诸实践的,我们可以得出结论,在共和晚期,罚款仍然在实施,但没有更多的证据,这段文字也许只是想反映瓦罗喜欢守旧而已。

因此,如通常那样,奥古斯都不过是复兴了一种已经废止的古时做法,而不是引进一项完全的创新。据狄奥记载,公元前 17 年,奥古斯都企图改变元老的低出席率状况,对“那些没有充足理由而缺席”的人增加罚款。[④] 到公元前 9 年,《朱利亚法》通过后,这些 138
罚款显然没有实行,部分是因为要惩罚的元老人数太多。奥古斯都增加了无故缺席的人的罚款,但他预料缺席的人数还是会很多,那么法律的实行会显得很尴尬,因此作出了这样的安排:如果很多人缺席的话,他们就要抽签,每 5 人中有一个必须接受罚款。[⑤] 没有证据证明这种规定奥古斯都和他的继任者是否真的付诸实践。我们只注意到,105 年,多管闲事的副执政利希尼乌斯·尼波斯要罚一位没有出席陪审团的元老(这位不幸的缺席人必须在元老院面前为自己辩护,他的请求得以了宽恕)引起了轩然大波。[⑥] 虽然

---

① Livy 3. 38.

② Phil. 1. 11—12.

③ 14. 7. 10.

④ 54. 18. 3.

⑤ 狄奥 55. 3. 3。

⑥ 普林尼,《书信集》4. 29。

陪审团不是元老院，尼波斯的举动引起的震动说明，之前没听说过不出席元老院会议必须罚款。总的来说，奥古斯都规定的罚款很笨拙，是复古的做法，注定要失败，也许最好的办法是废除。

显然，帝国时期主持会议的元老官员有权在某次会议之前指定某个元老要出席——但运用这样权利的例子很少。然而，据狄奥记载，奥古斯都强迫雷比达出席会议，①而在 41 年盖乌斯被杀后的混乱之中，保民官给克劳狄乌斯带信说他被要求出席参加元老院会议（但徒劳无功）。② 元老院作为法庭时，元老和其他人一样，自然必须按要求出席。③

虽然共和晚期，使者自由证（即旅行证明，赋予持有者政府官员的保留待遇）通常会批给元老，但是也反对他们滥用。在帝国时期只找到一例允许持有自由证的，由元老院违抗提比略的意愿通过。④ 元老不仅在这方面受限制：奥古斯都还重新规定任何元老
139 要离开意大利必须得到批准。离开申请一直由元老院处理，但早在公元前 29 年，据狄奥记载，奥古斯都规定申请必须由他来批准。⑤ 同时，他宣布去西西里这个地区以后不再需要批准。在公元 6 年，他规定这条法规仍然有效，因为那一年的严重饥荒，他暂时放松了规定和通常通过法规的法定人数。⑥ 塔西佗在 32 年的

---

① 54. 15. 5.

② 苏维托尼乌斯，《克劳狄乌斯》10。注意在 Apuleius 的虚构会议中，《变形记》6. 23，朱庇特要求众神参加一个天国会议，讨论 1 万努米(nummi)罚款的痛苦。

③ 比如，参见普林尼，《书信集》2. 11. 9 和 12. 2。

④ 苏维托尼乌斯，《提比略》31。概述参见 Dig. 50. 1. 22. 6；50. 7. 15。关于 commeatus 相当于 legatio libera，参见西塞罗，*Schol. Bob.*，第 107 页 Stangl.。关于提比略早期皮西迪亚的撒加拉苏将交通作为官用的条款也许承认 legatio libera 的可能，他们规定作为“罗马元老”的权力，虽然很奇怪这么一个人竟然列入“militantes”的总栏目下（*JRS* 66，1976，第 107—108 页＝*SEG* 26. 1976/1977 年，no. 1392，第 17—19、41—43 行）。

⑤ 52. 42. 6—7. 埃及实际上当然也禁止元老去，参见狄奥 51. 17. 1；塔西佗，《编年史》2. 59。

⑥ 狄奥 55. 26. 1—2。

记录中记载了一位叫卢布里乌斯·法巴图斯的人从意大利逃走去帕提亚,他被抓了回来,并受到囚禁。① 他的罪行很显然是因为无法为自己的远行提供合理的解释,这说明他是一位元老,该受到有关缺席法规的惩罚,因为对行动的限制并不包括其他阶层。② 我们后来听说,一位副执政向盖乌斯提出延长假期遭到拒绝,③而克劳狄乌斯最终要求所有申请都要送呈皇帝。他还作出决定,允许元老回去看他们在高卢纳庞西斯的住宅,还有在西西里的住宅,不用得到批准。④

据狄奥记载,他的这些规定在3世纪早期仍然没变,虽然我们无法判断它们有没得到严格遵守。⑤ 比如,1世纪60年代,加维乌斯·克拉鲁斯在私下去叙利亚之前,肯定遵循了所有妥善的步骤,弗朗图为此还写信给维鲁斯。⑥ 但在他的推荐信中,他从没向共治皇帝提及加维乌斯曾没有通过申请就离开了意大利。因为所有的皇帝无疑都喜欢知道元老们的动向和计划,也有合理的政治理由不让他们去某些行省,我们可以合理地猜测,这些规定多少还是一直被遵守着。然而,那时随着越来越多的非意大利籍元老被任用,有好几次皇帝登基的时候曾不在意大利,并且越来越多的元老在任期内曾离开意大利,自然可以想象,这些改变使得这些规定的实际实施变得越来越难。例如,在69/70年的冬天,元老院不仅派了一支代表团,而且还有很多成员自发去加入维斯帕先,不是在别的地方,是在亚历山大!⑦ 更多的时候,可以理解来自遥远行省的 140

① 《编年史》6.14。

② 克劳狄乌斯作为审查官企图实施反对骑士的规定完全是个意外(苏维托尼乌斯,《克劳狄乌斯》16)。

③ 苏维托尼乌斯,《卡利古拉》29。

④ 狄奥60.25.6—7;塔西佗,《编年史》12.23;苏维托尼乌斯,《克劳狄乌斯》23。

⑤ 52.42.6.

⑥ *Ver. Imp.* 2.7=p.127H;H. Halfmann,《元老》,no.106。

⑦ 塔西佗,《历史》4.6—8和51;普林尼,《自然史》19.3。

成员会在春天争取,或者争取到回家度过超过一个月的长假,或在秋天争取两个月到两个半月的假期,这是元老院通常能准许的最长假期。①

在提比略保证出席率的办法中,苏维托尼乌斯告诉我们,他希望任命的元老官员留在罗马,甚至将一位为了节省租金在 6 月底之前离开罗马搬回自己庄园的元老贬职。② 塔西佗提到了 32 年在元老院宣读的一封信,说提比略就一位祭司提出某个问题的方式提了很多批评意见,当中尤其重要的一点是,他会在元老院出席人数很少的时候提出问题。③ 据狄奥记载,克劳狄乌斯对出席要求非常严格,不管什么时候召开会议,导致有些没能出席的元老居然自杀了。④ 诗人卡尔普尼乌斯·西库路斯将情况描述得更严重,他说元老院在他任期的最后阶段几乎都没人了,要么被克劳狄乌斯逮捕,要么给处决了。⑤《苏达辞典》中保留下来的一句话以更冷静的方式也许能为我们提供一些杂乱的回忆,在一次危机中他采取紧急措施将元老留下咨询:"克劳狄乌斯,罗马的皇帝,公布了一条法律,规定任何元老没有皇帝的命令不得走出离罗马城超过 7 个'里程标'的范围。"⑥

帝国时期的律师们认为元老在罗马有自己的住处。如保卢斯

---

① 参见第六章,第四节,并注意普林尼的请求(《书信集》10.8.6),他要求至少离开一个月一定要去离罗马 150 多英里的房邸看看。

② 《提比略》31 和 35。

③ 《编年史》6.12:"apud infrequentem senatum"。关于提比略时期的低出席率,更多参见狄奥 58.21.2 及第七章,第二十四节相关讨论。瓦列里乌斯·马克西姆斯(2.2.6)夸张地比较了"过去好时光"那会儿元老主动参加会议和他那时(提比略时期)元老需要法令传召来参加会议。

④ 60.11.8.

⑤ *Buc*. 1.69—71 Verdière. 关于日期,参见 G. B. Townend 和 R. Mayer, *JRS* 70, 1980,第 166—174、175—176 页,与 E. J. Champlin(*JRS* 68,1978,第 95—110 页)的观点不同,他认为是塞维鲁·亚历山大早期。

⑥ 狄奥 60.29.7。关于共和时期相似的做法,参见 Livy 36.3.3; 43.11.4—5。

所说:“人们总是以为元老在罗马有自己的住所,并且在自己的出生地也有住所,因为以元老的地位,人们认为他们宁可再添一个住处也不会换掉原来的住处。”[1]克劳狄乌斯当审查官时,不能容忍他想引荐给元老院的人拒绝他,因此,苏丁尼乌斯·加卢斯(不愿意当元老,但又想有引进门路)企图逃离尴尬的困境,离开罗马到迦太基。他的策略没奏效,皇帝还是将他留在了罗马。[2] 141

也许从弗拉维乌斯时期起,非意大利籍的元老不断增长,给出席带来了显著的影响。不可避免,如果他们在国外有很多要关心的事情,他们是很想离开罗马的。图拉真要求所有元老候选人将资产的三分之一投到意大利房地产也许和这个原因相关。这个要求可能主要是为了减少选举腐败的应急措施,但也可能是为了改变元老经常不在罗马找不到人的状况。普林尼对此继续评论说,有些候选人没有将罗马和意大利当成“他们的祖国,而只不过是来访时的客栈或公寓”。[3] 图拉真的规定后来可能终止了,奥略留以更宽松一点的方式将其重新采用,他要求非意大利籍的元老投资财产的四分之一到意大利。[4] 同样,我们不知道这条规定持续了多久,但是如果马上得出结论说非意大利籍的元老缺席率很普遍,那就太草率了,随着2世纪继续发展,他们,而不是意大利人,越来越多地对成为元老表现出雄心和热情。

从2世纪初开始,我们确实无法追溯皇帝和元老对出席的态度。如我们所知,[5]询问意见环节的缩减,就是不必再按顺序挨个征求每位成员的意见,这在2世纪是一个值得注意的程序发展,也许这个改变也在某种程度上造成了缺席。出席会议的元老或者投

---

① *Dig*. 1.9.11; 50.1.22.6.

② 狄奥 60.29.2。

③ 《书信集》6.19.4。

④ HA, *Marcus* 11.8。

⑤ 参见下文第八章。

票的元老，他们的名字显然从没被记录过：因此，只有在征询意见叫到名字时，大家才会真正注意到缺席人。只需征询少数元老意见的做法一旦成为常规，其他人则心存侥幸希望众人中没人惦记他们没来。

从安东尼·庇乌斯一世[①]信件的残片中很容易让人猜想在143年8月13日弗朗图当上执政官向皇帝表示感谢时，他提到元老院坐得满满的——不同寻常地满座，也许。还有一个细节很有意思，在安东尼时期，年轻的元老法比乌斯·塞维鲁的家乡特杰斯
142 特向他表达溢美的感谢词时，元老本人却不在场。他要么是任国库保管员(quaestor urbanus)去了，要么最近刚完成任务，但那时他不可能在国外：相反，我们猜测他是在罗马。[②] 但总的来说，随着2世纪的发展，出席率有所下降的想法是合理的。可以想见，在3世纪的时候，塞维鲁和卡拉卡拉也注意到了这个问题，他们作出决定要求元老不得在超过罗马200英里的地方担任监护人(tutor)。事实上，马西安努斯也采用了同样的限制，应用更宽泛，且将距离限制在100英里以内。[③] 帝国时期对出席松散的最后一次抱怨是卡拉卡拉于215年在安条克提出的。[④]

除了元老缺席会议的整体情况，我们还知道一些个人缺席的例子(当然，外出公务除外)。但这些例子的难处在于我们几乎无法确定缺席人的年龄，或者他们是否事先征得了皇帝的同意。公元2世纪的庞培·马克里努斯·尼奥斯·塞奥法尼斯元老[⑤]和加

---

① 156H.

② Mommsen(*CIL* V. 532=*ILS* 6680)以为铭文最前面的符号将这次会议追溯到11月初一，那天当然是罗马元老院召开常规会议的日子，但在Degrassi的修订版中(*Inscr. Ital.* X. 4. no. 31)，他认为赋予符号的意义无效。

③ *Frag. Vat.* 147; *Dig.* 27. 1. 21. 3.

④ 狄奥 77. 20. 1。

⑤ H. Halfmann,《元老》, no. 44; R. Hodot., *ZPE* 34, 1979, 第224页，一份新的文件证明退休显得不太可能。

利努斯时期的阿斯蒂里乌斯[1]元老，两人在分别回去米蒂利尼和叙利亚住之前，都已经到了退休年龄，但这两个例子我们都无法肯定。当然，在大多数情况下，身体不好是可以接受的理由，[2]皇帝[3]和元老[4]同样都可以此为由，但并不总是很诚实。[5] 可以推想，著名的法学家安提斯提乌斯·拉贝奥向奥古斯都和提比略请假，形成惯例，那样他就可以每年在罗马住上半年，隐居半年进行写作。[6] 奥略留·奎伊特斯，82 年任执政官，同样每年在拉文那 143
的住处隐居，[7]但很可能是在元老院休假时离开的。当然，维斯帕先和小海维迪乌斯·普利斯库斯休假时一言不发就走了，一位是怕阿格里皮娜，另一位是怕图密善。[8] 但我们不知道苏比修斯·加尔巴在离开罗马之前是否有向提比略请假，如果没有，那么在他离开之后还想着当地方总督就会很奇怪。[9] 同样，我们也不知道穆仙努斯[10]和布鲁提乌斯·帕雷森斯有没有分别向克劳狄乌斯和图拉真请假，甚至是否要请假。如果都没有请假的话，他们后面的晋升至少表明没有造成持久的后果。在 2 世纪晚期，哲学家、执政官提比略·克劳狄乌斯·亚里士多德显然住在帕加蒙。[11] 而值得

---

① Eusebius, *Hist. Eccl.* 7. 16 和 17；*PIR*^{2} A 1296 和 B 67；*PLRE* 1，第 120 页。

② 参见 *FIR*^{2} A I no. 68 V，第 114 行。

③ 比如，参见塔西佗，《编年史》3. 31。

④ 比如，参见弗朗图，*Ad Ver.* 2. 1. 5 和 7. 6＝第 115，128 页 H。

⑤ 比如，狄奥 74. 3. 1—3 中的克劳狄乌斯·庞培和阿奇利乌斯·格拉布里奥。严格来说，前者在 193 年可能已经达到退休年龄。普西利希乌斯·塞尔图斯在普林尼指责他(《书信集》9. 13. 22)的时候说自己是因病缺席。另一个装病的例子是俄拉提纽斯，217 年的时候，参见狄奥 78. 14. 2。据有些人说，立波·德鲁苏斯在 16 年 9 月 13 日时生病是装的——虽然他还是来参加了会议(塔西佗，《编年史》2. 29)。

⑥ *Dig.* 1. 2. 2. 47.

⑦ *PIR*^{2} A 1592；乌尔比安，*Dig.* 17. 1. 16。

⑧ 苏维托尼乌斯，《维斯帕先》4；普林尼，《书信集》9. 13. 3。

⑨ 苏维托尼乌斯，《加尔巴》3；塔西佗，《编年史》6. 40。

⑩ 塔西佗，《历史》1. 10；*PIR*^{2} L 216。

⑪ *PIR*^{2} C 789； H. Halfmann，《元老》，no. 121.

注意的是，在整个2世纪都可以看到元老总会去（帕加蒙）亚利里比阿，它是宗教、文化和医学中心。[1] 在后面的例子中，如果要找请假理由的话，年龄和健康当然都是很好的借口。2世纪更早的时候，执政官尤利乌斯·夸达特斯[2]和历史学家阿里安似乎同样分别在帕加蒙和雅典度过了很多时间。然而，他们是否真的得到皇帝的批准，是否也经常去罗马，都是回答不了的问题。不管怎样，很明显，我们无法得出总体结论皇帝在要求请假这件事上有多认真，还是由元老主动提出，且不谈显然很多时候取决于具体情况。[3]

除了其他理由，元老的出席率会根据一年中不同的时间而有所不同。如我们所见，9月和10月的时候除了抽签决定的法定出席人数，其余元老都不必出席，省了麻烦。[4] 可以想见，传统的春季节日（很多是在4月和5月初）也会采取同样的安排，假如真的要在那个季节召开会议的话，但我们没有这方面的资料。在描述
144 100年1月份审判马吕斯·普利斯库斯的时候，普林尼说这是一年中罗马挤满人的时候，特别是元老。[5] 他们良好的出席率是可以理解的，部分是因为选举在这个时候举行（当然，是在举办娱乐活动和候选人派送礼物之后），[6]部分是因为“维持皇帝法令（in acta Caesarum）”的宣誓在新年的时候进行。[7] 相反，在写到公元前57年12月一次会议的时候，出席人数达到200左右，这让西塞

---

① 特别参见 Aelius Aristides，《神圣的故事》IV；和 C. Habicht, *Altertümer von Pergamon*, VIII. 3；*Die Inschriften des Asklepieions*，德国人类学学院，柏林，1969，第14—18页。

② H. Halfmann，《元老》，no. 17。

③ 关于皇帝批准你的请求后该向他说什么，参见埃比克提图 1. 2. 23。

④ 参见第六章，第四节。

⑤ 《书信集》2. 11. 10。

⑥ 普林尼，《书信集》6. 19. 1—2。

⑦ 塔西佗，《编年史》16. 22。

罗很惊喜,他认为要达到那样的数目几乎不可能,因为那个月有很多节日。[①]

任何时候都有相当一部分元老会因公务而离开意大利。到 1 世纪晚期为止,超过 80 人因公务离开过意大利。随着元老“特别使命”的增加,在 2 世纪中,出差的人数也不断增长,虽然不应该夸大这种趋势。[②] 长时间以来,一位新上任的人和一位要从岗位上退休的人会同时离开罗马,因此可以出席会议的元老人数则进一步减少。在正常情况下,元老行省的总督每年更换,10 个左右新上任的人会带着他们的使节[③]和财务官大概在同一天离开——在 4 月中之前,如果遵照克劳狄乌斯的决定的话。[④] 这样的安排可以让总督在航海季节开始不久就离开罗马,最晚在仲夏的时候到达委任的行省。只有在那时,卸任的总督才能离开,[⑤]预计秋季初返回罗马,正好是在元老院休假的时候。[⑥] 实际上,奥古斯都要求总督在继任者到达时尽快离开行省,返程不能超过 3 个月。[⑦] 而克劳狄乌斯则要求卸任的总督返回后在罗马待上 年。[⑧] 后面 145
条规定会被忽略是因为能干之人总歇不了。据《奥古斯都史》记载,佩蒂纳克斯(他是被直接选拔进元老院的)从没踏足过元老院

---

① *Ad Q. F.* 2. 1. 1=SB 5.

② W. Eck, *ANRW* II. i, 1974, 第 227—228 页。如 G. P. Burton 所示(*Chiron* 9, 1979, 第 465—487 页),被任命为行省 *curator reipublicae* 的元老数量不多——比如,到大约 260 年,在亚细亚只有 7 位(有些还同时兼任行省总督的使节),而在阿非利加从 196 年第一位已考证的 *curator* 起到 282 年为止,只有 9 位。

③ 这些人大多数是副执政职位:参见 W. Eck, “Zu den prokonsularen Legationen in der Kaiserziet”, *Epig. Stud.* 9, 1972, 第 24—36 页;参见同上,《从维斯帕先到哈德良时期的元老》(*Senatoren von Vespasian bis Hadrian*),第三章。

④ 狄奥 60. 17. 3。

⑤ *Dig.* 1. 16. 10pr. 总督在任期一半时暂时从行省离开是很不寻常的,如 44 年他们被邀请去参加克劳狄乌斯在不列颠的胜利(苏维托尼乌斯,《克劳狄乌斯》17)。

⑥ 参见附录 3。

⑦ 狄奥 53. 15. 6;参见 Ulpian, *Dig.* 4. 6. 38. 1。

⑧ 狄奥 60. 25. 5;*Sent. Paul. Frag. Leidense* 5;参见普林尼,《颂词》92. 2。

直到康茂德上任，而他已经担任过 4 个行省总督了。[①]

皇帝任用的人不会和元老院任用的一样同时更换，就我们所知，也不会更换得这么频繁。大多数还是取决于每位皇帝的规定、他对个人的评价、还有对不同地区形势的看法。比如提比略，以让他任用的人长时间待在所任岗位而出名。相反，据说加尔巴将所有元老和骑士岗位的期限定为两年。[②] 但是尽管有例外和一些不确定因素，我们至少可以合理地说，军团总督的任期通常是两到三年，[③]我们还可以更有信心地说，副执政和执政官的行省军团总督(legati Augusti pro praetore)通常会在行省担任两年半到三年的时间。[④]

罗马总督(Praefectus Urbi)无疑需要经常露面为法律和秩序担起责任，但其他在罗马和意大利担任别的公务的元老可能不会总是有时间参加每一场会议。比如，水道管理人(Curatores aquarum)有时要出差去视察，[⑤]管理道路的官吏(curatores viarum)也一样。还有极少数管理食品的官员[⑥]也一样。监管食物(alimenta)的少数人员也是如此，[⑦]从 2 世纪后半期被委任为城市监管人(curator reipublicae)的大多数人情况也如此。[⑧] 从普林尼的叙述

① *Pert.* 3. 2.

② 苏维托尼乌斯，《加尔巴》15。

③ B. Campbell，*JRS* 65，1975，第 19 页。

④ B. Campbell，同上，26 页；亦可参见 A. Birley，“安东尼・庇乌斯时期军队统治时长”(The duration of military commands under Antoninus Pius)，选自 *Corolla memoriae Erich Swoboda dedicate*，*Römische Forschungen in Niederösterreich* 5，1966，第 43—53 页。

⑤ Frontinus，*Aqued.* 2. 100—101；关于他的尽责，亦可参见 2. 117。

⑥ 在 2 世纪，一次可以达到 10 位元老担任 *curatores viarum*；参见 W. Eck，*Die Staatliche Organisation Italiens in der hohen Kaiserziet*，*Vestigia* 28，慕尼黑，1979 年，第 80—86 页。

⑦ W. Eck，同上，第 184—186 页。

⑧ 在 160—235 年间，意大利所知有 92 位元老担任 *curator*，参见 W. Eck，同上，第 193、243—246 页。

中我们知道，保管萨吞尼国库的总管没有空闲时间。① 不用说在其他元老官职中，罗马分发粮秣的官员（praefecti frumenti dandi），掌管台伯河堤岸和河床的官员责任尤其重大，不能疏忽太久——因为规律性的工作性质。②

结果就是元老职业的模式和官员职位的空缺会在所有典型的 146
会议中对元老院的构成造成重大的影响。首先，初级元老的数目（即在副执政之后被叫到发言的成员）在帝国时期大大缩减。如我们所见，每年总是有 20 个财务官，年龄通常在 25 岁左右。5 年后可以担任副执政：1 世纪大多时候，每年有 15 个空缺岗位，后来增加到 18 个。③ 因此，大概 5 位初级元老，后来减少到两位，会没法入选（严格来说，这些数目会高一点，因为从 1 世纪中期起小部分直接选拔到低于副执政岗位的元老造成了额外的竞争）。假如从讨论的角度来说，一位 30 岁的元老可能还有 25 年的寿命，④我们可以算出，在 1 世纪任何时候，会有 125 人没能担任上副执政，后来减少到 50 名。不然，从理论上说，有 80 位元老当上财务官，但不够格担任副执政。即使除了个别例外，这个总数实际上大大减少了。有 12 名元老会在起初 7 个月左右到行省上任，官职是财务官。一些后来可能会在国外当总督使节（在 1 世纪后，没有其他正式岗位会要低级元老外出罗马上任）。⑤ 不论在什么时候，6 名元老会担任市政官，10 名担任保民官（那时不会要求发言），而有 18 名在当年正式上任之前可能会叫作指定副执政。因此符合资格发言但还不能参选副执政的元老数量不多——大概在 35 人到 50 人

① 参见《书信集》3. 4（*praefecti* 出席会议那节）；5. 14. 9；10. 3A 和 8. *CL* 1. 10. 9；10. 9；《颂词》91. 1。

② 关于前者，参见 *FIRA*^{2} I no. 68 V，第 114 行。

③ 参见第一章，第二节。

④ 参见上文第一节。

⑤ 尤其是在 1 世纪，一些初级元老被委任为军队使节：参见第 20 页，注释⑦。

之间，依季节和具体日期而定。要达到大的数目，上面说的符合副执政资格但落选的元老数目就应该加进去。所有这些数目都只是个大约，特别是在估计寿命年限的基础上算出的。但是除非将所有合理年寿的假设都加以考虑，可以说，在副执政以下，符合发言资格的元老最大数目在帝国时期确实下降了很多——从 1 世纪从未超过 175 人到 2 世纪不超过 110 人。不证自明的是，2 世纪时，元老院总体成员压倒性多数属于两个高级别。

147 意大利和行省的大部分官职都分派给了副执政级别的元老。公元 2 世纪初为止有高达 69 个这样的岗位，同时大约有 18 个岗位给执政官。同一个世纪，两种官职岗位都在逐渐增加，委派给副执政和执政官的“特别使命”也在增加。一些在意大利任职的官员可以参加元老院会议，但是距离较远的岗位，新任职的元老和要退位的元老都长时间不会到罗马参会。虽然数据应该严格当成大约数来看待，但它还是让我们多少了解了为什么副执政和执政官可能会在会议上缺席。

和其他团体相反，不管什么年龄的贵族，还有身世显赫的人都可能有代表出席会议。通常，虽然不是一成不变，他们会在罗马担任财务官的职责，而不是在国外，接下来担任副执政，然后顺利过渡到执政官，中间不再担任其他官职。作为执政官，他们也会在意大利之外担任很少的几个岗位，因为通常要伺候皇帝。①

另一方面，想象一下，相当多在当上副执政后几乎没有或根本没有希望晋升的元老，他们的出席率更让人尴尬。无疑，只要还在岗位上任职，还有当上执政官的一点希望，他们的士气还能保持。

---

① 关于贵族的事业，参见 H. -H. Pistor，“从奥古斯都到康茂德时期的元首和贵族”(Prinzeps und Patriziat in der Zeit won Augustus bis Commodus)，第 79—124 页；关于 138—180 年，参见 G. Alföldy，《执政官和元老的地位》(*Konsulat und Senatorenstand*)，第 37—40、327—328 页；R. Syme，“一位古怪的贵族”(An eccentric patrician)，*Chiron* 10，1980，第 427—448 页。

然而，一旦随着年月的流逝，希望丧失，他们还会那么勤奋吗？当然，少数比较幸运的，最后还会有回报：比如朱尼厄斯·阿茹勒努斯·卢斯提库斯，69年当上副执政，最终在92年授予执政官衔。而科尔努图斯·特尔突罗，73/74年直接选拔为副执政（adlectus inter praetorios），到100年才成为执政官。① 但不仅仅是布鲁提乌斯·帕雷森斯一人丧失了信心，离开了罗马。

不管怎样，可以公平地说，总体上，一次平常会议中，三种类型的人占了参会成员的大多数——出身高贵的、年长的、不那么成功的。虽然他们在数量上占优势，这并不是说他们就是会议上最积极的人。在会上缺席最引人注目，也最让人惦念的也许是更为成功的副执政——在30到40岁之间的元老，他们的精力和成熟的经验应当用于统帅军队、管理帝国，而不是元老院的会议讨论。 148

我们所掌握的帝国时期有关出席会议的几个少数数据应该凭借上面提到的相关情况来评价，并且与我们知道的共和后期的出席率相比会很有启发。公元前23年通过的一项法规残卷记录了出席人数有405人或刚过一点——而当时元老院总人数有大概800人，那时离《朱利亚法》的颁布还很遥远——这个数目相当可观了。② 同样可敬的是，138年10月15日，在通过《在贝根西斯地产上举行市场集会的元老院决议》时，③那个季度的出席人数在250到299之间。这是按照奥古斯都的法规要求出席人数达到法定人数即可的会议之一。相反，在盖乌斯被谋杀的晚上，执政官召集了会议，但只有100人出席，即使那是在1月份，这一点都不奇怪。④ 通常，发生暴乱的时候，一些元老宁可躲在城里某

① *PIR*² I 730；H. Halfmann，《元老》，no. 22。

② *CIL* VI. 32272. 关于记载在铭文上的这点和其他出席数据，有关铭文注解，参见M. Hammond，《安东尼君主制》，第279页，n. 67。

③ *FIRA*² I no. 47，第9行。

④ Josephus，*AJ* 19. 249.

个地方，而其他人则逃往自己的宅邸。因此，在维特里乌斯被杀的那天晚些时候，根本无法召开会议，因为大批在任官员和元老都失踪了。据塔西佗记载，在恐慌之下，他们逃出了城市，或者在他们各自可靠的人房里躲着。① 193 年，佩蒂纳克斯被杀的时候也是如此。②

让人印象最深刻的是 1 世纪时的两个出席数据。从一篇 100 多年后的演讲词中，我们知道在 26 年，当亚细亚行省的 11 个城市竞相争夺两年前批准的权利建立神庙纪念提比略，莉维亚和元老院，400 名元老投票选了士麦那，而其他 10 个城市加起来得到的票数只有 7 票。③ 确实，皇帝整个讨论中都在场，事情密切关系到他的威信，不然的话这件事很难指望能在那几天吸引 407 人之多的注意。如果这是个意外，那么 44 年 9 月 22 日通过《禁止收购房屋后摧毁获利的元老院决议》(*SC de aedificiis non diruendis*)的
149 时候有 383 名元老出席，④这更是一件让人震惊的事情，因为会议要求不必超过法定人数。⑤ 当然，如果朱利亚元老院的座位数在 450 到 500 之间，如泰勒和司各特的合理推测，⑥那么在这些会议上能坐的位子都要坐满了。确实，在 100 年 1 月审判马吕斯·普利斯库斯的时候，一些元老必须站着，因为来元老院参加这桩著名案子的人太多了。至少，很难想出令人信服的理由来解释为什么在第三天征询元老意见时一帮非正式人员要站在主持人法官席的

---

① 《历史》3. 86.

② 希律 2. 6. 3。

③ Ael. Aristid. *Or*. 19. 13 Keil. 参见塔西佗，《编年史》4. 15 和 55—56。关于整数 400 不过是估计的可能性讨论，参见第七章，第二十五节。关于另一个例子，7 位元老不同意众人的意见，参见普林尼，《书信集》6. 13. 5。

④ *FIRA*^{2} I no. 45 I 第 20 行；关于日期，参见 P. A. Gallivan, *CQ* 28，1978，第 420 页。

⑤ 更多参见第 226 页，注释④。我们不知道法定人数有多少，但 138 年 10 月所知的 250/299 人总数显然比 383 人更贴近。

⑥ *TAPA* 100，1969，第 548 页。

旁边——这是现存资料中关于帝国时期的一个很特别的现象，虽然普林尼觉得没有必要解释。[①]

事实上，假设1世纪元老院的总人数大概有600多人，出席率要高于后面两个例子中我们所掌握的数据，这在常规会议中几乎不太可能。例子中可以马上确认的有407或者383位成员出席，另外，有90人肯定是外出公务而缺席，或者在上任或离任回来的路上。其他人肯定是因为生病或其他多少靠得住的理由缺席，特别是在9月份。有一部分是因为到了一定年纪不必再出席会议，虽然有些人还是会来。只有“已退休”元老总数的推测不一定可靠，特别是退休年龄都无法准确确定。按照之前的推算（25岁的新人平均还有30年或30年多一点的寿命），[②]我们可以估计，任何时候都有80到90个元老年龄超过60岁。最后，所有38位或更多的元老官员被排除在投票为400比7的数据外，因为严格说来（正如共和时期一直以来那样），他们不是当任的成员，既不会让他们表决意见，也不符合资格投票。[③] 我们不知道有没有将他们 150
计入出席人数，但他们没被计入投票数。

确实，有些当任元老官员不管怎样都会在他们整个任职生涯或部分时间外出罗马。12位左右的财务官通常就是这样，在元老

---

① 《书信集》2.11.22。可以想象，有些元老希望明白表示他们对适当的判决和处罚保持开放的态度，但是准备着从中立的位置转换到能够说服他们的任何发言人一边。相反，在通常情况下，成员也可以待在自己的位子上表示对判决保留意见。如果长凳上坐满了人，也很平常——而且很周到——站在主席台边，那么在门边观看的人就不会被挡住视线。总的来说，据苏维托尼乌斯说（《图密善》23），比较图密善死的时候，元老“争着来到元老院”（replete certatim curia）。关于克劳狄乌斯时期元老必须站着的那些会议，参见狄奥60.12.3。关于百人法庭上旁观者站着观看，参见普林尼，《书信集》4.16.2；6.33.3。

② 参见上文第一节。

③ 关于元老官员的位置，参见第七章，第十一节。38的总数包括2位执政官，12位副执政（至少的），6位市政官，10位保民官；8位在罗马任职的财务官也通常以元老官员的身份参会，但只有在任满后才能得到元老的权力进行投票。

行省当差。从早期开始，皇帝和皇室亲戚也如此，担任执政官的时候，人却不在罗马——特别是奥古斯都自己。① 但从塞姆②收集的资料来看，2 世纪之前，通常情况下，不会出现担任最高元老官职的人缺席由其他人代替的现象。③ 很难证实狄奥所说的在奥古斯都时期，很多副执政和执政官仍然在任的时候管理行省。④ 如普林尼指出的那样，即使在 100 年，执政官应当在罗马任职才是合理的。⑤ 刚过一个世纪之后，狄奥同样争辩说所有官员都应该留在罗马。⑥

总的来说，以上所讨论的 1 世纪会议的资料无疑让我们能够解释超过 500 名元老的去向。⑦ 应该强调的是，出席情况比我们掌握的共和晚期的三个会议数据要好(总出席率都在接近 400 到 450 人之间)，⑧比公元前 57 年 12 月的一次会议 200 人左右的出席率要好，⑨也比公元前 39 年 10 月的宣誓会议 340 人的出席率好。⑩ 因此，尽管皇帝不时表示不满意，确实有必要以我们 1 世纪会议的两组随机数据为反证，在那个时期即使是常规会议，出席率都是很高

---

① 苏维托尼乌斯，《奥古斯都》26。

② R. Syme，“缺席的执政官”(Consulates in absence)，*JRS* 48，1958，第 1—9 页=《罗马文论》I.，第 378—392 页。

③ 关于 138—180 年之间缺席的执政官名单(大部分都是奥略留时期军事危机造成的)，见 G. Alföldy，《执政官和元老的地位》(*Konsulat und Senatorenstand*)，第 104 页。

④ 53.14.1.我们只有苏维托尼乌斯的陈述(《奥古斯都》43)，据其所言，奥古斯都曾 23 次为不在罗马或不够资金的元老官员举办比赛，参见 *RG* 22.2。

⑤ 《颂词》60.1。

⑥ 52.20.4.

⑦ 苏维托尼乌斯(《尼禄》12)的说法根本不可靠，他说尼禄召集了 400 名足够强壮的元老在他的大庆典节那天参与竞技场的角斗。但至少这个数字大体上和其他资料所提供的 1 世纪时期待在罗马的元老数一致。亦可参见苏维托尼乌斯，《图密善》4：图密善在一次比赛中将 500 张入场券分发到为元老保留的座位上。

⑧ 西塞罗，*Ad Att*. 1.14.5=SB 14，在公元前 61 年；*Red. Sen*. 26，在公元前 57 年；Appian，*Bell Civ*. 2.30，在公元前 50 年(元老官员应该加入投票数中)。

⑨ 西塞罗，*Ad Q. F*. 2.1.1=SB 5。

⑩ J. Reynold，《爱欲和罗马》，no. 8 第 94—95 行和 no. 9 第 7 行及第 91 页讨论。

的。况且，138 年休假期出席总数在 250 到 299 人之间，说明那天 151
出席人数相当高，比预期的法定人数还要多。

再进一步反思，这些数据会让我们印象深刻，但可能不会让我们惊讶，因为不管在什么情况下，我们都能够在罗马找到绝大多数元老，原因主要有两个。第一，如我们所见，大多数元老需要参与公共生活，而这远不仅限于参加会议。出席会议不应当独立看待，而是同所有的责任和义务联系在一起，不管正式的，还是非正式的，这点我们已经讨论过。第二，我们会在帝国政府席位上找到大部分元老。公元 1 世纪，科卢梅拉在他的农业论著里深刻地领会到有财产的人为了"文明的雄心"从乡村被吸引到城市，而一旦到了城市就被羁绊在那了。[①] 为了履行他的义务，推进事业，实现雄心，最高权力在哪里，哪里就是元老的所在。那就是说要和皇帝很接近，在帝国时期的大部分时候，他通常会居住在罗马，或在附近。没有必要惊奇元老院的作家——特别是塔西佗——因过度专注于罗马的事务，而据说对别的地方的事务不闻不问，非常可耻，[②]因此受到审查。即使是在 3 世纪早期，我们也会发现有些元老从元老院开除出去后仍然希望继续留在罗马生活。据莫德斯丁说，[③]塞普蒂米乌斯·塞维鲁和卡拉卡拉允许他们这么做。但从 2 世纪开始，皇帝越来越多地离开意大利，挑选高级元老陪伴。这种趋势对作为审议团体的元老院很重要，因为机构无法和统治者一起搬迁，因此越来越孤立。

第三节　退休年龄

在共和时期，似乎只要元老活着，就都会被叫去开会。但在帝

① *De re rust*. 1. 1. 19.

② 关于批评的评价，参见 R. Syme，《塔西佗》，附录 70。

③ *Dig*. 1. 9. 3.

国时期，采用了"退休年龄"的制度，超过退休年龄就不必再参加会议。这可能是公元前 9 年奥古斯都赫巴铜板上《朱利亚法》(*Lex Julia de senatu habendo*)的一项革新，如果我们将狄奥的一句话理解为对此作出的暗示。他说奥古斯都"指定每个月召开两次常规会
152 议，要求元老参加——至少是那些按照法律要求参加的元老"。[1]

有两组关于退休年龄的具体数据得以保存：老塞内加引用普布利乌斯·阿斯普雷纳斯的资料说是 65 岁，[2]而他的儿子认为是 60 岁。[3] 不管是这个作者还是那个作者出了差错导致数字的偏差，又或者是退休年龄在 1 世纪期间真的降低了，我们不得而知。有人说，克劳狄乌斯考虑到元老的健康和效率，其中一个举措就是特意降低了退休年龄，这种说法仍不过是猜想。[4] 在《伪昆体良》[5]一书和普林尼[6]写给年迈的蓬波尼乌斯·巴苏斯的信中有更多提到退休年龄的参考资料。

法律免除了退休元老参加会议的要求，但他想参会的话，还是可以出席。老塞内加引用普布利乌斯·阿斯普雷纳斯的时候特别提到了这一点，[7]并且有好些例子可以证明。比如，曼留斯·瓦林斯在 96 年是担任了常任执政官一职，他那时已经 90 岁。[8] 而维斯特里修斯·斯普林那在 98 年第二次任执政官，普林尼在一封可能写于 101 年的信中[9]提到他退休时年龄已经超过 77 岁。沃卢

---

① 55. 3. 1. 亦可参见普林尼，《书信集》4. 23. 3，以确认退休年龄是法律规定的。

② *Controv*. 1. 8. 4.

③ 《论生命之短暂》20. 4.

④ 参见 D. McAlindon，"元老的退休年龄：65 还是 60?"，*CR* 7，1957，第 108 页。

⑤ *Declam*. 306＝第 203 页，1 Ritter。

⑥ 《书信集》4. 23。

⑦ 参见埃比克提图 3. 24. 36，"你终生是元老"。

⑧ 狄奥 67. 14. 5。

⑨ 《书信集》3. 1. 10。曾普遍认为他第三次任执政官时是 100 岁，但新的碑文资料认为没那么大岁数：参见 R. Syme，《塔西佗》，附录 6；同上，《罗马文论》I，第 256 页。

修斯·萨图宁乌斯家人则对沃卢修斯感到非常自豪，因他在 93 岁死的那时仍然担任罗马总督（praefectus urbi）。[①] 弗朗图退休后仍然参会，但在 11 月或 12 月份时间长久的会上，他会觉得很累，[②]这是可以理解的。除了会议时间长之外，不仅仅是身体虚弱的人会因冬天会厅的寒冷而打消参会的念头。

元老院并不是在容忍年老的成员，事实上是出于对他们年纪的尊敬。最值得注意的是，每次选举皇帝，候选人都超过了退休年龄——加尔巴、涅尔瓦、佩蒂纳克斯、巴尔比努斯和普皮恩乌斯都是。所以很多人都认为元老院是老年人组成的机构一点都不奇怪。[③] 所知只有一项工作禁止年迈的人参加，公元前 4 年，奥古斯都给昔兰尼的法规上提到：当挑选听审勒索案委员会的时候，70 153
或 70 岁以上的元老不能选任。[④] 而这条限制不是因新的退休年龄而制定的，相反，它是共和时期早期安排听审这些案件时候的规定。[⑤] 与此相对照的是，我们注意到，维吉尼乌斯·鲁弗斯不得不退出元老院组成的削减公共开支听审团，他那时已足足 83 岁。[⑥]

应该认识到的是，当元老退休不用再参会时，并不是说也可以免除其他的义务。如我们所见，[⑦]普林尼认为图拉真在 99 年首次进入罗马担任皇帝的时候，希利乌斯·伊塔利库斯是得到特别批准才免去从坎帕尼亚出发去迎接他的差事。但是普林尼知道希利乌斯那时已经 70 多岁了。狄奥告诉我们，卢锡安努斯·

---

① *AE* 1972. 174.

② *Ant. Imp.* 1. 5. 1＝第 95 页，和 E. J. Champlin，《弗朗图和安东尼时期的罗马》，第 82 页，以及附录 B。

③ 狄奥 68. 5. 1，参见下文第六章，第五节会讨论；关于公元 4 世纪的情况，参见 Ammianus 14. 6. 6。

④ *FIRA*[2] I no. 68 V 第 111—112 行。

⑤ 参见 *FIRA*[2] no. 7，第 17 行（《阿西利亚法》）。

⑥ 普林尼，《书信集》2. 1. 4 和 9。

⑦ 普林尼，《书信集》。

普罗库鲁斯，一位年迈的退休元老，觉得有必要在 89 年安东尼·萨图宁乌斯叛乱的危急时刻出来支援图密善。① 在动乱时期，即使完全退隐到乡村的元老仍可能遭遇危险：还是狄奥给我们讲述了一个例子，年迈的昆体鲁斯在 3 世纪初期成了告密者的牺牲品。②

第四节 军队、士兵和其他非元老院成员

如我们将要看到的，③元老院会议既不完全保密，也不完全公开。所有人都可以站到会厅门口，了解会议的情况。但严格来说，非元老院成员在会议期间是禁止踏过门槛进入会厅的。因此，在 21 年时，克斯提乌斯抱怨遭到一位女人的诽谤骚扰，因为那位女人因他而被判欺骗罪，克斯提乌斯说她站在“元老院的门槛上”④造谣诽谤，让他受到了极大的侮辱，换句话说，她肯定追着他能走多近就走多近。在期待年轻的儿子们当上元老的时候，
154 骑士萨提乌斯说希望他们能够“踏过元老院的门槛”⑤来表达他的厚望。在塞内加的讽刺诗中，⑥主持人朱庇特最终明白，当有闲杂人员在元老院徘徊的时候，元老们发表意见或争论都是不合法的。大概在帝国时期这条规则明显没有像以前那样严格遵守。但有趣的是，晚至 218 年，埃拉加巴鲁斯登基，又启用了这条规

---

① 67.11.5；*PIR*^{2} L 372.

② 76.7.4；也许是 M. Peduc[a]eus Plautius Quintillus(R. Hanslik，*PW* 21，第 43—44 卷，s. v. Plautius，no. 54)，文章《论长寿的人》(*On long-lived men*)可能就是针对他写的，作者 Lucian. 参见 O. Hirschfeld，“Die Abfassungszeit der MAKPOBIOI”，in *Kleine Schriften*，柏林，1913，第 881—884 页。

③ 参见第六章，第三节。

④ 塔西佗，《编年史》3.36。

⑤ *Silv.* 4.8.60—61.

⑥ *Apocol.* 9.1；8.1；《书信集》*Mor.* 44.2：“non omnes curia admittit”。

定，谴责他的前任马克里努斯犯了如下过错。这些指责可能读起来很奇怪，在当皇帝之前，他也没当过元老，①但这里要讨论的不是这点：

> 在宣布除元老之外任何人不得进入元老院之后，这个人甚至不被允许踏进门，但他竟敢背叛谋杀了皇帝，皇帝曾那么信任他，让他担任护卫，他竟敢占据位子当上了皇帝，而他以前连元老都不是。②

普林尼描述了在元老院选举元老官员的程序，暗示说财务官候选人即使不是元老院成员，也会受邀出席为自己发表讲话。③这样的安排完全在我们预料中。同样，附近或远方来的大使通常也会允许进入，当面和元老说话，这种做法在帝国时期得以延续。克劳狄乌斯甚至允许帕拉蒂尼的阿古利巴和他的弟弟希律进入元老院用希腊语向他表示感谢。④ 更早的时候，众所周知，阿古利巴在盖乌斯被杀后接到邀请去元老院面授解决危机的建议。⑤ 可以推测，也是在克劳狄乌斯的邀请下，49 年元老院接待帕提亚代表团的时候，梅赫尔达特斯也在场，⑥代表团要求让他回去当国王。毫不惊奇的是，69 年 1 月 10 日，庇索（一位元老的儿子，但他一直不是元老院成员）被加尔巴收养后，受邀到元老院发言。⑦

---

① 狄奥 79.8.3。

② 狄奥 79.1.2；78.41.4。

③ 《书信集》3.20.5。

④ 狄奥 60.8.3。

⑤ Josephus，*BJ* 2.206；*AJ* 19.239. 相反，斐洛被邀请到元老院宣读的说法听起来很不真实（Eusebius，*Hist. Eccl.* 2.18.8）。

⑥ 塔西佗，《编年史》12.11；狄奥 53.33.1。

⑦ 塔西佗，《历史》1.19；*ILS* 240；*PIR*^{2} C 300。

同样，元老的仆从因特别的事情允许进入元老院也没什么好奇怪的。比如，生病了的元老通常会用轿子抬到元老院门口，甚
155 至抬进去，[1]但抬轿的人要马上离开。通常情况下，元老几乎不允许在开会时带仆从进入元老院。应该承认，我们确实听说有人在向皇帝问候的时候带着随从，[2]但这完全是不同的场合。如果每位元老都允许带一名随从进入元老院，而大多数元老真的将随从带来，那么出席率高的会议就会变得拥挤不堪，而争辩或投票时元老正常情况下的走动就会受到阻碍。确实，我们从普林尼的描述中得知，在他发言起诉马吕斯·普利斯库斯的时候，他的一位自由民站在身后。[3] 如果这种做法符合传统规定，允许元老或律师带着随从，那么让人好奇的是，我们没有找到另外的例子。但更可能的是，普林尼得到特别批准允许带随从，因为身体状况欠佳，不然似乎只有皇帝才允许由自由民随从陪伴。我们听说波利比阿斯为提比略宣读奥古斯都的遗嘱——“因为让元老宣布这样的事情不合适”，狄奥说[4]——也听说了自由民为盖乌斯宣读文件。[5]

早在奥古斯都时期，皇室家族中较年轻的成员在成为元老之前会受邀参加会议：我们听说奥古斯都的孙子盖乌斯和卢修斯就有此特权，提比略的儿子德鲁苏斯也是。[6] 也曾向克劳狄乌斯发

---

① 狄奥(57.17.6)概述了这种做法，而且记录了卡帕多西亚(Cappadocia)(同上)的Archelaus和立波·德鲁苏斯都必须用轿子抬着去参加他们的审讯(57.15.4；参见塔西佗，《编年史》2.29；塞内加，《书信集》*Mor*.70.10)；亦可参见苏维托尼乌斯，《提比略》30；狄奥58.27.4。20年，为了安全庇索在审讯的时候，也是用轿子抬回家的(塔西佗，《编年史》3.14)。

② 苏维托尼乌斯，《克劳狄乌斯》35。

③ 《书信集》2.11.15。

④ 56.32.1；苏维托尼乌斯，《提比略》23。

⑤ 狄奥59.16.3。Protogenes可能是为盖乌斯做这项工作的一个自由民：参见狄奥59.26.1—2和R. Hanslik，*PW* 23 s. v. Protogenes，no. 1，第980卷。

⑥ 狄奥55.9.4和9—10；56.17.3；*RG* 14.1。

出过参会邀请，但提比略却将它撤回了。[1] 另外，显然尼禄在成为元老院成员之前也曾得到允许到元老院发言。[2] 不太肯定奥略留和维鲁斯在担任元老官职之前是否参加过会议，虽然《奥古斯都史》[3]暗示说马库斯得到过特许，而卢修斯没有。但很清楚的是，在 23 年德鲁苏斯死的时候，日尔曼尼库斯的儿子尼禄（18 岁）和德鲁苏斯（15 岁）没有参会，得到允许后提比略让执政官带他们进来，交给元老照看。[4]

值得注意的是，帝国时期在两个正式场合中严格遵守了阶级之间的区别。第一次是在公元 5 年，骑士和自由民的女儿允许进入元老院抽签选举维斯塔贞女（Vestal Virgins）。作为父亲的骑士允许陪伴女儿进入会厅，但作为父亲的自由民却得留在 156
外面。[5] 同样在 14 年，证实奥古斯都遗嘱的时候，只有元老阶层的签署人才允许进入元老院，其他的人在外面认可他们的签名。[6]

元老院作为法庭审讯的时候，相当多的非元老成员必须参加，从帝国相当早的时候就那样。没有必要解释各阶层的人（奴隶除外）是以原告、被告或见证人的身份出席。各阶层的女人也通常以被告或见证人的身份出席。[7] 女人不允许起诉，除非发生特殊情况，[8]虽然我们听说色雷斯的莱斯库波利斯在元老院遭到他儿子柯蒂斯的遗

---

① 苏维托尼乌斯，《克劳狄乌斯》5—6。

② 狄奥 60.33.9；苏维托尼乌斯，《尼禄》7。

③ 维鲁斯 3.5。

④ 塔西佗，《编年史》4.8。Herodes Atticus 的婴儿被授予出席的特权的说法可能不可靠（参见 *PIR*² C 785 及其引文）。

⑤ 狄奥 55.22.5；关于仪式，参见 Gell. 1.12.12。

⑥ 苏维托尼乌斯，《提比略》23。

⑦ 关于前者，参见乌尔比安的 Mauricianus，*Reg.* 13.2；关于后者，参见苏维托尼乌斯，《克劳狄乌斯》40，皇帝将一位这样的见证人描述为他母亲的“liberta et ornatrix”。

⑧ 参见普林尼，《书信集》7.6.8 和 9.13.15 及 Sherwin-White 关于此处的论述。

孀控告。① 也许细节很难考证，但塔西佗确实暗示说，66 年，骑士奥斯托留斯·萨比努斯控告巴里亚·索拉努斯的时候，只有轮到他发言时才被允许进入元老院。② 相反，我们听普林尼说起 105 年的另一位律师，同样不是元老，在还没轮到他的案子，先处理其他事情的时候可以进入元老院等待。③ 克劳狄乌斯显然邀请了他的禁卫军长官们和自由民出席元老院的审讯，而的确自由民中一位叫纳西苏斯的，甚至可以质问一位自由民被告。④ 相反，塔西佗⑤和普林尼⑥的讲述似乎暗示在 52 年为帕拉斯授予荣誉的时候，他却没有出席。据说，盖乌斯当皇帝后第一次召集会议骑士可以出席，在紧接着他死后召开的讨论会上，骑士也出席了。⑦

元老院会议是文职官员的集会，⑧元老和其他人都不能带武器参加，以防任何军事干预的威胁。102 年，达西亚使者将他们的武器带进元老院只是一种仪式，将武器放下后，他们所要求的和平就得到了批准，然后再将武器交还给他们。⑨ 但更严重的是，在帝国时期传统的规定明显松懈。据说，奥古斯都非常紧张有人暗杀
157 他，所以经常在元老院会议上或到别的地方时在衣服下面穿上护胸甲，虽然(狄奥加了一句⑩)他觉得在危急的时候也起不了真正的保护作用。苏维托尼乌斯肯定提到奥古斯都在主持元老院推选(lectio senatus)时会带上一把剑，并在丘尼卡(tunic，束腰外衣)下

---

① 塔西佗，《编年史》2.67，在塔西佗《历史》4.42 中，Sulpicia Praetextata 按照推测是幕后行动，而不是来到元老院。

② 《编年史》16.30。

③ 参见《书信集》5.13 及 Sherwin-White 关于此处的论述。

④ 狄奥 60.16.3—5。

⑤ 《编年史》12.53。

⑥ 《书信集》7.29；8.6。

⑦ 狄奥 59.6.1；Josephus, *AJ* 19.185。

⑧ 关于元老院作为文官机构在艺术方面的展现，参见第六章，第五节。

⑨ 狄奥 68.10.1。

⑩ 54.12.3.

穿上钢盔甲，同时，他还进一步加强防护，让靠近他的元老一个个搜身检查。[①] 据《奥古斯都史》记载，明确提到的唯一另一位带武器进入元老院的皇帝(在衣服下穿盔甲)是卡拉卡拉，在格塔被杀后的那天。[②]

元老不准带武器进入元老院，上面说奥古斯都先要搜查元老强调了这点。33 年，更是进一步通过决议规定元老一定要经过检查，看是否暗藏武器。[③] 24 年，卡尔普尼乌斯·庇索遭到指控说他进元老院时带了把刀，但指控失败，因为这样的恶行大家不相信真有其事。[④] 同样，30 年还发生了一件丑闻，当一位已被定罪的元老的妻子自己遭到某项指控时，偷偷带了把匕首进入元老院，当场自杀了。[⑤] 32 年，元老建议提比略每次进入元老院时，应该由 20 位带短剑的元老护驾，但被他拒绝了。他拒绝的理由部分是因为，据狄奥说，从未有过如此先例，部分是因为“他不至于愚蠢到将刀剑交给正是他所恨的那些人和恨他的那些人”。[⑥]

我们不知道，到盖乌斯末期，元老是否还要搜身。不过，约瑟夫提到，在盖乌斯被杀前不久，每个在元老院会场附近的人，包括元老，都带了武器。[⑦] 直到帝国时期结束，我们没有更多的资料，那时元老又可以携带武器了。据《奥古斯都史》描述，[⑧]193 年塞普蒂米乌斯·塞维鲁想让当元首的要求得到批准时，他带了

---

① 《奥古斯都》35。

② 《卡拉卡拉》2.9。

③ 狄奥 58.18.6。

④ 塔西佗，《编年史》4.21。

⑤ 狄奥 58.4.6。

⑥ 58.18.1. 参见塔西佗，《编年史》6.2。书中描述提比略适当狄强调了元老佩戴刀剑在“in limine curiae”的可怕景象。

⑦ *AJ* 19.62.

⑧ *Sev.* 7.4.

士兵和朋友来元老院，都带着武器。更可靠的是，希律说238年有些元老将短剑藏在衣服皱褶下面来参加会议，他为此评论："因为暴动和形势的动荡不安，每个人都带着短剑，有些明目张胆，有些偷偷摸摸，他们声称这是用来防卫敌人狡诈的突然
158 攻击。"①

当然，士兵和其他非元老院成员一样，不能在召开会议的时候进入会厅，②但我们发现他们逐渐被安排驻扎在那里，特别是帝国时期的后半期。事实上，在塞扬努斯垮台之后，元老开始允许皇帝参会时由一名护卫陪同。到那时为止，士兵似乎都小心翼翼地候在会厅外。③ 因此，在31年10月18日，禁卫军长官(Praetorian Prefect)马克罗的确进入元老院传递提比略的信件，但随后马上离开，退到护卫队帐营。④ 在会议期间，警卫长官(Praefectus Vigilum)拉科似乎一直待在元老院外面，直到执政官叫塞扬努斯上前：只在那时拉科才允许进来站在塞扬努斯旁边，然后押送他到监狱。⑤ 但在33年，元老院允许提比略的请求，批准他在进入元老院的时候由禁卫军长官马克罗陪同，还有一些军队的保民官和百夫长。⑥ 当然，提比略根本没来。我们也不肯定盖乌斯在40年元老院投票通过后是否也动用过"军队护卫"。⑦ 提比略死的时候，还是由马克罗担任使者到元老院，盖乌斯派他宣读

① 7.11.4.

② 在克劳狄乌斯的煽动下通过的一条法令甚至禁止士兵到元老家中行问候礼(苏维托尼乌斯，《克劳狄乌斯》25)。

③ 关于禁卫军长官，见下。塔西佗关于提比略在14年的评价，"miles in curiam comitabatur"(《编年史》1.7)，也许不应该按字面理解，特别是后者在其他所有方面表现出严谨的得体。注意用轿子将他抬到元老院后，他马上解散了轿夫(苏维托尼乌斯，《提比略》30)。

④ 狄奥58.9.6。

⑤ 狄奥58.10.6—8。

⑥ 塔西佗，《编年史》6.15；狄奥58.18.5；苏维托尼乌斯，《提比略》65。

⑦ 狄奥59.26.3。

上任皇帝的遗嘱，但狄奥的叙述中并没有表明他在整个会程中还担任了什么角色。[1] 克劳狄乌斯确实有习惯带上禁卫军长官和军队保民官护驾。据苏维托尼乌斯说，他特意在每次会议前先征求元老院的同意。[2]

科尔尼利乌斯·萨比努斯，军队保民官和刺客首领之一，在盖乌斯被杀后激动地干扰了元老院会议的争辩，[3]同时，一位士兵插嘴恳求不要发动内战，接受克劳狄乌斯为皇帝，然后他匆匆从元老中间穿过，后面跟着他的同伙。[4] 我们不太清楚，他当时是在元老院内站岗，还是在外面附近听到了里面的讨论。据狄奥记载，士兵 159
们在 69 年 1 月 15 日那天将众多被害人的头颅拎进元老院。[5] 但此后没再听说士兵进入元老院，直到 2 世纪末。[6] 193 年大量的士兵——和自由民——出席了佩蒂纳克斯统治时期的一次会议。狄第乌斯·朱利安也在他当皇帝第一次召开会议的时候带进一大批士兵。塞普蒂米乌斯·塞维鲁也将士兵和朋友带了进来，而且都带着武器。[7] 此外，据《奥古斯都史》[8]描述，卡拉卡拉在格塔被害后的那天进入元老院时，安排了两排军队护卫站在座位夹道中间。狄第乌斯·朱利安说必须派一支部队出去对付塞普蒂米乌斯·塞维鲁的部队，显然，在元老们反对他的提议时，士兵不在会场，因为狄第乌斯想命令士兵进来“要么迫使这些元老顺从，要么将他们杀了”。[9]

---

① 59. 1. 2—3.

② 《克劳狄乌斯》12。

③ Josephus, *AJ* 19. 261; *PIR*^{2} C 1431.

④ Josephus, *BJ* 2. 211—212; *AJ* 19. 249.

⑤ 64. 6. 5.

⑥ 关于士兵驻扎在元老院外，参见第六章，第三节。

⑦ 狄奥 74. 8. 4 和 12. 5；HA, *Sev.* 7. 4。

⑧ 《卡拉卡拉》2. 9；参见希律 4. 5. 1。

⑨ HA, *Did. Jul.* 6. 7.

从奥古斯都授予禁卫军长官职位起，他们很自然地和皇帝建立起一种密切的关系。一些长官在委任的时候是元老，[1]还有一些在任职期间成了元老。[2] 但是大多数人是特地从骑士阶层挑选的，因此按理不能加入元老院。[3] 虽然可以想象事实并非如此，但没有资料证明皇帝有在禁卫军长官任职期间企图将他们纳入元老院成员的想法。然而，长官们通常通过副执政或执政官荣誉(ornamenta praetorian or consularia)的嘉奖得到元老的头衔(虽然不是席位)，并且从 2 世纪起，很多人都能在离职后成为元老。[4] 因此，克劳狄乌斯要求授予他的禁卫军长官鲁弗里乌斯·波里奥元老院的席位这种做法不同寻常。显然，后者只能在护送皇帝的时候才会入座，这项特权究竟是让他真的参与会议议程，还是只在旁边观看，这点我们不太清楚。克劳
160 狄乌斯声称这项特权也给过利古里亚人瓦列里乌斯，按照奥古斯都的要求，但对这则先例没有更多的了解。[5] 68 年中期，元老院批准禁卫军长官尼姆菲迪乌斯·萨比努斯"着手并确认所有法规"[6]的时候，不太清楚授予他这份荣誉的结果是不是允许他参加会议。

似乎女子也可以出席帝国时期元老院会议(consilium)，[7]并

---

① 比如 Arrecinus Clemens(塔西佗，《历史》4. 68)和提图斯。

② 比如塞扬努斯和普劳蒂亚努斯。

③ 参见奥略留公开表达对佩蒂纳克斯的遗憾，"他是一位元老，因此不能担任禁卫军长官"，根据 HA，*Pert.* 2. 9 的资料。

④ 参见 W. Ensslin，*PW* 22 s. v. Praefectus Praetorio，第 2398—2400 卷；A. Chastagnol. *BHAC* 1975/1976 年，第 123—127 页；以及下文第十一章，第六节。

⑤ 狄奥 60. 23. 2—3。关于瓦列里乌斯，参见 M. Lambertz，*PW* 7 A s. v. 瓦列里乌斯，no. 220，第 52 卷。如果执政官法尔科在 HA，*Pert.* 5. 2 中的发言按照字面意思去理解，禁卫军长官 Laetus 似乎在佩蒂纳克斯当皇帝第一次召开会议的时候在场，但最好不要太看重此处资料。埃拉加巴鲁斯以马克里努斯篡夺元老的权利嘲讽他已经强调了。

⑥ 普鲁塔克，《加尔巴》8。

⑦ 参见 H. A. Musurillo，《异教徒殉道者传》(*The Acts of the Pagan Martyrs*)，no. 4，第 2 卷，第 7—8 行；狄奥 60. 33. 7。关于普罗蒂娜干涉图拉真会议事务的说法，参见 Musurillo，同上，no. 8，第 26—32 行。

且，我们知道，她们肯定参加了元老院审讯，作为被告或目击证人。已知的至少有一起女原告的特别例子。此外，很可能有一位杰出的女子担任过使者。[①] 妇女也可能因特别的原因被邀请到元老院，传说图密善被杀后，他的妻子就被邀请到了元老院。[②] 但如果不是特殊情况，她们是被严格排除在外的。因此，阿利亚托利亚·塞尔西拉向元老院提出申请，请求免除元老院禁止拆除房屋决议的责任时，[③]她的男亲戚们当然必须为她代行。虽然莉维亚经常遭到严词谴责干扰城邦的事务，至少应该承认，她从未冒然进入元老院会厅、帐营或公共集会。[④] 而阿格里皮娜的儿子就不能这么替她辩护了。她死后，在写给元老院的一封信中，尼禄声称她有许多无法容忍的举动，其中一点就是几乎无法约束她闯进元老院。[⑤]确实，老普林尼[⑥]也讽刺过阿格里皮娜，“克劳狄乌斯·恺撒的妻子”，吩咐元老院投票通过授予前奴隶荣誉执政官的头衔——这件事经常作为暗示而和 52 年给帕拉斯的赏赐相联系。[⑦] 但尼禄对他母亲的指责既不是以这番话为佐证，也不是凭塔西佗的陈述。他说到在任期的开始，元老院按要求在皇宫集会，那里有一扇门开 161
着通向会厅，用帘子遮着，帘子后面阿格里皮娜就在那里聆听会议

---

① 关于担任信使的女子，从以弗所来觐见奥略留和康茂德，也许是陪伴她的父亲，参见 H. Engelmann 和 D. Knibbe，“以弗所速写”（Aus ephesichen Skizzenbuchem），*JOAI*，1978—1980，Haupblatt 52，第 19—61 页，no. 22 和 *PIR*^{2} I 177 和 686。

② Procopius，*Historia Arcana* 8. 15—18.

③ *FIRA*^{2} I no. 45 II.

④ *Consolatio ad Liviam* 49—50；狄奥 57. 12. 3；56. 47. 1。关于莉维亚的干扰，有谣言说，29 年，提比略给元老院的信函中谴责阿格里皮娜和尼禄，信函在莉维亚死后很快就送到了元老院，说明本来早已送达，但被莉维亚阻止了（塔西佗，《编年史》5. 3）。萨鲁斯特·克里斯普斯在提比略早期对他有意将所有事务都交于元老院处理，也是向莉维亚表示不满（同上，1. 6）。

⑤ 塔西佗，《编年史》14. 11。

⑥ 《自然史》35. 201。

⑦ 塔西佗，《编年史》12. 53；普林尼，《书信集》7. 29；8. 6。

的过程，和其他有资格的男女一样。不过，即使是她，也不敢再往前走一步。①

只在埃拉加巴鲁斯统治时期才有妇女真正参加会议的证据。② 狄奥说，221 年埃拉加巴鲁斯正式收养亚历西安努斯的时候，马艾萨和索艾米亚斯也在场，③虽然这可能确实是一场纯粹的仪式，并不处理其他事务。④ 更多的证据可以在《奥古斯都史》中找到，但不可信。不管真假，据说，埃拉加巴鲁斯的母亲和祖母都被他邀请到了元老院，并且是作为参会成员，而不仅是旁观者在场。⑤ 这位皇帝死后，据说元老院禁止任何女人参会，制定了可能最严格的规定。⑥ 这至少和事实相符：虽然有人指责塞维鲁·亚历山大的母亲和祖母施加了不当影响，我们现存的资料证明从未有人说她们在他统治时期参加过元老院会议。⑦

简而言之，虽然偶尔遇上紧急事件或因某位挑衅的皇帝一时之念而违反规定，帝国时期还是普遍遵守了只有元老院成员才能进入元老院参会，其余人等排除在外的传统。这本身就是元老院

---

① 塔西佗，《编年史》13.5。只有狄奥 61.3.2 中，安条克的约翰才更偏激地说阿格里皮娜确实参加了会议。

② 如果 HA，*Pert.* 5.2 中执政官法尔科的发言按照字面理解，康茂德的情人玛西亚可能出席了佩蒂纳克斯当皇帝第一次召开的会议，但是，如上文提到，最好不要太相信这些资料。

③ 79.17.2.

④ 参见狄奥 55.22.5，女孩子被允许进入元老院抽签成为维斯塔贞女。

⑤ HA，《埃拉加巴鲁斯》4.1—2；15.6。

⑥ 同上，18.3《奥古斯都史》（埃拉加巴鲁斯，4.3）中关于埃拉加巴鲁斯成立的“女人的元老院”（senaculum；关于这个名称，参见第三章，第一节）的证明听起来非常可疑；但更多参见 J. Straub，“Senaculum, id est mulierum senatus”，*BHAC*，1964/1965，第 221—240 页。老普林尼（《自然史》37.85）以嘲讽的口吻评价说哪个宝石更宝贵的问题已经由“mulierum senatus consultum”作出判断。

⑦ 没有资料说 Julia Domna，Julia Maesa 和 Julia Mamaea 被授予“元老院的母亲”这个头衔是在 3 世纪早期，允许她们参与会议任一环节。当然，她们也被授予别的什么“母亲”（分别见 PIR^2 I 663，678，649）。

在这个时期作为运作机构特点的一个明显证明。然而，同时也可以合理地说，非元老院成员仍然有各种方法可以，也确实了解到元老院事务，正如我们在后面的章节中可以看到的那样。 162

第五章　皇帝在元老院

讨论元老院会议的出席当然最重要的是要研究皇帝的举措和发展。如前面已经提到的，这个主题专设一章来讨论。然而，先要弄清楚皇帝在元老院中的正式地位。

第一节　皇帝的地位

在所有关于皇帝地位的讨论中，必须牢记他和元老院的接触绝不仅限于元老院会议，虽然在帝国时期皇帝逐渐脱离立法团体的会议，而且到了取代其职能的地步（这本书将会充分证明这点），同时他的社交圈子模式也几乎一成不变，差不多仅限于元老阶层和一些关系紧密的骑士。[①] 不只是君主顾问团的参谋一直都是从这小圈子中选出，而且他的大部分事务都是元老完成的，[②]特别是那些和他有社交的元老。可亲的皇帝会在他们生病的时候前去探望，[③]邀

① 关于罗马骑士头领和元老阶层紧密的关系，参见 Josephus，*AJ* 19.3。

② 不管特杰斯特的市议会在 2 世纪中，纪念同乡法比乌斯·塞维鲁的时候说了什么，对他们来说，他的元老身份的实际价值显然是在能够在皇室中占有一席之地，以及能够在那里提出自己的主张。

③ 苏维托尼乌斯，《奥古斯都》53；塔西佗，《阿格里可拉传》43；狄奥 60.12.1；69.7.4；71.35.4（奥略留皇帝）；HA，《哈德良》9.7；*Sev. Alex.* 20.1。

请他们进餐，也会接受他们的邀请。[①] 可以想见，元老们对这种皇室礼仪积极响应。只有皇帝专横的行为才会引起敌意，比如，盖乌斯和图密善个人提出的过分礼数就让人难以接受。[②] 众所周知，有一次，一位皇帝言行不得体和大多数元老发生冲突造成了惨重结果。总之，没有哪位君主可以真地疏远元老阶层而存在，[③]但他可以在被推翻之前报仇雪恨。特别是盖乌斯、[④]尼禄[⑤]和康茂德[⑥]公开表现出对元老的仇恨，并威胁要将元老院彻底摧毁。同样，埃拉加巴鲁斯也没有掩饰他的轻蔑。[⑦] 163

几乎直到帝国末期，所有皇帝在登基前都曾是元老阶层的一员。在统治时期，他们正式的地位就跟贵族元老的地位一样。因此，当狄奥说元老院法规规定皇帝不得将与他同级别的任何人处死，[⑧]他指的是元老。同样，马提尔将涅尔瓦描述为“所有元老中最公正的(iustissimus omnium senator)”[⑨]是一种恭维。皇帝继续担任常任执政官，[⑩]而他的家庭成员按常规顺序担任元老院元老官职，甚至是提前担任。当屋大维在公元前28年修正第一份元老院名单(lectio senatus)时，采纳了共和时期“元老院首领”

① 苏维托尼乌斯，《奥古斯都》53和74；《维斯帕先》2；塔西佗，《编年史》2.28；普鲁塔克，《加尔巴》8(尼姆菲迪乌斯·萨比努斯扮演皇帝)；《奥索》3；狄奥65.2.2—3；66.10.6和16.3；67.9；普林尼，《颂词》49；HA，《哈德良》22.4；*Sev.* 1.7；狄奥74.14.2；78.8.4。相反，奥略留从安东尼那里学到不能经常邀请亲密的朋友来聚餐，以便让他们更自在些(《致自己》1.16.2)。关于元老参与觐见，参见第二章，第四节。

② 塞内加，《论生命之短暂》2.12.1—2；普林尼，《颂词》24.2；埃比克提图4.1.17。

③ 不难看出为什么有人传说图密善被元老院谋杀(马拉拉斯[Malalas]有记载，第266—267页，Dindorf)。

④ 苏维托尼乌斯，《卡利古拉》48—49；狄奥59.25.5。

⑤ 苏维托尼乌斯，《尼禄》37，43，39；狄奥63.15.1和27.2；塔西佗，《历史》4.42。

⑥ 狄奥72.21.2；哈德良1.8.7和14.9；HA，《康茂德》3.9。

⑦ HA，《埃拉加巴鲁斯》20.1。

⑧ 67.2.4; 53.17.10.

⑨ 10.72.9.

⑩ Appian，*Bell. Civ.* 1.103；狄奥53.17.4；79.8.2—3。

(princeps senatus)的头衔，排在单子最前面的元老这么称呼。[1]可以合理地认为，他的所有继任者在他们统治时期都排在单子前面，但后期，继奥古斯都之后，唯一可以证明采纳了共和时期头衔的是佩蒂纳克斯。如狄奥描述："他采用了所有适用于元老的传统头衔，另外还包括一个可以显示出他民主愿望的称呼，因为按照古时的惯例，他被称作'元老院首领'"。[2] 碑刻和莎草纸都有记录佩蒂纳克斯的这个头衔，但在他的钱币上却没有出现。[3] 只有狄奥声称提比略也被叫作元老院首领，甚至在他统治时期，自己也使用
164 这个称号，[4]总的来说，都毫无事实根据。同样，据《奥古斯都史》记载，未来的皇帝瓦莱留在 238 年担任元老院首领(princeps senatus)，[5]但可以推断这种描述不正式，不能以严格的意义对待。"元老院之长(pater senatus)"这个头衔，克劳狄乌斯在 48 年拒绝接受，[6]除了新奇之外没什么意义。从钱币上看，后来康茂德、巴尔比努斯、普皮恩努斯接受了。[7]

从公元前 23 年起，甚至在他没有担任执政官时，奥古斯都仍然据有军政权(imperium)和保民官的权利(tribunicia potestas)，从公元前 19 年起，他有资格坐在两位主持执政官之间的官椅上。[8] 他的继任者也有同样的特权，并且，如我们所见，他们中一些人还允许带一名随从进入元老院。[9] 这两项特权给了皇帝召集

---

① *RG* 7.2；狄奥 53.1.3。J. Suolahti，"元老院首领"，*Arctos* 7，1972，第 207—218 页，是不可靠的。

② 74.5.1.

③ *ILS* 408，409，5842，5845；*Arval Acta*，85a 段，第 10 行；*BGU* II. 646＝U. Wilcken Chrestomathie，no. 490，第 15 行。

④ 57.8.2.

⑤ *Gord*. 9.7. *PIR*^{2} L 258.

⑥ 塔西佗，《编年史》11.25。

⑦ *BMC* IV，第 730、811—812 页；VI，Balbinus 和 Pupienus，nos. 81，92—94，102。

⑧ 参见第三章，第二节。

⑨ 参见第四章，第四节。

元老的权力，似乎他也通常凭借自己的政权这么做。① 在公元前22年，如果狄奥的描述没错的话，奥古斯都有权凭自己的喜好随时召集元老，②而《维斯帕先皇帝法规》规定由皇帝特别召集的元老院会议都得到法律的完全支持："因此，不管召集元老院会议是出于他的喜好，还是权威，还是命令，还是他授权，还是他也参会，会议整个议程的权威必须保证，也必须遵守，就如同按照法律召集并举行会议一样。"③

为了加快处理皇帝的事务，奥古斯都在公元前23年被授予"特权，可以在任何时候将他想讨论的事务带到元老院的会议上，即使他那时不是执政官"。④ 按照传统，现代研究将这种特权称为提出第一议项的权利（ius primae relationis）。虽然没有旧时的证据证明这种叫法。皇帝的特权不是公然规定的，在狄奥的描述中可以注意到它的赋予相当谨慎，而且是在更大的范围上规定。以后没有听说其他皇帝有此特权直到2世纪。最早的相关证据也许是"元老院法令"，根据法令基齐库斯有组织年轻人团体的权利得到肯定："指定执政官阿皮乌斯·加卢斯提出建议，和最高统治者提图斯·埃利乌斯·哈德良·安东尼·奥古斯都·庇乌斯皇帝提出的第四个议项……他的第四个议项……来自亚细亚的基齐库斯人……他们把他们叫作年轻人……"⑤

因此，我们从字句中可以推测安东尼皇帝在一次会议上有权利 165
提出至少四个议项。据《奥古斯都史》记载，这项特权在147年的时候也肯定被授予过奥略留皇帝，⑥后来也授予过佩蒂纳克斯⑦和塞

① 参见第六章，第一节。

② 54.3.3.

③ *FIRA*² I, no. 15, 7—9.

④ 狄奥 53.32.5。

⑤ *FIRA*² I, no. 48, 11—17.

⑥ *Ius quintae relationis* (*Marcus* 6.6).

⑦ *Ius quartae relationis* (*Pert.* 5.6).

维鲁·亚历山大。[①] 没有明确的解释说明为什么这种特权只授予某些皇帝，而且为什么议项的数目会不同。

当皇帝愿意出席并主持会议时，他行使常规的主持人特权：特别是在征询意见环节，他按照自己定的顺序依次让元老发言，而他想什么时候发言就什么时候发言。值得注意的是，提比略在此环节甚至让元老官员（magistrates）发言，虽然图拉真在100年审讯马吕斯·普利斯库斯的时候没有这么做。[②]

当皇帝以未担任官职的普通成员出席会议的时候，他的地位严格来说很奇特。作为普通成员，他会被点名发言，也可以投票。[③] 但比起普通成员，他更像一位元老官员，可以保持沉默，或者行使权力在会议的任何阶段发言。[④] 作为普通成员参加元老院会议的皇帝中，提比略的做法我们最欣赏。他理解皇帝特殊、困难的位置，正如他在21年的信中所说，[⑤]他认为元老官员提出某个议项时，皇帝应该出席征询意见的环节并发表意见：而当皇帝的确发言时，他的意见要比元老官员的更崇高，寓意更深厚。15年，审判格拉尼乌斯·马塞勒斯的时候，提比略注意到他必须在这个案例中发表意见，但庇索问他是第一个还是最后一个发言，这让他恼怒。[⑥] 如果他先发言，其他的元老会觉得剥夺了自由表达意见的机会，如果他最后发言，那些和皇帝意见不同的又可能会觉得不安。25年的时候，据狄奥记载，被告按理不可避免会被判叛逆罪，但主持的执政官阻止了这个结果的发生，他让提比略先发言：提比略担心看起来是为自己的利益着想，只好支持无罪释放。[⑦]

---

① *Ius quintae relationis*（*Sev. Alex.* 1.3）.

② 参见第七章，第十一节。

③ 比如，参见苏维托尼乌斯，《提比略》31。

④ 参见第七章，第十九节。

⑤ 塔西佗，《编年史》3.53。

⑥ 塔西佗，《编年史》1.74。

⑦ 57.24.7.

如果皇帝缺席会议，他可以通过信函和元老院联系，并且他有 166
特权通过这种方式提出议项。① 日耳曼尼库斯有时会为奥古斯都宣读信函，维斯帕先的信函由他的儿子们宣读。② 遗嘱和其他的文件由皇室自由民宣读。尼禄规定由执政官本人宣读他的信函。③ 不然的话，通常是由宣读皇帝敕令的官员替皇帝行事。④例外的是，217 年会上刚好没有谕令宣读官在场，便由一位副执政宣读了信函。⑤

不管他们在场与否，所有皇帝都希望知道元老院的事务。在公元前 27 年和 18 年间的某个时期起，奥古斯都通过他的元老顾问团了解元老院事务，他们会在事先审阅事项。从公元 13 年起，元老院顾问团的构成改变了，它的权利也增加了。但提比略废除了它。从那以后就没有元老顾问直到塞维鲁·亚历山大在帝国末期统治，顾问团经过明显改进后重新采用。⑥

奥古斯都不希望太公开造成他能够影响元老院讨论的印象。他很少以自己的名义提出意见，而是更谨慎、更巧妙地由他的支持

---

① 参见 *FIRA*^{2} I，no. 15，第 3 行，在我看来，区别应该是在本人提出议项（facere）和用信函提出（remittere）之间，而不是提出议项和重新提及、再次考虑之间（比如，《牛津拉丁语词典》[*Ox. Lat. Dict.*]，第 1612 页，s. v. remitto，no. 4b 的解释）。虽然后者的做法可以举出例子（参见下文），这样就断定这是皇帝的权力不太合理，因为按规矩，每件事情都必须首先参考元老院的决定。

② 狄奥 56. 26. 2；66. 10. 6；苏维托尼乌斯，《提比略》6。比较 Lucius Caesar 宣读他兄弟 Gaius 的派遣信件（狄奥 55. 10a. 9）。奥古斯都死后提比略崩溃了，德鲁苏斯为他宣读信件（苏维托尼乌斯，《提比略》23；参见狄奥 56. 33. 1）。

③ 苏维托尼乌斯，《提比略》23；狄奥 56. 32. 1；59. 16. 3；苏维托尼乌斯，《尼禄》15。

④ 注意 Ulpian 的概述，*Dig*. 1. 13. 1. 4；亦可参见塔西佗，《编年史》16. 27；苏维托尼乌斯，《奥古斯都》65；狄奥 54. 25. 5（奥古斯都在场，但声音嘶哑的时候）；60. 2. 2；HA，《哈德良》3. 1。关于所知的官职人员，参见 M. Cebeillac，*Les ‘Quaestores principis et Candidati’ aux ler et IIème Siècles de l'Empire*，米兰，1972。

⑤ 狄奥 78. 16. 4。

⑥ 关于奥古斯都的元老顾问团，参见苏维托尼乌斯，《奥古斯都》35；狄奥 53. 21. 4—5；56. 28. 2—3；关于整个主题的讨论，参见 J. A. Crook，《元首顾问团》，第二章。

者提出。在 13 年，当讨论以别的办法取代征收继承财产 5%的税率的时候，他特别禁止日尔曼尼库斯和德鲁苏斯发表意见，担心会被误以为是他的意见而立即采纳。[1] 同样，在第二年，提比略要求一名元老成员向元老院保证说他没有事先受到指示提出某项建议。在 20 年主持一起审讯时，皇帝故意没有让德鲁苏斯第一个发言（他担任指定执政官），因此其他人就不会感到不得不遵从他的
167 意见。[2]

一旦元老顾问团被解散，特别想让某项事务顺利通过的皇帝就不得不自己做好准备了。在公元前 27 年 1 月交出权力之前，屋大维就是采取事先提醒元老院中关系密切的同僚的方式，[3]同样，提比略在 31 年 10 月 18 日指控塞扬努斯之前，进行了精心的计划。[4] 37 年，盖乌斯也事先作了安排，让元老院宣布提比略的遗嘱无效。而克劳狄乌斯说服元老提议他和阿格里皮娜成婚，尼禄希望娶阿卡特之时也曾有这样的计划。[5] 48 年，阿格里皮娜自己诱导指定执政官策划了一项决议，决议中元老院恳求克劳狄乌斯允许多米提乌斯（尼禄）和奥克塔维亚婚配。[6] 同样，哈德良在 129 年常规会议前几天派了一位处理给皇帝申请书的官员（libellus）去见执政官，要求他们在会上提出某项法规提议。[7]

当其他人可能提出有潜在争议的事项时，皇帝是很高兴事先得到通知的。在一封信中，提比略因 22 年市政官提出控制奢侈的议项，但没有事先征询他的意见而表示遗憾。他对保民官和一位十五人委员会的委员（Quindecimvir Sacris Faciundis）也不满，他

---

① 狄奥 56.28.5。

② 塔西佗，《编年史》1.8；3.22。

③ 狄奥 53.2.7。

④ 狄奥 58.9.3 和 13.1。

⑤ 狄奥 59.1.2；苏维托尼乌斯，《克劳狄乌斯》26；《尼禄》28。

⑥ 塔西佗，《编年史》12.9；参见狄奥 60.32.2。

⑦ *Dig*. 5.3.20.6.

们在32年成功地促使西卜林(Sibylline)圣书列入官方经典，但并没有事先征询祭司团首领(magistri)的意见，而皇帝几乎可以肯定是祭司团中首领。[1] 当案件摆在皇帝面前时(特别是叛逆罪)，他可以决定将它们撤销，无需再费周章，也可以参与听审，或者将它们提交给元老院，或者是别处。[2] 在帝国末期，如果狄奥可信的话，元老院对事务的处理是由皇帝管辖的。不幸的是，文章的残缺让具体的情况难以澄清，但他确实说过，“所有事情的调查都在元老院进行是不合法的，除非有皇帝的指令”。[3]

当皇帝参会时，他可以当场对无法接受的提议表示反对。如果他主持，他就有权以主持人的身份修改或拒绝提议，如提比略在
20年审判庇索和普兰西纳之后就是这么做的。[4] 同样，当皇帝出 168
席会议但不是主持时，他可以提出反对的意见，提比略就经常这么做。14年，他反对了几乎所有赐予莉维亚荣誉的提议，而在接下来的一年则反对参考西卜林圣书的提议。[5] 17年，他要求将对阿普雷亚·巴里利亚通奸和叛逆罪的指控分开，24年，反对废止对告密者的奖赏，并在不久之后修改了对卡图斯·费尔米乌斯原来的判决。[6] 22年，审判西拉努斯后，科尔尼利乌斯·多拉贝拉在征询意见环节中“跑题”提出的意见，提比略表示反对。[7] 在以后的皇帝中，我们听说了佩蒂纳克斯和塞普蒂米乌斯·塞维鲁反对过提议，狄第乌斯·朱利安对某项提议要求调整。[8] 61年，尼禄请求宽恕被指控犯下伪造罪的阿西利乌斯·马塞勒斯的时候他是

---

① 塔西佗，《编年史》3.53；6.12。

② 参见第十六章，第二节。

③ 78.19.5.

④ 塔西佗，《编年史》3.17—18。

⑤ 塔西佗，《编年史》1.14和76。

⑥ 塔西佗，《编年史》2.50；4.31—32。

⑦ 塔西佗，《编年史》3.69。

⑧ 狄奥74.8.5；76.6.1；74.14.2。

否在场不太清楚。[①]

皇帝缺席的时候，他事先没有审查过的议题在讨论前要提交给他——如22年市政官提出关于限制奢侈议题一事，这已经在前面提到过。56年时，执政官确实容许一些元老先发言，不必按照顺序，讨论自由民的罪行，并且进行表决，但在征求皇帝意见之前，他们不敢作为议题正式提出。因此他们只是记下众人的意见交给尼禄。[②] 同样，在29年，提比略写了一封措辞严厉的信，而执政官不太肯定他期待元老们有什么样的反应，所以他们宁可不将它列为议题。[③]

即使有些事宜已经在元老院中提出，元老经常选择由皇帝来作决定。当事情涉及到比如经济问题，或是和外邦国王的外交关系，交给他是可以理解的。[④] 此外，和大祭司一起提出考虑由第亚里祭司担任总督这样的要求也算合理。[⑤] 但如果由皇帝来选择阿非利加的总督就恐怕不那么合理了，或者是由他来决定是否要限制奢侈，在某些审判中，由他作出裁决也不合理——除非是推迟不可避免的死刑的判决。[⑥] 但是在宣判克鲁托里乌斯·普利斯库斯
169 犯下轻罪后，马上就执行了死刑，并没有征求皇帝的意见，之后，提比略认为有必要在通过判决和到萨吞尼国库登记之间要有10天的间隔，以便他审阅案件。[⑦] 62年，审判安提斯提乌斯·苏西亚努斯时，在特拉塞亚·培图斯催促下，作出了出乎意料宽容的判决，执政官不得不向尼禄汇报，流露出他们对皇帝的害怕。[⑧]

---

① 塔西佗，《编年史》14.40。
② 塔西佗，《编年史》13.26—27。
③ 塔西佗，《编年史》5.3—4。
④ 塔西佗，《历史》4.9；狄奥53.33.2；69.15.2。
⑤ 塔西佗，《编年史》3.59。
⑥ 塔西佗，《编年史》3.32，35，52；4.66；16.9。
⑦ 参见第十五章，第五节，列表第26条。
⑧ 塔西佗，《编年史》14.49。

从普林尼的《书信集》中我们得知，在选举时采用了手写投票的新举措，[①]元老院请求图拉真采取行动约束污损选票的行为。一位保民官在会上请求他阻止律师的卑鄙交易，还有一次一位元老要求他限制候选人求职时过分高昂的花费。[②] 在争论是否允许瓦伦努斯·鲁弗斯(他受到索贿罪的指控)从行省传唤证人时，双方显然都抱着得到皇帝支持的希望。[③] 即使某项事宜没有特别提交给皇帝，他还是可以通过《元老院纪事》得知，而且还可能采取行动干预。62 年，尼禄就是通过《元老院纪事》得知，在审讯克劳狄乌斯·塞西努斯时，特拉塞亚提出了"跑题"的提议，后来他将它正式列入议项。[④] 据《奥古斯都史》讲述，塞普蒂米乌斯·塞维鲁读到元老院授予克劳狄乌斯·阿比努斯的一位亲戚诸多荣誉，一怒之下将康茂德奉为神明。[⑤] 相反，普林尼反对普布利希乌斯·塞尔图斯的提议显然没能打动涅尔瓦(他本可能有所行动)。[⑥]

皇帝不仅以帝王身份通过非正规的途径影响元老院事务和决定，而且还有保民官的否决权，并且随时准备使用这项权利。[⑦] 收到起诉通知的时候，他可以阻止举行审讯，正如恩尼多斯一案，提比略就是这么做的。这位骑士遭到叛逆罪的指控，因为在 22 年他将一尊皇帝的银雕像融掉了。尼禄也用同样的方式庇护苏依留·鲁弗斯的儿子，他在 58 年遭到指控。[⑧] 如果皇帝出席会议，他可

---

① 4.25.2.

② 《书信集》5.13.7；6.19.3。

③ 《书信集》6.5.5。

④ 塔西佗，《编年史》15.22。

⑤ *Sev.* 11.3.

⑥ 普林尼，《书信集》9.13.22。

⑦ 塔西佗，《编年史》14.48。

⑧ 塔西佗，《编年史》3.70；13.43。关于其他尼禄也可能事先否决的例子，同上，13.10。

以否决议项：帝国时期没有这样的例子，但一位元老确实提到 14
170 年提比略有可能这么做。[1] 同样，皇帝也可以否决决定，采取这种举措几乎没什么必要，因为如我们所见，他只要流露出不赞同的态度通常就已经足够了。24 年，提比略确实否决了对维比乌斯·塞利努斯进行最严厉的死刑处罚。65 年，比索念努的阴谋之后，指定执政官提出为神圣的尼禄建一座神庙，尼禄（作为主持人）否决了这个不吉利的提议。[2] 如果苏维托尼乌斯可以相信的话，图密善判决几位被控叛逆罪的人以最严厉的方式处死，但后来又否决了判决，允许他们选择被处死的方式。[3]

皇帝可以否决他没有出席的会议决议或裁定。这在朱里亚-克劳狄时期很常见。[4] 如果是赐予荣誉就没有必要否决。只要不接受或者不照办就可以了。因此，在 29 年，莉维亚死的时候，大家投票决定为她建造一扇拱门，提比略犹豫着是否宣布决议无效，后来还是答应由他自己来完成这项工作，但却从未付诸行动。[5] 在一个极端的例子中，还没等提议说出皇帝就事先作出了否决：为了阻止塞扬努斯的奉承，提比略禁止考虑任何为他歌功颂德的提议。[6] 据《奥古斯都史》记载，奥略留禁止元老院重刑惩罚那些曾支持过阿维狄乌斯·卡西乌斯反叛的人。[7] 狄奥没有说清楚提比略是在提议之前，还是之后，禁止神化莉维亚，还有克劳狄乌斯阻止了赐予他孙子的荣誉。[8]

---

① 塔西佗，《编年史》1. 13。

② 塔西佗，《编年史》4. 30；15. 74. 在 54/55 年尼禄行使否决权的时候可能也出席了，但塔西佗，《编年史》13. 10—11 中描述得不是很清楚。

③ 《图密善》11。

④ 比如，塔西佗，《编年史》1. 73；5. 2；15. 45 和 48；16. 11；苏维托尼乌斯，《提比略》17，26，33；《克劳狄乌斯》6。

⑤ 狄奥 58. 2. 6。关于拒绝荣誉，更多参见比如狄奥 51. 20. 4；53. 26. 5；54. 35. 5；74. 7. 1；普林尼，《书信集》8. 6. 8—12；HA，《安东尼》5. 2；10. 1；Pert. 6. 9。

⑥ 狄奥 58. 8. 4；58. 12. 8；可能苏维托尼乌斯，《奥古斯都》56 有另一个例子。

⑦ *Marcus* 25. 5.

⑧ 58. 2. 1；60. 30. 6.

安东尼是在什么时候阻止起诉在元老院阴谋反叛他的人也不清楚。[1]

弗朗图谈到元首的责任就是“促使元老院采取必要的行动”。[2]劝说，而不是命令，是考虑周到的皇帝通常采用的机智策略。[3] 但几乎没有必要使用策略，因为从帝国时期开端起，几乎没有任何否定皇帝提议的问题。比如，在新年的时候，所有元老发誓要遵从皇帝过去的法规，对他们的回忆是不容非议的，还要遵从当前君主以 171
后的法规。[4] 据塔西佗说，32 年，一位骑士因为和塞扬努斯做朋友而受到审讯，他对不在场的提比略说了一番话，道出他们无法自主的情况：“你提拔的人高高在上，你有你的理由，我们无权评价。众神赐予你无上的统治权，我们只有遵从的光荣。”[5]更正式的一次是在 53 年的决议中，元老院认可帕拉斯拒绝接受 1500 万塞斯特斯的馈赠，元老院“……宣布，虽然他们自由公正地授予帕拉斯这笔钱和其他的荣誉，因为他的忠诚和对职责的尽心，但反对皇帝是不合法的，在这件事情上也必须服从他的意愿”。[6] 塔西佗笔下的马特努斯同样认为现在国家事务都由“一位具有最高智慧的人”来决定。[7]而普林尼为 2 世纪早期元老院很少有类似的国家事务而遗憾，他承认：“今天每件事，确实是依靠一个人的意愿，他为了大众的利益将我们所有的义务和责任都扛在自己身上。”[8]

---

① HA，《安东尼》7.3；埃比克提图，*de Caes*. 15.6。

② *De Eloq*. 2.7＝136H.

③ Papinian（*Frag. Vat*. 294.2）写到塞维鲁和卡拉卡拉：“maximi principes nostri suaserunt et ita senatus censuit”。

④ 狄奥 57.8.4。关于誓言，参见 P. Herrmann, *Der romische Kaisereid*, *Hypomnemata* 20，哥廷根，1968，第 107—110 页，更多参见下文第六章，第四节。

⑤ 《编年史》6.8。

⑥ 普林尼，《书信集》8.6.10。

⑦ *Dial*. 41：“sapientissimus et unus.”

⑧ 《书信集》3.20.12。

我们确实听说过元老院跟奥古斯都和提比略有不同意见的时候，[①]虽然发生在前者身上的两件事也许他本来就预料到有人要反对他——一件是无论他什么时候担任执政官，都要有两位同事，而不是一位；另一件是在公元前 23 年他生病之后，他提议宣读自己的遗嘱。[②] 此后，和皇帝意见相左的事情仍会发生，但相当地少。[③] 37 年，盖乌斯要求将提比略尊为神的提议遭到元老院很不情愿的反应，他只好放弃。[④] 而在 58 年，在大家深表疑虑之后，尼
172 禄同样撤回了废止关税的提议，但事情可能只是在皇帝的顾问团
里商议，而不是整个元老院参与。[⑤] 即使是在尼禄和元老院的关系仍然热忱的时候，也很难想象皇帝的提议会被拒绝。但是我们确实还听说过一些由元老院裁决的不同寻常的案例，元老们明知皇帝的意愿，但没有遵照行事。因此，举个例子，在提比略生命即将结束的时候，他给元老院的信函（尽管很简略）中提到的几位被告没有经过审讯就给释放了，对此，他大为恼火。62 年，审讯安提斯提乌斯·苏西亚努斯时，元老院作出了宽容的判决，让尼禄意想不到，他同样也很不痛快。[⑥]

往后，涅尔瓦和安东尼对阴谋反叛者的宽容显然遭到元老院

---

① 苏维托尼乌斯，《奥古斯都》54；《提比略》31。

② 苏维托尼乌斯，《奥古斯都》37；狄奥 53. 31. 1。

③ 最好先将 Tertullian 的故事搁置一边（*Apol.* 5. 1—2），在其他资料中有各种描述，说元老院拒绝提比略将基督奉为神的提议，相关讨论参见 T. D. Barnes，“法律和基督徒的对立”，*JRS* 58，1968，第 32—50 页中的第 32—33 页。

④ 狄奥 59. 3. 7。

⑤ 塔西佗，《编年史》13. 50 关于前者观点的论据，参见 J. A. Crook，《元首顾问团》，第 46 页；P. A. Brunt，*JRS* 56，1966，第 86 页，n. 72；关于后者，参见 R. Syme，《塔西佗》，第 416 页，Syme 倾向于私下的讨论，跟反对将高卢的要人用于“ius adipiscendorum in urbe honorum”的讨论一样，都是向克劳狄乌斯私下提的，在他在整个元老院前表示支持之前——他的发言导致《元老院法令》的通过，没有进行过多的争辩，如果可以相信塔西佗的字面描述的话（《编年史》11. 23—25）。

⑥ 更多参见第十六章，第一节。

的批评。马克里努斯处理埃拉加巴鲁斯争取皇位请求的方式也同样遭到了批评。① 不过，2 世纪元老院违抗皇帝意愿最显著的例子还是 138 年反对神化哈德良，在安东尼真正威胁说要放弃皇位的时候，元老院的态度才缓和。② 再往后，据说元老院和民众都劝说康茂德放弃第三次北征的想法。③ 193 年，狄第乌斯·朱利安的统治垮台之时，元老院带头忽视和拒绝他的提议，并在最后剥夺了他的权力。④ 最后，据《奥古斯都史》描述，⑤卡拉卡拉辩解为什么处决了自己的兄弟格塔的时候，元老院无动于衷。埃拉加巴鲁斯指示剥夺塞维鲁·亚历山大君主头衔的时候，元老们一片沉默。⑥ 但实际上，这种反应很失常，通常发生在很特别的情况下。不然，元老院还是会按皇帝的意愿行事。确实，在像奥略留这样仁慈的君主统治下，可能会有对细节方面的异议。但即使那样，如我们所见，⑦明智的元老仍会以极为尊敬的态度和详尽的理由提出反对意见。

总的说来，元老院和会议议程显然深受皇帝在当中的角色影响。他可以全权控制，即使采取专治立场很少是出于他的意愿。 173
至少他人的提议通常在公开表达之前或之后要和他商讨，而《元老院纪事》报告让他能够知晓所有处理的事务。他可以否决不赞同的决议。为了提出自己的议题，他可以随时召集元老，甚至在缺席的时候行使特权提出意见。最重要的是，他很有信心自己的提议

① 埃比克提图 *de Caes*. 12. 6；15. 6；狄奥 78. 38. 2。

② 狄奥 69. 23. 3；70. 1. 2；HA，《哈德良》27. 2；《安东尼》2. 5；Aur. Vict. 14. 13—14；Eutrop. *Brev*. 8. 7。

③ HA，《康茂德》12. 8。

④ 希律 2. 12；HA，*Did. Jul*. 6 和 8。

⑤ 《卡拉卡拉》2. 11；《埃拉加巴鲁斯》13. 2。

⑥ 狄奥(78. 19. 4)谈到元老们在 217 年发布“模棱两可”的决议，但文章的残破让内容难以确定。

⑦ 参见第八章。

都能得到采纳。自然,皇帝至高无上的特权大大限制了元老院在共和时期享有过的自由。

第二节　皇帝的出席和参与

皇帝的出席是另外一个我们很希望了解但所知不多的话题。假如不同时讨论一下他参与会议的情况,恐怕也容易误导大家。关于这个话题,不管是什么样的概述,都应该谨慎对待,因为尽管受到传统和习俗的影响,每位皇帝的做法最终还是要区别对待。但研究我们已掌握的资料,分析形势的走向还是有价值的。每位朱里亚-克劳狄王朝的皇帝会逐个分析,之后的皇帝会总体分析。

极端点说,也可以论证皇帝几乎不必亲自参加元老院会议。我们已经注意到他的皇室地位赋予他绝对的掌控权,因此,从狭隘实际的观点来看,事务都以他满意的方式处理,他几乎不必在场。但大多数皇帝确实希望在公共集会适当露面,保证从中多加获益。特别是在他们登基的时候,都希望得到元老院的正式认可,在统治时期危机来临时能到他们的支持。诚然,盖乌斯永不给元老院写信的目标(这意味着每次都要亲自出席会议)不过是他登基时"共和国人"短期的热忱,[①]或者是反对提比略最后 11 年任期行为的情急之言。但即使是在 2 世纪后半期,如我们所见,弗朗图在履行皇帝职责的单子中将"促使元老院采取必要的行动"排在第一位。[②] 此外,几乎到帝国末期,皇帝在登基前都曾担任元老职位,或者是元老阶层成员,所以他们很认同参加立法团体会议是所有元老的重要职责这种传统的看法。

174 屋大维在公元前 29 年才从东方回到罗马,在公元前 27 年又

① 狄奥 59.3.1。

② *De Eloq*. 2.7=136H.

离开罗马,公元前 24 年才返回。他在这段时间都是担任执政官,并且一直到公元前 23 年 7 月 1 日才辞去职位。虽然有关他这段时期参与会议的有具体日期的资料很少,①但我们有充分的理由相信无论什么时候他在罗马,都会履行执政官主持元老院会议的职责。公元前 23 年后,奥古斯都重新担任执政官,但为期很短,主要为了他的孙子盖乌斯和卢修斯分别在公元前 5 和前 2 年加入公共生活。公元前 22 到前 19 年,前 15 到前 13 年,还有公元前 10 年,他都不在意大利,其余时候所有的资料都证明他定期参加元老院的讨论,既担任主持人,也作为普通成员,偶尔也会参加审讯。②但是,年岁迫使他减少公共活动——参加元老院会议是其中之一——从公元 8 年起,而在 13 年情况变得更糟糕,因此在那之后,他在极少数情况下才会参加会议。③ 唯一一次他故意不参加会议是在公元前 2 年,当朱莉亚的丑闻被发现并公之于众的时候,出于羞愧,他无法面对元老院,而是送了封信函。相反,在公元前 6 年提比略退休到罗兹岛的时候,他亲自出席提出了指责。④

在就任期间,提比略从来没有离开过意大利。除了大概有一年他在坎帕尼亚(21—22 年)度过,⑤他离开罗马的时间都很短,

---

① 狄奥 52.43.1(公元前 29 年);53.2.7 和 20.2(公元前 27 年);53.31.1(公元前 23 年)。

② 公元前 23 年 7 月 1 日后有标识日期的资料:狄奥 53.33.1(公元前 23 年);54.16.3—5;Livy, *Epit.* 59(公元前 18 年);狄奥 54.15.5(公元前 13 年前);54.25.5;27.2 和 4(公元前 13 年);55.4.1(公元前 9 年);*FIRA*² I no.68,第 75—76 行(公元前 4 年);苏维托尼乌斯,《奥古斯都》58(公元前 2 年);狄奥 55.24.9(公元 5 年);Vell. 2.111.1(公元 6 年);狄奥 56.26.2(公元 12 年)。概述:苏维托尼乌斯,《奥古斯都》35;37;53—58;84;89;《克劳狄乌斯》1;狄奥 54.12.3 和 15.6。最后的资料,除了其他之外,清楚地显示了奥古斯都有时作为主持人出席,有时作为普通成员;参见狄奥 56.41.3。

③ 狄奥 55.34.1;56.28.2。关于奥古斯都写信给元老院(主要是在年老的时候),参见塞内加,《论生命之短暂》4.2—4。

④ 苏维托尼乌斯,《奥古斯都》65;《提比略》10。

⑤ 塔西佗,《编年史》3.31 和 64。注意那一年他为用信件陈述对市政官某议项的看法,而没有作为普通成员亲自出席会议感到抱歉(同上 3.53)。

直到 26 年，他退休到卡普里岛。[①] 此后，虽然他回到大陆，但再没去过罗马，也没有到过元老院。但在 14 年和 26 年间，证明他勤勉出席元老院的资料（详细记述和概述的都有）非常多，详细引述反而变得多余了。[②] 无论是讨论，还是审讯，提比略都有出席，不管是担任主持人，还是作为普通成员，甚至在选举日也在场。[③] 他的
175 坚持出席招人议论，即使在面临严重个人压力的时候，比如 23 年德鲁苏斯病逝前，[④]他还是坚持出席。据塔西佗说，[⑤]25 年的审讯中，出席会议对他来说是一种折磨——他在会上遭到了辱骂性的侮辱——促使对他的做法的重新评估。就我们所知，他经常避开的唯一会议（出于对即将就任的执政官的礼节）是 1 月 1 日的正式会议。[⑥]

奥古斯都和提比略都很自觉地参加会议，而后者可能参加得更多，据克鲁克说。[⑦] 不可避免，这样的结论也许反映出我们所掌握的关于提比略的资料更全面也更有敌意。但比起奥古斯都，他在让人尴尬和没有尊严的讨论中显得遭受了更多的罪，也许他本来就是个不太善言辞的辩论者。和他的继任不同，奥古斯都没有将大范围的事务交由元老院处理，在任时，通常也很明智地避开在元老院举行的审讯。同样，在他任期，元老顾问团肯定经常在会前事先准备好了讨论的策略。

盖乌斯在 38 年夏天去了西西里岛，时间不长，39 年秋天到 40 年 8 月北征。我们知道他会参加元老院的讨论和审讯，但说他勤

---

① 公元 16 年，在休会期（*res prolatae*）时，他打算缺席的意图并不是例外，因为那个季节元老院所有会议都搁置很正常，参见塔西佗，《编年史》2.35 和第六章，第四节。

② 特别参见塔西佗，《编年史》4.6；苏维托尼乌斯，《提比略》30—33；狄奥 57.7.2。

③ 塔西佗，《编年史》11.21。

④ 塔西佗，《编年史》4.8；4.55。

⑤ 《编年史》4.42。

⑥ 狄奥 57.8.5—6。

⑦ J. A. Crook，“奥古斯都和提比略参与元老院辩论”，《元首顾问团》，附录 I。

勉则过于草率,并且没有明确的证据证明他是作为普通成员而不是主持人参会。[①] 他在罗马当皇帝的时间相对较短,行为也不合常规,加上资料的缺乏,很难条理清晰地评价他的参会情况。我们也应该记住,对他来说,即位时还未满 25 岁,以一位新人的身份参加元老院会议肯定是一种让人生畏的折磨。

除了在 43—44 年间因作战缺席半年,克劳狄乌斯在他统治时期没有离开过意大利。出于谨慎,他在就职后等了一个月才踏进元老院,和盖乌斯一样,他也对出席会议感到胆怯,但原因不同。[②] 从很多资料的引用来看,虽然他明显不如提比略勤勉,但确实定期参加会议和审讯,既担任主持人,也作为普通成员,并且表现积 176
极。[③] 在选举日,他也在场。[④] 狄奥暗示说,他在任期快结束时出席总的来说没有以前频繁。[⑤]

除了在 66/68 年拜访希腊,尼禄在他统治的时候都在意大利。有关他出席元老院会议的情况,塔西佗或苏维托尼乌斯都没有概括性的陈述,但有资料引用了一些事例说他只是以主持人的身份出席会议,并且次数也很少——与奥古斯都和提比略形成鲜明对比。当然,年轻、个性和环境都有影响,让他和受人尊敬的前辈不

---

① 关于他的出席,可参见狄奥 59.6.1 和 7;18.1;19.3 和 7(后面三次是审讯)。Aurel. Vict. 3.8. 据狄奥 59.6.1 和 8 推测,他应该不是主持人,只是来发表讲话,然后就离开了。此外,我们可以从苏维托尼乌斯的《卡利古拉》23 和 28 推测,他缺席了提到的那两次会议。

② 苏维托尼乌斯,《克劳狄乌斯》12;35—36;狄奥 60.3.2。

③ 更多的资料参见塔西佗《编年史》,第 11、12 卷;狄奥,第 60 卷;塞内加,*Cons. Polyb.* 13.2;苏维托尼乌斯,《克劳狄乌斯》23,25,36,37,42,46;*FIRA*^{2} I no. 43。关于他作为主持人宣布审判开始的异常举动,然后坐在元老院普通席位上,参见狄奥 60.16.3。普林尼,《书信集》3.16.9 讲述了这次会议。

④ 苏维托尼乌斯,《克劳狄乌斯》40。

⑤ 60.2.2. 因为艾德斯日(Ides,3、5、7、10 月份的第 11 日或其他月份的第 13 日)克劳狄乌斯在贝亚(参见 *FIRA*^{2} I no. 71,第 1—2 行),如果元老院会议如期在一天前召开,可以推测他没有出席。关于纸莎草纸保留的两篇对元老院的匿名演讲,说是他发表的,参见附录 4。

同。除了 54 年登基,唯一确定他出席会议的记录是在 65 年比索念努的阴谋被镇压后召集的那一次。① 此外,苏维托尼乌斯的《卢坎的生活》记录了一则轶事,说到这位皇帝召集紧急会议,以表示不赞成这位诗人的一篇文章。如果故事可信,推测起来尼禄是亲自参加了那次会议的。另外,塔西佗和苏维托尼乌斯强烈暗示说,在 54 年和 55 年,他也出席了会议,但并不是以明确的口吻说的。② 尼禄确实在 58 年审判苏依留·鲁弗斯的时候担任主持人,但塔西佗的陈述③忽略了审讯是在哪里举行的。同样,在接下来的四次会议中,他也没有说明白尼禄皇帝是否在场:两次是在 58 年,他赞同被指控为索贿罪的两位阿非利加总督无罪释放;在 61 年,他请求宽恕被指控为犯伪造罪的阿西利乌斯·马塞勒斯;之后的一次是在 62 年,判决特拉塞亚·培图斯的意见被提出,并以"皇帝作为发起人"(auctore principe)的方式通过。④

在一些重要场合,我们肯定尼禄没有出席,出于害怕或者漠不关心。59 年,他通过信函宣布阿格里皮娜逝世。⑤ 66 年,审判特拉塞亚和其他人时,他主动召集元老院会议,但自己却没有出席。⑥ 在这个例子中,他大概没看出赞同指控特拉塞亚 3 年没
177 有到过元老院有任何不妥,⑦因为如我们所见,他自己的出席记录也好不了哪里去。他长久以来认为自己跟立法团体和它召开的会议没什么关系。68 年,听到文德克斯叛乱的消息,他只是

① 塔西佗,《编年史》13.4;15.73—74。

② 不管怎样,"crebrae orationes"(塔西佗,《编年史》13.11)可能是本人演讲的,参见苏维托尼乌斯,《尼禄》10。

③ 《编年史》13.43。

④ 塔西佗,《编年史》13.52;14.40;15.22,亦可参见 *AE* 1972.174。

⑤ 昆体良,*Inst. Or.* 8.5.18;塔西佗,《编年史》14.10;狄奥 61.14.3。尼禄还是很担心元老院的反应,即使在会上都赞同并通过了提议(塔西佗,《编年史》14.13)。

⑥ 塔西佗,《编年史》16.24 和 27。

⑦ 塔西佗,《编年史》16.22 和 27。

从坎帕尼亚写了封信给元老院，甚至在回到罗马后也没有召集正式会议。① 在其他事例中，尼禄也宁可通过信件而不是亲自出席回应元老院或者主动提出意见。② 有详细的证据能确切证明塔西佗的描述，在元老院审讯叛逆罪的案件时，尼禄（和图密善不同）"看都不看一眼，不参与见证经过他授权的罪行"。③ 在塔西佗的叙述中，科苏提安努斯·卡皮托很感激尼禄常规的做法，在他请求起诉特拉塞亚的时候，尼禄将这项特别的要求留到最后："最后，你不要写任何关于特拉塞亚的事情，让元老院去替我们作决定"。④

在朱里亚-克劳狄时期之后，皇帝出席元老院的资料变得更少，只在一些例子中才能形成某位君主参会的连贯印象。当然，我们必须考虑到，一方面在有限的资料中存在各种说法，另一方面不同的皇帝性格和所处的环境也不同。有些皇帝（马克里努斯、马克西米努斯、戈尔迪安一世和二世）在任期内从未来过罗马；其他皇帝来了，但任期时间很短（加尔巴、奥索、⑤维特里乌斯、提图斯、⑥涅尔瓦、佩蒂纳克斯、狄第乌斯·朱利安）；⑦而还有些皇帝在任期内有相当长的时间待在意大利以外的地方（图拉真、哈德良、奥略留、塞普蒂米乌斯·塞维鲁、卡拉卡拉）。因此，皇帝经常只能通过信件和元老院联系，而这种方法也通常优先选择，即使在并不是非常有必要的情况下。至于出席，毫无疑问所有皇帝在登基时能够

① 苏维托尼乌斯，《尼禄》41 和 46；狄奥 63.26.1 和 4。

② 塔西佗，《编年史》13.26；14.49 和 59；16.7。

③ 《阿格里可拉传》45。

④ 《编年史》16.22。

⑤ 关于奥索在元老院露面（除了他登基时之外），参见塔西佗，《历史》1.85 和 90；苏维托尼乌斯，《奥索》8。

⑥ 关于提图斯作为皇帝在元老院的表现，参见苏维托尼乌斯，《提图斯》11。

⑦ 关于狄第乌斯·朱利安在元老院露面（除了他登基时之外），参见狄奥 74.14.1 和 2；17.2；HA，《狄第乌斯·朱利安》(*Did Jul.*)4.5；5.3；6.5。希律(2.12.3)提到有一次狄第乌斯召集了元老院会议，但他自己没参加。

去元老院的都去了，以后也会出席重要的会议。因此，比如说，加尔巴[1]和涅尔瓦[2]分别出席了确定收养庇索和图拉真的会议。
178 而卡拉卡拉在格塔被谋杀后也出席了会议。[3] 资料证明几乎没有哪个皇帝会一时兴起来参会：他们来到元老院，就我们所知，只发表一番正式演讲。然而更难确定的是，在朱里亚-克劳狄乌斯之后，他们究竟在多大程度上能够定期参加会议。相当多的法律文本引述了从哈德良起皇帝在元老院发表的演讲，[4]看起来有点困惑的是，在下面的资料中，这些都没有提到。虽然这些资料很珍贵，它们提供了各个皇帝愿意将事务带到元老院讨论的相对次数，但没法让我们确定他们是否亲自参加某次会议，还是只通过信件交流。

我们可以先谈论那些有出席印象的皇帝。维特里乌斯在69年经常露面，甚至在会议没有什么特别重要议题的时候，这反映了皇帝应该如何正确行事的传统观念——虽然我们带有敌意的见证人塔西佗忽略了正面解释这位短命篡位者的行为。[5] 维特里乌斯的继任者维斯帕先也传承了他的理念。在70年早期，图密善第一次到元老院的时候，发言一开始就首先为他父亲和兄弟缺席会议而道歉。[6] 后来狄奥评论维斯帕先："……定期参加元老院会议，每一件事都征询元老的意见，并且经常在法庭聆听案件。任何因年迈无法阅读的事项，任何因无法出席而递送给元老院的信件，他通常都让儿子们宣读（就是说，不只是由宣读敕令的官员宣读），因

---

① 塔西佗，《历史》1.19；苏维托尼乌斯，《加尔巴》18。

② 狄奥 68.3.4。关于涅尔瓦其他的出席情况，参见狄奥 68.2.3，和（推测）弗朗图，*Ver. Imp.* 2.1.7＝p.117H；或许亦可参见普林尼，《书信集》2.7.1（关于此处的论述，参见 Sherwin-White）。缺席：普林尼，《书信集》9.13。

③ 他只是发表了讲话，然后就离开：狄奥 77.3.3；希律 4.5.1；HA，《卡拉卡拉》2.9。

④ 关于列举的单子，参见第十五章，第四节。

⑤ 塔西佗，《历史》2.91；3.37 和 80；苏维托尼乌斯，*Vitell.* 16；狄奥 65.7.2。

⑥ 塔西佗，《历史》4.40。

此在细节上也表现出对元老院的尊重。”①

根据狄奥和《奥古斯都史》的记载，哈德良在罗马的时候努力定期参加元老院会议，②安东尼也是，似乎还相当自觉。③ 奥略留 179
显然很谨慎，不管是在罗马时出席会议，还是征战时通过信件和元老院保持联系，④如此的循规蹈矩无疑部分是他的老师弗朗图影响的结果。⑤ 177 年这位皇帝（还有康茂德）对米利都的回答显示了他在很多事情上征求元老院的意见，甚至一些不是很重要的事情，比如米利都人请求举办竞技比赛的要求。⑥ 在现存的第一发言人意见（sententia prima）中，关于减少角斗士表演花费一事，据奥利弗和帕尔马说，元老们称呼他和同治皇帝（几乎可以肯定是康茂德），仿佛他们在场。⑦ 但这并不保证他们亲自出席了会议，提

---

① 66.10.5—6. 关于维斯帕先在元老院的情况，参见 66.12.1；苏维托尼乌斯，《维斯帕先》25；*ILS* 986，第 29—35 行。关于可能是他在亚历山大发表的演讲中提到尊重元老院，参见 F. Preisigke, *Sammelbuch griechischer Urkunden aus Ägypten*, no. 9528. A. Henrichs（*ZPE* 3，1968，第 54 页，n. 11）振振有词地争辩演讲是在维斯帕先来到亚历山大之后发表的，正如第一任编辑所说（H. Gerstinger，“Neue Texte aus der Sammlung Papyrus Erzherzog Rainer in Wien”，*Anzeiger der phil.-hist. Kl. D. öst. Akad. D. Wiss.*，1958，no. 15，第 195—202 页）。但如果手抄本日期正确，没有理由怀疑维斯帕先就是发言人（参见 C. P. Jones，*Historia* 22，1973，第 309 页）。

② 狄奥 69.7.1；HA，《哈德良》8.6. 关于哈德良的出席，参见同上 7.4；26.8—9；Gell. 16.13.4；或许狄奥 69.15.2。

③ 关于安东尼的出席（除了登基之外）参见 HA，《安东尼》6 和 12.3；或许狄奥 69.15.2。不肯定他是否真的出席了 143 年 8 月 13 日弗朗图的感谢仪式（gratiarum action），他也可能没出席：参见 E. J. Champlin，*JRS*64，1974，第 140、149 页。

④ 关于出席，参见弗朗图 *Ant. Imp.* 1.2.5—12＝90—93H；狄奥 71.33.2；HA，*Marcus*；*Verus* 7.7；*Perinax* 2.9 中有很多资料。

⑤ E. J. Champlin，《弗朗图和安东尼时期的罗马》，第 91—93 页。

⑥ 参见第十五章，第五节，列表第 125 条。

⑦ *Hesperia* 24，1955，第 324 页。关于康茂德作为同治皇帝，参见 Aes Italicense，第 6 行。假如他的名字在这里提到，这篇演讲的日期追溯至公元 177—180 年间就不混乱了。不管皇帝有没出席元老院，这和日期的确定没有关系。

到“宣读”皇帝谕令那点同样也是模棱两可。[1] 这个问题不应该下结论。比如，在普林尼记录的一则争论中，在申辩时也提到图拉真的名字，好像他在场一样，而事实上他那时可能在别处。[2] 最后，在可以形成出席印象的皇帝中，佩蒂纳克斯在短短的任期内却总是能够出席元老院会议。[3]

从这些皇帝出席的资料中，很尴尬的是难以辨别他们是作为普通成员参会，还是担任会议主持人，或者只是去提出他们的事务。在普林尼的《颂词》中，他的话反映了到 100 年为止众人对皇帝地位毫无疑问的看法，他对图拉真说：“如果你不召集我们开会的话，只进元老院的门是不够的，如果不主持会议，你就不应该出席，也不应该听取意见的表达，除非你让元老发言。”[4]同样，很多皇帝认为自己比元老要高一等。普林尼所说的关于图密善的话也适用于其他人：“早期的暴君，因为骄傲，认为他们要是像元老一样行事的话，就会在他们的眼中变得不像皇帝。”[5]相反，根据《奥古斯都史》的记载，安东尼“在和元老的交往中，他作为皇帝给予他们尊重，就像他还是普通公民的时候希望别的皇帝能给他尊重一
180 样。”[6]当然，这番话只是安东尼圆滑的说法：没有实例证明他作为未担任官职的普通成员参加过会议。但是奥略留作为普通成员参加会议的事实《奥古斯都史》明显暗示过，[7]书上说他即便无事可陈也会参加。因为海维迪乌斯·普利斯库斯在会上滔滔不绝让人

---

① *Aes Italicense* 13.

② 《书信集》6.5.5；6.13.2。

③ HA，《佩蒂纳克斯》9.9；13.2。

④ 《颂词》60.1。

⑤ 《颂词》63.6。

⑥ 《安东尼》6.5。

⑦ *Marcus* 10.7.在讨论该怎么对元老院发言的时候，弗朗图用意见（sententia），而不是议项（relatio），甚至意味着 Marcus 参与了争论：但也许我们不能对精确使用这些名称抱期望（*De Eloq*. 2.7=p.136H）。

不快，维特里乌斯和维斯帕先似乎都没有主持过或者在这样的会上发言。[①] 执政官法尔科要被判刑的时候，佩蒂纳克斯显然也不是会议主持人，而区都斯受到表彰的时候，塞普蒂米乌斯·塞维鲁也可能不是主持人。[②]

因为资料缺乏，无法确定其他皇帝是否定期参加会议。让人沮丧的是，我们无法形成图密善行事的印象。[③] 他的继任者图拉真的态度查询起来也异常棘手。我们知道，他在100年1月1日作为常任执政官出席会议，同一个月晚些时候也主持过一次选举，并出席了马吕斯·普利斯库斯的审判。[④] 大概10年后，他写信给普林尼，告诉他关于授予"三孩特权"(ius trium liberorum)的原则："你肯定非常清楚，亲爱的普林尼，我很少授予这种特权，我的原则是，即使在元老院会议上，也能够宣称我没有授予超过当初所说的令我满意的数目。"[⑤]虽然很想这么做，但要从图拉真担任皇帝后在罗马度过的第一个1月份的出席会议情况推断他之后的出席表现，这可能太草率了。同样，他信件里提到的惯例也不能证明他亲自出席了会议：他的想法很可能写成谕令，由敕令官宣读传达。[⑥] 米勒猜测图拉真可能在元老院听取了那些比提尼亚的使者辩词，他们想继续起诉瓦伦努斯·鲁弗斯，反对那些接到最新指令撤销起诉的人。[⑦] 普林尼的描述没有提到会议是在哪里召开的，

---

① 塔西佗，《历史》2.91；狄奥66.12.1。

② 狄奥74.8.5；76.6.1。

③ 关于他在元老院露面，参见苏维托尼乌斯，《图密善》13和18；狄奥67.4.6。我们忍不住会猜测Statius描述的"lectus concilio divum ordo"(1.198)，朱庇特在忒拜召集会议并发言，多少归功于诗人看见过图密善在罗马元老院主持会议的情景。注意朱庇特是如何在众神集合后进来，他们又是如何等他发出指示后才坐下(1.201—205)。

④ 普林尼，《颂词》66，69，76；《书信集》2.11。

⑤ 《书信集》10.95。

⑥ 图拉真的例子中，参见HA，《哈德良》3.1。

⑦ 《皇帝》，第348—349页。

描述得也很简单。[①] 不管怎样,假如皇帝在元老院主持了这次会
181 议,他不太可能没有经过询问元老意见就匆忙作出决定(尽管没有异议)。虽然这是个小的细节,也几乎不可能发生,我还是宁愿相信图拉真独自聆听了这次争辩。

在普林尼描写的元老院会议中图拉真缺席,米勒[②]也和舍温·怀特[③]一样对此感到震惊。但我们应该记住,当中有些会议是对索贿罪的审判,[④]皇帝反正几乎从来都不参加,而其他选举日皇帝也是不参加的。[⑤] 可以想象,他居然参加马吕斯·普利斯库斯索贿罪的审判可能是一次意外。审讯原定在 99 年后期举行,后来推迟到新年某个合适的日子,因为元老院会议召开时被告没有出席。[⑥] 我们还知道,99 年 11 月上半月,图拉真在安提乌,[⑦]可以想见,他根本无意在原定日期参加审讯。然而,在 100 年 1 月,他成了常任执政官,觉得有参会的义务。后来,在 105 年,他在 6 月 4 日离开了罗马,因此,也缺席了阿弗拉尼乌斯·德克斯特死后的会议,阿弗拉尼乌斯是在 6 月 25 日去世的。[⑧] 在《书信集》4.12 中所描述的会议确实是在 105 年举行的,但几乎不可能在 6 月 4 日之前。[⑨] 有关指控瓦伦努斯·鲁弗斯[⑩]的信件基本可以肯定时间是在 107 年早期,很可能直到那时,图拉真才返回罗马。[⑪] 值得注

① 《书信集》7.6.14 和 7.10。

② 《皇帝》,第 348—349 页。

③ 《普林尼》,第 369 页。

④ 《书信集》2.12;3.9;4.9。

⑤ 《书信集》3.20;4.25。

⑥ 普林尼,《书信集》2.11.9—10。

⑦ A. Plassart, *Fouilles de Delphes* III.4, no. 288.

⑧ 《书信集》8.14;*Fast. Ost*。

⑨ 参见 Sherwin-White 关于此点的论述。

⑩ 《书信集》5.20;6.5 和 13;7.6 和 10。

⑪ *Fasti Ostienses* 最早对他 107 年在罗马的出席给予关注,参见"VII K. I[un? 还是 ul?]"。

意的是，在这些信件中第三封提到他缺席，而到最后一封信件的日期为止，他肯定在罗马或在附近的地方。[1]《书信集》6.19很难确定日期，但同样如果提到的选举是在107年发生的，所描述的会议时间内图拉真也许仍然在罗马以外的地方。不然，在两次他显然没有出席的会议中，其中一次是在夏天举行的，出席率只要求达到法定人数，另外一次可能是在同样的时间举行。[2] 其余的会议中，只有3次他需要参加，却显然没有参加——都是在105年早期。[3] 182
要推断他整个任期时的出席情况，这些资料显得太单薄，问题仍然有待研究。

关于康茂德的出席，我们无法描述。[4] 很遗憾，我们也无法了解塞普蒂米乌斯·塞维鲁在巩固地位后的出席情况，我们只知道在205年1月普劳蒂亚努斯下台后，他确实出席过元老院。[5] 埃拉加巴鲁斯的一些出席情况有所提及，[6]但他的做法不清楚，塞维鲁·亚历山大[7]也一样。但总的来说，3世纪为止，皇帝很少出席会议的观念可以根据实际情况证实，塞维鲁王朝的统治者据说颁布了法令，规定每月初一和艾德斯日（3、5、7、10月份的15日，其余月份的13日）为常规会议日。[8] 这样的出席频率仍然很惊人，即使除开两种情况：一是皇帝参加元老院会议的同一天需要时间

---

① 《书信集》7.10.2。

② 《书信集》3.18；3.4。

③ 《书信集》4.29；5.4和13。

④ 关于他的一次出席，参见HA，《康茂德》8.9；关于给元老院的信件，参见狄奥72.15.5。

⑤ 狄奥76.5和6。

⑥ 参见希律5.7.4；狄奥79.17.2，18.4。

⑦ 但出自众所周知不可靠的《奥古斯都史》传记，参见塞维鲁·亚历山大，48.2。

⑧ Justinian，*Codex*，第489—492页，krüger. C. E. Van Sickle质疑所给日期的可靠性，“塞维鲁王朝诏令的标题”（Headings of rescripts of the Severi），*Class. Phil.* 23，1928，第270—277页，但A. M. Honoré觉得可靠，“‘皇帝的’诏令，193—305年；作者和真实性”（“Imperial” rescripts A. D. 193—305：authorship and authenticity），*JRS* 69，1979，第51—64页中的第51页，n. 8。

处理自己的事务，还有就是他离开了罗马。

我们对朱里亚-克劳狄王朝之后皇帝出席审讯会的情况所知甚少。如我们所以为的，通常皇帝会考虑出席的审讯和叛逆罪有关。图拉真会在100年1月主持马吕斯·普利斯库斯索贿罪(saevitia)的审讯绝对不同寻常。[1] 但如我们已经提到的，他的出席很可能是一次意外，他也没有再参与这样的审讯：从普林尼的描述中，值得注意的是，在审讯过程中，他没有主动提出过意见。[2]但是，据狄奥说，图拉真是准备以叛逆罪的罪行将被告带到元老院面前的。[3] 图密善因为一直这么做而赢得了不好的名声。[4] 狄奥后来暗示说，奥略留不会亲自参加他煽动的叛逆罪审讯。他也告诉我们，塞维鲁没有参加阿波尼亚努斯的审讯。[5] 但塞维鲁显然
183 亲自确定了狄第乌斯·朱利安朋友的罪行。[6]

虽然皇帝会在之前推荐候选人，但他们很少会在选举日参加元老院会议。而图拉真确实在100年主持了选举，《奥古斯都史》说安东尼："为他自己或他儿子谋求职位时，都是作为普通成员出席的"[7]——意味着他亲自出席了选举。《奥古斯都史》还说马库斯·奥略留经常出席选举，而且一直待到结束。[8]

从帝国时期刚刚开始，正式的权力和不正式的权威都将皇帝和他的元老同事们分开。作为元首以普通成员的身份出席会议，并让自己和其他人一样参与激烈的争论，是根本行不通的理想，仅

① 普林尼，《书信集》2.11；《颂词》76。

② 除了提比略外，据悉，没有其他皇帝参加过索贿罪的审判，除非53年审判Statilius Taurus的时候，克劳狄乌斯在场，如塔西佗所暗示(《编年史》12.59)。

③ 68.16.2.

④ 塔西佗，《阿格里可拉传》45；苏维托尼乌斯，《图密善》11；狄奥67.4.5。

⑤ 71.28.2；76.8.3.

⑥ HA，《塞维鲁》8.3。

⑦ HA，《安东尼》11.6。

⑧ *Marcus* 10.9.

仅延续到克劳狄王朝时期结束。实际上，元老不能成为皇帝的“头领”，如提比略曾经这么称呼他们。[①] 公平地说，有些皇帝一直以普通成员的身份出席，到 2 世纪末佩蒂纳克斯为止。但这些出席只有在皇帝参与辩论时才有价值。然而，毫无意外，没有这样的情况。一些“好”皇帝确实努力自觉出席会议。其他皇帝——“好的”和“坏的”——他们的表现则讳莫如深。除了极少的例外，一些叛逆罪的审判是他们唯一会参加的会议。当然，这并不是说他们不关心判决的结果——只是说他们避开了大部分听审。同样，他们也很少参加元老院的选举。但至少在帝国时期末，所有能够参加的皇帝都亲自出席了他们的登基仪式，还有一些重要的会议，但就这些而已。 184

① 苏维托尼乌斯，《提比略》29。讽刺的是，就是这个皇帝将元老解散，说他们是“homines ad servitutem paratos”（塔西佗，《编年史》3. 65）。

第六章　日常事务

元老院会议地点和出席情况已经回顾，本章的目的在于进一步考察会议总体安排。尤其是讨论一整年周期性事务的处理，讨论会议的频率和时长有助于重新评价当前关于元老院很少集会，匆忙料理事务的误解。①

第一节　召集会议

一直以来，元老都可以非正式的方式召开会议，经审议后通过某项决议，即经过考虑的意见。② 奥索时期的元老在 69 年皇帝死后不久似乎就是以这种方式在穆蒂那集会的。③ 在罗马也一样，40 年 1 月 1 日，虽然没有符合资格的元老官员主持，元老们还是召开了会议，但没有处理任何事务。④ 同样，在 81 年提图斯死的时候，他们还没等召集会议就抢先赶到元老院，一边开始赞扬死去

---

① 比如，参见 Serwin-White，《普林尼》，第 230—231 页；F. Millar，《皇帝》，第 211、341 页。

② 狄奥 55. 3. 4—5。

③ 塔西佗，《历史》2. 52—53。

④ 狄奥 59. 24. 5。

的皇帝,一边等着元老院的门打开。[1] 但要通过一项有效法令的话,元老院必须由元老官员或保民官召集会议。[2] 根据瓦罗为庞培在公元前 70 年加入元老院时编纂的手册,如下的人员具有权利召集会议:“皇帝、执政官、副执政官、平民的保民官、临时执政者和 185
罗马总督。”[3]实际上,在帝国时期只有执政官、副执政和保民官还存在。作为最资深的官员,执政官是主要的会议召集人,[4]当然,有他们信使(viatores)的帮助,正如在共和时期时那样。[5] 盖利乌斯暗示说,执政官召集会议是惯常的做法,[6]这一点在 40 年 1 月 1 日得到进一步证实,当时皇帝盖乌斯为执政,但不在罗马。他没有其他同事,因为另一位指定执政官在就职之前死了,还没有人接替,使得会议召集出现困难。据狄奥记载,那天没有哪位副执政或保民官敢召集会议,直到 1 月 3 日,副执政们才鼓起勇气联合召集了会议。[7] 加尔巴去世、奥索登基、还有 70 年 1 月 1 日那天,是由城市副执政(praetor urbanus)召集会议的。[8] 在提到的第一个例子中,两位执政官都在那天早些时候被害(加尔巴和维尼乌斯);而奥索登基时,两位执政官都不在(维斯帕先和提图斯)。之后,70

---

① 苏维托尼乌斯,《提图斯》11。

② 保民官开始当然并不是元老官员,虽然到帝国时期为了各种实际的目的他们被当成元老官员:参见 Appian,*Bell. Civ.* 1. 100 和 J. A. Crook,《元首顾问团》(*Consilium Principis*),第 8 页,n. 3。但是,关于在公元前 39 年元老院法令中保民官作为资深长官可能被当作“纯粹主义者”,具有召集元老院会议的权利,参见 J. Reynolds,《爱欲和罗马》,no. 8,第 80 行和当中的讨论,第 88—89 页。

③ Gell. 14. 7. 4;14. 8. 1—2,关于这些元老官员的概要,参见 *FIRA*^{2} I,no. 68,V,第 100—101 行。

④ 到公元 2 世纪末,在写到执政官主动通知召集会议,剥夺狄第乌斯·朱利安权力的时候,希律认为有必要解释“在出现继任危机的时候,执政官通常是管理国家事务的人”(2. 12. 4;参见苏维托尼乌斯,《卡利古拉》60)。

⑤ 关于信使(*viatores*),恰好没有提到他们在帝国时期有这样的职责,参见 C. Habicht,*PW* 8A,1928—1940。

⑥ 3. 18. 7.

⑦ 59. 24;参见苏维托尼乌斯,《卡利古拉》17。

⑧ 塔西佗,《历史》1. 47;4. 39。

年初期的会议都由担任副执政的图密善召开。[1] 在 222 年 1 月 1 日，城市副执政担任了很多埃拉加巴鲁斯作为执政官的职责。[2]

在极少的时候，当执政官和副执政都缺席的情况下，如果需要召集会议，就由保民官执行。狄奥记录了 218 年一起这样的例子，虽然他补充说，保民官召集的会议大部分都被忽略，这点毫不惊奇。在[3]紧急情况下，保民官可能不会等待其他的元老官员采取行动就召集会议，比如在 14 年时，一位广受欢迎的演员为了得到更多的报酬而罢工导致了动乱。[4] 在 42 年，另一次不那么紧急的事件中，其中一位保民官去世，其他的保民官也没有等待执政官采取行动(虽然执政官当时在罗马)就主动召集元老院会议选举了一位继任者。[5] 在 32 年和 33 年，塔西佗还各提供了一个例子，一次是保民官，另一次是副执政召集了会议，即使当时执政官都在。[6] 但在两个例子中，
186 也很有可能这些元老官员得到了主持执政官的允许提出议项。保民官有权利这么做，而副执政得到的许可则是一项特权。[7]

因为皇权所有皇帝都能召开元老院会议，并且次数频繁。以这种方式召开的会议都依照《维斯帕先皇室法令》规定，有完全合法的依据。[8] 赋予皇帝和其他一些人的保民权(Tribunicia potestas)也承认了他们召集会议的权利，但似乎很少使用。提比略在 14 年奥古斯都死的时候以保民权召集了元老院会议，可以看作他谨慎行事的一个标志。[9]

---

① 塔西佗，《历史》4.40，44，47。

② HA，《埃拉加巴鲁斯》15.7。

③ 78.37.5.

④ 狄奥 56.47.2。

⑤ 狄奥 60.16.8。

⑥ 《编年史》6.12 和 16；参见 Mommsen，*St. R.* III.，第 317 页，n.4。

⑦ 更多参见第七章，第七节。

⑧ *FIRA*² I, no.15, 4—10.

⑨ 塔西佗，《编年史》1.7；苏维托尼乌斯，《提比略》23。

据盖利乌斯描述，2 世纪中期通行的做法是将召集会议的通知(谕令)[1]送到“元老和那些有权到元老院发表意见的人”手中。[2] 在共和时期，每次会议的召集通知都必不可少，因为会议时间和地点通常都不固定。在帝国时期，不仅会议时间从公元前 9 年开始固定，我们还发现朱利亚元老院越来越多地(虽然不是没有变化)作为的会议地点。但即使是定期会议，地点的确认通常还是需要，而不管什么会议，长久以来的传统要求递送会议通知这点还是合理的，不管最后证明通知怎么不必要。有少量的资料证明这种做法至少持续到朱里亚-克劳狄王朝。提比略作为执政官在公元前 7 年 1 月 1 日送出的会议通知很重要，因为会议地点的选择看起来非同寻常。[3] 奥古斯都后期，奥维德说在 1 月 1 日“以传统的方式召集元老会议”。[4] 相反，根据狄奥的记载，似乎 40 年 1 月 1 日的常规会议并没有召开，详细原因是没有副执政和保民官(按照顺序是由他们召集)愿意发出会议通知。[5] 这种会议的召集太平常，因此我们的资料中不太提及并不奇怪。但塔西佗确实讲述 187
了执政官在 9 月 16 日召开艾德斯日的常规会议，[6]说明有特别重要的事情要在会上讨论(事实上是立波・德鲁苏斯的审判)。自然，这次会议要求高出席率，而通常会议的事情并不是很重要，出

---

① 关于这个名称，参见《维斯帕先皇室法令》(*FIRA*² I，no. 15)第 9 行。

② Gell. 3. 18. 7—8，“senatores quibusque in senatu sententiam dicere licet”. 这个条款是古代共和时期的用语，为了延续传统可能在元首制(帝国)时期保留了下来(参见 *FIRA*² I，no. 68 V，110；*EJ* 94a，9—10 等等；Festus，454L)，而不是因为有资格在元老院发言的非成员的实际分类还存在。现在只有在任财务官可能才这么严格描述。他们还不是成员，但作为元老官员，他们有资格发言，虽然不会按顺序叫他们发表意见(参见第七章，第十一节)。M. Hammond 讨论了这条准则，《安东尼君主制》，第 263 页，n. 3。

③ 狄奥 55. 8. 1。

④ *Ex Ponto* 4. 4. 35，“patres e more vocati”；4. 5. 21.

⑤ 59. 24. 2.

⑥ 《编年史》2. 28，关于日期，32。

席只需要达到法定人数就可以。①

只要出席人员达到法定人数，会议一旦召集便马上开始就是合法的，在帝国时期，有些特别的会议显然也这样召开。14 年，为了一位演员罢工要求加薪而发生民众暴乱，保民官在当天召集元老院会议一点都不奇怪。② 没有会议通知说明召集的只是离元老院不远的人。当然，一年中大部分时间，没有正当理由离开的元老都应该待在附近，可以随时召唤。我们知道，至少有一些元老确实住在附近。③ 其他元老的住处分散到城市各处。④ 会议召集完马上就要开始的时候，我们听说元老们会跑着赶过来以免迟到。⑤ 奥古斯都在公元前 4 年给昔兰尼的《元老院法令》表明，那些住在距罗马城 20 英里内的元老有资格当选为陪审员，在紧急通知下听审地方总督的勒索案。⑥

零碎的证据表明，同共和时期一样，⑦会议通知的形式可能有好几种。盖乌斯显然会费心事先写下希望在会上讨论的事情的大纲给所有元老。⑧ 狄奥在讲述他那个时代的事件时，暗示说佩蒂
188 纳克斯的死讯一个个通知到了元老，召集他们当晚参加会议。⑨

---

① 关于 9 月和 10 月常规会议的安排，更多参见下文第四节。

② 狄奥 56. 47. 2。

③ 参见塞内加，*Controv.* 9. 4. 18 和 *PIR*^{2} D 127；Asconius p. 27C；塔西佗，《编年史》3. 9；15. 69；《历史》3. 70；苏维托尼乌斯，《尼禄》37；参见狄奥 62. 27. 1。*Senaculum*，元老等待会议召集的地方，显然在 Valerius Maximus 那时还存在，但他暗示说更常见的是元老接到通知后先在 edictum 等待，然后直接进入元老院（2. 2. 6；关于 senaculum，亦可参见第 128 页，注释⑤）。

④ 可以推测，目前为止发表的 *Fontes ad topographiam veteris urbis Romae pertinentes* 几卷（G. Lugli 编辑），罗马，1952，表明很多元老住在更高档的地方；但没有迹象表明他们的住宅都集中在某个地区。

⑤ 塔西佗，《历史》1. 47；Aur. Vict. 14. 11。

⑥ *FIRA*^{2} I，no. 68 V，lines 107ff.

⑦ W. K. Lacey，*JRS* 64，1974，第 176 页，n. 4。

⑧ 狄奥 59. 24. 8. 如果 HA，*Gord.* 11. 3 是可靠的，他提供了另一个手写通知的例子。

⑨ 74. 12. 2—3.

但可能更经常的做法是以公开宣告的方式召集会议，元老或他们的侍从会听到通知。[①] 据约瑟夫说，盖乌斯死的那晚就以这种方式在混乱中召集会议。[②] 同样，苏维托尼乌斯讲述了克劳狄乌斯在有人几次企图谋害他的惶恐下，派出传令官（praecones）飞速召集元老院会议。[③] 可以肯定，在危急情况下，根本没有时间手写通知召集每位元老。

宣告的方式多少暗示了元老官员召集元老院会议讨论的事情。奥古斯都死后，据说提比略在发出的传令中特别仔细地注明了要讨论的事情。但在16年听说执政官召集元老审判立波·德鲁苏斯的时候，只是"额外提到要讨论的事情很严重很糟糕"。[④] 24年，审判希利乌斯的时候，传令用了"特别严肃的措辞"[⑤]召集会议，但我们不太清楚通知上说了什么。毫无意外的是，在41年盖乌斯被暗杀时，执政官蓬波尼乌斯冒犯了忠诚于皇帝的部队，因为他"以自由的名誉"发出会议通知。[⑥] 总的来说，我们可以合理地推论，大多数会议前的公告最多让元老对要讨论的事情有个大致的提示。话虽这么说，罗马的元老其实是一个关系紧密的小团体，如果其中有人特别希望得知更详细的会议安排，通常找到正确的探听途径也不会很难。

第二节　会议时间和时长

没有必要再多费唇舌指出通常一位勤奋的罗马人从日出前就

---

① HA，狄第乌斯·朱利安2.4。

② *AJ* 19.248.

③ 《克劳狄乌斯》36。

④ 塔西佗，《编年史》1.7；2.28，"addito consultandum super re magna et atroci"。

⑤ 塔西佗，《编年史》4.19，"multa adseveratione"。

⑥ Josephus，*AJ* 19.263；苏维托尼乌斯，《克劳狄乌斯》10。

开始在家中劳作，天刚破晓就开始忙于公务。在皇帝中，维斯帕先
189 从一大早开始工作一点都不出奇。[①] 而据狄奥记载，19 年 1 月 1 日，诺尔巴努斯甚至在黎明时分抽空练习吹喇叭，然后再去上任，开始执政官的工作。[②] 在拂晓，甚至拂晓之前，都可能召集正式会议，[③]比如提比略遗体的陈列，提里达提斯得到尼禄的隆重接待，维斯帕先和提图斯胜利游行的开始。[④]

根据法律，元老院任何法令不能在黎明前制定。[⑤] 因此，严格来说，元老院并未禁止在晚上集会，在帝国时期召开过一两次这样的会议。约瑟夫说会议是在盖乌斯被害后混乱之时召集的，而讨论到黎明时分还未得出结果。[⑥] 据欧特罗皮乌斯说，提图斯死时大家都很悲痛，元老们甚至冲进元老院开始颂扬他，即使当时仍是晚上。[⑦] 在 192 年末，也是在晚上，佩蒂纳克斯召集元老院，向他们宣布他登上皇位。[⑧]

然而，通常情况下，一般认为，晚上处理公务不太合适，[⑨]黎明是会议可以开始的最早时间。从不少文献中可以清楚地看出会议确实有这么早开始的。即使普林尼描述图拉真在 100 年 1 月 1 日开始担任执政官时迫不及待，别人认为他言辞夸张，算不

---

① 参见普林尼，《书信集》3. 5. 9 及 Sherwin-White 关于此处的论述；参见狄奥对塞普蒂米乌斯·塞维鲁日常安排的描述(76. 17. 1)。

② 57. 18. 3.

③ 普林尼，《书信集》3. 12. 2；Martial 4. 8. 1；狄奥 57. 21. 4；77. 17. 3；希律7. 6. 8。

④ 狄奥 59. 3. 7；63. 4. 3；Josephus，*BJ* 7. 124。参见提图斯在 71 年 4 月 25 日第二时辰进入亚历山大(*Ox. Pap.* 2725，第 18—19 行)。

⑤ Gell. 14. 7. 8.

⑥ *AJ* 19. 248 和 254.

⑦ *Brev.* 7. 22；参见苏维托尼乌斯，《提图斯》11。

⑧ 比起 Aurelius Victor，*Lib. De Caes.* 17. 10 中说到会议推延至黎明惯常的时间开始，狄奥 74. 1. 4 中证人的讲述更为可靠。

⑨ 参见盖乌斯召集元老首领会议(狄奥 59. 5. 5)，并下令判处其他人的死刑，两次都是在晚上(塞内加，*De Ira* 3. 18. 4 和 19. 2)，冒犯了大家。

得数，[①]但上面提到狄奥的例子确实进一步证实了会议在黎明时分开始（关于诺尔巴努斯吹喇叭的事），还有他描述的31年10月18日塞扬努斯倒台一事。[②] 塞内加在讲述科苏斯时，也暗示了会议在一大早开始，他说这位提比略时期的城市执政官在前一晚聚会后来参加会议，在会上睡着了，叫也叫不醒。[③] 科苏斯需要按照弗朗图向奥略留提出的建议一样：在参加元老院会议前一晚好好睡一觉，第二天才能精神焕发地参会，在会上声音洪亮地发言。[④]

当然，会议开始的准确时间要根据主持元老官员或其他重要
人物的到来为准，还有跟随他们一起的护驾。当执政官到位后，会 190
议通常也不是马上开始，先要在卡匹托山上完成特定仪式。[⑤] 但是，因为所有会议都限制在白天，如我们一会儿会看到的那样，延迟开始既不方便，大家也不愿意，特别是在冬天。尤利乌斯·恺撒的犹疑不决导致了公元前44年3月艾德斯日（15日）定期会议灾难性的延迟。[⑥] 埃拉加巴鲁斯的脾气反复无常，222年1月1日那天，一直到第六时辰（就是临近中午）的时候，他这位执政官才答应去元老院，随行的还有他的表兄亚利夏努斯。[⑦] 不然的话，只有危急情况发生时，会议才会在较晚的时候召开。比如31年10月18日，需要召集第二次会议判处塞扬努斯死刑。[⑧] 皇帝死后又召集

---

① 《颂词》66.2。

② 58.9.3和11.1。

③ 《书信集》*Mor*. 83.15.关于卡拉卡拉的另一次早会，参见狄奥，Loeb 9，第284页，n.4中的Petr. Patr.。

④ *Ad M. Caes*. 5.1＝p.71H；参见普林尼，《书信集》7.3.2。

⑤ 参见下文第四节。

⑥ 参见Appian，*Bell. Civ*. 2.115—116；狄奥44.16—18和N. Horsfall的讨论，“3月份的艾德斯日：一些新的问题”，《希腊和罗马》21，1974，第191—199页，sect.(iv)。

⑦ HA，《埃拉加巴鲁斯》15.5—6。

⑧ 狄奥58.11.4。

了 4 次会议，以尽快确定继任人。因此，尼禄登基的那天(54 年 10 月 13 日)，在第六和第七时辰之间，向卫兵表明身份后，才进入元老院，他离开的时候已经是晚上了。[1] 69 年 1 月 15 日，经过一天漫长的血战后，元老院才集会将权力授予奥索。[2] 同样，佩蒂纳克斯死后，在禁卫军营的拍卖结束，[3]元老院也是在晚上(193 年 3 月末)才召集会议确定狄第乌斯・朱利安的地位。96 年 9 月 18 日，图密善被杀后召集会议的时间也不可能早，事实上，我们知道那次会议一直持续到第二天。[4] 69 年 12 月，维特里乌斯死的那天，召集晚会的想法都因大批在任官员和元老的"失踪"而遭罢免，不管怎样，黄昏已经降临。[5]

根据瓦罗的记载，日落后制定的法令都无效，[6]塞内加也反对工作过度，他提到一条旧时的规定说第十时辰后不许再提出新的
191 议题。[7] 普林尼也提到，元老院的听审持续到傍晚之后是不寻常的。[8] 因此，第一天审判尤利乌斯・巴苏斯的时候，他为被告的辩护演说给打断了，被迫将剩下的一个半小时演说延迟到第二天早上。普林尼还提到比提尼亚的起诉人塞奥法尼斯同样还剩一个半小时的内容没讲完，但已到傍晚结束时间，他要求延长会议，让他在当天讲完，本来众人对他的印象不好，这样一来，毫无疑问，他更令人讨厌了。天黑后，灯被拿了上来。[9]

---

① 苏维托尼乌斯，《尼禄》8。

② 塔西佗，《历史》1. 47；苏维托尼乌斯，《奥索》7。

③ 狄奥 74. 12. 1 和 3。

④ *Fast. Ost.* 关于图密善被害的时间，参见苏维托尼乌斯，《图密善》16。

⑤ 塔西佗，《历史》3. 86。关于格塔被害那天较晚的时候卡拉卡拉可能向元老院发言的可能性讨论，参见 C. R. Whittaker，希律 4. 5. 1(Loeb 1，第 396 页，n. 1)。

⑥ Gell. 14. 7. 8.

⑦ *De Tranq. Anim.* 17. 7. 如果很晚的时候才提出议项，后面接着征询意见，可以推测通常情况下无法在当天完成后面的环节(参见下文第七章，第二十五节)。

⑧ 《书信集》2. 11. 16 和 18。

⑨ 普林尼，《书信集》4. 9. 14 和附录 5。

狄奥暗示说，盖乌斯被杀后马上召集了会议，并持续了一天一夜还是没讨论出结果：但这是一次异常危急的情况。[①] 因此，虽然会议很少持续到黄昏之后，到傍晚就结束，但显然会议经常开到黄昏，特别是在听审的时候。塞内加确定了这种普遍的观点："能者多劳，元老院经常一开会就是一整天"。[②] 元老们每年1月1日似乎经常被留到傍晚，忍着倾听朗诵奥古斯都和提比略的某些演讲词——换句话说，会议足足有9个小时，如果他们真的从日出坐到日落的话，[③]直到42年，克劳狄乌斯才废止了这种做法。埃比克提图简单描述了一位刚当选为保民官的人，参加了为他举行的接待会，当回到家时，夜幕已经开始降临，灯已经点上。[④] 同样，据《奥古斯都史》记载，奥略留以在选举日待在元老院直到夜晚来临而出名，等着执政官解散会议。[⑤]

元老院会议持续时间长尤其是因为程序的累赘——特别是征询意见环节，（如下章会提到）每位成员都会被问到他对事情的看法，而且可以自由表达对这件事或其他他愿意讨论的事情的看法。另外，还因为每年常规会议的次数太少，可以想见，在繁忙时期要处理的事情堆积，造成会议内容太多，元老院有时不得不在常规会议后紧接着另外召集会议来完成事务。总的来说，从以下的事例中可以看出，每年1月1日的常规会议局限在讨论正式事务上会造成那个月后面的压力。更具体地说，56年3月1日，本来预计 192
的事情无法在那天完成，必须在第二天专门会议上解决。因此，在3月2日，而不是1日，可能他们原来通知是在1日，阿利亚托利

① 60.1.2.相反 Josephus 似乎设想有两次会议——一次是在谋杀那天，另一次是在晚上召集的。

② *De provid*. 5.4.

③ 狄奥 60.10.2；参见 59.24.5。关于几个小时的日光，参见附录6。

④ 1.19.24.应该承认，这个人是参加公民大会（*comitia*）——而不是元老院会议——回来。

⑤ *Marcus* 10.8.

亚·塞尔西拉的亲戚才能够替她提出免除《禁止收购房屋后摧毁获利的元老院决议》(*SC de aedificiis non diruendis*)的责任。[①] 我们不知道3月1日时什么事情出乎意料占据了那么长时间,虽然我们禁不住猜想那天是元老们第一次提出自由民的罪行,毫无疑问,对所受的委屈很多成员喜欢趁机张扬他们洋溢的热情和口才。[②] 这只是猜想。但是在177年晚期写给米利都的信件中,奥略留和康茂德确实特别提到那天元老院长时间的会议,城市的请求在那天得到了批准,这点和我们从别处得知马库斯谨小慎微在会上提及此议题的事实相符。[③] 相反,44年9月22日需要专门召开会议通过《禁止收购房屋后摧毁获利的元老院决议》仍是个谜。[④] 很难相信那个节日月份艾德斯日的日程居然排得如此满,以至需要在10月份开始之前召开第二次会议。除非关于拆除房屋或其他事情的争辩已经占据过多时间,造成全速解决这个问题的压力。我们只能猜想383位元老中很多提前结束夏季休假来参加会议,因为他们都是地产所有人,担心作出的限制有可能损害到他们的利益。

有时候,会议确实会提早解散,[⑤]但也可以说定期出席会议是艰难的工作,特别是希望元老准时出席形成惯例后,他们要从会议开始一直待到会议结束。[⑥] 一天的会议中,毫无疑问在适当的阶段有短暂合理的时间休息,但没看出他们有长时间的休息。因此,弗朗图年迈的时候,以在元老院度过辛苦的一日作为没有早点给奥略留写信的理由,[⑦]他的理由肯定是真诚的。虽然如我们所见,

---

① *FIRA*[2] I no. 45 II.

② 塔西佗,《编年史》13. 26;更多参见第七章,第七节。

③ 第十五章,第五节,列表第125条。

④ 参见 *FIRA*[2] I no. 45 I 和第170页,注释⑤。

⑤ 参见普林尼,《书信集》2. 11. 9—10 和 5. 4. 2 中审讯意外休庭。

⑥ 参见第七章,第二十四节。

⑦ *Ant. Imp.* 1. 5. 1=p. 95H. 关于追溯到161年11/12月(那时一整天的会议会持续9到10小时),参见 E. J. Champlin, *JRS* 64,1974,第145—146页。

一位高层的罗马人会很早起来工作，但他通常不想在用完午饭后长时间工作，饭后是午睡时间（至少在夏天是这样）。比如，79 年，老普林尼还在米仙楠担任海军舰队司令（praefectus classis）时，他的工作、沐浴、午餐和午睡都在第七时辰之前完成，而塞普提米乌 193
斯·塞维鲁在中午过后（第六时辰）干的活很少，或者没有干活。①第十时辰后，塞内加认为不应该再提出新的议题，这个时辰通常是上层阶级家里用晚餐的时候。②

没有资料指出元老院听审会通常具体是在什么时间开始，虽然据普林尼的描述认为通常是在黎明开始。确实，马提尔写到法庭人员在第三时辰已经就位，③但是根据在赫库兰尼发现的出庭保释金记录，追溯到维斯帕先统治时期，法庭人员要在第二时辰城市副执政到来之前出庭。④ 但是没有可靠的理由认为元老院审讯和其他会议不一样，在不同的时间开始。

塞内加说元老院坐了“一整天”指的是大概 9 到 15 个小时，根据季节的不同而不同。但实际上，我们只能从普林尼参加的两场听审会记录形成每次会议时长的具体印象。因此，他的描述在这方面特别让人感兴趣。第一场审讯，马吕斯·普利斯库斯的审讯，在 99 年秋开始，然后在随后的 1 月份末又持续了 3 天，第三天元老们坐了多久不清楚，但是前两天每天都持续了 9 到 9.5 个小时。第二场尤利乌斯·巴苏斯的审讯是一次更严峻的考验。审讯在

① 普林尼，《书信集》6.16.4—5；狄奥 76.17.2。概述参见 J. P. V. D. Balsdon，《古罗马的生活和休闲》(*Life and Leisure in Aucient Rome*)，伦敦，1969，第 17—26 页；F. Millar，《皇帝》，第 209—210、270 页。

② Balsdon，参见前引书，第 33 页。这个时辰是年轻的屋大维可以体面地赴宴的时候（Nicol. Dam. *Vit. Caes.* 3 和 13＝*FGrH* II A.，第 393、396 页，Jacoby）。关于一大中第十时辰那么晚的时候，参见弗朗图，*Ad M. Caes.* 1.3.12＝p. 5H。

③ 4.8.3.

④ 参见 G. P. Carratelli，“Tabulae Herculanenses”，*La Parola del Passato* 3，1948，第 165—184 页中的第 168—169 页。关于 3 世纪一位行省总督从第一时辰开始就听审案件，参见 *Corp. Gloss. Lat.* III. 640 第 9 段，F. Millar 所引，《皇帝》，第 327 页，n. 85。

103年的1月底或者2月份的前3个星期开始，要求听审人员连续3天分别坐上大概10到10.5小时、11.5小时和9小时，再加上一天或两天听证人证词并作出裁决。①

像这样连续几天不间断的整天会议在元老院会议中并不常见，但也不是极罕见的例外，特别是听审会比较多的情况下。不管怎么说，如此长时间的会议肯定给听审员带来了巨大的压力，对他们的耐心和毅力是极大的考验，特别在罗马社会，如我们所知，重
194 要的工作在午后通常不再进行。有人反复地提出有必要精简法庭程序就一点也不足为奇了。② 在指控凯基利乌斯·卡尔西库斯和其他人的复杂案件中，普林尼考虑到律师和法官可能因长时间的听审而头晕脑转，精疲力竭是对的。③ 其他时候，参审员表现出极端行为部分是因为会议冗长造成的压力，即使是最冷静的人也难免如此，我们将会在下一章讨论这一点。此外，可以想见，仅仅是会议的时长——也不用提会议的次数——就足以打消一些成员定期出席的积极性了，他们觉得难以忍受这种耐心的考验。话虽如此，我们也应该记住帝国时期受过教育的有闲阶层对雄辩术的重视。对很多元老来说，听普林尼或弗朗图这样的人不停地演讲几个小时是一种乐趣，而不是受罪。④ 长时间的演讲也不仅仅是元老院的特征。比如，普林尼在一封给元老同事的信中说起他曾经在百人法庭中一口气讲了7小时，⑤但我们或许希望马提尔谴责辛纳在法庭上做了10小时的演说只是诗人的一种修辞想象。⑥

---

① 更多参见附录5。

② 普林尼，《书信集》1.20；6.2.5。

③ 《书信集》3.9.9，19和24。

④ 比如，参见E. J. Champlin，《弗朗图和安东尼时期的罗马》，第四章。比较奥略留愿意在自己的法庭上耗费11到12天之久讨论一个案子，和塞普蒂米乌斯·塞维鲁放松的办法（狄奥71.6.1和7617.1）。

⑤ 《书信集》4.16.2。

⑥ 8.7.

第三节　会议的机密性

元老院会议有多机密是个值得讨论的问题，但让人尴尬的是无法提供明确的答案。一方面，元老院会议是公开的会议（publicum consilium），[①]不是采纳皇帝诸多决定的秘密会议。但我们也知道会议从来都不是完全对大众公开，虽然在某些情况下——特别是审讯会——非成员可以出席会厅，并且显然不会禁止法令通过后马上公之于众。相对完整的会议情况会记录在《元老院纪事》中，但奥古斯都禁止发行。会议事项还是会公布在《官方每日公告》（*populi diurnal acta*）上，但我们不知道内容是怎么挑选和公示的。[②]

虽然会议从来都不公开，在通常情况下，它们也算不上机密。195
特别是朱利亚元老院，大部分会议召开的地方，位于罗马的中心。[③] 因此，49 年，在维特里乌斯要求元老院允许克劳狄乌斯娶他的侄女阿格里皮娜之后，一些元老冲出元老院说他们要强迫皇帝娶她，附近聚集的一群“闲杂人员”[④]马上就嚷嚷开了。但不管用哪个会厅，门通常从头至尾都是开着的，因此，人们可以，也确实会，聚集到门槛边，聆听会上说了什么。在埃拉加巴鲁斯本人到罗马之前，他先派人送了一副自己身着东方祭司服饰的巨大画像到那，以便元老院和众人习惯他的在场，他精心挑选了位置，将画像挂在朱利亚元老院胜利女神雕像的上方。[⑤] 观看的人从几道主门

---

① 塔西佗，《编年史》6. 15；普林尼，《书信集》2. 12. 5；参见 *RG* 14. 1；*Dig*. 48. 11. 6. 2；关于共和国，参见 Mommsen, *St. R.* III.，第 1028 页，n. 1。

② 关于所有这些信息，更多参见第九章概述。

③ 如苏维托尼乌斯，*DJ* 80 所暗示，如果有人自称是罗马人，却不知道元老院地点所在，这是很荒唐的。

④ 塔西佗，《编年史》12. 7，“promisca multitude”。

⑤ 希律 5. 5. 7。

口望去就可以看到新皇帝在正前方俯视他们。奥古斯都恢复了古代的传统，开会的时候特地让元老的儿子站在门边，以便学习怎样处理国家事务。① 因此，16 年，霍尔塔勒斯采取策略，在会上向提比略请求经济援助的时候，让他的 4 个儿子站在帕拉蒂尼的元老院门口。② 而根据之后普林尼的记载可知，按照传统，元老院候选人也是站在门口学习的。③

既然元老院的事务经常引起公众浓厚的兴趣，开会的时候，很多情况下，都会有一大群人聚集在元老院外面。我们得知，公元前 27 年，保民官安普迪乌斯企图在元老院会上要将自己“奉献”给奥古斯都，但被后者阻止，安普迪乌斯于是跑出门外，走到人群里，强迫他们“奉献”自己。④ 盖乌斯登基的时候，元老院外面的人群欣喜若狂，以至在将权力授予他的时候冲进了元老院。⑤ 后来，在卡西乌斯·卡瑞亚走进元老院的时候，似乎有人在人群中喊叫，他受
196 到激励，坚定了谋害盖乌斯的计划。⑥

虽然不让进元老院，怀有敌意的群众还是可以在外面清楚地表达他们的意愿。公元前 22 年有个极端的例子，据狄奥说，当时群众想选举奥古斯都当独裁者，“他们堵住了元老院，强迫元老们按他们的意愿投票，威胁说要不然的话就将他们烧死”。⑦ 而在公

---

① Val. Max. 2. 1. 9；苏维托尼乌斯，《奥古斯都》38。

② 塔西佗，《编年史》2. 37。

③ 《书信集》8. 14. 5。从信上看不出这种做法在他那时是否已经废止，第五节中他的话暗示了这一点，但 Mommsen 的观点也有点道理（*St. R.* III. 2，第 932 页，n. 2），所以在第八节普林尼说的是他和他年轻的同伴站在元老院门槛边看到的景象。关于狄奥·卡西乌斯，作为元老的儿子，以他在 72. 4. 2 中的证词判断，从康茂德早期起就站在门口参会的推测，可参见 F. Millar，《卡西乌斯·狄奥的研究》（*A Study of Cassius Dio*），第 14 页。

④ 狄奥 53. 20. 2—3；*PIR*[2] A 569。

⑤ 苏维托尼乌斯，《卡利古拉》14；狄奥 59. 6. 1。

⑥ Josephus，*AJ* 19. 60.

⑦ 54. 1. 3.

元20年审判庇索的时候，群众威胁要私刑处死被告，如果不判他死刑的话。[①] 4年后，维比乌斯·塞利努斯起诉他的父亲招致大众的不满。[②] 29年，一群人在元老院外示威，反对提比略以任何形式指控他的亲戚。而在61年，罗马总督(Praefectus Urbi)被他的一位奴隶谋杀后，元老们在争辩将他一家人判处死刑时，引起了几场动乱示威。[③] 193年，狄第乌斯·朱利安第一天担任皇帝的早上，在他进入元老院的时候，众人大声叫喊对他的仇恨：据说，当时的叫喊因周围建筑的回声听起来更吓人。[④] 238年，元老院在朱庇特山选举巴尔比努斯和普皮恩努斯作为皇帝的最终会议结束后，外面的群众反应激烈，对宣布的会议决定不满，以至最后不得不选戈尔迪安三世作为皇帝，安抚民意。[⑤] 相反，据普林尼记载，103年，被指控犯勒索罪的尤里乌斯·巴苏斯被无罪开释，群众兴高采烈地热闹庆祝。[⑥]

元老的演讲或投票在多大程度上受到外面群众态度的影响，我们从来都不太清楚。不过，可以肯定，当有些皇帝担心元老院里面的成员或外面的民众惹麻烦的时候，他们会派一支手执武器的军队驻扎在元老院周围，不让民众靠近。20年，审判庇索的最后阶段肯定有士兵在场，因为我们听说，为了防止群众的伤害，被告是用一台轿子抬回家的，由一位禁卫军保民官(Praetorian tribune)护驾。[⑦] 同样，31年塞扬努斯倒台的那天也有侍卫在场，32年的时候显然也有侍卫在场。[⑧] 据说，66年，审判特拉塞亚·培

① 塔西佗，《编年史》3.14；苏维托尼乌斯，《卡利古拉》2。
② 塔西佗，《编年史》4.29。
③ 塔西佗，《编年史》5.4；14.42和45。
④ 狄奥74.13.3—4。
⑤ 希律7.10.5—9。
⑥ 《书信集》4.9.22。
⑦ 塔西佗，《编年史》3.14。
⑧ 狄奥58.9.6和17.4。

图斯的时候，尼禄也采取了防护措施。在一篇修辞学的文章中，塔
197 西佗暗示说，图密善不止一次采取了防护措施。[①] 193 年，狄第乌斯·朱利安为了在会上让大家认可他夺取的权力，显然，不仅仅在元老院外，甚至在元老院内，也驻扎了士兵。[②]

很不舒服地站在门边的观众实际上能听到多少会议内容，这当然取决于诸多因素，比如每位发言人的位置，声音的大小，他面对的方向，里面与会者的专注程度，还有外面人群的多少，周围吵闹的程度。如我们所知，奥古斯都和普林尼显然认为站在门槛上聆听是有益处的，可以了解事务的处理状况。100 年，第三天审判马吕斯·普利斯库斯的时候，元老们站在主席台旁边，而不是，比如说，站在通道的中心，多少是为了不挡住旁观者的视线。[③] 相反，希律的描述暗示了 238 年的一次会议时，旁观者看不到什么东西，除了那些胆大的跨过门槛，走进元老院会厅的人（那一次确实有两、三个人这样做）。[④] 但是，我们也得知那天有许多人聚集在元老院外面，关于这件事的记述还有许多难点，这点我们之前讨论过。

在门槛边并不总是能听到很多东西，但毫无疑问，一位非成员除了研读相关书面材料，和元老成员讨论的准备之外，还是可以学到很多东西的。普林尼和他之前的西塞罗一样，很乐意为元老和非元老成员提供元老院事务的完整记述。177 年左右，附在皇帝谕令后关于削减角斗士表演费用的第一发言人意见（sententia prima）成了一起不同寻常的事件，显然没有事先征求皇帝的意见，而同时内容遭到泄露。后来，递送第一发言人意见的元老提到高卢祭司听到“谣言”时的高兴样子。[⑤] 在共和晚期（那时元老院还

① 《编年史》16.27；《阿格里可拉传》45。
② 狄奥 74.12.4—5。
③ 普林尼，《书信集》2.11.22。
④ 7.11.1—3.
⑤ *Aes Ital*. 13—19，*Hesperia* 24，1955，第 331 页；更多参见第八章。

没有作为法庭，因此允许非成员旁观的机会比起帝国时期允许旁观审判的机会要少得多)，瓦罗为庞培在公元前70年进入元老院写了一本指南手册，后来大家或迟或早都有机会阅读。还有一位元老阿泰乌斯·卡皮托在奥古斯都时期写了《论元老的职责》(*De Officio Senatorio*)。[1] 前面提到过，从公元前59年起，会议的记录会公布在《元老院纪事》中。这条惯例被奥古斯都取消了。但普 198
林尼仍然可以求助于他的律师朋友狄第乌斯·阿里斯托，元老院程序的大专家，虽然狄第乌斯几乎可以肯定不算是元老院成员。[2] 据说，写了《元老院法令》的尼克斯特拉图斯也不太可能是元老，如果(看起来有可能)他就是2世纪中的诡辩家奥列里安努斯·尼克斯特拉图斯。[3] 然而，除了他的文名，他还有元老院的朋友和学生，并得到皇帝的尊敬。凭着对历史的兴趣，1世纪的作家阿斯科尼乌斯[4]和2世纪的作家阿皮安[5]也是另外两个非元老院成员，他们也进入了元老的圈子，并且显然费了一番工夫熟悉元老院的运转方式。在评述西塞罗演讲时，我们发现，阿斯科尼乌斯仔细地向他年轻的儿子们解释元老院程序的细节。[6]

共和时期封闭会议或机密会议也许主要是讨论战争与和平事宜。[7] 在帝国时期，很少有召开这种机密会议的必要。但是提比

---

① 更多参见第七章，第一节有关这两点的论述。

② 《书信集》8.14；Sherwin-White，《普林尼》，第136页；W. Kunkel，*Herkunft und soziale Stellung der Römischen Juristen*，第143—144、318—319页。

③ Festus，p. 470 L和PIR^2 A 1427(特别参见*Dig*. 39.5.27)；更多参见第七章，第一节。

④ PIR^2 A 1206和R. Syme，《塔西佗》，第88页，n. 7。

⑤ PIR^2 A 943；关于Bellum Civile中当时的资料和观点，参见E. Gabba，*Appiano e la storia delle guerre civili*，佛罗伦萨，1956，第219—220页。

⑥ 特别参见第43c页，"quid sit 'dividere sententiam' ut enarrandum sit vestra aetas, filii, facit"。

⑦ 参见W. V. Harris，《罗马共和国的战争和霸权主义(公元前327—前70年)》(*War and Imperialism in Republican Rome 327—70 B. C.*)，牛津，1979，补充注释I，第255页。

略、尼禄、图密善、狄第乌斯·朱利安如果说不上正式，至少也是有效地召开了一些秘密会议，将士兵驻扎在元老院周围，据我们所知。在3世纪，塞普蒂米乌斯·塞维鲁也在普劳蒂亚努斯倒台后召开了一次特别的秘密会议。[①] 在238年，接到戈尔迪安逝世的消息时，也召开了另一次秘密会议，会议地点是在卡匹托山上朱庇特神殿的内殿。[②] 据《奥古斯都史》描述，元老院法令宣称马克西米努斯为公共敌人，宣布戈尔迪安为皇帝也是一次秘密会议（“元老院决议机密[senatus consultum tacitum]”）。[③] 书上宣称这条决议有先例，但没有一条为人所知，《奥古斯都史》此处的例证最好还是置之不理。

总的来说，《官方每日公告》的公布通常是让非成员熟悉元老院程序的唯一官方途径，那些希望了解更多当前事务的人几乎都
199 可以自由地去了解。但是他们必须到罗马来，一旦到了罗马就可能有机会结识元老成员，也可以尽量站在元老院门口聆听会议。

第四节　年度事务安排

公元前9年的《朱利亚法》(*Lex Julia de senatu habendo*)中进行了一项革新，即元老院会议应该在规定的日期定期召开，如狄奥记载：

> 奥古斯都下令元老院会议应该在固定日期召开。以前的会议看来没有明确的规定，因此元老们经常缺席。对此，他规定了每个月（两次）[④]的常规会议，元老必须参加——至少那些法律要求参加的人要出席——所以他们不可无故缺席，他

① 狄奥76.5.2。

② 希律7.10.2—3。

③ *Gord*. 12.1—4.

④ 文献中少了个“two”，下文苏维托尼乌斯的描述中作了补充。

下令任何法庭或其他要求他们出席的会议不能在常规会议期间举行。①

苏维托尼乌斯也作了如下描述:

> 奥古斯都鼓励那些经过挑选并批准成为元老的人更虔诚一些,不能随意推卸责任,规定每位元老要在选定作为会议地点的神庙里,在祭坛上焚香上酒;常规会议(法定元老院会议)一个月不能超过两次,在初一或者艾德斯日召开;9 月和 10 月,元老不用参加会议,除了那些抽签选上的人为了凑齐法定人数参加会议通过法令。②

所有这些记载都未能完整准确地描述元老院一年的会议,理由我们很快就能明白。不巧,维泰尔博的日记残章证实了有一次常规会议是在 10 月 1 日召开的,日期极可能追溯到 3 世纪。③ 但除此之外,我们只有晚得多的资料了,一直到 4 世纪和 5 世纪,那时的做法和以前相比已经发生了巨大的改变。④ 因此,本节的目的是将帝国时期周期性事务的年度日程拼凑完整。

年度会议通常是在 1 月 1 日开始,新任的常任执政官会和所
200 有副执政和市政官一起进入元老院,⑤受到大家的欢迎,给予他们

---

① 55.3.1—2.

② 《奥古斯都》35。

③ G. Colonna,"Viterbo-Calendari romani dai Bagni Communali e da Riello",*NSc* 29,1975,第 37—42 页=*AE* 1977,252。

④ 参见 *Inscr. Ital.* XIII. 2,第 363 页。H. Stern(*Rev. Et. Lat.* 5,1973,第 44—45 页)令人信服地争辩说,Philocalus 4 世纪日程中所列的法定元老院会议(*senatus legitimi*),在 10 月 15 日和 12 月 3 日召开,可以从下文第 245 页注释②所引的当时描画的日程表中得到确认。

⑤ 概述参见 M. Meslin, *La Fête des kalendes de janvier dans l'empire romain*, *Collection Latomus* 115,布鲁塞尔,1970,第 23—36 页。

“祈祷、庆贺和恭喜”。[①] 执政官在清晨的时候由一大群元老和其他人陪着过来，一天结束后，又陪着回去。在朱庇特山上完成祭仪后，会议接着开始。这些仪式似乎在补任执政官就职时也一样：至少奥维德是这么想的，16 年，蓬波尼乌斯·格莱西努斯任补任执政官时，他表示过祝贺。[②]

1 月 1 日的会议通常包括“向皇帝”宣誓。我们听说，早在公元前 29 年，元老就已经开始了向屋大维宣誓的习俗。[③] 据狄奥说，这种习俗直到 3 世纪早期还在继续。[④] 根据皇帝的意愿，宣誓的形式和方法会有很大不同。提比略特别要求元老发誓遵从奥古斯都定下的法规，但不会允许他们发誓遵从自己的法规。[⑤] 克劳狄乌斯也继承了提比略的做法。55 年尼禄当执政官时，没有要求他的同事安提斯提乌斯“向他的法令”(in acta sua)宣誓，[⑥]这被认为是给了他极大的面子。有一段时期，元老显然是一个个宣誓的，虽然在 32 年，据狄奥说，宣誓时是让一个人朗诵誓言，而其他人只要表示同意就可以了。[⑦] 因此，32 年 1 月 1 日那次和以后盖乌斯时期又回到以前的做法让人觉得新奇。[⑧] 在克劳狄乌斯时期，每个元老官员团的一位代表会替他的同事朗诵誓言。[⑨] 在提比略和盖乌斯死后，誓言中都不再提及他们。[⑩] 不管在哪个朝代，元老到场庄重宣誓无疑很重要，66 年特拉塞亚·培图斯在新年会议时缺

---

① 普林尼，《书信集》9.37.5，“votis，gaudio，gratulatione”。

② *Ex Ponto* 4.9.15—38.59—60 表明，Ovid 知道 Graecinus 是补任执政官；关于写作时间，参见同上，4.10.1—2。

③ 狄奥 51.20.1；53.28.1。

④ 57.8.4.

⑤ 塔西佗，《编年史》1.72；4.42。

⑥ 狄奥 60.10.1；塔西佗，《编年史》13.11。

⑦ 58.17.2

⑧ 狄奥 59.13.1。

⑨ 狄奥 60.25.1—2。

⑩ 狄奥 59.9.1；60.4.6；参见苏维托尼乌斯，《克劳狄乌斯》11。

席遭到指控一点都不意外。[1]

除了宣誓，1 月 1 日的会议传统上也被看成是一种节日庆典，
和当天欢乐的气氛相契合。[2] 元老希望会议内容是形式上的，不 201
会引起争议——比如，执政官向皇帝表示感谢的发言。[3] 事实上，到 42 年为止，会议一整天都被朗读奥古斯都、提比略、也许还有盖乌斯的发言占据了。克劳狄乌斯很仁慈，一有机会就将这个传统给取消了。[4] 提比略的风格很严厉，会在会议上提出案例，下达判处死刑的命令，将新年的欢乐气氛全毁了。[5] 只有在危急的情况下，才会讨论有实质性的事情，比如 193 年佩蒂纳克斯的登基。据塔西佗描述，会议内容到 70 年 1 月 1 日大体还是形式上的，如普布利乌斯·塞勒的审判，原定在 69 年末“第二天”(即接下来元老院召开常规会议的那天)进行，但是被推迟了。[6] 在 99/100 年时，对马吕斯·普利斯库斯的审判也同样被推迟了。[7]

可能在 1 月 3 日元，老院会为保证皇帝和他家人的幸福安康宣誓，虽然不会因为这个目的召开正式的会议。[8]

很明显，从公元 14 年起，元老官员在元老院中选举。[9] 但举

---

① 塔西佗，《编年史》16.22。

② 狄奥 57.8.6；希律 1.16.3；Aur. Vict. 17.10。概述参见 Ovid，*Fasti* 1，71—74；苏维托尼乌斯，《提比略》34；*Inscr. Ital.* XIII. 2，第 388—389 页。

③ 参见第七章，第五节。在共和时期，西塞罗作为执政官在公元前 63 年 1 月 1 日讨论形式上以外的事务，并发表 *De Lege Agraria* I 的演说，也是很奇怪的。关于这些非典型的年份，参见 G. B. Townend 的完整讨论，“69/70 年的执政官”，*AJP* 83，1962，第 113—129 页。

④ 狄奥 60.10.2；59.6.7。

⑤ 苏维托尼乌斯，《提比略》61；塔西佗，《编年史》4.70；4.17。

⑥ 《历史》4.10，39，40。

⑦ Sherwin-White，《普林尼》，第 57、166 页。

⑧ 关于日期，参见盖乌斯，*Dig.* 50.16.233.1，狄奥 59.24.3；HA，《佩蒂纳克斯》6.4。关于誓言，参见普林尼，《颂词》67—68，还有 Sherwin-White，《普林尼》，第 611—612 页。

⑨ 更多参见下文第十章。

行这样的选举，时间很难确定，我们需要暂时先考虑这个问题。关于选举时间在1世纪的时候主要和朱里亚-克劳狄王朝的执政官有关，而且没有固定的模式。确实，至少在以反复无常著名的皇帝领导下，选举或任命元老官员要确定日期显然不明智。① 有资料证明，有时不仅常任执政官是在他们就职的前一年选举出来的（如我们所预料），补任执政官也是。因此，在某些年份，常任执政官和补任执政官都是在同一次会上选举，而不是分开选举，正如后面我们了解到的那样。比如40年的常任执政官和补任执政官肯定是在39年选出来的。一位常任执政官在还没来得及上任就死了，而另一位，盖乌斯皇帝，在1月12日辞职，这两位执政官马上由补任
202 执政官代替，他们原计划是要7月份才上任的。狄奥明确地告诉我们，1月1日到12日之间的元老院会议没有处理任何事情。②69年的补任执政官显然是在68年6月尼禄死之前选举出来的。③

在阿瓦尔祭司团的记录（Arval records）中，维普斯坦努斯·阿波尼亚努斯，59年的常任执政官，在58年10月13日兄弟会的会议中提到他，但没有更多的评论，不过在他参加下一次11月6日的会议时，已经被称为指定执政官，④因此，这暗示59年的常任执政官是在58年11月1日指定的。但是57年的执政官选定的日期似乎就没那么肯定。那年11月6日瓦列里乌斯·梅萨拉·科菲努斯，58年的常任执政官，也同样是被称为指定执政官。但他在前一次的兄弟会会议上也用同样的头衔出席，具体日期不知道，因为石碑破损。⑤ 除非前一次的兄弟会议被挤在1日和5日之间，这样的事情不太可能发生，那么看起来相比58年，常任执政

① 关于提比略的论述，参见狄奥58.20。
② 59.24.
③ 塔西佗，《历史》1.6，14，77。
④ *Arval Acta*，23段，第13和18行。
⑤ *Arval Acta*，23段，第2—3、11行。

官在 57 年被指定的时间更早。59 年，选举执政官的公民大会(comitia consularia)显然为了尼禄在 3 月 4 日召开。①

然而，也是从 59 年，我们找到了一个补任执政官的例子，他是在上任的同一年早期被指定的。作为一名阿瓦尔兄弟祭司团(Arval Brother)成员，塞克斯图·阿弗肯努斯在 3 月 4 日出席“为了尼禄的选举执政官公民大会”(ob comitia consularia Neronis)进行祭祀，接下来的一天也是。但这些会议后的下一次兄弟会会议，3 月 28 日，他才被称为指定执政官。② 不幸的是，单单从这一个例子很难说 59 年其他的补任执政官也是这样被指定的，或许阿弗肯努斯选举的时间是个例外——比如，可能有人突然死了，他作为接任人。

还有两个含糊的例子。可以从狄奥的描述推测，在 37 年 9 月 1 日上任的补任执政官们是在同一年 3 月提比略死之前选出来的，③但我们无法确定选举是在 36 年末，还是 37 年初。同样，巴里亚·索拉努斯，作为指定执政官在 52 年 1 月 23 日提出为帕拉斯授予荣誉，他可能是在 51 年选出来的，或者就是 52 年 1 月初。④

还有更多混杂的资料同样让人困惑，不仅肯定没有说出朱里亚-克劳狄王朝时选举的固定日期，也没有专门的“选举日”。因此，如果 20 年打断埃米利亚·莱皮达审讯的节日是著名的罗马节，在 9 203
月 4 日到 19 日庆祝，那么至少有一位 21 年的常任执政官到那时为止已经选举出来了，因为在审讯时，德鲁苏斯是以指定执政官的身

① *Arval Acta*，23 段，第 65 行。

② *Arval Acta*，23 段，第 68 行；26 段，第 3—7 行。

③ 59. 7. 9；参见 *Fast. Ost.*；*PIR*^{2} C 103 和 393。

④ 关于哪一天，参见普林尼，《书信集》8. 6. 13；关于事件，参见同上，7. 29；塔西佗，《编年史》12. 53。参见 C. Anicius Cerealis，执政官，补任执政官，从 65 年 7 月份或 8 月份起(P. A. Gallivan，*CQ* 24，1974，第 310 页)，上个 4 月份被描述为指定执政官(塔西佗，《编年史》15. 74)。

份出席。[①] 相反,当克劳狄乌斯在 54 年 10 月 13 日死时,甚至下个月要上任的执政官显然都还没有选出来。[②] 同样在 69 年(绝不寻常的一年),当维特里乌斯听到他的部队 10 月底在克雷莫纳惨败的消息,据说他加速选举出 70 年的执政官,还确定了几年后的执政官。[③]

那么看起来在朱里亚-克劳狄王朝时期还没有执政官选举的固定时间。说到地位较低的元老官员,我们的所知可谓一片空白,除了未来的皇帝涅尔瓦在 65 年 4 月镇压庇索的阴谋反叛时身份是指定副执政。[④] 之后,100 年是我们对选举安排有所了解的一年,得益于普林尼的《颂词》。可以合理地猜测(但仅仅是猜测),资料表明,在弗拉维乌斯时期,选举程序有所发展,形成了一套模式,并成为一种标准,延续至今。只有皇帝和其他常任执政官的选举显然没有固定的模式。[⑤]

据普林尼记载,图拉真和尤利乌斯·弗朗提努斯在 100 年 1 月 1 日就任常规任执政官,自然,他们是在 99 年选出来的。[⑥] 我们不知道那年选举的时间,但应该注意到后来当普林尼在 100 年 9 月任职时,他发表了《颂词》的演说,鼓励图拉真担任 101 年的第四任(常任)执政官,因此到 100 年那时为止,他还没有当选。[⑦] 从

① 塔西佗,《编年史》3.22。应该认识到,此处德鲁苏斯的指定可能并没有告诉我们 20 年选举更广泛的模式,因为这可能是皇室成员早已被选为元老官员的又一个例子(比如,参见 Mommsen, *St. R.* I., 第 586—587 页及其引文)。

② 苏维托尼乌斯,《克劳狄乌斯》46。

③ 塔西佗,《历史》3.55。

④ 塔西佗,《编年史》15.72。关于阴谋的时间更多参见本节下文讲述。关于 Pomponius Flaccus 作为指定执政官和可能 Cotta Messalinus 作为指定副执政在 16 年 9 月中的演讲,参见第七章,第十一节。

⑤ 关于前者,参见 M. Hammond,《安东尼君主制》,第 82—85 页。注意 221 年 7 月 1 日在常规会议上未来的皇帝塞维鲁·亚历山大,以皇帝身份被指定为 222 年的常任执政官(*Feriale Duranum* in R. Cavenaile, *Corp. Pap. Lat*, no. 324, col. 2, line 18 with restoration)。

⑥ 《颂词》63 和 66.2。

⑦ 《颂词》78—79。图拉真确实担任了这么一个执政官。

普林尼的一封信中，[1]我们得知常任执政官至少必须要比同年财务官的选举晚，财务官可能是在 1 月份选举，在 12 月份就职，如我们后面所见。在写给朋友米尼修斯·方达努斯(他相信方达努斯 204
会选上担任下一年的常任执政官)的这封信中，普林尼劝说他挑选阿西琉斯·巴苏斯为自己的财务官，阿西琉斯已经当选上那个职位。舍温-怀特根据这封恳求信小心地争辩说，常任执政官应该是在 12 月 5 日之前选举出来的，也就是财务官就职的时候。[2] 这是可能的，因为从那之后直到新年，只剩一次法定元老院会议(legitimus senatus)，而新年的会议出席率并不是很高。但应该承认这种观点并不是全无漏洞。常任执政官要到 1 月 1 日才上任，到那时为止，不太可能正式挑选他们的财务官，在那之前，财务官也不可能担当他们的助手。

不管怎样，图拉真和弗朗提努斯在 99 年的某个时候当选，然后在 100 年 1 月 1 日上任常任执政官，并且很快就在之后的会议中主持选举其他元老官员。这些其他元老官员无疑包括 100 年的补任执政官，普林尼明确地说到了这一点。[3] 此外，那天还有一位候选人是财务官，[4]所以可以合理地猜测在 101 年 1 月 1 日上任的副执政和市政官也是在那天选举，还有 100 年 12 月 10 日上任的保民官。财务官没有明确提到。蒙森提出按照 5 世纪的做法——一次选举日是在希尔维乌斯历的 1 月 9 日，紧跟着另一次是在 1 月 23 日，选出财务官——即财务官的选举是在较后的会议上选出。[5] 舍温-怀特不同意。[6] 但他的两个论点都缺乏说服力。

---

① 4.15.

② 《普林尼》，第 26 页。

③ 《颂词》92.3。

④ 《颂词》70.1。

⑤ *St.R.* I.590.

⑥ 《普林尼》，第 27 页。

他首先引述普林尼所描述的每位元老官员候选人“要提供见证人和支持者，这位见证人要么是他在军队服务时担任他的上司，要么是让候选人担当过他的财务官，或者同时符合两个条件”。[1] 正如舍温-怀特公正评价，第一个条件对希望担任财务官的人是合理的，但不仅仅局限于这些人，也不可能所有竞争财务官的候选人都在军队服务过。第一个论点同样削弱了他的第二个论点——图拉真倾向于贵族家庭成员也是挑选财务官候选人的合理要求。[2] 但贵族家庭出身的人在他们职业的任何阶段都会受到优待，不只是在初始阶段。

205 100 年间有两个选举日强有力的论点应该是很难在一天完成普林尼描述的所有元老官员的选举程序。如他所解释，每位候选人先自己发言，然后他叫来的支持者为他发言。[3] 甚至是补任执政官也要别人向元老院引荐，[4]虽然他们没有竞争对手，只是确认他们的委任。纯粹为了讨论起见，假设所有元老官员都没有竞争对手，4 位执政官、18 位副执政、10 位保民官、6 位市政官和 20 位财务官每人仍然至少有两场或三场的演说。事实上，执政官以下的所有官职都会有小小的竞争，因此每人演说的场数相对要增加。总的算来，可以说有超过 120 场的演说，还要加上实际的选举事务。即使限定演说的时长，[5]限定替每位候选人发言的场次，按照舍温-怀特的观点，仍有相当多的工作无法挤在那个月的白天 9 到 9.5 小时内完成。假如每场演说严格控制在 4 分钟，120 场至少要花 9 小时，而实际上在众人激动和混乱的情况下，演说会明显长得

---

① 《书信集》3.20.5。应该记住，严格说来，普林尼这里描述的是过去某个阶段“黄金时期”的做法。但他的意思是说过去的做法在他那时还在继续，虽然更没有秩序（参见第四节）。

② 普林尼，《颂词》69.4—6。

③ 《书信集》3.20.5。

④ 《颂词》92.3。

⑤ 参见第七章，第十五节。

多。确实，即使有两天的时间，演说的安排还是很紧凑，因此，《奥古斯都史》描述选举日的会议在 2 世纪下半叶会一直持续到晚上是很自然的。[①] 在《颂词》中，普林尼没有提到第二天财务官选举的会议，这点不必诧异，他关心的是跟他和皇帝都有关的会议。

普林尼没有告诉我们所描述的 100 年选举日的日期，但可以肯定是在马吕斯·普利斯库斯的审判之前举行，即 1 月份科尔努图斯·特尔突罗能够以指定执政官的新身份在审判上发言的时候。[②] 当然，如果 100 年选举的安排追溯到图密善时期，选举日在初一和艾德斯日（译注：古罗马历中 3、5、7、10 月的第 15 日或其余各月份的第 13 日）之间，补任执政官就能顺利地接替常任执政官，因为皇帝习惯在艾德斯日辞去常任执政官职位。[③] 总而言之，有足够的理由猜测，在拉努维乌发现的日程表碎片——现在丢失了——在 1 月 12 日那天提到“sen[---]”，记录的应该是 senatus 206
legitimus（法定元老院会议）。[④] 选举似乎是那天最可能的安排，可能马上会有人反对说，如果那天元老院选出的补任执政官接替图密善在艾德斯日（就是说选举的第二天）空出的位子，那么公民大会（comitia）就几乎没有时间对将要上任的元老官员进行正式审批。情况确实是这样。但 1 月 12 日的定期选举是否真的追溯到那么远，即使是，操作上的困难是否让图密善困扰仍然没有定论。如果他希望保留人民的特权，在上一年选举两位常任执政官的同时选出一位补任执政官就简单得多。不管怎样，按普林尼的

---

① *Marcus* 10. 8.

② 普林尼，《书信集》2. 11. 19；Acutius Nerva 也在下一次会议上以这样的身份发言，2. 12. 2。

③ 苏维托尼乌斯，《图密善》13；普林尼，《颂词》65. 3。

④ 参见 *NSc* 1907，第 125—126 页；*Ephem. Epig.* 9，第 388—389 页；*Inscr. Ital.* XIII. 2，第 236 页；还有 G. Colonna 的讨论，*NSc* 29，1975，第 39 页。虽然认为 12 日的“Sen[atūs]”，后面是“Leg[itimi]”，而不是 13 日的“Leṿ[---]”或者“Lex̣[---]”让人满意，但或许还是不太妥当。

描述，将1月12日看作选举日是最合理的猜测。

因此，总的来说，下面的时间可能是100年左右元老官员选举的时间。1月1日就职的两位常任执政官是在99年某个时间选举，虽然不一定为选举召开专门会议。但在1月份有两个“选举日”，第一个可能是在1月12日，选举所有补任执政官，他们将在100年任职；副执政和市政官，在101年1月1日就职；保民官，在100年12月10日就职。第二天选举财务官，在100年12月5日就职。虽然缺乏证据，这样的安排总的来说从弗拉维乌斯时期起成为一种模式。按照这种安排，103年1月选举巴比乌斯·梅瑟为指定执政官，这肯定与普林尼记述的那年暮春时审判尤利乌斯·巴苏斯的事实相符。[①] 值得注意的是，按照这种安排，元老就有义务连续参加两天的会议，1月12日的选举和13日的常规会议。

抽签委任行省总督是元老院整年安排的另一事项，共和晚期是在3月份进行。[②] 帝国时期是在什么时候进行没有资料可查，但至少可能是在大概年初的时候，因为根据43年克劳狄乌斯规定，总督们必须不晚于4月15日从罗马出发。[③] 这比提比略以前
207 规定的6月1日早了6个星期，[④]而且还要花时间准备。我们有弗朗图着手集合人员的记述。[⑤] 而据帕皮尼安记述，[⑥]在出发前总督为安全起见可能会要将家具、衣服、药物和其他的东西从市镇的房子搬到乡村住宅。虽然将抽签列入会议程序很正常，但是立

---

① 参见附录5。这一年还有一次白天时间有10到10.5小时是在10月末和11月初。如果审判是在102年的那个时候，我们就会面临不太可能出现的情况：选Baebius为103年的补任执政官不会晚于102年夏季休会日之后元老院第一次常规会议。这就和普林尼所说的安排完全偏离，时间只是早了两年，完全料想不到。

② 参见西塞罗，*Ad Att*. 6.1.24＝SB 115 for 50 B.C。

③ 狄奥60.17.3。

④ 狄奥57.14.5。

⑤ *Ant. Imp*. 8＝p.161H.

⑥ *Dig*. 33.7.12.40—41.

法团体人员没有绝对的必要出席：就我们所知，抽签是分开进行的，并没有列入任何会议议题。

苏维托尼乌斯时期的一则事例说明，在帝国时期，财务官仍然会在某一天一起抽签，决定他们在任时要担任的岗位。① 关于这一点，在罗马圣母大殿发掘的4世纪日程残片保存了12月2日的事项："II[II non] quaest(orum)(财务官)sor[titio](抽签)"。② 如果这里写的补充资料可以接受的话，我们就有了抽签日期的第一个证据，在财务官12月5日就任的前3天。自然，还是无法确定帝国时期抽签是否在12月2日进行。但因为财务官职位到4世纪为止，与以前相比，最多只算得上褪色的遗物，那么这里记录的日期很有可能是传统的日期。12月2日从来不是规定的会议日，但可以理解的是指定财务官的抽签——严格说来，他们还没有权力参加元老院会议——不应该在那时候进行。那天似乎太接近财务官上任的时间。但是很多人将要去行省，并且离出发还有3个月左右的时间，其他人都在罗马履行职责。因此帝国时期抽签肯定有可能在12月2日进行。

大祭司职位提名从帝国时期很早的时候开始就在元老院进行。到1世纪末，普林尼提到每年的某一天会进行祭司提名，③但我们不知道是哪一天，也不知道是什么时候固定下来的。

共和晚期，元老院在每年的2月份将接待大使作为首件要事，并且可能一连坐上好几天听他们发言。④ 因为从别的地方过来的

---

① 提比略35。

② F. Magi, "Il calendario dipinto sotto Santa Maria Maggiore", *Pontificia Accademia Romana di Archeologia: Memorie* 11, 1972, 第26—27页。另一种说法是H. Stern (*Rev. Et. Lat.* 51, 1973, 第46页)认为记录在12月2日下面的是"QUAEST(ores) SORT(IUNT)"。

③ 《书信集》2.1.8；4.8.3。更多参见第十章，第二节。

④ 参见Pseudasconius，第244页，Stangl和Mommsen, *St. R.* III. 2，第1155—1156页及其引文。

208 使者，特别是从海上来的，除2月份外，其他月份都不方便，所以不太可能选在别的时候。但可以想见这种安排自古以来都没有改变过，派使者来罗马的区域几乎都在意大利周边。事实上，2月份无疑一直适合元老院的安排，因为大使的报告或者请求可能会影响到3月份行省任务的分配。长久以来，一直到帝国时期，大使都会拜访元老院，也会受到同样耐心的接待。[1] 在多大程度上他们现在会选择在2月份来，还有在那个月他们会受到怎样的优待，我们不知道。[2] 16年，在争辩休会日（res prolatae）的时候，要去元老院的意大利和行省使节团会先等着，下面将会讨论，但几乎不会晚到4月1日之后。然而，假如总督行省的分配挪到早于3月份的话，大使团计划2月份到达罗马的紧迫感就消失了。不管怎样，只有一小部分的行省总督在元老院选出。

公元4世纪的日程记录了一次常规会议在3月艾德斯日的前一天召开，而不是艾德斯日。避免在艾德斯日召开会议可能是从恺撒被害后不久开始，元老院投票表决不再在那天召开会议。[3] 我们知道有2次，或者可能是3次，常规会议准时在3月14日召开。[4]

---

① 参见第十四章，第二节。

② 既然希腊城市滥用庇护权的问题很可能只是由皇帝向元老院提出（参见第513页，注释③），那么相关听审发生在22年春肯定是个巧合。无法确定具体日期，但我们确实知道，在元老院对此事作出最后决定之前，Livia已经在4月23日在Marcellus戏院附近为纪念奥古斯都修了一座雕像（塔西佗，《编年史》3.60—64；*EJ* Calendars，第48页）。

③ 苏维托尼乌斯，*DJ* 88；狄奥47.19.1。

④ 塔西佗，《历史》1.90中69；*Dig.* 5.3.20.6中的129。起初，向元老院提出支持百年节竞技活动的请求是在203年，“Prid. [6]ias”（如果不是“ias”，那么就是“tas”）。中间空了6个字母可能是“id. mart”，“kal. iun”，“non. iun”，“kal. iul”，“non. iul”，“k. augus”，“Id. ,mart”，因为3月14日是那些日子中常规会议可能召开的一天。当然，元老院也可能专门为了此事召开特别会议，而且到祭司团采取下一步行动（在11月）之间的间隔很长。但至少（修改为“k. augus”）间隔仍然是3个月左右，让人困惑（G. B. Pighi，*De Ludis Saecularibus*，第140页，第5行和第144页，I，第49行）。

在共和时期，元老院和法庭有休会期，叫法不同，或者是元老院休息日（discessus senatus），或者休会日（res prolatae），主要在4月份大部分时候（很多日子也被竞技比赛所占据）和5月初。[①] 因此，在西塞罗那时，据我们所知，没有会议在4月5日和5月15
日之间召开，[②]除非发生紧急情况的年份，比如公元前44和前43 209
年。[③] 完全有理由相信，休会的做法一直持续到了帝国时期。各种证据表明，跟共和晚期一样，这一直是一年中坎帕尼亚度假胜地最好的季节，所有时髦的人都会趁机去那里[④]——即使是在公元前44年。[⑤] 尼禄对文德斯的反叛反应迟缓，其中一个理由很可能是他在3月20日左右才第一次听到消息，正好是在节日季开始之前。[⑥] 加尔巴在塔拉科反叛的消息4月2日才传开，可以推测也是在休会期间。[⑦]

只有一处具体提到帝国时期休会日的资料还留存，是塔西佗记载在16年间的事。[⑧] 值得注意的是，他不仅把这事当作惯例：比如提到提比略主持元老院会议时，他甚至喜欢让元老官员发言，[⑨] 这种做法对2世纪的读者来说显然很陌生，但塔西佗没有加以任

---

① 参见 P. Stein，"Die Senatssitzungen der Ciceronischen Zeit（68—43）"，diss. Münster，1930，第110—111页。

② 关于公元前56年准确的间隔时间（当 Luca 会议召开的时候），参见西塞罗，*Ad Fam*. 1. 9. 4＝SB 20。

③ 关于可以准确将日期追溯到，并包括公元前49年的元老院所有会议列表，参见 A. K. Michels，《罗马共和国日历》（*The Calendar of the Roman Republic*），普林斯顿，1967，第55—58页；关于公元前68—43年铭文记载的会议，参见 P. Stein，同前所引，第119页。

④ 参见 J. H. d'Arms，《罗马人在那不勒斯湾》（*Romans on the Bay of Naples*），哈佛，1970；F. Millar，《皇帝》，第24—28页。关于朱里亚-克劳狄王朝后受欢迎程度下降的可能性，参见 J. H. d'Arms，*Commerce and Social Standing in Ancient Rome*，第四章，第四节。

⑤ 西塞罗，*Ad Att*. 14. 9. 2＝SB 363；12. 40. 3＝SB 281。

⑥ 苏维托尼乌斯，《尼禄》40；塔西佗，《编年史》14. 4。

⑦ 狄奥 64. 6. 52。

⑧ 《编年史》2. 35。

⑨ 《编年史》3. 17。

何解释。而且塔西佗没有按顺序讲述事情的经过。① 皇帝通知说他会缺席会议，阿西琉斯·加卢斯挑衅地争辩说，不管怎样，元老院会议还是要继续，而卡尔普尼乌斯·庇索提议说接待各方代表团应该推延，等到皇帝出席的时候。这场争辩可能表明每年这个时候都需要作出决定是否要在休会期推迟法定元老院会议(senatus legitimi)(在4月艾德斯日和5月初一召开的那些常规会议?)。虽然因为资料太少，这种说法价值不大，但帝国时期跟共和晚期一样，在休会日我们所知只召开紧急会议。一次是在65年发现比索念努的阴谋后召集，②还有一次是在69年授权给维特里乌斯。③
210 事实上，比索念努的阴谋按计划与其说是挑在休会日，还不如说是挑在谷物节(4月12日—19日)，以便抓尼禄，这是他少有的在公众面前露面的机会。在4世纪和5世纪的日程上，4月的艾德斯日和5月初一的会议都只是标记在上，但没有评论。帝国时期唯一的另一处提到休会日是法庭的假期，在11月和12月。④

没有证据表明奥古斯都在9月和10月休会日为法定元老院会议(应该有4次)作了安排。因为是葡萄收获的季节，而9月份不管怎样都被许多公共节日所占据，⑤所有元老都解散了，除了部分为通过法令而凑够法定人数。要留下来参加会议的元老通过抽

---

① 关于16年，他先处理外交事务(《编年史》2. 1—26)，然后在9月13日审判立波·德鲁苏斯(2. 27—32)，然后处理"proximo senatus die"事务，在那之后才休会(2. 33—34)，只有在办完所有这些事情，还有休会日的争辩后，争辩不太可能在4月1日之后(2. 35)。我不同意Sherwin-White(《普林尼》，第361页)认为塔西佗在文中指的是秋季休会期——那要9月13日才开始。

② 关于阴谋的日期，参见塔西佗，《编年史》15. 53。Milichus似乎在计划要实施的那天告知了尼禄(同上，55)。又花了一到两天调查(同上，57)，然后才召集元老院会议(同上，72)。

③ 塔西佗，《历史》2. 55。维特里乌斯的*dies imperii*是在4月19日，根据*Arval Acta*，34段，I. 85行记载。

④ *FIRA*^{2} I no. 44 col. 2 line 4；塞内加，《论生命之短暂》7. 8；*Laus Pisonis* 86 Verdiere。关于这个季节，参见苏维托尼乌斯，《奥古斯都》23；《加尔巴》14。

⑤ 参见普林尼，《书信集》10. 8. 3及Sherwin-White关于此处的论述。

签的形式挑选。至少有些人愿意留下来，如果他们已经被选为审讯(quaestiones)的陪审员，他们要在这几个月参会，然后，据我们所知，在11月和12月份休假。[1] 可以想见，提比略故意延迟了对塞扬努斯的控告，拖到10月份的元老院会议，那时出席率会比平时要低。显然，9月份和10月份通常是普林尼回他自己庄园的时候。[2]

如果出现关系到全国的重要事情，或者皇室成员中有人去世，那解散的元老必须得回来。两个月是很长的一段时间，因此休假日在好几年被打断一点都不奇怪。也许每起事件不是非得召开元老院会议，但元老出席公共庆典是人们所期待的。举个极端的例子，从14年开始的10年，休假日被打断达到了5年之多——14年，提比略登基；16年，审判立波·德鲁苏斯；19年，纪念日耳曼尼库斯仪式；[3]20年，审判阿米莉亚·雷比达；23年，德鲁苏斯去世。在其他年份发生在休假日的还有尼禄、图密善和涅尔瓦的登基；卢修斯·恺撒[4]和图拉真的妹妹马尔恰那[5]的去世；145年科尔尼利 211
乌斯·普利西亚努斯的审判；[6]还有非常可能的是加尔巴到达罗马当皇帝。[7] 此外，提比略[8]和康茂德[9]都在10月份庆祝战争胜利。44年9月22日，一次特别会议高达383人的出席率让人惊

① 关于元老院担任陪审员，参见第573页，注释③。

② 参见《书信集》1.7.4;7.30;8.1和2;9.37。《书信集》4.13和5.14也可能属于同一时期：两封信都是给元老同事写的，还有和他相称的活动(关于确定L. Pontius Allifanus是元老，参见*AE* 1956.187和W. Eck, *PW* Suppl. 14 s. v. Pontius no. 24b, col. 445)。

③ *EJ* 53; 41.

④ *Fasti Gabini*，公元2年9月19日。

⑤ 严格来说，她死于112年8月29日，罗马；9月3日举行了公开葬礼(*Fast. Ost.*)。

⑥ *Fast. Ost.*; *PIR*² C 1418.

⑦ 参见塔西佗，《历史》1.6—7和Chilver关于这点的论述。

⑧ *Fasti Parenestini*，10月23日。关于那一年(A. D. 12?)的讨论，参见*Inscr. Ital.* XIII. 2，第524—525页。

⑨ HA, *Commodus* 12.7.

讶,原因仍然未知。不知在哪一年的 9 月 25 日也召开了一次会议。① 最后,虽然我们没有资料,似乎可以合理猜测,图拉真 117 年 8 月 9 日左右②在西里西亚去世的消息是在夏季休会期传到罗马的。

也许除了 3 月 15 日,没有明显的资料可以证明在帝国时期一年的其他日子里不能召开会议。从萨摩斯发现的和 23 年有关的铭文断片③也许可以解释在这一年 9 月份艾德斯日的常规会议被故意提前了一天,这么做也许是因为在 16 年立波·德鲁苏斯自杀后,艾德斯日被定为"假日(dies festus)"。④ 很遗憾,没有其他的会议可以追溯到这些日期,所以我们没有头绪是否 23 年 9 月的这种假想成了惯例,如果是的话,又持续了多久。不管怎样,在 4 世纪常规会议还是在艾德斯日进行。总体来说,关于在"节日(iustitium)"期间不举行会议的观点被证明是错误的。⑤ 然而,即使没有法律上的障碍,有些日子通常还是要避开,除非发生紧急情况。我们可以猜测,7 月份艾德斯日的常规会议改期是为了不和那天的骑兵游行(transvectio equitum)冲撞。⑥ 我们也已经从狄奥的描述中得知,奥古斯都安排常规会议时,不让元老有任何理由缺席。⑦ 我

---

① *Fast. Ost.* XXXVIII,第 3、4 行,要证明这个猜想的话需要参见同一出处。

② 关于日期,参见 M. Hammond,*MAAR* 24,1956,第 90 页。

③ 石碑损坏得很厉害,所以不太肯定它是不是元老院法令,或者其中一部分。而且,无法知道第 5 行(至少这行是清楚的)中提到的那个月的那一天和执政官宣布决定的那天,或者元老院发布法令的那天是否有关系。当然,两件事都可能发生在同一天。参见 P. Herrmann,"Die Inschriften römischer Zeit aus dem Heraion von Samos",*Ath. Mitt.* 75,1960,no. 5,第 90—93 页;R. K. Sherk,《罗马档案》(*Roman Documents*),no. 32;S. M. Sherwin-White,《古代执政官》(*Ancient Cos*),*Hypomnemata* 51,哥廷根,1978,第 149 页。

④ 塔西佗,《编年史》2. 32。

⑤ K. Wellesley,*JRS* 57,1967,第 24 页。

⑥ 也许是这个原因,4 世纪的日程上记载了 7 月 17 日召开了一次会议,而不是 15 日。

⑦ 狄奥 55. 3. 2。

们可以相当肯定是罗马节（9 月 4 日—19 日）打断了 20 年埃米利亚·莱皮达的审判。[1] 很有可能，有时候因为皇帝要为已经修好的重要建筑举行落成典礼，造成会议冲突，所以至少要被缩减：比如，我们知道奥古斯都在公元前 2 年 8 月 1 日为战神奥托庙落成，克劳狄乌斯在 52 年的同一天为两条新水道落成，[2]而图拉真在 112 年 1 月 1 日为他的广场和乌尔比亚·巴西利卡大圣堂举行落成仪式。同样，112 年 3 月 1 日的常规会议也肯定改期或取消了，因为那天图拉真举办了马戏表演，并宴请元老院和骑士。[3] 但除此之外，我们无法具体确认会议在多大程度上——不管是常规会议，还是特别召开的会议——是为了避开竞技、马戏和节日而另外安排的。[4] 212

总的来说，在帝国时期常规会议的数目不多——最多 24 次，而且实际上大多数元老有 4 次或 4 次以上不必参加。然而，选举的时候总是要召开一次或多次会议，另外还有特别会议。召开这些会议的理由有很多，完全取决于有权召开会议的人，有时甚至通知得很紧急。不仅在皇帝登基的时候，而且每次接到皇帝派遣去征战的时候至少召开一次紧急会议也许成了惯例。我们发现，在 116 年 2 月 20 日或 21 日的时候，因为征战，召开了元老院会议，在 5 月 6 日，又召开了一次（在休会期），[5]那时，图拉真在东方。至于其他事务，我们注意到，在 44 年 9 月 22 日夏季休会期，召开了一次特别会议讨论立法，这很不寻常。还可以比较 56 年 8 月

---

① 塔西佗，《编年史》3.23。

② 狄奥 60.5.3；Frontinus，*Aqued.* 1.13。

③ *Fast. Ost.* 公元 112 年。

④ 关于 1 世纪常规会议召开时，Arval Brethren 的祭品（在朱庇特山上），参见 J. Scheid 和 H. Broise，*MEFR* 92，1980，第 236—240 页。在 4 世纪的日程上，有些常规会议确实会避开节日和类似的日子，但其他会议不会：参见 *Inscr. Ital.* XIII. 2，第 363 页。

⑤ *Fast. Ost.*；参见苏维托尼乌斯，《卡利古拉》44。关于可能为了同样的目的在 217 和 218 年特别召开了两次会议，参见狄奥 78.16.5 和 37.5。

25 日为了类似的目的而召开的另一次特别会议。[①] 可以想见,这些会议是想在休会期正式开始之前,争取完成重要事务。但时间的选择对很多元老的耐心是个重大考验,因为从上一次 8 月份常规会议之后,已经过去 12 天,他们迫不及待地想逃离城中无法忍受的高温。无论如何,在夏季日子最长的时候召开特别会议更让
213 人诧异。在这个季节,大家都期待常规会议已经足够应付即使是大量的工作。在 8 月中,有 14 小时的白天时间,在 9 月中,有12.5 个小时——如果一个活人能不间断地坐上这么久的话。公元 2 世纪,哈德良收养安东尼・庇乌斯是在 138 年 2 月 25 日的一次特别会议上确定的,[②]但我们没有再听说有额外的会议讨论立法。[③]

让元老们恼怒的是,特别会议上的事情并不总是特别紧急:比如 42 年,保民官召集元老院会议只是为了选举一位此职的继任者继承已死的成员。[④] 52 年 1 月 23 日的会议如果算得上特别,[⑤]看在那些被冒犯的元老的份上,我们希望授予皇室自由民帕拉斯荣誉不只是会议的唯一事项。[⑥] 有些皇帝召开的特别会议证明也没多大的事情。据说,尼禄召集过一次紧急会议,只是为了打断鲁坎的朗诵。[⑦]

我们之前注意到,在一些情况下,因为没料到的困难或推延(不管是常规会议,还是别的会议),导致没能完成会议内容,元老

---

① *Dig*. 36.1.1.1.

② HA,《安东尼》4.6。

③ 注意 129 年 3 月 14 日和 195 年 6 月 13 日的两次常规会议(*Dig*. 5.3.20.6; 27.9.1.1)。

④ 狄奥 60.16.8。

⑤ 普林尼,《书信集》8.6.13。我们恰好听说 138 年的这一天召开了另一次会议(日程不清楚);参见 HA,《哈德良》26.8;1.3。但那时(选举财务官)的常规会议更早的资料仍然是 4 世纪和 5 世纪的日程。

⑥ 除非所有在《编年史》12.52 提到的事项都在 1 月 23 日前处理完(这不太可能),可以推测,塔西佗没有严格按照时间顺序描述那一年(或者 16 年)元老院的事务。授予 Pallas 荣誉的事为了更详尽描述给推延了。

⑦ 苏维托尼乌斯,*Vita Lucani*。

院不是将会议内容延迟一段时间，而是要求元老们第二天接着召开会议，甚至不止两天。[①] 更常见的是，接待大使可能会延续好几天。而审判是额外召开的会议中最耗时的。虽然开始只是召开元老院法定会议(senatus legitimi)，[②]但通常都要持续一天以上，因此有必要安排额外的会议。我们知道指控行省管理不当时，通常允许起诉律师有 6 小时(以水钟计时)，被告有 9 小时发言时间。然后会盘问目击证人，接着是征求元老意见得出裁决，作出宣判。很难相信其他的案件通常花的时间会比这些少，因此总的来说，所有的审判至少要两天，通常是 3 天。如我们将要看到的，听审时休 214
庭也很频繁。[③] 相反，要迅速解决的问题也可能出乎意料地出现，因此要求马上召开特别会议。比如在 107 年早期，被告提出要从行省传召目击证人，这种做法前所未有，遭到比提尼亚人反对，导致紧急听审的召开，解决这一纠纷，会议一直持续到第二天。[④] 大体上，普林尼似乎认为连续召开 3 天听审会完全正常。[⑤] 20 年审判庇索的时候，我们发现时间分配是根据标准比例安排的，两天起诉，然后，间隔 6 天后，3 天给被告辩护。甚至接下来的普兰西纳的"假"审判也花了两天时间。[⑥] 在指控行省管理不当的案例中，尤利乌斯·巴苏斯 103 年的审判在短期内花了 4 天，或者有可能是 5 天(会议甚至有可能是连续不断的)，也不算是不寻常。[⑦] 在一些糟糕的年份——比如 32 年，在塞扬努斯下台后——元老院的

① 参见上文第二节。

② 比如立波·德鲁苏斯的审判；也许亦可参见 P. Celer(塔西佗，《历史》4.10 和 40)；Marius Priscus(普林尼，《书信集》2.11.10 和 24)。

③ 参见第十六章，第二节。

④ 普林尼，《书信集》5.20。

⑤ 《书信集》2.11.18；《颂词》76.1。

⑥ 塔西佗，《编年史》3.13 和 17。

⑦ 参见普林尼，《书信集》4.9.1 和 15(不清楚判决的争辩是否发生在第四天，在审问目击证人之后，还是一直推延到第五天)。关于审判的时长，亦可参见普林尼，《书信集》2.11.14。

审判肯定非常消耗时间。甚至在 25 年,塔西佗也谈到了案件的压力,①那一年,外交事务也相当繁重,看起来是这样。

虽然多数在位的元老每年可以享受足足 3 个月或更长时间的美好休假(除非抽签的时候运气不好),可以公平地说,在其余的月份,他们通常都会被召唤去参加大量会议。一场接一场的惯例会议——中间没有长时间的休息,也许除了春季有一个月——和威斯敏斯特的议会安排形成鲜明对比,近在 1928/1929 年的改革目的是让议会每年只需将会议安排在 2 月份到 7 月份。② 当然,议会绝不可能这么悠闲,在很多方面,它和罗马元老院相比是完全不同类型的机构:但这种比较至少突出了后者高要求的日常安排。仅仅从
215 帝国时期固定会议不多的总数上推断元老院比起共和晚期集会大量减少,而元老们忙于元老院事务的时间也大大减少是错误的。事务的性质确实改变了,但还是有很多事情需要处理。至少进入 2 世纪后,几乎在所有的年份,元老院法定会议可能只占据了会议的一小部分,特别是元老院现在成立了法庭,之前在共和时期是没有的。

第五节 元老着装

罗马的服装是个很大的话题,但在讲述立法团体日常的篇章时,用简短的一小节讨论元老着装还是合适的。③ 元老服装不仅

---

① 《编年史》4. 36。

② 参见 E. Taylor, *The House of Commons at Work*,第 9 版,伦敦,1979,第 48—50 页。补充注释:M. R. Salzman,“在罗马 Santa Maria Maggiore 日程的日期考证有新的证据”,*TAPA* 111,1981,第 215—227 页,证据在我将此节交付出版后才得到。重新考证日程日期有一个让人信服的例子(参见上文第 245 页,注释②),追溯到 2 世纪晚期或者 3 世纪,而不是 4 世纪。它对于帝国时期的意义(现在看来是属于帝国时期)因此更重大了。

③ 概述参见 L. M. Wilson,《古罗马人的着装》(*The Clothing of the Ancient Romans*),巴尔的摩,1938;关于托伽,参见 F. W. Goethert, *PW* 6 A. s. v. toga,第 1651—1660 卷。

样式特别，而且还要考虑到在公众场合露面时元老穿着得体很重要。首先，元老阶层的成员有权利穿带紫色宽条纹(latus clavus)的丘尼卡(译注：tunics，束腰外衣)。① 这或许就是被奥古斯都开除出元老院的人允许保留的"特别的着装"。② 按照传统，白色托伽(译注：toga，宽外袍)一直是所有罗马居民在正式场合穿的装束，而那些流放的人则一直被禁止穿着。③ 它代表居民的正式装束。但到帝国初期，似乎大部分城民不再喜欢穿这不实用的衣服。奥古斯都竭力想让大家恢复托伽装束，但影响力并不持久。④ 骑士阶层可能继续再穿了一段时间，但实际上托伽逐渐成为元老的特别着装，在整个帝国时期都如此。就衣服本身来说，厚重繁复的褶子在冬天没有暖气的会议厅确实可以起到抵御严寒的作用。⑤

因此，到最后是托伽——而不是紫色宽纹长袍——成了元老的象征。确实，老普林尼抱怨这个身份标识甚至连街上叫卖的小贩都用上了，⑥墙画也证明了不同宽度和颜色的条纹在整个意大利社会都很普遍。⑦ 盖乌斯招待的一次宴席上，托伽显然成了赠 216
给元老和骑士的合适礼物。⑧ 但推测起来，在安博纽斯·西洛(Umbonius Silo)被驱逐出元老院后，他招摇拍卖穿过的托伽是在44年精心设计过的，在其之后的个人生活中都用不上了。⑨ 据

① 普林尼，《自然史》9.127；埃比克提图1.20—22；尤维纳尔(Juvenal)，*Sat*. 1.106。

② 苏维托尼乌斯，《奥古斯都》35，"insigne vestis"；参见塔西佗，《编年史》11.23概述。

③ 参见塞内加，*Apocol*. 3.3。关于居民被描述为"togati"；普林尼，《书信集》4.11.3；Marcianus，*Dig*. 49.14.32。

④ 苏维托尼乌斯，《奥古斯都》40和44；参见Juvenal，*Sat*. 3.171—172；普林尼，《书信集》5.6.45；7.3.2。

⑤ 关于没有暖气，参见第三章，第二节。

⑥ 《自然史》33.29。

⑦ 参见Wilson，同前所引，第61页。

⑧ 苏维托尼乌斯，《卡利古拉》17。

⑨ 狄奥60.24.6。

说,尼禄不仅在公共场合穿没有束紧腰的丘尼卡,而且在接见元老的时候穿带花饰的丘尼卡和薄棉围领,因此触犯了众人。[①] 据《奥古斯都史》描述,哈德良规定元老和骑士必须在公众场合穿托伽,除了从宴席回来时。[②] 如果同样出自此书的轶事可信,奥略留时期,托伽是客人参加皇室宴席的规定着装——年轻的塞普蒂米乌斯·塞维鲁却发现他穿着一件大斗篷(pallium)就来了,让人觉得奇怪。[③] 盖利乌斯见证了城中发生的一则故事:当卡斯特里西乌斯(Castricius)——有名的修辞学老师,很得哈德良赏识——在假日会见他的几个学生时,他们都是元老,穿着丘尼卡和轻便斗篷(lacernae)来了。[④] 即使是这位严格老派的老师也认为按照良好的传统,这样的装束可以接受,托伽在这样的场合太正式了,但他责备这些元老说他更愿意看到他们穿束腰的丘尼卡和厚重的斗篷(paenulae)。

公元2世纪中期,阿皮安评论说奴隶和自由民的着装一样,只有元老阶层与众不同。[⑤] 根据狄奥的记载确认,3世纪早期,元老在公共场合还是穿托伽的,[⑥]而毫无疑问,当埃拉加巴鲁斯无礼地打发走元老,说他们是"穿托伽的奴隶"时,[⑦]这种旧时着装的正式让他的话更伤人。希律提到朱利亚·梅萨(Julia Maesa)的担忧,说那位任性的年轻皇帝可能会穿着不合传统的衣服就踏进元老院。[⑧]

---

① 狄奥63.13.3。昆体良(*Inst. Or.* 11.3.138—139)建议元老阶层的发言人应该怎样束紧丘尼卡——他说这是要特别注意的细节,如果不想招致批评的话。

② 《哈德良》22.2。

③ HA, *Sev.* 1.7.

④ 13.22.1.

⑤ *Bell. Civ.* 2.120.

⑥ *Frag.* 39.7.

⑦ HA,《埃拉加巴鲁斯》。20.1,"mancipia togata"。参见埃比克提图描述(4.1.57),一位执政官是"穿镶紫边托伽的奴隶"。

⑧ 5.5.5.

据狄奥记载，传统“元老院”的象征是“一位上了年纪的人穿着丘尼卡和紫色镶边的衣服，头戴王冠”。[1] 虽然没有照片保留下来，但罗马钱币和纪念碑上元老院的形象符合这种描述，还有在梅里达(Merida)发现的独一无二的雕像也一样，可以合理地判断是“元老院守护神(genius senatus)”。[2] 相反，整个帝国时期希腊钱币上的 217
立法团体形象却表现出完全不同的传统，最常见的希腊图案是一个没有胡子的年轻人头像，留着飘逸的长头发，有时带着花冠或王冠，而同样普遍的是一位年轻女子的头像。留着胡子的长者头像——更贴近罗马人的概念——在这些希腊钱币中非常罕见。[3]

在位的执政官、副执政和市政官穿镶紫边托伽(toga praetexta)，[4]在很特别的场合其他人也可以穿：比如，据说，公元前29年，和屋大维一起庆祝胜利的元老都被允许穿这种服装。[5]

服丧的时候，普通公民通常穿深色衣服。元老也一样，在公众人物去世的时候，发生公共危机或私人紧急事件的时候也穿。比如共和晚期，狄奥描述在公元前53年晚期选举时出现了混乱的局面，执政官“将他们的元老装束放到一边，穿着骑士服装召集元老院会议，就像发生重大灾难时一样”。[6] 他说的骑士装束可能是指萨古姆(sagum)，一种深色厚重的斗篷。[7] 更多证据表明，元老在

---

① 68.5.1.

② 比如，参见 *BMC* I.，第359页；III.，第21页；IV.，第31页。

③ 参见 G. Forni，“ΙΕΡΑ e ΘΕΟΣ ΣΥΝΚΛΗΤΟΣ”，第60—61页。关于希腊传统，参见 B. Ashmole，“曾在萨索斯岛遗失的一尊雕像”，in D. J. Gordon, ed.，*Fritz Saxl*，1890—1948;《纪念文集》(*A Volume of Memorial Essays*)，伦敦，1957，第195—198页。

④ 参见狄奥 56.31.2 和 46.5；57.21.2；76.8.5—6；普鲁塔克，*Quaest. Rom.* 81＝*Mor.* 283 B-D；弗朗图，*Ad M. Caes.* 5.37＝p.77H；也许亦可参见埃比克提图，1.2.18，关于平民、高官、市政官也一样享有这样的荣誉，参见 L. R. Taylor 和 R. T. Scott，*TAPA* 100，1969，第551页，n.51中简述。

⑤ 狄奥 51.20.2。在阿格里皮娜被害后，尼禄返回罗马时，不知道塔西佗所说的“festo cultu senatus”是否指的这种服装(《编年史》14.13)。

⑥ 40.46.1；41.3.1.

⑦ 参见 Wilson，同前所引，第105页，注释1。

所有公共活动场合穿深色骑士服装是很正常的，包括元老院会议，皇帝的去世，或者皇室成员的去世。① 20 年，元老官员出来迎接阿格里皮娜运送日耳曼尼库斯的尸体时将标志元老身份的服装除下，这同样也是表示尊敬的一种方式。② 192 年，康茂德命令元老进入竞技场的时候穿“骑士服装和羊毛斗篷”，人们将这看成是他即将去世的预兆，因为如狄奥解释：“我们去竞技场的时候从没这样穿过，除非皇帝死了”。③

218 元老个人面对危机的时候会改变他们的装束，以表示悲痛。16 年，立波·德鲁苏斯(Libo Drusus)面对指控寻求帮助的时候就是这么做的，维特里乌斯恳求盖乌斯饶命的时候也是如此。④ 69 年，维特里乌斯皇帝的军队在克雷莫纳(Cremona)被打败后，他慌了手脚不知穿什么衣服才好，因为从之前出席元老院会议的记载可知，他是循规蹈矩按照皇室规定做事的人，于是，他一会穿上紫色军袍，佩戴刀剑，一会又换上深色装束。⑤ 尤维纳尔(Juvenal)不怀好意地宣称，所有的居民领导人都要穿上丧服，如果他们中有人的市内宅邸给烧毁了的话。⑥

长久以来，元老不仅以正式着装显得与众不同，他们的鞋子也很特别。⑦ 这又是另一个话题了，不适合在这里详细讨论。⑧

---

① *Consolatio ad Liviam* 186；狄奥 54. 35. 5；55. 8. 5；56. 31. 2；75. 4. 4；希律 4. 2. 3；参见苏维托尼乌斯，《卡利古拉》13；*EJ* 94a，第 55—56 行。

② 塔西佗，《编年史》3. 4。

③ 72. 21. 3；参见 HA，*Commod*. 16. 6。相反，据狄奥记载(60. 7. 4)，在观看比赛时，克劳狄乌斯没有要求元老坐在为他们专门保留的位子上，甚至允许他们穿平常的衣服。

④ 塔西佗，《编年史》2. 29；狄奥 59. 27. 5。

⑤ 狄奥 65. 16. 4。

⑥ *Sat*. 3. 213.

⑦ 参见普林尼，《书信集》7. 3. 2；Apuleius，*Florida* 8。

⑧ 关于现代的讨论，参见 Mommsen，*St. R*. III. 2，第 888—892 页；A. Mau，*PW* 3 s. v. Calceus，第 1340—1345 卷。关于例证，比如，参见 F. Magi，*I rilievi Flavi del Palazzo della Cancellaria*，罗马，1945，第 22 页和图表 21。

但应该强调的是，在帝国时期，元老的鞋仍然是这个阶层特有的标志。虽然普鲁塔克和斯塔蒂乌斯(Statius)确实谈论过“贵族的鞋子”，[①]但没有足够的证据表明“贵族”和“平民”之间鞋子设计上的区别在帝国时期仍然存在(以前可能存在过)。相反，他们只穿过一种鞋款。那是很特别的凉鞋，红色或者黑色，[②]搭配新月形饰物，[③]用黑带子绑在腿上稍高的地方。[④] 在上面提到的故事中，卡斯特里西乌斯会见穿着不够正式的元老时，比起衣服，似乎是他们穿的鞋太随便而让他不高兴。[⑤] 在详述阿庇乌斯·安尼乌斯·阿提留斯·布拉朵亚(Appius Annius Atilius Bradua)——莱吉拉(Regilla)的弟弟指控希律·阿提库斯(Herodes Atticus)谋害了自己的妻子莱吉拉时，菲洛斯特拉托斯(Philostratus)写到这位诡辩家嘲讽控告人的傲慢，也就是嘲笑他的鞋子：“布拉朵亚是有执政官头衔的了不起的人物，从外表可以看出他出身高贵，他的凉鞋上镶有半月形的象牙扣。当他出席罗马法庭时，并没有任何
指控的有力证据，而是说了一长串关于他和他的家族的颂词。因 219
此，希律嘲笑他：‘你的脚趾节上就挂着族谱呢。’”[⑥]

因此，讽刺的是，在罗马城外莱吉拉的墓碑上写悼词诗文的诗人单单挑出她儿子特别的鞋子作为他晋升到贵族阶层的象征。[⑦]鞋子，还有丘尼卡上的紫色宽纹，最重要的是正式的白托伽，将元
老和其他等级的人在公共场合区别开来。 220

---

① *De Tranq. Anim.* 10=*Mor.* 470C.

② Martial 2. 29. 7—8; Juvenal, *Sat.* 7. 191—192.

③ Stat. *Silv.* 5. 2. 27—28; Martial 1. 49. 31. 更多参见 G. Dossin, “La ‘lunule’ des sénateurs romains”, in *Hommages à Marcel Renard*, *Collection Latomus* 102，布鲁塞尔，1969，第 2 卷，第 240—243 页。

④ Hor. *Sat.* 1. 6. 27—28；塞内加，*De Tranq. Anim.* 11. 9。

⑤ 塞内加，*De Ira* 3. 18. 4。

⑥ *Vit. Soph.* 555.

⑦ *IG* XIV. 1389 I lines 23ff; H. Halfmann，《元老》，nos. 68，128.

第七章　程　序

我们现在要讨论元老院会议程序的主要话题。① 显然，在帝国时期的两个半世纪中，会议程序并非一成不变。然而，它的发展是一个循序渐进，不太正式的过程，而不是能够清楚界定、有准确可考日期的变化结果。因此，一方面，我们极少能够——如果真有可能的话——说出某项新举措是什么时候第一次被采用的；另一方面，也无法很有信心地宣称，某些旧时的做法在某个日期之后完全作废。话虽如此，我们确实有足够证据证明，2 世纪是元老院会议程序发展最显著的时期，虽然很遗憾关于这个形成期的资料却最少，因此真正的演变大体上仍然不可考。

虽然第一眼看上去这种判断让人惊奇，但没有理由认为帝国时期的会议程序在 2 世纪早期与共和晚期的做法相比有根本的改变。② 西塞罗时期的元老可能会对图拉真时期元老院事

① 虽然 M. A. de Dominicis，"II 'ius sententiae' nel senato romano"，*Annali*，Facoltà di Giurisprudenza，Perugia，44，1932，第 243—300 页和 A. Ormanni，*Saggi sul"regolamento interno"del senato romano*（米兰，1971）都和本章的主题有点关系，但他们的重点主要在共和国。

② 关于那时做法的精彩总结，参见 C. Nicolet，*Rome et la conquête du monde Méditerranéen* 264—27 avant J.-C.，I. *Les structures de l'Italie romaine*，第 2 版，巴黎，1979，第十章和第 62—64 页的参考书目。

务的规模和种类感到困惑，而他也会需要调整适应皇帝广泛的影响，但就会议程序本身而言，他不会觉得陌生。普林尼的信件中描述了涅尔瓦和图拉真时期的会议情况，从中可以看出他夸张地宣称传统的做法在图密善时期全给忘光了，无法补救。[①]不幸的是，他保留的所有信件无一是在涅尔瓦时期之前写的。有些确实提到早期的例子——比如利希尼亚努斯和维斯塔尔·维京·科妮莉亚的案件[②]——但没有图密善时期会议的描述。

在现代学者中，强调元老院事务在帝国时期变得很琐碎已 221
经成了一种风尚，还有会议或会议的妥当程序已经不再引起元老的兴趣。当然，他们的观点有点道理，但是只要考察一下资料就会发现，很多元老还是很认真地在对待元老院的工作，因此彻底了解会议程序完全有必要。元老可能在会上经常怯场说不出话来，但不管情况如何改变，他们为传统的最高会议和自己的地位非常自豪，不会让会议变成滑稽的闹剧。侮辱性的行为——比如，以笑话或淫秽的语言（普林尼有记录）[③]毁坏选票——因为很少见，反而引人注目。再有，我们得知，即使在这事件中，这种行为也招致了众人的不满。也许这种破坏行为实际上并不是出于幼稚，而是故意为之，用计达到恢复公开投票选举的目的，显然很有效。

不管怎么看待会议程序的属性，有一点毫无疑问，2 世纪后一些传统的做法保留了下来，但也明显进行了改革。因此，本章将会参考相关资料探讨到那时候为止的会议程序。此后的重大改革放在第八章专门论述。

---

① 《书信集》8.14.2。

② 《书信集》4.11。

③ 《书信集》3.20；4.25。

第一节 《朱利亚法》

会议程序是奥古斯都在公元前9年颁布的综合性《朱利亚法》(*Lex Julia de senatu habendo*)条款中的一条,并且就我们目前所知,没有正式废止过。这部法典是一项革新,因为以前除了一些例外,①主要靠传统管理元老院的运作流程。但是在共和晚期和1世纪之间,元老院程序的运作明显没有变化,说明法律主要是用来将现成的做法程规化,而不是要引进重大的变革。狄奥提到新法与确定常规会议、规定会议法定人数、收取缺席人员罚金有关。②然而,可以肯定,法律还包括其他内容。格利乌斯认为,法律在2世纪后半期还在使用,并且法律规定了元老发表意见时依次点名
222 的顺序。③ 在一封信中,普林尼引用了法律条款中的依据来说明投票要怎样进行,而在另外一封信中,他提到元老可以凭借其中一则条款(显然很少使用)要求另一位元老发誓他的意见是为了国家的利益。在一次会议中,一位元老和一位保民官就引用了这一条,还有其他的条款。④

可惜的是,我们没有更多关于这部重要法典的资料。尤其是我们不知道它是否因考虑到新的会议程序而修改过,比如,在元老院内进行选举是在公元前9年后规定的。可以想象法律随着会议程序的发展继续适用。如果这部法典遗失,我们没有别的古代指南来补偿借鉴。帝国时期的罗马元老院没有我们可以引用的权

---

① 比如共和后期某些事物的法定人数由法律明文规定,参见第155页,注释⑤。

② 55.3.1—4;参见苏维托尼乌斯,《奥古斯都》35,上文第六章,第四节有引用。后者关于元老院程序的资料由P. Ramondetti收集在"La terminologia relative alla procedura del *senatum habere* in Svetonio",*Atti Accad. Sc. Di Torino*, Classe Sc. Mor., Stor. e Filol. 111,1977,第135—168页。

③ 4.10.1.

④ 《书信集》8.14.19;5.13.5—7。

威，如厄斯金·梅（Erskine May），或者《公共事务程序手册》（*Manual of Procedure in the Public Business*）。在公元前70年之前，也许没有手写的指南手册给元老使用，因为瓦罗觉得有必要自己写一本协助庞培。据格里乌斯说，[1]他后来还在一封信中抄写了手册的大部分内容给俄边努斯。我们没有更多俄边努斯的资料，也无法得知这封信是不是真的送出去过。[2] 随着公元前9年发生的改变，可以推测这部手册的大部分内容都废止了，在2世纪晚期，格里乌斯[3]甚至引用瓦罗自己的话说手册遗失了，虽然很多摘录还存在。阿泰乌斯·卡皮托，奥古斯都时期的执政官和法律专家，写了一卷《论元老的职责》（*De Officio Senatorio*），只在格利乌斯的引用中为人所知。[4] 但很难说这本书是当时惯例的手册，还是古代律法的研究。尼克斯特拉图斯的著作也有这样的问题，书名叫《论元老院赫巴法典》（*De Senatu Habendo*），只在费斯图斯的一则引用里提到过。[5] 既然如此，从《朱利亚法》引申出的标题表明这可能是一本手册，无疑，其中一部分是针对2世纪上半期新加入元老院的众多成员而写的。

元老们在提到会议程序或提出和它相关的疑问时，并没有参照这些书籍（但以前有），而是直接引用《朱利亚法》，或者依照传统的做法，引用口头相传的规矩。当普林尼有疑问时，他会征询他的律师朋友狄第乌斯·阿里斯托，除了法律不会引用别的有关程序的文字资料。他声称自己那代的新元老，在图密善的“暴政”下，没 223
有机会得到年长的元老“……通过示范（最好的传授方式）传授他们提出议题的权利，发表意见的权力，元老官员的权威，其他成员

① 14.7.

② H. Dahlmann, *PW* Suppl. 6 s. v. (M.) Terentius (Varro) no. 84, cols. 1225—1226.

③ 14.7.3.

④ *PIR*² A 1279; Gell. 4.10.7—8; 14.7.13 和 8.2.

⑤ P. 470L；参见上文第六章，第三节。

的特权；还教会他们什么时候让步，什么时候坚持立场，什么时候保持沉默，发言时间要多长，怎样区分有冲突的意见，对之前的意见怎样补充，简而言之，即整个元老院的程序”。[①]

不过，上面的偏见有点言过其实，我们可以公平地认为，实际上，新成员一直都能从他们的亲戚和长辈中得到指导，比如普林尼自己就得到两位执政官的指引，他的监护人维吉尼乌斯·鲁弗斯[②]和科雷利乌斯·鲁弗斯。[③] 相互帮助和相互的义务促进了关系的发展：因此，弗朗图大致提到过他的下级加维乌斯·克拉鲁斯给予过他的帮助。[④] 在此情形下，没有程序手册也无关紧要。不管怎样，如我们将会发现的那样，只有在元老院工作 5 年或更久之后，获得了副执政的头衔，大多数元老才会在会议中更多地独立发挥作用，才能发表意见。因此，即使他们不得不在国外担当一年的财务官，新成员还是有很多时间学习长辈的经验。

第二节 宗教仪式

只有占卜师指定一个地方称之为“神庙”，才能在那里开会，[⑤] 所有的常规会议前都必须举行宗教仪式。据瓦罗公元前 70 年的手册记载，元老官员必须在举行元老院会议之前供奉祭品，获得吉兆。[⑥] 据狄奥记载，公元前 12 年，奥古斯都下令，不管什么时候，

---

① 《书信集》8. 14. 6。

② 《书信集》2. 1. 8。

③ 《书信集》4. 17. 6；9. 13. 6；1. 12；5. 1. 5。

④ *Ver. Imp.* 2. 7＝pp. 127—128 H；参见普林尼，《书信集》10. 26. 1 和 R. P. Saller，《帝国早期的私人赞助》(*Personal Patronage Under the Early Empire*)，第 142—143 页。

⑤ 更多参见第三章，第一节。

⑥ Gell. 14. 7. 9.

元老在元老院集会都得焚香——目的是增加对神的尊敬。[1] 而为了促进元老对职责更虔敬的态度，他还规定，在元老们就坐之前，必须在集会神庙主神的祭坛上上香献酒。[2] 通常，罗马人献祭时，
笛子手会在旁演奏。因此，值得注意的是，当提比略和德鲁苏斯在 224
奥古斯都死后第一次进入元老院时，按惯例献酒上香，却罢免了笛子手。[3]

会议前的宗教仪式显然持续到帝国末期。公元 2 世纪，阿皮安用现在时(译注：表经常性的行为)提到召开会议前元老官员献祭求吉兆。[4] 更特别的是，狄奥后来描述了 193 年狄第乌斯·朱利安当着元老的面，在元老院门口向两面神杰纳斯献祭后才入门。[5] 而希律似乎想当然地记载了 212 年卡拉卡拉在进元老院之前会先献祭。[6] 他还说，我们在另一文中得知，埃拉加巴鲁斯在到达罗马之前先将画像送达，并下令"要将它挂在元老院的中央，在胜利女神雕像高高的头顶上方，这是所有到达元老院参会的元老焚香祭酒的地方"。[7]

第三节　会议开始

完成必要的宗教仪式后，召集会议的元老官员接着就要宣布会议开始。[8] 事实上，只有皇帝可以召集会议而不担任主持人。因此，提比略在 14 年奥古斯都死后行使了这一"皇帝"的特权，他

① 54. 30. 1.

② 苏维托尼乌斯，《奥古斯都》35。

③ 苏维托尼乌斯，《提比略》70；狄奥 56. 31. 3。

④ *Bell. Civ.* 2. 116；关于他别处使用现在时的例子，参见 *Bell. Civ.* 2. 5。

⑤ 74. 13. 3 和 14. 4。

⑥ 4. 5. 1.

⑦ 5. 5. 7. 关于胜利女神的位置，参见第三章，第二节。

⑧ 关于召集会议，参见第六章，第一节。

以保民官的权力召集会议，出席，但将主持交给执政官。① 通常召集会议和商讨是紧密联系的。执政官们(通常是主持人)仍然遵照共和时期的传统一起主持会议，②虽然他们肯定会通过协商决定哪一位在某次会上作为主要主持人。③ 在会议连续开几个小时的
225 情况下，一位执政官可以替换另一位担任主持。如果出现特别的困难，他们会一起协商，一起承担责任。④ 必须由两个人一起批准重大的决策，这无疑造成了主持人一直以来表现软弱，这一点下面会继续讨论。因执政官之间的争吵造成的损害很容易看出，比如，在 31 年后半年发生的事。⑤ 到最后，两位执政官都有权分别向元老院征询意见，以否决另一位的决定，但在帝国时期没有听说发生过这种极端的事情。

会议真正的开始可能是以传统的方式宣布除了元老院成员之外所有人都得离开为标志。只有狄奥提到过这一点，⑥他引用了埃拉加巴鲁斯的发言，我们不太清楚原来的措辞是怎样的，也不知道宣布其他人离开的方式是否在审判时不必要，因为非元老成员必须在场。

现代研究人员也许希望将帝国时期的会议分成三种：主持人或其他人提出协商；审判和选举。虽然每种会议都有自己的特征(另作论述)，⑦应该认识到头两种当中，审判的程序是从协商发展

---

① 塔西佗，《编年史》1. 7—8。

② 关于背景，参见 A. O'Brien Moore，*PW* Suppl. 6 col. 701。帝国时期元老院会议上执政官联合主持会议仍然普遍。

③ 参见元老院法令中的引用，奥古斯都曾在公元前 4 年送了份法令副本给昔兰尼两个执政官中有领导权的那位(*FIRA*^{2} I，no. 68，V，第 138—139 行)。可以预见，普林尼在《书信集》9. 13. 9 中只提到一位执政官。

④ 因此，比如，塔西佗(《编年史》13. 26)解释了“当皇帝不知情的时候，执政官是不敢提出议题的……”。

⑤ 塔西佗，《编年史》5. 11；6. 4；狄奥 58. 9. 3。

⑥ 79. 1. 2.

⑦ 参见下文第十章和第十六章。

而来。尤其是在审判时,原告和被告发言完毕,听取了证人的意见之后,主持人会向元老征询裁定和判决意见,就和咨询其他事情一样。因此,究竟是跟元老院商讨非司法事件的会议,还是元老院作为法庭的会议,当代的人很难清楚划分。而且甚至有可能在常规会议上进行审判,①因此,以非司法事件开始的会议也有可能接下来要处理案件。② 所以在协商会和审判会中常见的流程会在此加以讨论。

第四节 会议用语

元老院会议上通常用拉丁语。我们得知提比略费了很大劲保证会上或《元老院法令》(senatus consulta)中不使用外语词汇。③ 不过,据塔西佗记载,他离开会议的时候,习惯大声地用希腊语自言自语。④ 据说,克劳狄乌斯也是这样,会用希腊语给出暗示。⑤ 在塞内加的著作《"神剩"的克劳狄乌斯》(*Apocolocyntosis*,译注:原意为"变成南瓜")中有一篇会议戏仿文,皇帝在场的时候,塞内加让至少3位有地位的成员在发言中引用了希腊语,⑥这不是偶然。除了小说,使用拉丁语规则的唯一例外是审判或调查涉及到来自说希腊语行省的使者或证人,会上用拉丁语或者有必要的话用希腊语。据瓦列里乌斯·马克西 226

① 参见第六章,第四节。

② 比如,参见塔西佗,《历史》4.40。顺便提一下,应该注意到,元老院和元首顾问团(*consilium principis*)很像,在行政和司法的角色之间没有截然的区别。W. Kunkel对后者不同的看法在我看来有错误,简略参见他的 *Kleine Schriften*, Weimar, 1974,第178页及其引文。

③ 苏维托尼乌斯,《提比略》71;参见狄奥57.15.2和17.1—3。

④ 《编年史》3.65。

⑤ 狄奥60.16.8。

⑥ 8—11.

姆斯记载，允许使用希腊语，因此不用翻译的做法可以追溯到共和晚期。① 一些资料记载了提比略、克劳狄乌斯和尼禄时期以希腊语召开的会议，②特别是克劳狄乌斯，喜欢用对方的语言和说希腊语的使者对答。不过，有一次，在克劳狄乌斯以拉丁语询问一位罗马籍的利西亚人使者时，发现对方不懂拉丁语，这让他感到非常震惊。还有一次，会议本该用希腊语，提比略却坚持让一位罗马百夫长以拉丁语陈述证词。③

第五节　感 谢 词

在共和时期，执政官要感谢大家参与他们的选举。④ 但在帝国时期，惯例却很快变成将要就职的人到元老院上任时要对皇帝表示感谢。⑤ 普林尼发表的演说词（应该是在 100 年 9 月 1 日）后来又被他添加了一些内容，随后问世，只有这篇演说词保留到了今
227 天，通常叫作《颂词》(*Panegyricus*)。⑥ 普林尼似乎暗示新来的执政官要按元老院法令发表这样的演说。⑦ 没有更多关于这条法令

---

① 2.2.2—3.

② 狄奥 57.15.3；苏维托尼乌斯，《克劳狄乌斯》25，42；《尼禄》7（参见塔西佗，《编年史》12.58）；Quintil. *Inst. Or.* 6.1.14。相反，普林尼的描述中没有迹象表明所有指控尤利乌斯·巴苏斯或者瓦伦努斯·鲁弗斯的会议用过希腊语。

③ 狄奥 60.17.4；苏维托尼乌斯，《提比略》71。

④ 比如，参见西塞罗，*De Leg. Agr.* II，*ad populum*，1—4。

⑤ *Laus Pisonis* 68—71 Verdière. 演说不一定是在第一次会议发表，不管怎样，弗朗图是 143 年 7 月和 8 月的补任执政官，如果推迟到 8 月 13 日可能不太寻常——换句话说，也许是常规会议的最后一次（*Ad M. Caes.* 2.1.1＝p.24H）。

⑥ M. L. Paladini，"La 'gratiarum actio' dei consoli in Roma attraverso la testimonianza di Plinio il Giovane"，*Historia* 10，1961，第 356—374 页，内容不多。更有用的是 B. Radice，"普林尼和颂词"，《希腊和罗马》(*Greece and Rome*)15，1968，第 166—172 页；S. MacCormack，"Latin Prose Panegyrics"，in T. A. Dorey，ed.，《帝国和余波：银拉丁》(*Empire and Aftermath: Silver Latin*)II，伦敦，1975，第 143—205 页，特别是第三节。

⑦ 《颂词》4.1。

的资料，但发表演说的做法肯定可以追溯到奥古斯都时期，因为奥维德写到，14 年 1 月 1 日，庞培就任常任执政官时发表演说是通常的做法。① 普林尼提到维吉尼乌斯·鲁弗斯还排练演说，并且承认通常元老都觉得这样的演说很乏味，②考虑到演说的频繁，这样的感受一点都不奇怪。在普林尼的时代，每年至少有 6 到 8 位执政官，而到了 2 世纪数目还在增长。③ 确实，至少从留存至今的资料来看，普林尼并不只是为自己发言，而且还替他的同事科姆图斯·特尔图鲁斯发言。如果其他成对的执政官愿意并且也能够以这种联合的方式发表感谢演说，那么乏味的仪式肯定会好一些，但我们没有更多的资料证明是否有人这么做。我们肯定只希望普林尼发表的演说长度是非典型的。演说的语速和后来在原演说词上加了多少内容都不确定，没有准确数字：但应该承认从现在的版本来看演说至少需要 3 小时，可能还要更长。④ 当然，普林尼可能是在夏季休会期第一次会议时发言的，为此，显然缩减了紧急事务的处理。能有这么好的机会发表超长时间的演说可能部分是补偿他整整两个月的任期正好在休会期，那时很多元老都不在。⑤ 公元 2 世纪，弗朗图告诉了我们一些他怎样组织自己演说的情况，⑥内容显然包括赞扬，事实上是过度赞扬年轻的奥略留，⑦而且大体上肯定也是采用颂词式的语调，在普林尼整篇《颂词》中可以看到。

---

① *Ex Ponto* 4. 4. 35—39.

② 《书信集》2. 1. 5；3. 18. 6。

③ 此外，指定执政官必须在元老院发表感谢词（参见下文第九节），依照法令，执政官也一样（*Ad M. Caes.* 2. 1. 1＝p. 24H）.

④ 参见 Sherwin-White，《普林尼》，第 251 页。

⑤ 参见 Sherwin-White，《普林尼》，第 78 页，以及 R. Syme 的《罗马文论》I，第 256 页；亦可见于普林尼自己向一位朋友道歉（《书信集》9. 37），这位朋友在 107 年 9 月就任执政官。

⑥ *Ad M. Caes.* 2. 1. 1＝pp. 24—25H；关于讨论，参见 E. J. Champlin，《弗朗图和安东尼时期的罗马》，第 83—86 页。

⑦ *Ad M. Caes.* 2. 3. 3＝p. 27H； *Ant. Imp.* 4. 2. 3—4＝p. 110H.

除了就任的执政官，显然皇帝任命的总督按照惯例也要在元
228 老院表达他们的感谢，直到 42 年克劳狄乌斯禁止了这种做法。[1]
但是尼禄在进入公共生活的时候还是表达了对克劳狄乌斯的感谢。[2] 塞斯尼乌斯·康茂德和安东尼·庇乌斯被哈德良收养的时候也允许发表感谢演说。[3] 奥略留表达了将维鲁斯神化的感谢。[4]

我们还听说了为各种好处表达感谢，虽然在会议的哪个阶段发表感谢演说并不总是很清楚。比如，27 年，领头元老为提比略在罗马火灾之后作出救济努力表示感谢。而克劳狄乌斯收养了尼禄也得到感谢。[5] 在 70 年 1 月 1 日，没有新来的执政官发表惯常的感谢演说(他们是维斯帕先和提图斯，不管怎样，他们都没出席)，因此会议一开始采取全体投票的方式表达对统帅、军队和藩属王的谢意。[6] 我们猜测，之前被指控的元老通常也会用同样的方式感谢帮助恢复他权利的人，[7]还有那些皇帝给予经济援助的人也一样。[8] 在提比略后期，整个感谢的传统变得滑稽可笑，皇帝可以因为没有将阿格里皮娜绞死而得到感谢。[9] 更甚的是，在盖乌斯时期，未来的皇帝维斯帕先在元老院为自己被邀请参加晚宴而表示感谢，而其他人则感激皇帝吻了他们。[10] 可能是在元老院

---

① 狄奥 60. 11. 6—7。而那些没有获得元老官员头衔或职位的人，还有请假的人，会在私下向皇帝表示感谢，参见塔西佗，《阿格里可拉传》42；《历史》2. 71；塞内加，*De Ira* 2. 33. 2。

② 苏维托尼乌斯，《尼禄》7。

③ HA，《哈德良》23. 15；Aelius 4. 7；《安东尼》4. 6。

④ HA，*Marcus* 20. 2.

⑤ 塔西佗，《编年史》4. 64；12. 26。

⑥ 塔西佗，《历史》4. 39。

⑦ 塔西佗，《编年史》3. 24；苏维托尼乌斯，《奥索》2。公元前 57 年，西塞罗从流放地召回时，在元老院作了一番感谢演说(*Ad Att*. 4. 1. 5＝SB 73)。

⑧ 塔西佗，《编年史》2. 38，M. Hortalus 出于害怕或者骄傲，什么话都没说，但其他人巧妙地替他作了掩饰。

⑨ 塔西佗，《编年史》6. 25；苏维托尼乌斯，《提比略》53。

⑩ 苏维托尼乌斯，《维斯帕先》2；狄奥 59. 27. 1。

(“在政治精英们在场的情况下(in conspectus principum)”),庞培·潘努斯感谢盖乌斯饶了他性命,还被迫吻了皇帝的左脚。[①]

可以推断,元老院接见相关城市的代表团时,日耳曼尼库斯的儿子尼禄和未来的皇帝尼禄[②]发表了感谢演说。弗朗图“在元老院为迦太基人向皇帝表示感谢(gratiarum action in senatu pro Carthaginiensibus)”[③]的时候,无疑也是在接见代表团。我们得知他还赞扬安东尼完成了不列颠战争。[④] 很容易想象一位公认的杰 229
出人物发表正式感谢演说时会吸引元老的注意。然而,在弗朗图的一次感谢演讲后,安东尼赞扬弗朗图的言辞中流露出一种大家通常觉得感谢演讲很乏味的意思,他称赞他“在这样陈腐俗套的主题中能够找到……新鲜的东西,无愧于你的才能”。[⑤]

第六节 通 信

在共和晚期,经常有递送给元老院的信件,信件到达的时候,一般先宣读。[⑥] 这种做法延续了整个帝国时期,特别是宣读皇帝的信件——因为皇帝逐渐不来参加会议或者根本不在罗马,[⑦]他

---

① 塞内加,*De Benef*. 2. 12. 1—2。

② 塔西佗,《编年史》4. 15;12. 58。

③ 参见 241—242H,以及 B. Bischoff 的“Der Fronto-Palimpsest der Mauriner”,*Sitzungsberichte der Bayerischen Akademie der Wissenschaften*, phil. -hist. Klasse, Heft 2,慕尼黑,1958,第 27—28 页。

④ *Pan. Lat*. 8(5). 14. 2;关于讨论,参见 Champlin,同前所引,第 85 页。

⑤ *Ant. Imp*. 2. 1=p. 156H. 通常认为,弗朗图 143 年 8 月 13 日的演讲是这里提到的,但如 Champlin 所说(*JRS* 64,1974,第 149 页),那么肯定是没有根据的。同时,他将身份完全排除在外也是错误的,尽管皇帝没有将弗朗图称为执政官。应该记住,后者在职位结束前两个星期才发表了担任执政官的感谢词。安东尼也许不在会上(可能在 Baiae:参见 Champlin,第 140—141 页),所以弗朗图可能在皇帝接到相关的元老院会议记录之前已经离职,皇帝对演说很感激,还写了他的祝词。

⑥ A. O'Brien Moore, *PW* Suppl. 6. col. 708.

⑦ 关于在元老院开启皇帝信件的正式做法,参见狄奥 69. 14. 3;72. 15. 5;77. 18. 2。

们越发多地采取这种方式。当然，一些信件并不需要采取行动，只是简单地传递信息或者认可已经采取的措施[1]——就像215年卡拉卡拉在安条克的时候那样，“……屠杀了如此多的人，他甚至不敢说出数目，而是写了封信给元老院，告诉他们有多少人或谁死了无关紧要，因为他们都罪有应得”。[2] 皇帝经常会写信给元老院，告诉他们战况如何。[3] 当皇帝的信件的确要求采取行动时（经常有的事），[4]那么在召开的会议中就会采取相应措施。

230 皇室的其他成员，[5]或者指挥官，[6]或者外国要人[7]的信件也可能会被宣读。也有信件来自元老行省的总督，但奇怪的是缺少提到这方面的资料。[8] 而且，在会议开始不久，皇帝的遗嘱，[9]或者德鲁苏斯在囚禁时行为的记录[10]等文件最有可能先宣读，还有

---

① 比如，参见塞内加，《论生命之短暂》. 4. 3；塔西佗，《编年史》6. 29；狄奥 69. 1；78. 8；79. 4；希律 5. 6. 2；HA, *Sev.* 11. 4。

② 狄奥 77. 22. 3。

③ 比如，狄奥 54. 9. 1（奥古斯都）；塔西佗，《编年史》3. 47（提比略）；苏维托尼乌斯，《卡利古拉》44（盖乌斯）；*Fast. Ost.* 公元 116 年；狄奥 68. 29. 1—2（图拉真）；69. 14. 3（哈德良）；弗朗图，*Ver. Imp.* 2. 1＝pp. 114ff. H（L. Verus）；HA, *Marcus* 14. 6（M. Aurelius 和 L. Verus）；狄奥 71. 10. 5，17. 1，27. 1（奥略留）；HA, *Sev.* 9. 1 和 3（塞维鲁）；狄奥 77. 18. 2；HA，《卡拉卡拉》6. 5（卡拉卡拉）。

④ 比如，塔西佗，《编年史》3. 47；4. 70；5. 3 和 4；6. 3，9，15；14. 10 和 59；《历史》4. 3；狄奥 58. 10；参见苏维托尼乌斯，《提比略》65；狄奥 78. 27。

⑤ 比如，塔西佗，《编年史》3. 59；狄奥 55. 10a. 9。

⑥ 比如，塔西佗，《历史》2. 55（引自 Valens）；4. 4（引自 Mucianus）。如 Syme 所说，塔西佗将行省总督反对 Tacfarinas（译注：罗马帝国地图）写得如此详细可能是因为他在元老院记录中找到了详细的报告——即皇室使节很少会送给立法团体的那种记载，参见 P. R. Coleman-Norton, ed.，《为纪念约翰逊的罗马经济和社会历史研究》（*Studies in Roman Economic and Social History in Honor of A. C. Johnson*），普林斯顿，1951，第 120 页＝《罗马文论》I，第 223 页；另见狄奥54. 11. 6和 24. 7。

⑦ 比如，参见塔西佗《编年史》2. 88（引自 Adgandestrius）。

⑧ 但可参见苏维托尼乌斯，《提比略》32，更多参见下文第十三章。

⑨ 奥古斯都：塔西佗，《编年史》1. 8 和 11；苏维托尼乌斯，《奥古斯都》101；《提比略》23（按照这篇文章，提比略在遗嘱宣读前已经想发言）；狄奥 56. 33；提比略：狄奥 59. 1. 2—3。

⑩ 塔西佗，《编年史》6. 24；狄奥 58. 25. 4。

奥古斯都、提比略和尼禄的一些演讲词。这种传统持续了很久。①

第七节 先发言的批准

每位元老都可以提出主持人要求元老院讨论的事宜之外的事情，他会在轮到他发表意见的时候提出，然后请求作为一个议题。58 年，特拉塞亚的批评家认为这种程序是寻常的。② 这种权利很宝贵，因为它是唯一能保障元老（除了在任的执政官、副执政或保民官之外）提出别的议题的办法，而不是主持人说什么就讨论什么。③ 但如果元老要急促地采取解决办法则不合适，因为在还有其他事情要处理的时候，主持人可能无法添加新的议题，即使他愿意。因此，为了避免这种尴尬，可采用另一种做法，当会议一开始，元老就要向主持人请求先发言，如果批准了，他也许能得到元老院的支持促使主持人在会上提出新的议题进行讨论并作出决定。④ 帝国时期最明确的两个例子之一发生在 49 年，前审查官维特里乌斯企图得到元老院的支持，消除克劳狄乌斯的犹豫娶阿格里皮娜，严格来说，这是违法的，因为她是他的侄女。⑤ 维特里乌斯的请求 231
马上得以实施。第二个例子追溯到 97 年，普林尼还是个副执政，他请求指控一位未提及姓名的元老。在他的陈述中，他将这种请求看作元老的应有权利，但之后不久，他又暗示说是对元老的特权，虽然相关的主持执政官从来没有拒绝过任何使用此权利的人。⑥ 严格来说，把这种请求看作特权更准确，交由主持人酌情决

---

① 狄奥 60.10.2；61.3.1。

② 塔西佗，《编年史》13.49。

③ 更多参见下文第十六节。

④ 关于共和国的例子，参见 Mommsen，*St. R.* III. 2，第 948—949 页。

⑤ 塔西佗，《编年史》12.5—6。

⑥ 《书信集》9.13.7 和 9；参见下文 2.11.9 的讨论。

定，而不是将其看成一项元老的权利。当执政官听得厌烦时，他撤销了普林尼的特权，阻止他继续往下讲：而在之前的例子中，当塔西佗描述维特里乌斯请求先发言时，他也许不仅是出于礼貌，因为事情关系到国家，非常重要。①

在97年，执政官阻止普林尼继续往下说后，会议肯定还是按照原计划继续进行。普林尼没能将这事情说清楚，但之后执政官肯定又回到他提出的指控，让大家讨论，因为我们听说接下来元老们对指控发表了意见。② 最后，在普林尼按顺序发言之后，元老院进行了投票表决，据推测是表决他的提议，不管提议究竟如何，据推测投票也通过了。

对这次元老院会议程序的观点实质上是蒙森提出的，③而且肯定比舍温-怀特的要有道理。④ 怀特争辩说，对普林尼的指控提出看法的元老本是让他们对另一件事发表意见，但发言总是"跑题"。他们可以这么做，但只有主持人将事情列入议题，后面才有可能投票表决；没有正式列入元老院议题的事情不可能进行投票。⑤ 实际上，在这个例子中，针对事情通过了元老院法令，说明主持人肯定及时将其列入了议题。

还有其他例子证明元老请求不按顺序先发言。在第一个例子中，塔西佗描述了47年指定执政官希利乌斯攻击了像苏依留·鲁弗斯那样的无耻律师，他们提供司法服务时收取钱财或礼物，希利
232 乌斯要求实行古代的《辛西亚法》，此法禁止上述行为，得到了其他元老的赞赏。⑥ 显然，这件事不是执政官要求元老院讨论的，因为

① 《编年史》12.5："summamque rem publicam agi obtestans veniam dicendi ante alios exposcit"。

② 《书信集》9.13.13ff.。

③ *St. R.* III.2，p. 950 n. 1.

④ 《普林尼》，第495页。

⑤ 更多参见下文第十六节。

⑥ 《编年史》11.5—6；13.42。

塔西佗继续说:“其他人表示同意指定执政官的意见,并且准备通过决议规定违法者根据敲诈法要受到控告。”[①]我们可以合理地猜测执政官接下来采取了措施,虽然不太肯定是什么样的措施。也许他打算正式提出讨论这个议题以回应众人强烈的反应。但这样一来,那些觉得会受累的元老的震惊让人困惑,因为按照通常的讨论程序,让他们发表意见的时候,本来有适当的机会提出申诉和辩护。然而,更准确的解释在于,希利乌斯的支持者表现出了强烈的情绪。面对这种情况,主持人也许估算着支持希利乌斯提议的人占了大多数,所以他决定不需要再作进一步讨论,并准备马上投票表决——换句话说,实际上是以不讨论即投票(discessio)的方式表决他作出的决议。[②] 苏依留和其他觉得会遭到指控的元老因此感到非常震惊,因为他们再没有机会提出自己的意见,因此请求克劳狄乌斯干预。

第二个例子是在 99 年晚期,将要调查阿非利加的前总督马吕斯·普利斯库斯残暴罪(saevitia)的指控时,一位重要证人出席,但普利斯库斯没出席,执政官图修斯·凯列阿里斯显然在会前征得了先发言的批准,要求通知普利斯库斯。[③] 结果听审休庭。

可以争辩的是第三个元老请求不按顺序先发言的例子是在 56 年,据塔西佗记载,元老们讨论了自由民的罪行,好些元老要求允许雇佣人有权重新让不配成为自由民的人变成奴隶。[④] 如果这件事先得到特别批准才在会上提出,而不是作为议题交给元老院

---

① 《编年史》11. 6:“Talia dicente consule designato, consentientibus aliis, parabatur sententia qua lege repetundarum tenerentur”。

② 关于将意见(*sententia*)作为“决议(resolution)”或者“决定(decision)”,而不是“观点(opinion)”,参见塔西佗,《编年史》12. 59;13. 44。关于不讨论就投票(discessio),更多参见下文第二十五节。

③ 用普林尼的话说:“iure senatoria postulavit, ut Priscus certior fieret”(《书信集》2. 11. 9)。

④ 《编年史》13. 26。

讨论，塔西佗的讲述才可靠，因为他继续讲到即使面对元老急切的要求，执政官仍然不敢在没有征求皇帝意见的情况下将此事列入正式议题。

233 舍温-怀特[1]提到另一个元老不按顺序请求先发言的例子来自普林尼的描述，[2]105 年元老院接见来自维塞提亚的代表团，一位元老和代表团成员之间发生了争吵。这次听审中，维塞提亚人出席时没有律师，并说他们被骗了。副执政尼波斯运用元老官员的权力进行干涉，[3]要求答应了担当律师的人到场：当时听审就休庭了。关于这件事是否该正确地归类为请求先发言的例子，各说有理，也许将它看作会议不可避免的一部分更妥当些，考虑到维塞提亚人没料到会在听审开始的时候处于如此不利的地位。

第八节　会议议题

宣读完信件，元老提出不按顺序先发言的要求也批准之后，主持人就开始会议议题，换句话说，即正式构成会议主要部分的内容，他会提出一个或几个议题，征求元老个人的意见。严格来说，只有主持人有权挑选他认为重要的内容在他召开的会上讨论，并按顺序排列——依照两个条件：第一，按传统的做法，神的事务优先于人的事务，如瓦罗公元前 70 年在他的手册中所说。[4] 没有理由怀疑会议通常是否遵循这样的优先顺序，[5]虽然让人难以理解

---

① 《普林尼》，第 166 页。

② 《书信集》5.4.2。

③ 参见下文第十九节。

④ Gell. 14.7.9.

⑤ 注意，在奥古斯都死后的会议上，赦免提比略触碰了尸体作为第一个议题，参见狄奥 56.31.3。

的是在 69 年 12 月的一次会上，朱庇特神庙的修复似乎排在世俗事务之后讨论。[1] 第二个条件是帝国时期的一条新规定——就是说，从很早开始，皇帝就有权在会议的任何阶段提出讨论事务，不管他有没有出席。通常皇帝提出的事情都会先讨论。皇帝的权威和参与影响如此之大，导致主持人的特权被严重削弱。[2]

我们已经注意到，大部分元老很少接到主持人提前通知告知要讨论的事情。[3] 但是，如果参会的人要从会议开始坐到结束的话，[4]那么比起现代议会，没有议程安排或议事日程表也不是那么 234
严重的问题。在很大程度上，会议的进展也难以预料，不仅取决于元老对每项议题的反应，主持人拟定的计划也可能因会上临时提出的特别要求而打乱。

有权提出议题的元老官员，而不是主持人，可能会想行使这项权利，但他们要等到主持人安排的议题先讨论完。在帝国时期，因为几乎所有的会议都由执政官召集，只有保民官才有权利在会上提出议题。当然，实际上，很少保民官会这么做，但塔西佗确实记载了一起 32 年的例子。[5] 虽然副执政不同于保民官，没有权利在执政官召开的会议上提出议题，但有一段时间，受奥古斯都的优待，他们得到了这项特权。[6] 急切地想得到这份荣誉也许显露了他们的虚荣心，而不是有什么事情要热切严肃地和元老院商讨。不管怎样，副执政格拉古在 33 年提出的经济问题确实是紧急事务。[7]

理论上，保民官可以否决元老官员的议题，但一点都不奇怪在

---

① 塔西佗，《历史》4.4。

② 关于皇帝的地位，参见上文第五章，第一节。

③ 参见第八章，第一节。

④ 参见下文第二十四节。

⑤ 《编年史》6.12。同样，这次会议也有可能是保民官自己召集的，而不是执政官：参见第 218 页，注释⑥。

⑥ 狄奥 55.3.6，公元前 9 年事项中。

⑦ 塔西佗，《编年史》6.16。

帝国时期这项权利似乎很少使用。不过，马莫库斯·斯考卢斯确实提到14年提比略可能使用了这项权利，而瓦卡修斯·德尔图林努斯在69年否决了一项关于管理萨吞尼国库的议题。[1]

在他公元前70年的手册中，瓦罗说议题应该"要么是概括性的，和国家相关，要么是具体的，和某件事情相关"。[2] 在共和时期，"关于公众事务(de republica)"的概括性议题通常在发生危机的时候提出，[3]但没有明确的证据证明这种做法一直持续到帝国时期。[4] 的确，有人愤慨地对奥古斯都说："谈论公众事务(de republica)应该是元老的权利"。[5] 我们不肯定这句话指的是概括性议题还是具体国家事务的含糊说法。但无疑奥古斯都和他大多数的继承人都不会高兴看到元老院有机会经常讨论国家的状况，甚至比较谨慎的元老在这方面也很戒备不肯多说。这种情况下，在
235 帝国时期很少有概括性议题就足以能够理解了。

据赛姆记载，14年9月17日(继奥古斯都死后)的会议中，提交给元老院的是概括性的关于"公众事务(de republica)"的议题，我们无法确定这是否正确，或者执政官拟定了具体事项。[6] 如古德伊尔所说，塔西佗在这点上的沉默是他最令人惋惜的省略。而他69年晚期的记载提供了更可靠的例子。[7] 穆仙努斯将信件送

---

① 塔西佗，《编年史》1.13；《历史》4.9。

② Gell. 14.7.9："referri oportere aut infinite de republica aut de singulis rebus finite."

③ Mommsen, *St. R.* III. 2. 956, n. 3.

④ Ovid 描述的当时的执政官"publica quaerentem quid petat utilitas"(*Ex Ponto* 4.9.48)可以指两种议题之一。

⑤ 苏维托尼乌斯，《奥古斯都》54。

⑥ R. Syme, "Historiographia Antiqua", *Symb. Fac. Litt. Philos. Leuven Ser.* A vol. 6, 1977, p. 236.

⑦ 《塔西佗的编年史》(*The Annals of Tacitus*)(1)，第174页，B. Levick 认为(《政治家提比略》[*Tiberius the Politician*]，伦敦，1976，第78—79页)Velleius 的句子"ut stationi paternate succederet"(2.124.2)中反映的议题措辞遭到 P. A. Brunt, *JRS* 67, 1977, 第97页, n. 15 的严厉批评。

到元老院时，元老的反应显然是“本来过几天的会上轮到他发表意见时，他可以口头陈述这些内容”。[①] 如果穆仙努斯以口头方式陈述，他的发言会严重“偏离主题”吗？还是拟定了概括性的“公众事务”议题给了他一个合适的机会发言？

每项议题之前也许都要进行常规祈祷：“愿给罗马人民带来益处、吉兆、祥瑞、和幸运”。[②] 据说，盖乌斯皇帝改了措辞：“愿给盖乌斯皇帝和他的妹妹带来益处和祥瑞”，[③]然后议题以这些话开始：“我向你们提议，元老们……”，以这些话结束：“……这件事该怎么处理”。

在共和晚期若干小事情会在一个议题中提出，但重大的事情必须分开讨论。[④] 虽然无法考证，帝国时期的做法无疑也相似，但也有一些相关的新变化，特别是皇帝提出的事情显然会归入一个议题中，但没有理由认为这种改变发生在 2 世纪之前。[⑤]

第九节　解释（“Verba Facere”）

主持人的议题一般会局限于提出他需要指导的事情上——正如“事情该怎么处理”（quid fiery placeat）这句话所暗示的那样。然而，议题通常也会附加解释或讨论，提出的解决办法或相应行动就包含在这部分。在拉丁文中，会议的这部分可以用动词表达 236
（verba facere）（“解释”），但显然没有名词主语。适当的时候，主

① 《历史》4. 4：“potuisse eadem paucos post dies loco sententiae dici”。

② 参见苏维托尼乌斯，《奥古斯都》58；A. O’Brien Moore，*PW* Suppl. 6 col. 711 及其引文。

③ 苏维托尼乌斯，《卡利古拉》15；参见 *Arval Acta*，9b 段，第 1—2 行。

④ Mommsen，*St. R.* III. 2. 955，n. 3.

⑤ 更多参见第八章。

持人会自己作出解释——比如,像西拉努斯那样,解释了两则关于公元前 17 年百年节的议题,[①]或者像奥维德想象的那样,16 年,蓬波尼乌斯·格莱西努斯也作了解释。[②] 实际上,奥古斯都给我们提供了一个奇特的例子,一位执政官在公元前 4 年为他的第五昔兰尼法令作了一番解释演说。[③]

如果议题有关宗教,就会由一位来自合适的祭司团的祭司来解释,正如 203 年,十五人祭司团的首领要求元老院举办百年节时发生的那样。[④] 在其他情况下,元老官员或管理人员在合适的时候也会被邀请来作解释,可以找到 5 个多少可靠的例子。据推测,在 15 年,执政官允许台伯河的理事阿伦提乌斯和阿泰乌斯解释汇入河中的溪流可能改道,并介绍不同的委任人。[⑤] 在 22 年,比布鲁斯和其他市政官肯定得到允许提出是否要采取措施限制在食物和宴请上的过度花费。[⑥] 而接着下一年,在副执政"诸多而普遍不成功的抱怨"之后,提比略最终才和元老院商讨演员(histriones)的不良行为。[⑦] 69 年末,我们发现副执政财务官(praetores aerarii)解释了国家的经济困难。[⑧]

---

① G. B. Pighi, *De Ludis Saecularibus*, 第 111 页,第 52 行;第 112 页,第 59 行。

② *Ex Ponto* 4. 9. 47.

③ *FIRA*² I no. 68 V 85—90;参见 J. Reynolds,《爱欲和罗马》,第 26ff 页,no. 8 及第 74—75 页讨论。

④ Mommsen, *St. R.* III. 2. 959; G. B. Pighi, *De Ludis Saecularibus*, 140—142, 7—25, 在其他情况下,如果涉及到宗教,显然祭司的角色也很重要,如我们所预料。注意会上他们和执政官一起在克劳狄乌斯的灵床边祈祷(塔西佗,《编年史》12. 68)。还有一次,非常有经验的占卜师 Cn. Cornelius Lentulus(*PIR*² C 1379),是反对 Flamen Dialis 于 22 年当选阿非利加总督的最主要人物(塔西佗,《编年史》3. 58—59)。

⑤ 塔西佗,《编年史》1. 79。

⑥ 塔西佗,《编年史》3. 52—53。如 Furneaux 所理解(第 1 卷,第 453 页),市政官不能提出正式议题,因为他们没有议题权(*ius relationis*)。但是,在他之前的 Nipperdey 的解释(同上,第 280 页)认为,由此一有机会就以"跑题"的发言方式提出此事行不通,因为元老官员通常不会在征询意见环节被叫到发言。

⑦ 塔西佗,《编年史》4. 14。

⑧ 塔西佗,《历史》4. 9。

最后一个例子在 105 年，皇帝本人允许一位财务官提出抄写员的工资应该怎么处理的问题，抄写员在领薪日前一天死了。①

普通成员在事先安排下也通常可以作解释，有时候评论家指 237
出在这些例子中发言人会“偏离主题”。② 但下面举的例子没有明确说怎么偏离，不管怎样，那可能只是不得已的权宜之计。相反，元老(比如元老官员[magistrates])总是会在会议前找到主持人，请求允许提出议题。只有在后者拒绝的情况下，元老才会在发言时采取“偏离主题”的手段。不管用哪种方法，元老在会上阐明自己的观点后，主持人会根据大家的反应决定是否继续就此事征询意见(interrogatio)。和讨论议题前请求先发言或者在征询意见时“偏离主题”发言不同，这第三种方法要求元老冒着风险事先向主持人解释他的议题，可能遭到反对，根本没有机会在元老院上讨论。因此，我们没必要感到惊奇普林尼对普布利希乌斯·塞尔图斯有争议的攻击没有用这种办法。相反，他事先没有和任何人说过自己的意图，甚至是科雷利乌斯·鲁弗斯。③

不管印象是否正确，至少必须先征求主持人同意最常提出的事情是抱怨和申诉，有些是私人的事情，不算公务。在争辩普林尼攻击赛图斯的时候，一位元老甚至提到“抱怨的权利”(ius querendi)，④但也许这个词不应该过多按照字面意思来理解。尽管抱怨的事情占多数，普通成员还是会提出各种各样的议题。据说，奥古斯都时期阿西琉斯·波里奥曾在元老院“怨恨恼怒”⑤地抱怨他的孙子在“特洛伊游戏”中摔断了腿。15 年，一位元老的房子因修路

---

① 普林尼，《书信集》4.12。

② 比如，关于下面提到的 P. Dolabella 的提议，参见 Furneaux(第 2 卷，第 29 页)和 Koestermann(第 3 卷，第 70 页)。

③ 《书信集》9.13.16。

④ 普林尼，《书信集》9.13.15；参见塔西佗，《编年史》2.71，“erit vobis locus querendi apud senatum, invocandi leges”(Germanicus 对他朋友说的临终遗言)。

⑤ 苏维托尼乌斯，《奥古斯都》43，“graviter invidioseque”，*PIR*² A 1241。

和建造沟渠而被毁，向元老院求助。同一年，一位副执政因为贫穷请求元老院让他辞职，提比略给了他一笔钱，但其他人也开始这么做的时候，他要求他们将自己的事情放在会上讨论。[1] 21年，副执政多米提乌斯·科尔布罗抱怨一位贵族年轻人在角斗表演的时候拒绝给他让座，[2]这该算是个人的事情。同样，70年，
238 一位元老抱怨在塞纳遭到恶劣的待遇。[3] 当然，这两起事件都反映了元老院作为立法团体的尊严，特别是在第二例中，侮辱是针对整个元老院的。科尔布罗还抱怨意大利道路维修不当也许主要是为了大众利益——虽然后来的起诉不能说为了大众，塔西佗补充说。[4] 在这个例子中，和70年的例子中，抱怨的结果确实采取了行动。

21年，克斯提乌斯提出了有人滥用皇帝的肖像作为保护以逃过对恶劣行为的惩罚的事件：不少元老就此事发了言，德鲁苏斯，作为主持执政官，采取了行动。[5] 前一年，苏比修斯·加尔巴要求惩罚像执政官一样有饭馆的人，之后继续在元老院抱怨“沿街叫卖的小贩，在受到指控后，通常用他们的戒指来保护自己”。[6] 因此，有资格佩戴骑士阶层金戒指的法令最终于23年确立。22年，埃米利乌斯·雷比达请求元老院批准加固、美化保利·巴西利卡圣堂，埃米利乌斯家族的纪念建筑，正好穿过阿尔吉列图(Argiletum)街朱利亚元老院对面。[7] 25年之前的某一次会上，凯西纳·塞维鲁抱怨女子着装不得体，[8]显然，这不是他的提议，而是科尔

① 塔西佗，《编年史》1.75。

② 塔西佗，《编年史》3.31；关于当时的情形，参见苏维托尼乌斯，《奥古斯都》44。

③ 塔西佗，《历史》4.45。

④ 《编年史》3.31；狄奥59.15.3。

⑤ 塔西佗，《编年史》3.36。

⑥ 普林尼，《自然史》33.32；第十五章，第五节，列表第27—28条。

⑦ 塔西佗，《编年史》3.72。

⑧ Tertullian，*De Pallio* 4.9. *PIR*^{2} C 106. 关于另一则Caecina反女性的抱怨，参见下文第十一节。

尼利乌斯·兰图鲁斯的主意，[1]在那一次还是另一次会上提出，元老院通过了提议。后来，在 31 年夏，科苏斯·科尔尼利乌斯·兰图鲁斯让元老院通过了一项提议，禁止控告皇帝的使节。[2] 最后，在 47 年，多拉贝拉成功提议财务官应该加入年度角斗表演。[3] 而在尼禄时期，我们听说奥索企图替一位被控敲诈的元老复职。[4]

据普林尼和弗朗图说，还有个特别的议题，既不完全是普通元老，也还不是元老官员的人肯定会经常提出，即指定执政官要“向皇帝表示敬意”(in honorem principis)。[5] 关于这个提议的形式没有更多资料，但可以合理猜测，主持人允许选举后，紧接着的会议将提出此议题(即至少从弗拉维王朝起每年年初)。

当主持人介绍大使或其他人的时候，自然会允许他们或他们的赞助人(patronus)提出自己的事情。 239

第十节　征询意见

一旦拟定议题并作出解释，可能元老院绝大多数人赞同提出的解决办法或行动，这种情况下，主持人通常会立即开始投票。[6] 或者，一旦解释完议题，元老的反应或主持人自己的倾向可能让他认为再继续讨论没有多大的价值，所以放弃议题，而反对这种看法的元老可能会喊“商议”，[7]就是说，他们要求轮流倾听每个人的意见。从帝国时期起，没有这方面的确切例子，但我们可以猜测，特拉塞亚·培图斯在 58 年成功地使用了这种办法解决了一个小问

---

① Cos. 14 B. C.，占卜师；他死于 25 年(*PIR*^{2} C 1379)。

② *Dig.* 48. 2. 12 pr.；第十五章，第五节，列表第 31 条。

③ 塔西佗，《编年史》11. 22；13. 5 和苏维托尼乌斯，《克劳狄乌斯》24；*PIR*^{2} C 1349。

④ 苏维托尼乌斯，《奥索》2。

⑤ 普林尼，《书信集》6. 27；弗朗图 *Ant. Imp.* 4. 2. 3＝p. 110H。

⑥ 参见下文第二十五节。

⑦ Festus，p. 174 L；参见西塞罗，*Ad Att.* 5. 4. 2＝SB 97。

题,即批准锡拉库扎(Syracuse)在角斗表演时超出规定的出席人数。[①] 通常情况下,这种事情会被置之不理,不作讨论。如果出现有争执的问题,不管怎样,主持人通常会咨询元老的意见,并且采取符合整个罗马公共和个人生活认可的做法。[②] 会议的这一部分叫作“征询意见”(interrogatio)。

第十一节 点名让元老发言的顺序

格里乌斯讲述了瓦罗在公元前 70 年说过的关于元老点名发言的顺序,“……应该按顺序点名让元老发言,从执政官头衔的元老开始。以前第一个被叫到发言的执政官都是在元老院担任元老院首领的人,但在瓦罗写作的时候已经有了新的传统,主持人出于偏心或者讨好的意愿,会让他想叫的人第一个发言,当然,前提是被叫到的人有执政官的头衔”。[③] 格里乌斯在别的地方(2 世纪晚期的文章中)确实暗示公元前 9 年的《朱利亚法》规定了元老点名
240 发言的顺序,他解释说:“在这条法律通过之前——现在元老院会议是按照这条法律进行的——点名发言的顺序各种各样”。[④] 不过,《朱利亚法》现在遗失了,我们又得求助于其他资料来了解常规。

现存关于主持人做法的概述大多数帮助不大。公元前 18 年,狄奥(在《朱利亚法》实施之前)的一篇文章中说到,奥古斯都延续了共和晚期相似的做法,执政官也仿效他,所有的执政官以随意点

---

① 塔西佗,《编年史》13.49。从他的描述中,另一种可能——即主持人确实征询了元老意见,或者 Thrasea 讲到另一件事的时候“跑题”——看起来更加不可能。

② 概述参见 J. Crook,《元首顾问团》,第一章。亦可参见普林尼,《书信集》1.22.8 及 Sherwin-White 关于此处的论述;还有 Juvenal 引人注目的讽刺画,*Sat.* 6.497—501。

③ 14.7.9.

④ 4.10.1

名的方式让他们发言，而其他的成员则按资历排序。[①] 雷比达总是最后一个被点名发言的执政官，为此，他感到羞耻。后来，克劳狄乌斯也因盖乌斯皇帝受过这种羞辱，虽然他本来也几乎排在名单的末尾，37 年才任职。[②] 公元前 13 年，提比略任执政官的时候也运用了同样的权利，令人好奇的是，他让科尔尼利乌斯·巴尔布斯先发言，作为他完成修建戏院的认可。[③] 苏维托尼乌斯的记载比狄奥还夸张，根据他的描述，奥古斯都为了聆听对主要事务更多机敏的讨论，作为主持人，他完全不顾"传统和秩序"，愿意叫谁就叫谁。[④] 甚至在通过《朱利亚法》之后，主持人显然还是有余地可以改变点名顺序叫元老发言。因此，据说，在 20 年审判埃米利亚·莱皮达的时候，提比略没有让指定执政官德鲁苏斯第一个发言，以免他尴尬，按理他先发言很平常。[⑤] 盖乌斯统治初期，所有执政官都习惯让朱尼厄斯·西拉努斯[⑥]先发言，无疑是因为他的杰出。但他不可能是资格最老的执政官，[⑦]因为我们听说盖乌斯为了打击他的地位，此后让执政官和其他成员一样以资格排序发言。[⑧]

当然，总体来说，在帝国时期，大多数主持人都是以资格排序让元老发言。严格说来，皇帝比所有元老的地位都高，排在元老名册(album senatorium)榜首，但因为他出席的次数越来越少，除非

① 54.15.5—6.

② 苏维托尼乌斯，《克劳狄乌斯》9；6。

③ 狄奥 54.25.2；*PIR*[2] C 1331。关于一个模糊的例子说到一位元老先被点名发言，可能不是不按顺序，而是"post acceptam hereditatem"("在他接受了遗赠之后"，一个奇怪的理由)，参见 Quintilian, *Inst. Or.* 6.3.97。

④ 《奥古斯都》35。

⑤ 塔西佗，《编年史》3.22；参见狄奥 57.7.4 概述。

⑥ *PIR*[2] I 832(15 年执政官)。

⑦ 从盖乌斯接下来采取的行动中，这点是不言而喻的。比如 L. Volusius Saturninus (公元 3 年的执政官)，肯定比 Silanus 年长，而且活得比他长(参见补充注释 G)。

⑧ 狄奥 59.8.6；关于 Silanus 的地位，参见 Philo, *Leg. Ad Gaium* 75。

241 担任主持,所以几乎没有让他发言的问题了。① 按照传统,也不会让元老官员发言,虽然他们像皇帝一样,想什么时候说话,就什么时候说话。② 但是,据塔西佗说,提比略在主持的时候,确实会让元老官员(magistrates)发言,显然是从他们级别中最高的那一位开始。③ 相反,我们知道图拉真在 100 年审讯马吕斯·普利斯库斯担任主持的时候,没有这么做。④

通常情况下,只要指定元老官员在场(就是说,已经当选但还未上任的人),可能大家认为他们比所有同级别的官员身份要高,所以最先发言。就执政官而言,这点毫无疑问,因此,只要能够,主持人都会先叫一个或几个指定执政官发言。因此,塞内加在他的戏仿诗文中体现了这种标准做法,让两个指定执政官先发表意见。⑤ 在这方面,14 年的一起事件强调了传统做法的力量,提比略忍住了替日耳曼尼库斯(译注:即德鲁苏斯)向元老院请求给予德鲁苏斯行省总督权(imperium proconsulare),"因为德鲁苏斯是指定执政官,而且本人在场"。⑥

关于汤恩德(Townend)提到的马上要就任的指定执政官比其他人有优先权,我们不太肯定这是否属实。⑦ 他引用的塔西佗的文章没有证明这一点,因为文章没有充分论述在会上还有谁发言,或者以什么样的顺序发言。因此,汤恩德的观点可能不对,他推断说,卡尔普尼乌斯·庇索以指定执政官的身份出席应该将塔

---

① 但是,可参见狄奥 57.24.7;或亦可参见 60.12.3。

② 参见下文第十九节。

③ 《编年史》3.17。

④ 普林尼,《书信集》2.11.19—20。

⑤ *Apocol*. 9.2; 4.

⑥ 塔西佗,《编年史》1.14。值得争论的是提比略有双重动机:第一,这样的权力对于一个很快要成为执政的人不合适(如 Furneaux 关于此处的理解);第二,因为主持人必须遵照传统咨询意见,让德鲁苏斯先发言会很尴尬(如 Mommsen, *St. R.* II. 2. p. 1152. n. 1,所理解的)。

⑦ *AJP* 83. 1962, 126, n. 20.

西佗在《编年史》13.28 中记载的会议追溯到 56 年的最后两个月。按照他的观点，如果会议是在更早的时候召开，杜维乌斯·阿维特斯（这几个月的补任执政官）就会以他的身份而被点名发言了，阿维特斯在 11 月就任后，庇索才成为指定执政官。但是在图拉真时期，似乎就快上任的指定执政官不会想当然地第一个先发言，据我们所知，在尼禄时期也不必这样。因此，在 100 年 1 月，我们发现科尔努图斯·特尔突罗显然是第一个被叫到发言的，即使有不少指定执政官在场，他们在特尔突罗 9 月就任之前 242
就会成为执政官。[1] 可以猜测，选择他第一发言是因为他的年龄。[2] 在汤恩德所讨论的例子中，如果庇索在 56 年相当早的时候就被选上指定执政——而这正是朱里亚-克劳狄王朝的资料没有给我们提供的[3]——那么塔西佗所提到的会议就应该在 11 月前召开。

指定副执政在同级元老中有优先发言权，这在共和晚期已经得到很好证实，但在帝国时期并没有相关证据。不管怎样，可以合理地猜测，优先权一直持续到了帝国时期。提比略对阿西琉斯·加卢斯提议的反应可以支持这种观点，加卢斯提议副执政应该提

---

[1] 普林尼，《书信集》2.11.19 和 12.2。应该承认，可能皇帝主持了这些会议的第一场，因此改变了传统的发言顺序；但没有迹象表明他主持了第二场会议。更多参见 Sherwini-White 的讨论，《普林尼》，第 78、172 页。如他所说，普林尼仍有可能为了修辞的需要两次改变了实际发言的顺序。另外，我们现在可以肯定 Q. Acutius Nerva 的任期在 Conutus Tertullus 之前（R. Syme，《罗马文论》I. 256）。但认为普林尼确实在这些最新的描述中保留了发言的实际顺序比较自然。

[2] 他至少将近 60 岁了（H. Halfmann，《元老》，no. 22）——这么大年纪担任第一届执政官很少见。就我们所知，除了一人以外，100 年的其他所有补任执政官都是第一次上任（R. Syme，《罗马文论》I. 256 页）。但是 L. Julius Ursus，作为第三任补任执政官，很可能比 Cornutus 年长，但他也没希望积极工作，或者在所谈论的两次会议或其中一次会议时甚至已经接替了 Julius Frontinus，任常任执政官。

[3] 参见第六章，第四节。

前 5 年指定——“元老官员的人数就会增加 5 倍”①——反映出指定官员在元老官员和普通成员之间的特殊地位。指定市政官和指定保民官在共和时期和帝国时期是否也有相应的优先权(看起来似乎有)都不清楚。指定财务官当然不能出席元老院会议。②

如果从弗拉维时期起,选举元老院元老官员按照上面提到的时间举行,③那么我们可以推断,大多数会议上都有指定元老官员。只有 1 月初大概两个星期的时间才可能没有指定副执政或指定市政官(那些在上年 1 月中选出的人在今年 1 月 1 日已经上任,
243 而下一次选举还没进行)。保民官相应的空缺期会长一些,从 12 月 10 日开始。当然,执政官的空缺期最重要。至于其他的元老官员,在 1 月份的头两个星期左右通常会有个空档期。是否在更早的时候也出现空档完全取决于下一年 1 月 1 日就职的常任执政官在什么时候选举,而据我们所知,到目前为止,关于选举的具体日期从来就没固定过。当然,有可能最后一对任期一年的补任执政官会在 10 月 1 日就职,而下一年的常任执政官还没有选举出来,因此,我们讨论的空档期就提前了,并且会持续一段时间。不管什么时候,如果有人和皇帝一起在年初当选,那么作为指定执政官,他注定要面对特别繁重的职责,因为实际上,要么从最后一对替补执政官就职时算起,或者从自己当选那天算起(如果时间较后的话),他可能要在每次的意见征询环节上第一个发言,一直到 12 月 31 日。他不可能期待皇帝来分担他的重任。然而,话虽如此,事实上,回想一下,很多常任执政官都是有经验的人,在位时间长,已

---

① 塔西佗,《编年史》2. 36:“quinquiplicari prorsus magistratus”。一旦实施这样的措施,指定元老官员人数不可避免的膨胀可能导致传统发言顺序的修改。在三人执政时期,这确实是个问题,虽然我们不知道是如何解决的:参见 J. Reynolds 的讨论,《爱欲和罗马》,第 70 页。

② 参见 Vell. 2. 111. 3;HA, *Verus* 3. 5;参见 Mommsen, *St. R.* III. 2,第 973 页,n. 2。

③ 参见第六章,第四节。

经是第二届甚至是第三届就任了。

蒙森(Mommsen)[①]——之后是奥布莱恩·摩尔(O'Brien Moore)[②]——注意到指定执政官在征询意见环节的优先发言权最后没有了，他们的观点是正确的。但让人困惑的是，两位学者都将优先权消失的时间追溯到哈德良或安东尼·庇乌斯时期。蒙森没有给出这种观点的理由，而奥布莱恩·摩尔认为可能是和那时执政官人数增长有关——后者的推测让人怀疑。可以肯定的是，在图拉真之后，会议程序的详细资料很少，很难肯定指定执政官是否仍然有优先权。不过，没有资料表明固定的传统会在2世纪初就已经打破了。此外，也确实存在指定执政官在会上仍然有优先发言权的例子，[③]有意思的是，阿皮安在描写喀提林阴谋的辩论时，还曾写道："西拉努斯，当选的执政官，先发言，罗马的传统是让将要就职的执政官先发言，因为，我以为，他同将来事务的处理关 244
系最大，因此会非常仔细并合理地考虑每一件事。"[④]这是大约160年的希腊人提供的解释，过多地使用了现在时，而不是过去时，这可能有点草率。但尽管有不足，阿皮安确实具有历史感，他还认识了弗朗图，并且作为骑士和皇室总管总体上非常了解当时的罗马社会。[⑤] 基于其他理由，如我们所见，指定执政官在奥略留时期仍然是第一个发言，这确实是可信的。

就我们所意识到的，同级别中一位成员的资历仅仅取决于他

---

① *St. R.* III. 2. 976.

② *PW* Suppl. 6 col. 768.

③ 参见 *FIRA*[2] I no. 48；弗朗图，*Ant. Imp.* 4. 2. 3＝p. 110H；HA，*Did. Jul.* 7. 2。相反，*Aes Italicense*(*Hesperia* 24，1955，第330页)中的发言人确实证实他在发表首席意见(第21行)，当然，他的身份和地位并不清楚。Calpurnius Maximus 的例子也一样，他在203年谈到百年节(G. B. Pighi，*De Ludis Saecularibus*，第142页，第25行；参见 Mommsen，*Ges. Schriften* VIII，第625页)。

④ *Bell. Civ.* 2. 5.

⑤ 参见 *Prooem.* 15；*PIR*[2] A 943；G. W. Bowersock，《罗马帝国的希腊哲学家》(*Greek Sophists in the Roman Empire*)，第112—113页。

担任元老官员的时间。[1] 如下文会提到，一位执政官能否抽签担任阿非利加和亚细亚总督完全取决于他的资历。出于不同程度的肯定，在共和时期，所有成员都可以通过贵族身份取得更高的职位（直到苏拉时期），[2]或通过担任大祭司、出色的军事工作，或一次成功的起诉。[3] 在帝国时期，16 年成功起诉立波·德鲁苏斯的元老们确实得到副执政头衔的额外嘉奖（extra ordinem）。[4] 另外，一位低级别成员可以通过攻击一位有名的人物来取得名声。[5] 据说，28 年，有 4 位副执政甚至为了取悦塞扬努斯而发起一场起诉，以此获得执政官的头衔。[6] 那时，这种工作可以增加一个人晋升的机会，正如军阶一样。但在帝国时期我们还是没能找到事例证明元老直接晋升到更高职位完全是因为一次成功的起诉，或上面提到的任何理由。同样，做父亲的也许会比没有小孩的更快当上元老官员，[7]但也没有证据证明家庭的大小可以帮助成员在同级别的人中提升资历。

如我们所见，不管是成员，还是非成员，一样都可以通过直接选拔到一个级别。然而，在同一级别中，他们的位置安排还是不肯定。我们能够说的是，如果《奥古斯都史》提到的关于 193 年佩蒂纳克斯的举动可以相信，显然，将所有直接选拔的人放在他们级别
245 最底层并不是传统："因为康茂德通过无数的直接选拔将前副执政混在了一起，佩蒂纳克斯制定了一条元老院法令，规定那些没有担任副执政，但已经通过直接选拔取得头衔的人将作为已经真正担

① 但是，参见 Pupienus 的特别请求，出自希律 8.4.4。

② Mommsen，*St. R.* III. 2.，第 967—968 页。

③ Mommsen，*St. R.* III. 2.，第 971 页；L. R. Taylor 和 R. T. Scott，*TAPA* 100，1969，第 53—556 页。

④ 塔西佗，《编年史》2.32。

⑤ 塔西佗，《编年史》1.2；2.53；4.42；参见《编年史》12.42；普林尼，《书信集》9.13.2。

⑥ 塔西佗，《编年史》4.68。

⑦ 参见第一章，第二节。

任副执政的人的下级：但因此他也煽动起了很多人对他的极大仇恨。"[①]因为没法考证，因此自然会猜想在佩蒂纳克斯作出改变之前，直接选拔的成员和选举出来的成员一起担任同等级的最低职位，自动同他们一起升迁，而不是永远都在最底层。[②] 实际上，如果从字面意思理解《奥古斯都史》，甚至佩蒂纳克斯的改革也只适用于副执政，而不是其他等级。在他死后，无疑又完全回复到以前的做法。

既然塔西佗很关注元老院的会议，我们希望从他那里更多地了解元老点名发言的顺序。事实上，从他的会议描述中完全无法确定发言顺序，因为，可以理解的是，很多情况下，他只是将更完整的材料简化塑造成对自己有利的观点。因此，16 年听完指控立波·德鲁苏斯的案例后，[③]发言人的顺序可能最好看作是故意那样安排的，以描述"毫无体面、穷凶极恶的顶点"，[④]塔西佗强调的是这一点，并不是那次审讯会上元老发言顺序的准确记录。所有把它看成是后者的很快会遭遇困境。科塔·梅萨里努斯(Cotta Messalinus)是第一个提到的。谨慎地认为他就是奥略留·科塔(M. Aurelius Cotta)，20 年的执政官是合理的，还提到他是以指定副执政的身份发言，即使那样一来，他两个官职之间的间隔就很短。但按照塔西佗的顺序，在他之后是资历较深的执政官科尔尼利乌斯·兰图鲁斯(Cn. Cornelius Lentulus)(公元前 14 年执政官)发言，然后是蓬波尼乌斯·弗拉库斯，17 年的指定执政官。[⑤]据塔西佗记载，有一位发言人，他的名字缺失，只有缩写 L. P…

---

① *Pert.* 6. 10—11. 更多的讨论，参见 A. Chastagnol, *BHAC*, 1975/1976, 第 121—122 页。

② 在极少的例子中也可以找到类似的做法，赐予元老更高级别的荣誉：参见第十一章，第六节。一旦他们真的当选，很有意思的问题是，他们是留在已经取得的位子上了呢，还是要求他们重新和元老官员同事们回到底层。

③ 《编年史》2. 32。

④ R. Syme, *JRS* 46. 1956, 19.

⑤ 《编年史》2. 41。

(LPiso,公元前 1 年执政官？还是 L. Piso,公元前 15 年执政官？还是 L. Plancus,公元 13 年执政官？或者 L. Voluseius Proculus,17 年补任执政官?),跟在他之后的是加卢斯·阿西琉斯(公元前 8 年执政官),帕皮乌斯·木提鲁斯(公元 9 年执政官),和阿波尼乌斯(公元 8 年执政官)。要说这种顺序忠实地记录了实际的情况是
246 让人尴尬的:一位指定副执政几乎不可能第一个被叫到发言,而指定执政官给排到了第三位。[1] 如我们所见,以前一位指定副执政甚至从来不可能在元老院做长篇演讲,除了在选举时自我推荐。[2]

后来,在 16 年,塔西佗记述一次关于"全国性的奢侈浪费"的争辩时,先解释了最先提出加以限制的两位律师的观点[3]——执政官哈特利乌斯(Q. Haterius)[4]和副执政奥克塔维厄斯·弗朗图(Octavius Fronto)[5]——然后才提到执政官卡尔普尼乌斯·庇索(L. Calpurnius Piso)的勃然大怒,他的发言"跑了题"。[6] 很可能争辩的时候,庇索确实比弗朗图先发言,但塔西佗的顺序对读者来说更清楚,他也得以顺畅地讲述庇索另一次"发言时直言不讳的愤怒",也就是召唤莉维亚的朋友乌古兰尼娅(Urgulania)来法庭的那次。

同样,在讲述 21 年讨论谁适合担任阿非利加和亚细亚总督的

---

① 如瓦罗所说(Gell. 14. 7. 9,上文有引用),被主持人第一个挑选发言的至少是执政官等级。

② 关于整个辩论,参见 R. Syme,"Some Pisones in Tacitus",*JRS* 46,1956,第 17—21 页=*Ten Studies in Tacitus*,第 50—57 页;Goodyear 关于这点的论述。但是根据两处资料,应该明白 Syme 基于碑文来判断这里的发言人 Cotta Messalinus 是 17 年的副执政毫无疑问是可靠的,即使证明是对的,他在塔西佗描述中第一个发言仍然了不起,因为他只是执政官以下的头衔。通常即使是指定副执政,都得等所有执政官发言完后,才能轮到。

③ 《编年史》2. 33—34。

④ *PIR*[2] H 24,公元前 5 年执政官。

⑤ 要不然,我们只知道他是 19 年出现在列表 22 法令"记录"中的其中一人,第十五章,第五节;显然,他是有强烈道德感的人。

⑥ *PIR*[2] C 290,公元前 1 年执政官。

时候，塔西佗也颠倒了发言的顺序，帮助读者理解杂乱无章的争辩。[1] 他先提到塞克图斯·庞培[2]攻击曼尼乌斯·莱皮达不适合成为候选人，然后他才提到凯西纳·塞维鲁的意见，[3]他的发言“跑了题”，还有随后的评论。但是，因为凯西纳是比庞培资格老得多的执政官，有可能他的意见实际上是在后者发言之前提出。凯西纳的主要对手，瓦列里乌斯·梅萨里努斯[4]（公元前 3 年执政官），也比他的级别高，因此在不按顺序第二次发言时应该需要特别批准。[5] 肯定是为了让表述更清楚塔西佗才颠倒了这些元老的实际发言顺序。在记述 22 年审判朱尼厄斯·西拉努斯的时候，他还是为了同样的目的将另一人“跑题”的意见不按顺序放到了最 247
后。意见是科尔尼利乌斯·多拉贝拉（P. Cornelius Dolabella）提的，[6]在实际的争辩中（虽然不是在塔西佗的争辩中），他可能在科尔尼利乌斯·兰图鲁斯[7]之后发言。但在这个例子中，应该承认皇帝主持会议的时候去猜想发言的顺序是要凭运气的，因为他会比执政官更随意地改变发言顺序。

在普林尼给我们的关于征询意见的最完整描述中，他善解人意地按照发言人观点排序，而不是严格按照发言的顺序。[8] 但可以合理推测，在 97 年的会议中，发言顺序可以说是和资历紧密相关的。他偏向其中一种观点，按照以下的顺序排列：多米提乌斯·阿波利纳里斯，指定执政官，法布里修斯·威恩托，[9]法比乌斯·

---

① 《编年史》3. 32—34。

② R. Hanslik, *PW* 21 s. v. Pompeius no. 62，第 2265—2267 卷，公元 14 年执政官。

③ *PIR*² C 106，公元前 1 年执政官。

④ R. Hanslik, *PW* 7 A s. v. Valerius no. 265，第 162 卷。

⑤ 参见下文第十九节。

⑥ 塔西佗，《编年史》3. 69；*PIR*² C 1348，cos. 10（公元 10 年执政官）。

⑦ *PIR*² C 1379，公元前 14 年执政。

⑧ 《书信集》9. 13. 13—15。

⑨ 也许是 82 年或 83 年，第三任补任执政官；参见 P. Gallivan, *CQ* 31，1981，第 209—210 页的讨论。

波斯图米奴斯(96 年补任执政官),比提乌斯・普罗库鲁斯(副执政,后来是 98 年的执政官),阿米乌斯・弗拉库斯(要么不会为人所知;可能是副执政)。反对的意见由阿维狄乌斯・奎伊特斯(93 年补任执政官)和科尔努图斯・特尔突罗(副执政,100 年补任执政官)提出。所有这些人以这种顺序发言之后,普林尼自己才以副执政的身份发言。① 最后,在他描述 105 年争辩关于如何处置死去的执政官阿弗拉尼乌斯・德克斯特的自由民时,普林尼完全省略了提议者的名字,除了他自己的之外。② 但在这里所列的三种意见——释放(他自己的),流放,处决——更可能是按照逻辑上严重性增加的顺序,而不是提出意见的实际顺序。如果按照发言顺序,我们就会想知道指定执政官提了什么意见,普林尼之前的所有执政官又提了什么意见,相对来说,他的等级仍然较低。在这个例子中,他们几乎别无选择只能从提到的三种判决方式中选一种,或者和这种接近的判决。③ 确实,看来他们的意见比普林尼的要严厉,至少其他两种意见中有一条是在普林尼发言之前提出的。因此,如果争辩最后他说有更多的元老支持释放,而不是其他两种判决,④那么他要么拉拢了相当多的初级元老支持他的观点,要么是
248 至少成功地说服一部分执政官改变了主意。

第十二节　初级成员的参与

无论怎样,点名让所有元老一个个按顺序发言是件非常耗时的事情,即使会议出席率只算稍好,发言也非常简短。不可避

① 《书信集》9.13.18。

② 《书信集》8.14.12。

③ 这是 Sherwin-White 没有解决的关键问题(《普林尼》,第 464 页),他的观点相反。

④ 《书信集》8.14.24。

免的一个问题是,主持人是否真的让每个人发言,还是他可以自由裁量缩短咨询意见的时间。共和时期的零星资料表明,通常他没有这样的权利,而是真的让每位成员发言——直到名单的末尾,或者夜晚来临。[①] 不然的话,在任何时期,只有大家意见一致的时候才会缩短时间,主持人立即以不经讨论的方式进行投票(per discessionem)。[②] 如塔西佗记载,[③]21 年,克鲁托里乌斯·普利斯库斯的审判就是这种情况,主持人让执政官发言完后没再费心继续咨询意见,因为只有两人不同意指定执政官的意见。[④] 因为这样,可以理解事后提比略批评听审和执行判决都太急促。

帝国时期有没有改进共和时期的做法呢?塔西佗一直到 70 年的记述都没有体现这一点。[⑤] 确实,那时和任何时候一样,有影响力的意见都是资格较老的成员提出的:执政官和副执政。不管怎样,他们一起形成的圈子比初级元老的大得多。[⑥] 然而,在 22 年关于提比略时期元老院奉承风气滋长的记述中,塔西佗明确地说,很多下级元老(pedarii senatores,二级元老,那些还没当上副执政的元老)确实发表过意见。[⑦] 发言的顺序大概是市政官,保民官,财务官。[⑧] 塔西佗的叙述可以为这种安排提供一些具体的例子,虽然他再未用过"二级(pedarius)"这个词。相反,"元老(sena-

---

① 参见 Mommsen, *St. R.* III. 2,第 982—983 页。

② 这个词用在这样的地方,虽然严格来说是指根本不经过讨论的投票:更多参见下文第二十五节。

③ 《编年史》3. 49—51。

④ M. Aemilius Lepidus,公元 6 年执政官;C. Rubellius Blandus,公元 18 年执政官。

⑤ 显然,这是一次不同寻常的危机,31 年 10 月 18 日,在提比略的信件宣读完后,执政官只问了一位元老是否塞扬努斯不该监禁(狄奥 58. 10. 8)。

⑥ 关于更资深的成员作为领头人,参见塔西佗,《历史》4. 8 和 41。

⑦ 《编年史》3. 65。

⑧ 共和时期市政官先于保民官(Mommsen, *St. R.* III. 2,第 967 页),后来肯定也这样,虽然这点无法查证。

249 tor)”这个简单的词，虽然不是一成不变，[1]似乎专指初级成员。在任何情况下，想要确定的答案是不可能的，因为严格来说，大多数相关的成员都不清楚是谁，有很多再也没有听说过。但很可信的是霍尔塔勒斯，塔西佗将他描述为“年轻人(juvenis)”的，是16年的初级元老，他当时请求经济援助；值得注意的是，他把自己的请求变成了发表“意见(loco sententiae)”。[2] 其他曾积极参与过一次讨论的初级元老有：奥略留・庇乌斯(senator)，[3]克斯提乌斯(senator)，[4]朱尼厄斯・卢斯提乌斯，[5]托贡纽斯・加卢斯“ignobilis(平民)”[6]凯基利安努斯或凯西利安努斯(senator)，[7]辛贡尼乌斯・瓦罗，朱尼厄斯・毛利库斯，[8]朱尼厄斯・莫里库斯，[9]曼留斯・帕楚因努斯(senator)。[10] 此外，据塔西佗描述，科苏提安努斯・卡皮托在47年想发言的时候可能还没当上副执政。[11]

---

① 比如，根据《编年史》4.31的记载，Firmius Catus 只是简单地称为 *senator*(元老)，虽然他已经荣升为副执政，因为8年前审判立波・德鲁苏斯的时候，他参与了其中(《编年史》2.27和32)。在同一章(4.31)，Cominius 也用了 *senator* 来描述，如 Furneaux(*The Annals of Tacitus* I，第278—279页)所说，主要是要将他和他的骑士兄弟分开，在这里有提到他。Iuncus Vergilianus 无疑在《编年史》11.35中也被称为 *senator*，也是为了区分，虽然事实上他可能已经是副执政，如果塞内加的 Apocol. 13提到的是他(参见 *PIR*^{2} I 1712)。Goodyear(*The Annals of Tacitus* 2，第167页)太死板，他说塔西佗有时候使用 *senator* 一词只不过是用来指财务官。

② 《编年史》2.37。关于他的祖先，参见 J. Geiger，“M. Hortensius M. f. Q. n. Hortalus”，*CR* 20，1970，第132—134页。

③ 《编年史》1.75。

④ 《编年史》3.36；*PIR*^{2} C 690。

⑤ 《编年史》5.4。

⑥ 《编年史》6.2。

⑦ 《编年史》6.7。

⑧ 《编年史》14.45；*PIR*^{2} C 736。我们知道，他曾是68年的指定执政，所以至少可能到62年时，他还没当上副执政。

⑨ 《历史》4.40；*PIR*^{2} I 771。

⑩ 《历史》4.45.

⑪ 《编年史》11.6—7；*PIR*^{2} C 1543。我们只知道，他在57年前从副执政行省 Cilicia 任总督回来。

同样，利乌斯·杰米努斯在38年证实看见德鲁西拉升上天堂的时候可能还是初级元老。[1] 可能诗人鲁坎担任财务官的时候想发言，至少我们听说他特地公开宣传他对尼禄强烈的仇恨。[2] 未来的皇帝奥索肯定在当财务官的时候发过言。[3] 我们甚至还有混杂的资料提到帕西安努斯·克里斯普斯的“首次演说”，但不幸的是没法确定发言时他的元老头衔。[4] 更普遍的是，在几乎整个朱 250
里亚-克劳狄王朝时期，初级元老肯定经常以律师，被告，或见证人的身份参与元老院审讯。在这些审讯上扮演积极的角色却在每次咨询意见时都保持沉默，或者允许将他们忽略是很奇怪的：证据显然表明这种想法是错误的。难道我们甚至不能想象一下元老院作为法庭的新角色，初级元老能够参与审判，他们比起在共和时期有更大的信心在咨询意见环节发言？

再看看朱里亚-克劳狄王朝以外的时期，埃比克提图描述的维斯帕先和海维迪乌斯·普利斯库斯之间的冲突，除了别的因素外，关键在于前者作为主持人必须征询后者作为元老的意见，只要他出席了会议。[5] 海维迪乌斯当时是副执政。之后，在《颂词》当中有一处模糊的资料提到在马吕斯·普利斯库斯（普林尼是他的起诉人）审判的最后，普林尼宣称100年时在这样的审讯会上，图拉真作为主持人问了每一位元老的意见：“每位叫到的元老都讲了自己觉得合适的观点，他可以不同意别人的意见，投反对票，为了国

---

① 狄奥59.11.4。如果他是塞内加在*Apocol.* 1中所提到的人，那么在54年时，他还只不过是副执政（as *Viae Appiae curator*）.

② 参见苏维托尼乌斯，*Vita Lucani*；塔西佗，《编年史》15.49；*PIR*^{2} A 611。

③ 参见塔西佗，《历史》1.85；A. Nagl，*PW* 2A s. v. Salvius no. 21，第2035—2055卷。

④ Scholia on Juvenal. *Sat.* 4.81，p. 60 Wessner. 我们只知道，在作这番演讲时，提比略是皇帝（据推测出席了会议），而Crispus在44年是第二任执政官。参见R. Hanslik，*PW* 18 s. v. Passienus no. 2，第2097—2098卷。还有所知的另一次“首次演说”，奥古斯都发表的“sententiae suae loco dicendae”，是在塞内加的讽刺诗中，*Apocol.* 10。

⑤ 1.2.19—21.

家提出自己的看法。我们都发表了意见,甚至统计了人数……"①

碰巧,普林尼在《书信集》中描述自己在元老院的经历时却没有强有力的证据表明在他那个时期,主持人让每位元老发言还是惯例。然而,同样正确的是,除了一次下面提到的例外,他的描述中没有什么可以证明初级元老会被忽略。然而,他也从未提到副执政以下的人参与发言,除了一次提到一位在位保民官。② 因此,按照他的记录,初级元老在争辩中的贡献充其量是很小的。这其实完全符合我们的期望,因为从我们的了解来看,到他那时为止,参会的并且有资格发言的初级元老,比起塔西佗描述的朱里亚-克劳狄王朝时数量要少得多。③ 然而,重要的是,在普林尼时代之
251 后,初级元老还是会被点名发言,我们可以从弗朗图的描述中得到确认,他说奥略留还是财务官的时候(即 140 年前),在元老院会议上也征询了他的意见。④

普林尼记录的一则不同寻常的事例有待讨论。事情发生在 97 年的会议上,他攻击了普布利希乌斯·塞尔图斯,⑤不同寻常的地方在于,主持执政官只叫执政官和副执政级别的人发言,然后就马上进行投票,即使他们表达的意见没有达成一致。然而,矛盾的是,缩短咨询意见环节的原因在于事情争议非常大,普林尼(如我们所知)在会议开始时征求主持执政官的特别批准提出问题,然后由执政官正式提上议程。到普林尼第二次发言完毕(按照副执政的顺序),元老们情绪非常激动,他的反对者想得到保民官的支

---

① 76.2:"interrogatus censuit quisque quod placuit; 〈licuit〉dissentire discedere, et copiam iudicii sui rei publicae facere; consulti omnes atque etiam dinumerati sumus ..."

② 《书信集》5.13.6。参见 Sherwin-White,《普林尼》,第 168、359 页。

③ 关于大约的数据,参见第四章,第二节。

④ *Ad M. Caes.* 4.3.6 = p. 59H. 关于日期,参见 E. J. Champlin, *JRS* 64, 1974, 第 143—144 页。当然,可能是 Marcus 作为皇帝没按顺序点名。

⑤ 《书信集》9.13.6—20。

援，虽然元老院的大多数人都表明了立场，坚定地站在他一边。尽管得到保民官穆雷纳的支持，普林尼的反对者韦恩图被拒绝第二次发言。然后，据说，主持执政官“大声叫唤名字”，[1]进行投票，最后解散了会议。舍温-怀特认为所有其他元老的名字都被叫到了，但即使他们的意见都很短，会议的时间仍然会很长。[2] 任何推延都会让普林尼的反对者恢复镇静而造成风险。在这种不稳定的局面下，主持执政官是否宁可只让某些，或者所有资历低于普林尼的初级副执政发言呢？因为他自己也只是任职不超过 4 年中的一个，[3]他们组成的小团体还是可掌控的。[4]

第十三节　回应的需要

在征询意见的环节中，显然是主持人的职责让每一位元老发言，因此，每位被叫到的元老也有职责作出回应。[5] 47 年，波比亚·莎宾娜被梅萨丽娜逼得自杀后，她的两位副手同谋受到元老院审判。当主持人征询元老判决意见时，甚至是她的丈夫科尔尼利乌斯·兰图鲁斯·西皮阿也要求发表意见，塔西佗说是“元老的义务(senatoria
necessitas)”[6]迫使他发言。埃比克提图描述海维迪乌斯·普利斯 252
库斯在同维斯帕先对峙的时候说，如果被叫到发言的话，他就必须说出自己认为是对的意见，而不是保持沉默。[7] 毫无疑问，特拉塞亚·培图斯对谄媚的提议习惯不发表意见而冒犯了别人。[8] 沉默总是

---

① 《书信集》9.13.20，“citatis nominibus”；关于这句短语，参见《书信集》3.20.5。

② 《普林尼》，第 497 页。

③ 参见 Sherwin-White，《普林尼》，附录 4。

④ 关于普林尼记录的另一事件的讨论，参见下文附录 7。

⑤ 关于共和国的做法，特别参见 Livy 28.45。

⑥ 《编年史》11.4。

⑦ 1.2.20—21.

⑧ 塔西佗，《编年史》14.12；16.28。

可以解释为反叛——比如，维特里乌斯挑战奥索的力量增长时，在这种微妙的形势下，沉默意味着反叛。① 所以值得注意的是，有一次，阿古利巴在被叫到的时候，拒绝了发言。② 帝国时期快要结束时，据《奥古斯都史》记载，在221年，埃拉加巴鲁斯皇帝指示元老院剥夺塞维鲁·亚历山大“恺撒(皇帝)”的头衔时，遭到众人“巨大的沉默”，难免让他大发雷霆。③ 只有在特别的情况下，才能以沉默的方式忽略提议，比如在69年末，海维迪乌斯·普利斯库斯提议以公费和维斯帕先的赞助来修复朱庇特神庙，元老们都不理会他蠢笨的提议。④ 在2世纪早期，当瓦伦努斯提出有权利从比提尼亚传唤证人参与他的审判时，指定执政官阿奇利乌斯·鲁弗斯完全不理他的要求，普林尼自然将他的态度看作是拒绝。⑤

第十四节 发表意见

第一位被叫到发言的元老有责任对提交元老院议题中的事项作出正面支持，或者反对采取行动。所有后面发言的人就可以表示赞同已经陈述过的意见，或者提出新的意见。确实，甚至指定执政官也可以在征询意见一开始就表示不同意。⑥ 提出的意见不一定都要提供论据来证明，但提供一些论据较合乎情理，除非大多数人的意见显然都是同意。不过，塔西佗的《对话》中有一位发言人说，元老院的这种讨论在帝国时期已经被遗忘了，并回忆起以前的

① 塔西佗，《历史》1.85。
② 狄奥54.11.6(怎样正确理解这篇文章不确定)。
③ 《埃拉加巴鲁斯》13.2，“ingens silentium”。
④ 塔西佗，《历史》4.9。
⑤ 《书信集》5.20.6。
⑥ 比如，参见普林尼，《书信集》2.12.2。

好日子来,“……元老院这么快作出决议是不行的,除非元老提出意见的时候足以能够说服别人”。[①]

因为遗失了相关资料,所以我们无法得知有多少元老在典型 253
的会议上会为已经提出的意见不仅仅表示同意,还发表长篇大论。当然,各人发言的情况会有很大不同,但可以合理地推测,在很多情况下,发言的人数会较少,特别是因为害怕某些皇帝或者整个元老院的态度很快就清晰明了时。不管怎样,司法人员明白他的影响只可能会因为发言过于频繁而削弱,特别是过多反对大众的意见。[②] 然而,话虽如此,征询意见的目的是要证明早就拟定的事项。我在参加毕业典礼的时候知道今天只是庄重地念 350 个人的名字需用时 45 分钟,每个名字间停顿几秒。要计算罗马元老院征询意见的完整时间,在场的元老都询问的话,必须加上发言的时间:比如,作个假设,145 分钟可以发言 5 次,每次 10 分钟(共 50 分钟),或者 12 到 13 次,每次 4 分钟(共 50 分钟),夹杂其他的时间(45 分钟)。我们可以假定接下来用 20 分钟投票。如果事先用了 30 分钟宣布议题和相关“解释”,那么加起来,从宣布议题开始到投票结束,完成一个议题需耗时 4 小时。这似乎是非常长的时间,虽然在罗马元老看来可能不像我们今天看来那么长,特别是比较一下元老院通常习惯更长的会议,如我们在上一章所讲的。还有,讨论有争议的事情时,各人“意见不同”,如当时的人所说,那么肯定会超出上面估算的时间。[③] 自然这只是假设,但至少可以同现存的一个数据相符,就是在一次征询意见过程中发言的次数——一共是 44 次,可能是围绕利维拉的惩罚,在 31 年晚期的时

---

① *Dial*. 36:“cum parum esset in senatu breviter censere, nisi qui ingenio et eloquentia sententiam suam tueretur”,发言人可能是 Vipstanus Messalla。

② 关于元老情绪,参见 C. Cassius Longinus,引自塔西佗,《编年史》14. 43。

③ 塞内加,*Apocol*. 9. 6;普林尼,《书信集》4. 9. 2;塔西佗,《编年史》3. 59:“varie disserent”。

候。假如每次发言不超过适度的 4 分钟，所有的发言加起来仍会有足足 3 小时。即使塔西佗为这个例子中发言的准确总数提供了证据（在他现存的作品所描述的元老院会议中很独特），[1]但很遗憾，我们也无法从只剩片段的文章中查找到了。

提议可能非常简单，如下面这个例子是征询意见环节的第一个提议，由指定执政官提出："我提议称狄第乌斯·朱利安为皇
254 帝"。[2] 在塞内加的戏仿文中，神圣的奥古斯都明白地举了个例子说一位元老提出了新意见，然后解释："至于我的观点，我提议如下……"[3]

提议不采取行动完全合乎规矩。所以在 15 年讨论将流进台伯河的溪流改道的可能性时，因为是庇索提出的话题，大家讨论了一天。[4] 同样，碰上复杂或尴尬的事情时，众人提议在得出结论之前先交给（"reicere[交…办理]"，"deferre[呈报]"）另一位权威人，征求他的意见也是合理的。可以料想，在帝国时期，这个人通常是皇帝。比如，21 年，元老院将选择阿非利加总督的事情交给提比略（执政官），特别是因为事情的讨论引起恶语相向，在皇帝的回复信中，他间接地批评了元老，"因为他们把所有的问题都交给皇帝"。[5] 然而，在下一年，市政官提出的一个问题还是交给了他。[6]

正如所料，元老们通常会站起来说话：[7]所有受过训练的演说

---

① 《编年史》5.6。

② HA, *Did. Jul.* 7.2："Didium Julianum imperatorem appellandum esse censeo."

③ *Apocol.* 11.4，"Ego pro sentential mea hoc censeo ..."

④ 塔西佗，《编年史》1.79："nil mutandum censuerat"。参见别处，比如 4.16，"placitum instituto flaminum nihil demutari"；14.42："pluribus nihil mutandum censentibus"。

⑤ 塔西佗，《编年史》3.32 和 35（从后者所引）："quod cuncta curarum ad principem reicerent"。

⑥ 塔西佗，《编年史》3.52. 关于元老院将事务交给皇帝，更多参见第五章，第一节。

⑦ 普林尼，《书信集》4.9.18；9.13.9。

家自然都会这么做，目的在于达到最好的演讲效果。[1] 然而，如果有人身体虚弱或生病，可以坐着说。[2] 要不然不站起来说话会被看作无礼，[3]除非没什么要说的，只是简单地同意上一位发言人的意见。[4] 表示同意可以简单地说“adsentior（我同意）”，或者明显点下头或做个手势。[5] 因此，有莎草纸记录的一位1世纪中的元老（克劳狄乌斯？）不仅批评了他的同事们在会上没思考就同意别人的意见，还大肆讥讽他们为说了3个字“我同意”感到颇为满意，而不只是简单地做个手势。[6] 255

在特别的情况下，尤其是关系到敏感、残酷的皇帝如尼禄的利益或声望时，这么草率的同意看起来太敷衍，会造成不敬，比如在特拉塞亚·培图斯一案中就是这样。[7]

普林尼提到，在图密善时期，元老们发表意见的时候，都要夸赞皇帝一番。[8] 同样，大量保存下来的关于控制角斗表演（公元177年）费用的“第一发言人意见”都说，发言人先发表了很长一段辞藻华丽的演说，[9]称赞皇帝提议的好处。然后，他才以实事实办的态度讨论事情的细节。

元老可以用比如“在这点上，我还要再作补充（Hoc amplius censeo）”[10]的话来强调上一位发言人的观点，表示极力支持，在他

---

① 普林尼，《书信集》2.19.3。

② 普林尼，《书信集》4.9.18；参见狄奥60.2.2和12.3。

③ 普林尼，《颂词》71.2。

④ 普林尼挖苦地说到，在图密善时期，“sedentaria adsentiendi necessitas”（《颂词》76.3）。注意Asconius，p. 44C。关于共和时期相似的做法，参见Livy 27.34.7；西塞罗，*Ad Fam*. 5.2.9= SB 2。

⑤ 塔西佗，《历史》4.4。

⑥ *FIRA*² I no. 44，第3卷，第21—22行。

⑦ 塔西佗，《编年史》14.12。

⑧ 《颂词》54.3。

⑨ *Aes Italicense* to line 26（*Hesperia* 24，1955，第330—334页）。

⑩ 塞内加，*De Vita Beata* 3.2。

的发言中，他可以再对已经提出的意见另外作补充。普林尼[1]将这种发言看作元老院认可的做法，并且记录了一个很好的例子，在审判尤利乌斯·巴苏斯的时候，瓦列里乌斯·保利努斯是这么做的："瓦列里乌斯·保利努斯同意凯皮欧的意见，但进一步提议，一旦塞奥法尼斯完成自己的使命报告，他应该成为议题的主题。"[2]

第十五节 意见的范围

按照传统，被点名发言的元老可以先陈述他想谈论的任何话题，想说多久就多久，如阿泰乌斯·卡皮托所说："征询意见的时候，元老有权事先谈论他愿意谈的任何话题，想谈论多久都行。"[3]卡皮托记述了共和晚期奥古斯都那时小加图阻挠了议事，[4]因为他用了过去式(erat)，大家认为这种古代的权利在他那时已经不适用，可能被奥古斯都取消了。[5] 但在盖利乌斯引用的文章中，没有迹象表明使用未完成时有这样的含义，而且缺乏奥古斯都废止这种权利的更好证据。看起来确实让人怀疑他会承担严重冒犯元老的风险，因为任何侵犯传统权利的企图都会引起这种结果，特别是公然冒犯，不管怎样，他还炫耀自己鼓励元老
256 自由辩论的愿望。话多可以用其他的方式控制，而要从一些元老口中哄出话来比起阻止滔滔不绝的演讲要难得多。可能缩短某

---

① 《书信集》8. 14. 6。

② 《书信集》4. 9. 20："Valerius Paulinus adsensus Caepioni hoc amplius censuit, referendum de Theophane cum legationem renuntiasset"；关于其他例子，参见 Cn. Lentulus 和 C. Cassius Longinus，出自塔西佗，《编年史》3. 68 和 13. 41；Ulpian, *Reg.* 11. 23；概述参见塞内加，*De Vita Beata* 3. 2。

③ Gellius 所引，4. 10. 8："erat enim ius senatori, ut sententiam rogatus diceret ante quicquid vellet aliae rei et quoad vellet"。

④ 概述参见 P. Groebe, "Die Obstruktion im römischen Senat", *Kilo* 5, 1905，第 229—235 页。

⑤ 比如，Mommsen 这么想，*St. R.* III. 2，第 940 页。

些演讲是奥古斯都的策略之一，就像收取缺席罚款，虽然实行后很快就失效了。但无论如何他不可能宣称那是复兴旧时的做法，而罚款就可以。①

阻挠议事在帝国时期没听说过，这一点都不奇怪。确实，在塔西佗的《对话》中，马特努斯遗憾地比较了帝国时期的状况和以前的那些好日子，甚至问道："连最优秀的人都不假思索表示赞同，元老院花那么长时间发表意见又有什么用？"②不管怎样，如普林尼所说，③考虑周到的元老会将自己的发言控制在合适的时长。然而，事实上，帝国时期并没有主持人打断元老表达意见的例子，④甚至在他们漫无边际演说的时候。⑤ 普林尼用过一次"演讲时间限制（tempus loquendi）"一词，可以看作是特别用来指发言的"时间限制"。⑥ 但他在这里只是谈论选举日时的候选人他们自己的建议，或其他为他们着想的人的建议。完全可以理解，在这样的场合发言需要加以限制，让每位候选人有均等的时间陈述自己的优点，也防止选举过度冗长而拖延。同样，在审判的时候，原告和被告也有发言的时间限制，这是根据共和时期的做法，并以法律规定，虽然主持人明显会改变或延长时间。⑦ 至于在通常征询意见环节发言，却没有证据表明有时长或范围的限制。

---

① 虽然所引的地方不够清楚，注意狄奥确实有描述提比略在奥古斯都葬礼上说："遵照元老院法令，他没有剥夺元老投票的特权，而是为他们的言论自由增加了保障"（56.40.3）。

② *Dial.* 41.

③ 参见《书信集》8.14.6，"dicendi modus"；Asconius，p. 44C；关于共和晚期类似的态度，参见西塞罗，*De Legibus* 3.40。

④ 在《书信集》9.13.9中，普林尼被主持人打断，但这个例子中，他只是在主持人的批准下才发言的。后来，在同样的场合（第19节）Fabricius Veiento想发言，但被其他元老喝住了：不过，他是不按顺序，而且没得到主持人批准。

⑤ 参见塔西佗的评论（《历史》4.44）：Mucianus在70年早期发言时"prolixe"（喋喋不休）。

⑥ 《书信集》3.20.3。

⑦ 关于两种发言的限制，更多参见第六章，第四节。

第十六节　发言“跑题”的权利

元老当然还是能够谈论他们想谈的任何话题，特拉塞亚·培图
257 斯的反对者宣称这是元老的权利：“不论什么时候元老行使他的发言权，他会让众人关注他选择的话题，并要求将它列为正式议题。”①16年，提比略在回应马库斯·霍尔塔勒斯请求援助时认为元老发言是古代的传统，但也表示不赞同用这种办法提出私人的事情：“我们的祖先允许元老偶尔偏离议题，在发表意见的时候，提出重要的公共事务，但这不是促使我们更多地关心私人的利益和个人的事情。”②

帝国时期，霍尔塔勒斯在发表意见时提出了和议题毫无关系的问题，这并不特别。确实，在同一年(即16年)更早的记载中，塔西佗说这种做法在当时很普遍：“元老在发表意见时通常还是会提出他们认为和公共利益相关的其他事情。”③他暗示说，在他的时代，这种做法已经过时了。这大体上是对的，虽然我们将会看到2世纪早期至少有一个大家都知道的例子。学者们很困惑，他的评论严格说来应该基于没有谈论题外事情的情境，而是一位叫奥克塔维厄斯·弗朗图的元老支持上一位发言人哈特利乌斯的意见，并加以补充——上面提到的通常做法。不管怎样，很容易看出塔西佗为什么会这么说，因为在他的作品中也能找到其他严格说来不太恰当、离题的话，④没必要将这句话定性为歪曲事实，或努力

① 塔西佗，《编年史》13.49：“licere patribus, quoties ius dicendae accepissent, quae vellent expromere relationemque in ea postulare”。

② 塔西佗，《编年史》2.38：“nec sane ideo a maioribus concessum est egredi aliquanto relationem et quod in commune conducat loco sententiae proferre, ut private negotia et res familiars nostras hic augeamus”。

③ 《编年史》2.33：“erat quippe adhuc frequens senatoribus, si quid e republica crederent, loco sententiae promere”。

④ 比如，《编年史》12.60中，大部分评论和将审判权交给皇室骑士级别的总管没有关系。

证明奥克塔维厄斯确实提出了全新的话题。①

然而，话说回来，在这次会上确实“离题”谈论全国奢侈风气的元老是卡尔普尼乌斯·庇索。② 在谴责“官员利用不正当的手段，法庭上腐败，律师不断以起诉的威胁欺凌他人”之后，③他宣称要辞职并远离罗马，然后夸张地走出了元老院。21 年，讨论挑选阿非利加和亚细亚总督的时候，塞克斯图斯·庞培完全脱离了主题，借机向执政官曼纽斯·雷比达发起严厉的个人攻击，说他最不适 258
合参选。但可能在起初争论同个话题的时候，④一位资格更老的执政官凯西纳·塞维鲁完全脱离主题，提议说“担任总督的任何人都不许带上妻子”。有人抗议这和议题不相关，这一点都不奇怪，他们表达了反对意见。据塔西佗说，28 年，很多元老的发言又“跑题”了，⑤因为他们出于畏惧，奉承提比略和塞扬努斯。69 年，讨论国库状况的时候，海维迪乌斯·普利斯库斯不仅为此表达了意见，而且“偏离主题”提出修复朱庇特神殿。⑥

我们从塔西佗的描述中得知朱里亚 克劳狄王朝时期的 3 个例子，在一次审判中征询元老判决意见的时候，他们讨论得更深入，提出了因案件引发的普遍问题，“偏离了主题”。因此，22 年，科尔尼利乌斯·多拉贝拉提议“所有生活伤风败俗、名声不好的人都不能参与总督选拔的抽签——由皇帝进行裁决”。⑦ 恰巧，提比略出席了会议，当场表示不赞同。然而，在 62 年，征询特拉塞亚·培图斯对克劳狄乌斯·提马克斯判决意见的时候，他提议

---

① 参见 Koestermann 关于此处的评论（vol. I 310），他否定了第一种可能性，但支持第二种。

② *PIR*² C 290.

③ 塔西佗，《编年史》2.34。

④ 塔西佗，《编年史》3.32—34。

⑤ 《编年史》4.74。

⑥ 塔西佗，《历史》4.9。

⑦ 《编年史》3.69。

禁止外地人向总督投感谢票，得到了相当多元老的支持。这种情况确实是，如塔西佗所说，特拉塞亚转向了“公众利益(ad bonum publicum)”，①但没有通过任何法规，“因为执政官裁决他的提议和既定议题没有关系”。② 提出的禁令到后来通过皇帝的煽动才实施。虽然塔西佗③没说这样的话，在 24 年审判希利乌斯的时候，科塔·梅萨里努斯的提议大概也要克服同样的原则性问题，他说行省官员应该为妻子的罪行而加以惩罚，视为他们自己犯错。④

在记载他参加过的会议中，普林尼提供了一则“偏离主题”提出意见的例子，让人惊异。107 年早期，瓦伦尼斯·鲁弗斯遭到比提尼亚人的控告，说他管理不善，鲁弗斯让普林尼担任他的首席辩护律师，向元老院提出特别请求允许他从行省传唤证人。在听审
259 会后，请求得到了批准。⑤ 但不少元老仍然认为批准不可采纳，其中一位是副执政利希尼乌斯·尼波斯。等到元老院下一次会议，正讨论其他事情，他又提起这个问题，并提议重新全面审查当初的整件事情。可以预料，他的行为激起了敌对的反应。⑥ 接下来元老们发表反对意见，尼波斯甚至被指责为把自己看作“元老院的校正人(emendator senates)”。面对如此反应，主持人——不像《书信集》9.13 中普林尼的那次请求⑦——据推测并没有按照尼波斯的意愿把事情列为议题，所以也没有重新投票。心怀不满的比提

① 参见《编年史》2.38 中提及的提比略，上面所引；关于元老情绪总的描述，参见普林尼，《书信集》9.13.21。

② 《编年史》15.22：“abnuentibus consulibus ea de re relatum”。

③ 《编年史》4.20；参见 Ulpian，*Dig.* 1.16.4.2。

④ *PIR*[2] A 1488.

⑤ 《书信集》5.20。

⑥ 普林尼，《书信集》6.5.3：“fuerunt quibus haec eius oratio ut sera et intempestiva et praepostera displiceret, quae omisso contra dicendi tempore castigaret peractum, cui potuisset occurrere”。

⑦ 参见上文第七节。

尼亚人因此不得不寻找别的办法重新正式提出这件事情。[①]

普林尼据说还记录了两个“偏离主题”发言的例子，但准确地说，作不得数。第一个例子，舍温-怀特认为霍姆勒斯在《书信集》6.19所提到的会上发言跑题，[②]但我们无法完全肯定，普林尼疏于解释当时讨论的是什么问题。第二个例子，《书信集》9.13记载在开始讨论常规事务之前，塞古都斯得到批准谈论某个话题，执政官最后只好这样打断他：“塞古都斯，你说什么都可以，但要按照发表意见的顺序。”[③]根据舍温-怀特的观点，主持人因此后来才给普林尼机会继续谈论他“偏离主题”的事情。[④] 不过，主持人的意思也许是暗示事情可以在以后以正式的方式提出来，可能也确实那样做了。当然，普林尼当时似乎很满意，而那些赶快将他叫到一边说悄悄话的朋友肯定也认为事情会继续下去。相反，后来仅仅是有机会“偏离主题”发言并不能起到什么作用。

第十七节 撤回意见

虽然我们很少听说，但显然元老可以撤回他的意见。塔西佗
暗示说，特拉塞亚本可以这么做，但他没有。[⑤] 62年，安提斯提乌 260
斯·苏西亚努斯(Antistius Sosianus)被指控犯叛逆罪，特拉塞亚提议不施加过于严厉的惩罚得到众人的赞同，但激怒了尼禄。然而，105年，元老们在讨论被害执政官阿弗拉尼乌斯·德克斯特(Afranius Dexter)的自由民的命运时，为了让步，主张判死刑的人的确撤回了提议。[⑥] 32年，提比略确实让托贡纽斯·加卢斯撤回

① 普林尼，《书信集》6.13。

② 《普林尼》，第360页。

③ 《书信集》9.13.9：“Secunde, loco sententiae dices, si quid volueris”。

④ 《普林尼》，第494页。

⑤ 《编年史》14.49。

⑥ 普林尼，《书信集》8.14.24。

了一项过于奢侈的提议。[①] 在普林尼答应为了贝提卡人指控凯基利乌斯·卡尔西库斯之后，他同样主动请求撤回之前的申辩，[②]虽然可能还不是正式的意见。

第十八节 宣誓发表意见

如果愿意，元老可以在发言时郑重起誓，[③]还可以补充他的提议是“为了国家的利益”。[④] 因此，14 年，提比略发誓说，尽管受到元老院怂恿，但他也不会在奥古斯都规定的总人数上增加更多的副执政。两年后，当立波·德鲁苏斯在他的审判结束前自杀时，皇帝发誓说，如果他被判有罪，肯定会为他求情饶命的。[⑤] 38 年，利乌斯·杰米努斯发誓说，他看见盖乌斯的妹妹德鲁希拉死的时候升到了天堂。[⑥] 而刚上任的时候，尼禄经常发誓说要仁慈。[⑦] 在 70 年早期，所有的元老官员，还有其他成员，在点名让他们发表意见的时候，发誓说：“他们没有做伤害他人的事情，也没有从人民的潦倒中获利或晋升。”[⑧]听审后元老作出判决同样也要先发誓：15 年，审判格拉尼乌斯·马塞勒斯的时候，提比略发了誓，24 年，提议流放苏依留·鲁弗斯的时候，也肯定发过誓。[⑨] 据说，元老院全

---

① 塔西佗，《编年史》6.2。

② 《书信集》3.4.4。

③ 这是共和时期的做法：比如，参见 Mommsen, *St. R.* III. 2., p. 979, n. 5。

④ “E re publica”，关于表达，除了下文中的引用，参见塔西佗，《编年史》2.33；3.53；Gell. 4.10.8；苏维托尼乌斯，《克劳狄乌斯》26，“rei publicae maxime interesset”。

⑤ 塔西佗，《编年史》1.14；2.31。

⑥ 狄奥 59.11.4；塞内加，*Apocol.* 1.3。参见关于奥古斯都的死亡，苏维托尼乌斯，《奥古斯都》100；狄奥 56.46.2。

⑦ 塔西佗，《编年史》13.11。

⑧ 塔西佗，《历史》4.41。

⑨ 塔西佗，《编年史》1.74；4.31：“... amovendum in insulam censuit, tanta contentione animi, ut iure iurando obstringeret e re publica id esse”。

体确实在审判卡西乌斯·塞维鲁时是发誓后才宣布判决的。①

另外，《朱利亚法》显然允许元老要求另一位元老发誓说他的 261
意见是为了国家的利益。我们可以猜测，奥古斯都的意图在于以此法规约束不负责任或用意不当的提议。② 不过，我们唯一知道的一则运用此规定的例子是在 105 年早期，一位指定执政官被要求发誓。③ 据塞姆说，那是法比乌斯或者弗拉维乌斯·阿佩尔，作为新上任不久的执政官，才会这么鲁莽提出这不同寻常的要求。④这种说法很吸引人，但严格来说，普林尼描述这次会议时，并没有给出提议人身份，因此争论只能凭借塞姆另外提供的证据。

依据《元老院法令》程序——奥古斯都在公元前 4 年送了一份副本给昔兰尼，⑤被告只有在元老院发过誓才能和通过抽签选出参加听审的元老对质，同样元老也要起誓，并由同事元老发誓担保下才能事先请假，或者在会议中离开。⑥

第十九节 辩论的特征

因为主持人只是按照顺序点名让每一位元老发言，会议似乎缺乏灵活性，显得沉闷，没有很多像现代议会争论那样的打断和插入发言，议员们只在他们想发言的时候才会发表自己的意见，而发言人的顺序每次都不同，由主持人决定。毫无疑问，出于各种原因，很多罗马元老院的会议都很沉闷，比如元老们因害怕不愿意发言，⑦

---

① 塔西佗，《编年史》4.21；*PIR*^{2} C 522。

② 参见他对 Antistius Labeo 某个提议的反感(苏维托尼乌斯，《奥古斯都》54)。

③ 普林尼，《书信集》5.13.5。

④ R. Syme, *JRS* 58, 1968，第 139—140 页＝《罗马文论》II，701—702。

⑤ *FIRA*^{2} I no. 68 V, 115—130.

⑥ 关于皇帝发誓不处决元老的内容，参见第十六章，第一节。

⑦ 参见普林尼，《颂词》76.3—4；埃比克提图，1.2.24；4.1.139—140；参见 *FIRA*^{2} I no. 44，第 3 卷，第 10—22 行，元老沉默寡言的理由没有说清楚。

或者，很常见的是会议只讨论常规性的、没有争议的内容，比如批准增加角斗士的人数，或者批准某个团体（collegium）成立，普林尼举过这两种例子。[1] 58年，特拉塞亚·培图斯企图反对增加角
262 斗士的人数显得非同寻常，[2]而他甚至在这么"小"的事情上表现出支持一边的热情使得66年科苏提安努斯·卡皮托对他提出指控。[3]

然而，实际上，征询意见环节并不像目前描述表现出来的那么刻板。有几个理由可以说明，需要依次解释。首先，如我们所见，主持人可以按照自己的裁度改变元老发言的顺序，虽然几乎没有资料证明有人行使过这样的权利，除了皇帝。同时，主持人同所有元老官员和皇帝一样都有干预权，并且任何时候都可以发言。如前面所说，在询问意见环节通常不会点名让元老官员发表意见，虽然塔西佗记载了提比略皇帝在主持会议时例外地让他们发言。[4]然而，不仅是主持人[5]和皇帝（不管他是不是主持人）[6]会频繁使

---

① 《颂词》54.5。参见塔西佗，《历史》2.91关于小事情的综述；亦可参见普林尼，《书信集》4.12.3；5.4.1；8.14.8；10.2和95及Sherwin-White关于此处的论述（*ius trium liberorum*）；狄奥54.23.8（assigning names to cities）；HA，*Max. Balb.* 1.3—4，狄奥（72.4.2—3）评论康茂德在奥略留死后第一次对元老院发言的时候说傻话。

② 塔西佗，《编年史》13.49。塔西佗将元老院决议描述为"普通的（vulgarissimum）"；特拉塞亚的批评家认为这类事情"如此琐碎（tam levia）"，他回应时将他们称为"微不足道（levissima）"。

③ 塔西佗，《编年史》16.22："... qui vulgaribus quoque patrum consultis semet fautorem aut adversarium ostenderet"。

④ 《编年史》3.17。

⑤ 比如，塔西佗，《编年史》3.31和34；参见Josephus，*AJ* 19.251。

⑥ 比如，提比略：塔西佗，《编年史》1.74；3.68—69；4.30和42；也许4.6（"cohibebat ipse"）；苏维托尼乌斯，《提比略》29。克劳狄乌斯：塔西佗，《编年史》12.7；狄奥60.16.8。尼禄：塔西佗，《编年史》13.43。维特里乌斯：塔西佗，《历史》2.91。图密善：苏维托尼乌斯，《图密善》11。塞普蒂米乌斯·塞维鲁：狄奥76.6.1。参见普林尼，《书信集》2.11.15（图拉真）和塔西佗，《编年史》1.46（大众对提比略的看法，14年面对叛乱时，"sedere in senatu, verba patrum cavillantem"）。

用干预的权利，还有副执政、[1]保民官、[2]其他元老官员[3]也会如此。据说，某些皇帝甚至在别人发言的时候，会突然插话，打断他们。[4]

可以在任何时候进行干预的权利自然提供了发问的机会，并且几乎毫无疑问，元老官员和皇帝都经常这么做。[5] 同样，出于这样那样的目的介绍非成员的时候，元老院全体都有机会向他们提 263
问。[6] 在其他会议中，显然普通成员也允许在会议进行的时候提问，即使严格说来他们并没有权利这么做。问题可以是向主持人、[7]皇帝[8]或者其他成员[9]提出，通常也允许回答。

---

[1] 苏维托尼乌斯，《维斯帕先》2；塔西佗，《历史》4.43；狄奥 66.12.1；普林尼，《书信集》6.5.4。Syme 推断（*Symb. Fac. Litt. Philos. Leuven Ser.* A，vol. 6，1977，p. 236，n. 15）Mamercus Scaurus，公元 14 年任副执政，因为塔西佗（《编年史》1.13）将他描述为"干预执政官"，似乎很草率。我们从别的地方只知道直到 21 年，他才当上执政官，而这里的描述帮助不大。既然 Scaurus 的意见是这次辩论最后描述的，我们无法更准确地确定他的职位。不清楚他当时是在发表自己的意见，还是在干预。如果是前者，我们至少可以肯定他不是在任元老官员；如果是后者，问题仍有待讨论，因为虽然只有元老官员有干预权，其他人也经常批准这么做。

[2] 塔西佗，《编年史》13.28。一位保民官攻击了一位财务官；普林尼，《书信集》5.13.6；狄奥 53.20.2—3。

[3] 关于提到的元老官员综述，参见塔西佗，《历史》1.47；4.41。

[4] 克劳狄乌斯：苏维托尼乌斯，《克劳狄乌斯》40。佩蒂纳克斯：狄奥 74.8.5。狄第乌斯·朱利安：HA，*Did. Jul.* 7.1。

[5] 比如，塔西佗，《编年史》18；2.50。

[6] 特别参见塞内加，*Apocol.* 9.1；参见狄奥 60.17.4。关于在审讯中审问证人，参见第十六章，第二节。

[7] 比如，塔西佗，《历史》4.40；狄奥 58.10.6。

[8] 比如，塔西佗，《编年史》1.12—13 和 74；3.53；狄奥 54.16.5；57.2.5—6。Jerome（《书信集》52.7.3）所引"Domitius orator"的问题，"ego te habeam ut principem, cum tu me non habeas ut senatorem?"可能是 Cn. Domitius Afer 在元老院向克劳狄乌斯提出的。参见 *PIR*^{2} D 123 和 126；关于共和晚期类似的问题，参见西塞罗，*De Orat.* 3.4；Quintil. *Inst. Or.* 8.3.89；11.1.37。

[9] 比如，塔西佗，《编年史》3.18；13.49（特拉塞亚[Thrasea]回应别人，解释会议开始时他所持的态度）；《历史》4.41。

同样，虽然成员没有权利打断别人的发言，或者不按顺序发言，实际上，他们也通常能得到批准这么做。最值得注意的是，当征询意见朝着没意料到的方向进展时，或者提出的观点值得争辩，更资深的元老(他之前已经发表过意见)可能会再次发言。① 因此，16 年，争辩休会日时，阿西琉斯·加卢斯(公元前 8 年执政官)可能按照正常顺序在庇索之前发过言(公元前 7 年执政官)，然后又插话。在同一年之后的一次会议中，他也参与了发言，反对执政官哈特利乌斯和副执政奥克塔维厄斯·弗朗图的意见。② 21 年，当要求元老院指派一位总督到阿非利加时，我们已经知道，询问意见环节奇怪地偏离了话题，执政官凯西纳·塞维鲁发言时“跑题”，他说任何指派担任总督的人都不许带上妻子。瓦列里乌斯·梅萨里努斯职位高于凯西纳，因此按照正常顺序，他已经发表过意见，获得批准再次发言，反对这个不相关的提议。③ 塔西佗评论说，雷比达(公元 6 年执政官)“经常掩饰因其他人的谄媚造成的暴行”，④也许是在暗示他经常不按顺序发言以保持大家面子。后来，维特里乌斯夸口说，他习惯发言反对特拉塞亚·培图斯⑤——同样也可推测，他没按顺序发言，因为作为比特拉塞亚年长 8 岁的执政官，按照正常顺序，他应该先发言。普林尼在描述如何处置 105 年被害执政官阿弗拉尼乌斯·德克斯特的自由民时，征询意见环节说得不是很清
264 楚，⑥但据推测，他自己至少发言了两次——一次是提出自己的

① 这被认为是共和时期的做法，参见 Scholia 关于西塞罗的论述，p. 170 Stangl。

② 塔西佗，《编年史》2. 35 和 33。

③ 塔西佗，《编年史》3. 33—34。

④ 《编年史》4. 20：“pleraque ab saevis adulationibus aliorum in melius flexit”；参见 3. 50—51；6. 27；R. Syme，“Marcus Lepidus，*Capax Imperii*”，*JRS* 45，1955，第 22—33 页＝《塔西佗研究十讲》(*Ten Studies in Tacitus*)，第 30—49 页。

⑤ 塔西佗，《历史》2. 91；参见《编年史》14. 49。

⑥ 《书信集》8. 14。

意见(见第 12 节),后面还有一次他提出三种意见要分别投票(见第 14 节)。

这种不按顺序的发言给元老院征询意见环节带来了某种现代议会辩论的活力。如果允许不按顺序的发言触发更进一步的讨论,以至引起争执,①那么这样的活力就更明显了。帝国时期最有名的争辩也许是 69 年和 70 年伊拜鲁斯·马塞勒斯和海维迪乌斯·普利斯库斯之间的争论,②但我们也确实听说过其他的争论。③ 值得注意的是,塔西佗没有疏于记录相反的例子,尼禄的谄媚者,未来的皇帝维特里乌斯,当被他侮辱的元老顶嘴时,没有足够的勇气作任何反驳。④

第二十节　感情的表达

讨论任何有争议的事情时,元老激情澎湃滔滔不绝有助于活跃意见交换的气氛。庞大的立法团体如今天的下议院一样,时间和情境都无法让所有元老按自己的意愿一个个自由发言,所以他们可能只能在一边以简短的"旁白"来表达观点。当提比略犹豫着是否要接受皇位时,很多人肯定和那个不知名的元老一样感到沮丧,冲口说:"要么接受,不行就拉倒!"⑤卡西乌斯·塞维鲁对一位奉承提比略的元老的评价也让人难忘:"说老实话他就会死。"⑥据

---

① 关于这个词,比如参见西塞罗,*Ad Att*. 1. 16. 9—10＝SB 16; 4. 13. 1＝SB 87;苏维托尼乌斯,《奥古斯都》54。

② 参见塔西佗,《历史》4. 7—8(注意,在这次会上,Eprius,作为执政官,肯定有机会在 Helvidius,指定副执政之前发言);4. 43。从《历史》中,没有迹象表明 Helvidius 在这种争辩中比起 Eprius 是个新手,如 Aper 在 Dial. 5 中所说。

③ 比如,塔西佗,《编年史》2. 51;3. 31;5. 11;6. 4;13. 28;普林尼,《书信集》2. 11. 4—7;6. 5。

④ 《编年史》14. 49。

⑤ 苏维托尼乌斯,《提比略》24:"aut agat, aut desistat!"

⑥ 普鲁塔克,*How to Tell a Flatterer* 18＝*Mor*. 60 D;*PIR*[2] C 522。

塞内加记载,在宣布"现在这剧院真的给毁了!"[①](大家投票在重建的庞培剧院放置塞扬努斯雕像)之后,克雷姆提乌斯·科尔都斯开始绝食。蒙森[②]看到克劳狄乌斯发言中关于允许高卢要人进入元老院的简短段落时,将这段理解为困惑的元老打断插话,他的理
265 解肯定错了,这只是皇帝对自己说:"提比略·恺撒·日耳曼尼库斯,现在是时候向元老们表明你的意图了;因为你的影响已经到达纳尔滂高卢人的最远边境。"[③]但至少他设想的这种打断插话完全是元老院争辩的特点。

有时感情的表达是群情激奋的场面,因此有隐匿的安全性。在61年,没有人敢反对卡西乌斯·朗吉努斯的意见,他说被害的罗马总督(Praefectus Urbi)的所有奴隶都要被处决,但元老们多已准备好一起叫嚷抗议,他们同情"受牵连的奴隶、女人、小孩,当然,还有无辜的大多数"。[④] 塔西佗在其他地方生动地描述了元老们在奥索统治时的进退两难,以及他们所采取的解决办法:

> 元老们在会厅集合时,会上时刻都有风险,难以保持中立,沉默是反叛,自由的发言让人怀疑。奥索最近还不过是普通的元老,也用过和他的同行相同的言辞,所以对奉承一清二楚。因此,在表达意见的时候,元老们见风使舵,意见左右摇摆。他们指控维特里乌斯犯下了"杀害父母罪"。但那些对未来有远见的人只是说他敷衍、欠周到。还有其他人确实说出了真心辱骂的话,但也是在很多人大

---

① *De Cons. Ad Marciam* 22.4:"exclamavit Cordus tunc vere theatrum perire."

② *Ges. Schriften* VIII,第506页。但是关于同意他的观点,参见J. H. Oliver和R. E. A. Palmer,*Hesperia* 24,1955,第323页。

③ *FIRA*² I no. 43,第2卷,第20—22行。

④ 塔西佗,《编年史》14.45。

> 喊大叫时说的,或者语速飞快,话语逻辑不清,没有人能听明白。①

虽然有人发言的时候其他人保持沉默是恰当的做法②(发言人作"首次演说"的时候大家确实真心遵守这种礼节),但在征询意见环节,③甚至是讨论议题时,或多或少相关的打断插话是很平常的。④ 97年会议的最后阶段,普林尼攻击了普布利希乌斯·塞尔图斯,引起了巨大的骚动,以至大家完全阻止按照顺序已经发过言的维恩托再次回应普林尼的意见,即使他有得到一位保民官的支持。⑤

打断插话是元老发言时能让元老院的听众活跃起来的其中一种方式(除非大家出于惧怕而会议僵持)。在另一处,普林尼描述了 266
在公众面前读诗可以从观众的"面部表情、眼神、点头、手势、呢喃和沉默"中推测他们的反应。⑥ 我们也应该记得罗马法庭上的观众都是出了名的吵闹。⑦ 同样,元老们在元老院也会明显地表达他们的反应。⑧ 他们会为所支持的提议喝彩⑨——通常是在发言人坐下后,但甚至有一次,出于意料,是在发言人站起来说话那时。⑩ 据

① 《历史》1. 85。

② 参见 *Laus Pisonis* 69 Verdière;普林尼,《书信集》3. 20. 3,"tacendi modestia";8. 14. 6,"silentii tempus"。

③ 比如,塔西佗,《编年史》3. 34;4. 42;6. 24;普林尼,《书信集》2. 11. 7;5. 13. 6;9. 13. 7(严格来说,是在提出议题之前);苏维托尼乌斯,《奥古斯都》37。审判时的情况,参见普林尼,《书信集》3. 9. 25—26。

④ 关于可能的例子(假如这个词是精心挑选的),参见苏维托尼乌斯,《奥古斯都》54("in senatu verba facienti",就是说在议题之后)。亦可参见狄奥 53. 11. 4。

⑤ 普林尼,《书信集》9. 13. 19。

⑥ 《书信集》5. 3. 9。

⑦ 参见普林尼,《书信集》2. 14;苏维托尼乌斯,De Rhet. 6。

⑧ 参见普林尼评论概述,《书信集》9. 13. 18。

⑨ 比如,塔西佗《编年史》12. 6 和 7;15. 22;《历史》4. 4;普林尼《书信集》2. 11. 11 和 14;3. 4. 4;5. 13. 3;9. 13. 7 和 21;9. 23. 2.

⑩ 普林尼,《书信集》4. 9. 18。

说，有时会有不同的反应：比如，公元前 27 年 1 月，屋大维弃权后；[1]提比略登基讨论时；[2]16 年提比略拒绝霍尔塔勒斯的请求援助时；[3]31 年 10 月 18 日，宣读提比略皇帝的信件时。[4] 众人大笑的例子——比如，为了奉承提比略提出滑稽奢侈的提议[5]——众人哭泣的时候——比如，23 年，德鲁苏斯死时[6]——大家都知道。同样，元老还会因为害怕皇帝而提出奢侈的谄媚的提议，[7]或者大肆侮辱雷皮达让他丢脸。[8] 20 年，庇索在审判时就遭到了侮辱。相反，66 年特拉塞亚的朋友为了让他避免遭遇同样的侮辱而建议他不要出席元老院，尽力保护自己。[9] 在反应最激烈的时候，打断发言和互相争执导致了彻底的骚动——比如 70 年早期，元老院攻击曾是尼禄手下臭名昭著的告密者，向他们挥舞拳头，将他们赶出了会厅。[10]

普林尼暗示说，一位成员发言时，其余元老坐着（并保持沉默）是得体的行为，但显然即使这种惯例遭到破坏，当事人也不会被加
267 以惩罚。[11] 因此，除了质疑和骚动，发言人经常还得在嘈杂的干扰中继续说话。如我们在前一章所见，[12]在会场上还会有不少走动，

---

① 狄奥 53.11.1 和 4。

② 塔西佗，《编年史》1.11，“questus，lacrimas，vota”。

③ 塔西佗，《编年史》2.38。

④ 狄奥 58.10.3ff。

⑤ 笑声（通常是嘲笑）；比如，参见塔西佗，《编年史》3.29 和 57；6.2；《历史》2.91；普林尼，《书信集》6.13.5；狄奥 57.17.5；HA，《哈德良》3.1；抑或希律 5.7.4。

⑥ 流泪：比如参见塔西佗，《编年史》1.11；4.8—9；普林尼，《颂词》73.4—6；《书信集》2.11.3（审判时）；埃比克提图，*de Caes*. 16.13（关于奥略留的死）。

⑦ 比如，参见塔西佗，《历史》3.37；埃比克提图 1.2.24。

⑧ 狄奥 54.15.5。

⑨ 塔西佗，《编年史》3.15；16.26。

⑩ 塔西佗，《历史》4.41；亦可参见比如《编年史》1.13；《历史》1.85；普林尼，《书信集》2.11.4—7；3.20.4；4.25.2；狄奥 54.16.3；57.24.8。

⑪ 《书信集》3.20.3。

⑫ 参见第三章，第二节。

特别是要私下协商的元老会聚在一起，或者走过去支持赞同他们意见的人。在此情况下，尤其需要发言人的坚定和决心。

第二十一节 发言的风格

正式的发言是对着元老院全体人员说的，而不只是说给主持人听。更重要的是，发言还要适当注意修辞规则和其他方面的得体。在这点上，帝王们意见一致，他们会仔细准备发言，不管有没有人帮助，普林尼和弗朗图等元老观点也相同，还有老师，如昆体良。因此，听说维吉尼乌斯·鲁弗斯八、九十岁时还在排练正式的感恩发言(gratiarum actio)①，这就一点都不奇怪了。发言的腔调和风格很重要。② 普林尼所说的关于审判的注意事项普遍适用于所有会议："发言人的记忆、声音和手势至关重要，发言场合，最后还有被告给听众造成好的或坏的印象也很重要。"③据说，哈德良担任财务官第一次替皇帝传讯时，他的地方口音引人发笑，而塞普蒂米乌斯·塞维鲁据说到老都保留着"阿非利加"的口音。④ 同样，普林尼认为很多希腊律师喘不过气、单调的发言风格很不好，相反，他很赞赏"纯粹的口音"。⑤

因此，良好的罗马教育强调有准备和即兴的发言能力，这对想给元老院留下印象的人来说一直很宝贵。塔西佗自己就是有名的演说家。他很同情资深的执政官西拉努斯，⑥在担任亚细亚总督之后，于22年遭到审判。西拉努斯遭到能言善辩的元老们和行省

---

① 普林尼，《书信集》2.1.5，关于据说L. Ceionius Commodus寻求帮助，参见HA, *Aelius* 4.7。

② 关于元老院对辩才的兴趣，参见Fronto, *Ad amicos* 1.4.2＝p.167 H。

③ 《书信集》5.20.3；参见Ovid, *Ars Amat*. I. 461—462。

④ HA，《哈德良》3.1；*Sev*. 19.9。

⑤ 《书信集》5.20.4；6.11.2，"or Latinum"。

⑥ *PIR*² I 825.

最好的雄辩家们的攻击，不得不“独自回应，而且没有多少发言经验，怕得要命——就是有经验的演说家也无法应付”。[1] 在唯一提到元老院的《沉思录》中，值得注意的是，弗朗图的学生奥略留写
268 道：“在元老院面前或任何人面前得体发言，不矫揉造作，用真挚的词语。”[2]弗朗图自己向奥略留强调说：“如果你认为脱口而出瑟赛蒂兹（译注：《伊利亚特》中的一名希腊士兵）式的话语和用墨涅拉俄斯或尤利西斯的言辞在元老院具有同样的分量，那你就错了，他们演说时的神色和表情，姿态和悦耳的声音，抑扬顿挫的变化荷马描述时不会掉以轻心……”[3]在同一篇文章中，他还解释皇帝在元老院采取必要的措施时，必须通过劝说。此外，在发给元老院的皇室信件中，他也敦促说，必须雄辩、有尊严、克制；[4]在元老院中的发言，和在其他地方一样，偏僻的词汇，难懂的或不寻常的比喻必须避免。[5] 昆体良总结了以上所有要点，强调律师在元老院的发言要有一定的高度和分量。[6]

就发言而言，普林尼认为机智（urbanitas）在元老院不合适。[7] 因此，与他同时代的昆体良不赞成这样的开头，“元老们（Conscript fathers）——我必须先对你们说，你们可能记得父辈（fathers）的职责”，[8]我们也可以猜想阿西利乌斯·萨比努斯的笑话，[9]老塞内加

---

① 《编年史》3. 67。

② 8. 30.

③ *De Eloq*. 2. 7＝ p. 136H.

④ *Ver*. *Imp*. 2. 1＝pp. 114ff. H，esp. p. 120H.

⑤ *Ad M*. *Caes*. 3. 1＝p. 36 H；*Ant*. *Imp*. 1. 2. 5＝p. 90H.

⑥ *Inst*. *Or*. 8. 3. 14；11. 1. 45 和 47；11. 3. 150 和 153。昆体良和弗朗图的观点可以料想同西塞罗的接近：比如参见 *De Oratore* 1. 31；2. 333；3. 210—211，还有 D. Mack 的分析，*Senatsreden und Volksreden bei Cicero*，维尔茨堡，1937。

⑦ 《书信集》4. 25. 3；8. 6. 3。

⑧ *Inst*. *Or*. 8. 5. 20：“patres conscripti，sic enim incipiendum est mihi，ut memineritis partum.”

⑨ *PIR*^{2} A 1213.

记录下来的，[1]效果并不好。[2] 狄奥倒是记录了 14 年给提比略配一名护卫的提议，他认为很诙谐。[3] 普林尼也说，试行以投票方式选举时，选票上写满了笑话和猥亵的话语——虽然这么做可能出于严肃的动机。[4] 不管怎样，元老们显然和普林尼一样，觉得这种行为让人恶心，虽然不是所有会议都很郑重，但多数元老显然将自己的职责看得很严肃。普林尼和塔西佗为必须在元老院紧张的场面中发言而担忧，比如审判马吕斯・普利斯库斯，并由皇帝主持，
是完全可以理解的。[5] 269

古时公共演讲的风格比很多现代的要更有活力，因此尽管上面说了很多形式上的苛责，元老院经常是演讲者情绪激动或热情迸发的地方，特别是被告，有时是元老。[6] 因此，在公元前 21 年，比如，奥古斯都含着泪回应别人将他称为国父的问候，而在另一次，克劳狄乌斯也流着泪喊叫着抗议作为皇帝他要面临被暗杀的风险。[7] 安东尼一边哭泣，一边哀叹，请求元老院将哈德良供为神。[8] 据苏维托尼乌斯说，为了让提比略接受皇位，元老们拜倒在他脚下。[9] 更早的时候，公元前 18 年，利希尼乌斯・雷古勒斯出于对奥古斯都关于元老成员资格提议的愤慨，“当场在会厅撕破了衣服，露出身躯，历数他参加过的战役，展示身上的伤疤”。[10] 但是表现最戏剧性的还是被告。比如塞维莉亚，巴里亚・索拉努

---

① *Controv*. 9. 4. 20—21.

② Antistius Labeo 闪念间的机智显然还是得到了欣赏，参见狄奥 54. 15. 8。

③ 57. 2. 3.

④ 《书信集》4. 25. 1。

⑤ 普林尼，《书信集》2. 11. 11；参见塔西佗，*Dial*. 11。

⑥ 关于这个主题的一方面，参见 R. Macmullen，“流泪的罗马人”(Romans in tears)，*Class. Phil*. 75，1980，第 254—255 页。

⑦ 苏维托尼乌斯，《奥古斯都》58；《克劳狄乌斯》36。

⑧ 狄奥 70. 1. 2。

⑨ 《提比略》24；关于共和时期类似的例子，参见西塞罗，*Ad Att*. 4. 2. 4＝SB 74。

⑩ 狄奥 54. 14. 3。

斯的女儿，在66年审判中，“……先是倒在地上，不停地哭泣，不回答问题。然后又抓着祭坛和台阶大哭起来……”①提比略统治时期记载过被指控叛逆罪的被告真的在元老院喝下毒药的几个例子。②

第二十二节 人身攻击

虽然在元老院的发言要小心准备，但也不可能很完美，仍然会有粗暴语言和人身攻击的时候，就像感情的流露。元老院会容忍诽谤性的指控，即使给人格和地位造成伤害，③比起今天议会能容忍的言辞更恶毒。可以看到，不管那些受到攻击的人是死了，还是活着，是元老院成员还是非成员，差别都不大。确实，很多发言人的确希望保持体面。但似乎道歉是不作要求的，强烈的反对意见
270 通常会导致侮辱：④确实，提比略说，作为元老，他指责哈特利乌斯的时候不该那么随便，并请求他原谅，苏维托尼乌斯认为这么做太客气了。⑤ 值得注意的是，在69年，维比乌斯·克里斯普斯想将骑士安尼乌斯·浮士德不经过辩护或听审就判处死刑，大多数元老反对他这种不同寻常的企图。⑥ 而一个世纪后，狄奥评价了奥略留谈到或写到叛乱者阿维狄乌斯·卡西乌斯时的刻意克制。⑦在《论愤怒》一文中，塞内加论证说一个人不应该太“敏感”。不然，

---

① 塔西佗，《编年史》16.31。关于其他被告夸张的申诉，参见塔西佗，《编年史》6.49；普林尼，《书信集》5.13.3；狄奥59.19.4—5；76.9.3。判决后的情绪失控：塔西佗，《编年史》4.70。

② 苏维托尼乌斯，《提比略》61；狄奥58.21.4；参见58.27.4。

③ 参见塞内加，*De Const. Sap.* 17.1，“maledicta mores et vitam convulnerantia”。

④ 比如，参见塔西佗，《编年史》3.3；5.11。

⑤ 《提比略》29。

⑥ 塔西佗，《历史》2.10。

⑦ 71.27.1.

他问道，“……他能够心平气和地忍受公共生活的争吵和在法庭或在元老院中如箭矢般的侮辱吗？”[1]

在整个帝国时期都能找到这样的行为。首先，在朱里亚-克劳狄王朝时期，塔西佗将奥古斯都在生命最后10年的某一次发言理解为故意批评提比略的举止、衣着和行为。[2] 提比略自己后来在递送给元老院的信中更无忌讳地谈论他的家人，[3]并坚持德鲁苏斯关押时所有的言论在他死后都要宣读。[4] 我们已经知道，21年，塞克斯图斯·庞培竟然攻击他的同事执政官曼纽斯·雷比达，说他是“懒惰的乞丐，玷污了祖先”。[5] 而塞内加则描述了科尔布罗[6]逼得费德斯·科尔尼利乌斯[7]流下眼泪，称他为“拔了毛的鸵鸟”。[8] 盖乌斯在写给元老院的一封信中很粗鲁地谈论莉维亚，而且确实侮辱了整个立法团体。[9] 尼禄时期，还没当上皇帝的维特里乌斯名声很坏，会在会议上当众侮辱同事。[10] 塞内加的弟弟加里奥在65年比索念奴阴谋反叛后被指责为“公众的敌人，犯下杀害父母的罪行”；[11] 69年早期，维特里乌斯当上元首后，也被指控犯 271

① *De Ira* 2. 25. 4：“feret iste aequo animo civile convicium et ingesta in contione curiave maledicta?”

② 《编年史》1. 10；参见苏维托尼乌斯，《提比略》68。相反，奥古斯都也许没有再在公共场合说过朱利亚和阿古利巴·波斯图姆斯，除非不得已（塔西佗，《编年史》1. 6；苏维托尼乌斯，《奥古斯都》65）。

③ 比如，塔西佗，《编年史》5. 3。

④ 塔西佗，《编年史》6. 42；狄奥 58. 25. 4。参见提比略在审判时侮辱一位骑士（苏维托尼乌斯，《提比略》57）。

⑤ 塔西佗，《编年史》3. 32。

⑥ 关于这位“Corbulo”身份的讨论，参见 M. Griffin，《塞内加：政治中的哲学家》，第44页，n. 4。

⑦ *PIR*^{2} C 1360.

⑧ *De Const. Sap.* 17. 1：“struthocamelum depilatum.”

⑨ 苏维托尼乌斯，《卡利古拉》23 和 30；参见塞内加，*De Const. Sap.* 18. 1。

⑩ 塔西佗，《编年史》14. 49。

⑪ 塔西佗，《编年史》15. 73：“hostis et parricida”；关于帝国时期用类似的称呼形容共和时期的伟大人物，参见塔西佗，《编年史》4. 34。

有同样的罪名。[1] 在奥索登基前对他的"嘲讽和侮辱"成了后来极为尴尬的根源。[2] 相反,到 69 年秋,元老们都已经学会要更谨慎些,他们小心不说批评弗拉维王朝首领的话,甚至避免提到维斯帕先的名字。[3] 但是,在 69 年 4 月奥索死后,他的元老们在穆蒂那召开了正式会议,会上初级元老利希尼乌斯・凯西纳对伊拜鲁斯・马塞勒斯发起了猛烈的攻击,头脑冷静得多的人出来干预争吵才平息。同样,之后不久,在维特里乌斯时期,凯基利乌斯・西普莱什被控以贿赂和杀害马吕斯・塞赫斯的方式得到执政官的职位。[4]

后来,海维迪乌斯・普利斯库斯远不止和伊拜鲁斯・马塞勒斯及其同僚争吵,据说还无休止地诽谤维斯帕先,甚至在继承帝位敏感的事情上将他逼得流下眼泪。[5] 据普林尼说,在 93 年,审判阿茹勒努斯・鲁斯提库斯的时候,起诉律师阿基利乌斯・雷古勒斯将被告侮辱为"斯多葛式的猿人,印着维特里乌斯的烙印"。[6] 在另一处,普林尼曾提到过一次元老院审讯时的事故,[7]不过,事情经过很模糊,因为来龙去脉还不太肯定,但好像是普布利希乌斯・塞尔图斯粗鲁地攻击一位被告,以至最后被他打了。我们注意到,66 年,特拉塞亚的朋友也很担忧,如果参加元老院会议为自己辩护的话,可能真的会受攻击。[8] 公元 2 世纪早期,普林尼觉得

---

① 塔西佗,《历史》1.85。同样,有谣言说,克劳狄乌斯在去 Ostia 的路上被杀时,人们诅咒整个元老院,说他们是"杀父母的人(parricide)"(苏维托尼乌斯,《克劳狄乌斯》12)。

② 塔西佗,《历史》1.47。

③ 塔西佗,《历史》3.37。

④ 塔西佗,《历史》2.53 和 60。

⑤ 狄奥 66.12.1—3。

⑥ 《书信集》1.5.2:"Stoicorum simiam, Vitelliana cicatrice stigmosum"。

⑦ 《书信集》9.13.2。

⑧ 塔西佗,《编年史》16.26。在别处(Agr. 45)一篇夸张的文章中,塔西佗认为元老们一起在 93 年审判后抓住小海维迪乌斯・普利斯库斯,将他押送到监狱;但很难判断是否该相信这一说法。

争吵的两位元老用语和行为都很粗俗无礼，不愿意在信上复述他们的话。① 据《奥古斯都史》记载，元老们将奥略留在维鲁斯死时说的一些话理解为对皇帝的批评。② 最后要提到的是，在 3 世纪早期，皇帝下台后遭到辱骂，③和以前一样。④

总的来说，虽然记录了不少元老们在某些场合互相无礼对待
的例子，他们这方面的行为应该被正确地看待。与此相反，上面说 272
到很多人会自觉约束自己；在审判某些罪行上，元老院会宽容自己的成员；⑤大家或多或少共同感受到作为一个机构，他们代表了骄傲的、高贵的精英。⑥

第二十三节　主持人的角色

总而言之，不难领会在有争议的事情上，征询意见环节可以很活跃，甚至引起骚动，但是以现代人的眼光来看，反而可能会因主持人显然缺乏掌控而困惑。理论上，他的特权很大：只有他一个人可以决定什么事情能够列入议题（没有任何元老可以强行添加议题），还有，显然也是他一个人决定对哪个提议进行投票。在塞内加的戏仿诗中，神圣的主持人朱庇特的确斥责元老们将对克劳狄乌斯的审问变成了"真正的肉铺场"，并希望他们能够维持"元老院的秩序"。⑦ 但我们没有听说过帝国时期的人类主持人主动说过这么严厉的话。⑧

---

① 《书信集》6.5.5—7。
② *Marcus* 20.3—4.
③ 狄奥 79.2.5—6 和 3.2。
④ 苏维托尼乌斯，《图密善》23。
⑤ 参见第十六章，第一节。
⑥ 参见第二章，第六节。
⑦ *Apocol*. 9.1："vera mapalia"；"disciplina curiae".
⑧ 普林尼（《颂词》73.2）确实拐弯抹角地提到 100 年选举日图拉真担任主持人时，他可能约束大家热切的情绪，但没有作讨论。

相反,按罗马的惯例,他们似乎很少会影响或引导会议进程,尤其是在听审时,他们一直以来都处于被动的立场。共和时期的提问环节(如我们所见,元老院的审讯就是从这个环节发展而来)副执政只扮演监督的角色。

相反,会议上,元老院们主要受情绪控制,特别是资深元老的影响。他们一直以来都是个松散的群体,但值得记住的是,在公元前 5 年,增加补任执政官后,元老中执政官的数目比起在共和时期增加了很多。比如,97 年,法布里修斯·威恩托企图第二次发言,但被元老们的抗议所阻止,这可能比主持人的干预更有效。[①] 在极端情况下,如果元老感到受了威胁,他会向保民官申诉——像威恩托那样。[②] 几乎没有听说过主持人自发采取过决定性的行动。元老在卡利古拉和图密善暴死后采取的主动,还有在动荡的 68
273 年、193 年、238 年,可以看成是例外,十分可敬。不过,即使在这些例子中,我们也无法依据资料完全确定行动在多大程度上是由主持人发起的,[③]大概仅在 238 年主动采取的决定能够被证实。更典型的是 29 年的例子,接到提比略控告自己家人的信件后,执政官完全不知所措,不知该怎么办才好。在其他不肯定皇帝反应的时候,他们也同样会很困惑。[④] 可以预料,在这些时候,他们会选择先征询皇帝的意见,再决定下一步该怎么走。还应补充说明的是,在某些时候,即使对皇帝的反应没有疑虑,大家还是会先征求他的意见,在策略上拖延不可避免的定罪。[⑤]

帝国时期主持人缺乏主动性不该让人感到惊讶。没有皇帝的

---

① 普林尼,《书信集》9.13.19。

② 更多参见第三章,第三节。

③ 然而,Josephus 确实提到 41 年 1 月的执政官 Q. Pompeius Secundus(esp. *AJ* 19.263)和 Cn. Sentius Saturninus(esp. *AJ* 19.166—186)起到了领头的作用。参见 *BJ* 2.205;苏维托尼乌斯,《克劳狄乌斯》10;狄奥 59.30.3。

④ 塔西佗,《编年史》5.3—4;13.26;14.49;参见《历史》4.9。

⑤ 参见塔西佗,《编年史》4.66;16.8。

同意，任何人都无法获得执政官职位，大家也都非常清楚他们的在职表现要向他汇报，不管他有没有出席会议。在很多事务由皇帝提议的情况下，不仅执政官选择讨论议题，按照自己的意愿提出议题的特权显著减少，当涉及到有争议的提议，或不同常规的行动，他还要事先保证他这位在职同事的同意。[①] 在平常的辩论过程中，他不能控制不相关的讨论，或打断过度冗长的发言人。这给行使自主权造成了极大的障碍。此外，任期变得越来越短，执政官主持会议的次数少了，所以获得经验和自信的机会也少了。因此，一旦短期的任职变成规矩，希望由有经验的主持人引导会议就变得很不现实，但毫无疑问，元老院作为议会的能力就遭到削弱。作为那么大规模的机构，只有在能约束，有技巧的主持人管理下才会发挥用处，在他的帮助下，69 年晚期和 70 年早期不光彩会议上的恶语相向也许就能够避免了。不管是成员，还是非成员，他们对立法团体的信心在那时候肯定都遭到严重的动摇。并且——如事情的发展，对未来的破坏更大——这些会议给了年轻的图密善毁火性的印象，影响了他从此以后对元老院的评价。毫不奇怪，资料中能提供的证据和评论都很少，无法帮助对个别主持人（皇帝除外）的能力进行评价。塔西佗对德鲁苏斯 21 年任第二任执政官时处理 274
尴尬事务和 70 年早期图密善主持会议的关注是一大例外。[②]

第二十四节　元老的注意力

在元老院作为陪审团听审，要对判决进行投票的成员自然有义务坐在会厅听完整个过程。有理由认为，他们参加其他会议时也要一直呆着，很容易看出会议可能会带来压力。理论上，他们

① 参见上文第三节。

② 《编年史》3.31—37；《历史》4.40—47。

确实可以随意来去，但实际上，他们通常会待到会议结束，不像现代下议院议员做出经常遭人批评的行为——即参加事务辩论时很散漫，如果有参加的话，而且只在铃声响起要分组的时候才出现。在威斯敏斯特，有好几个原因促使了这种行为。粗略来说，在"党派"制度下，忠诚的议员从不需要有自己对事情的看法，他只需跟随他的领导人投票就行了，如果某一党压倒其他党，那么投票结果大体上不过在预料之中。即使议员想在辩论中有所表现，他能不能"吸引发言人的眼光"还是个问题，很可能吸引不了，特别是"终止辩论将议案付诸表决"规定允许用于讨论的时间有严格的限制。

相反，罗马元老院的很多程序和做法的特点确实迫使元老坚持整个会议。首先，会前他很少会接到告之整个会议内容的通知，以决定是否有兴趣参加。第二，不仅会议的进程难以预料，并且如我们所见，通常在会议上会临时提出某个议题，作出决定。如果元老缺席的那天，议题第一次提出，不一定会再有第二次、第三次重申的机会等着他发言。因为元老不能代表任何人参会，由他考虑某项议案是否会触及委托人的利益非常不合适。相反，按照规定，所有的议案仅以他作为元老相关，但实际上，元老作为地区的保护人，确实在一定程度上可以代表地方的利益。除了其他目的，也许是为了阻止地方施加不恰当的压力，在公元前59年，恺撒法令的一项条款规定，地方政
275 府将接受贿赂在元老院传达意见视为犯罪。[1] 但随着外交事务越来越多地交由皇帝处理，很多情况下，保护人通过和皇室顾问非正式的接触比起在元老院积极发言对地区的作用更大。比如，要是知道在塞维鲁时期，诺纽斯·法比乌斯·阿里乌斯·保利努斯·阿佩尔元老是在元老院面前还是在皇帝面前作为地区保护人表现"殷勤"就好了，他得到布雷西亚执枝祭司团(collegium dendrophorum)的感谢，

① Venuleius Saturninus, *Dig*. 48. 11. 6. 2.

让他们的免税请求得以批准。① 当然，卢西恩描述在皇宫的影响会带来极大的好处，②虚假的预言家亚历山大就因执政官穆米乌斯·西森纳·卢提连努斯对他偏心而获益；亚历山大向奥略留，而不是元老院，申请将阿博诺泰可斯重新命名为伊内波利斯。

元老要在会前护送皇帝或主持人从家里走到会场，会后又护送回家的传统自然要求他们一直在会。哈德良也许能体会特别是返程对于元老非常劳累，因此坐轿子回去，省去他们护送的麻烦。③ 在会上询问意见环节，每位元老都知道会按顺序点到他发言，而他也可以随意说多久，点名时缺席才会引人注意。此外，当事情出现争议时，争论的结果很难预测。每位发言人都可以提出新的意见，但最后，如我们所知，由主持人挑选意见进行投票。话说回来，结果也不是难以料定，就像皇帝提出的议题一样。如果元老院还在进行元老提出的或关系到他的事情，他离开的话就显得特别失礼，因此也很冒险。

按理推测，不管在什么时候，元老非正式的团体或“党派”都存在，虽然我们所知不多。我们可以更肯定地认为，没有一个团体会对元老院会议造成长久影响，因此在具体事情上通常没有什么“党派路线”可以遵循，除了明显的一条就是皇帝的意愿几乎不能拒绝。无疑，实际上，资深元老热切地提倡某个建议时，他很希望比如在赢得元老官员选举时得到过他帮助的新人同事的支持，或者是在分配到某个岗位时欠了他人情的人支持。因此，当阿格里科拉的父亲，副执政尤利乌斯·格雷西尼乌斯④举办竞技比赛时，让人讨厌的执政官保卢斯·法比乌斯·佩尔西库斯⑤和坎尼尼乌 276

---

① *ILS* 1150 和 P. Lambrechts, *PW* 17. s. v. Nonius no. 12, cols. 864—865。亦可参见 *Inscr. Ital.* X. 4. no. 31 的讨论，本书第 109 页，注释④。

② *Alexander* 48 和 58。

③ 狄奥 69. 7. 2。更多参见第六章，第四节。

④ *PIR*^{2} I 344.

⑤ *PIR*^{2} F 51.

斯·雷比鲁斯[①]赞成过分奢侈的捐赠，实际上，这是一种收买纳庞西斯新贵(novus homo)支持的无耻出价。[②] 然而，不同寻常的是，特拉塞亚·培图斯被指责为在元老院内建立“党派”，但他的同伙没有跟从他反叛的意见，指控也就失去了意义。[③] 不列塔尼库斯死后，据说，阿格里皮娜出于绝望也企图建立一个“党派”为她服务，[④]但至少也维持不了多久。后来，普林尼暗示说，图密善时期，元老间出现了分裂——支持皇帝及其亲密同僚的，和反对他们的。[⑤] 虽然在这个例子中，他宣称分裂很快在图拉真领导下达成了一致的支持，但很显然，在每个时期，每个元老对元首的态度差别很大，甚至对元首统治的态度也如此。然而，普林尼提到的两个团体肯定一直很松散，后者则没有什么效力。

元老们确实会互相拉拢，比如我们看到的在审判马吕斯·普利斯库斯时，[⑥]或者赫拉克勒斯在会厅内跑来跑去请求支援他对塞内加戏仿诗的观点时。[⑦] 但多数情况下，这种群体会因每次的会议或议案不同而改变。因此更加需要元老对整个会议讨论的事情全神贯注，而相互义务错综复杂的纠缠也要求他们聆听朋友的发言，和他们一起投票。

在会上迟到几乎没听说过，我们只能这么想。虽然严格说来，我们的信息提供者狄奥的希腊语模棱两可，[⑧]奥古斯都的罚款肯定是针对那些根本没到会的元老，而不是出席懒散的人。同

① *PIR*^{2} C 393.

② 塞内加，*De Benef*. 2. 21. 5 和 J. Morris 的评论，“元老院和皇帝”(Senate and Emperor)，in *Geras*, *Studies Presented to George Thomson on the Occasion of His* 60th*Birthday*，布拉格，1963，第 149—161 页中的第 154 页。

③ 塔西佗，《编年史》16. 22。

④ 塔西佗，《编年史》13. 18。

⑤ 《颂词》62。

⑥ 普林尼，《书信集》2. 11. 20—22。

⑦ *Apocol*. 9. 6.

⑧ 54. 18. 3；55. 3. 2. ὑστερίζειν 可以是“来晚了”或者“来得太迟了”(因此错过了)。

样，他在公元前 12 年指示元老在会前不可以拜访他，[①]目的是为
了避免不会推迟整个会议，而不只是防止几个人迟到。提比略也
“特别指示，元老应该在合适的情况下，尽可能多地召开会议，不 277
可以比规定的时间晚到，也不可以提前散会”。[②] 但也许这里皇
帝实际上针对的是个别懈怠的元老，而不是元老院整体，他们很
少按照规定的时间参会。但这条指示的目的根本不清楚，可以有
不同的理解。

除了这些例子，值得注意的是，我们没有听说在正常情况下有迟到或提前离开会议的，相反，出现这种情况会显得很不寻常。在皇帝中，据说，奥古斯都在公元前 13 年提前离开过会议两次，第一次是在选为大祭司(pontifex maximus)后为了避免接受更多的美誉，[③]第二次是遭到科尔尼利乌斯·西森纳指责后为了避免发怒。狄奥描述了第二次的情形，“他没做什么激动的事，也没说什么怒话，而是冲出元老院，过了一会才回来，后来他对朋友说，这么做虽然不太合适，他还是宁可出去，而不是一直坐在那里被迫采取严厉的措施”。[④] 同样，据苏维托尼乌斯说，[⑤]奥古斯都有好几次在争执变得过度激烈的时候都赶快离开了。后来，39 年时，盖乌斯发表了让人震惊的激烈长篇演说以维护提比略的形象，重新实施叛逆罪，然后冲出了元老院。[⑥] 49 年，元老们采纳维特里乌斯的请求，希望允许克劳狄乌斯娶他的侄女阿格里皮娜，元老们对这一请求非常热忱，以至冲出元老院迫使克劳狄乌斯接受提议。然后克劳狄乌斯加入了会议，要求通过必要的法规。[⑦] 推测起来，在一次

---

① 54.30.1.
② 狄奥 58.21.2(33 年的记录)。
③ 狄奥 54.27.2。
④ 54.27.4.
⑤ 《奥古斯都》54。
⑥ 狄奥 59.16.8。
⑦ 塔西佗，《编年史》12.7。

会议结束前,维斯帕先流着泪走出了元老院,因别人关于继位所说的话而伤心。① 212 年,格塔被杀后,卡拉卡拉只是走进元老院说完话就离开了。②

我们确实听说过一些元老离开元老院的例子,都很戏剧性。16 年,卡尔普尼乌斯·庇索指控完公共生活的腐败后走出元老院,说他干脆离开罗马算了。25 年,克雷姆提乌斯·科尔都斯在因捏造的罪名为自己辩护完后,走出元老院,将自己饿死了。③ 30 年,福菲乌斯·杰米努斯同样没有等到他的案子作出判决,而在 22 年,当一位副执政被指控侮辱了皇帝后,走了出
278 去,将官服脱下,然后又回来要求作为普通成员马上对他进行起诉。④ 无疑,59 年阿格里皮娜死后,大家提议给皇帝授予荣誉时,特拉塞亚·培图斯走出了元老院,给人留下深刻印象。⑤ 70 年早期,尼禄手下臭名昭著的告密者真的被赶出了会厅,而在同一次会议后,当伊拜鲁斯·马塞勒斯遭到海维迪乌斯·普利斯库斯攻击的时候,他和维比乌斯·克里斯普斯提出自愿退出会议。⑥

和所有这些例子相反,如果元老真的都有随意进出会议的习惯,那么我们只能说这种行为的证据实在是没有。没错,这种行为太不起眼,不会出现在任何现存的记录中,⑦但是另一方面,在很大程度上,可以说,元老通常会一直待到会议结束,而且如前面所论证,他们也有很多理由需要这么做。

---

① 狄奥 66.12.1。

② 狄奥 77.3.3。

③ 塔西佗,《编年史》2.34;4.35。

④ 狄奥 58.4.6;57.21.2。

⑤ 塔西佗,《编年史》14.12;16.21;狄奥 61.15.2。

⑥ 塔西佗,《历史》4.41 和 43。

⑦ 关于案子还没开始前就溜掉的律师的例子可能引用了,但他不是成员,他这样做不是因为偷懒,而是太胆小(普林尼,《书信集》5.13)。

第二十五节 投 票[①]

主持人让元老院讨论的事情迟早要进行投票表决，什么时候投票取决于议案是否有争议。因此，格里乌斯引用瓦罗在公元前70年手册中的话：“元老院的法规有两种方式决定：或者不讨论直接投票(discessio)，如果大家达成一致意见的话，或者，如果有争议，点名让每位元老发表意见。”[②]

在帝国时期，没有争议的事情不用讨论便可直接投票的做法肯定还在继续，虽然很难举例证明，[③]一方面，我们知道很多资料在在宽泛意义上都用了“不讨论投票”(discessio)一词，而另一方面，瓦罗以更狭窄、更专业的意义使用这个词时，我们却没有同样的信心分辨其含义。问题是，本来可以具体区分元老院投票不同场景的不同名词却没有被使用。[④] 比如，塔西佗说到62年审判安提斯提乌斯·苏西亚努斯后，执政官允许人家“不讨论投票”，但这 279
次指定执政官和特拉塞亚·培图斯意见冲突，所以两人的意见都进行了投票。[⑤] 普林尼同样用了“不讨论投票”一词，即使进行了意见征询，而且提议有矛盾。[⑥] 在另一处，塔西佗特别提到29年宣读提比略的信后并没有讨论，但不太清楚元老院接着是否直接

---

① 关于它的时长没有效果，参见 M. L. Paladini，“Le votazioni del senato Romano nell' età di Traiano”，*Athenaeum* 37，1959，第3—133页。

② 14. 7. 9：“senatus consultum fieri duobus modis：aut per discessionem，si consentiretur，aut，si res dubia esset，per singulorum sententias exquisitas.”

③ 可能有个非典型的例子，会上进行了讨论，但没有征询意见，参见上文第七节对塔西佗，《编年史》11. 5—6 的观点。

④ 难以区分带来的困难反映在 Gellius 的困惑中，参见 14. 7. 12—13。

⑤ 《编年史》14. 48—49。更多关于征询意见时一致同意通过某个意见的资料，参见《编年史》3. 69；6. 12。

⑥ 《书信集》2. 11. 22；8. 14. 19；9. 13. 20。他也可以用 *sententiae*(意见)来指“投票”，而不是“提议”，参见《书信集》2. 12. 5；Gell. 3. 18. 2。

违抗谕令，还是正式通过了一项元老院法令。① 相反，完全可以相信《在贝根西斯地产上举行市场集会的元老院决议》（*SC de nundinis saltus Beguensis*）没有进行讨论，被描述为“以不讨论投票方式作出的元老院决议（*S. C. per discessionem factum*）”。②

事情有争议时，在询问意见后才进行投票。据推测，众多议题的辩论和投票都在同一天完成，但并没必要都挤在一天，我们知道，在共和晚期，重要的问题和争辩不总是那么容易解决的。③帝国时期同样会在会议后的某一天继续讨论同一件事。解决大使的要求、最终确定大部分复杂的民事立法（这项工作一致持续到塞维鲁时期）通常肯定不止召开一次会议。比如，有理由认为按照《禁止收购房屋后摧毁获利的元老院决议》（*Sc de aedificiis non diruendis*）解决的问题可能在 44 年 9 月 22 日通过之前就已经讨论过一次或多次了。④ 我们也知道，奥略留在任晚期关于削减角斗士表演经费的提议出现在不止一次的会议议程上。⑤ 总的来说，很少听审能够在一天内完成。还得提到两个这样的例子，虽然我们应该认识到它们都不是因为事情有争议或复杂而拖延讨论的直接证明。第一个是 14 年为了保证提比略正式接受皇位召开了不止一次会议，给他的提议用了各种说法。当然，这里的延迟不是因为元老们的争辩，而是提比略本人的犹豫。⑥ 第
280 二，确实，1 世纪中的莎草纸上记录了一位不知名的发言人（克劳

① 《编年史》55。

② *FIRA*^{2} I no. 47 line 9. Discessio（未讨论即投票）也在塞内加，*De Vita Beata* 2. 1，*FIRA*^{2} I no. 15 line4 中有使用，还有苏维托尼乌斯，《提比略》31。虽然用的是广义还是专业含义无法分辨。

③ W. K. Lacey，*JRS* 64，1974，第 177 页，注释 9；概述参见 Gell. 1. 23. 5。

④ *FIRA*^{2} I no. 45.

⑤ 参见第八章。

⑥ 关于提比略登基的整个年表，参见 B. Levick，《政治家提比略》（*Tiberius the Politician*），第五章。

狄乌斯?)确实给了元老院考虑他的提议的时间,在过后的某一天才又重新讨论。[①] 然而,这里也是,困难不在于为议题争执而拖延,而是根本就没有回应。

当提出几个冲突的意见时,[②]主持人有唯一的自由裁量权选择哪个意见进行投票,依照什么样的顺序,当然除了被保民官或皇帝否决的提议。[③] 通常情况下,他几乎不可能忽视已经赢得一些支持的提议,但让人惊讶的是普林尼[④]告诉我们在审判尤利乌斯·巴苏斯的时候瓦列里乌斯·保利努斯提出的建议事实上就给忽略了,虽然建议得到了很多人的赞同。文中没有交代忽略的理由:我们只能猜测执政官多少担心提议中的恶意,或者提议在较晚的时候才进行讨论,因为瓦列里乌斯最多不过是副执政。通常也许是按照提出的顺序排列意见,[⑤]每条意见分别投票,第一个赢得大多票数的意见被采纳。[⑥] 因此,在 26 年会上,据说士麦那赢得了 400 票,而其他同它竞争的 10 个城市加起来不过 7 票,自然可以得出结论支持士麦那的意见先提出,因此没再费什么麻烦就解决了问题。

普林尼漫无边际地写了冗长的信件,想证明某种危害正常投票程序的企图是正确的。[⑦] 105 年,在征询意见时,讨论怎样对待死去执政官阿弗拉尼乌斯·德克斯特的自由民,当时提了三种意见——释放、流放、处死。如前面所说,通常的做法是将每种意

---

① *FIRA*² I,no. 44,第 3 卷,第 14—16 行。

② 参见普林尼,《书信集》8. 14. 6:“pugnantes sententiae”。

③ 比如,参见塔西佗,《编年史》1. 77;6. 47(保民官)。关于皇帝的否决,参见第 197 页,注释⑦。

④ 《书信集》4. 9. 20—21 及 Sherwin-White 关于此处的论述。

⑤ 参见普林尼《颂词》76. 3,“vicit sententia non prima, sed melior”被看成是自由的象征。*Sententia prima*(第一发言人意见)自然是最可能反映皇帝意愿的,特别在图密善时期。

⑥ 普林尼(《书信集》2. 11. 6)将投票时赢得大力支持的 *sententia*(意见)看成是“众多人支持的意见(frequens)”。

⑦ 《书信集》8. 14,特别是第二十二节。

见分别投票，得票最高的胜出。因此，每位元老都要投 3 次票。作为释放的提议人，普林尼很恼怒，因为支持流放和处死的联合
281 起来反对他（如他所预料），即使后两种意见相互毫不相关。因此，他想找一种办法让每条判决意见都提交元老院，但每位成员只能投一票；这样，他认为在三种意见中释放会得到最多的支持。结果，他的抗议促使提出处死的人撤回了意见，只剩下释放和流放之间的选择。有充分的理由支持普林尼的怀疑，即提出另一种投票方式是否合法。虽然不肯定这是不是他的目的，但他的方法至少从策略上在投票前将对手的一方意见消除了。然而，让人烦恼的是，他没说明白那天赞成释放的是否超过了赞成流放的。

如果元老觉得进入投票环节的意见包括了不止一点，可以要求将它“细分”，每一点分开投票。所以塞内加在信里写道：“我认为元老院的传统也要按道理行事：如果有人提出意见，我只赞成部分，就得让他将意见分成几点，我会为自己赞成的那一点投票。”①塞内加的同代人，阿斯科尼乌斯同样将这种做法看作惯例，②但帝国时期会议的报告里没有可以引用的例子。

将意见付诸投票时，主持人会用这样的套语：“赞成此项提议的到这边来，赞成所有其他提议的到你支持的那边”，③并用手指出各个相应的位置。各就各位后，每位成员都坐下。④ 每位成员（虽然不是元老官员）都有一票，甚至是审判更资深的元老。⑤ 所

① 《书信集》*Mor.* 21. 9：“quod fieri in senatu solet, faciendum ego in philosophia quoque existimo：cum censuit aliquis, quod ex parte mihi placeat, iubeo illum dividere sententiam et sequor, quod probo”。

② 第 43 页 C。

③ 普林尼，《书信集》8. 14. 19：“qui haec censetis, in hanc partem, qui alia omnia, in illam partem ite qua sentitis”。

④ 普林尼，《书信集》8. 14. 13。

⑤ 普林尼，《书信集》2. 12. 4。狄奥（52. 32. 2—3）主张在这些案例中，如果被告和投票的成员是一个级别或比他的级别低，成员才能投票。

有的投票具有同等价值，得票多的胜出。[1] 元老不必投他们在发表意见时支持的提议，而且肯定也不总是那样做，正如庞培·科勒格悻悻地抱怨，那些曾答应在审判马里乌斯·普利斯库斯的时候和他投同样票的人，在最后却没给予支持。[2] 臭名昭著的是，在征询意见的时候，有人还会改变观点，而他们在同一审讯初始阶段已改变过一次。[3] 因此，虽然如我们所料，投票的结果通常还是跟已 282
经表达的意见一致，[4]但不是没有意外。主持人宣布投票结果时会这么说："这边的人占多数"。[5]

自然，我们会问，上面所说的正式程序在通过皇帝的提议时实施了多长时间，皇帝的所有提议很可能想当然地全体通过，[6]结果也许就是根本不用投票？还是元老仍然按要求，参与到会厅一边集合的游戏表示赞同？我们无法确定。如我们将会看到，[7]很明显，至少到公元 2 世纪后半期，皇帝提出的各个议题不再制定不同的法规来解决，而是只通过一条简洁的法规总体上给予认同，但我们不知道那时候，或更早的时候，法规是怎样通过的。确实，在对元老发言的时候，奥略留和康茂德会提到"投票(suffragari)"，[8]而狄奥也始终这样描述，好像在他那时，法规就是那样通过的。然而，他们所说的这种"投票"程序实际上仍然很模

---

① 普林尼，《书信集》2. 12. 5；塞内加，《书信集》*Mor*. 66. 41。

② 普林尼，《书信集》2. 11. 22。

③ 普林尼，《书信集》2. 11. 6；塔西佗，《编年史》4. 30；《历史》2. 10。

④ 普林尼，《书信集》3. 4. 4。

⑤ 塞内加，*De vita Beata* 2. 1："haec pars maior esse videtur"。参见塔西佗的说法，《编年史》14. 45："praevaluit tamen pars quae supplicium decernebat"。

⑥ 自然很多事情——不仅是皇帝提出的——肯定都没有争议，会全体一致通过。关于这方面，有意思的是在 Probus 的 *De Notis Iuris*（1 世纪晚期？）中，他为"quid de ea re fieri placeret，de ea re *universi* ita censuerunt"拟了个缩略语（*FIRA*^{2} II 第 455 页）。事实上，现存的元老院法令中没有以这样的方式用这个形容词。

⑦ 参见第八章。

⑧ 第十五章，第五节，列表第 125 条，第 28 行。

糊。希律[①]和《奥古斯都史》[②]确实提到过正式投票的例子——比如,佩蒂纳克斯和狄第乌斯·朱利安的登基,埃拉加巴鲁斯任命塞维鲁·亚历山大为恺撒(译注:即皇帝)。这些都是特别重大的场合,但值得争辩的是,即使所有的元老在这些例子中都站到会厅的一侧,无法保证在其他会上他们也经常这么做。因此,还有待回答的问题是关系到皇帝的某些提议,甚至所有提议时,正常投票的程序是否有时会被推延或调整,或者皇帝的所有提议都如此。

还有,我们不知道主持人是否一直单凭印象来记票,还是有时在元老就位后真的数一下人数。至少,按照法律,只需在每条元老院法令上记录出席的人数,而不是两边意见的投票人数,也不用记
283 每位投票人的名字。每条意见都要毫无例外地清点投票人数的话,会很耗时,无意义,而且根本行不通。话虽那样说,适当的时候无疑还是要尽力,正如可能在 17 年的会上塔西佗谈到一项议案"由少许票数"决定。[③] 矛盾的是,100 年马吕斯·普利斯库斯的审判是我们唯一能找到有明确证据的清点人数的会议,[④]而事实上,当时并不需要那么精确,因为很肯定绝大多数人都支持指定执政官提出的意见。[⑤] 因此,这个例子警告我们,不仅要避免从现存资料里显然缺少投票数据的事实得出大致的结论(数据缺乏也可能有很多其他的原因),也不要以为我们现存的一组投票数对比(公元 26 年,400 比 7)只是估值。400 这个整数看起来让人有点

---

① 5.7.4.

② 《佩蒂纳克斯》5.2—6;*Did. Jul.* 3.3;参见 Eutropius, *Brev.* 8.16。

③ 《编年史》2.51:"paucis suffragiis"。

④ 普林尼,《颂词》76.2:"consulti omnes atque etiam dinumerati sumus",按我的观点"dinumerati"最恰当的是字面意思"清点过的(counted)"(参见 *Ox. Lat. Dict.* s. v. la,第 546 页),而不是"认为(reckoned with)"(B. Radice in Loeb edition),"Numerantur"在普林尼《书信集》2.12.5 中仍然含义模糊,但至少可以认为应该清点了人数。

⑤ 普林尼,《书信集》2.11.22。他的《颂词》76.2 中的"etiam"也许暗示没有真正必要点数。

怀疑，但至少我们在别的地方得知，这次会议的整体出席人数完全可信，400 是其中一部分，可以看成是准确的计算。因此，这次会上是否清点了人数，更不用说在其他严格说来没必要清点人数的会议，问题仍然有待回答。是否因为在 26 年和审判马吕斯·普利斯库斯的时候皇帝都在场，这点有无特别的意义同样不清楚。有皇帝参加的会议，当然是法律不要求记录出席人数的唯一例外。

我们已经知道，元老院的投票总是采用所描述过的公开方式。因此，我们发现审判程序规定的公开投票由《元老院法令》固定下来，奥古斯都在公元前 4 年的时候送了一份法令给昔兰尼。[1] 特别突出的是，在图拉真时期，曾有过也许是短期的实验，在选举的时候，进行秘密投票，防止过多的个人影响。但很快，一些元老用粗暴的方式弄坏了选票——也许是有意的，于是这一方法也就泡汤了。[2] 蒙森认为，[3]15 年，审判格拉尼乌斯·马塞勒斯的时候，提比略的大发雷霆暗示了秘密投票的可能："他也会对这个案件表达自己的意见，以公开、发誓的方式"。[4] 但是，这里提比略只是强调
审判后发表他的意见；随后的投票完全是另一回事。[5] 作为皇帝， 284
提比略当然有权在征询意见的任何时候发言。庇索接着询问他什么时候发言，他明白提比略的意见会影响后面还没发言的人。至少进行秘密投票的想法是在萨鲁斯特给恺撒的其中一封信中明确提出的，虽然没有得到发展，因此从表面上看来是在共和晚期。但也有强烈的反对意见认为那不过是元首制早期的一种写作修辞。[6]

---

[1] *FIRA*^{2} I no. 68 V lines 142—144.

[2] 普林尼，《书信集》3. 20；4. 25。

[3] *St. R.* III. 2，p. 993 n. 3.

[4] 塔西佗，《编年史》1. 74。

[5] 塔西佗，《编年史》14. 48—49；普林尼，《书信集》2. 11. 19—22。关于别处"palam"的强调用法，参见塔西佗，《编年史》4. 30 和 36。

[6] 参见《书信集》，*ad Caes. senem* 2. 11. 5—7 和讨论，比如 R. Syme，*Sallust*，加利福尼亚，1964，附录 2，特别是第 342—348 页。

一旦元老院法令通过,措辞就要在会后拟定,档案保存在萨吞尼国库中。每个案例的这项任务通常可能会由 6 位成员完成,是一项重要的职责。① 同样,一旦通过,《元老院法令》可能会被皇帝或保民官否决。保民官仍有这样的权利,②但如我们所想,在帝国时期,他们很少行使。特拉塞亚·培图斯在 66 年拒绝了阿茹勒努斯·鲁斯提库斯的提议使用这项权利,他是明智的。③ 严格说来,在某些方面,《元老院法令》的通过没规律,或者后来被否决,被称为"未生效决议(auctoritas)"。④

会议结束时,主持人会宣布:"各位元老,我们的会议就到此为止。"⑤

第二十六节 事务的委托

显然,元老院的工作大多程序化、没有争议。会议时间也许很长,很单调,因此可以理解元老们都感到乏味和沮丧。自然,我们会问元老院是否会选择将某些事务的处理委托给小一点的机
285 构,但它们还是对立法团体负责。答案就是,不仅很少这么做,而且在所知道的例子中,除了一个牵涉到特别的问题,算不上是常规工作。事实上,拒绝委托责任是罗马行政管理的特点。比如,

---

① 更多参见第 362 页,注释②。有 20 人或更多的人撰写了公元前 39 年 10 月的一条法令是很不寻常的,也反应了相关事情的重要性:参见 J. Reynolds,《爱欲和罗马》,no. 8,第 4—13 行及其讨论,第 67 页。

② 狄奥 55. 3. 5。

③ 塔西佗,《编年史》16. 26。狄奥 57. 15. 9 可以提供一个保民官否决元老院法令的例子,虽然法令内容不是很清楚。

④ 狄奥 55. 3. 4—5。在《编年史》2. 32 中,不是很清楚塔西佗说"auctoritas"("权力")的时候是否指专业的含义(参见 *Ox. Lat. Dict.* s. v. 4a, p. 206),还是非正式的含义,比如"提议(proposal)"(参见 Goodyear 关于这点的论述)。

⑤ HA, *Marcus* 10. 9:"nihil vos moramur, patres conscripti."关于共和时期的做法,参见西塞罗, *Ad Q. F.* 2. 1. 1=SB 5。资料通常会用这样的表达:"解散元老院会议(senatum mittere)"或者"解散(dimittere)"(比如,参见普林尼,《书信集》4. 9. 22; 9. 13. 20; Gell 6. 21. 2)。

有很多证据表明，皇帝和政府官员亲自处理提交给他们的所有事务。①

确实，奥古斯都的元老顾问团（consilium）肯定在会议之前考虑过要在会上提出的一些或所有议项，具体的我们知道顾问团讨论了公元前 4 年的议题，即为听审索贿罪作新的安排。② 也许会前的讨论可以提高在元老院争辩的质量，缩短会议的时间，但更可能是想扼杀一些意见的发表，因为元老会觉得他们很难改变已经形成的观点。不过，至少元老顾问团还是要将所有议案都提交给元老院。只有在 13 年时，顾问团得到权力跳过元老院独自作出联合决定。然而，事实上，可以利用这种重大改变的机会很少，因为大概一年后，提比略就将顾问团完全废除了。③

不管在什么时候，执政官们作为元老院的联合主持人必须在会前审阅议项，无疑也会经常就此征询皇帝的意见。他们会接到元老希望提出议题的申请，也会收到希望出席元老院的其他人的申请。理论上，作为主持人，他们几乎有完全的裁量权按意愿选择议项，但同样——和我们刚刚谈论的顾问团很相似——他们不考虑元老院作出联合决定的机会非常有限。不管怎样，很有可能很少主持人希望单独行事。我们之前注意到，他们更容易被元老院所左右。

我们确实听说过将复杂事情的详细调查委托给执政官的例子。19 年，在元老院指示下，他们草拟了一份诉讼要点（commentarium），涉及的问题是关于上层阶级的成员因行为可耻被认为有损元老院的尊严。3 年后，还要求他们审阅很多东

① 参见 F. Millar，《皇帝》，第 6 页；G. P. Burton，“帝国时期的总督、法令和司法”（Proconsuls，assizes and the administration of justice under the empire），*JRS* 65，1975，第 92—106 页。

② *FIRA*[2] I no. 68 V line 87.

③ 关于这个组织的全面讨论，参见 J. Crook，《元首顾问团》，第二章。

方城市希望授予庇护权而借鉴的大量文件。而在 59 年，调查一场角斗表演上发生打斗的事情交到了他们手里。[1] 在这三个例子中，他们都要向元老院反馈调查结果以便决定采取相应的
286 行动。

虽然我们听说任命了几个委员会，由元老组成，但每次都是因为有特殊的任务要完成。没有一个是常任委员会用来减轻元老院定期的日常事务。因此，在 1 世纪不同时期，共成立了 5 个元老委员会处理公共财政的紧急困难。[2] 公元 4 年，奥古斯都提名了 10 位元老，然后抽签选出 3 位复审同事元老的资格。[3] 在提比略任期，有两个委员会减轻了不同寻常的困难——一个在 20 年委任，目的是解决《帕皮亚・波比亚法》带来的困惑和担忧，而另一个是在纸莎草纸短缺时派发纸莎草纸。[4] 16 年，还成立了另一个委员会，以恢复丢失的公共记录并复写那些因时间变得字迹模糊的记录。69 年，内战后，另一个委员会做了相似的工作。[5] 最后，在 1 世纪末，经涅尔瓦批准，委任了元老去购买，分发土地给贫困的罗马人。[6]

我们可以想象元老院对市场价格的年度评估——如提比略所主张——本来可以委任给专门委员会，就能减轻元老院的常规义务。但就我们所知，这项提议没通过。[7] 公元前 4 年的元老院法令仍有一套程序，上面提到过，按照程序，由 5 名元老成员组成的委员会将聆听行省申请索回被总督敲诈的钱财。[8] 到那时为止，

---

① 第十五章，第五节，列表第 22 条，第 4—6 行；塔西佗，《编年史》3. 63；14. 17。关于共和时期可比较的例子，比如可参见 R. K. Sherk，《罗马档案》，nos. 12 和 23。

② 参见第十二章，第二节。

③ 狄奥 55. 13. 3。

④ 塔西佗，《编年史》3. 28；普林尼，《自然史》13. 89。

⑤ 狄奥 57. 16. 2；塔西佗，《历史》4. 40。

⑥ 狄奥 68. 2. 1。

⑦ 苏维托尼乌斯，《提比略》3。

⑧ *FIRA*[2] I no. 68 V lines 104ff.

这种共和时期的规矩都没有改变过，这类案件都归贪污调查部门(quaestio de repetundis)处理，元老院的工作事实上不会受影响。但从后面更详细的资料看，①这种程序在实施没多少年后就进行了调整，因行省管理不当对元老提出的指控将由整个元老院听审，只有作出判决后为受损的行省作出评估补偿才继续提交给委员会处理。在有限的范围内，元老院确实给将事务委托给委员会。但是索贿罪的指控几乎不可算是经常性、周期性的，因此很有可能每个案例都会成立一个新的委员会，没有为了这种案例的常规委员会。总的来说，元老院保持了罗马的特色，不愿意委托事务，结果
就是，元老们必须忍受交由整个元老院完成的非常耗时的常规事 287
务。不过，至少因此可以保证自己的特权不会受到侵犯，奥古斯都时期就发生过这样的事情，从此以后为确保稳当就永远废除了这种做法。

第二十七节　结　论

让人沮丧的是，甚至没有一次完整的会议记录大纲用以评价元老院的程序。因此，要从其他现存的资料中得出结论显得有点轻率，但可以做些尝试，至少可以注意到某些特征。首先，虽然元老院程序被罗马社会的其他机构广泛认同，作为可以高度仿效的模式，②在现代的读者看来，它的整个风格可能是陌生的。我们的建议可能是要给主持人更强有力的权威(即使是为了约束发言人冗长离题的发言)；废除按官阶顺序让元老发表意见的乏味累人的

---

① 参见第十六章，第一节。

② 特别是西方城市议会(参见 R. K. Sherk，《罗马西方市政法规》[*The Municipal Decrees of the Roman West*]，Buffalo，1970，特别是第三章)和 collegia(团体)(比如，参见 *ILS* 7216—7218，7220—7221；*FIRA*² III no. 40)；关于教堂议会，参见补充注释 B。

做法，支持允许主持人按意愿邀请愿意发言的人发表意见；给普通元老一些保证会考虑他们提出的事务；改善由主持人决定哪些意见值得考虑，并一一进行分别投票的累赘系统；简而言之，让罗马元老院的运作和现代议会制度的运作接近。确实，在帝国时期，一些方面的改革——比如点名让元老发言的顺序，或者以何种方式投票——有所实行，甚至进行了一些试验，但突出的事实是没有任何新的做法得到保持。尽管随着帝国制的发展，元老院面临其他的改变和压力，它还是自豪地秉承了传统程序的特色。的确，在今天看来，如此大的议会能够有效地运转让人困惑，不仅考虑到耗时的过程，而且是在没有印刷技术的时代，会议内容的草稿不会事先发给个人，甚至最复杂的事情可能都要用心来记。[①] 而这部分是因为，如我们所知，有用资料的遗失，部分反映出现代人无法或无
288 能去理解在罗马元老院和现代议会制度之间存在多么大的差距。话虽这么说，所有大机构必须以“点头的方式”通过大量议案以便事务继续进展，元老院也不例外。比如，批准角斗士超过允许人数绝对很少遭到质疑，或者申请市场许可证也不太可能引起争论。因此，虽然我们知道很多皇帝的某些提议几乎很少被讨论，这也同样适用于更大范围的事务，但绝不可能所有的事情都要求征询意见。

最后，因为普林尼的描述给予我们这样的印象：在2世纪开始，元老院的程序足以凭借其自身的独特方式合理运转，但在同一个世纪后期为什么要逐渐进行重大的改革让人难以明白，下章将会讨论这一问题。我们将会看到，那些改革确实在前50年左右的任何阶段都可以进行。从涅尔瓦和他的继任者一直到奥略留都对元老院的尊严表现出敬意，改变的压力不太可能来自这些皇帝。相反，立法团体本身要对改变负责。了解当时的人对发展的观点

---

① 因此，有成员带着书写的工具进会厅就不奇怪了：参见第381页，注释⑦。

就显得特别有指导意义，前提是在他们意识到发展的情况下。但事实上，我们只知道弗朗图，这位唯一的见证人幸存下来的信件中没有任何评价。 289

第八章　公元 2 世纪的程序改变

在上一章开始已经提到讨论 2 世纪元老院程序改变的困难。特别是从哈德良时期到 193 年，我们的资料都是杂凑的，因此无法追溯这个时期确实发生过的演变过程。我们能做的最好就是集中讨论两个新特点。

这两个特点中更突出的一个是皇帝给元老院的谕令（oratio），而不是什么元老院法令（senatus consultum）更加频繁地被法学家当作法律条规来引用。同时，在很多会议上，皇帝提出议题时，征询意见的环节明显减短。大家要聆听皇帝的谕令，元老会被点名发言，他会简短地提议采纳提出的所有建议。就这样看来，征询意见的环节就剩下这些了。然后会用某种方式通过建议，虽然我们无法确认是否进行了正式的投票，而结果却早在预料之中。

可以公平地猜测整个程序源于长期以来无法自由地讨论皇帝的提议。从帝国早期起，企图动脑筋讨论这类事务一直很尴尬，大家都知道不管怎样议案最后都会通过。奥古斯都曾处理过这个问题，①公元 1 世纪中的发言人也同样为这个问题困扰过，他们在保

---

① 苏维托尼乌斯，《奥古斯都》35。

留下来的纸莎草纸上写道:“因为,元老们,只有一位成员,即指定执政官发表了意见,意见也不过是字对字地重复执政官的议题,而其他人只说了两个字:‘赞成(adsentior)’,然后在散会的时候说:‘好了,我们发过言了。’[①]这对具有崇高职位的人来说是不合适 290
的。”虽然图密善时期的会议以同样的无意义而出名,如果普林尼[②]的话可以相信,他的《书信集》证明涅尔瓦和图拉真时期的会议仍有公开辩论。然而,图拉真的继任者哈德良对元老院说的话(orationes)(谕令)[③]是被法律作家视为法律引用的第一个皇帝。[④]奥略留谕令的引用特别多。

另一个可查的非法规资料同样和奥略留后半期相关,除非算上阿普列乌斯时的戏仿者作《变形记》。[⑤] 在会议上,朱庇特安排灵神星进入天堂同丘比特成亲的目的是针对罗马元老院,[⑥]会上显然只有朱庇特发言,别无他人!这点想来也不算完全无聊吧。除了虚构作品,177年,奥略留和康茂德联合回应米利都关于举办竞技表演的请求也可以明显看出,对皇帝提议的正式批准到那时为止已经得到发展:

> 收到你关于节日的信件,我们认为先咨询元老院的神圣议会比较合适,以获得你的请求批准。此外还有很多其

---

① *FIRA*^{2} I no. 44,第3卷,第17—22行:“Mini[me] enim dec[o]r[um] est, p(atres) c(onscripti), ma[iestati] huius or[di]nis hic un[um ta]ntummodo consule[m] designatum [de] scriptam ex relatio[n]e consulum a[d ver]bum dicere senten[tia]m, ceteros unu[m] verbum dic[ere]: ‘adse[nti]or,’ deinde c[um e]xierint ‘di[ximus]’”。

② 《颂词》76. 3—4。

③ 这是个典型的拉丁语说法。关于对应的希腊词见 ὀρατίων 。(Modestinus, *Dig.* 27. 1. 1. 4);ὁ ῥηθεὶς λόγος(M. Aurelius and Commodus, *AE* 1977, 801 line 18)。

④ 关于所引用的帝国时期哈德良和其他皇帝的谕令清单,参见第十五章,第四节。

⑤ 6. 22—23.

⑥ 注意《朱利亚法》的引用;fine,“sedes sublimis”;“dei conscripti Musarum albo”。

> 他事务要向议会汇报，但它不会一项项审批我们提出的事务，相反我们讨论的那件事情该由集体联合作出决定，形成法规。因此，附上和你的请求相关的会上发言，作为对你的回答。①

在皇帝提出要求采取各种措施削减角斗表演经费之后，当时第一位元老的演讲也暗示了这种做法的普遍：

> 还有，虽然很多人认为，我们伟大的帝王向我们提议的每件事必须以简洁的方式表示赞同，但如果你们同意，元老们，
> 291 我会逐个研究提议，引用最神圣的谕令中同样的字眼来阐明议题，不让误解的可能发生。②

在第一发言人意见中，有两点值得注意。首先，这位元老确实花了功夫相当详细地讨论提议的每一点，甚至还加了些自己的解释。匹加尼欧争辩说，皇帝谕令的修正在三个地方有体现。③不过，他的文章出版后，这些文件的内容显然有很大改动，也许只有他说的第二点仍然看起来有相当的说服力，即这位元老确实在小一点或穷一点的城市调整角斗费用上提供了自己的意见。④ 编

---

① P. Herrmann,"Eine Kaiserurkunde der Zeit Marc Aurels aus Milet",*Istanb. Mitt.* 25,1975,第 149—166 页。

② J. H. Oliver 和 R. E. A. Palmer,"罗马元老院法规记录"(Minutes of an Act of the Roman Senate),*Hesperia* 24,1955,第 329—349 页,*Aes Ital.*,第 26—29 行:"quamquam autem non nulli arbitrentur de omnibus quae ad nos maximi principes retulerunt una et succincta sententia censendum, tamen, si vos probatis, singula specialiter persequar, verbis ipsis ex oratione sanctissima ad lucem sententiae translatis, ne qua ex parte pravis interpretationibus sit loc⟨u⟩s"。

③ A. Piganiol,"Les *trinci* Gaulois, gladiateurs consacrés",*Rev. Et. Anc.* 22,1920,第 283—290 页。

④ *Aes Ital.*,第 46—55 行。

辑留意到在铭文的最新研究中，[①]这位元老可能也在第 59—61 行和第 62—63 行（石头断裂的地方）之间添了自己的观点，但在所有的例子中，修改和皇帝谕令分歧的地方不算大。当然，他的补充是否最终得以采纳，被收录在《元老院法令》中仍然有待回答。我们也不知道，还有什么意见，如果有的话，后来在这次会议上提出。第一发言人意见的第二个突出特征是它的公布与皇帝的谕令隔了一段时间，这段时间足以让提议的谣言传到高卢，并得到良好的反响。[②] 这样延迟考虑皇帝的提议让人料想不到，除了猜想是出于皇帝，还是元老院的意图之外，我们也没法做别的调查了。[③]

在塞普蒂米乌斯·塞维鲁和卡拉卡拉统治的可怕氛围下，讨论皇帝的提议可能有时沉默无语，这完全是可信的，且不说除了法律之外，作者不停地引用皇帝的谕令，安条克 215 年的一封信中记载了卡拉卡拉抱怨会上没人辩论也证实了这点：“他挑元老院的不是，宣称除了在其他方面懒惰外，元老对会议毫无热情，也没有发表他们的个人意见。”[④]203 年，十五人祭司团要求元老支持百年 292
节，但显然只有一人发言。[⑤] 当然，这个节日很庄重，有着悠久的传统，大家几乎不会详细讨论这个要求。实际上，这唯一的发言很痛苦，不仅仅“简洁”。

尽管发生了重大改变，如缩短征询意见环节，同时认识到传统的讨论方式从来没有被完全取代是很重要的。在适当的时候，传统仍在继续，特别是对独裁者的害怕被消除时。关于皇帝提议削

① *Hesperia* 24，1955，第 339 页。

② 第 13—19 行，比较 Marius Priscus 案件的听审休庭据说造成了“谣言和期望”（普林尼，《书信集》2. 11. 10）。

③ 参见 *FIRA*² I no. 44，第 3 卷，第 11—15 行。

④ 狄奥 77. 20. 1。

⑤ G. B. Pighi，《百年节》（*De Ludis Saecularibus*），第 142—144 页，I，第 25—48 行。

减角斗表演经费遭到延迟考虑可以猜想出各种不同的解释，但最可能的是故意让元老们有时间思考提议。从我们的观点来看，这种例子的出现比起第一位发言人普遍同意皇帝们的意见当然是更重要的特点。在此例中，既没有期待，也没有要求元老院简单地表示对皇帝提议及时、没有批判性的认同。元老院的普遍反应肯定是赞同皇帝提议，因此讨论的痛苦甚至让人难以想象，毕竟，2 世纪后半期没有人希望拒绝削减在整个帝国时期全由任职人承担的经费的提议。事实上，在这个特别的例子中，肯定有众多人支持皇帝的意愿，这让那些想从这一叠关于当时元老院会议特征的文件中得出以偏概全的结论的人有警示的作用。元老院怎么处理奥略留其他有争议的提议我们没有头绪。皇帝们提出米利都的请求时，没有争议，因为其他城市已经得到过批准，要求在那天马上得以通过，算是对米利都的小小退让。在皇帝对这个城市的回应中，解释元老院的举动可能正好反映了马库斯典型的希望小心翼翼弄清楚每一点的愿望。但同样，可以说，通过提议不是元老院一成不变、众所周知的做法，所以值得解释。

293 其他情况下，由元老官员而不是皇帝提出的议题按理需要进行讨论。关于这点，我们注意到，根据《奥古斯都史》记载，奥略留经常参加会议，即使他没有议题可提。他来的目的主要是为了听其他人怎么说。① 193 年，讨论狄第乌斯·朱利安王朝垮台的会上有争论，也必须有争论。② 238 年，戈尔迪安死后的会上也有争论。③ 根据其他资料来看，塞普蒂米乌斯·塞维鲁曾安排一位元老院成员形成法规；④当然，如果这一说法可信的话，并不是这个皇帝在 196/197 年促成了一项决议，赞扬克罗狄乌斯·塞西努

① *Marcus* 10.7.

② 狄奥 74.17.4；希律 2.12.5；HA，*Did. Jul.* 7.2；6.6。

③ 希律 7.10.2—3 和 11.3。

④ 狄奥 75.2.2。

斯——他的对手阿尔比努斯的亲戚。① 狄奥的一篇文章曾提及(虽然残缺不全),217 年,马克里努斯担任皇帝时,他离开了罗马,特别要求让元老对某件事一个个发言。② 最后,如果整个故事不是虚构的话,《奥古斯都史》提到埃拉加巴鲁斯将他的祖母介绍给元老院,她还适时地发表了意见。③

要讨论辩论在多大程度上会继续,就应该强调从通过提出议题、征询意见和制定元老院法规的流程来作出决定,平稳过度到简单接受皇帝的谕令作为法律规定,对于这种大家普遍认可的想法,④法学家并没有给予任何证明。相反,从他们现存的文章摘要呈现的图景来看,情况显然要复杂得多。这就证明了这种看法:虽然经常放弃讨论没有争议的事情,但更重要更有争议的事情仍会继续被讨论。上面已经提到,法学家从哈德良时期起的确直接引用皇帝的谕令作为法律规定。但到 3 世纪,他们还是会继续引用《元老院法令》却没有提及任何皇帝的谕令。⑤ 最突出的是,在相当多的法规中,他们会参考皇帝的谕令和随后的元老院法令。这种日期可考的例子可以从 129 年哈德良时期起一直到我们所知的最后一次会议中找到,即在 206 年的会议上,卡拉卡拉提交给元老院一起立法议案。⑥ 从梅瑟的一处引用中可以看到,⑦这样的元 294
老院法令明显是通过完整的程序制定的,而不仅仅是简单普遍地同意皇帝的观点。因缺少对比的资料,无法确定每个议案中元老院

---

① HA, *Sev.* 11.3。但关于反对这种说法的有力证据,参见 T. D. Barnes,"A senator from Hadrumetum, and three others", *BHAC* 1968/1969,第 47—58 页中的第 51—52 页。

② 78.19.4—5.

③ 《埃拉加巴鲁斯》12.3。

④ 比如,参见 H. F. Jolowicz 和 B. Nicholas,《罗马法研究的历史性介绍》(*Historical Introduction to the Study of Roman Law*),第 3 版,剑桥,1972,第 365 页。

⑤ 参见 SC *Gaetulicianum*,第十五章,第五节,列表第 165 条。

⑥ nos. 81, 100, 108, 111—113, 128—130, 134—135 in list.

⑦ *Dig.* 48.21.1 和 no. 111 in list。

的法规是否同皇帝的谕令一致。采纳皇帝的意愿大多数情况下都在预料中，这点有时候的确能很好证明，[①]总的来说，从一些法学家讨论的例子中也能看出，谕令和元老院法令的引用很随意，不加选择。[②] 但就我们所知，《元老院法令》可能包含了些许的添加或改变，正如上面所提到的 177 年第一发言人所做的那样。显然重要的是在为法规注释挑选标题的时候，盖乌斯和保卢斯都决定用《元老院继承法令》(*Ad senates consultum Orphitianum*)，虽然奥略留关于这类法规的谕令也有，前者甚至还引用过。[③] 相反，在另外两个例子中，保卢斯选择相关皇帝的谕令(Ad orationem)作为法规注释的标题，虽然相关的《元老院法令》也有，而他也引用过。[④]

由于缺少对比文本，很难估计法学家的这些选择在多大程度上有意义。也很难从皇帝参考那些法规的方式中得出结论，我们知道那些法规都有谕令和《元老院法令》可以参照。法规和参考的分散对他们来说非常随机。也许不该在这上面太费劲，也可能那不过是每个皇帝文体上的癖性。[⑤] 然而，即使这些我们都理解，在绝大多数这样的例子中，在戈尔迪安之前[⑥]无一例外都参见《元老院法令》，而不是皇帝谕令，[⑦]至少这点很有意思。事实上，有一次，卡拉卡拉甚至参见了相关的元老院法令，而不是他自己父亲的谕令。[⑧]

---

① 特别注意参见列表第 129 条，Paulus，*Dig*. 23. 2. 16 pr.："Oratione divi Marci cavetur, ut, si senatoris filia libertino nupsisset, nec nuptiae essent: quam et senatus consultum secutum est"；Papinian，*Frag. Vat*. 294. 2。

② 比如，列表第 130 条中 Paulus 和 Tryphoninus 的讨论(23. 2. 16 pr. 和 67. 1—4)；Ulpian(*Dig*. 23. 1. 16；24. 1. 3. 1)on no. 129。

③ *Dig*. 38. 17. 9.

④ 参见第十五章，第二节，法规注释列表。

⑤ 注意，Diocletian 和 Maximian 在连续几天中明显把列表第 134 条分别称为元老院法令和谕令(*CJ* 5. 71. 8—9)。

⑥ 我省略了 M. Aurelius 和 Commodus 给米利都的信，因为我们知道当中的元老院法规简短而概括。

⑦ 参见补充注释 H。

⑧ *CJ* 5. 71. 1，引用了列表第 134 条。

学者们声称，到2世纪晚期为止，皇帝都希望他们的提议不用
经过讨论就能得到认可，然后形成相关的谕令。他们经常提及195 295
年塞普蒂米乌斯·塞维鲁诏书的开头：“此外，元老们，我将禁止监护人(turores)和管理人(curatores)……”[①]这里坚定地使用将来时可以跟哈德良129年安抚性的呼吁相比：“元老们，想一想这样是不是没那么公平……”[②]这两处引语语气的不同确凿无疑，但也很难证明，到2世纪晚期为止，皇帝不再考虑元老院的意见。其他篇章采用了更通情达理的语气，应该同样加以考虑。比如，195年同一篇发言的另一处地方，塞维鲁采用了劝说的语气：“困难是要面对的，元老们，如果你们同意，通过……(接下来的行动)”。[③] 206年，帕皮尼安写到塞维鲁和卡拉卡拉提议的时候也用了同样的语气：“我们崇敬的皇帝们提出这些建议，元老院同意了。”[④]乌尔比安描述提出同一法规的时候，他的风格也非常传统：“在他父亲，神圣的塞维鲁死之前，我们的皇帝安东尼·奥古斯都是元老院决议的煽动者，就福尔维乌斯·埃米利亚努斯和南缪斯·阿尔比努斯的执政职位一事，他认为苛严的法律应该松动一些。”[⑤]

这些文章中没有一篇认为皇帝对元老院的意见直接表现出不尊重。自然我们对相关演讲词的了解甚少，难以得出令人信服的结论，但现代人对2世纪晚期皇帝谕令所采用的语调的断言也许

---

① Ulpian, *Dig*. 27.9.1.2，列表第134条的讨论：“praeterea, patres conscripti, interdicam tutoribus et curatoribus ...”。

② Paulus, *Dig*. 5.3.22，列表第81条的讨论：“Dispicite, patres conscripti, numquid sit aequius ...”，关于哈德良另一处向元老院委婉的请求，参见 Charisius, *Art. Gramm*，第287页，Barwick，列表第102条。

③ *Frag. Vat*. 158：“Cui rei obviam ibitur, patres conscripti, si censueritis, ut ...”

④ *Frag. Vat*. 294.2：“... maximi principes nostri suaserunt et ita senatus censuit.”参见弗朗图，*De Eloq*. 2.7=p. 136H：“nam Caesarum est in senatu quae e re sunt suadere ...”。

⑤ *Dig*. 24.1.32 pr.：“... imperator noster Antoninus Augustus ante excessum divi Severi patris sui oratione in senatu habita auctor fuit senatui censendi Fulvio Aemiliano et Nummio Albino consulibus, ut aliquid laxaret ex iuris rigore.”

太以偏概全。不管怎样，很多地方还是取决于每个皇帝的行事方式和手头事务的性质。甚至是奥略留，以小心圆滑对待元老院出名的，在某些情况下也用了将来时的肯定语气，①而可以争辩的是，在帝国时期现存的给元老院的致辞中，语气最不缓和的要数克
296 劳狄乌斯的两篇，可追溯到1世纪中期。② 致辞中发言人使用命令式语句的频率前无仅有，而发表意见所使用的威胁口吻听起来一点都不讨人喜欢。

因为哈德良皇帝的谕令是最早被法学家所参考的，我们忍不住会猜想，在其统治时期，元老院会议的特点曾出现一些明显的改变，但是却缺乏改变的更多迹象，总而言之，没有可靠的理由支持这种猜想，特别是他的谕令曾被引用可能只是纯属意外。因为在他之前和他之后，元老院都广泛地接受皇帝的提议，意外的是没有留下一个法学家参见早先皇帝谕令的例子。他们的一些演讲词当然会传阅，我们甚至在奥古斯都的关于自治城地位的谕令(oratio de statu municipiorum)中找到了一个法律观点，是弗朗提乌斯在关于土地调查的一本著作中所引用的，编纂于1世纪末。③此外，显然，法学家认为皇帝的任何陈述都具有权威性。比如，在一个例子中，保卢斯将奥古斯都说的话("武断的话[dixi]")看作先例，仅仅因为是他说的。④ 而乌尔比安将他写的"第十本自传(libro decimo de vita sua)"作为参考。⑤ 同样，梅瑟从塔鲁特努斯·帕特努斯那里转引了奥古斯都关于军事纪律的规则。⑥ 可能纯粹因为碰巧，没有找到法学家参见哈德良之前皇帝谕令的事

---

① 参见 Ulpian，*Dig*. 49. 4. 1. 7，列表第124条讨论。

② *FIRA*^{2} I no. 44；附录4中讨论的属性。

③ *De Controversiis*, p. 7 Thulin; no. 18 in list.

④ *Dig*. 40. 12. 23. 2.

⑤ *Dig*. 48. 24. 1.

⑥ *Dig*. 49. 16. 12. 1.

实。甚至更让人迷惑不解的是，安东尼·庇乌斯在元老院的陈述也没被引用过，同样可能是碰巧。他的许多法令和其他决定都有被引用。① 我们知道，他曾向元老院发言：他的一篇演讲词甚至连戴克里先和马克西米安都引用过。② 但这些引用均未被法学家们所提及。③

讲到第二个发展，学者们普遍认为在2世纪的进程中，随着征询意见的缩短，元老院传统的投票方式由简单的鼓掌欢呼所取代。④ 确实，从这个时期起，越来越多听到高声欢呼同意的形式，因此我们确实需要探讨它的性质及其在通过法令时究竟在什么程 297
度上取代了投票。

如果"欢呼"定义为不仅是大声的呼喊，而是，比如说"抑扬顿挫的、有起伏的节奏"，就像罗马人民用来欢呼尼禄的音乐才能，⑤ 那么它在元老院的引进和发展就很难追溯。一方面，毫无疑问，罗马的群众——比如，特别是士兵，或者是在比赛或表演中的观众——长期以来都习惯一起大喊，并且在公共场合看到皇帝的时候一起"欢呼"。⑥ 另一方面，很明显，元老们在会议上总是口若悬河地表达自己的感情。特别是传统上，主持人从这样的反应中决定是否继续元老提出的事情。⑦ 既然"欢呼"和近义的词在拉丁文

---

① G. Gualandi，*Legislazione imperial e giurisprudenza* I，米兰，1963，第58—102页。

② *CJ* 10. 53. 4.

③ 解决这个谜团的一个巧妙的办法是推断在无数没有日期的谕令中有些实际是奥略留在安东尼任期以他的名誉发表的，但不管是谁发表的，都记录在当任皇帝的名下，而不是代理人名下。

④ 比如，参见 M. Hammond，《安东尼君主制》，第259页。

⑤ 塔西佗，《编年史》16. 4："certis modis plausuque composito"；参见狄奥 74. 2. 3。

⑥ 比如，参见塔西佗，《历史》1. 32 和 78；苏维托尼乌斯，《图密善》13，概述参见 A. Cameron，《马戏派别：罗马和拜占庭的蓝派和绿派》(*Circus Factions: Blues and Greens at Rome and Byzantium*)，牛津，1976，第七章及第231—232页。

⑦ 关于在共和时期强烈感情的表达，比如参见 Livy 29. 16. 3；30. 21. 10；42. 3；Sallust，*Catil.* 48. 5；西塞罗，*Ad Fam.* 10. 16. 1＝SB 404。

中含义很模糊，在英文中也一样，①导致的问题是，"欢呼"在元老院的使用变成"抑扬顿挫的、有起伏的节奏"究竟是从多早的时候开始的，《奥古斯都史》认为是康茂德死时，当时有过这样的场景，比如："让杀害父母的罪行遭到贬斥，奥古斯都，我们乞求让杀害父母的罪行遭到贬斥，我们就此乞求，让杀害父母的罪行遭到贬斥。听，恺撒：有告发者的狮子在吼叫。听，恺撒：带着希望的狮子在吼叫。愿罗马人民取得胜利，愿军队都忠诚，愿禁卫军们都忠诚，愿禁卫军队伍都好运。"②

苏维托尼乌斯暗示说，公元前 2 年，元老院决定"欢呼"奥古斯都为国父(pater patriae)，向他表示致敬，虽然无法知道致敬的方式有多正式。③ 同样，我们也无法准确确定元老们在奥古斯都
298 死时怎样表达他们的要求，如塔西佗所记录("元老们齐声叫喊应该将奥古斯都的尸体扛在肩上送到柴堆边")，④正如 62 年特拉塞亚·培图斯提议时，我们无法确定大家反应的方式("提议得到广泛支持")，⑤或者 70 年早期蒙塔纳斯发言时大家的反应方式("元老院非常赞同蒙塔纳斯的发言，因此海维迪乌斯开始希望……")。⑥ 据普林尼说，一致同意(Adsensio)(在使者请求之

---

① 同样，"欢呼"(acclamatio)一词在当时希腊资料中没有具体的对应(H. J. Mason 的《罗马机构的希腊词汇》[*Greek Terms for Roman Institutions*]中没有记录)。

② *Commod*. 18—19，quoting 18. 9—11. 如下文论证，在这样的场合可能会有正式的欢呼(参见 *Pert*. 5. 1)，虽然很难想象《奥古斯都史》会准确记录欢呼的形式。关于 HA 提到的其他欢呼，参见 *Avid. Cass*. 12；*Macrinus* 2. 4；*Sev. Alex*. 6，12，56. 9；*Maximin*. 16，26；*Gord*. 11；*Max. Balb*. 2(都是不可靠的记录)。埃比克提图，*de Caes*. 18. 6 记录了佩蒂纳克斯死后高兴的欢呼。概述参见 O. Hirschfeld，"罗马会议和元老院的欢呼"(Die römische Staatszeitung und die Akklamationen im Senat)，出自 *Kleine Schriften*，第 682—702 页；B. Baldwin，"《奥古斯都史》中的欢呼"(Acclamations in the *Historia Augusta*)，*Athenaeum* 59，1981，第 138—149 页。

③ 《奥古斯都》58。

④ 《编年史》1. 8。因为讨论的是语言的运用，这一章和下面其他章节用原语引用。

⑤ 塔西佗，《编年史》15. 22。

⑥ 塔西佗，《历史》4. 43。

后)在2世纪早期很普遍,它的性质反应了同样的问题:“通常在法令制定前,元老们会以最高的声音欢呼回应”,[1]最难评定的也许是143年弗朗图提到的一篇他自己的演讲:“我们今天的人都长着什么样的耳朵!评价演讲的是什么样的品味!你可以从我们的奥菲迪乌斯那里知道我的演讲曾经是怎样受到高声欢呼的,当说到‘在那些日子里每尊半身雕像上都装饰着贵族的标志’时,众人怎样齐声赞同;但比较一位贵族和一位平民时,我说‘就好像我们想象柴堆上和祭坛上的火焰,它们都一样,因为它们都给我们光明’,说到这里,可以听到有些人在低语。”[2]

上面的例子没有一个详细说到众人的欢呼很正式。但在两个例子中,苏维托尼乌斯(他自己不是元老)提到过看起来是精心安排的欢呼,众人齐声叫喊。他写到,宣读完尼禄反对文德克斯的信后,元老院每个人都大声叫喊:“那就是你,奥古斯都!”。[3] 他还描述了图密善死后被元老院所侮辱,“用最恶毒最尖刻的话喊叫”。[4]

普林尼的《颂词》在100年9月发表,比起帝国时期的其他资料,它更加完整地描述了“欢呼”。他明确提及了在图拉真时期之前,元老院就以这种方式表达了自己的态度,虽然之前的欢呼从来没有官方记载。[5] 普林尼用了很多名称,没有仔细区分,也许不一定是——“欢呼”,“一致同意”,[6]“叫喊”,[7]“赞同”,[8]“赞叹”。[9] 299
有些欢呼可以相信是精心安排的。他描述了整个元老院向图拉真

---

① 《书信集》3.4.4;参见下文4.9.18。

② *Ad M. Caes.* 1.9.1=p.17H. 关于这模糊残章的讨论,可能是在元老院发表的,参见E. J. Champlin,《弗朗图和安东尼时期的罗马》,第88—90页。

③ 《尼禄》46。

④ 《图密善》23。

⑤ 75.2.

⑥ E.g. 71.6.

⑦ E.g. 73.1.

⑧ E.g. 95.2.

⑨ E.g. 72.5.

大喊“愿他这么做，愿他听到我们的请求”。① 100 年，选举日时，元老院向他欢呼“如此伟大，如此庄严”，②还有“哦，你多么幸福啊！”③

话虽这么说，但要轻易地假定“所有”人的一起欢呼都可能经过精心安排也许是不对的。在一些例子中“众人”的呼喊更可能是自发的。④ 在《颂词》中普林尼没有解释是否整个元老院跟其他例子提到的一样一起欢呼——“相信我们，相信你自己”和“哦，我们多么幸运”。⑤ 也许在这些例子中叫喊是个人随意发出的。普林尼没有详细描述，虽然他确实提到喊出“的欢呼声事先并没时间排演”。⑥ 在讲述他攻击普布利希乌斯·塞尔图斯（当时还没说出名字）和众人反应的时候，他的描写更详细：“大家叫喊着反对我，‘告诉我们，你不按顺序提出的是谁的案子’？‘是谁在列入议题之前遭到审判？’‘让我们这些幸存者不要受到伤害！’”⑦

很难相信在《颂词》中提到的一些欢呼例子是安排好的。在选举日念出候选人支助者的名字时，或者宣布补任执政官如普林尼自己的时候，欢呼可能会很整齐吗？⑧ 这些例子和欢呼大家赞同的意见时一样，都不整齐——比如，普林尼在《书信集》中提到这样的场合：“凯皮欧的提议被采纳了，事实上，他一站起来说话，大家就欢呼起来，通常要发言者重新坐下才会这么做。”⑨一些元老为

---

① 2.8.

② 71.4.

③ 74.1；2.8.

④ 苏维托尼乌斯，《奥古斯都》37；狄奥 58.10.7。

⑤ 74.2；4.

⑥ 3.1.

⑦ 《书信集》9.13.7：“… undique mihi reclamari. Alius：‘Sciamus，quis sit de quo extra ordinem referas’，alius：‘Quis est ante relationem reus?’alius：‘Salvi simus，qui supersumus’”。

⑧ 71.6；95.2.

⑨ 《书信集》4.9.18：“praevaluit sententia Caepionis，quin immo consurgenti ei ad censendum acclamatum est，quod solet residentibus”；参见上文 3.4.4。

图西留斯·诺米纳图斯的欢呼也同样不整齐。①

《颂词》阿谀的语气和修辞风格让它在介绍 2 世纪初元老院惯 300
常程序的特点方面变得不可信。此外，普林尼在此书中提到欢呼的主要场景是在选举日，皇帝在场。事实上，图拉真作为皇帝第一次参加这样的会议，大家对图密善仍记忆犹新，气氛肯定很紧张；元老们都急于讨好。相反，《书信集》中描述了更多的事务会议，更就事论事。此外，皇帝似乎只到场过一次——在一次审讯时。②在所有这些描述中都没有提到正式的、安排过的欢呼，也没有说到法规是以欢呼的形式而不是正式投票通过的。③ 只能说普林尼的描述也许最多表明在他的时代，元老院正式的、安排过的欢呼只用来表示皇帝在场时对其的尊敬，这种情况并不常见。

即使在 2 世纪末，3 世纪初，即帝国末期时，关于元老院正式欢呼的有力证据很少。最清楚的例子来自当时的成员狄奥，和赞扬塞普蒂米乌斯·塞维鲁有关，可能在一次会议上："元老院在颂扬他的时候，甚至激动地喊出了这些话：'所有人都尽善其职，因为你统领有方。'"④后来，狄奥在写到 217 年卡拉卡拉死的时候，讲述了下面发生的事："有人认为安东尼预言了自己的结局，因为在上一封他给元老院的信中说'不要再祈祷我能百年为王'；因为从他统治开始，大家一直这么高呼，这是他第一次，也是唯一的一次觉得不对劲，因此，他的本意只是制止他们祈祷不可能的事情，事

---

① 普林尼，《书信集》5.13.3。

② 《书信集》2.11.10。

③ Sherwin-White(《普林尼》，第 376 页)将《书信集》6.19.3 中 Homullus 的请求看作"以欢呼的形式通过 SC(元老院法令)的早期发展阶段，没有正式辩论和投票。……以不正式的意见表达形式……达成常规的提议"。关于这种观点，他参考了第一节中的"voces"，事实上，"voces"是用来指元老院在更早的会议上通过的选举法规的不太严谨的说法，而 Homullus 不太可能请求通过某条元老院法令，他只是要求执政官采取行动，而他们也确实行动了。关于"voces"同样不太严谨的用法，可以指"演讲"、"提议"，参见塔西佗，《编年史》4.42。

④ 76.6.2.

实上，他是在预言根本不会再做皇帝。"[①]这些文章可以作为正式欢呼的例子，然而，那也不过仍然是赞扬或祈祷。法规的通过不是以这种方式。

我们不知道希律在描写193年初佩蒂纳克斯进入元老院的时候大家的欢呼是不是正式的："当他一进来，所有人齐声称呼他为
301 奥古斯都，欢呼他为皇帝。"[②]狄奥当时也在场，也同样没说清楚。他说佩蒂纳克斯作完简短通告后，"我们由衷地赞扬，真心选择他（即作为皇帝）"。[③] 据可接受的理解，第一发言人意见中那个关于削减角斗表演经费（大约在177年）的反问句同样让人不确定它的表达正式还是不正式："因此，你们的建议很好，它的目标很有益，我还能给出什么意见比每个人（singuli）感受到的，所有人（universi）发自内心深处的第一想法更好呢？"[④]但这篇文章基本的困难在于辨别主语 singuli 和 universi。大家通常认为主语是元老院的元老，[⑤]但也许将它理解为高卢的祭司更好，因为刚刚描述过他们对提议的喜悦和他们对工作重新点燃的热忱，所以这篇文章也许和元老院的欢呼根本无关。

我们同时代的见证者狄奥告诉我们，元老院在各种各样的公共场合齐声大喊——比如在康茂德死后，或者在佩蒂纳克斯的葬礼上。[⑥] 因此，没必要惊讶，如果在1世纪晚期某些会议上众人正式欢呼的话。不过，正如上文所讲到的那样，它们不过是对皇帝的

---

① 78.8.3.

② 2.3.3.

③ 74.1.5.

④ *Aes. Ital.*，第21—22行："quae igitur tantis tam salutarium rerum consilis vestris alia prima esse sententia potest quam ut quod singuli sentiunt, quod universi de pectore intimo clamant {e} ego censeam?"

⑤ 比如，参见 M. Hammond，《安东尼君主制》，第259—260页。

⑥ 狄奥 74.2.1；75.5.1。参见关于1世纪，idem 60.32.2（克劳狄乌斯）；63.20.4（尼禄）；埃比克提图，*de Caes*. 1.28（奥古斯都）。关于 Arval Brethren 的欢呼，特别见 *Arval Acta*，第86段，第16ff行（213年）。

简单欢迎和赞扬。常识告诉我们长一些或更精心一些的欢呼都不可能在没有排练的情况下有效地进行，而这几乎不可能发生。因此，从某种意义上说，我们另外提出的问题结果是否定的、让人失望的，但至少可以得出一个重要结论，即根据目前让人不满的资料状况来看，没有迹象证明欢呼在处理事务上扮演过任何角色。特别是帝国时期元老院法令现存的例子中没有一个是用“欢呼赞同”通过的。

因此，总而言之，虽然2世纪会议程序的变化显著，但它们不像所猜想的那样激进，并且也没有完全取代传统的做法。事实上，和以往相比，这个时期元老院受事务性质和规模的影响比起程序的改变要远为重大。但这是下章要讨论的问题。 302

第九章 记录和用途

本章首先考察元老院决议和会议是怎样记录和发表的,然后讨论古代的作者怎样使用它们的。

第一节 《元老院法令》的形式[①]

在共和时期,每条法令的汇报人(relator)会同一小组元老一起斟酌字句。我们有19年一份法令的草稿和2世纪中的两份,每份法令都由7人完成,恰好,包括两位国库保管员(quaestores urbani)。[②] 如果《奥古斯都史》可以相信,这种做法在3世纪早期仍然延续。[③]《元老院法令》只有在存入萨萨尼国库(aerarium Saturni)时才生效。从21年起,必须在通过法令和存入国库之间间隔至少10天。塔西佗暗示说,这种延迟适用于所有法令,但我们掌

① 关于讨论,特别是共和时期的做法,参见R. K. Sherk,《罗马档案》,第7—13页,和同上,*The Municipal Decrees of the Roman West*,第59—63页。D. Daube讨论了某些不同寻常的特征,《罗马立法形式》(*Forms of Roman Legislation*),牛津,1956,第78—91页。

② 第十五章,第五节,列表第22条;*FIRA*² I nos. 47,48。

③ 《埃拉加巴鲁斯》4.2和12.3。

握的其他资料却表明了其仅限于死刑。[①] 即使是死刑，这种法律上的要求也会被忽视。[②]

入库后，刻在木板上的[③]法令原稿就一直由国库保管员保存
在档案库（aerarium）。[④] 因为所有法令都毁掉了，我们的了解完 303
全来源于复本，在很多方面远不够完美：比如，抄写不准确；转抄的文本不完善或者刻印的损毁；抄写人只关心和他有关的条款而没有抄写完整。这种情况下期待《元老院法令》的格式或风格要遵守严格的模式是不明智的，事实上也很少有证据表明它们做到了这一点。但不否认有一些可以辨认的模式，乌尔比安对“个人意见（singularis sermo）”[⑤]的评价暗示了这点，当中写道一条1世纪中的法令。但就我们从现存的逐字的引用来考察，法令的基本格式在整个帝国时期似乎很少改动，并且（更重要的是）很多确实存在的细微变动只有很小的实际意义。详细的研究可以从那些现存的逐字引用的法令开始，如下所示。[⑥] 但如果将研究简单地以大纲来概括的话，那么至少可以很明确地认为法令开头通常包括当任的执政官名字，日期和月份，会议地点，成文人的名字。接下来以或长或短的段落“解释”提议的合法性，采用因果从句：“鉴于有人说（Quod ... verba fecit/fecerunt）”，[⑦]然后句子过渡到元老院决

① 参见第十五章，第五节，列表第26条；以及附录10。

② 比如，参见塔西佗，《编年史》4.70；6.18；狄奥76.9.2。

③ 关于69年使用了这样一块木板，参见*FIRA*^{2} I no.59，第3行。

④ 关于帝国时期在资料库保存档案的讨论，参见M. Corbier，*L'Aerarium Saturni et l'Aerarium Militare*：*administration et prosopographie sénatoriale*，罗马，1974，第674—682页。亦可参见Malalas讲述的故事，他说安东尼·庇乌斯将保存在国库的尤利乌斯·恺撒时期的一份元老院法令烧毁了——全是瞎编！（第281页，11 Dindorf with A. Schenk Graf won Stauffenberg，*Die römische Geschichte bei Malalas*，Stuttgart，1931，第318页）。

⑤ *Dig*. 38.4.1.1.

⑥ 参见第十五章，第五节。

⑦ 后面的词可能是缩写“v. f.”；比如，参见*FIRA*^{2} I no.40 I，II。通常，但不是一成不变，这个解释是汇报人提供的。参见第七章，第九节。

议作为结尾，写成“关于这个议题，元老院认为该采取合适的措施，特此决议如下”，[1]接着是决议的动机，以“因为(cum)”开始的一句或几句引出，决议本身写成“决议(placere)”或“元老院决议(placer senatui)”，法令篇章结尾用“元老院决定(censuere/censuerunt)”表示，[2]而《朱利亚法》要求记录参加会议的元老人数“在元老院里……”，[3]除了皇帝出席的会议外。[4]

现代的立法团体，如英国国会或美国国会，采用了编号系统，每条决议都很容易分辨。相反，很少有迹象，如果有的话，表明罗马元老院法令采用了某种系统。特别的是到 2 世纪为止，支持某
304 些团体或城市的法令可以用事务的类型和提出事务人的名字作为简单索引加以辨别。[5] 除了这些例子，辨别法令还是会有混乱的时候，不仅是在当时，我们今天也一样。因此，普林尼在比提尼亚-蓬托斯当总督的时候，曾咨询过图拉真一则他仅凭内容主题来分别的法令，皇帝回复他要一份文件的副本。[6]

辨别法令最准确的办法是找通过法令时的两位执政官名字和日期月份，但现存的文本有这么准确信息的很少。[7] 应该承认，我们大部分的参考文献都来自于法学家，无疑，如果我们有完整的文本而不单单是他们讨论的摘要，那么文献会更丰富些。事实上，他们经常引用法令的条款，但不写明日期，或者仅仅模糊地说一下——比如“哈德良暂行决议(Hadriani temporibus)”，或者“以

---

① 缩写成“q. d. e. r. f. p. d. e. r. i. c”：比如，参见 *ILS* 6043(*FIRA*^{2} I no. 45 II 误印了)。

② 比如，参见 *Dig*. 5. 3. 20. 6d。

③ 缩写成“i. s. f.”：参见 *CIL* VI. 32272 和 Probus, *De Notis Iuris* 3(*FIRA*^{2} II，第 455 页)。

④ 关于此条款，更多参见第 150 页，注释①。

⑤ 参见“s. c. factum de postulatione [Pergamenorum?]”(列表第 76 条)；“SC de nundinis saltus Beguensis in t(erritorio) Casensi”(no. 104)；“[SC de p] ostulatione Kyzicenor(um) ex Asia”(no. 105)。

⑥ 《书信集》10. 72—73。

⑦ 但是比如，参见普林尼，《自然史》22. 13。

神圣的马库斯作为发起人(auctore divo Marco)”。确实有些法令——通常是讨论最多的——以《德尔图良元老院决议》(*SC Tertullianum*)、《特里贝里元老院决议》(*SC Trebellianum*)[1]非正式的模式“命名”。而名字通常是主持执政官或者皇帝的族名(nomen[2])或者姓氏(cognomen[3]),虽然《马其顿元老院决议》(*SC Macedonianum*)是以犯下罪行的那人的名字来命名。[4] 如果决议是在两位执政官主持下形成的(惯常都是这样),也并不总是以两人中的第一个人的名字来命名,[5]我们不知道命名是随机的还是参见更多的信息来决定,虽然信息现已遗失。名字还是会让人困惑,比如,现存的资料中有 3 份不同的法令都被称为《克劳狄元老院决议》(*SC Claudianum*),而同名的人都当上执政官的频率让靠名字标题来追溯元老院法令日期变得很棘手,不管是在古代,还是在下面所列举例子的帝国时期。但如果人名确实在某种程度上有助于辨别法令,奇怪的是,这一方式很少被使用,让人困惑。法学家(至少是现存文本的法学家)以这种方式提及的法令非常少,甚至有些经常讨论的法令也完全不是凭名字辨别的。一个突出的例子是 129 年 3 月 14 日通过的一则法令,仅仅是现代的学者将它称为《尤文求斯元老院决议》(*SC Iuventianum*)。其他很多决议情况也都如此。 305

第二节　《元老院法令》的发布[6]

就目前所知,元老院法令发布没有常规程序,不管是在罗马,

---

① 参见第十五章,第三节列表。

② 比如 *SC Ninnianum*。

③ 比如 *SC Gaetulicianum*。

④ 参见 Ulpian 引用的内容,*Dig*. 14. 6. 1pr. 。

⑤ 参见 *Dig*. 16. 1. 2. 1(第十五章,第五节,列表第 53 条);参见 *Dig*. 36. 1. 1. 1(no. 56,同前)。

⑥ T. Mommsen,“Sui modi usati da' Romani nel conservare e pubblicare le leggie d i senatusconsulti”,*Ges. Schriften* III,第 290—313 页,主要但不是只专注于共和时期。

还是在别的地方。但我们确实知道奥古斯都和提比略的一些演讲在克劳狄乌斯的煽动下被刻写了下来,而元老院也投票将尼禄的登基发言刻在银板上,图拉真 100 年 1 月 1 日的发言,在元老们热情的响应下,也同样被刻在了铜板上。① 很容易想象,纪念帕拉斯的法令公布在铜的"迪维・尤里穿盔甲的雕像上"②是更为谄媚的做法。69 年晚期刻在铜板上的文件在朱庇特山的一场大火中被摧毁,当中包括一些古代元老院法令,但我们无法确定帝国时期的法令是否也保存在那里。③ 同样,所谓的维斯帕先法铜文幸存了下来,我们也不知道它以前陈列在哪里。④ 至少我们不相信《奥古斯都史》记载的,到 3 世纪晚期为止,与皇帝相关的法令长久以来都被特别保存在象牙书中!⑤ 所皇帝当中,我们知道盖乌斯曾命令他对元老院的一些要求写下来公之于众。⑥ 特别紧急的法令会派元老官员亲自传达并保证它们的条款得以实施——尤其是死刑。⑦ 68 年 6 月,在加尔巴被选为皇帝后,执政官同样安排"公职人员"将元老院的相关法令传递给在塔拉科的皇帝。⑧ 此外,我们还会看到元老院事务的记录可能以《官方每日公告》(*populi diurnal acta*)的方式流传,这种观点是合理的。但话虽那样说,我们对能够记录下来的决议的挑选总的来说还是一无所知,还有它们的细节以及读者。

在特别情况下——比如制定好协约后⑨——法令可能会规定

---

① 狄奥 60.10.2;61.3.1;普林尼,《颂词》75.1—3。

② 普林尼,《书信集》8.6.13;塔西佗,《编年史》12.53。关于 22 年的一个提议,就在元老院内公示某些元老院法令的内容,参见同上 3.57。

③ 苏维托尼乌斯,《维斯帕先》8;但是注意 Appian(Syr. 39)在 2 世纪曾提到在那里用铜板公示条约,那是当时的做法。

④ *FIRA*[2] I no. 15.

⑤ 《塔西佗》8.2。

⑥ 狄奥 59.4.4 和 16.8。

⑦ 参见第三章,第三节。

⑧ 普鲁塔克,《加尔巴》8。

⑨ 参见 R. K. Sherk,《罗马档案》,no. 26,卷 c,第 22—26 行。

应该依照条款采取措施通知相关人员。在所谓的昔兰尼第五法 306
令中，奥古斯都自己传达了一则对行省人有特别意义的《元老院法令》。① 而177年，在皇帝要求制定法规用各种方式削减角斗表演费用后，元老院第一发言人建议应该将其中的一点通知行省总督。② 我们知道，22年批准一些神庙继续提供庇护的权利时，元老院要求将法令条款刻写在铜板上并于每个神殿中展示。③ 虽然缺乏证据，但在尤利乌斯·巴苏斯作为比提尼亚-蓬托斯总督所颁布的法令被宣告无效后，每个由他审判的人有机会获得重审，我们认为元老院为了让大家知道这样的机会也用铜板进行了公布。④

当然，相关的人——特别是那些曾向元老院征询某件事的人——一直以来都可以向它要一份法令的副本。⑤ 我们猜想在177年采取措施削减角斗表演的经费后，意大利加(在贝提卡)和萨迪斯(在亚细亚)就是这么做的。当然，让人震惊和困惑的是这两个地方都费了很大功夫将相关文件公开展示，尤其是因为采取的措施在高卢造成了最大的影响(除非那里刚好是第一发言人的联系人所在地)。至少整个帝国时期上层阶级的人经常以非正规途径打听和他们的事情相关的小道消息。我们在别的地方注意到，元老会将元老院最近的事务告诉朋友和同僚，大体上公众也表现出很大的兴趣。⑥ 因此，据上面提到的第一发言人的意见，皇帝提议的谣言在高卢已经得到积极支持的反应。之前，根据普林尼的记载，审判尤利乌斯·巴苏斯后，元老和外人同样为和他判决相

---

① *FIRA*² I no. 68 V.

② *Aes Ital.*，第53—55行，*Hesperia* 24，1955，第333页。

③ 塔西佗，《编年史》3. 63。

④ 普林尼，《书信集》10. 56. 4。

⑤ 关于罗马人愿意在有人申请时提供官方信函，概述参见J. Reynolds，《爱欲和罗马》，第97页的评论。

⑥ 参见第六章，第三节。

关的两条主要意见的好坏在争吵，而无疑城邦(koinon)代表、成功起诉他的人都散布消息说，他作为总督的所有审判现在全部要重审。[①] 相反，有意思的是一位不知名的人在 204 年问塞维鲁和卡拉卡拉是否能够要求元老接待客人，他显然不知道给予豁免的相关法令——皇帝告诉了他。[②]

307 这事皇帝建议征询 periti(即法学家?)，[③]导致更加让人困惑的问题是职业的专家知道多少信息。因为他们肯定不止时不时地对某条法令感兴趣，并且还会为请求看一条法令这样的琐事而煞费苦心吗？还是有更顺畅的渠道？我们不知道。同样不清楚的是行省的档案是否只包括那些总督恰好带过来的法令，还是要通过特别请求从罗马获得，或者元老院自己主动给高级官员提供了一些或全部决议。

第三节 《元老院纪事》

我们知道共和时期元老院决议会以登记入库的顺序存放在萨吞尼国库，每个月的法令再复写一份束集成卷。[④] 而在公元前 59 年，显然不管什么事务都没有官方记录。虽然没有什么可以阻止元老编撰自己的记录，这样的文件不仅是私人的、非官方的，并且

---

① 《书信集》4.9.19。

② 参见第十五章，第五节，列表第 164 条，注意没有提供细节帮助询问者搜索法令的文本！

③ 普林尼，《书信集》10.6.1。

④ 参见 R. K. Sherk，*opp. citt*，第一节，注释 1；J. Reynolds，《爱欲和罗马》，no. 8，第 1—3 行和讨论，第 65—66 页。138 年(*FIRA*^{2} I no. 47，第 2—3 行)元老院法令一副本中提到 *liber sententiarum in senatu dictarum* 表明共和时期的做法保留了下来。*Sententiae* 在这里不可能是“元老发表的观点”，而是有“决定”或“决议”的力量，比如在 Paulus 的标题 *libri imperialium sententiarum in cognitionibus prolatarum*(*Dig*. 35.1.113)中一样。更多参见 *Ox. Lat. Dict*. p. 1736 s. v. 5。

通常保存在私人手中。①

只有苏维托尼乌斯告诉我们公元前59年时尤利乌斯·恺撒“就职（担任执政官）后，他是第一个要求元老院的每天事务和与会人员名单必须记录编撰和公布的人”。② 这两种日记显然持续了整个帝国时期。仔细研究下第二种日记，《官方每日公告》，③内容已经超出本书范围，④但上面的记录值得一提，因为它显然包括了一些元老院事务的信息。证据很充足，即使算不上丰富。比如，公元前50年4月，凯利乌斯将一本消息汇编从罗马送给西利西亚的西塞罗，他很可能一直在上面记录，并附有评论：“你可以在城内事 308
件的备忘录中找到每个人发表的意见，挑出当中值得注意的。有很多东西可以忽略，特别是谁在表演的时候发出嘘声，葬礼的数目等等其他琐碎的事情。但它包含更多有价值的东西”。⑤

当然，没有必要从公元前50年的这些评论中推断《官方每日公告》在帝国时期遵循同样的模式。但是普林尼在他的《颂词》中长篇描述了100年元老院选举中图拉真的表现，总结道：

> 为什么要费劲收集这些细节呢？元老们，你们所有人决定将它们收入官方记录（publica acta）并刻在铜板上保存，不

---

① 参见西塞罗，*Pro Sulla* 42。关于接下来作者面临查找会上所表达的观点的困难，特别参见 W. V. Harris，*War and Imperialism in Republican Rome*，B. C. 327—70，第6—7页。

② *DJ* 20：“inito honore primus omnium instituit，ut tam senatus quam populi diuna acta confierent et publicarentur.”

③ 有很多标题，所有的都是指同一记录。至少这里始终认为是这样的，而不是那些标题指的是两种或更多种记录的说法（后者的观点比如，参见 R. Syme，《塔西佗》，第120页，n. 2）。

④ 关于完整的讨论，参见 B. Baldwin，“The *acta diurnal*”，*Chiron* 9，1979，第189—203页。

⑤ *Ad Fam*. 8. 11. 4＝SB 91：“Quam quisque sententiam dixerit in commentario est rerum urbanarum；ex quo tu quae digna sunt selige，multa transi，in primis ludorum explosiones et funerum⟨numerum⟩ et ineptiarum ceterarum. Plura habet utilia.”

至于湮没无闻，但我并不希望记在心里或在演讲词中提到。迄今为止，只有皇帝的演讲才一直以这种记录方式保存，而我们的欢呼并没有超出元老院的围墙；确实，这种事情元老院和皇帝都不会感到骄傲。今天，出于众人的兴趣和对我们的尊敬，这些已经传遍世界，并传给了我们的子孙后代……①

《颂词》的风格和语调让我们不愿意从字面上相信其所说的元老的欢呼之前从来没有记录在《官方每日公告》中。但很明显如果元老院真有这种规定的话，官方公告可能通常是皇帝给元老院致辞的某种记录。100 年后的一封信中，②普林尼为塔西佗提供了 93 年发生的一起事件的描述，作为后者撰写《历史》的备用资料。信中的事情实际上发生在执政官还未行使政权之前，而不是主持会议之前，但对元老院和元老来说仍然有重大意义，因此，值得注意的是，普林尼用抱歉的口吻对这位历史学家谈起事情："我将经过讲给你听，虽然很少事情能逃过你机警的眼睛，因为官方档案上有记录(publica acta)。"③

309 第一种记录，《元老院纪事》，记录了元老院的一些会议。④ 我们对帝制开始之前的这些纪事几乎一无所知，但至少知道在那之

---

① 《颂词》75. 1—3。

② 关于日期，参见 Sherwin-White，《普林尼》，第 38、41 页。

③ 《书信集》7. 33. 3。指控特拉塞亚·培图斯的时候，Cossutianus Capito 对尼禄说："Diurna populi Romani per provincias, per exercitus curatius leguntur, ut noscatur quid Thrasea non fecerit"(塔西佗，《编年史》16. 22)。因为 Capito 一项重要的指控是特拉塞亚"triennio non introisse curiam"，这句引用的话——不管它的歪曲和夸张——没有减少罗马公共告示确实包括一些元老院事务报道的可能性。此外，HA, *Sev. Alex.* 6. 2 提供了不可靠的证据。

④ 关于 ἄκτα 和 ὑπομνήματα 这两个对等的希腊语，参见 H. J. Mason，《罗马机构的希腊说法》(*Greek Terms for Roman Institutions*)，s. vv. 。塔西佗也个别参考了 *commentarii senatus*(《编年史》15. 74)和 *acta patrum*(《编年史》5. 4)，两个出处都可以看作 *acta senatus*(元老院纪事)的同义词。不管怎样，在本章中是这样看待的，本章会采用后者。

后，确实发生了和纪事有关的两个改变。第一，解释奥古斯都颁布的重要禁令时，苏维托尼乌斯又是我们唯一的权威，“元老院的会议内容不能发行”。[①] 他在这个皇帝的革新列表第一条简单地提到禁令，既没有给出日期，也没有解释。没有迹象表明禁令曾被取消过。在苏维托尼乌斯的引用中，“发行（publicarentur）”的机构仍不清楚。我们知道，《官方每日公告》在元老院“公布”，因此抄了很多副本，在整个帝国都传遍了。我们没听说过这样“发行”《元老院纪事》的情况。它们在罗马城外唯一曾被提及的读者是提比略和塞普蒂米乌斯·塞维鲁皇帝。因此，就《元老院纪事》来说，“发行”在这些例子中的实际意思可能是“使之流通”。同样，我们不知道在奥古斯都“发行”的禁令实施之后怎么获取这些资料。我们猜想对于像塔西佗这样的元老通常是不会拒绝他的咨询的，虽然他会面临大量的工作，筛选在他之前多达一个世纪的记录，他声称查阅过这些记录，会这么做的也就他一人了。如果苏维托尼乌斯的引用来自第一手资料（如下所引），可以相信他是作为服务于皇帝的人获得的渠道。很可能副本保存在皇室档案中（不管是在哪个地点），他在担任皇帝秘书时读过。[②]

第二个改变是我们第一次听说元老院会议汇编员是在帝国时期。创建这个岗位的日期是什么时候仍然不清楚，也许被人忽视了。因为我们所知第一个任职的是朱尼厄斯·卢斯提乌斯，塔西佗将其记录在 29 年下面，[③]大家都同意这个职位是由奥古斯都或提比略创立的。没有理由怀疑塔西佗详细的论证，但要说从 29 年

---

① 《奥古斯都》36。

② 关于苏维托尼乌斯什么时候写的皇室传记的苦恼问题，参见 G. W. Bowersock，“苏维托尼乌斯和图拉真”，出自 J. Bibauw，ed.，*Hommages à Marcel Renard*，*Collection Latomus* 101，布鲁塞尔，1969，第 1 卷，第 119—125 页。关于皇室记录，参见 F. Millar，《皇帝》，第五章 6。

③ 《编年史》5.4。

起，如果不是更早的话，一直有人担任此职似乎不太可靠。因为，明显的是，我们可以至少说出所有已知任职人大概的任职时间，除了一个以外，①只有卢斯提乌斯是在大约 90 年之前。因此，到塞
310 维鲁末期，我们知道，有相当数量的人任职，最后一位可能是在塞维鲁・亚历山大时期。② 如果 1 世纪大多数时间同样都有元老定期在任，换任的间隔不会太久，那么我们没找到例子就值得注意了。也可能有人任职，但当时的人从来没有提起过，不过，这根本不太可能，很难想象为什么只是这个职位，而不是，比如二十人委员会被如此轻视。如果一个人的职业履历上偶尔忽略了这个职位。这并不出奇，就像 112 年在雅典竖立的哈德良碑刻上就没提到。③ 但在这么长的时间经常省略这样的记录就让人困惑了。不仅从 1 世纪起很多元老个人的职业记录都保存了下来，这点让人满意，其他在罗马或罗马周围工作的元老院就职者记录上也没有这样偷懒的省略。④ 确实，这些职位的任期可能通常超过一年，如我们所见，这对 2 世纪的元老院会议汇编员(ab actis senatus)来说也许很正常。另一方面，此职位经常不止一位元老担任。在定期指定的任职人当中，军队财务官(praefecti aerarii militaris)也许恰好是记录得最少的人，即使如此，记录的空白也不至于让人怀疑职位已经废止——就此例来说几乎不太可能。

我们还是要小心谨慎，特别是默证会带来特别的风险。推测征收粮秣的官员(praefectus frumenti dandi)一职在克劳狄乌斯和

---

① 列表第 27 条，参见下文第五节。

② 列表第 26 条。

③ *ILS*308 和列表第 4 条。

④ 概述参见 H. G. Pflaum, *ANRW* II. i.，第 129—130 页。关于 *curatores operum publicorum*，A. E. Gordon, *Quintus Veranius*, *Consul A. D. 49*，第 283—285 页，以及 G. Molisani, "Un nuovo curator operum publicorum in un' iscrizione inedita dei Musei Capitolini", *ZPE* 13, 1974，第 7—17 页。关于 *curatores alvei Tiberis*，M. J. le Gall, *Le Tibre, fleuve de Rome dans l'antiquité*，巴黎，1953，第 137—140 页。

涅尔瓦统治之间终止应作为警告：重新评估凯森尼乌斯·索斯佩斯职业不久之前将其废止了。[①] 同样也可能会有新的证据出现让我们不再认为公共档案主管(curatores tabularum publicarum)从奥古斯都晚期到 56 年最多是作为独立的委员会而存在。[②] 虽然这仍是猜测，容易被新发现的证据推翻，但可以认为图密善是第一 311
个创立元老院会议汇编员常规职位的。更早的时候，提比略在卡普里岛确实希望能经常听到元老院的消息。不管是否符合逻辑，他也许觉得一位特别任命的人会比纪事能更好地提供会议记录或者更加可靠。但朱尼厄斯·卢斯提库斯的任务是招人反感的。可以理解的是，提比略死后，它就因众人的厌恶而被废除了，并且再也用不着恢复，因为皇帝要么自觉地参加会议(像克劳狄乌斯和维斯帕先)，或者相反，完全不感兴趣(像盖乌斯和尼禄)。不管怎样，我们推测，《元老院纪事》仍在记录，不管有没有专门的元老保管人，并且记录一直都能查阅。

然而，图密善学习了提比略的做法。[③] 从 37 年起，他是第一个在罗马以外的地方待了相当长时间的皇帝，而且他对行政效率很有热情。可以理解他设立了保管员(quaestorius)一职，整理《元老院纪事》，让皇帝消息畅通，特别是离开意大利长久缺席的时候。这个职位是唯一向初级元老开放的。虽然监管职责的重要性不能被夸大，图密善死的时候，它大概被看成是他的又一个值得保留的

---

① R. Syme，"The enigmatic Sospes"，*JRS* 67，1977，第 38—49 页，特别是第 48—49 页。更多参见 G. E. Rickman，*The Corn Supply of Ancient Rome*，牛津，1980，第 213—215 页。

② 目前从三处碑刻中得知有 5 位任此职者。整个主题 M. Hammond 讨论得最完整，"Curatores Tabularum Publicarum"，in L. W. Jones，ed.，*Studies in Honor of E. K. Rand*，纽约，1938，第 123—131 页(特别注意结尾段落)；更多参见 F. Millar，"帝国时期的档案库和保管员"(The aerarium and its officials under the Empire)，*JRS* 54，1964，第 33—40 页中的第 35 页；和 M. Corbier，同前所引。Millar 和 Corbier 都没引用 Hammod 的讨论。

③ 苏维托尼乌斯，《图密善》20。

做法。[①] 图拉真和哈德良不在罗马的时候，此职位又一次证明了它的价值。

虽然论据有点牵强，但第一位任职人各种各样的头衔可以证明该职位在1世纪末还是个新奇的事物。从塔西佗的措辞中无法推断出什么，因为他无论如何都会避开官方术语。接下来的任职人在铭文中被称为元老院会议记录员(curator actorum senates)，会议记录总管(ab actis imperatoris)，元老院会议汇编员(ad acta senatus)。如果这一职位早从1世纪起就一直有人在位，本该用标准形式来称呼，但只在哈德良时期才出现元老院会议汇编员(ab actis senates)。此后它就用在所有拉丁铭文中，只有两、三次例外。[②]

到了2世纪，前国库保管员(ex-quaestor urbanus)担任此职显然成了常规。在担任元老官员的时候，他的职责为他作了管理纪事的准备，不仅留在罗马参加会议，而且协助《元老院法令》的撰
312 写。虽然不是一成不变，但也许还有微小却重要的迹象表明，记录《元老院纪事》在2世纪仍然被认真对待。在塞维鲁王朝甚至有两位直接选拔为财务官(inter quaestorios)的元老担任过这个职位。[③] 任职时间的长短不知道，但我们推测很少会超过一年。除了贵族，通常从财务官经保民官或市政官到副执政需要6年不到的时间，这会阻碍任期的延长。先不说两个令人怀疑的例子，[④]我们知道，只有一个早期任职的人是贵族。[⑤] 但在2世纪，他的继任者很少是贵族，因为这些贵族最常担任的是皇帝谕令宣读员(quaestor Caesaris)而不是国库保管员(quaestor urbanus)。担任

---

① 概述参见 K. H. Waters, "Traianus Domitiani Continuator", *AJP* 90, 1969, 第385—405页。

② 当然，参见列表第24和25条；第12条仍残缺，第27条可以不考虑。

③ 列表第19和25条。

④ 列表第17和28条。

⑤ 列表第2条。

元老院会议汇编员之后，有不少人成了高级市政官，狄奥暗示，晋升到这个官员级别是担任此职后预料之内的事，甚至在 3 世纪早期。①

虽然缺乏证据，但我们认为《元老院纪事》保存在萨吞尼国库。然而，多了《元老院纪事》并不表示以前的安排都废止了，《元老院法令》仍然保存在同一栋楼里。同样，下议院的议会议事录机构每天逐字记录所有会议也不意味着年鉴的结束，年鉴仍然是下议院会议的官方记录。

自然我们会询问《元老院纪事》的性质和完整度。然而，即使这样基本的特征都很难确定，因为纪事的内容只有帝国时期（忽略《奥古斯都史》，因其不可靠），两位作者各引用过一次。65 年，塔西佗讲述比索念努的阴谋及其后果时，末了说道："我在元老院备忘录中发现指定执政官阿尼西乌斯·凯列阿里斯提议尽快用公共经费建造一座神殿以纪念神圣的尼禄。阿尼西乌斯的意思是说，这个皇帝已经超越了人类，值得人崇拜。但尼禄否决了提议。"②塔西佗此处特别的引用至少表明拒绝的意见也被记录了下来。

苏维托尼乌斯在描述奥古斯都出生地时提到了《元老院纪事》，（他说）那地方在皇帝死后建了一座神殿。他继续说道："因为在《元老院纪事》里记录了莱托留斯，一个来自贵族家庭的年轻人乞求看在他的年轻和出身上轻判通奸罪，他继续向元老院诉说他 313
是那个地方的地主和看守人，神圣的奥古斯都在出生时第一个接触的地方，他乞求看在可以说是他自己特别的神的份上得到宽恕。因此，元老院判决他的房子的一部分设为神圣之所。"③莱托留斯

---

① 78.22.2.

② 《编年史》15.74。我省略了 Mommsen 企图修改《编年史》2.88 来提出第二条引用；参见 Goodyear 关于这点的论述。

③ 《奥古斯都》5。

本来不会为人所知,也没有更多保存的资料确定他审判的日期。

这些引用没有,实际上,任何一位提到《元老院纪事》的作者都没有为我们解决它的性质和完整性的问题。比如,143 年弗朗图当选为执政官后,他向奥略留解释为何拖延发表感谢词,他说他想通过精心准备的演讲以示对安东尼皇帝的敬意:“我必须由衷赞美他,我的赞美不该湮没在《元老院纪事》中,而应该被人们捧在手上,看在眼里,不然的话,我就对不起你。”①虽然这可能是相当完整的记录,这番话仍然没有澄清感谢词究竟会以什么样的形式出现在《元老院纪事》中。同样,也无法从下面两个例子中举证可靠的形式,普林尼本该就此例参考纪事,但他没有这么做。

第一个例子,据他说是 97 年他在元老院的发言,为了公之于众而决定写下来,“之后,我写下所能记得的发言,并作了大量的补充”。② 此外,他还记录了会上那些反对他的人的发言:“我没必要告诉你他们还说了什么,因为你在公布的发言中已经得知了一切——我已经完整地记下了发言人的原话”。③ 普林尼凭记忆写下发言,并且显然没有参阅《元老院纪事》,说明《元老院纪事》不会逐字提供发言的记录。但同样,缺省的原因也可能是罗马人典型的做法,他们希望提供经过修饰的、文字优美的事件记录,逐字记录将会没有一点吸引力。因此,昆体良④否认了他作为律师时发言的逐字记录,速记员记下的那些文字被人拿去卖钱。⑤ 普林尼演说《颂词》时也没有特别关心内容,过后,他开始“围绕同样的主题,写下更完整、更精心修饰的版本”。⑥ 这种做法的另一个例子

① *Ad M. Caes.* 2. 1. 1=p. 24H.

② 《书信集》9. 13. 23。

③ 《书信集》9. 13. 14。

④ *Inst. Or.* 7. 2. 24.

⑤ 关于帝国晚期希腊演讲者对这样记录下的副本表现出类似的蔑视,参见 A. F. Norman, *JHS* 80, 1960, 第 123 页。

⑥ 《书信集》3. 18. 1;参见 3. 13. 5:“adnota, quae putaveris corrigenda”。

是塔西佗几乎可以肯定参考过克劳狄乌斯引进高卢元老时的发 314
言，但并不希望在他的《编年史》中逐字记录哪怕是摘要。①

第二个例子，普林尼读到纪念帕拉斯纪念碑上的铭文时很恼怒，决定去查阅元老院的法令，②值得注意的是，他似乎只找到了相关的《元老院法令》（应该是保存在萨吞尼国库），而不是《元老院纪事》，本来《元老院纪事》会比法令在某种程度上描述得更完整。不过，他的做法无法左右关于《元老院纪事》完整或不完整的争论。几乎可以肯定先查阅《元老院法令》对他更方便，一旦找到法令他就有足够的资料来发泄他对帕拉斯的怒气。任何更深的研究只会突出他希望忘记的事情的原样。特别是他对那些赞同尊崇帕拉斯的元老的批评非常严厉，但批评还是非常含糊。虽然他肯定知道是谁提出的决议，却根本没提是指定执政官巴里亚·索拉努斯，而他对索拉努斯的记忆力肯定很敬畏。③

事实上，会议结束后，每位报告人显然还要召集一小组元老来斟酌他提议的元老院法令的措辞，这表明会议的记录也不是逐字写下来的。如果是的话，为什么元老还要在会后最后决定措辞呢？答案并不难找，首先，这道程序传统以来都是神圣的，因此不会轻易放弃。第二，任何机构都希望在每次会后能检查一遍议项和决定：因此，当天的会议记录都会轮流传阅，然后在议员同意下由主席签上"正确记录"。速记员容易出错，在罗马有些记录证明有腐败现象，④而将《元老院法令》的最后措辞托付给只做无聊文案的人员会让元老觉得不像话。塞内加将速记的发明看作"最低等奴隶"的成就。⑤

---

① 《编年史》11.24；*FIRA*^{2} I no. 43。

② 《书信集》7.29；8.6。

③ 关于 Barea 的部分，参见塔西佗，《编年史》12.53。Sherwin-White（《普林尼》，第453页）似乎混淆了档案库中元老院纪事和元老院法令的档案文件。

④ 关于萨吞尼国库抄写员的腐败，参见普鲁塔克 *Cat. Min.* 17；苏维托尼乌斯，《图密善》9。

⑤ 《书信集》*Mor.* 90.25："vilissima mancipia"。

315 一些学者愿意下结论认为《元老院纪事》是元老院所有会议完整的逐字记录。[①] 上面塔西佗和苏维托尼乌斯的引用都没有证明这个观点，也很难找到其他资料来证明。因此，应该考虑到另一种可能，即《元老院纪事》是编辑过的会议记录，不管是直接的，还是间接的引用。[②]

我们怀疑拉丁速记员是否有能力做逐字会议记录。[③] 这样说肯定太绝对，但他们能够熟练记录的最早日期还是不清楚。公元前63年，在缺乏官方记录的情况下，西塞罗作为执政官在询问告密者关于喀提林阴谋的时候特别要求手写一份记录，包括“所有陈述，向他们提出的问题和回答”。[④] 他描述了4位挑选的元老都是“据我所知，能轻易记下所说的话，因为他们有良好的记忆力，知识渊博，富有经验，书写快捷”，[⑤]这番描述并不一定暗示他们都是用速写的方式。确实，据普鲁塔克说，在几天后速记员才第一次受雇于元老院。他还提及了西塞罗采取特别措施保证逐字记下加图的发言，发言力劝将喀提林阴谋反叛者判处死刑，然后他评论道：

> 我们得知这是加图唯一保存下来的发言，多亏了执政官西塞罗，他事先指导那些擅长快速书写的人员使用符号，即小

① 比如，参见 A. Stein，“Die Protokolle des römischen Senates und ihre Bedeutung als Geschichtsquelle für Tacitus”，*Jahresberichte der I. deutschen Staatsrealschule in Prag.*，1904，第 5—33 页，特别是第 10—15 页；和（没那么详细）同上，“Die Stenographie im römischen Senat”，*Archiv für Stenographie* 56，1905，第 177—186 页；亦可参见 W. Kubitschek in *PW* 1. s. v. acta，col. 290。

② 关于大致观点，参见 R. A. Coles，*Reports of Proceedings in Papyri*（*Papyrologica Bruxellensia* 4），布鲁塞尔，1966，第 9—13 页。

③ 比如，F. B. Marsh，《提比略的统治》（*The Reign of Tiberius*），牛津，1931，第 263 页。关于速记在罗马的发展，更多参见 T. N. Winter，“The Publication of Apuleius' *Apology*”，*TAPA* 100，1969，第 607—612 页；H. Boge，*Griechische Tachygraphie und Tironische Noten*，柏林，1973。

④ *Pro Sulla* 41.

⑤ *Pro Sulla* 42.

> 而短的图形，集中了很多字母的含义；然后他将这些人分散到元老院各处。因为到那时为止罗马人没有雇佣，甚至没有叫作速记员的人，那是第一次，我们听说，使用速记员的第一步。①

不能肯定从公元前 59 年采用《元老院纪事》起速记员会经常参会。在法庭会议记录中只有部分资料有助于解释阿斯科尼乌斯的一篇文章，了解到速记员记下并逐字保存了西塞罗的《为米洛辩 316
护》(*Pro Milone*)（公元前 52 年发表），和演讲者本人后来发表的版本不同。②

不过，塔西佗的《编年史》在描述 14 年起元老院事务的时候确实写得非常详细——报告大概是根据速记员起初记下来的资料撰写的。更具体地说，到尼禄早期为止，塞内加写元老院会议戏仿文时，他解释了雅努斯神父作为第一发言人的意见："因为他住在罗马广场，所以发表了洋洋洒洒的一篇演说，速记员都无法跟得上，于是我不想报告，因为我不愿用别的词来表达他说的话。"③可能纯粹是巧合，除了在这篇虚构的文中，我们没有证据证明在帝国时期元老院会议上有过一位或更多的速记员出席。塞内加提供了更多的资料证明 1 世纪后半期罗马速记员所达到的标准，他提到在他那个时期近来的创新中，"用符号代替字母，不管发言的速度有多快，都能够记下来，书写的速度和说话的速度相当"。④ 苏维托尼乌斯也评价了皇帝提图斯的能力："我从多方消息了解到，他也

① *Cat. Min.* 23.

② Asconius p. 42 C. Coles 倾向于接受这种解释。但反对观点，参见 A. Mentz, "Die Entstehungsgeschichte der römischen Stenographie", *Hermes* 66, 1931, 第 369—386 页和 J. N. Settle, "The trial of Milo and the other *Pro Milone*", *TAPA* 94, 1963, 第 268—280 页，特别是第 274—277 页。

③ *Apocol.* 9. 2. 关于 notarius 特别作为速记员，参见 Paulus, *Dig.* 29. 1. 40pr. 。

④ 《书信集》*Mor.* 90. 25；参见 Manilius 4. 197—199。

非常擅长速记,还喜欢和他的秘书进行友谊赛。”[1]

速记员想逐字记下第一发言人意见的努力很重要,但并不证明完整的记录会出现在《元老院纪事》里。现存皇帝演说词的逐字记录中也无法证明,不管是大约 177 年发表的第一发言人意见的长篇摘要,[2]还是 203 年关于百年节的议题和意见。[3] 如上所说,元老院会议可能会在《官方每日公告》中报告。203 年,十五人祭司团自然希望将完整的演讲记录保存在他们的备忘录中,不管怎样,演讲在事前都已经写出来了。发言人自己也会公布演讲。皇帝的演讲肯定都能找到并用于研究。除了别的方面,弗朗图[4]和塔西
317 佗[5]都对相继几代皇帝的修辞能力作过评论,我们知道有本包括了哈德良 12 篇演讲的书在流传。[6] 塔西佗特别告诉我们,提比略的一篇演讲保存下来了,[7]如前面提过,几乎可以肯定他在写自己的演讲词前参考过克劳狄乌斯引进高卢元老时发言的逐字记录。

元老院肯定也细心保存了皇帝的演讲词,以便按照规定将来朗读。据狄奥说,盖乌斯 37 年担任执政官时的发言规定要每年诵读。[8] 同样,元老院一条法令规定,奥古斯都和提比略的某些演讲词应该在每年的 1 月 1 日朗读。演讲词肯定非常多,因为据狄奥说,朗读一直持续到晚上。因此,42 年,克劳狄乌斯一有机会便废止了这种做法,宣布将演讲词刻写在铜板上就足够了。[9] 然而,54

---

① 《提比略》3。

② *Hesperia* 24,1955,第 320—349 页。

③ G. B. Pighi, *De Ludis Saecularibus*,第 140—144 页,第 7—48 行。

④ *Ver. Imp.* 2. 1. 8—10=pp. 117—118H.

⑤ 《编年史》13. 3。

⑥ 参见 Charisius, *Art. Gramm.* II,第 287 页,Barwick. Gellius(16. 13. 4)似乎可以在元老院的 *De Italicensibus* 中获得哈德良的演讲词(虽然他没有真的从中引用,但可以长篇解释它的内容)。

⑦ 《编年史》2. 63;1. 81。

⑧ 59. 6. 7.

⑨ 狄奥 60. 10. 2。

年，元老院投票认为，尼禄登基的演讲词应该刻写在银板上，每次新执政官上任都要朗读。①

皇帝或其他皇室成员，或偶尔其他元老缺席会议的时候会送信函过去宣读，那么自然能找到逐字的记录。② 弗朗图可以比较图拉真和维鲁斯送到元老院的急件，维鲁斯因为身体非常不好而没有参加会议。③ 即使皇帝在会，通常他们也会读写好的稿子。④ 其他人也一样，有时读发言稿，有时按照笔记发言。203 年，十五人祭司团的首领寻找百年节的元老赞助人时，他是从记事本(libellus)上念的，然后一位元老宣读手稿(manuarius)——不然这个词也无法证实⑤——形成决议。在塞内加的戏仿文中，奥古斯都似乎是临时发言，然后才从记事板(ex tabella)上宣读事先拟定的 318
真正意见。⑥ 显然，元老习惯的做法是将自己写字用的工具在开会时放在手边。至少我们听说过好几次他们用笔戳的例子。⑦ 图拉真时期，元老在选举时用记事板(tabella)投票必须要有书写工具，这成了一种制度。⑧

并非仅仅出于对皇帝的尊敬或虔诚要求他在元老院的发言要逐字记录保存下来。当皇帝是某一已批准意见的汇报人时，大家

---

① 狄奥 61.3.1。

② 参见第七章，第六节。

③ *Ad Ver. Imp.* 2.1.5=p.115H；*Princ. Hist.* 20=p.200 H.

④ 参见狄奥下面的引用：关于奥古斯都 53.2.7，11.1 和 4；盖乌斯 59.19.3；克劳狄乌斯 60.2.2 和 12.3；尼禄 61.3.1；维斯帕先 66.10.6；塞普蒂米乌斯·塞维鲁 75.8.1；还有也许是哈德良或安东尼 69.15.2。关于克劳狄乌斯，参见普林尼，《书信集》8.6.13。

⑤ G. B. Pighi, *De Ludis Saecularibus*，第 1401 页，第 6 行和第 1421 页，第 25 行。更多的例子参见普林尼，《书信集》5.13.6；6.5.6；比较苏维托尼乌斯，《提比略》6(对军队的讲话)。

⑥ *Apocol.* 11.

⑦ 苏维托尼乌斯 DJ 82；盖乌斯 28；克劳狄乌斯 15 和 35；塞内加，*De Clem.* 1.15.1. *Grammateia*，狄奥 44.16.1 有提到，可能是文献或书写材料。

⑧ 普林尼，《书信集》3.20；4.25。

几乎不会期待他亲自出席会后法令的“书写”，实际上，我们只知道一例皇帝出席的例子。① 因此，关于皇帝发言的准确的逐字记录非常宝贵。这样的记录到 2 世纪变得非常必要，因为这个时期元老院做的最多的只是认可皇帝的发言。

我们确实知道在古代会议的逐字记录也有保存，②特别是下面要讨论的例子。不过，似乎更常见的是，任何会议记录都被编辑过——不管多少，直接引用，还是间接引用——目的是突出重点。一些例子中的记录很可能参见了逐字写下的材料，或者凭鲜明的回忆。③ P. Ryl. 77(192 年，在赫尔莫波利斯·麦格纳选举成年男子团体元老官员[cosmete]的时候)就属于这种例子，或者所谓的杜迈尔碑刻(哥哈利恩尼人反对阿维狄乌斯·哈德良的例子，216 年 5 月 27 日在安条克传到了卡拉卡拉耳中)。④ 虽然这些资料小心地用直接引语陈述，但每位参与人的发言都太简洁，两个例子中实际的会议记录不可能只花了几分钟。作者的主要目的是想以生动的形式呈现会议精髓。⑤

技术上的困难似乎明显完全排除了提供完整逐字记录的可能
319 性。的确，举行长时间会议的任何机构，逐字记录会非常大量，而且工作会非常艰巨，特别是还有速度限制的话。然而，411 年，在

---

① *FIRA*^{2} I 中奥古斯都，no. 68 V，第 75—76 行。

② Coles，同前所引，第 22 页，注释 44，恰当地提到 *Ox. Pap.* 2407 作为一个突出的例子。

③ 关于大致观点，参见 Coles，同前所引，第 14—27 页。正如他强调(第 16 页)整个问题变得很复杂，因为事实上现存的纸莎草记录几乎都不是官方的，而是私人的副本，可能只包括与那些索取副本的人相关的事情。

④ *SEG* 17，1960，759 和 J. H. Oliver in *Mélanges Helléniques offerts à Georges Daux*，巴黎，1974，第 289—294 页。

⑤ 参见 Coles，同前所引，第 16 页。尽管很生动，甚至包含不相关的内容(比如 P. Ryl. 77，第 39—40 页)，这些记录太简短，不可能是会议的逐字记录，在规模上相比较，比如 *Ox. Pap.* 2407。不只是 J. H. Oliver 和 R. E. A. Palmer 有点草率地认为 Dmeir 的碑文和其他资料是逐字记录，和 *Aes Italicense* 和 *Aes Sardianum* 一样(参见 *Hesperia* 24，1955，第 323 页)。

迦太基多纳图派信徒和天主教徒会议的法案中，我们确实找到了惊人的证据，证明在古代能够取得这样的成就。① 这场关键的争辩每个字的意义当然都要特别斟酌，所以 4 位速记员在官方秘书处的安排下逐字记录会议内容，还有 8 位由辩论双方安排。每组显然分成两队，轮班工作 6 小时，所以任何时候都有 6 位速记员在场。② 虽然无法准确确定会议时长，记录内容表明 6 月 1 日第一次会议持续时间很长，③第二天的会议比较短。第二天会议结束时，两次会议的完整记录要保证在 6 月 8 日前完成，实际上，由于日以继夜地工作，所以 6 月 6 日早上就写出了几份记录。④

自然，411 年为迦太基会议记录作的安排没法直接阐明一个半世纪或更早时候罗马元老院的做法，但总的来说，如我们上面所见，最迟到 1 世纪，一套让人满意的速记系统就已经开始被使用了，更明确地说，这些法案确实证明了逐字记录长时间会议的可能性，并且能够在短时间内发布完整的抄本。至于元老院，不考虑审判和特别会议，每两周一次的常规会议要求在间隔时间内完成一次记录，如果皇帝没有出席会议，但在罗马或附近，需要阅读和考虑的话(除了别的目的以外)。值得注意的是，21 年，提比略显然认为在通过法令和存入萨吞尼国库之间间隔 10 天，足以让他接到

---

① 这并不是要忽略大量的记录大多数，如果不是所有的话，都由教堂议会构成，有些仍然保存了下来——比如，Ephesus(以弗所)in 431 和 Chalcedon(卡尔西登)in 451(参见 E. Schwartz，*Acta Conciliorum Oecumenicorum* I and II，Berlin and Leipzig)，我在这里仅局限于迦太基，只因为相关的证据在这个例子中很清楚。

② 参见 S. Lancel，*Actes de la conférence de Carthage en 411*，vol. 1(*Sources Chrétiennes* no. 194，Paris，1972)，特别是第 342—353、390—391 页，以及 E. Tengström，*Die Protokollierung der Collatio Carthaginiensis*，Göteborg，1962，Lancel 的版本完成前，查阅 J. P. Migne，*Patrologia Latina* XI，第 1223—1420 卷。

③ 开始的时间不知道；结束是在白天 11 时辰后(按照罗马的"12 时辰"制？*Gesta* I，219，"exemptae sunt horae undecim diei")，按照现代的推算，迦太基这天从日出到日落的时间大概是 14 小时 24 分钟。

④ 保存下来的总结表明，6 月 8 日第三次和最后一次会议也很长。既然压力缓和，完整的文本到 6 月 26 日才发表，很多内容现在已遗失。

320 记录,权衡问题,需要的时候采取进一步行动。甚至在他退隐到卡普里岛后,间隔时间仍然没改,显然他还要求在法令通过后最多5到6天将文件送到。① 如果递送的是会议完整记录,还有法令,那么需要快速整理逐字记录的笔记,但如我们所见,工作是可以完成的。

因此,总的来说,似乎没人争论元老院会议的逐字记录在操作上无法完成。虽然工作肯定很费劲,②应该记住元老院并不经常连日召开会议,除了审判和接待大使外。同样,抄本份数也不需要很多,虽然这根本不会影响录写的速度,一位速记员可以将笔记同时念给10位抄写员听,也可以念给3人听。

虽然话这么说,但我们还是无法确定《元老院纪事》是否真的是会议的逐字记录,还是编辑过的版本,或者两者都有。一旦速记技术上的困难解决后,完整的逐字记录可能确实很容易产生,因为不需要有更多的编辑。或者,就逐字和编辑混合的记录来说,较为资深的元老的发言可能完整地被记录了下来,只有那些初级元老的发言才会使用比较简洁的方式进行记录,因此庞大的记录多少有所削减,编辑的工作也有所限制。喜欢逐字和编辑混合的记录可能是帝国时期只有少数情况下才会保存元老发言逐字记录的原因,不包括皇帝和第一发言人的意见。③ 据塔西佗描述,朱尼厄斯·卢斯提库斯,我们知道的第一位元老院会议汇编员,是由"皇帝挑选来写元老院会议记录的,因此相信对皇帝头脑深处的想法

① 参见上文,第一节。

② 只任用一个塞内加(*Apocol.* 9.2)所说的抄写员只会增加困难,但没有必要认为戏仿文以同样的准确性再现了细节,就像再现其他的场景一样。

③ 苏维托尼乌斯 Vita 残章中保留的 Passienus Crispus 的"首次演说"的喜剧性开头是少有的这种例子之一。但应该记住整个古代文献的精神是避免逐字引用:更多参见下文第四节。如果 Millar(《皇帝》,第350页,注释59)怀疑 *FIRA*^{2} I no. 44 不是属于克劳狄乌斯,或任何皇帝的演讲是对的,那么纸莎草记录可能是少有的元老演讲,因此有可能有时会保存除皇帝和第一发言人之外的演讲。但按 Millar 的理解,要肯定是谁的演讲不可能;更多参见附录4。

具有洞察力”,[①]这表明他也做了些编辑工作(特别是材料的选择 321
和措辞),而不仅仅是监督纯粹的逐字记录。但与此相反,必须承认,缺乏元老发言逐字记录可能要么是巧合,要么是出于其他可解释的原因,而朱尼厄斯·卢斯提库斯的委托任务的性质可能很独特。一旦在后来确定为固定职位(如上所讨论),担任会议汇编员的初级元老可能会扮演更机械的角色。

如果《元老院纪事》不管准确的形式如何,确实记录了会议相当丰富的内容,我们开始可能会困惑帝国时期的作家们显然很少利用它,更别说政治家了。然而,经过更进一步的考察,我们也许不再有这种感觉。《元老院纪事》是由一位共和时期自由氛围下自己事业处于关键时期的政治家创立的,当时面临相当多有影响力的元老的激烈反对。引进会议记录并公开元老院会议的革新对他来说很有价值,但在元首制下,很快出现了一种完全不同的局面,元老院失去了很多旧时的权力。奥古斯都看不出继续允许准确无误保留细节的会议记录的公开传播有何价值。他真想让更多人知道的事项——特别是他自己的发言——都可以很方便地发表在《官方每日公告》中。出于和这位皇帝同样的理由,当时的元老自己也对《元老院纪事》兴趣不大。不管怎样,奥古斯都采取了措施保证没有合理理由缺席的元老都要参会。就长远来看,《元老院纪事》太笨拙、太琐碎,除了最勤勉的历史学家之外,没有人会参考——而且也要他能够有机会查阅这些没发表的资料才行。上面提示过,资料很庞大,这里应该再加以强调。今天印刷出来的现存《迦太基会议法案》的厚度,记录了411年不到3个整天的讨论内容,可以让我们略知,比如1世纪的《元老院纪事》一年的内容有多庞大,特别那时是元老院最忙的时候。不管怎样,需要梳理这些记录的历史研究从来成不

① 《编年史》5.4:“componendis partum actis delectus a Caesare eoque meditations eius introspicere creditus”。

了风尚。[1] 同样，准备将他们的发言给大众传阅的元老也毫无兴趣查阅保存在《元老院纪事》中原始的确切发言记录。

实际上，《元老院纪事》的重要性只在于它们能为皇帝在缺席会议时提供准确的会议记录。我们一点都不惊奇至少第一位所知的元老
322 院会议汇编员——他的继承人可能情况不同——是由皇帝而不是元老院挑选的，因此大家认为他有权解释提比略的想法。这种描述是说《元老院纪事》就其特点来看，主要是给皇帝阅读的一份记录。因此，后来描述此职位的两个头衔，会议记录总管(ab actis imperatoris)似乎比元老院会议记录执政(ab actis senatus consulum)恰当得多——第一个头衔分别为图拉真和哈德良时期的任职人使用，[2]第二个为阿西琉斯·鲁菲努斯·法比安努斯独有，他的任期可能是在 3 世纪。[3] 同样，我们毫不惊奇唯一提到《元老院纪事》在罗马城外阅读的是两位皇帝，他们采取了元老院通过的特别措施。在提比略生命最后的年头，他对元老院处理某些案件的方式很恼火，[4]而塞普蒂米乌斯严厉地反对颂扬克罗狄乌斯·塞西努斯，他的对手依比努斯的亲戚。[5]

第四节 古代作者使用《元老院纪事》

I 苏维托尼乌斯，狄奥，和其他人

虽说逐字引用了元老院上所说的话，但显然无法保证他们当

---

① 特别参见 A. D. Momigliano，《书写传统的历史研究和口头传统的历史研究》(Historiography on written tradition and historiography on oral tradition)，*Studies in Historiography*，伦敦，1966，第 211—220 页。

② 参见列表第 3 和第 8 条，以及下文第五节。

③ 参见列表第 24 条。

④ 苏维托尼乌斯，《提比略》73。

⑤ HA，*Sev.* 11. 3(我在那里用 *acta* 来指代 *acta senatus*[元老院纪事]，而不是 *populi diurna acta*[官方每日公告])。整个故事可能是虚构的：参见 T. D. Barnes，*BHAC* 1968/1969，第 51—52 页。

时真的就那样说。我们已经注意到，古代文献传统积极鼓励发言人在发表前修饰自己的演讲词，而在历史著作中，作者和读者皆不要求演讲中每一个字都准确，当然，也不会要求逐字引用的准确。① 帝国时期，给我们留下宣称是在元老院记录下来的演讲词的作者中，上面所说的不仅适用于塔西佗，而且适用于狄奥和约瑟夫。②

同样，一位作者引用的词句说是在元老院的原话，也不保证他参考过《元老院纪事》，或者《元老院纪事》是逐字的记录。查阅其他更多的资料更容易——比如《官方每日公告》，里面有很多皇帝的演讲词；杰出人物的演讲内容（包括皇帝），由他们自己或别人发行；这样那样的家族记录；个人的回忆录，诸如此类。不应该忽视古代受过教育的人对说过的话有很好的记忆力。老塞内加就是一 323
个突出的例子，即使他说过自己记忆良好也不能完全相信。③ 作者引用的一些简短话语说是元老院上的原话，很可能是从《元老院纪事》上摘录的，但大多时候他们更可能是从刚才列举的广泛可查阅的资料中获取的。暂且不说塔西佗，苏维托尼乌斯是我们印象中现存帝国时期唯一参考过《元老院纪事》的作者，我们知道他确实引用过一次。④ 特别是和塔西佗不同，他的目的不是为了写那种高雅的文学而避免逐字引用，有两次他特别声明引用了发言人在元老院的原话：第一次是瓦列里乌斯·梅萨拉在向奥古斯都致敬时将他称为“国父”，还有后者的回答；第二次是提比略在 14 年“登基”辩论中说的话。⑤ 另外，他还引用了似乎是在元老院上逐

---

① 《奥古斯都史》是个例外；但它是在帝国时期之后很久才撰写的，其中大量的逐字引用可能是伪造的。

② 关于后者，参见 *AJ* 19.166—184。

③ 参见 *Controv.* 1 pref. 1—5 和 L. A. Sussman 的讨论，《老塞内加》（*The Elder Seneca*），Leiden，1978，第 75—78 页。

④ 《奥古斯都》5。

⑤ 《奥古斯都》58；《提比略》24；67。

字记录的发言,发言人包括奥古斯都,[1]提比略,[2]克劳狄乌斯,[3]尼禄,[4]维斯帕先[5]和图密善[6]等人。

有些引用值得注意,因为所说的话显然不是皇帝正式的、有准备的演说——比如,提比略或克劳狄乌斯插入的嘲讽。[7] 即使如此,我们也许别无他法,只好承认苏维托尼乌斯可能对《元老院纪事》进行了第一手的查阅,引用了这些话语,而不是来自更容易找到的这样那样的资料。他提到皇帝拒绝某些荣誉时,我们也要同样谨慎对待,[8]这些拒绝通常会公布。同样,在两个例子中他特别声明引用了发言人在元老院说的原话,这两个例子众所周知——公元前 2 年,奥古斯都被赐予"国父"的头衔,14 年"登基"辩论。同样不清楚的是尼禄威胁温德克斯时,元老的欢呼回应是否引自《元老院纪事》的一手资料。[9]

324 只有在提比略的例子中,我们才能有点信心说苏维托尼乌斯可能查阅过《元老院纪事》的一手资料,以确定皇帝在元老院的行为。在苏维托尼乌斯的传记中,我们不仅有相当大量提比略话语的引用,他甚至引用了这位皇帝反对两项不同的《元老院法令》时的具体词句。[10] 此外,在同一文章中他解释了提比略在元老院很小心使用"垄断"这个词。

狄奥描述的帝国时期幸存下来的资料包含了相当多元老院发

① 《奥古斯都》56 和可能是 66。

② 《提比略》27—29(注意"extat et sermo eius in senatu percivilis"in 28),57,71,和也许是 25;给元老院的信件,67。

③ 《克劳狄乌斯》40,42;《奥索》2。

④ 《尼禄》10。

⑤ 《维斯帕先》25。

⑥ 《图密善》11,13,18。

⑦ 《提比略》57;《克劳狄乌斯》40,42。

⑧ 《奥古斯都》100;《提比略》17,26;《克劳狄乌斯》11。

⑨ 《尼禄》46。

⑩ "Liviae filius"in 50,ἔμβλημα in 71;亦可参见 27。

言的逐字记录。据推测，那些可以确定日期的资料是在他担任元老时凭着记忆写出来的。[1] 因此，他逐字引用了佩蒂纳克斯、[2]狄第乌斯·朱利安、[3]塞普蒂米乌斯·塞维鲁、[4]卡拉卡拉[5]和埃拉加巴鲁斯[6]皇帝对元老院的发言。他还逐字引用了可能是禁卫军长官普劳蒂亚努斯对元老们说的话；引用了审判阿波尼亚努斯时的发言；以及对卡拉卡拉的欢呼致辞。[7] 此外，他还引用了卡拉卡拉给元老院写信用的术语。[8]

狄奥在讲述他之前的时代时，确实引用了皇帝和其他人在元老院的发言，但没有清楚的迹象表明他曾将研究扩大到细读《元老院纪事》。他还比较仔细地讲述了两次著名的会议——14年的"登基"辩论和31年塞扬努斯的垮台。[9] 此外，在皇帝中，狄奥还引用了提比略、[10]盖乌斯、[11]维特里乌斯、[12]图密善、[13]安东尼[14]和奥略留[15]在元老院的发言。其他人保留下来的只有在安提斯提乌斯·拉贝奥审判时他的发言，还有自由民高雷苏斯和

① 参见 72.18.4 他的个人陈述，注意 74.12.5 中他的评论。

② 74.1.4 和 8.3—5。

③ 74.14.2.

④ 75.8.1；76.6.1—2.

⑤ 77.3.3；78.8.3.

⑥ 79.18.4.

⑦ 75.15.2；76.8；78.8.3.

⑧ 72.15.5.

⑨ 57.2；58.10.

⑩ 57.18.2 和 24.8。

⑪ 59.16.1—7. J. C. Faur 似乎没有合适的理由相信狄奥在这节中的资料特别可靠；参见其"Un discours de l'empereur Caligula au Sénat(Dion, *Hist. rom.* LIX, 16)", *Klio* 60, 1978，第 439—447 页。

⑫ 65.7.2.

⑬ 67.4.6.

⑭ 70.1.2—3.

⑮ 71.33.2. 另外，克劳狄乌斯在 60.5.5 和 11.7 中的言辞可能属于这一类。John of Antioch 声称提供了奥略留给元老院写的信中的原话（参见 Loeb Dio 71.30.2）。

纳西苏斯的发言,[1]特别是安提斯提乌斯的发言,简直是妙语
325 连珠。

其他作者当中,比如普鲁塔克逐字了引用了元老们在元老院对提比略的发言,很难相信他查阅过《元老院纪事》。[2] 而另一方面,塞内加有可能在《元老院纪事》中找到了奥古斯都写给元老院的信,他引用了其中的话。[3] 但我们知道,奥古斯都的一些信件是在传阅的。[4] 昆体良所引用的元老院发言似乎不过是些妙语警句。[5] 维斯帕先提议为提比略·普劳裘斯·西瓦努斯·艾里亚努斯授予凯旋荣誉所说的话可能引自《官方每日公告》,或者更可能是他的家族珍藏的记忆。[6]

和或多或少有点文学才能自负的作家相比,文法家和法律作家当然都对逐字引用特别关注。虽然引用帝国时期元老院上的发言确实保存下来了,但没有迹象表明它们是从《元老院纪事》中转引的。为了阐明"强烈地(valdissime)"的用法,文法家克里希乌斯引用了哈德良的一句话,但他说是引自哈德良的《演说辞 XII 之书》(*orationum XII liber*)。[7] 同样,法律作家也显示出他们了解从哈德良到卡拉卡拉多数皇帝致元老院的谕令:这些谕令的逐字文本非常重要,因为它们可以无需更多的讨论或改动而获得法律效力。不过,同样的,没有迹象表明法律作家的引用来自《元老院纪事》。[8]

---

① 54. 15. 8; 60. 16. 4.

② *Mor.* 60 C-D.

③ *De Brev. Vitae* 4. 2—3.

④ Gell. 15. 7. 3.

⑤ 参见 *Inst. Or.* 6. 1. 14,控告人 Cossutianus Capito 用希腊语所作的谈论;8. 5. 18,阿格里皮娜死后尼禄的信件;还有也许参见 6. 3. 97。

⑥ *ILS* 986,第 32—35 行。

⑦ *Art. Gramm.* II,第 287 页,Barwick,关于他对奥古斯都遗嘱的引用(我们知道在元老院宣读过),没有给出资料来源(同上,第 132 页)。

⑧ 参见第十五章,第四节列表。

II　塔西佗

学者们可能普遍同意塔西佗《历史》和《编年史》中的一些材料最终来自《元老院纪事》，但在他多大程度上参考了《元老院纪事》以及他是否查阅的是第一手资料方面存有争议。① 要否认他根本没查阅过《元老院纪事》可能太极端，因为如我们所见，他提到 65 年比索念奴的谋反之后曾引用过里面记录的一则意见。但争辩说 326
他没有亲自彻底查阅《元老院纪事》的学者则认为，这是他所有现存作品中唯一的一处《元老院纪事》引用。仍然值得怀疑的是，这唯一的引用对于一位大多时候隐藏资料来源，而不是公之于众的历史学家是否有意义。塞姆甚至怀疑，如果塔西佗完成了《编年史》后面的几册书，那么这可能会将他唯一的引用都抹除。②

一些学者很看重《编年史》中的某些篇章，它们了证明塔西佗没有参阅《元老院纪事》。比如，按马什(Marsh)所说，其中最值得注意的篇章和为此而引发的争辩可以总结如下：③

> (1) 当写到提比略在任期内参与执政官选举的情况时，塔西佗说："关于执政官选举，从提比略统治第一年到他去世，我几乎不敢作任何确切的评论。历史的记载，甚至他自己的

① 关于观点的概述，比如参见 R. Syme，《塔西佗》，第 282—283 页；更多参见第 185—188 页，第十二章各处，附录 40；更多，同上，"作为历史学家的元老"，Fondation Hardt，*Entretiens*，日内瓦，1956，第 187—201 页 =《塔西佗研究十讲》，第 1—10 页；和《塔西佗怎样写〈编年史〉第 1—3 卷》(How Tacitus wrote *Annals* I-III)，引自 *Historiographia Antiqua*，*Symb. Fac. Lit. Phil. Lovaniensis* Ser. A vol. 6，1977，第 231—263 页，特别是第 248—249 页。关于更早的观点，参见 T. Mommsen，"Das Verhäiltniss des Tacitus zu den Acten des Senats"，*Ges. Schr.* Vii.，第 253—263 页。

② 《塔西佗》，第 742 页。

③ F. B. Marsh，《提比略的统治》(*The Reign of Tiberius*)，第 259—264 页。

发言都是互相矛盾的。”①

尼佩戴(Nipperdey)争辩说,塔西佗可能查阅过《元老院纪事》来解决这个疑问。②

(2) 在第19年的记录中他提到:“我从当时元老写的文章中发现,元老院会议上所读的一封信是卡蒂的首领阿甘德斯特里乌斯写的,信中提到如果将毒药交给他,他会杀了阿米尼乌斯。元老院的回答是罗马会报复敌人,但不是通过阴险的手段,而是用军队光明正大地宣战。说这番崇高的话时,提比略拿古代的将军作比,他们禁止并且公开了杀害皮拉斯国王的计划。”③

尼佩戴争辩说,塔西佗如果没有引用《元老院纪事》的话,就会从二手资料中转述信件和元老院回复的内容。④

(3) 提到马罗博杜斯(Maroboduus)和提比略之间的通信后,塔西佗总结了提比略在元老院上的发言,关于那位国王构成的威胁,并发誓说他描述的都是事实,因为“发言保存下来了”。⑤ 法比亚认为,在这个例子中,塔西佗参阅了皇帝的演讲词(也许是在某文集中),但不是《元老院纪事》。⑥

---

① 《编年史》1.81。

② K. L. Nipperdey,《塔西佗》, Annals I-VI (ed. 11, revised G. Andresen), Berlin, 1915,第28页。

③ 《编年史》2.88。

④ 同上,第28页。

⑤ 《编年史》2.63。

⑥ P. Fabia, *Les sources de Tacite dans les Histoires et les Annales*, Paris, 1893, p. 327.

> (4) 在第 32 年中，他记录了元老院的审判："但在指控的时候，米纽修斯和瑟维斯都成了告密人。从高卢的桑冬斯地区来的尤里乌斯·阿弗利肯奴斯被迫陷入了同样的困境，还有赛乌斯·夸达特斯，他的背景我没有找到。"① 327

法比亚争辩说，夸达特斯的背景肯定记录在了《元老院纪事》中，塔西佗没法找到说明他没有参考此资料。②

所有的这些论点都难以完全令人信服。在(1)中，要从《元老院纪事》中核对提比略长期统治期间所有和执政官选举相关的信息非常艰难，即使查阅，仅仅会议记录也无法准确揭示皇帝的态度或行为。在(2)的例子中，塔西佗引用二手资料，而不是一手资料，也许没有什么特别的意义。他也可能读了《元老院纪事》，但决定在那点上引用同时代作家的资料，因为只有在比较他们有选择性的陈述和《元老院纪事》中大量各种各样的内容之后，他才能更清楚地判断哪些事件在那时有特别的影响。很难从例(3)中得出他是否就那件事参考了《元老院纪事》的合理结论。同样，就例(4)而言，无法肯定《元老院纪事》中的记录可以找到夸达特斯的背景。

以上关于塔西佗是否在某一篇章参考了《元老院纪事》的辩论本身意义很小。但是，有些学者就一篇或几篇文章的例子得出总体结论，认为塔西陀在整部《编年史》中不过只是偶然直接参阅了《元老院纪事》。比如，法比亚就认为这个结论合理，他解释说："没有理由惊讶塔西佗在撰写《编年史》和元老院会议相关部分时，没有用任何官方文件作为主要参考资料。他的前人使用过这些资料，已经做过研究，根据古人的教条，再重新研究显

① 《编年史》6.7。

② 同上，第 313—314 页。

得多余。”[1]这个例子中将概括性的结论建立在某些篇章上似乎不合理；而且根据自法比亚以来进行的研究，就原始资料的使用来说，“古人的教条”（la doctrine des anciens）这种非常让人怀疑的
328 假定并不能为这样的结论提供支撑。

考察塔西陀从《元老院纪事》中引用了什么资料可能对我们更为有用，然后再考虑是否能证明他究竟是不是一手引用的。关于第一点，很难不得出结论《历史》和《编年史》中关于元老院的丰富细节最终肯定是从《元老院纪事》中引用的。在这一点上，应该首先记住元老院事务的报道尺度很惊人，特别是 20 到 23 年的会议记录很完整。[2] 后来，在可能是记录 31 年会议的残篇里，塔西陀能准确地说出在某件事上有 44 次发言。[3]《编年史》后半部的记录仍然很完整，有相当多的篇幅描述了特拉塞亚·培图斯和巴里亚·索拉努斯的垮台，还有他们的亲戚和所谓的同谋。[4] 在《历史》中同样也有 70 年早期元老院会议的详细记录。[5] 与这么长篇幅的描述相匹配的是在元老院提到的大批发言人，或者原告和被告，又或是在那里的证人。在《编年史》中，按照粗略的计算，属于这些的两百人中大部分都有名字。[6] 在《历史》中，根据同样的方法计算，大约有 30 个名字。若非如此，很多在《编年史》中提到的人本来不会为我们所知。

---

① 同上，第 319 页。参见 A. D. Momigliano in *Studies in Historiography*，第 131 页：“现存塔西佗的《编年史》是伟大历史著作中最惹人注目的、用了最少的独立研究资料”。F. R. D. Goodyear in E. J. Kenney, ed.，《拉丁文学剑桥史》（*The Cambridge History of Latin Literature*）2，剑桥，1982，第 648 页，强调塔西佗很少参阅《元老院纪事》也几乎不那么极端。但这个观点似乎在 *The Annals of Tacitus* 2，第 136、397 页中修正了。

② 《编年史》3. 2—4. 16。

③ 《编年史》5. 6。

④ 16. 21—35.

⑤ 4. 3ff；4. 40—44.

⑥ 注意，只在一章中就提到了足足有 7 位提议人，《编年史》2. 32。

从记录各种不太重要事件的著作中可以发现更多特别详细的报道，说明作者查阅了《元老院纪事》。有些事件肯定是由当时元老院历史学家记录的，但很难相信所有信息如此丰富的报道是从《元老院纪事》之外的资料中得来的。比如，引用中有佛罗伦斯，茵泰拉姆纳，列阿特在讨论时提出台伯河洪水的话题；有希腊城市关于庇护权提出的申请；有斯巴达和迈锡尼关于戴安娜·林纳提斯神庙的所有权的意见；有亚细亚城市为争取建造提比略神庙的这份荣誉的竞争；[①]同样，塔西陀可以准确列出 17 年地震后元老院派“调查员”去的那些亚细亚城市。[②] 另一处，他再现了选择第亚里祭司时深入讨论的观点。[③] 此外，塔西陀还能说出多米提乌斯·科尔布罗针对苏拉的起诉，以及接下来的交流，还有苏拉支持 329
者的名字。这个事件后面紧跟着科尔布罗的另一次起诉，然后是某次会议的详细记述，参会人的名字，不相关的意见，还有来回的争辩逐一展述，既准确，又生动。[④] 52 年，辩论中无聊事务的顺序，还有建议及反对的建议，似乎也都说得很清楚。[⑤]

未采纳的建议和不那么重要的事情记录的数量也很惊人，就这点而言，我们也很难在《元老院纪事》之外找到所有的例子。比如，公元 54—55 年，尼禄拒绝的提议可能是为了强调皇帝的谦虚而公布的，但 24 年在维比乌斯·塞利努斯审判中，提比略拒绝的三条提议则不太可能在元老院外公布。[⑥] 同样，对于没有发生的事情的引用可能都来自当时作家的记述，但如此详细的资料引用频率同样表明了其内容应该来自《元老院纪事》。比如，塔西佗说提比略没有向

---

① 《编年史》1.79；3.61—63；4.43 和 55—56。

② 《编年史》2.47。

③ 《编年史》4.16。

④ 《编年史》3.31—34。

⑤ 《编年史》12.53。

⑥ 《编年史》13.10—11；4.30。

元老院发表关于阿古利巴·波斯图姆斯去世的声明，也没有回复斯考卢斯的评论。[①] 15 年，讨论演员行为的时候，他没有发言，在争辩休会期的时候，他保持沉默。[②] 21 年，他没有批评哈特利乌斯·阿古利巴主张将克鲁托里乌斯·普利斯库斯判处死刑。在审判时，据说，鲁北留斯·布兰都斯是唯一支持埃米利乌斯·雷比达请求轻判的执政官。[③] 同样，塔西佗描述了 16 年提比略拒绝霍尔塔勒斯的帮助请求，后来从大家实际的沉默中，他觉得元老们不高兴，因此才对霍尔塔勒斯的儿子予以钱财资助。做父亲的没有回答。[④] 提比略最终勉强答应提供资助的举动不太可能被公布——这要么是从某位元老目击人口中流传出来的，要么是从《元老院纪事》的记载中而来。[⑤] 后来，据塔西佗说，49 年，克劳狄乌斯在元老院对一位帕提亚使者发言时，他回忆了帕提亚人曾向奥古斯都要回他们的人作国王，但没有提到他们也曾向提比略提出这样的请求。[⑥]

塔西佗习惯如实描述元老院系列会议中的发展情况，但没打
330 算将它们归纳到一篇文章内，这也说明他参阅了《元老院纪事》。因此，在《编年史》第 3 卷中，挑选阿非利加总督的问题在一次会议上（第三十二章）被提出，然后在后面的一次会议（第三十五章）中继续被讨论。起诉凯西乌斯·科尔都斯的案子开庭是在第三十八章被提到的，而判决则在第七十章才决定。同样，要求考虑第亚里祭司担任亚细亚总督是在第五十八章被提出的，但提比略的决定则直到第七十一章才出现。[⑦]

---

① 《编年史》1.6；1.13。

② 《编年史》1.77；2.35。

③ 《编年史》3.51。

④ 《编年史》2.38。

⑤ 参见公元 20 年审判雷比达时，提比略延迟透露事实。

⑥ 《编年史》12.11。

⑦ 但不应该认为，塔西佗会一成不变地使用此处描述的做法。相反，在解释了元老院请求执政官去调查希腊城市授予的庇护权后，他马上就报告了他们的调查结果（《编年史》3.63）。

我们可以公平地说，塔西佗有广泛的参考资料，它们或迟或早都来自《元老院纪事》，但要进一步证明他必然第一手参阅了这些资料就不那么容易了。不过，为了探讨这后面一点，我们首先注意到，这位历史学家认为自己在撰写《编年史》中元老院事件的时候，有广泛的资料供他参考。他先是声明："我认为唯一值得一提的意见是那些特别值得称赞或特别丢脸的意见。"①在另一处，他又说道："我发现很多作者省略了许多审判和定罪的案例，要么是因为重复而厌烦，要么是担心这些案例的数量太多而且让人不快，因此也会让读者沮丧。但很多我所注意到的没有记录的案例应该公之于众。"②第三，他问道："我还要记录多少在神殿里的感恩才够呢？那个时代的每位读者，不管在我的作品，还是在别的作品中，都知道每次皇帝宣判流放或谋杀的时候都要感谢众神：相反，以前认为高兴的事情现在都被当作国家的灾难。然而，当任何元老院法令达到新的阿谀或丢脸的深度时，我都会记录下来。"③

在这点上，塔西佗并不总是能履行自己的诺言不太要紧，他仍然"觉得"可以从广泛的原始资料中进行挑选。从他的引用中可以清楚看到，这些资料包括回忆录④和当时的文学记述。⑤ 这些资料至少是为了描述元老院会议而采用的，其中的细节绝不会出现在 331
《元老院纪事》中。⑥ 比如，在很多篇章中，塔西佗描述了个人在元老院的行为和发言。提比略在立波·德鲁苏斯的审判前接待他的

---

① 《编年史》3.65。

② 《编年史》6.7。

③ 《编年史》14.64。

④ R. Syme，《塔西佗》，第176—177、299—303页。

⑤ R. Syme，《塔西佗》，第177—185、274—278、287—298页。

⑥ 至少可以合理推测，他们没有被记录。应该承认德鲁苏斯在监狱的时候，据塔西佗记载（《编年史》6.24），提比略要求记录"vultum，gemitus，occultum etiam murmur"，但不能从这个特别的要求中作推断。

场景被描述得很生动:"他被人用轿子抬到了元老院门口。斜靠在他哥哥的手臂上,他向提比略伸出手,哭着请求宽恕。而皇帝神色不改,用单调的声音宣读着指控和签名,分寸掌握得恰到好处,既不显得加重,也不减轻指控的罪名。"①后来他说到,庇索感到恐惧是因为"他看到提比略毫不怜悯,没有同情,对人类任何感情都不为所动的样子"。② 庇索自杀后,据说,提比略在元老院上"带着悲伤的表情"。③ 塔西佗在别处也评论过他的表情,如"登基"时的辩论,22年审判西拉努斯,25年审判克雷姆提乌斯·科尔都斯之时,虽然后面的场合没有记录皇帝的话语。④ 就元老而言,我们听说过他们大笑,嘲笑,⑤哭泣,⑥热烈欢呼,⑦沉默⑧或惊骇地插话,⑨还有25年审判沃铁努斯·蒙塔努斯时,提比略震惊地突然发出感叹,元老们混乱地齐声奉承。⑩ 这当中的一些例子,塔西佗有可能凭想象描述,而没有仔细比较过参考的资料。下面肯定是对提比略强大形象的合理猜想,在35年执行死刑之后,他"几乎凝视着沐浴在血泊中的家,和刽子手在工作"。⑪ 但另一方面,他在开始描述20年雷比达审判时的谨慎,表明了他严肃地想从没有充分说明的资料中权衡提比略的态度:"审判时皇帝的态度不容易把握,可以察觉到他一会儿生气,一会儿包容,或者两种情绪同时交织。"⑫

① 《编年史》2.29。
② 《编年史》3.15。
③ 《编年史》3.16。
④ 《编年史》1.12;3.67;4.34。
⑤ 《编年史》3.29和57;6.2。
⑥ 《编年史》4.9。
⑦ 《编年史》12.6。
⑧ 《编年史》5.3。
⑨ 《编年史》6.24。
⑩ 《编年史》4.42。
⑪ 《编年史》6.39。
⑫ 《编年史》3.22。

虽然很清楚塔西佗对元老院会议的描述参考了回忆录和文学作品，但仅凭这些资料并不总是足以达到他的目的。要不然，特别是从 20 到 23 年对元老院事务的完整叙述中，我们肯定会猜测他先找了最详细的历史记录，然后大量引用，以至几乎看起来像是剽 332
窃或截章断句的抄袭者。他参阅了这些年的《元老院纪事》更加可信，由此自称对元老的意见，元老院法令和审判能全面把握。他还对日耳曼尼库斯和庇索的审判非常感兴趣，以至不辞劳苦不仅查阅了《官方每日公告》，了解前者葬礼的详细情况，[①]而且还从资历较深的元老回忆录中引证了后者作为被告的情况。他肯定也会愿意细读《元老院纪事》的相关资料。《元老院纪事》是他非常引以为豪的高级会议记录。如果他只为自己记录的一个例子参阅过《元老院纪事》，那是不可思议的。相反，虽然证据缺乏，但他的著作中有很多处可以肯定，他在别的例子中也经常参阅《元老院纪事》以及其他资料。

如果塔西佗实质上参阅了《元老院纪事》的说法可以接受，那么就能冒昧地得出进一步的结论。我们已经注意到，这种类型的研究在古代历史作家中很不寻常。塔西佗对《元老院纪事》的使用可能是他写作中最重要的革新，并且在最后一部作品《编年史》中得到了最大发展。确实，总的来说，这在方法上可能是独特而且非常成功的实验。我们可以肯定，后来 2 世纪的历史学家都不想模仿他的这种方法。[②] 当然，1 世纪那些已逝的前任在多大程度上引导了他，这是个更大的问题，我们无法给出肯定的答案。[③] 不

---

① 《编年史》3.3。

② 关于简短的调查，参见 E. J. Champlin，《弗朗图和安东尼时期的罗马》，第 55—56 页。

③ 关于下面引用的作者及其著作，参见 R. Syme，《塔西佗》，第十二、十三章；同上，“The historian Servilius Nonianus”，*Hermes* 92，1964，第 408—414 页＝《塔西佗研究十讲》，第 90—109 页。

过，我们注意到，多少可以肯定，在描述他那个时期的作家中，已知有3位都不是元老院成员，[①]因此，不太可能大量引用《元老院纪事》；只有两位是元老。[②] 后面两位引用了《元老院纪事》多少资料，而塔西佗又引用了多少他们的资料，这同样讳莫如深。然而，要说他比任何前辈更系统地引用了《元老院纪事》，并将其中更多的材料运用到自己的著作中，这至少有强有力的反对论据。要不然在这两种情况下，他都会成为（如前所说）别人研究的乏味剽窃者，而他所说的能够挑选资料将会被证明完全是谎言。事实上，对塔西佗的任何这种印象都不该予以考虑。相反，可以大胆猜测，《元老院纪事》的使用不仅对《编年史》特点有重要的影响，而且还
333 代表了当时历史方法的显著发展。对文献记录研究如此严重的依赖却能将材料毫无痕迹地编织进叙述中，浑然一体，这是对塔西佗文学艺术的敬意。

仍然存在的问题是，他是怎样和如何受到引领而担任起这种历史研究的。《元老院纪事》记录的特点和完整性提供了一个前所未有的机会，这是真的。另外，如塞姆所说，阿斯科尼乌斯对共和晚期的调查可能已经指出了利用《元老院纪事》的方法，虽然后者更确切地说是古文物研究者，而不是历史学家。[③] 同样，定期任用元老院会议汇编员是帝国时期的一个发展，起到了令众人重新关注记录的作用——如果革新真的从图密善时期算起的话，如前面所推测，那么塔西佗自己的才能和倾向肯定也发挥过作用。然而，也许最重要的是，他对这个立法团体所取得的成就和经历的苦难怀有深切的自豪感，促使了和长期以来的传统明显的分离，不亚于创造了一种新的历史。

---

① Aufidius Bassus，Fabius Rusticus，Pliny the elder.

② Servilius Nonianus，Cluvius Rufus.

③ 《塔西佗》，第186页。

第五节　所知元老院会议汇编员的担任者

这一职位担任者的信息很早以前就已经开始收集，比如鲁杰罗(Ruggiero)[1]和施泰因(Stein)，[2]但更新的一份没发表的名单似乎是莫里斯(Morris)[3]收集的，包括 69—193 年，并由普夫劳姆(Pflaum)作过更详细的审阅。[4]

1. Iunius Rusticus(*PIR*^{2} I 813)，否则不会为人所知，塔西佗在(《编年史》5. 4)29 年记录下称为"componendis partum actis delectus a Caesare"。

2. L. Neratius Marcellus(A. R. Birley,《罗马不列颠年表》，第 87—91 页)，贵族，奥古斯都时财务官，元老院记录管理员，副执政。

3. C. Iulius Proculus(Cébeillac 第 48 条，cos. 109)，奥古斯都时财务官，会议记录总管，平民保民官。

4. P. Aelius Hadrianus(Cébeillac 第 49 条，*PIR*^{2} A 184)，宣读皇帝谕令官(101)"元老院纪事保管员"(HA，哈德良. 3. 2)，平民保民官(105)。

5. 未知姓名＝ILS 1039(A. Larcius Macedo? *FIR*^{2} L98. Cos. ？ 123)，财务官，元老院会议汇编员，平民保民官。

6. 未知姓名＝ILS 1062(Claudius Maximus? Alföldy, *Kon-* 334
sulat，第 334 页，cos. 142?；非斯塔留斯·马克西姆斯，*PIR*^{2} S

---

[1] *Diz. Epig.* I(1895)s. v. *acta senates*(元老院纪事)，第 45—48 页。

[2] 参见上文第 378 页，注释①所引著作："Die Protokolle"，第 15—18 页和"Die Stenographie"，第 184 页，n. 25。

[3] J. Morris,"The Roman Senate 69—193 A. D."，未发表的博士论文，伦敦，1953，卷 2，页码未标。

[4] H. -G. Pflaum, Les fastes de la province de Narbonnaise(Gallia, Supplement 30), Paris, 1978，第 27—28 页。

602)，国库保管员，元老院会议汇编员，平民保民官。

7. M. Pontius Laelianus Larcius Sabinus(Alföldy, *Konsulat*, 第334页，cos. 144)，高卢纳庞西斯财务官，元老院会议汇编员，平民保民官。

8. Plautius Aelius Lamia Silvanus [Aelianus?]：为了编纂名单，Stein 觉得 Bormann 对 CIL XL. 5171 的修复过于不确定(a [b actis? imp. Caes. Hadr]iani)，但 Groag 将它保留在 *PIR*[2] A206。

9. M. Servilius Fabianus Maximus(Alföldy, *Konsulat*, 第336页，cos. 158)，国库保管员，元老院会议汇编员，市政官。

10. M. Claudius Fronto (Halfmann,《元老》, no. 99, cos. 165)，国库保管员，元老院会议汇编员，市政官。

11. C. Arrius Antoninus(Alföldy, *Konsulat*, 第338页，cos. c. 173)，国库保管员，元老院会议汇编员，市政官。

12. 未知姓名=IRT 552，奥略留和维鲁斯授勋的军事保民官，财务官，p[raepositus?]act[is senates?]主管记录元老院会议(非常残缺)。

13. P. Ennius Saturninus Karus (A. Beschaouch, *CRAI*, 1979，第400—443页)，国库保管员，元老院会议汇编员，指定市政官，公元2世纪中?

14. L. Cetius Gallus Cerrinius Iustus Lu[t]atius Natalis(Alfoldy, *Konsulat*, 第341页；A. R. Birley,《罗马不列颠年表》，第258—259页)，国库保管员，元老院会议汇编员，市政官，2世纪后半期。

15. 未知姓名=*CIL* VI. 3850=31809，财务官，元老院会议汇编员，市政官，副执政，奥略留提议由元老院授予荣誉。

16. Ti. Claudius Frontinus Niceratus(Halfmann,《元老》, no. 126)，亚加亚财务官，元老院会议汇编员(ab actis senatus)/ἐπὶ τῶν ὑπομνημάτων τῆς συγκλήτου，市政官，副执政，大约174/

175 年。

17. M. Cassius Paullinus(*PIR*[2] C 513;H. -G. Pflaum,*Archivo Español de Arqueologia* 39,1966,第 21—22 页,重新印刷在 *Scripta Varia* II),马其顿财务官,元老院会议汇编员,或许早逝。关于他可能是贵族的讨论,参见 *AE* 1977,811,2 世纪?

18. T. Marcius Cle[mens],(A. R. Birley,《罗马不列颠年表》,第 263 页),亚加亚财务官,元老院会议汇编员,市政官,2 世纪后半期?

19. C. Porcius Priscus Longinus(C. Wolff,*PW* 22 s. v. Porcius no. 40,col. 228),直接选拔的财务官,元老院会议汇编员,市政官,magister fratrum Arvalium(224—231)。

20. Domitius Florus(*FIR*[2] D 147),狄奥称之为会议汇编员(78. 22. 2),当 Plautianus 还有影响力的时候(大约 200 年)。

21. M. Iunius Hermogenes(*FIR*[2] I 758;Habicht,《来自帕加马的古物》[*Altertümer von Pergamon*],第 8 卷,3,《庇俄斯的铭文》[*Die Inschriften des Asklepieions*],no. 24),亚细亚财务官(塞普蒂米乌斯·塞维鲁统治时期),担任元老院会议汇编员。 335

22. Q. Comius Armiger Crescens(*PIR*[2] C 1274),财务官(193—211 年?),元老院会议汇编员,市政官。

23. M. Annaeus Saturninus Clodianus Aelianus(*PIR*[2] A 615),国库保管员(193—211 年?),元老院会议汇编员,平民保民官,塞维鲁时期日期,更多参见 G. Camodeca,*Atti dell' Accademia di scienze morali e politiche*,*Napoli*,85,1974,第 260—261 页。

24. Sex. Asinius Rufinus Fabianus(*PIR*[2] A 1247),国库保管员,元老院会议汇编员,市政官,塞维鲁时期,如果他是 184 年在 AE 1954. 58 纪念的执政官的儿子的话。

25. L. Iulius Apronius Maenius Pius Salamallianus(*PIR*[2] A

161),直接选拔为财务官(由塞维鲁/卡拉卡拉? 选拔),主管元老院会议记录,市政官。

26. M. Antonius Me[mmius Hiero],Lyciae Pamphyliae 财务官,市政官,在提到的上两个职位之间,Cagnat(*IGRR* 3. 238)和 Groag(*PIR*^{2} A 850)按照 Ramsay 起初的修复版本(*BCH* 7. 1883. p. 26 编号 17):πράζεις συν]κλήτου εἰλη[φότα,但更吸引人的是另外两条建议:ὑπομνήματα συγ]κλήτου εἰλη[φότα(施泰因);ἄκτα συνκλήτον εἰλξ[φότα(哈比希特,op. cit. 在上面 21 条中)。如果他和 Antonius Memmius Hiero(*PIR*^{2} A 851)记录的 Philippus 时期(244—249 年),Cappadocia 的使者是同一人,看起来可能,那么他也许是塞维鲁·亚历山大时期的元老院会议汇编员。

Hiero(*PIR*^{2} A 851)记录的 Philippus 时期(244—249 年) Cappadocia 的使者是同一人,看起来可能,那么他也许是塞维鲁·亚历山大时期的元老院会议汇编员。

27. J. M. Reynolds, *PBSR* 34. 1966. p. 60=*AE* 1968. no. 166 (S. Etruria). 非常残缺的铭文,2 世纪或 3 世纪的字迹,纪念一位无法辨认的元老,曾担任城市执政官和市政官,两个职位之间的空档担任过元老院编写员。

不确定的名单:

28. 未知姓名=*CIL* XI. 572(Popili 广场),restored[trib.] mil. leg ... [quaest] August ... [ab actis]senatu[s p]raetor 元老院会议汇编员。为了编纂名单,Stein 对这些修复很谨慎。皇帝的财务官(而且看起来像是个贵族)成为元老院会议汇编员确实很不寻常,虽然不是前无此例,Cébeillac 将此忽略了。

29. ... CANIUS M ... = *CIL* IX. 1593(Beneventum):只有下面的字母还在:CANIUS. M; TRIB. PL. A; BI. A. L. P 可能是"Trib. Pl. a[b actis sen."或者"trib. Pl. a [dl. Inter]",不肯定是哪个。

30. 未知姓名＝*CIL* XIV. 182. A. R. Birley,《罗马不列颠年表》,第282—283页,见可能恢复的记录,从事元老院会议汇编员,但石头残破得太厉害,这只是猜测。

31. A. R. Birley,《罗马不列颠年表》,第250—251页,争辩说
记录了 A. Claudius Charax 职业的石碑可能错误地将他直接选拔 336
的市政官和元老院会议汇编员的职位弄混了。更多评论和有疑问措辞的更简单解释见第一章第二节注释35和附加注释E.。

32. Sex. Oppius Priscus:他的职业的唯一证据,据说包括元老院会议汇编员,是伪造的铭文(*CIL* XIV* 386＝*Inscr. Ital.* IV.
1. 35*). 337

第三部分　职　能

第十章　选举与抽签

在考察古罗马元老院的职能之前，我们先来了解一下选举及抽签任命制等重要事项。

第一节　元老官职(Magistracies)

近年来，罗马元首制时期元老院官员的选举引起学者们的广泛关注，[①]但被讨论得最多的一点——君主的职能——不宜在此详细论述。因此，本部分仅限于对作为立法团体的元老院职能进行简单介绍。

共和国时期，元老官员由人民大会选举产生。人民大会在后三头同盟(Second Triumvirate)时期显然继续以原有的方式执行职能，尽管许多元老官员由三人委员会(Triumvirs)直接任命。[②] 直

---

① 有关讨论及文献，参见如 R. Frei-Stolba, *Untersuchungen zu den Wahlen in der römischen Kaiserzeit*, Zurich, 1967; B. M. Levick,"元首制早期皇帝对选举的控制:推荐(commendatio)、投票(suffragatio)与'提名'(nominatio)", *Historia* 16, 1967,第 207—230 页;A. E. Astin,"元首制早期的选举中对'被提名人'(Nominare)的记载",*Latomus* 28,1969,第 863—874 页;F. Millar,《皇帝》,第六章 4;A. J. Holladay,"元首制早期的元老官员选举",*Latomus* 37,1978,第 874—893 页。

② 参见 F. Millar,"三头同盟与元首制",*JRS* 63,1973,第 50—67 页;尤见第 52—54 页。

到公元前27年，奥古斯都才完全恢复旧的选举模式。公元5年，副执政官（praetors）及执政官（consuls）的选举程序按照《瓦莱留-科奈留法》（*Lex Valeria Cornelia*）进行修改，这点我们从赫巴铜碑（*Tabula Hebana*）可知。[①] 新法让有份参与十人委员会（decuriae iudicium）的元老及所有骑士（equites）发挥重要的基础职能。十人委员会在10个百人团（公元19年为15个，公元23年为20个）会议中投票选举，以达成全体决议。被选中的候选人被称作“目标人物”（destinati），其人数可能与需填补之职位空缺数相当。接着，人民大会进行投票，目标人物或获选，尽管这从未能确保。实际上，10
341 个或10个以上百人团在立法大会上似乎扮演着旧时优先百人团（centuria praerogativa）的角色，但若由此推断出百人团只是皇帝影响投票结果的工具则是错误的。更确切地说，百人团主要是增强了成员的选举资格。若还想以百人团来减少人民大会内扰乱性的激烈对抗，那么公元7年的暴动就打破了这个美好幻想。

旨在制约人民大会的尝试终于在公元14年取得了胜利，那是在提比略（Tiberius）进行统治的最初几周，选举事务全部转移至元老院。[②] 尽管如此，及至3世纪早期，人民大会仍然履行着审批候选人名单的职责。[③] 盖乌斯（Gaius）确实短暂恢复过人民大会以前的特权。[④] 可他很快就被迫放弃了这种做法，这是由于元老院议员之间经常提前谈判，使得候选人数与职位空缺数保持一致，以此来剥夺选民的选择空间。[⑤]

无论选举事务转移至元老院一事背后的确切动机及转移的具体时间为何，既有的对候选人及选民的限制条件必定从未得

① 参见P. A. Brunt，“瓦莱留-科奈留法”，*JRS* 51，1961，第71—83页。

② 塔西佗，《编年史》1. 15：“tum primum e campo comitia ad patres translate sunt”。

③ 狄奥58. 20. 4；cf. *ILS* 6044；Suet. *Vesp*. 5；*Dom*. 10；普林尼，《颂词》63. 2；92. 3。

④ Suet. *Calig*. 16；狄奥59. 9. 6—7。

⑤ 狄奥59. 20. 3—4。

到放松。对于前者来说，如我们已谈到的关于元老院议员的晋升情况，①参选资格须符合各项法律规定。实际上，候选人亦需征得皇帝的大致同意。总的来说，皇帝具有实质性的影响力。毕竟，他一人决定了在两个高级元老官员、执政官、副执政官当中会有多少个空缺职位。② 他也能宣明对某些候选人的积极支持，对此，元老院成员很难投否决票。③ 最明显的是在执政官的例子中，他始终能根据职位空缺数来对多个候选人表示公开支持，以至于元老官员的选举徒具形式。至于其他所有职位，得到皇帝支持的候选人通常只占职位空缺数的一部分，于是，对剩余职位的真正角逐得以进行。在许多情况下，候选人数并没有极大地超过职位空缺数。但我们的资料显示，到了2世纪，竞争仍旧激烈——拉票活动得到认真对待，候选人完全有被否决的可能。迟至图拉真（Trajan）在 342
位时期，有实行相关举措以减少拉票花销；并引入无记名投票来取代公开投票，以消除个人过度的影响力。

如前所述，相关证据驳斥了朱里亚-克劳狄王朝（Julio Claudian）时期定期举行执政官选举的观点，至于其余的，我们并无所知。④ 只有到了2世纪开始时才显现了一个清晰的选举模式，据此，大部分的选举在1月特定的两天内完成：第一天选举补任执政官（suffect consuls，同年上任）、副执政官和市政官（aediles，次年上任），以及保民官（tribunes，同年12月10日开始上任）；第二天选举财务官（quaestors，同年12月5日开始上任）。显然，常任执政官的选举在往后的会议上进行。

尽管缺乏关于选举程序的确切记述，但可以合理地认为，普林

---

① 参见第一章，第二节。

② 注意，如尼禄在位时每年的执政官人数如何大幅变化，据 P. A. Gallivan，“关于尼禄统治时期的罗马历（*Fasti*）的某些评论”，*CQ* 24，1974，第290—311页。

③ 《维斯帕先皇权法》要求对这类候选人进行选举（*FIRA*² I no. 15. Lines 10—13）。

④ 参见第六章，第四节。

尼[①]写的一封信上记录了选举概况——候选人被逐个点名，每人强调自己的优点并可对竞争对手进行批评，稍后还号召部分主要的支持者来为其美言一番。然而，由于竞争激烈，到了 2 世纪初期，该选举程序不再依照传统的方式有序地进行。其后，按照元老院惯常的方式进行的投票固然是公开的，但此外的相关安排则带有隐蔽性。似乎可以合理地揣测，只有当所有竞选元老官职的候选人依次发言完毕后投票才进行，而非在每位候选人自行推荐后。然后轮流对每位候选人进行表决，主持人则按照惯例，指挥支持的一方到房间的一边，反对的一方到房间的另一边。[②] 我们未能确定两边的人数是否当时点清。可以猜想的是，元老院在选举中所遵循的程序与就元老意见(sententiae)进行表决时相同。也就是说，候选人只要首先获得多数支持就能赢得选举，只有在仍剩下职位空缺时其他候选人的名字才被提出来供投票。举例说，在一场保民官选举中，若前十名候选人获得微弱多数的选票，则他们就能当选，即便第十一名候选人被普遍预期能得到更多的选票。于是，候选人的出场顺序显得
343 尤其重要。我们知道，主持人自行决定待表决意见(sententiae)的顺序。但类似的选举特权似乎让主持人拥有过大的裁量权，因此，以抽签来决定顺序也是意料中事。可无论以何种方式进行决定，获得皇帝支持的候选人总是被安排优先出场；可以想象，在这种情况下，这些候选人甚至可能不用参加表决环节。

普林尼说，图拉真在位时期，元老院成员呼吁在选举中引进无记名投票，这样做并不是为了杜绝公开投票系统中可能存在的不公，而是旨在减小个人过度的影响力。[③] 可以揣测，投票过后会对

① 《书信集》3.20.1—8。普林尼在《颂词》69ff 的评论似乎与这封信并不矛盾。应记住，他在《颂词》并不图完整及准确，且皇帝如图拉真于公元 100 年进行主持的情形并不常见。

② 一般参见第七章，第二十五节。

③ 《书信集》3.20.7。

每位候选人获得的选票进行精确点算，获得最高票数者当选，如此，选票数目尤其重要。我们没法了解为投票而作的行政安排（如供投票用的小蜡板[tabellae]的派发情况、计票员、点票程序等），有部分原因是由于整个试验似乎很快便夭折了。也许自从某些元老院成员恶意损毁小蜡板，使这项新的选举方式蒙上污名，选举便回归到公开投票。① 我们无法判断他们这种不负责任的行为到底是因为幼稚抑或出于算计。

毋庸置疑的是，皇帝在选举事务上施加的影响力与日俱增。元老院成员除了通过担任官职获得升迁外，也有由皇帝直接任命(adlection)的，这使得他们并不那么急迫地赢得选举。② 我们不能确定对执政官级别以下的职位进行公开角逐持续了多长时间，估计至少在马可·奥略留(M. Aurelius)在位期间仍然如此。《奥古斯都史》提到，一个名叫维特拉西努斯(Vetrasinus)的人，尽管他似乎被奥略留彻底否决了，仍坚持竞选某一官职。③ 同样，《奥古斯都史》中关于塞普蒂米乌斯·塞维鲁(Septimius Severus)在该时期当选副执政官的记录里，划分了获得皇帝支持的候选人和从“候选人群堆中”获胜的候选人(如塞维鲁)。④ 从严格意义来解读，这段文字或仅仅表明了一些候选人得到了皇帝的支持，而另一些候选人则没有，且非候选人比空缺职位多。于是，《奥古斯都史》对奥略留时期竞选日会议持续到夜间的提及或同样未能表明竞争激烈，即使在普林尼生活的年代，发表演讲只是用来支持胜算在握 344
的执政官。⑤ 在此，仍然可以自然推论出竞争的存在。

我们从狄奥⑥在位时期一份记录了公元217年有关情况的文

① 普林尼，《书信集》4.25。

② 参见第一章，第二节。

③ *Marcus* 12.3.

④ *Sev.* 3.3:“in competitorum grege.”

⑤ *Marcus* 10.8.

⑥ 78.14.2.

献中得知，一个或一个以上的“选举日”持续到3世纪早期。如果同时期的法学家莫德斯丁的话是可信的，则当时的竞选只是走形式。在评论《选举舞弊法》(*Lex Julia Ambitus*)时，莫德斯丁开篇就解释道：“如今，该法在罗马城已不适用，这是由于元老官员的任命不再需要人民的支持，而只由皇帝来考虑。”[①]乌尔比安(Ulpian)[②]也直接写到，副执政官和执政官的官职由皇帝授予——与元老院无关。我们缺乏更多的证据来验证这些对皇帝角色的断言是否太过笼统，无论如何，这个问题意义有限。不仅最高级官职，即执政官职位，一般由皇帝来决定；在很长一段时间里，所有官职的重要性也有所降低。整个元首制时期，元老院在选举事宜上仅处于从属地位。

第二节 祭司(Priesthoods)

毫无疑问，元老院让皇帝在登基时[③]成为所有祭司团体(priestly colleges)的一份子(或由人民大会作出正式批准)，[④]并就皇室成员是否被授予祭司身份进行投票。[⑤] 元首制时期还有很

---

① *Dig*. 48. 14. 1 pr.："haec lex in urbe hodie cessat，quia ad curam principis magistratuum creatio pertinet，non ad populi favorem."

② *Dig*. 42. 1. 57.

③ 参见第十一章，第一节。注意埃拉加巴鲁斯和马克西米努斯登基时同被选为安东尼尼安同伴(*Sodales Antoniniani*)(?)(元老院法令)(*CIL* VI. 2001)，且前者有可能同时也被选为阿伐尔兄弟(*Arval Acta*，para. 88b.，第25—26行)。

④ *RG* 10；*EJ* 日历，第47页，3月6日(奥古斯都)；ibid. 3月10日(提比略)；*Arval Acta* para. 34 I. lines 70，73—74(奥索)。

⑤ Cf. Suet. *Claud*. 6；HA，*Marcus* 6. 3；*ILS* 5025(尼禄、提图斯及卡拉卡拉分别于公元51年、71年及197年[通过]“基于阶级的任命[adlectus ad numerum，元老院法令]”或“超阶级选举[super numerum cooptatus，元老院法令]”进入安东尼尼安同伴)；*BMC* I.，第176页 nos. 84—88 和第397页(Nero SACERD COOPT IN OMN CONL SUPRA NUM EX S C)；*CIL* VI. 2001(后来的皇帝塞维鲁·亚历山大同时被选为安东尼尼安同伴[?][元老院法令]，正如公元221年的恺撒那样)。

多文献提到皇帝单独授予他人祭司身份的例子[1]，这清晰地表明皇帝逐步获得了这种权力。[2] 尽管这种正式权力在公元 20 年以前也许仍未让渡，可以说提比略在当年展示了他的机智，他在庇索 345
(Piso)审判后向元老院提议授予 3 个控告人祭司身份。[3]

据我们所知，元老院一般无法将祭司提拔至低级社团；这些社团通常根据皇帝的推荐来吸纳成员。[4] 然而，关于晋升至 4 个主要社团——教宗(pontiffs)、占卜官(augurs)、十五人祭司团(quindecimviri sacris faciundis)、二十人宴会祭司团(septemviri epulonum)——的程序就更难确定了。一般来说，皇室成员以外的任何人最多只能持有 4 个社团其中之一的祭司身份。在共和国晚期，有一个从 35 个部落中抽签选出 17 个部落组成的特别大会负责对候选人进行选举。这种安排在帝国早期定已结束——正如我们所见，大概在公元 14 年，元老官员选举事务转移至元老院。关于新的选举流程，我们缺乏有关信息。直到 1 世纪中期，维拉尼乌斯(Q. Veranius)的碑文提到他作为公元 49 年的副执政官，是凭着某个名字已无法寻回的人的提名而被选上占卜官。[5] 在 1 世纪末，普林尼写道：有一天，“祭司按照惯例来提名那些他们认为最值得拥有祭司身份的人”；他声称他的监护人维吉尼乌斯·鲁弗斯(Verginius Rufus)过去一直在提名他。[6] 及后，他说尤利乌斯·弗朗提努斯(Julius Frontinus)亦经常如此，也许是打算选他作为自己的继承人。[7]

---

① 参见列表，载于 M. W. H. Lewis, *The Official Priests of Rome under the Julio-Claudians*，第 16 页，注释 47。

② Cf. 狄奥 51. 20. 3；53. 17. 8；F. Millar，《皇帝》，第六章 8。

③ 塔西佗，《编年史》3. 19。

④ M. Hammond，《安东尼君主制》，第 70 页。

⑤ A. E. Gordon, *Q. Veranius Consul A. D. 49*, pp. 254—256.

⑥ 《书信集》2. 1. 8：“sic illo die quo sacerdotes solent nominare quos dignissimos sacerdotio iudicant, me semper nominabat”。

⑦ 《书信集》4. 8. 3。

尽管可以推测提名是由元老院作出，在其他地方并没听说过[1]提名的事，其目的仍旧未明。提名是否只是一种手段，以向皇帝表明他日后可从那些得到元老院承认的成员中随意选出可填补有关职位空缺的人选？抑或，提名结束后是否立即或者过后会由元老院来举行一次选举？对此我们不能确定，尽管元老院成员必定要参与投票环节，但由于一切似乎都基于皇帝的意愿，他挑选出来的候选人从不限于元老院提名的人。不足为奇的是，普林尼第一次当选占卜官或七人祭祀团成员正是由图拉真来决定的，这种情况同样适用于任何图拉真成为皇帝后对其心怀感激的人。[2] 我们从未听说有雄心的祭司尝试向元老院成员拉票，就像候选人在寻求元老官职时肯定会做的那样（那时元老院还有选择权）。总的来说，在元首制时期，让元老院一同选举主要祭司确实是个新发展，但这并不表示元老院所起的作用不
346 轻微。

第三节　抽签(The Lot)

在元首制时期，正如在共和国晚期，元老院喜用抽签来决定大多数特殊任务由哪些元老院成员来参与。可以猜想，正如公元 69 年后期海维迪乌斯·普利斯库斯（Helvidius Priscus）的小说所表明的，由宣誓官员自行选择派去维斯帕先（Vespasian）处的大使如何引起了伊普里乌斯·马塞勒斯（Eprius Marcellus）的激烈反应。后者的敌对情绪是属于个人的，尽管他还坚称自己遵循传统。据塔西佗记载，他[伊普里乌斯·马塞勒斯]说：“执政官指派的人员已经按照长久以来的先例来提出[原来的]建议，即以抽签作为方

---

① 但注意，塞内加（*De Benef*. 7.28.2）可以提名祭司候选人。

② 《书信集》10.13；4.8。

法来选择代表团，使得私利或私仇没有发展的空间。并没发生过可以让一个既定原则变成陈腐的事……”①

在这个事例中，经讨论后使用了抽签的方式，在其他场合无疑也如此。我们可以援引两个具体例子——派往盖乌斯(Gaius)处的代表团及图拉真过继给涅尔瓦(Nerva)时派往图拉真处的代表团。② 不过，使用这种方式进行选举的绝不仅限于大使。据公元前 18 年奥古斯都所作的修改，元老院成员资格主要由抽签来决定，尽管这项计划从未实现。③ 坐在咨询委员会席上的 15 位任期为 6 个月的非公职成员由抽签选出；组成 9 月及 10 月元老院会议法定人数的成员亦如此；那些因会议缺席人数较多而被罚款的人也是由抽签决定。④ 粮食分发官(Praefecti frumenti dandi)、台伯河岸管理员(curatores alvei Tiberis)以及副执政财务官(praetores aerarii)也是这样选出。⑤ 抽签被用来在副执政官之间分配各自需负责的庆典⑥及在副执政官、市政官及保民官之间分配城邦管理的任务(cura urbis)。狄奥提到，后一种安排持续到他所在的时代。⑦ 在没有足够的人手担任财务官的公元前 24 年，或在缺少市政官及保民官的大部分时候，前低级元老官员须抽签决定所要填补的职位空缺。⑧ 托贡纽斯·加卢斯(Togonius Gallus)提议由抽签决定在会议中守护提比略的 20 名成员。⑨ 更重要的是，特别任务委员会的构成可能也是由抽签决定——譬如，公元 6

---

① 《历史》4.8。
② 狄奥 59.23.2；Martial 10.6.1—4；详见第十四章，第一节。
③ 狄奥 54.13.2—4。
④ Suet. *Aug.* 35；狄奥 53.21.4；55.3.3；*FIRA*[3] I no. 68 V line 87。
⑤ 塔西佗，《编年史》13.29；狄奥 54.17.1；57.14.8。
⑥ 狄奥 59.14.2；60.31.7。
⑦ 55.8.7.
⑧ 狄奥 53.28.4；54.26.7；55.24.9。
⑨ 塔西佗，《编年史》6.2。

年负责调控开支的三人执政官委员会，公元 20 年奉命解决因《帕
347 皮亚·波比亚法》（*Lex Papia Poppaea*）引起的混乱及恐惧的 5 名执政官、5 名前副执政官及其他的 5 名元老，以及在公元 68—69 年内战后负责恢复秩序的各种委员会。[1] 公元 26 年，负责监督提比略庙、莉维亚庙建造情况的亚细亚行省总督的又一副手同样由抽签来决定；此外，在士麦那总督拒绝进行任命后，也是通过抽签从前副执政官中选出元老院[成员]。[2] 相反，涅尔瓦统治时期奉命降低公共开支的那 5 名元老院成员则由实际的选举来确定。[3]

公元前 4 年，奥古斯都发给昔兰尼（Cyrene）的元老院命令中有一项详细的计划，要求通过抽签以从 4 名执政官、3 名前副执政官及其他的 2 名元老当中选出人员，组成一个五人陪审团听取来自行省居民关于总督勒索钱财的索偿要求（上述 9 名人员当中，最多 4 名可被控告人及被告拒绝）。至少要有 200 人出席，70 岁以上的人、残疾人、离罗马 20 英里远的人或是有具体公务在身的人不符合当选资格。[4] 作为程序的一个环节，行省居民会被分配到他们所请求的元老作为其辩护人，倘若此人愿意并具备能力的话。后来，尽管也有稍不一样的程序，但我们知道，元老院继续指派其成员作为这些案件的辩护人。因此，有关普林尼在给图拉真的信中提到 1 世纪末马吕斯·普利斯库斯（Marius Priscus）被处决一事，辩护人由抽签决定这一叙述实在令人不解，[5]尤其当普林尼在别处指出自己是在元老院的命令下做过辩护人。[6]

---

① 狄奥 55.25.6；塔西佗，《编年史》3.28；《历史》4.40。

② 塔西佗，《编年史》4.56。

③ 普林尼，《颂词》62.2；cf.《书信集》2.1.9；狄奥 68.2.1。

④ *FIRA*[2] I no. 68 V lines 104ff.

⑤ 《书信集》10.3A.2。

⑥ 《书信集》2.11.2；3.4；6.29.7；cf. 7.33。

与在特殊情况下使用抽签法相比，更重要的也许是每年定期向资深元老分配财务官、副执政官及行省总督职位的事。具体的时间及安排大多不为我们所知。① 我们不能确定如元老院成员是否要就其参选意向发出通知或是否要亲自出席投票现场。我们只知道，他们按照婚姻状况及孩子数量来决定抽签顺序。② 在财务官之中，被皇帝或执政官选中为其副手的名字必须不予考虑；③因
此，每年在这 20 人中只有 14 人左右能参加抽签，待分配至行省或 348
城市财务官（quaestor urbanus）的职位。④ 奥古斯都要求前副执政官要任职满 5 年才有资格被分配至元老院行省（proconsular province）。⑤ 可以揣测的是，处于同一级别的 10 名左右具有相关意向及能力的最资深元老可通过抽签来争夺总督职位。替代性的安排——即任何任职满 5 年的副执政官（praetorius）可自动当选——似乎不太可能。若这种做法被许可，则某些竞争者会从某处突然冒出。在幸存的资料中，我们没有听过这样的事，尽管我们肯定无法预料这样的事或会被提及。⑥ 可以确定的是，以抽签来决定前往阿非利加及亚细亚的、且没有公务在身的最资深执政官人数不超过两名。在此例中，一般会有附加限制，即在上述两份要

① 详见第六章，第四节。普林尼（《书信集》10.3A.2）在提到选举辩护人时确实谈到"我们用锥形的投票瓮来选举（nomina nostra in urnam conici）"，但该描述也许只是个比喻；cf. 塔西佗，《历史》4.6。

② 狄奥 53.12.2。

③ 留意维莱里乌斯·帕特尔库鲁斯（Velleius Paterculus）（2.111.4）如何因已被任命为提比略的副手而退出抽签。至于执政官挑选的财务官，参见普林尼，《书信集》4.15。

④ Cf. 狄奥 53.14.5，直到公元 44 年才在意大利设置职位：参见第 13 页，注释⑦。

⑤ 狄奥 53.14.2。

⑥ 自 1 世纪中期起，一般约 3 人在财务官选举中必定抽到"无职"，由于在行省中很少有超过 11 个左右的职位空缺（意大利亦不再有）：详见前文第四章，第一节。据我们所知，不持有其他官职的人或许已从属于执政官等。同样，许多铭文显然没有指明财务官的职位。这种遗漏背后肯定有多个原因，但其中一点很可能是有些人确实没有职位可供记载。

职中，每人只有一个任期。[1] 公元22年，当阿非利加总督的任期被延长及塞尔维乌斯·马卢吉内恩西斯（Servius Maluginensis）申请担任亚细亚总督时因其作为第亚里祭司（Flamen Dialis）的身份被拒后，塔西佗解释了该行省如何被分配给他其后的一位执政官。[2] 公元150年后期，弗朗图（Fronto）说他“有权”参加分配至阿非利加或亚细亚的抽签。[3] 毫无疑问，他宁可在自己所属的行省任职；然而，正如他解释道，一位执政官同僚因其孩子的缘故在投票中获得了破例处理，所以他抽到（或选择了）阿非利加。执政官以此方式来申请任一行省[阿非利加或亚细亚]总督职位的资格需具备的时间间隔自然有所不同，但一般为10到15年。[4] 在阿维迪乌斯·卡西乌斯（Avidius Cassius）叛乱后，法律禁止所有元老院议员对自己所属的行省进行管辖。[5]

349 对许多元老院成员来说，被分配到哪个行省担任财务官或总督并不是无关紧要的事。因此，自然会问到利益各方是否可以运用其影响力（若是，则如何运用），或问到抽签是否总是随机进行。通常来说，这些问题很少有明确答案。首先，应记得任何元老院行

---

① 有些总督让人延长他们的任期一年（参见附录8），但唯一一位管治过或要管治两个行省的人似乎是C.尤利乌斯·阿斯佩尔。他于公元200至210年间的一段时期内担任过阿非利加的行省总督，又在卡拉卡拉统治晚期被选派到亚细亚。这位皇帝在考虑阿斯佩尔的拒任请求前已经去世。马克里努斯先是接受了这个职务，然后却笨拙地撤回了（狄奥78.22.3—4；*PIR*^{2} I 182；H. Halfmann，《元老》，no. 134）。

② 《编年史》3.58和71。

③ 《编年史》*Pium* 8.1 = p. 161 H。

④ 讨论参见B. E. Thomasson，*Die Statthalter der römischen Provinzen Nordafrikas von Augustus bis* 狄奥 *cletianus* I，Lund，1960，第二章。斐洛斯特拉图斯（*Vit. Soph.* 556）沉浸在他妻子离世（c. 160）的伤痛时说了一句莫名其妙的话：Herodes Atticus δευτέραν κλήρωσιν τῆς ὑπάτου ἀρχῆς ἐπ' αὐαβαλέσθαι。正如斯泰恩所总结的（*PIR*^{2} C 802，第177—178页），这大概不小心提到了抽签担任阿非利加或亚细亚行省总督并非为了事实上的元老官职本身，有关程序未明。我们不了解二次参选有何必要。

⑤ 狄奥71.31.1。

省的总督职位可被豁免选举而变成直接任命，尽管我们可以说这是在该区出现特殊情况时才发生，但从不因为个人原因而为某人夺得特定职位或拒绝某人[担任特定职位]。针对这种情况，一个部分例外的情况似乎是盖乌斯在阿非利加的行动：据称他没有做任何事来阻止西拉努斯(M. Silanus)通过抽签夺得该省，但他之后因其[西拉努斯]有可能发动叛乱而感到恐惧，于是解除了行省总督对驻扎在那里的唯一一个军团(奥古斯塔三)的控制。① 亦不少见的是，皇帝与元老院一同阻止特定个人首先进行抽签。不足为奇的是，公元22年，提比略否决了科尔尼利乌斯·多拉贝拉(Cornelius Dolabella)的全面建议，即"生活不检点及声名狼藉"的元老院成员应从选举中排除出去，由皇帝来裁定。② 然而，公元36年，正是该皇帝在一封信上拒绝了浪荡子加尔巴(C. Galba，公元22年的补任执政官及后来的皇帝的兄弟)竞逐在阿非利加或亚细亚的官职。③ 据称，图密善(Domitian)也对具备资格却不竞逐行省总督职位的阿格里科拉(Agricola)施加过压力。④ 克劳狄乌斯(Claudius)为确保总督在离职后一年内一直保持在罗马的公民个人(privati)身份，其部分政策包括禁止曾任副手的人立刻参与总督选举。⑤ 公元22年，塞克斯图斯·庞倍(Sextus Pompeius)以曼尼乌斯·莱皮杜斯(Manius Lepidus)不符合有关资格为由，提议元老院从道德立场上拒绝让他担任亚细亚总督，但他的计划失败了。⑥ 不过，在公元100年的审判会过后，该计划使得阿非利加总

① 塔西佗，《历史》4.48；狄奥 59.20.7。

② 塔西佗，《编年史》3.69。

③ 塔西佗，《编年史》6.40，Suet. *Galba* 3："prohibitusque a Tiberio sortiri anno suo proconsulatum"，"Anno suo"肯定指的是"当他达到必要的资历"：cf. 见下注。

④ Tac. *Agr*. 42.

⑤ 狄奥. 60.25.6。

⑥ 塔西佗，《编年史》3.32。由于该年将任命一名阿非利加的行省总督，为亚细亚而进行的"抽签"徒具形式。

督马吕斯·普利斯库斯(Marius Priscus)及其副手霍斯提留斯·菲米努斯(Hostilius Firminus)被逐出总督竞选。①

有证据表明,抽签并不总是随机进行。例如,格罗格(Groag)
350 和阿尔菲特(Alföldy)②分别对在亚加亚(Achaea)和贝提卡(Baetica)的公职人员进行过研究,他们一致认为担任财务官和行省总督的人在行省拥有的本地联系在数量上比随机选出的人要多。通常情况下,具有希腊或东方血统的元老院议员在帝国的东方行省(而非西方行省)担任官职的比例也较高③——尽管大部分元老院行省确实一直向东扩展。同样,这件事也不只是意外,即克洛迪乌斯·伊拜鲁斯·马塞勒斯(T. Clodius Eprius Marcellus)被指控其在公元57年担任吕西亚(Lycia)总督时犯下勒索罪,他被赦免后立即获得了塞浦路斯(Cyprus)行省总督的职位。当他在利西亚的主要敌人因状告"无辜"之人而被流放,塞浦路斯便成为他恢复旧有联系的极佳地点!④

个人就职位问题进行讨价还价是可以理解的;据我们所知,幕后或不时达成私下的职位交易或交换。然而,在前副执政官竞选行省总督的个案中,艾克(Eck)⑤所声称的更具概括性——塞浦路斯、克里特、昔兰尼因等级明显低于其他行省——即贝提卡、纳庞西斯(Narbonensis)、西西里、马其顿、亚加亚、比提尼亚/本都——而一般被分配给平庸的元老院成员。若他的评估有所根据,则抽

---

① 普林尼,《书信集》2. 12. 2。

② E. Groag, *Die römischen Reichsbeamten von Achaia bis auf Diokletian*, Vienna and Leipzig, 1939, col. 156; G. Alföldy, *Fasti Hispanienses*, Wiesbaden, 1969, pp. 269—270.

③ 讨论参见 H. Halfmann,《元老》,第88—94页。

④ 关于他的仕途,参见 *PIR*^{2} E 84;塔西佗,《编年史》13. 33;*AE* 1956,186,由 M. Griffin 评论,参见《塞内加:政治中的哲学家》,第91页,注释2。

⑤ W. Eck, "Über die prätorischen Prokonsulate in der Kaiserzeit. Eine quellenkritische Überlegung", *Zephyrus* 23/24,1972/1973,pp. 233—260; cf. idem, *ANRW* II. i,pp. 204—205.

签过程的随机性就会受到质疑。事实上，他所综合起来的信息表明，我们最重要的传记证据也不足以支撑他的说法。[①] 我们不可能有把握地对约两个半世纪以来多个元老院行省总督的情况进行类推，尤其是当我们所能掌握的信息如此不完整。如果我们只是要找出总督名字，如公元 1 世纪的纳庞西斯，先别说他们任期前后的任职情况，我们所知道的可能少于 10%。[②] 同样，在西西里，从盖乌斯时期到 2 世纪的行省总督名字，我们一个都不知道；加之，2 世纪的事又是另一个巨大的空白。[③] 同样，就塞浦路斯来说，自哈德良时期后一直到塞普蒂米乌斯·塞维鲁统治时期也存在一个空白。艾克意识到，行省总督一般由追求较普通官职的元老院成员组成。因此，我们难以对此进一步作出有意义的区分，尤其是当我 351
们所掌握到的相关证据只是如此有限的一部分。总的来说，他也许不适当地使用了系统分析方法。

很有可能，某些行省因其与罗马的距离、面积、财富或气候而被视为更理想的区域，也因此竞争最为激烈。[④] 狄奥当然可以宣称，卡拉卡拉(Caracalla)将失宠的官员置于气候最严峻的行省，是存心要损害他们的健康。[⑤] 普林尼在马克西穆斯(Maximus)上任亚加亚的自由国家管理人(curator of civitates liberae)时，给他写了一封信。[⑥] 信中普林尼心照不宣地对比了他朋友先前担任财务官的工作——通过抽签被分配至遥远的比提尼亚，那里有顺从的

---

① 特别要注意他的列表 *Zephyrus* 23/24，1972/1973，第 256 页。

② H.-G. Pflaum, *Les fastes de la province de Narbonnaise*，第一章。

③ 但要注意 T. 尤利乌斯·蒙塔纳斯，他在公元 81 年担任补任执政官前是行省总督(W. Eck, *PW* Suppl. 15, cols. 125—126)。

④ 特别是有些行省似乎更多的是由前副执政官来管理，他们其后很快便升上执政官一职：列表参见 H.-G. Pflaum, *Bonn. Jahrb.* 163，1963，第 226 页。但要再次强调，即使可确定的例子相对少，这种风气却很盛行——除了克里特与昔兰尼及撒丁岛外，每个元老院行省至少都有一个这样晋升的例子。

⑤ 77.11.6—7.

⑥ 《书信集》8.24.9。

居民——与他现在作为特派官员在罗马附近地区与自由民打交道的职业发展前景。可能西西里及昔兰尼属于不受欢迎的工作区域。不仅是由于该区因被大海切断而有所不便，从安东尼·庇乌斯(Antoninus Pius)发往昔兰尼的信件内容可判断，该区的巡回审判也让行省总督特别忙碌。[1] 昔兰尼既遥远又相对较小，这或许也是它缺乏吸引力的地方。不过，撒丁岛和科西嘉岛因靠近罗马，到该区工作也同样缺乏吸引力。前者总是以气候恶劣而为人所知，那里的居民也不讨罗马人喜欢。[2]

对某些人来说，若能运用其影响力或涉及到特殊利益，操纵抽签过程也是可能的。但对另外一些人来说，随机抽签似乎是最有可能的。在普通元老院成员之中，如后来的皇帝维斯帕先及塞普蒂米乌斯·塞维鲁，前者抽到克里特及昔兰尼的财务官职位，后者抽到贝提卡的财务官和西西里的副执政官职位；可以猜测这仅仅是出于偶然。[3] 更普遍的情况是，自朱里亚-克劳狄王朝时期(Julio-Claudian period)开始，进入选举的人控告有人在结婚及过继的事情上造假，这也许表明了有关元老院成员不可能夺得自己想要的特定职位。相反，他们最能做的就是使自己在抽签顺序上占优。[4] 塔西佗在解释公元44年以财务官任命制替代随机选举
352 的原因时，无疑指向了每年对副执政财务官(praetores aerarii)一职所进行的随机选举。[5] 据他说，一般抽到的都是与职位不相宜的人。尽管这段故事在历史意义上的可靠性必然无法确定，但我们或可进一步留意到，斐洛斯特拉图斯(Philostratus)[6]在亚历山

---

① J. M. Reynolds, *JRS* 68. 1978. p. 114 lines 70—77.

② H. Philipp, *PW* 1A s. v. Sardinia, col. 2495.

③ Suet. *Vesp*. 2; HA, *Sev*. 2. 3; 4. 2.

④ 塔西佗,《编年史》15. 19; Suet. *Tib*. 35。

⑤ 《编年史》13. 29; cf. *ILS* 966 为多米提乌斯·德西迪乌斯而建:"qui primu[s quaes]tor per triennium citra [sorte]m praeesset aerario Saturni"。

⑥ Vit. *Apoll*. 5. 36.

大与维斯帕先进行讨论，他让阿波罗尼奥斯(Apollonius)请求皇帝在抽签允许的情况下确保行省总督与其所分配到的区域相适。他没有点名提到他目睹过的例子，即亚加亚某总督因不体恤当地民情及不能说希腊语而难以与希腊人相处。最后，狄奥说到，元老院行省(senatorial provinces)不通过抽签而是由皇帝来选择总督，这是由于某些由抽签选出来的人治理不佳；他的话同样表明了随机操作。①

当时一般把元首制时期的行省总督称作“由抽签选出”②的官员。我们可以承认这一表述有某种意义，即便最后由于皇帝操控任命制，选举已变得徒具形式。③ 353

① 53.14.3.

② 除了这部分的文献，还可留意塔西佗，《编年史》2.43；普林尼，《书信集》4.9.2；6.22.7；Aelian，*Hist. Anim.* 13.21；Tertullian，*Ad Nat.* 1.7；狄奥 55.28.2；56.40.3；57.14.5；69.14.4；78.30.4；79.3.5；Paulus，*Dig.* 1.7.36.1；*CIL* II.3838，VI.1361，discussed by G. Alföldy，*Fasti Hispanienses*，第 166，172 页；*CIL* IX.4119；*ILS* 1011 and 1104，*Aes Ital.*，*Hesperia* 24，1955，第 333 页，第 53—55 行。关于任期内外的行省总督，参见第十三章；由抽签产生的财务官见 *CIL* VI.1426。

③ 如 B. W. Jones 所说，后来，投票不过是在获得皇帝提名、达到规定人数的前副执政官中间进行行省分配。但这种做法最早也许并非在弗拉维时期引入(*Domitian and the Senatorial Order*，Memoirs of the American Philosophical Society 132，1979，第 68 页)。

第十一章　皇权与其他荣誉

本章将考察元老院对皇帝权力及头衔的授予与撤销，以及一系列其他荣誉的授予情况，但要将上述这些荣誉妥善分类绝非易事。因此，有些地方看上去难免与一幅不完整的拼凑画相差无几。讽刺的是，实际上这种[拼凑]印象恰恰准确反映了很多会上事务的特点：提出一系列琐碎的、无争议的而又毫不相关的荣誉授予。

第一节　皇权及头衔

法律规定，帝位由元老院来授予。① 必须承认，元老院的这个职能一般只是形式。皇帝几乎无一例外地是由前任皇帝点名任命，或是有军队在背后支撑的篡位者：无论是这两种情况中的哪一种，元老院同样无法实现其否决权。因此，自维特里乌斯(Vitellius)之后，篡位者的统治期均不是从元老院授职当天算起，而是以获得军队承认为开端。②

---

① 完整讨论参见 B. Parsi, *Désignation et investiture de l'empereur romain*, Paris, 1963。

② 参见 M. Hammond，"从公元 68 年尼禄去世后至公元 235 年亚历山大·塞维鲁去世前罗马皇帝的权力传递情况"，*MAAR* 24，1956，第 61—133 页；《安东尼君主制》，第 20 页，注释 36。

然而，这已是元老院最大的特权。同样，我们对奥古斯都和提比略在位时期以外的授权情况所知甚少。我们可以追溯奥古斯都帝位多年来的逐步演变；虽然我们很想得到提比略在公元 14 年移交权力的较准确信息，塔西佗还是提供了此事的某些简要看法。及后，不论获得帝位的方式如何，皇帝登基明显是以元老院的授权为标志。不像提比略，盖乌斯在公元 37 年继位时只是个普通议员(privatus)，所以同时需要全面完备的授予仪式。有证据表明，这是在某次会议上正式表决通过的决定，对此，我们似乎没有理由去 354 质疑。① 这种在单次会议上表决通过的全面授予行为也很可能延续至其后所有情形。② 可以明确地断言，公元 69 年 12 月，维斯帕先在罗马获得正式承认时，所谓的《皇权法》只保留了已通过的元老院法令(senatus consultum)的一部分。③ 即便这种一致性能被接受，我们仍缺乏关于授予帝位的完整信息。除了能得到统治权(imperium)、保民官职权(tribunicia potestas)和一揽子稍逊的特权外，他[皇帝]必定先被授予“大将军”(imperator)的称号，以及大祭司(Pontifex Maximus)身份及所有祭司团体的成员身份。④ 所以，很有可能首先要通过一个以上的法令；我们知道，要完成全部程序可能需要几周甚至数月。举例说，直到公元 15 年 3 月 10 日，提比略才被授予大祭司的身份。⑤ 公元 69 年，奥索在各个大会(comitia)上分别被授予保民官职权、所有祭司团体的成员身份并被选为大祭司。⑥

皇帝及家庭成员所使用的与其相匹配的名字及头衔不仅因篡

---

① Suet. *Calig.* 14；狄奥 59. 3. 1—2。

② 特别留意塔西佗，《历史》1. 47；2. 55；4. 3(奥索、维特里乌斯、维斯帕先)。

③ *FIRA*² I no. 15 with P. A. Brunt, “Lex de Imperio Vespasiani”, *JRS* 67, 1977, pp. 95—116.

④ 参见第十章，第二节。

⑤ *EJ* Calendars, p. 47.

⑥ *Arval Acta*, para. 34 I, lines 60, 70, 73—74.

夺而得，还必须经过元老院在皇帝登基时或之后投票通过。① 在行军至罗马途中遇见纳波元老院发出的使团之前，加尔巴(Galba)因过分谨慎而没有使用为他而通过的名字及头衔。② 甚至到了3世纪，执政官及历史学家狄奥仍谴责马克里努斯(Macrinus)和埃拉加巴鲁斯(Elagabalus)在写给元老院的信中厚颜无耻地使用了未经正式授予的头衔。他解释了恺撒、奥古斯都及国父(pater patriae)的称号如何在皇帝登基时经投票通过。③ 在[皇帝统治]初期，一般不授予"国父"这一称号(更别说接受了)，这是到了统治后期才有的事。④ 盖乌斯是一个明例，尽管他登基时已被授予该称号，但登基18个月后才正式接受。⑤

元老院不仅授予皇帝及其家族成员权力及头衔，还声称有权宣布其为公敌，彻底抹掉他们的记录及撤销他们的法令。⑥ 这些
355 特权中的首要一条来源于宣战的古老仪式，这种仪式大概在元首制时期仍留存。据狄奥说，至少每当图拉真对达契亚(Dacia)之王德塞巴鲁斯(Decebalus)发动战争时，德塞巴鲁斯就被元老院宣布

---

① 具体提及元老院授予的可见如 Vell. 2. 91. 1；普林尼，《颂词》21. 1—2；84. 6；88. 4—6；塔西佗，《编年史》12. 26；Suet. *Aug.* 7，58；*Tib.* 50；*Nero* 8；*Vesp.* 12；狄奥 53. 16. 6；55. 10. 10；57. 8. 1；70. 2. 1；HA，*Antonin.* 2. 3；*Commod.* 8. 1 和 9；*Pert.* 5. 4—6；15. 2；*Did. Jul.* 4. 5；*Macrinus* 11. 2；Eutropius，*Brev.* 8. 19；P. *Colon.* 4701，col. I，lines 1—6 in *ZPE* 5，1970，p. 226。

② 狄奥 63. 29. 6；Plut. *Galba* 11。

③ 78. 16. 2；79. 2. 2—3；53. 18. 4.

④ Appian，*Bell. Civ.* 2. 7；及详见 M. Hammond，《安东尼君主制》，第87—89页。

⑤ 参见公元38年9月21日阿伐尔兄弟的献祭，"Quoe eo die C. Caesar Augustus Germanicus cons[ensu] senatus delatum sibi patris patriae nomen recepisset in Ca[pitolio]"(J. Scheid and H. Broise，*MEFR* 92，1980，p. 225，lines 57—58，with commentary，pp. 240—242). Cf. 狄奥 59. 3. 2；*BMC* 1，p. 152，no. 38；and for "consensus"，ibid.，p. 155，no. 55。

⑥ 一般参见 F. Vittinghoff，*Der Staatsfeind in der römischen Kaiserzeit*：*Untersuchungen zur "damnatio memoriae"*，Berlin，1936；M. Hammond，《安东尼君主制》，第339—342页。

为敌人(hostis)。[①] 在提比略的煽动下，日尔曼尼库斯(Germanicus)的长子尼禄(Nero)和德鲁苏斯(Drusus)被宣布为敌人；[②]公元68年，尼禄成为首位在其有生之年遭此厄运的皇帝。[③] 马克西米努斯(Maximinus)及其儿子，[④]还有狄第乌斯·朱利安(Didius Julianus)(有实施)同样立即被判死刑。[⑤] 康茂德(Commodus)遇刺后立即被宣布为敌人。[⑥] 狄奥的话也许可信：马克里努斯(Macrinus)希望卡拉卡拉(Caracalla)能有同样下场，但无论是皇帝，还是元老院，双方都不愿意采取行动。[⑦]

造反者及篡位者同样会被宣布为敌人。我们听说过元老院如此对待加尔巴(Galba)[⑧]、阿维狄乌斯·卡西乌斯(Avidius Cassius)[⑨]、塞普蒂米乌斯·塞维鲁(Septimius Severus)[⑩]及克罗狄乌斯·阿尔比努斯(Clodius Albinus)[⑪]的例子。狄奥如此描述：公元218年，埃拉加巴鲁斯(Elagabalus)想做元首的事传到罗马后立即引发了传统的行动，"执政官按照同类情形的惯常做法，宣布反对他[埃拉加巴鲁斯]，其中一名副执政官及一名保民官亦如此。除宣战外，埃拉加巴鲁斯及他的表亲，甚至是表亲的母亲及祖母也同样遭到了反对"。[⑫]

其他获通过的用以对付皇帝及其家族成员的措施引申自叛逆

---

① 68. 10. 4; cf. in general Pomponius, *Dig*. 50. 16. 118.

② Suet. *Tib*. 54; *Calig*. 7.

③ Suet. *Nero* 49; 狄奥 63. 27. 2^{b}。

④ HA, *Maximin*. 15. 2; Herodian 7. 7. 2 with Whittaker ad loc.

⑤ 狄奥 74. 17. 4; Herodian 2. 12. 6。

⑥ 狄奥 74. 2. 1。

⑦ 78. 17. 2—4.

⑧ Plut. *Galba* 5.

⑨ HA, *Marcus* 24. 9.

⑩ 狄奥 74. 16. 1; HA, *Did. Jul*. 5. 3; *Sev*. 5. 5。

⑪ HA. *Sev*. 9. 1.

⑫ 79. 38. 1. 因被元老院宣布为敌人而丧失权利，参见 Paulus, *Dig*. 4. 5. 5. 1。

罪(maiestas)或叛国罪刑罚,如把被判刑者的名字从罗马历(Fasti)中抹掉(公元20年在庇索案中提出,但遭到提比略的反对)①,
356 或移除被判刑者的雕像(公元24年在C.希利乌斯案中由元老院提出)②。公元32年,元老院通过法令野蛮地对待莉维亚(Livilla)的雕像及关于她的记录;公元48年,梅萨丽娜(Messalina)死后也遭到类似的粗暴对待。③ 大小阿格里皮娜(Agrippina)的生日被宣布为非司法日(dies nefasti)。④

据苏维托尼乌斯(Suetonius)记载,盖乌斯遇刺后,某些元老提议把恺撒的全部记录销毁。⑤ 克劳乌斯狄登基时,还有抹黑盖乌斯的更多动议,其中包括一项庆祝其死忌的提议。克劳狄乌斯反对这些极端的行为,因此,最后并没有通过类似的动议来反对提比略或盖乌斯。但显然盖乌斯的法令被撤销了,有他肖像的铜币要被融掉。⑥ 图密善(Domitian)去世时,元老院投票决定把关于他的全部记录销毁;⑦安东尼想把哈德良(Hadrian)祀为神时遭到反对,尖锐地问元老院是否打算宣布他为敌人并撤销他的法令——作为一名过继的接班人,他当然没被宣布为敌人。⑧ 有命令说要抹掉康茂德与埃拉加巴鲁斯的名字。⑨ 卡拉卡拉没有受到

---

① 塔西佗,《编年史》3.18。

② 塔西佗,《编年史》4.18—20; 11.35.刑罚详见 Ulpian, *Dig.* 28.3.6.11; Paulus, *CJ* 9.8.6 pr.-2。

③ 塔西佗,《编年史》6.2; 11.38.

④ Suet. *Tib.* 53; 塔西佗,《编年史》14.12。安东尼的诞生日同样被宣布为"败坏的(元老院法令)"(*Inscr. Ital.* XIII.2,第362,397页 s.v.1月14日)。

⑤ *Calig.* 60.

⑥ Suet. *Claud.* 11; 狄奥 60.4.5 和 22.3。

⑦ 普林尼,《颂词》52.4—5; Suet. *Dom.* 23; Lactantius, *De Mort. Persecut.* 3.3; Eusebius, *Hist. Eccl.* 3.20.8; Procopius, *Hist. Arcana* 8.13。

⑧ 狄奥 70.1.3; cf. HA, *Hadr.* 27。

⑨ HA, *Commod.* 17.6; 20.4—5; cf. *Pert.* 6.3; *Elagab.* 17.4; 19.1; Sev. Alex. 1.2.

此等侮辱，但他的法令被宣布无效。[①]

我们这里所关注的肯定仅限于元老院在通过此类措施时所扮演的角色。不过，需要补充相关的一点，我们缺乏每一步的证据来证明如除名、移除雕像等措施是否有被正式执行；很可能有些措施并未执行。同样，我们无法确定皇帝法令被废除的实际后果。以比提尼亚/本都的前总督尤利乌斯·巴苏斯(Julius Bassus)为例，公元 103 年，他因勒索钱财而被定罪，他的法令因此被废除。据我们所知，元老院至少允许任何被他判过刑的人在两年内申请重判。[②] 相比之下，我们缺乏图密善去世时针对他而通过的元老法令的所有细节。但明显地，随着公众普遍对涅尔瓦举措的效力缺
乏信心，涅尔瓦感到不得不通过肯定前任的法案来消除公众疑 357
虑。[③] 更具体地说，我们从别处可以清楚地看到，图密善在位时所通过的元老院法令及他通过的其他决议继续保持有效。[④] 康茂德和卡拉卡拉的决议亦如此。[⑤]

元老院的法令不仅能对皇帝及其家庭成员进行判刑或以各种方式进行抹黑。当命运之轮逆转，有关他们的记录也会以同样的方式得到恢复。如此，奥索一成为皇帝就通过元老院命令让他的前妻波比亚(Poppaea)的雕像得以复原；公元 70 年初，元老院也恢复了加尔巴和庇索的荣誉。[⑥] 塞普蒂米乌斯·塞维鲁无疑也是通过元老院来恢复有关康茂德的记录。[⑦] 我们也听说佩蒂纳克斯(Pertinax)在曾被后者处以极刑的人当中努力为其消除污名。[⑧]

---

① 狄奥 78. 9. 2 和 18. 5。

② 普林尼，《书信集》10. 56. 4。

③ 普林尼，《书信集》10. 58. 7—10。

④ 普林尼，《书信集》10. 66. 2 和 72；*Dig*. 29. 1. 1 pr.；40. 16. 1；48. 3. 2. 1 和 16. 16。

⑤ 参见相关记载如 G. Gualandi，*Legislazione imperiale e giurisprudenza* I。

⑥ 塔西佗，《历史》1. 78；4. 40。

⑦ Cf. 狄奥 75. 8. 1—2。

⑧ 狄奥 74. 5. 2—3；HA，*Pert*. 6. 8。

当时为安东尼·安提乌斯·卢普斯(M. Antonius Antius Lupus)所立的纪念碑表明这些措施同样要经由元老院。它记录了“有关他的记录被粗暴毁灭后又因元老院的一个法令而得到重新恢复”。①

第二节 荣 誉

现存资料虽为数不多,但也足够证实元老院要花很多精力来为个人授予荣誉。的确,我们差点要为大量相关资料的损坏而感到侥幸,因为我们可能会被其淹没。即便是当时最刻苦的人有时也会发现奖项多得难以处理以及奖项的价值降低。塔西佗在这点上的激烈态度,前人已援引过,出现在其对奥克塔维亚于公元62年倒台的描述之后。② 狄奥发现自己无法描述尼禄访问希腊时由元老院所授予的荣誉。他说,被公告的献祭和祈祷活动如此之多,一整年的时间都不够用。此外,他拒绝提及授予给征战日耳曼后的图密善或其他同样拥有坏名声的皇帝那些毫无意义的荣誉。③
358 公元58年,尼禄成功俘虏阿塔克萨塔后,[元老院]表决通过授予其多个奢侈荣誉。C. 卡西乌斯·朗吉努斯因此向元老院提出动议,“若是对天上神灵的善意充分表示感谢,一整年的时间也不够用:因此,得把宗教节庆与既能履行宗教义务又不忽略日常工作的工作日区分开来”。④

某些皇帝确实采取了措施以对元老院授予铺张的荣誉加以节制。哈德良在其统治初期提出,除他公开要求外,[元老院]不得为

① *ILS* 1127:“... cuius memoriam per vim oppressi in integrum secundum amplissimi ordinis consultum restituta est”; *PIR*^{2} A 812.

② 《编年史》14.64,援引在第九章,第四节4II;cf.《编年史》3.65。

③ 63.18.3; 67.4.1—2.

④ 塔西佗,《编年史》13.41。

他授予特殊荣誉。[1] 同样，提比略在某个阶段显然也引入了类似禁令，他在背弃赛扬努斯后一再重申。他也禁止任何人建议在赛扬努斯死后为其授予荣誉。[2] 据狄奥记载，尽管克劳狄乌斯登基时有接受荣誉，但他拒绝了所有奢侈的荣誉。[3] 在其他皇室成员的例子中，德鲁苏斯于公元 22 年被授予保民官职位时，提比略拒绝了授予德鲁苏斯多个荣誉的提议。[4] 及后，他严正地警告元老院说，若年轻的德鲁苏斯和尼禄·恺撒过早地获得荣誉，他们会变得不受约束；此外，他减少了给克劳狄乌斯的奖赏。[5] 奥古斯都去世时，他拒绝授予莉维亚大部分已被表决通过的荣誉，即便是莉维亚于公元 29 年去世时亦如此。[6] 公元 39 年，盖乌斯——因虚荣心作祟，而非由于克制——禁止给他的亲戚授予荣誉。[7] 克劳狄乌斯否决了为不列塔尼库斯(Britannicus，公元 42 年)及他的一个孙儿(公元 48 年)出生[授予荣誉]的提议。[8] 公元 2 世纪末，佩蒂纳克斯(Pertinax)拒绝了要授予给他妻儿的头衔。[9] 塞普蒂米乌斯·塞维鲁防止荣誉被授予给帝国的自由民。[10]

元老院在建议授予荣誉时不太节制；出于敬畏或由于奉承的需要，[元老院]过分热心，以至于无法讨好那些渴望自己或他人得到区别对待的皇帝。因此，狄奥认为值得注意的是，公 359

---

① 狄奥 69. 2. 2；cf. HA. *Hadr.* 6. 4；8. 2。

② 狄奥 58. 8. 4 和 12. 8。

③ 60. 3. 2 和 5. 3—4；cf. 塔西佗，《编年史》11. 25。

④ 塔西佗，《编年史》3. 57 和 59。

⑤ 塔西佗，《编年史》4. 17；Suet. *Claud.* 6。

⑥ 塔西佗，《编年史》1. 14 和 5. 2；cf. F. K. Dörner，"Der Erlass des Statthalters von Asia Paullus Fabius Persicus"，diss. Greifswald，1935，p. 40，cols. VIII. 24—IX. 6 = E. M. Smallwood，*Documents of Gaius etc.*，Cambridge，1967，no. 380。

⑦ 狄奥 59. 22. 9 和 23. 2。

⑧ 狄奥 60. 12. 5 和 30. 6。

⑨ 狄奥 74. 7. 1—2；HA，*Pert.* 6. 9。

⑩ 狄奥 76. 6. 1。

元 70 年,元老院并没有同意为维斯帕先和提图斯授予“犹太”的称号。① 元老院会议主持人在征询意见时,无疑鼓励提出并加以收集出手大方的建议;反过来,元老院成员感到有必要贡献意见,以表明自己有影响力。与此同时,主持人避免鼓吹克制。据说,奥古斯都热切希望他的孙子盖乌斯和卢修斯被授予荣誉,②他的愿望没有落空。提比略和塞普蒂米乌斯·塞维鲁一度因各自的心腹,即赛扬努斯和普劳蒂亚努斯,获得元老院的提拔而感到满意。③ 盖乌斯一举夺得奥古斯都一辈子所获得的荣誉;并且,他以同样的方式在一份元老院命令中让他的祖母安东尼亚被授予莉维亚的所有荣誉。④ 及后,他不太确定该如何回应元老院的提议。狄奥评论道:“已通过的较小荣誉让他愤怒,那意味着少数较大荣誉也让他愤怒,由于他似乎失去了获得更多荣誉的可能。”⑤我们已经发现尼禄和图密善所表现出来的荣誉欲望。尽管前者一开始表现出谦逊的态度⑥并极力主张元老院在政府中发挥更大作用,元老院表现出典型的冷淡反应。公元 54 年,尽管其关于要从阿美尼疏散亚帕提亚人的公告受到铺张[授予]的提议,尼禄本人也拒绝了更多奢侈的荣誉。⑦ 公元 2 世纪时,康茂德要求元老院同意把奥略留获得的所有[荣誉]都授予他。⑧

由元老院进行授予的荣誉仍有待个别考察。我们已经谈到某

---

① 66.7.2. 评论参见 P. Kneissl, *Die Siegestitulatur der römischen Kaiser*, *Hypomnemata* 23, Göttingen, 1969, 第 42—43 页。

② 塔西佗,《编年史》1.3。

③ 塔西佗,《编年史》4.74; 狄奥 58.2.7; 4.4; 11.1; 75.14.7; 或许 75.15.2[b]。

④ 狄奥 59.3.2; Suet. *Calig.* 15。

⑤ 59.23.3.

⑥ Cf. Suet. *Nero* 8.

⑦ 塔西佗,《编年史》13.8 和 10。

⑧ 狄奥 72.15.1。

些授予给皇帝及其家族成员的荣誉，至于宗教性质的荣誉将在下章进行论述。

第三节　荣耀月（Honorific Months）[1]

以在世的统治者之名来命名月份是一种神圣荣誉，来源于古希腊世界。在罗马，这种荣誉专门由元老院为皇帝及其家庭成员进行授予。昆体利斯（Quintilis）被重新命名为尤利乌斯（Iulius） 360
以庆祝尤利乌斯·恺撒的诞生月。塞克斯提里斯（Sextilis）被重新命名为奥古斯都，理由可见于马克罗比乌斯（Macrobius）所援引的相关元老院法令：

> 本月为大将军恺撒·奥古斯都月。在本月，塞克斯提里斯首次就任执政官并为罗马城赢得3次胜利；在他的主持下，军团被带下贾尼科洛山（Janiculum）并忠诚地服役；埃及被征服并接受罗马人民的统治；内战结束。据此，这个月成为罗马帝国的幸运月，元老院乐于称之为奥古斯都月。[2]

尽管苏维托尼乌斯（Suetonius）、狄奥和塞索里努斯（Censorinus）把采用新名字与公元前8年复用儒略历（Julian calendar）联系起来，但更有力的论据让人相信这种创新其实可以追溯至公元前27年。奥古斯都去世时，显然是元老院提出要把新名字转移到

---

① 此处只谈及元老院的角色。整个话题的完整讨论，参见 K. Scott，“希腊罗马荣耀月”，*Yale Class. Stud.* 2.，1931，第201—278页。

② *Sat.* 1.35 = *FIRA*^{2} I no. 42；亦可参见 Livy，*Epit.* 134；Plut. *Numa* 19；Suet. *Aug.* 31；狄奥 55.6.6—7；Censorinus，*De die natali* 22.16；Servius，*In Verg. Buc.* 4.12。

奥古斯都的诞生月，即 9 月（尽管他在 8 月已经去世），但这项提议没有被进一步实现。①

提比略在位时期，似乎曾超过一次尝试重新命名月份以向皇帝致敬。然而，特别的是，他撤消了将 9 月和 10 月分别称为提比略和莉维亚的建议；不仅如此，对于元老院想至少把其诞生月（即 11 月）称作提比略的进一步请求，他也加以阻止。② 我们虽无法证实，但可以揣测，关于把 9 月重新命名为日尔曼尼库斯（Germanicus）以纪念他父亲一事，盖乌斯征求过元老院的意见。③ 尼禄统治初期也拒绝了元老院以其诞生月（即 12 月）作为年度开端的请求。不过，公元 65 年，他显然没有反对元老院为表对他的敬意，将 4、5、6 月分别重新命名为尼罗纽斯（Neroneus）、克劳迪乌斯（Claudius）和日尔曼尼库斯（Germanicus）。④

图密善将 9 月和 10 月分别重新命名为日尔曼尼库斯和图密善。⑤ 他可能就此事征询过元老院的意见，唯一的记载可见于普林尼在《公众集会演说辞》（*Panegyricus*）中对图密善统治时期讨论过的琐事进行的嘲弄。他说："我们是把全部月份，而不仅仅是
361 某一月份，均冠以恺撒们的大名。"⑥除 7 月和 8 月以外的所有月份都有新的名字，图密善去世后，与他相应的月份-名字以及他所颁布的法令均告无效。⑦

据《奥古斯都史》记载，安东尼拒绝了元老院将 9 月和 10 月分

---

① Suet. *Aug*. 100.

② 狄奥 57. 18. 2。

③ Suet. *Calig*. 15.

④ 塔西佗，《编年史》13. 10；15. 74；16. 12；Suet. *Nero* 55。

⑤ Suet. *Dom*. 13；狄奥 67. 4. 4。

⑥ 《颂词》54. 4："... menses etiam nec hos singulos nomini Caesarum dicabamus"。

⑦ Cf. Plut，*Numa* 19；HA，*Commod*. 20. 5；Macrob. *Sat*. 1. 36—37；Censorinus，*De die natali* 22. 17.

别重新命名为安东尼和福斯蒂努斯的法令。[1] 相反，康茂德在统治结束时要求元老院对12个月份进行重新命名，以表示对他的敬意。[2]

第四节　凯旋式、小凯旋式、凯旋荣誉以及"大将军"称号

元首制时期和共和国时期一样，凯旋式及小凯旋式（同类仪式中荣誉等级稍逊者）继续由元老院来授予符合特定条件并获得胜利的指挥官。这些条件中有规定指挥官须具备完整统治权（imperium）。[3] 曾经，几乎所有的罗马军队都是由皇帝公使（imperial legates）指挥，这使得除皇帝或其家庭成员外，其他人几乎不可能满足上述条件；因此，早在公元前19年，科尔尼利乌斯·巴尔布斯（L. Cornelius Balbus）成为最后一名被授予凯旋式的非皇室成员。[4] 同样，公元47年，小凯旋式最后被授予普劳裘斯（A. Plautius），以嘉许他担任克劳迪乌斯的不列颠远征队的指挥官。[5] 然而，皇帝及其近亲仍在元老院的表决后举行凯旋式或小凯旋式庆典。[6] 奥古斯都规定，元老院应就此事始终到战神庙（建于公元前2年）开会。

阿古利巴（Agrippa）拒绝凯旋式一事让奥古斯都花时间去建立一套新原则，即该荣誉要为皇室成员保留。[7] 其他人由元老院

---

① *Antonin.* 10.1.

② 狄奥 72.15.3；Herodian 1.14.9；HA，*Commod.* 11.8。

③ 所有接受荣誉的人必须属于执政官级别的进一步规定渐被忽略：参见如 *ILS* 957；狄奥 60.20.4 和 23.2。

④ *Inscr. Ital.* XIII. 1(=*EJ* p.36).

⑤ 塔西佗，《编年史》13.32；Suet. *Claud.* 24；狄奥 60.30.2。

⑥ 参见补充注释 J。

⑦ Cf. 狄奥 54.24.7—8；更多参见 A. A. Boyce，"凯旋荣誉的起源"，*Class. Phil.* 37，1942，第130—141页。

来授予凯旋式的徽章或荣誉标记(insignia or ornamenta)就足够了。公元前12年,提比略首先获得这项新荣誉;次年,德鲁苏斯和
362 庇索亦然。① 据苏维托尼乌斯,奥古斯都要[元老院]同意为30多名指挥官办凯旋式,并为更多的指挥官授予荣誉标记。② 若后一部分属实,则我们缺失的人名就更多了。③

自然地,这件事一般由皇帝进行倡议,在实践上必需始终得到他的同意。④ 然而,我们目前所据以判断的资料在这点上还很模糊,似乎全部皇帝都提交过提案供元老院审批,而非自行授予荣誉。⑤ 当时有人抱怨荣誉有授予那些在军事领域上没有任何成就的人,⑥但只能找到很少的例子来支撑;从当前的证据来看,似乎只有极少数属于例外情况。⑦

朱里亚-克劳狄王朝(Julio-Claudian)时期,似乎竖立雕像必然还伴随着凯旋荣誉的授予。⑧ 但在公元69年,若从字面来理解塔西佗的话,我们首先看到的奖赏只不过是一个凯旋雕像。⑨ 其

---

① Suet. *Tib.* 9; 塔西佗,《编年史》6.10; 狄奥 54.33.5; 34.3 和 7。

② *Aug.* 38.

③ A. E. Gordon 整理过该时期完成的一份宝贵的荣誉授予清单,*Quintus Veranius Consul A. D.* 49,附录2;详见 D. E. Eichholz 的讨论,*Britannia* 3,1972,第149—163页;V. A. Maxfield, *The Military Decorations of the Roman Army*, London, 1981,第五章。

④ 注意,载于塔西佗,《编年史》11.20 的士兵之书是呈给克劳狄乌斯的。皇帝许可同前4.26。

⑤ 关于具体提及元老院的,参见 Vell. 2.115.3; Tac. *Agr.* 40;《编年史》1.72; 2.52; 3.72; 4.46; 12.28 和 38; 15.72;《历史》4.4; 狄奥 56.17.2; *ILS* 918, 921, 986, 1022, 1023, 1056, 且 8970 由 G. W. Bowersock 进行修订, *JRS* 63,1973,第135页(唯一的元老院法令)。A. Mocsy 提供的修复版 *ILS* 985, *Archaeologiai Értesitö* 93,1966,第203—207页(= *AE* 1966.68)仍不太可靠:cf. G. W. Houston, *ZPE* 20,1976,第27—28页。

⑥ 例如,Suet. *Nero* 15; 普林尼,《书信集》2.7.1; 狄奥 58.4.8。

⑦ 塔西佗,《编年史》4.26; 11.20—21; 15.72; Suet. *Claud.* 24; *ILS* 957。

⑧ Cf. 塔西佗,《编年史》4.23; 狄奥 55.10.3。

⑨ 《历史》1.79。

后，虽然（元老院）仍然通过表决来决定凯旋徽章或荣誉标记的授予，但到了奥略留（M. Aurelius）在位时期，授予雕像（一般是死后追赠）开始变得常见。① 到了塞普蒂米乌斯·塞维鲁在位时期，这种荣耀也逐渐消失；至少我们从他任期内只收集到一个例子。②

应该一提另外两个从元首制时期保留下来的针对皇室家族的荣誉。第一个是大将军（imperator）的称号，以表彰皇帝本人或在皇帝率领下赢得的胜利。③ 最后一名获得该荣誉的非皇室成员将领是尤尼乌斯·布雷苏斯（Q. Junius Blaesus），作为阿非利加行省 363
总督（proconsul），他于公元 22 年指挥并参加了战争。④ 这个称号大概由元老院进行授予；公元 15 年，[元老院]明显是根据提比略的建议，把这个称号授予日尔曼尼库斯。⑤ 更为普遍的是，战场上的士兵也许会向他们的将军致敬。在叙述完“雷霆”军团（“thundering” legion）战胜马克曼尼人（Marcomanni）的奇迹后，狄奥解释道：“他（马可·奥略留）7 次被士兵们尊称为大将军。虽然他不习惯于接受未经元老院表决通过的荣誉，不过这次他也把它当作上天的馈赠，并知会了元老院。”⑥然而，我们仍不确定是否能从这些例子中推断出所有这类称号都要经由元老院的批准；⑦在众多皇帝当中，马可在征求元老院意见一事上异常谨慎。

及后，为皇室成员保留的另一项荣誉是取自被征服民族的

---

① 具体提及元老院授予没有徽章或标记的凯旋式或“军事”雕像，参见普林尼，《书信集》2. 7. 1；*ILS* 1098，1112；*CIL* VI. 3850 = 31809；37087—37088。

② *CIL* VI. 1566，省略（Gordon 的清单明显遗漏了此点）。

③ “*imperator*”一词的用法区别于“最高权力持有者”的意思（cf. *Arval Acta*，para. 9c. line 10，“quod hoc die C. Caesar Augustus Germanicus a senatu impera[tor appellatus est]”）。虽然后一种意思的“*imperator*”自维斯帕先时期成为皇了姓名中的第一个名字，头衔仍继续用于名字后面，以彰显胜利。

④ 塔西佗，《编年史》3. 74。

⑤ 塔西佗，《编年史》1. 58。

⑥ 71. 10. 4—5.

⑦ 相反意见参见 M. Hammond，《安东尼君主制》，第 77—78 页。

头衔。[1] 我们知道，在元首制时期，只有两位非皇室成员获得了这样的头衔——阿非利加行省总督(proconsul)科苏斯·科尔尼利乌斯·兰图鲁斯(Cossus Cornelius Lentulus)于公元6年成为“盖图里库斯”(Gaetulicus)，[2]加比尼乌斯·塞古都斯(P. Gabinius Secundus)被克劳狄乌斯批准成为“乔斯乌斯”(Chaucius)或“卡赫乌斯”(Cauchius)。[3] 此外，弗洛鲁斯(Florus)说，苏比修斯·圭里尼乌斯(P. Sulpicius Quirinius)本可成为“马尔马里库斯”(Marmaricus)，若不是他表述自己的战绩时表现得如此谦逊。[4] 我们知道，这些头衔一般经由元老院授予皇帝及其家族成员，[5]但无法说清皇帝及其家族成员是否偶尔也自行授予。

第五节 雕 像

军事胜利并不是元老院考虑授予雕像的唯一依据。另一种向皇帝致敬的惯常做法是提议用宝石制作雕像。[6] 公元前12年，奥
364 古斯都因在一次庭审上的表现而受到这样的谢礼；[7]元老院迅速
仿效了提比略向赛扬努斯致敬的方式。[8] 后来，普劳蒂亚努斯

---

① 完整论述参见 P. Kneissl, *Die Siegestitulatur der römischen Kaiser*。

② *PIR*^{2} C 1380；Vell. 2. 116. 2；Florus 2. 31. 40；狄奥 55. 28. 4。

③ *PIR*^{2} G 9；Suet. *Claud*. 24.

④ 2. 31. 41. J. Desanges 讨论过征战日期以及圭里尼乌斯当时的职位之谜，“Un drame africain sous Auguste”, in *Hommages à M. Renard*, *Collection Latomus* 102, Brussels, 1969, vol. 2，第197—213页中的第208—212页。

⑤ Suet. *Tib*. 17；*Claud*. 1；狄奥 60. 22. 1—2；68. 10. 2 和 18. 3^b；78. 27. 3；cf. 66. 7. 2；HA, *Marcus* 9. 1—2；*Verus* 7. 9；*Fast. Ost*. A. D. 116。

⑥ Stat. *Silv*. 1. 1. 99—100；塔西佗，《编年史》13. 10；狄奥 72. 15. 3 和 6；74. 14. 2^a；或可参见普林尼，《颂词》52。

⑦ 狄奥 54. 30. 5。

⑧ Seneca, *Cons. Marc*. 22. 4；塔西佗，《编年史》3. 72；4. 74；cf. 4. 23；狄奥 57. 21. 3；58. 2. 7 和 4. 4。

(Plautianus)也被授予雕像。[①] 元老院经过投票,同意为皇帝奥索的父亲在皇宫中竖立一座雕像,因为他揭发了针对克劳狄乌斯的阴谋。[②] 而最普通不过的是,皇帝在杰出人物去世后会提议为其竖立雕像,并常伴有公共葬礼;[③]罗马总督(Praefectus Urbi)沃卢修斯·萨图宁乌斯(L. Volusius Saturnius)于公元 56 年去世后,大概共有 9 座这样的雕像载有他的记录。[④] 执政官或被委以修建雕像的任务。[⑤]

盖乌斯规定,除获得他的许可外,禁止在任何地方为在世者竖立雕像。[⑥] 克劳狄乌斯试图制止在罗马违规建造雕像,他规定普通公民必须参加过公共工程的修建或维修,又或者已获得元老院的许可,才可进行下一步操作。[⑦] 若承认经修复的石头[上的证据],则维拉尼乌斯(Q. Veranius)的葬礼铭文似乎提供了唯一一处遵守该规定的证据:当他在公元 50 年初担任神庙暨公共工程和公共城市管理人(curator aedium sacrarum et operum locorumque publicorum)时,"经元老院同意"(consentiente senatu),骑士及罗马人民(equester ordo et populus Romanus)为他竖立了一座雕像(?)。[⑧] 人民的管理人已参加过公共工程的修建或维修,还得向元老院提议,这似乎过于苛刻。但我们不能说,竖立雕像的申请及后总是提交给元老院。当然,至少皇帝的默认是必不可少的。我们确实知道有个首先请示皇帝的例子:当时,提廷纽斯·卡皮托(Titinius Capi-

---

① 狄奥 75. 14. 7。

② Suet. *Otho* 1.

③ 塔西佗,《编年史》4. 15; cf. 13. 10; Suet. *Vitell*. 3; HA, *Marcus* 2. 5 和 3. 5; *ILS* 1100; 1326; 8963; possibly *CIL* VI. 1437; *AE* 1934. 177。

④ *AE* 1972. 174, with W. Eck, "Die Familie der Volusii Saturnini in neuen Inschriften aus Lucus Feroniae", *Hermes* 100. 1972. pp. 461—484.

⑤ Suet. *Claud*. 9.

⑥ Suet. *Calig*. 34.

⑦ 狄奥 60. 25. 3。

⑧ A. E. Gordon, *Quintus Veranius Consul A. D.* 49, pp. 234, 270—271.

to)向涅尔瓦请假,以在广场(Forum)为尤尼乌斯·西拉努斯·托夸图斯(L. Junius Silanus Torquatus)建造一座雕像。[1] 提廷纽斯作为一名骑士,当然不在元老院占有席位,但他作为通信秘书(ab epistulis)又与皇帝保持着密切联系;[2]因此,我们仍旧无法从他的行为来推论出当时的元老院议员怎样提出类似请求。[3]

据狄奥记载,就皇帝(如图拉真和哈德良)如何提出为朋友及
365 将领竖立雕像的事,无法确定其是否征求过元老院的意见。[4] 的确,奥略留就此事争取元老院同意时异常谨慎。然而,我们只能满怀希望地猜想,其他某些皇帝可能从不如此费劲。

第六节 荣誉标记[5]

共和国时期,元老院为非元老院成员以及低级别元老院成员授予执政官或其他元老官员的荣誉标记或徽章。一直到元首制时期也如此。因表现杰出而被授予这些"装饰物"的人可以穿戴相关衣

---

① 普林尼,《书信集》1. 17. 1。

② *ILS* 1448.

③ 可把 Tac. *Dial*. 13(参见如 A. Gudeman, *P. Cornelii Taciti Dialogus de Oratoribus*, Leipzig and Berlin, 1914, 第 281—282 页)中对议员库利亚提乌斯·马特努斯的请求所作的一般解释看成与此问题相关,当他指明要如何看他坟上的雕像,他被理解成"不要设法通过元老院动议或向皇帝请愿的方式来纪念我"(M. Winterbottom, revised Loeb edition, 1970)。但实际上,他的话根本不具体:"et pro memoria mei nec consulat quisquam nec roget"("通过征求意见或发出请求来纪念我")。Gudeman 的意见被忽略,没有得到 R. Güngerich 的评论, *Kommentar zum Dialogus des Tacitus*, Göttingen, 1980, 第 58 页。

④ 68. 16. 2; 69. 7. 4; cf. A. E. Gordon, op. cit. pp. 322—323. 元老院被遗漏一事经常得不到重视。狄奥(57. 21. 3)在提及塞扬努斯建在剧场的铜像时同样遗漏了元老院,我们从别处得知元老院在此事上有被征询过意见(Seneca, *Cons. Marc*. 22. 4)。

⑤ 一般参见 Mommsen, *St. R.* I., 第 455—465 页; A. Stein, *Der römische Ritterstand*, 第 272—275 页; S. Borzsák, *PW* 18. s. v. ornamenta, cols. 1110—1122; 以及过长的 B. Rémy, "Ornati et ornamenta quaestoria praetoria et consularia sous le haut empire romain", *Rev. Et. Anc.* 78—79, 1976/1977, 第 160—198 页。

饰，正式具备有关级别元老的社会地位，①并可拥有该级别所享有的其他特权。② 尽管如此，非元老院成员仍被拒于元老院会议门外。相比之下，获得该荣誉的元老院成员很自然地继续享有参会权。不过，我们尚未清楚在会议上，他是否继续留在原级别，抑或被划分到与他所获荣誉标记相符的级别。后一种情况似乎更有可能。③ 故财务官（quaestorius）日尔曼尼库斯于公元 9 年所获得的是附加特权，除其他荣誉外，他被授予副执政官荣誉（ornamenta praetoria），并享有排在执政官后发表意见的权利。④ 我们可以猜测，一个被授予副执政官荣誉的元老院成员一般会被划到最低级别 366
的前副执政官（praetorii）那里，而非最资深级别处。严格来说，这种特权对晋升而言亦意义有限。也只有实际担任元老官职而非单凭被授予荣誉标记，才能让他的事业更进一步。故狄奥说，提比略在公元前 16 年上任副执政官前，已获得副执政官荣誉。⑤ 特图斯·尤利安努斯（Tettius julianus）亦如此，他先获得副执政官荣誉，再于公元 70 年就任副执政官。好些年后，还是有先获得副执政官荣誉再就任副执政官的人。⑥ 由此，任何先获得如副执政官荣誉再就任该职的人不得不以官职为先。被首先授予荣誉标记是毫无意义的。如狄奥所说，直到 3 世纪，既傲慢又贪恋荣誉的普劳蒂亚努斯（Plautianus）才永久地改变了荣誉的价值估算方法。⑦

---

① 参见普林尼（《书信集》8. 6. 4）如何称帕拉斯为“禁卫军”（praetorius）！

② Cf. Ulpian, *Dig.* 50. 16. 100：“‘speciosas personas’ accipere debemus clarissimas personas utriusque sexus, item eorum, quae ornamentis senatoriis utuntur.”

③ Rémy（op. cit. p. 161）会同意，但他从公元前 43 年屋大维的特殊例子推论出普通惯例则是错误的。

④ 狄奥 56. 17. 2；*PIR*^{2} I 221。

⑤ 54. 19. 6.

⑥ 塔西佗，《历史》1. 79；4. 39—40；*ILS* 1000 由 A. B. Bosworth 来解读，“Firmus of Arretium”，*ZPE* 39，1980，第 267—277 页（详见下文）。关于这类成员在更高等级的位置，参见第 291 页，注释②。

⑦ 46. 46. 3—4；cf. 78. 13. 1.

公元69年末的奖赏以及赛扬努斯(Sejanus)垮台后元老院授予给马克罗和拉科(Macro and Laco)[被两者拒绝]的荣誉或出自元老院成员的建议。① 另外,在元首制时期,只有在皇帝的推动下才能实际授予荣誉标记。不过,他显然继续把部分(即便不是全部)建议正式提交给了元老院。起初,荣誉仅限于皇室成员——提比略及其兄弟德鲁苏斯、日尔曼尼库斯,还有克劳狄乌斯②(他是当中唯一一名非皇室成员)。对皇室成员来说,在缺乏对这类荣誉加以设限的时代,获得荣誉标记不过是提高自己在皇室声望的众多途径之一。③

自提比略时期起,我们再没听到过将荣誉标记授予给皇室成员的事。不过,这时的副执政官荣誉被授予了禁卫军长官(Praetorian Prefect)赛扬努斯(Sejanus),他是元首制时期首位获得该荣誉的非皇室成员。④ 提比略垮台后,副执政官及财务官的荣誉由元老院分别授予提比略的继任者纳维乌斯·苏托里乌斯·马克罗(Q. Naevius Sutorius Macro)和城市治安官(praefectus vigilum)格雷西尼乌斯·拉科(P. Graecinius Laco),但遭到两者的拒绝。⑤ 已知的例子表明,禁卫军长官在任期内外被授予执政官荣
367 誉(ornamenta consularia)的事实际上很快就变得普遍。⑥ 我们可以揣测,这项荣誉由元老院正式授予,尽管最多只有到2世纪初的文献证明。⑦

---

① 塔西佗,《历史》4.4;狄奥 58.12.7。

② 狄奥 54.10.4 和 32.3;56.17.2;Suet. *Claud*. 5。

③ 相反,马塞勒斯于公元前24年被直接任命为禁卫军,继而被选为市政官(狄奥 53.28.3)。公元9年,小德鲁苏斯一成为财务官就可以像禁卫军那样讲话(狄奥 56.17.3)。

④ 狄奥 57.19.7。

⑤ 狄奥 58.12.1。

⑥ W. Ensslin, *PW* 22 s. v. praefectus praetorio, col. 2399.

⑦ 塔西佗,《编年史》11.4(副执政官荣誉)具体说明或强烈暗示元老院的参与情况;15.72;《历史》4.4;HA, *Hadr*. 8.7。

我们发现，在盖乌斯统治下，荣誉标记的授予范围更广——这种新趋势被克劳狄乌斯继承，这从某方面表明了他在授予荣誉时尤其慷慨。有可能是盖乌斯促成了那次空前的保民官荣誉授予仪式，这个奖大概颁给了军事保民官（tribunus militum）尤利乌斯·克拉苏（L. Julius Crassus），在他完成日耳曼的任务后。[①] 显然，尤里乌斯·阿古利巴（Julius Agrippa）皇帝经元老院同意被授予副执政官荣誉（ornamenta praetoria）一事应该也发生在同一时期。[②] 在克劳狄乌斯的唆使下，元老院后来同意让他和他的弟弟希律分别成为执政官（consularia）和副执政官（praetoria）。[③] 让大普林尼[④]及其外甥[⑤]反感的是，财务官和副执政官荣誉不得不授予受到皇帝保护的有权有势的自由民纳西苏斯（Narcissus）和帕拉斯（Pallas）。[⑥] 有证据证实苏维托尼乌斯（Suetonius）的话，即克劳狄乌斯“甚至把执政官荣誉授予 200 塞斯特斯代理人（procuratores ducenarii）”。[⑦] 公元 49 年，至少比提尼亚总管（procurator）尤尼乌斯·契洛（Junius Chilo）因护送克里米亚博斯普鲁斯（Crimean Bosporus）皇帝米特拉达特斯（Mithridates）到罗马而获得该荣誉；与此同时，其资历稍浅的同僚尤利乌斯·阿奎拉（C. Iulius Aquila），尽管曾因战败给米特拉达特斯而负有责任，却被授予了副执政官

---

① 乍看会很自然地以为这是自治市而非罗马元老院授予的一个荣誉。但若真如此，奇怪的是铭文竟如此突出这项奖赏，且它被区别于及后所引述的确实的自治市荣誉。这点由 Mommsen（ad *CIL* VIII. 15503）提出，后由 E. Ritterling（*Germania* 1, 1917，第 170—173 页中的第 171 页）进行讨论。值得 *PIR*^{2} I 279 及 Rémy（cf. op. cit. p. 178）深入探讨。

② Philo, *Flacc.* 40; *PIR*^{2} I 131.

③ 狄奥 60. 8. 2—3。

④ *NH* 35. 201.

⑤ 普林尼，《书信集》7. 29；8. 6。

⑥ 塔西佗，《编年史》11. 38；12. 53；Suet. *Claud.* 28。

⑦ *Claud.* 24.

荣誉。① 宵禁官(praefectus vigilum)格雷西尼乌斯·拉科(Graecinius Laco)于公元31年审慎地拒绝了元老院授予的荣誉,却从克劳狄乌斯处接受了执政官荣誉。②

大概是在尼禄统治时期,埃米萨(Emesa)皇帝尤利乌斯·苏哈穆斯(C. Iulius Sohaemus)被授予执政官荣誉。③ 公元66年,骑士奥斯托留斯·萨比努斯(Ostorius Sabinus)受到了元老院颁发的财政官荣誉,作为他处决执政官巴里亚·索拉努斯(Barea Soranus)的奖赏。④ 公元69年的内战期间及其后,有一大批奖赏被授
368 予元老院成员及非元老院成员。在前者之中,军团指挥官们(legionary legates)和安东尼·普莱马斯(Antonius Primus)均获得了执政官荣誉;有一位费尔穆斯(Firmus)获选为恺撒的财务官(quaestor Caesaris)并被授予副执政官荣誉;⑤骑士科尔尼利乌斯·弗斯库斯(Cornelius Fuscus)和阿里乌斯·瓦鲁斯(Arrius Varus)也获得了同样的荣誉。⑥

从现有的证据来看,自弗拉维(Flavian)时期,荣誉标记的授予似乎变得更有节制,尤其源于部分不久前以上述方式获得荣誉的人引起了某些人的强烈反感,以及[人们]更多地依赖于皇帝的直接任命(adlection)。⑦ 无疑,对于已经是元老的人来说,后一种

---

① 塔西佗,《编年史》12.21;*PIR*^{2} I 166和744。

② 狄奥 60.23.3;*ILS* 1336。

③ *ILS* 8958;*PIR*^{2} I 582。

④ 塔西佗,《编年史》16.33。

⑤ *ILS* 1000 lines 3—5, reading with A. B. Bosworth, *ZPE* 39, 1980, p. 277:"q. Aug. orn[ament. p]raetoricis a senatu auctorib. [duob. i]mperatorib. Vesp. et Tito adiect. [in place of adlect]."改变一个字母,以"副执政官荣誉"来消除了"直接任命"一词的难解特质。Bosworth 高调揣测接受荣誉的人是C. 佩蒂留斯·费尔穆斯,即弗拉维时期的大指挥官Q. 佩蒂留斯·瑞阿里斯的小儿子。

⑥ 塔西佗,《历史》1.79;4.4。

⑦ 普通认为,奥略留向他的亲戚们授予"完整荣誉"(cuncta honorum ornamenta),这无法从元老院荣誉方面得到证实(HA, *Marcus* 16.1)。

荣誉具有使他们确信自己级别更高的实际优势；我们已知荣誉授予的方法，如获得副执政官荣誉的市政官（aedilicius），若想获得晋升，仍有必要竞逐副执政官职位本身。因此，这样的事并不常见，即大智者的父亲克劳狄乌斯·阿提库斯·希罗德斯（Ti. Claudius Atticus Herodes）位于科林斯的碑文上两次显示其"据元老院法令被授予副执政官荣誉"。① 尽管那时他大概还不是元老院成员，但在公元108年左右，他以补任执政官的职位而为人所知。因此，获得荣誉标记可迅速被直接任命，又或者（更有可能的是），不久便能被直接任命，只是这种情况恰好从未被提及。

据说，在公元75年，一外国王子——贝勒尼基（Berenice）的兄弟尤利乌斯·阿古利巴（Julius Agrippa）与贝勒尼基一同到访罗马时被授予了副执政官荣誉。② 然而，除了他、希罗德斯和禁卫军长官（Praetorian Prefects）之外，我们还听说自弗拉维（Flavian）时期起，荣誉标记只授予给某些在文化事务上有杰出表现的人。早至公元54年，尼禄让元老院向他年迈的老师阿斯科尼乌斯·拉贝奥（Asconius Labeo）授予执政官徽章（insignia consularia）。③ 骑士奥克塔维厄斯·提廷纽斯·卡皮托（Cn. Octavius Titinius Capito）作为通信秘书（ab epistulis），或因此得到涅尔瓦的提名（据元老院决议）而获得副执政官荣誉（ornamenta praetorian），但他的文学成就无疑也得到了重视。④ 有证据表明，大约在同一时期，昆体良（Quintilian）获得奖赏，据称是由于得到图密善皇帝的表亲弗拉维乌斯·克莱门斯（Flavius Clemens）⑤的举荐；普鲁塔

① A. B. West（ed.），*Corinth* VIII. 2，Harvard，1931，no. 58；*AE* 1977. 774；H. Halfmann，《元老》，no. 27。

② 狄奥 66. 15. 4；PIR^2 I 132。

③ 塔西佗，《编年史》13. 10。

④ *ILS* 1448；Sherwin-White，《普林尼》，第125页及参考文献。

⑤ Ausonius，*Grat. Act.* 7；PIR^2 F 59 and 240. Ausonius 的"sortitus"（投票任命）一词肯定不是字面义。

369 克(Plutarch)①也获得了奖赏。即便是在一个多世纪以后的元首制末期,马克西米努斯(Maximinus)也对智者瓦列里乌斯·阿普希内斯(Valerius Apsines)进行了奖赏。② 然而,我们无法确定元老院在上述例子中是否有被征询过意见。

在元首制时期,据我们所知似乎只有两例是元老院为骑士阶级以下的人授予骑士身份。两位[骑士身份获得者]皆为自由民。奥古斯都的御医安东尼·穆萨(Antonius Musa)于公元前23年获此身份(及其他特权),③维斯帕先的自由民霍尔姆斯(Hormus)于公元70年1月1日亦然。④

第七节　公共葬礼⑤

在共和国后期,元老院就杰出人士的公共葬礼进行表决已成为惯例。公共葬礼由执政官来主持,费用由国家承担。元首制时期仍保持这种惯例。此类葬礼一般授予给皇帝及其家庭成员。⑥在其他情况下,如今只能由皇帝进行提议,提案仍适时地提交到元老院。据说,奥古斯都和提比略大量授予该荣誉。⑦ 对于前者,很少有相关文献证明,尽管在其统治时期其妹奥克塔维亚(Octavia)的丈夫塞克斯图斯·阿普雷乌(Sextus Appuleius)被同意授予公共葬礼。然而,严格来说,他当然应被看作皇室的一份子。⑧ 相比

① C. P. Jones, *Plutarch and Rome*, Oxford, 1971, p. 29.

② *PIR*^{2} A 978; J. H. Oliver, *Hesperia* 10, 1941, p. 260, no. 65.

③ 狄奥 53. 30. 3; *PIR*^{2} A 853。

④ 塔西佗,《历史》4. 39; *PIR*^{2} H 204。

⑤ 一般参见 A. Hug. *PW* Suppl. 3, s. v. funus publicum, cols. 530—532。

⑥ 关于元老院投票,参见塔西佗,《编年史》1. 8;Suet. *Aug.* 100(Augustus);狄奥 58. 2. 2(Livia);塔西佗,《编年史》2. 82—83;4. 9(Germanicus 和 Drusus);Suet. *Tib.* 75;狄奥 58. 28. 5;59. 3. 7(Tiberius);塔西佗,《编年史》12. 69;13. 2;狄奥 60. 35. 2 (Claudius)。

⑦ 狄奥 54. 12. 2; 57. 31. 3; cf. 58. 19. 5。

⑧ *ILS* 8963; *PIR*^{2} A 960.

之下，在提比略统治时期，我们知道这样的葬礼被授予给苏比修斯·圭里尼乌斯（Sulpicius Quirinius）（公元 21 年）、卢西留斯·朗格斯（Lucilius Longus）（公元 23 年）、庇索（L. Piso）（公元 32 年）和埃利乌斯·拉米亚（Aelius Lamia）（公元 33 年）。① 另外，（克劳狄乌斯统治时期？）经元老院同意，维特里乌斯（L. Vitellius）获此殊荣，②沃卢修斯·萨图宁乌斯（L. Volusius Saturninus）亦然（公元 56 年）。③ 同样，公元 70 年，元老院同意为维斯帕先的哥哥弗拉维乌斯·萨比努斯（Flavius Sabinus，严格来说，他也属于皇室成员）举行公共葬礼。④ 更一般地说，昆体良（Quintilian）在 1 370
世纪末讲的肯定是通行惯例："在葬礼上，经常选定公职人员发表颂扬词，同样的任务据元老院法令一般交托给元老官员。"⑤然而，据我们所知，最后一批获得公共葬礼的非皇室成员有维吉尼乌斯·鲁弗斯（Verginius Rufus）（公元 97 年）和利希尼乌斯·苏拉（L. Licinius Sura）（图拉真在位时期）。⑥ 我们可以合理地揣测，在上述例子中，元老院有被征询过意见，尽管相关文献恰好没有提及。⑦ 371

① 塔西佗，《编年史》3. 48；4. 15；6. 11；6. 27；狄奥 58. 19. 5，除埃利乌斯·拉米亚外均有具体例子说明元老院的投票。

② Suet. *Vitel* 1. 3；cf. R. Hanslik，*PW* Suppl. 9. s. v. Vitellius no. 7c，cols. 1733—1739.

③ *AE* 1972. 174.

④ 塔西佗，《历史》4. 47。

⑤ Inst. *Or.* 3. 7. 2.

⑥ 普林尼，《书信集》2. 1. 1；狄奥 68. 15. 3[3]。

⑦ 除了一般术语"funus publicum"外，塔西佗有时使用"funus censorium"。用在克劳狄乌斯身上，这从严格意义上说无疑是正确的，这是由于皇帝持有官职（《编年史》13. 2）. 在其他例子中（《编年史》4. 15；6. 27；《历史》4. 47），"funus censorium"最好仅理解为一个表达法的变体；它不大可能指的是一个不同或更隆重的典礼，它在别处用于皇室成员：参见 *Fast. Ost.* A. D. 112；HA，*Pert.* 15. 1；*Sev.* 7. 8。

第十二章　元老院的行政职能

元首制时期，元老院在不同领域的行政职能具有何种性质及范围如何，需要我们仔细推敲。这章及下章试图以 6 个主要的类别来对其进行回顾。

第一节　公共工程及公共服务

在奥古斯都的鼓动下，有关公共工程及公共服务(先前差不多是被官员胡乱处理)的各个行政职能被分配到特派的元老院长官手上。正如我们所料，依据元老院法令(senatus consultum)来制定新安排是很正常的事。狄奥指出，粮食分发官(praefecti frumenti dandi)一职从公元前 22 年刚被引入时的 2 位增加至公元前 18 年的 4 位，但他恰好没有提到上述程序。[①] 然而，我们已知的所有官职人员的头衔起初都含有“ex s. c.”(据元老院法令)。只是到了 3 世纪，职责范围变动较大，这种做法才自然终止——尽管“ex s. c.”仍不时出现。[②] 此外，狄奥在谈及公元前 20 年设立的道

---

① 54.1.4 和 17.1。

② 关于已知的官职人员及其头衔，参见 H.-G. Pflaum, Bonn. *Jahrb.* 163, 1963, 第 234—237 页，重印于 *Scripta Varia* II。

路管理人(curatores viarum)一职时,也没有提到元老院是否被征询过意见。[1] 不过,此后的里程碑上关于奥古斯都负责过阿皮亚路、[2]拉蒂纳路[3]及萨拉利亚[4]修建工程的标记确实含有"ex s. c."。我们也从铭文得知,该时期两名官职人员的头衔中有提到元老院:普罗佩提乌斯·波斯图穆斯(C. Propertius Postumus)的头衔为 372
"ex s. c. viarum curator",帕基乌斯·斯卡瓦(P. Paquius Scaeva)的头衔为"viar. cur. extra u. R. ex s. c."。[5] 但其后所有官职人员的头衔均无提及"元老院法令"(senatus consultum)。[6]

残存下来的弗朗提努斯(Frontinus)著作《论罗马城的供水》(*De Aquis Urbis Romae*)提供了公元前11年设立水道管理人(curatores aquarum)一职的完整记录。阿古利巴(Agrippa)早就建立了自己的奴隶帮来维护罗马城的渡槽;公元前12年,阿古利巴去世,奴隶帮由奥古斯都继承。[7] 大概有一个成分不明的工作小组,听从元老院的指挥,监督罗马城的公共渡槽,并对所有的公共喷泉进行统计。该小组于次年回来进行汇报。[8] 同时,被弗朗提努斯[9]广泛援引的元老院法令将维护及行政工作置于元老院的水务官手上。可是,已知的官职人员从不援引元老院权威。[10] 奥古斯

---

① 54. 8. 4. 同样头衔的共和国官职显然已被废除(cf. Cic. *Ad Att*. 1. 1. 2 = SB 10; *ILS* 5800, 5892)。

② *CIL* IX. 5986, 5989; X. 6914, 6917.

③ *CIL* X. 6903.

④ *CIL* IX. 5943, 5954; *ILS* 5815; cf. *CIL* VI. 878: 奥古斯都在罗马修桥(?)(据元老院法令)。

⑤ *ILS* 914, 915. 关于公元前21年修桥的执政官(据元老院法令),参见 *ILS* 5892。

⑥ 列表参见 W. Eck, *Die staatliche Organisation Italiens in der hohen Kaiserzeit*,第80—86页。他认为穆西迪乌斯·波连努斯是"道路管理人……元老院法令",但似乎无法证明这种看法的合理性。

⑦ Front. *Aqued*. 98 和 116。

⑧ Front. *Aqued*. 104.

⑨ *Aqued*. 100—108 和 125—127 passim。

⑩ 列表参见 T. Ashby, *The Aqueducts of Ancient Rome*, Oxford, 1935,第17—23页。

都统治时期，“ex s. c.”确实出现在为渡槽工程而立的碑石上，但也就到此为止。[1] 我们听说，台伯河岸的其他工程，部分是由公元前 9 年及前 8 年的执政官据元老院法令来贯彻执行。[2] 但到了公元 15 年，似乎已建立台伯河河床及河岸管理人（curatores riparum et alvei Tiberis）委员会。[3] 提比略时期，该委员会建于河岸的碑石上援引了元老院法令的权威，其后援引的则是皇帝权威（ex auctoritate）。[4] 再次，已知的官职人员不再在其头衔里援引元老院权威。[5]

我们对另外两个委员会，即公共财产管理人（curatores locorum publicorum iudicandorum）及公共档案管理人（curatores tabularum publicarum）几乎一无所知，尽管确实找到了它们各自据元老院法令进行运作的例子。[6] 也许两者在朱里亚-克劳狄王朝（Julio-Claudian）时期过后就不再存在。[7] 此外，奥古斯都统治时期的后半部分，有两人被任命为神庙暨公共工程和公共地方管理人（curatores aedium sacrarum et operum locorumque publico-
373 rum）。但并没有关于该官职正式设立的证据留存下来，且并未发现其职能运作有依据元老院法令。[8]

总的来说，一个可预测的模式得以显现。就我们目前看来，这

---

① *CIL* VI. 31558—31563（cf. *ILS* 5746；*Inscr. Ital.* IV. I. 85—94）；37030—37035；*AE* 1953. 70；1957. 136.

② *CIL* VI. 31541；31702；*AE* 1947. 154；1951. 182a.

③ 狄奥 57. 14. 8；cf. Suet. *Aug.* 37；塔西佗，《编年史》1. 76 和 79。

④ *CIL* VI. 31542—31544；31557；XIV. 4704；with VI. p. 3109.

⑤ 在此点上，最好先搁置 *CIL* VI. 1552. 关于官职人员，参见 M. J. le Gall，*Le Tibre, fleuve de Rome dans l' antiquité*，第 137—145 页。

⑥ 关于前者，参见 *ILS* 942，5939—5941；*CIL* VI. 37037；关于后者，参见 *CIL* VI. 31201。

⑦ 注意前者作为监察官的职能被克劳狄乌斯和维特里乌斯篡夺，至于后者，参见第 367 页，注释②。

⑧ 但注意保罗（*Dig.* 39. 3. 23 pr.）如何设想一般的可能：元老院或皇帝可委托进行的工程或会引起水渍，令他人财物受损。

些职位都是在奥古斯都或提比略的鼓动下设立的，并及时得到了元老院的同意。同样，官职人员起初就其职能征求「元老院的」同意，尽管他们很快就不再遵循这个程序。在提比略时期，多米提乌斯·科尔布罗(Domitius Corbulo)确实有向元老院抱怨过道路管理人(curatores viarum)玩忽职守的事。① 但从一开始，当官职人员的职责跃居至例行公事之上，就牵涉到了皇帝及其官员，而非元老院。大部分官职也都由皇帝来任命。② 尽管有关设立水务官的元老院法令提到奥古斯都承诺自资修复某些工程，但一旦克劳狄乌斯招到规模更大的另一帮人与"公众"帮通力协作，皇帝便永久地大力介入该领域。③ 元老院要感谢奥古斯都和维斯帕先自资修复道路。④ 同样典型的是，提比略时期过后，台伯河床管理人(curatores alvei Tiberis)的碑石上援引的权威应由"ex s. c."(元老院法令)改为"ex auctoritate"(皇帝权威)。相比之下，粮食分发官的头衔则一贯保有"ex s. c."，但若以此猜想元老院对其职能有制约作用，则是不恰当的。⑤

实际上，一旦头两位皇帝要求把罗马的行政事务从官员手上转移至元老院长官，元老院很快就失去了监督官员的职能。当然，无需对这一切感到惊讶，更不要因此沮丧。共和国时期，元老院从

---

① 塔西佗，《编年史》3.31；狄奥 59.15.3—5；60.17.2。

② 理论上，粮食分发官和台伯河岸管理员经抽签选出(参见第十章，第三节)，皇帝所选的水务官应得到元老院的认可(Front. *Aqued*. 104)，但弗朗提努斯(*Aqued*. Pref. 1)认为自己担任后一官职仅仅是由涅尔瓦来任命，这也是很正常的事。无疑，普林尼担任台伯河岸管理员确实要归功于图拉真，尽管 Sherwin-White(《普林尼》，第 79 页)还进一步声称他在《书信集》5.14.2 所引述的资料表明了此点。实际上，"把职责委托给我(mandatum mihi officium)"[这句话]十分含糊。

③ Front. *Aqued*. 125；116.

④ *ILS* 84，245；cf. *RG* 20.

⑤ 详见 H. Pavis d'Escurac，*La préfecture de l'annone*：*service administratif impérial d'Auguste à Constantin*，Rome，1976，第 21—26 页；G. E. Rickman，*The Corn Supply of Ancient Rome*，第四章 3，VII(c)3 及附录 1。

374 不愿意充当现代意义上的行政机构，那时及其后，[1]它也不具备承担这类职能的相应规模及性质。已讨论的是它仍不愿意把日常事务委托给委员会一事已得到解决。奥古斯都在公共工程及公共服务领域上采用任命制实为此事的新进展，他个人对此负责。很自然地，官职人员因此主要与他及他的继任者打交道。

第二节 财 政[2]

在整个共和国时期，元老院控制罗马的国家财政。但实际上，随着元首制时期的到来，这项特权也一同让与给皇帝。从一开始，皇帝就为公共开支贡献了一大笔钱，他甚至可以决定是否公布国家账目。[3] 因此，会自然地问到元老院所剩职能。

名义上，萨吞尼国库(aerarium Saturni)继续由元老院进行控制。自公元前 29 年，国库的主管官员为元老院每年选任、具副执政官级别的两位长官。公元前 23 年，作为杜绝过度拉票行为的其中一项措施，在奥古斯都的鼓动下，上述两个长官职位由抽签决定。[4] 不过，[该职位]自公元 44 年由皇帝直接任命。为了显示共和国时期的传统惯例，克劳狄乌斯让自己挑选的两名任期为 3 年的财务官负责管理工作；他们被承诺能快速升迁。但结果表明，无法找到足够成熟的人来承担该职位的责任，故公元 56 年，尼禄一

---

① 食物方案的制定与图拉真有关，对此看法持怀疑意见的有 W. Eck，“Traian als Stifter der Alimenta auf einer Basis aus Terracina”，*Archäologischer Anzeiger*，1980，第 266—270 页。

② 最近的重要讨论，参见 F. Millar，“帝国下的国库及其官员”，*JRS* 54，1964，第 33—40 页；P. A. Brunt，“私库及其发展”，*JRS* 56，1966，第 75—91 页；F. Millar，《皇帝》，第四章 9。

③ Suet. *Calig.* 16；狄奥 59. 9. 4。

④ 塔西佗，《编年史》13. 29；Suet. *Aug.* 36；狄奥 53. 2. 1 和 32. 2。

改做法，任命了两位前副执政官(praetorii)。① 除了自公元 69 年副执政官显然再次接管[有关职责]，这种安排一度中止，其后则保持不变。②

无论官阶高低，所有这些行政人员都有权出席元老院会议，并因此可以参与讨论对其有影响的措施——比方说，当某条元老院法令授权国库官员从私人土地占有者处赎回萨吞尼区(area Saturni)时，③或哈德良时期某条元老院法令要求国库官员核查财产被充公者的账目。④ 我们看到，当其他人提出有关问题，这批官员 375
就会上前发言。所以，公元 15 年，他们反对一名元老院成员的索赔请求，他声称国家的道路及渡槽修建工程破坏了他家的地基。⑤加之，公元 105 年夏，当某名已去世的财务官秘书(scriba quaestorius)的继承人请求索回死者生前还没收到的薪酬，国库长官以这笔钱归国家所有为由进行驳回。⑥ 自然地，国库财务官(或在元老院会议中)被保民官海维迪乌斯·普利斯库斯(Helvidius Priscus)控告其出售穷人财产时规矩过严，肯定有对此进行回应。⑦ 公元 99 年秋，当贝提卡代表团要求普林尼执行对凯基利乌斯·卡尔西库斯(Caecilius Classicus)的判决时，他缺席了；不出所料，我们发现国库的同僚设法让普林尼以有公务在身为由脱身。⑧

我们知道，在众多皇帝当中，特别是奥古斯都和提比略，曾在

---

① 塔西佗，《编年史》13. 28—29；Suet. *Claud*. 24；狄奥 60. 24. 1—3；*ILS* 966。

② 塔西佗，《历史》4. 9；Suet. *Claud*. 24，“uti nunc”。一般参见 M. Corbier, *L'Aerarium Saturni et l'Aerarium Militare: administration et prosopographie sénatoriale*。

③ *ILS* 5937.

④ *Dig*. 49. 14. 15. 3. 6.

⑤ 塔西佗，《编年史》1. 75。

⑥ 普林尼，《书信集》4. 12。

⑦ 塔西佗，《编年史》13. 28。

⑧ 普林尼，《书信集》3. 4. 2—3。严格来说，普林尼只有一个“国库管理员(*praefectus aerarii Saturni*)”同僚，但正如 Sherwin-White 所示，“军队财库管理员(*praefecti aerarii militaris*)”或可支撑这样的主张。

元老会上提出财务问题。公元 5 年，前者提议筹集资金发军饷，次年，针对新的军队财库(aerarium militare)的最佳集资方式，他又寻求了元老院成员的意见。[1] 公元 13 年，在面对为 5%的遗产税寻找替代方案的重压下，他却仍旧如此。[2] 及后，据说提比略曾不辞劳苦地向元老院提出各种不同问题，其中包括间接税及垄断权。[3]

同样，在其他方面，元老院或觉得仍在某种程度上参与财政事务。据狄奥记载，行省总督若要增加税收，必先得到元老院或皇帝的批准。[4] 与之相对，赫尔莫杰尼安(Hermogenianus)说，官员须获得皇帝授权才能调整间接税(vectigalia)。[5] 然而，莫迪斯蒂努斯(Modestinus)[6]援引了一条对引进新税者进行罚款的元老院法令。贫困行省或皇帝及元老院辖内的城市仍向元老院提交请求豁免进贡的申请。[7] 同样，元老院向遭受地震或火灾的城市提供救助。[8] 还把国库(aerarium)资金作为礼物授予给个人——某次金额高达
376 1500 万赛斯特斯(HS)。[9] 以此为来源，元老院可以命令为运动会[10]或公务提供资金，[11]提比略统治时期，元老院似乎还同意以国库资金支付给禁卫军。[12] 显然，国库资金继续被用来支付给总督随从，[13]相

---

① 狄奥 55. 24. 9 和 25. 4—6。

② 狄奥 56. 28. 4。

③ Suet. *Tib.* 30.

④ 53. 15. 6.

⑤ *Dig.* 39. 4. 10 pr.

⑥ *Dig.* 48. 14. 3.

⑦ 塔西佗，《编年史》1. 76；2. 42；12. 62—63；cf. Suet. *Claud.* 25，亦可参见 *ILS* 6772。

⑧ 塔西佗，《编年史》2. 47；4. 13；12. 58；Suet. *Tib.* 8；狄奥 54. 23. 8。

⑨ 狄奥 53. 30. 3；普林尼，《书信集》8. 6. 8。

⑩ G. B. Pighi, *De Ludis Saecularibus*, p. 112, line 63(17 B. C.)；p. 143 I, line 29(A. D. 204).

⑪ 例如，Front. *Aqued.* 100。

⑫ 狄奥 58. 18. 3。

⑬ Modestinus, *Dig.* 4. 6. 32.

反，尽管乌尔比安(Ulpian)[1]提出，总督将死刑犯的钱财充公并存入皇帝私库(fiscus)。公元 70 年，元老院自行决定公开发行 6000 万赛斯特斯的国债——结果计划流产。[2] 一个世纪后，马可·奥略留不辞劳苦地请求元老院同意为他的战役提供资金，但当他的财务困难变得严峻，他明显觉得不能再求助于元老院。[3]《奥古斯都史》提到，康茂德假装要访问阿非利加“以为这次旅程争取资金”，[4]言下之意或是他会向元老院提出申请。

另一方面，就国库资金是否如共和国时期那样被定期拨给行省总督，我们缺乏任何相关证据。那种认为皇帝也是从同一来源获得经常性补贴的看法缺乏说服力，只有哲罗姆(Jerome)和奥罗修(Orosius)证实在尼禄统治时期曾经有过。[5] 然而，正如我们将看到的，需要皇帝提供补助金的资料更可靠，这与上述看法难以保持一致。不过，首先要强调的是，元首制时期的元老院尽管有某程度的参与，却从未施加财务控制。狄奥是这样对上述例子进行解
释的：“马可请求元老院从公库拨款，不是因为这些资金并未掌握 377
在皇帝手上，而是因为他曾经宣布所有的钱财、公库或其他的，都属于元老院及人民。”[6]这里，马可的第二点原因或言过其实；不过，狄奥承认，皇帝对国家财务的控制已经实现。从一开始，皇帝与他那不断壮大的代理人队伍不仅聚集了大量公共收入，还大规模地进行支出。他们独立进行人口普查。[7] 同样，皇帝连同他的

---

① *Dig*. 48. 20. 6.

② 塔西佗，《历史》4. 47。

③ 狄奥 71. 33. 2，下文引述；*Epit. De Caes*. 16. 9；Eutropius，*Brev*. 8. 13。

④ HA，*Commod*. 9. 1：“simulavit se et in Africam iturum，ut sumptum itinerarium exigeret.”

⑤ Jerome，*Chron*. p. 184 Helm；Orosius 7. 7. 8.

⑥ 71. 33. 2.

⑦ 我们可把哲罗姆的记载归入公元前 1 世纪，*Chron*. ，第 169 页，Helm：“Quirinius ex consilio senatus Iudaeam missus census hominum possessionumque describit”。

财政大臣独立进行即便是最基本的预算或提出财政规划。简言之，皇帝已逐步对财务管理进行全面控制。

相比之下，主管国库的官员们专门负责管理该处的日常事务，从现代意义来看，这个机构像托管所多于国库。他们根据规定的职权处理款项进出；寄存文书；听取案件。普林尼如此形容自己作为长官的职责："我坐在长凳上，回应请愿、做账，还有编写大量呆滞的书信。"①

即使财政事务由奥古斯都和提比略带到元老院，它在制定最终会被采纳的政策上，仍发挥很小的影响力。据我们所知，这类问题在及后很少再被提起。② 公元 69 年后期，国库副执政官们抱怨公共资金处于低值并要求限制支出，这是极不寻常的事。③ 当时，新皇帝未能与罗马取得联系，他们的行动无疑困难重重。然而，显然公众的反应是拒绝在被认定是皇帝权限内的领域采取任何措施。后来，上述问题——财务官秘书(scriba)去世后，其亲属是否可以从国库得到其应得的薪酬——被首先提交至图拉真，但也只不过是由他移交至元老院。故不足为奇的是，1 世纪时，为处理公共财政的紧迫问题而成立的 5 个委员会本该由元老院进行授权，但除了一个提案外，其余都出自皇帝。④ 公元 6 年、70 年及 91 年，分别成立了 3 个委员会来限制或减少开支。⑤ 一个成立于公元 42 年，负责追回属于国家的钱财；另一个成立于公元 62 年，负责管理公共收入。⑥

---

① 《书信集》1. 10. 9："sedeo pro tribunali, subnoto libellos, conficio tabulas, scribo plurimas sed inlitteratissimas litteras."

② 在我看来，尼禄不是在元老院会议上，而是非正式地向元老院成员提出废除间接税的建议，参见第 200 页，注释⑤。

③ 塔西佗，《历史》4. 9。

④ 公元 70 年的委员会是个例外，那是秘密成立的，尽管先前遭到反对——在图密善主持的会议上。

⑤ 狄奥 55. 25. 6；塔西佗，《历史》4. 40；普林尼，《书信集》2. 1. 9；《颂词》62. 2。

⑥ 狄奥 60. 10. 4；塔西佗，《编年史》15. 18。

直到朱里亚-克劳狄王朝时期终结，当国库入不敷出时，皇帝确实努力支援国库。因此，塔西佗暗指奥古斯都对婚姻立法，有部分目的在于提高国库收入。[①] 据《功业录》(*Res Gestae*)记载，他本 378
人为国库、罗马平民及退伍士兵贡献了 24 亿赛斯特斯。[②] 公元 33 年的财政危机中，提比略贷出 1 亿赛斯特斯。[③] 公元 56 年，尼禄为维持国库的偿付能力，支付了 400 万赛斯特斯，并在 6 年后声称他每年都提供高达 600 万赛斯特斯的补助金。[④]

然而，这样维持国库的尝试终被放弃。皇帝与其下属在行使职能上保持独立，却出现了收入来源混乱不清的问题，这些资金或来自皇帝本人，或来自国库，或由皇帝以官方身份经手。正如当时所认为的那样，既然皇帝已全权掌控，混乱也无关紧要。[⑤] 公元 100 年，普林尼[⑥]可以公开地说图拉真控制了国库。过去，元老院的角色最多只是从属于皇帝。其作用现已完全丧失。

第三节　铸　币

似乎适合思考一下，元首制时期元老院在多大程度上介入铸币事务(如果有的话)。唯一的证据几乎来源于钱币本身，近年来对钱币的解读成为钱币学家争论的主题。不宜在此对其所有论点作出详细、公正的回顾。不过，我们需要简单谈及主要观点，作为对元老院职能进行考察的其中一步。

共和国时期，元老院享有对罗马铸币的独家管理权。监督采

---

① 《编年史》3.25。
② 附录 1；cf. 17.1。
③ 狄奥 58.21.5。
④ 塔西佗，《编年史》13.31；15.18。
⑤ Cf. 塔西佗，《编年史》6.2；狄奥 53.22.3—4。
⑥ 《颂词》36.3。

矿的是三人金银铜币铸造委员会(triumviri aere argento auro flando feriundo)和任期1年、来自二十人委员会(Vigintivirate)中的3名低级官员。元首制时期,这些职位一直保留至3世纪中期。[①] 公元前4世纪以前,担任该职的官员遵循共和制时期的传统做法,把他们的名字刻在所有公开发行的钱币上——金、银及铜币——这些钱币在其任期内铸造。然而,当罗马矿业发展到公元10至12年,元老官员名字被省略,甚至不再重新出现。我们不能
379 确定这种省略是否象征着官员职责经过某些更重大的变更,这是由于,除了能有把握地推测官员职责应仅限于日常监督,我们并未掌握官员的其他信息。

元老院与铜币铸造的某种联系由此可知,从公元前23年首次采矿到元首制时期,几乎所有公开发行的钱币都明显刻有"SC"或"EX SC"字样。相对之下,金币和银币自公元前19年发行以来,除了在极少数情况外,均未提及元老院。

我们很自然会认为,经常出现在铜币上的"SC"代表钱币在元老院的监督下发行。然而,卡夫(Kraft)[②]质疑这种观点,他认为那个字样指的反而是铸币的类型-内容:换言之,比如,刻在奥古斯都币背后的橡树花环指的是元老院于公元前27年为皇帝授予这项荣誉。这种诠释尽管有趣,却因多种原因而难以被接纳。[③] 特别是,若诠释正确,我们或可期待"SC"伴随橡树花环及其他经表

---

① 列表参见 J. R. Jones,"罗马帝国早期的铸币官员",*BICS* 17,1970,第70—77页。

② K. Kraft, "S(enatus) C(onsulto)", *JNG* 12,1962,pp. 7—49.

③ 关于异议及下文谈到的其他观点,尤可参见 A. Bay,"奥古斯都铜币上的SC字样",*JRS* 62,1972,第111—122页;C. H. V. Sutherland, *The Emperor and the Coinage: Julio-Claudian Studies*, London, 1976,第11—22页;A. M. Burnett,"共和国晚期及帝国早期的铸币权",*NC* 17,1977,第37—63页。亦可参见如 H. R. Baldus,"Zum Rechtsstatus syrischer Prägungen der 1. Häflte des 3. Jahrhunderts n. Chr.",*Chiron* 3,1973,第441—450页;A. Kunisz, *Recherches sur le monnayage et la circulation monétaire sous le règne d' Auguste*, Wroclaw, 1976。

决要授予给奥古斯都的荣誉共同出现在公开发行的金币及银币上;但我们并未发现这样的刻字。铜币之中,“SC”出现在 1/4 阿斯(quadrantes,最低面值的钱币)上不可能表示类型,因为什么都没显示。此外,坚持认为“SC”与奥古斯都时期过后公开发行的许多钱币的类型-内容有关,也是不合适的。譬如说,“希望之神奥古斯都”(Spes Augusta)在何种意义上是依据元老院法令?

我们或可承认,共和国时期发行的钱币上的“SC”确实有时表明类型-内容,元首制时期的钱币间或也如此。① 可是,共和国时期的“SC”最常表示元老院在发行钱币上的权威:这仍是最自然不过的解释。如果我们要问权威的性质,[为什么]“SC”在公开发行的铜币上经常出现,却没有出现在金币和银币上,这种情况立即表明铜币是由元老院进行监制,金币和银币是由皇帝进行监制。然而,关于这种划分方式的引进,且不说它的理由,仍然是个谜。加之,如果我们要去确定元老院监制的性质及后续发展,也非常困难。如我们所见,自元首制之初,财务控制及财务行为无疑已转移到皇帝手上,尽管要强调的内容各有不同,但所有金属钱币上的标记一律宣扬皇帝的美德、权力与荣誉。 380

贝(Bay)指出“SC”被用来为新的重量单位及金属提供保证,这是罗马铸币厂重开时元老院授权引进的做法。尽管大部分使用者不太可能理解,这种保证或解释绝不总是伴随着新问题而来。此外,这种解读几乎不能解释为什么仍旧突出“SC”。如果刻字只用来证明[铸币]改革,我们或可预料这种做法很快就会被弃用。苏哲兰(Sutherland)认为铜币上的“SC”仅表明元老院批准从萨吞尼国库提取所需金属用以铸币。“SC”一直到 3 世纪仍经常出现,充分解释了是否每次发行都要获得批准。在这点上,苏哲兰的观点或被认为比贝更有说服力。然而,轮到他无法解释,为什么突然

---

① Bay, *JRS* 62. 1972. p. 122; Sutherland, op. cit. p. 15.

认为一丝不苟地公告获准铸币[这种做法]是重要的——元老院此前很少干涉这个流程,即使发行用贵金属铸成的钱币也不如此。不仅是由于这个原因,钱币使用者几乎不会立刻想到苏哲兰的这种解读。更重要的是,他尚未解释在许多公开发行的钱币上,尤其是早期的钱币,为什么会特别刻有"SC"。上述图表 8(c)为代表例子。我们可以把它当成掌控的标记——被刻在上面仅仅为了表明获准提取所需金属来铸币——因而被选为设计上的主要特色吗?

我们也不能确定,是否需要仿效苏哲兰寻求诠释,这必将为 3 世纪中期以前所有公开发行的钱币上的"SC"都赋予意义。一旦确定这种刻字首次出现的原因,我们就能充分了解为什么它作为传统特色会延续至某个无法确定的时期,尽管这也许反映不了法律或行政的实际情况。因此,在元首制时期及其后,无疑仅仅是出于对礼节及传统的考虑,"SC"才经常被刻在公开发行于安条克的铸币上;[1]另外,3 世纪中期,"SC"也出现在马鲁斯(Mallus)[2]、菲力波波利(Philippopolis)[3]或还有大马士革(Damascus)[4]发行的某些钱币上。出于同样原因,"SC"也出现在其他地方铸造的奖章上,并不作为钱币进行流通。[5] 据说,努米底亚(Numidia)公使克
381 罗狄乌斯(L. Clodius)于公元 68 年争权时曾发行过 14 款银制标识,他煞费苦心地将该字样刻在这些标识上。因此,他努力为这些钱币打上其本并不具备的合法性的图章。[6] 觊觎者尤兰纽斯·安东尼(Uranius Antoninus)也有相同意图,他保留着自己于公元 253 年在埃米萨发行的 4 德拉克马银币(tetradrachms)上的字母:

---

① *BMC Galatia*, *Cappadocia and Syria*, pp. 166ff.

② *BMC Lycaonia etc.*, p. 102, nos. 32—35.

③ *BMC Arabia etc.*, pp. 42—43, nos. 2—10.

④ *BMC Galatia etc.*, pp. 286, no. 25.

⑤ J. M. C. Toynbee, *Roman Medallions*, A. N. S. Numismatic Studies 5, New York, 1944, pp. 45—48.

⑥ *RIC* I pp. 193—195.

既因为他想制造一种合法的印象，又由于他是以安条克公开发行的铸币为模仿对象。①

某些尝试了解“SC”字样背后意义的实践特别关注看起来是反常规的样式——即含有字样的金币和银币以及不含字样的铜币。但没有理由不去相信，这类钱币大多反映的仅仅是这样的情况，如官员随心选择设计或雕工。② 特别是，公元 54 年及 63 年，在尼禄监督下铸造的含有“EX SC”的金币和银币也许是打算用来宣明对元老院的特别敬意，而公元 63—64 年铜币上不再出现“EX SC”，或有意表明皇帝对元老院明显感到不耐烦。然而，从更深一层来看，这表明了刻字是尼禄统治初期，他以某种方式将铸造金币和银币的事务“移交”至元老院的证据；及后他以同样方式使字样从铜币上“去除”，这种情况并不常见。③

由于资料不足，依靠碑文证据来证明元老院独立铸币的尝试未能成功。同样，元老院决定只熔毁刻有卡利古拉（Caligula）肖像④的铜币，这并不足以证明元老院对铸币事务首先负有责任。⑤可以揣测的是，尽管皇帝控制所有的铸币事务，铜币铸造仍由元老院进行独立监制。然而，我们完全缺乏证据，即使没有迹象表明元老院继续承担其他任何这类行政工作。

以否定的结论来结束这部分似乎令人沮丧，但唯有如此才合理。如果我们想知道元首制时期，元老院在多大程度上介入钱币发行（如果有的话），则需再次强调除钱币本身外，我们只有很少证

---

① *PIR*² I 195 and H. R. Baldus, *Uranius Antoninus: Münzprägung und Geschichte*, *Antiquitas* 11, Bonn, 1971, pp. 35—37 and 185—189.

② 有关讨论，特别是不带 SC 的盖乌斯“派兵致辞”（Adlocut[io] Coh[ortium]）铸币以及公元 64 年卢迪楠发行的带 SC 铜币，参见 Sutherland, op. cit. in n. 3，第 19 页，注释 47；第 31，73—74 页。

③ Sutherland, op. cit. pp. 32—33, 117—118.

④ 狄奥 60. 22. 3。

⑤ 相关要点参见 A. M. Burnett, *NC* 17, 1977，第 53—56 页。

据。经常出现在铜币上的“SC”或“EX SC”无法得到肯定的解释。然而，自然地被看成是元老院授权发行的意思，突出的字样总令人
382 产生这样一种印象，不过，必须承认我们无法彻底了解元老院介入钱币发行的真实情况，或元老院在此事上与皇帝关系的性质。我们也不知道这种介入维持了多长时间。后来铜币逐步带有“SC”或“EX SC”字样可能只是因为传统。

第四节 公共秩序

这部分要用到如此概括性的小标题，反映了元首制时期元老院继续采取广泛的行政措施来确保社会秩序良好。大部分措施适用于罗马及意大利，可以理解元老院为何觉得对此负有特别责任，尽管不是独家责任。塔西佗关于尼禄登基演说的记录带有误导性，里面暗示意大利及元老院行省(proconsular provinces)不同于皇帝行省，在某种意义上是具有行政目的的“元老院领域”(senatorial sphere)。① 与之相反，元老院与皇帝共同治理意大利，并为其立法，正如他们对待帝国所有其他地方一样；②比方说，道路管理人负责整个意大利的行政工作，③后来的辖区官员(iuridici)④则由皇帝进行监督。

也就是说，我们可以看到元老院特别关注罗马及意大利的公共秩序。因此，当城市有动乱的苗头，执政官必定与城市长官保持密切联系⑤，发生危机时，元老院甚至可以自行指挥军队。在公元前 19 年的紧急状况中，护卫森提乌斯·萨图宁乌斯(Sentius Saturninus)被选为执政官。⑥ 盖乌斯遇刺后，元老院努力安抚罗马

① 《编年史》13.4。
② 参见第十三章。
③ 参见上文第一节。
④ W. Eck, *Die staatliche Organisation Italiens in der hohen Kaiserzeit*，第七章。
⑤ 关于后者在那里负责维持秩序，参见 Ulpian, *Dig.* 1.12.1.12—13。
⑥ 狄奥 54.10.1。

民众及军队，显然还盘算着解放奴隶为此而战。[1] 据狄奥记载，元老院准备满足提比略提出的在奥古斯都的葬礼上被保护的奇怪要求，公元 68 年，元老院为撤走尼禄的护卫而采取主动。[2]

为了保证公众秩序，元老院于公元 16 年通过了元老院法令，将占星师驱逐出意大利，[3]在公元 52 年、[4]甚至可能在公元
93 年也如此。[5] 在别的时候，驱逐哲学家完全是皇帝的意思；我 383
们没有听说此事是否提交至元老院。然而，公元 19 年，宣布埃及和犹太仪式为不合法的确实是元老院，这在公元 90 年或再度发生；不过，公元 23 年，在提比略的唆使下，元老院禁止奥斯坎戏剧(Oscan farces)并将演员驱逐出意大利。[6] 公元 56 年，就进一步驱逐的问题，元老院极有可能被征询过建议，但我们缺乏证据。[7]

焚书是另一项严厉的安全措施。奥古斯都统治后期，通过了一条焚烧拉比努斯(T. Labienus)以及卡西乌斯·塞维鲁(Cassius Severus)著作的元老院法令，[8]克雷姆提乌斯·科尔都斯(Cremutius Cordus)的著作于公元 25 年也落得同一下场。[9] 普林尼提到，图密善统治后期，元老院感到不得不命令销毁海维迪乌斯·普

---

① Josephus, *AJ* 19. 160; 242; cf. 232; *BJ* 2. 205.

② 57. 2. 2; 63. 27. 2^{b}.

③ 塔西佗，《编年史》2. 32; 狄奥 57. 15. 8—9; Ulpian, *Coll.* 15. 2. 1, F. H. Cramer, *Astrology in Roman Law and Politics*, *American Philosophical Society*, Philadelphia, 1954, pp. 237—240；及 Goodyear 关于此处的讨论。

④ 塔西佗，《编年史》12. 52; cf. 狄奥 60. 33. 3^{b} with Cramer, op. cit. pp. 240—241。

⑤ 证明有 SC 的唯一证据来自 Gell. 15. 11. 3—5；至于日期及其他文献，尤可参见普林尼，《书信集》3. 11. 2，Sherwin-White 关于此处的讨论及 Cramer, op. cit. pp. 245—246 在此处忽略了盖利乌斯(Gellius)。

⑥ 塔西佗，《编年史》2. 85; 4. 14; cf. Josephus *AJ* 18. 83. 公元 90 年，反犹法令的范围只记录在《大密德拉什》，且十分含糊：详见附录 10。

⑦ 塔西佗，《编年史》13. 25。

⑧ Seneca, *Controv.* 10 pref. 8; Suet. *Calig.* 16; *PIR*^{2} L 19; C 522.

⑨ 塔西佗，《编年史》4. 35; *PIR*^{2} C 1565。

利斯库斯(Helvidius Priscus)的某些书。[1]

我们听说了其他各种为维护意大利内部的公共秩序而采取的措施。公元58年,当委员会代表团与普托利(Puteoli)公民在元老院面前相互指控,有一名特别委员被委派去调解冲突。由于他严厉得令人无法接受,他自己提出要把该任务移交至其他成员——由禁卫军(Praetorian cohort)供养的一对兄弟。[2] 次年,努凯里亚(Nuceria)人与庞贝(Pompeii)人在庞贝的一场角斗士表演中大打出手,这件事首先交由皇帝,然后皇帝将此事提交至元老院。元老院通过了严厉措施以防止同类矛盾再度发生。[3] 同样,公元69年,在塞纳因公开侮辱元老院议员而犯罪的人由整个元老院进行审判并惩罚,而城里的人被提醒要依据元老院法令遵守秩序。[4] 据苏维托尼乌斯(Suetonius)记载,[5]波伦提亚(Pollentia)人因在一名首席百夫长(primipilus)的葬礼上有激烈行为而受到提比略一人的惩罚;我们不确定他在此事上是否有征询过元老院的意见。但我们知道,公元27年,费德内(Fidenae)的豆腐渣露天剧场灾难性地崩塌后,元老院确实作出了处罚并通过严厉措施
384 施来防止同类事件再度发生。[6] 仅在罗马,公元14年和15年都有对剧场骚动问题进行过讨论;通过了许多措施来防止演员的狂热崇拜者的暴力行为。[7] 公元56年,副执政官与保民官讨论如何恰当地处理狂热崇拜者的扰乱行为,发生了争执。[8] 公元32年的玉米短缺快要引发暴乱时,提比略谴责官员及元老院不行使权力

① 《书信集》7.19.6。
② 塔西佗,《编年史》13.48。
③ 塔西佗,《编年史》14.17。
④ 塔西佗,《历史》4.45。
⑤ *Tib.* 37.
⑥ 塔西佗,《编年史》4.63。
⑦ 塔西佗,《编年史》1.77;狄奥 56.47.2。
⑧ 塔西佗,《编年史》13.28。

来控制民众。其后及时地通过了一个严厉决议及一个执政官法令。[①]

更一般的情况是，元老院采取了某些预防措施来预防暴乱。有一条元老院法令规定，除殡葬行会(葬仪团体[collegia funeraticia]、共济会[collegia tenuiorum])外的所有社团(collegia)必须获得元老院的许可；[②]我们知道，公元59年在庞贝战争中明显发挥过重要作用的社团因未经许可而迅速被解散。不然，我们无法确定对此要求的遵守情况是严格，还是松懈，尽管我们从普林尼在《公众集会演说辞》(*Panegyricus*)[③]中的不屑语气可以看到，1世纪晚期，还有人申请许可，但毫无疑问都是些沉闷的申请。我们从未听说元老院有任何审查或执法措施，因而可以合理地猜测，这些措施并不存在。

表演中规定的角斗士人数同样受到法律限制。我们可以再次根据普林尼的同一段文字进行猜想，到1世纪末，仍有人申请提高总人数，尽管记录在案的唯一具体例子是锡拉库扎(Syracuse)于公元58年提出的相关请求。[④] 正如我们将看到的，此类申请后来似乎都递交至皇帝，而非元老院。

在某些未能确定的时期，元老院规定，城市接收到用于表演或狩猎的遗赠金应用在社区最有需要的任一方面。[⑤] 可以揣测，为了预防群众压力，有法令禁止在表演现场释放表演者。[⑥] 禁止在任何竞赛中进行赌博，除了在“争夺美德”的体育竞赛中。[⑦] 同样，必定是因涉及公众秩序，元老院于公元22年规定要向小吃店

---

① 塔西佗，《编年史》6.13。

② 详见第十五章，第五节，列表第138条。

③ 54.4.

④ 塔西佗，《编年史》13.49。

⑤ 详见第十五章，第五节，列表第169条。

⑥ 列表第109条。

⑦ 列表第195条。

(popinae)征收罚金，[1]并于克劳狄乌斯统治时期赶走肉商和酒商
385 (lanii ac vinarii)。[2] 公元 2 世纪，仍有人向元老院申办集市，[3]尽管可以预料，元首制末期莫迪斯蒂努斯(Modestinus)[4]在此事上只提到皇帝。

最后，我们不清楚元老院在罗马当局与基督徒的冲突之间如何发挥积极作用(如果有的话)。基督徒声称元老院通过了某些反对其教派的一般决议，这种说法极为可疑。[5] 即使康茂德时期真有基督徒在元老院面前被审判，但在我们的知识范围内，此事仍是极不寻常的。[6] 查士丁确实向皇帝安东尼·庇乌斯及元老院发表过两份《护教辞》(*Apollogies*)；3 世纪中期，奥利金(Origen)[7]也确实把元老院加进了他所认为与基督教抗衡的官方及个人列表中，但仍没有关于该立法团体采取行动的证据。更令人惊讶的是，公元 258 年，瓦莱留(Valerian)确实决定向其发出谕令(oratio)，内容关于进一步迫害基督徒的措施。[8] 不过，皇帝在外打仗时，元老院被公认为是宣布皇帝意愿的地方；因此，认为元老院有意识地促成这则谕令，这种揣测可以说是轻率的。[9]

---

① 列表第 27 条。

② Suet. *Claud*. 40.

③ Suet. *Claud*. 12；普林尼，《书信集》5. 4. 和 13；*FIRA*^{2} I no. 47。

④ *Dig*. 50. 11. 1.

⑤ 详见第十五章，第五节，列表第 163 条。罗马人处死基督徒的法律基础，有关讨论参见如 Sherwin-White，《普林尼》，附录 5。

⑥ 参见补充注释 L。St. Ignatius 的 *The Roman Acts*，其中图拉真与元老院共同审判基督徒的故事不过是 5/6 世纪的传奇小说(J. B. Lightfoot[ed.]，*The Apostolic Fathers*，Part 2，vol. 2，London，1889，第 496 页)。

⑦ *Contra Celsum* 1. 3；2. 79.

⑧ 详见第十五章，第五节，列表第 137 条，G. W. Clarke，*Latomus* 34，1975，第 438 页。

⑨ 一般参见 T. D. Barnes，*Tertullian：A Historical and Literary Study*，Oxford，1971，第 149 页。2 世纪末，德尔图良可声称有基督徒议员(*Apology* 37. 4；cf. *Ad Nat*. 1. 7)。

简言之，可见至少到1世纪末，元老院为维持公众秩序而持续负有广泛责任。我们可以预料，元老院的大多措施并非自发行动，似乎更多地代表其对被提交至面前的事务的反应。但与此同时，显然也有可能是元老院为防止矛盾再度发生，而被激起采取更广泛的预防措施。

第五节　宗　教

在罗马人的生活中，世俗事务与宗教事务之间的界线并不总是能轻易进行清晰划分，因此，这部分与其他部分在主题上会有特别多的重合。不过，元首制时期，元老院显然继续处理了大量广义上的宗教事务。的确，在某几年里，这些事务占用的时间或多于共 386
和国晚期。

自然地，把宗教荣誉授予给皇帝及其家庭成员是个新特色。最大的荣誉就是将死者奉若神明。[①] 德尔图良（Tertullian）断言："有条古代法令规定，除经元老院同意外，禁止皇帝尊崇神灵"，[②]我们不必从字面上相信他的话。不过，显然常有人就封神一事寻求元老院的同意。因此，狄奥以一种理所当然的态度提到，元老院在军队的压力下，将卡拉卡拉正式封神。[③] 正常来说，皇帝自行提名。先不说公元65年尼禄在世时，指定执政官提出修建"尼禄神庙"（divus Nero）的非凡建议，[④]仅有的或是由其他人提出的建议包括公元14年将奥古斯都封神的建议、公元29年将莉维亚（Livia）封神的建议，以及可能是公元54年将克劳狄乌

① 完整讨论参见 M. Hammond，《安东尼君主制》，第203—209页。

② *Apol.* 5："vetus erat decretum ne qui deus ab imperatore consecraretur nisi a senatu probatus."

③ 78.9.2.

④ 塔西佗，《编年史》15.74。

斯封神的建议。然而，即便在那时，皇帝仍能进行否决，如提比略对待莉维亚的例子。[①] 在其他情况下，惯常做法是由新的统治者发起对其前任进行封神的请求，只要这位前任先前没有犯过无法弥补的过错。尽管塞普蒂米乌斯·塞维鲁的直接前任并非佩蒂纳克斯（Pertinax）和康茂德，他也依照同样的模式先后将两位封神。一般来说，请求只是个形式，盖乌斯想让提比略获得与奥古斯都一样的荣誉。[②] 据说，他并未将此请求强加于别人；而众所周知，元老院尽管极不情愿，但也只好同意安东尼将哈德良封神的请求。将皇室成员封神——某些例子中是在死后很长一段时间后——是盖乌斯的新政，由他的许多接班人来继承。我们可以列出，元老院有被征求过意见的大量例子，[③]故能合理揣测在其他例子中亦如此。

不管皇室成员是否被封神，他或她去世时肯定被同意授予相对较小的荣誉。除了强调此事如何占用元老院的时间，我们没有理由举例具体说明这种惯例。塔西佗讲述的公元 19 年授予日尔
387 曼尼库斯的荣誉，或足以作为一个例子：

> 他被授予爱或创造力所能想出的每份荣誉。他的名字将在战神赞歌（Salian hymn）中被歌颂；被加冕了橡树花环的宝座置于奥古斯都（Augustales）席中，为表达对他的敬意；他的象牙雕塑将在马戏团竞技上引领队伍；他作为奥古斯都的祭司及占卜官的岗位仅能由朱利安家族来填补。在罗马，莱茵

---

① 塔西佗，《编年史》1.10；5.2；13.2。

② 狄奥 59.3.7。

③ 公元 38 年，德鲁希拉（Seneca，*Apocol*. 1.3；狄奥 59.11.2）；公元 42 年，莉维亚（Suet. *Claud*. 11）；公元 63 年，尼禄女儿克劳狄娅（塔西佗，《编年史》15.23）；公元 65 年，波比亚（ibid. 16.21）；公元 141 年，大福斯蒂娜（HA，*Antonin*. 6.7；*ILS* 348；*PIR*^{2} A 715）；公元 176 年，小福斯蒂娜（HA，*Marcus* 26.5—7；*PIR*^{2} A 176）。

> 河岸上以及叙利亚阿曼山脉的拱门上刻有他的生平事迹以及为国牺牲的记录。安条克，那个他被火化的地方，将建起他的坟墓；伊比达芙尼(Epidaphne)，那个他牺牲的地方，将筑起他的墓碑。他的雕像及祭礼点将数之不尽。有人提议要把一尊他的巨型金色浮雕肖像置于伟大演说家们的半身像之间……①

我们有具体证据证明元老院在奥克塔维亚②、大德鲁苏斯③、奥古斯都④、莉维亚⑤、德鲁希拉(Drusilla)⑥、加尔巴⑦、大⑧小⑨福斯蒂娜(Faustina)、安东尼⑩及马可·奥略留⑪去世时就此事进行过相关的表决。

皇室内有孩子诞生也引起荣誉授予。例如，公元前 20 年，阿古利巴与尤利娅诞下盖乌斯时通过了献年祭的决议；公元 63 年，尼禄与波比亚(Poppaea)的女儿出生时被授予大量荣誉并伴有多个庆祝活动。⑫

再次，我们不必要对皇帝及其家族成员在生命中的成功或意义重大时刻被授予具有宗教性质的荣誉进行详细说明。重点是要强调尤其是在重视称颂的皇帝统治下这些做法的发生频率。不只

---

① 《编年史》2. 83；cf. 4. 9(Drusus)；*CIL* VI. 911，912；*EJ* 94a，b。

② 狄奥 54. 35. 4—5。

③ Suet. *Claud*. 1；狄奥 55. 2. 3；cf. Florus 2. 30. 28。

④ 塔西佗，《编年史》1. 8；Suet. *Aug*. 100；狄奥 56. 46；*Epit. De Caes*. 1. 28，及后奥古斯都出生时所在的房子局部被神圣化——2 世纪早期某个日子(Suet. *Aug*. 5)。

⑤ 塔西佗，《编年史》5. 2；Suet. *Aug*. 11；狄奥 58. 2. 1—3。

⑥ 狄奥 59. 11. 2—5。

⑦ Suet. *Galba* 23.

⑧ HA，*Antonin*. 6. 7—8.

⑨ 狄奥 71. 31. 1—2。

⑩ HA，*Antonin*. 13. 3—4.

⑪ 狄奥 71. 34. 1；Aur. Vict. 16. 15。

⑫ 狄奥 54. 8. 5；塔西佗，《编年史》15. 23。

是在图密善统治时期，元老院如普林尼轻蔑地说过的，献出了“巨型拱门以及比神庙框缘还长的铭文”。[①] 极为寻常的是对竞技、节庆、假日、祭司、祭祀、圣坛以及其他祭仪事宜进行表决。[②]

进入2世纪，在特殊场合至少有一场祈祷仪式(supplicatio)仍然是由元老院表决通过的。这是在辉煌成就或大灾难时接近部
388 分或全部神灵的特别机会。[③] 这类庆典与战争胜利一直保持特殊联系。奥古斯都夸口说：“为了我或我的公使主持的海陆战役取得的胜利，元老院命令在55个场合中向永生神祈祷。据元老院规定，进行这类祈祷的日子达到890天。”[④]奥古斯都及图拉真时期的两个无头铭文分别记录了祈祷仪式的表决情况，可能与授予凯旋荣誉(ornamenta triumphalia)有关。[⑤] 我们也知道，表决的内容是要肯定尼禄在东部边疆更具活力的政策，以及针对科尔布罗成功夺取阿塔克萨塔(Artxata)。[⑥] 图拉真与哈德良也因取得战果而获得同样的荣誉。[⑦]

不过，也有更多不同的祈祷场合。立波·德鲁苏斯(Libo Drusus)与阿格里皮娜分别于公元16年及59年去世时，有举行过祈祷仪式；[⑧]公元62年，苏拉(Sulla)与普劳图斯(Plautus)被罢免时也如此。[⑨] 公元21年，提比略因提议去高卢(Gaul)获得了祈祷

---

① 《颂词》54.4：“... ingentes arcus excessurosque templorum fastigium titulos ... dicabamus”。

② 参见补充注释K。

③ 一般参见 G. Wissowa, *PW* 7A s. v. supplicationes, cols. 942—951; G. Freyburger, “La supplication d'action de grâces sous le Haut-Empire”, *ANRW* 16.2, 第1418—1439页。关于 *supplicatio* “ad omnia pulvinaria”，参见塔西佗，《编年史》14.12；关于更具体的祈祷，参见同上15.44；以及 cf. *RG* 9.2。

④ *RG* 4.2; cf. 狄奥 54.10.3; *Incr. Ital.* XIII. 2, p.557。

⑤ *ILS* 918, 1023.

⑥ 塔西佗，《编年史》13.8和41。

⑦ *Fast. Ost.* A. D. 116：“supplications [per omnia delub]ra”; *HA*, *Hadr.* 12.7.

⑧ 塔西佗，《编年史》2.32; 14.12; *Arval Acta*, para. 26, lines 10—13; 28c, lines 15—18。

⑨ 塔西佗，《编年史》14.59。

仪式的荣誉；公元 63 年，尼禄女儿诞生时亦然。[1] 公元 23 年，莉维亚患重病时以及公元 64 年罗马大火时，以这种方式接近神灵是合理的。[2] 然而，因尼禄公开朗诵他的诗作或他周游希腊取得的战果而进行祈祷，则是卑劣的奉承。[3] 公元 2 世纪早期过后，元老院针对祈祷仪式的表决只能由《奥古斯都史》来证明。例如，公元 233 年，塞维鲁・亚历山大(Severus Alexander)在一次演说中提醒元老院有责任就其"征服"帕提亚人而向其授予荣誉。[4] 不过，这条消息的可信度不大。

然而，元老院明显继续处理了许多其他类型的宗教事务。譬如，元老院对维斯塔贞女(Vestal Virgins)[5]选举进行监督，并称赞忠于职守的贞女们。[6] 元老院批准百年节(Secular Games)庆典。[7] 奥古斯都利用元老院权威，修复了城内 82 座神庙；[8]公元 69 年晚期，元老院也命令重建朱庇特神庙(Capitol)，[9]并于公元 389
120/121 委托占卜官社团修复神圣疆界(pomerium)的边界。[10] 奥古斯都在世时，元老院授予其独一无二的荣誉，让其名字在萨利祭司(Salii)的歌声中被赞颂，并在其统治期间内 3 次命令关闭雅努斯神庙。[11] 提比略触碰了奥古斯都尸体，元老院也赦免了他的罪；公元 26 年，尤卢斯・安东尼(Iullus Antonius)的儿子安东尼(L. Antonius)去世时，元老院命令将其尸骨置于屋大维的墓中。[12] 奥

---

① 塔西佗，《编年史》3. 47；15. 23。

② 塔西佗，《编年史》3. 64；15. 44。

③ Suet. *Nero* 10；狄奥 63. 18. 3。

④ HA，*Sev. Alex.* 56. 9；cf. *Maximin.* 26. 6.

⑤ 塔西佗，《编年史》2. 86；cf. 4. 16；Gell. 1. 12. 12。

⑥ *ILS* 4928；*CIL* VI. 2133 with *PIR*² C 379；F 428.

⑦ *FIRA*² I no. 40；G. B. Pighi，*De Ludis Saecularibus*，pp. 140ff.

⑧ *RG* 20. 4.

⑨ 塔西佗，《历史》4. 4。

⑩ *CIL* VI. 31539(cf. *ILS* 311)及 M. Hammond，《安东尼君主制》，第 33—34 页。

⑪ *RG* 10. 1；13.

⑫ 狄奥 56. 31. 3；塔西佗，《编年史》4. 44。

古斯都和克劳狄乌斯去世前不久，元老院号召为其进行特别祈祷。① 元老院也与执政官一同，授权阿瓦尔兄弟祭司团（Arval Brethren）在提比略临终前为其“安康”进行祭献。② 公元 89 年 1 月图密善镇压萨图宁乌斯动乱时，阿瓦尔祭司团正是根据元老院法令来为其“安全、胜利及回归”进行祭献。③

元老院不仅在元首制早期收到来自行省的为皇帝修建神庙的申请，还在更长一段时间内就授予看守城市称号（neocorates）被征询过意见。这些都可看作是元老院的外交活动。④ 公元 1 世纪末，昆体良就宗教事务如何经常引起元老院的讨论发表过意见。⑤ 我们没有理由去质疑他的证言，只能以克劳狄王朝[为例]证实这点。例如，公元 22 年，元老院讨论了让第里亚祭司（Flamen Dialis）担当亚细亚总督的请求；莉维亚生病时，元老院讨论了哪座神庙应存放骑士起誓的幸运骑士（Fortuna equestris）雕像。⑥ 次年，在任命新一任第里亚祭司时，元老院抓住机会复议祭司管理的相关法律。⑦ 早至公元前 11 年，祭司妻子受限的法律地位已得到放松；公元 5 年，管理维斯塔贞女选举的法律得到修订。⑧ 公元 25 年，元老院对斯巴达（Sparta）和迈锡尼（Messene）
390 之间争夺黛安娜·林纳提斯（Diana Limnatis）神庙的所有权纠纷作出裁决，并收到了赛杰斯塔（Segesta）希望其协助重建厄律克斯山（Mount Eryx）维纳斯神庙（Venus）的请求。⑨ 公元 15 年及 64

① 狄奥 56.29.3；塔西佗，《编年史》12.68。
② *Arval Acta*, para. 8, lines 7—11.
③ *Arval Acta*, para. 47, lines 13, 20, 26.
④ 参见第十四章，第二节。
⑤ Inst. *Or*. 12.2.21.
⑥ 塔西佗，《编年史》3.58 和 71。
⑦ 塔西佗，《编年史》4.16。
⑧ Gaius, *Inst*. 1.136；狄奥 55.22.5。
⑨ 塔西佗，《编年史》4.43。

年，有人提议查阅西卜林圣书；公元 32 年，有人提出增加一册律法的可能。[1] 克劳狄乌斯提议建立脏卜师团(collegium haruspicum)，这必定符合他想在任期内复兴平安占卜(augurium salutis)的愿望。[2]

最后，盖乌斯说道："利用罗马人民的权威，比如依据为相关目的而通过的法律或元老院法令来进行封神，本身就被认为是神圣的"；[3]乌尔比安则解释了遗产仅能根据元老院法令或在皇帝的批准下交托给神灵。[4] 他引述了被正式批准休假的许多例子，却没有指明权力来源。同样，也可认为元老院在此例中有采取过行动。尽管在元首制时期，元老院在其他某些领域的介入确实越来越少，但在宗教领域上却从未如此。也许这类事务的范围有所缩小，数量亦有所减少。但显然在整个元首制时期，传统习惯仍保证某些广义上具有宗教性质的事务继续由元老院来处理。 391

[1] 塔西佗，《编年史》1. 76；6. 12；15. 44。

[2] 塔西佗，《编年史》11. 15；12. 23；cf. 狄奥 51. 20. 4。

[3] *Inst*. 2. 5.

[4] *Reg*. 22. 6.

第十三章　元老院的行政职能(续)

第六节　行　省[①]

众所周知,元老院如共和国时期那样,负责对行省进行监督。公元前40年及前30年的内战期间,这项特权定必与其他特权一同落入三人委员会手中。因此,公元前27年,奥古斯都"重建共和国",元老院得以迎回控制权。但结果这只是事情的一部分。奥维德(Ovid)夸大了事情的效果,关于那天他写道:"每个行省都回归到我们的人民。"[②]这是由于,奥古斯都同时握有大量控制权,包括大部分有军队驻扎的行省。在这些区域,他通过自己任命的皇帝行省总督(legati pro praetore)进行管理,并随意担任职务。与此同时,元老院明显把那些较和平富裕的地区留给据传统方式由抽签产生、任期为一年的行省总督来管理。[③] 这种新型激烈的行省划分为10年来的首例,长期固定下来;加之,如我们所

---

① 本章的主题参见 F. Millar,"皇帝、元老院及行省",*JRS* 56,1966,第156—166页;及同上,《皇帝》,第六章5和6。

② *Fasti* 1.589:"redditaque est omnis populo provincia nostro."

③ 参见 Florus 的诗行:"consules fiunt quotannis et novi proconsules"(poem 10 Jal)。关于抽签的使用,参见第十章,第三节。

见,元老院阵营在整个元首制时期变动很小。所有较新的属地加入皇帝阵营。[1] 到公元 14 年奥古斯都去世时,只有一个军队继续处于元老院的直接控制之下,这个军队在盖乌斯统治时期也被撤走。[2] 此后,元老院行省再没有军队驻扎,尽管军队的分遣队仍 392
留在那里,[3]且行省总督或负责提供补给品并进行征税。[4] 除阿非利加与亚细亚继续保留给高级执政官(并经常代表着男人事业的巅峰)外,元老院阵营的所有总督职位均被分配给前副执政官,其威望比被皇帝授予同等级别职位[的人员]更低。然而,通过行省总督而非皇帝公使进行管理普遍花费更大,这种观点或许被忽视。[5]

我们仅能从少量的证据看到,伴随公元前 27 年这种划分而

① Cf. 狄奥 53. 12. 9。

② 塔西佗,《历史》4. 48; cf. 狄奥 59. 20. 7, B. E. Thomasson, *Die Statthalter der römischen Provinzen Nordafrikas von Augustus bis Diocletianus* I,第 10—13,82 页;E. W. B. Fentress, *Numidia and the Roman Army: Social, Military and Economic Aspects of the Frontier Zone*, *B. A. R.*, International Series 53, Oxford, 1979,第 68—69 页进行讨论。

③ 参见 E. Ritterling,"元老院行省的军队",*JRS* 17,1927,第 28—32 页;R. K. Sherk,"The *inermes provinciae* of Asia Minor",*AJP* 76,1955,第 400—413 页;同上,"马其顿和亚加亚的罗马皇帝军队",*AJP* 78,1957,第 52—62 页;W. Eck,"Bermerkungen zum Militärkommando in den Senatsprovinzen der Kaiserzeit",*Chiron* 2,1972,第 429—436 页。

④ 狄奥 60. 24. 5;塔西佗,《编年史》14. 18;一般详见 P. A. Brunt,"罗马皇帝军队的征用与自愿参与",*Scripta Classica Israelica* 1,1974,第 90—115 页。

⑤ 这种观点最近为 B. M. Levick(*Roman Colonies in Southern Asia Minor*,第 169 页;*Tiberius the Politician*,第 129 页)所采纳,且完全基于塔西佗在 15 的句子"Achaiam ac Macedoniam onera deprecantis levari in praesens proconsulari imperio tradique Caesari placuit"(《编年史》1. 76)。但当然没有必要将总督及其参谋的支援等同于此处未指明的"压迫"(onera)。这种支援很少是对多数人的压迫,且在任何情况下,罗马官员基于需求的征召总是在法律限制的范围内进行的。至于转移两个行省且对其进行"压迫"与奥古斯都统治结束前雅典的失序有关,这种推测参见 G. W. Bowersock, *Augustus and the Greek World*, Oxford, 1965,第 106—108 页。

来的，并非关于行省事务责任分配的任何叙述。[①] 同样，我们也不曾预料，唯一的变化严格来说就是某些行省通过选举产生任期为10年的总督。在管理性质上的这类变化并非意料中事。不过，即使在奥古斯都统治时期，某种变化事实上已开始长期固定下来；因此，在新方案下，重要的是要提问，元老院与皇帝各自角色如何演变。譬如，从广义来说，我们是否要设想元老院在自己的阵营内进行全权管理及立法，皇帝也相应限定在自己的范围内，尽管他在危机时有权行使最高统治权（imperium maius）以对任何地方进行干预？尼禄的登基演说或支撑了这种看法，据塔西佗，尼禄向元老院保证："元老院将保有其古老的职能。意大利及元老院行省可向执政官请求授予权力。我本人会看管好分配给我的军队。"[②]然而，没有别的证据可以支撑如此严格的划分，甚至有不少证据含有相反意见。我们将在下一章看到，直到2世纪，整个帝国（含意大利）的个人及团体在获取两种权力中的任
393 一种时在多大程度上无需按照固定准则。可以预料的是，这种选择主要取决于两者中有望获得更多支持及更有效果的一方。因此，大多数人自然更倾向于皇帝一方，皇帝行省的团体直接向元老院请求授予权力的例子不太常见，但也能找到一些。与之相对，意大利及亚细亚的某些团体仍倾向于向元老院请求权力，重点是因为他们在元老院的恩主（senatorial patrons）有权有势。加之，可以揣测其他一些亚细亚城市，除阿芙罗迪西亚斯（Aphrodisias）之外，在元老院中实际享有听证权，并会申请行使这种权利。[③]

---

① Strabo 3.4.20；17.3.25；狄奥 53.12，维莱里乌斯·帕特尔库鲁斯以及《功业录》（*Res Gestae*）中均没有提及这种划分。

② 《编年史》13.4。

③ 据我们当前所知，公元前39年给阿芙罗迪西亚斯发放的许可是绝无仅有之事；参见 J. Reynolds，《爱欲和罗马》，no. 8，lines 81—83 及其讨论，第89页。

我们发现，皇帝向所有总督而不仅仅是他的公使宣布裁决并与其进行通信。同样，元老院制定的法律适用于整个帝国，①保持有效且没有时间限制。② 正如塞普蒂米乌斯·塞维鲁与卡拉卡拉于公元205年向诺里库姆(Noricum)一殖民地发出的答复法令所说："纺织品商人社团(collegia of centonarii)的特权是在最尊贵的元老院或某位皇帝的指示下被授予的，轻易地将之废除是不妥当的。就让他们的法律(?)批准的事情获得保障吧……"③即使在埃及，有人提出元老院乃法律的来源之一，据《章程》(*Gnomon*)序，④特殊事务办事处(Idios Logos)也必须记住这点；晚至公元261年，护卫也是根据元老院法令被正式分配到埃及。⑤ 普林尼在担任比提尼亚/本都(Bithynia/Pontus)总督时援引的一条元老院法令是关于承认孩童的权利且授予前奴隶自由民的权利的，他说："仅适用于那些由行省总督进行管理的行省。"⑥如果适用这条法令的行省[数目]有明显限制，则这条限制是我们所知的唯一一条。不过也有可能是，这条法令没有交代清楚皇帝行省的情况，或其目的仅仅是为皇帝或元老院先前制定的法令进行补充。关于其他据说是元老院对皇帝行省或是皇帝对元老院行省作出的限制，我们均缺乏资料。⑦

公元前27年，行省的元老院阵营包括亚加亚(Achaea)、阿非 394
利加、亚细亚、比提尼亚/本都、克里特及昔兰尼(Crete with

① 参见第十五章，第五节，列表第94和95条。

② 一个突出的例子是，奥古斯都时期(公元4/5年)的一位元老院行省总督显然尊重公元前80年元老院法令所授予希俄斯的特权，参见 *SEG* 22.507 lines 10—18，R. K. Sherk，《罗马档案》，no. 70 中含有评论。

③ *FIRA*[2] I no. 87，由 G. Alföldy 进行修订，*Noricum*，London，1974，第269页。

④ *FIRA*[2] I no. 99，lines 1—7.

⑤ *Ox. Pap.* 2710；cf. Cavenaile，*Corp. Pap. Lat.*，nos. 200—205，尤其是200，202。

⑥ 《书信集》10.72。

⑦ 但注意，据盖乌斯(*Inst.* 1.6)所说，行政官法令(aedilician edict)并不在皇帝行省发布。

Cyrene)、达尔马提亚(Dalmatia)、马其顿(Macedonia)、撒丁岛及科西嘉(Sardinia with Corsica),还有西西里岛(Sicily)。其后,因各种情况而有所变化,但明显一直到2世纪,仍见防止元老院阵营过分收缩的努力。皇帝与元老院之间的直接交易被公开提及,如狄奥提到的,公元前22年,奥古斯都接管达尔马提亚,元老院获得塞浦路斯和纳庞西斯。[①] 同样,鲍桑尼亚(Pausanias)也提到,[②]公元67年,尼禄希望能直接控制其心爱的亚加亚,并以撒丁岛作为对元老院的补偿。这种交易在维斯帕先统治早期明显扭转过来。尽管段落的位置引起了争议,碑文证物似乎证实了狄奥[③]的这段摘录,其中声称在公元134年前后有过一场交易,元老院放弃比提尼亚/本都以换取吕西亚及潘菲利亚(Pamphylia)。[④] 碑文证物再次显示马可·奥略留统治时期的更多变动,比提尼亚/本都的控制权从元老院转移至皇帝,而吕西亚及潘菲利亚的控制权则反向流动。[⑤]

行省可被转移而无需作出补偿:至少,就我们所知,奥古斯都并没有因元老院获得贝提卡而获得回报,[⑥]他于公元6年形势不稳时接管了撒丁岛,也没有就此作出任何补偿。[⑦] 公元15年,

---

① 54. 4. 1.

② 7. 17. 3.

③ 69. 14. 4.

④ 参见 B. M. Levick 及 S. Jameson, *JRS* 54, 1964, 第103页; W. Eck, *Senatoren von Vespasian bis Hadrian*, 第18—19页; H. Halfmann,《元老》, no. 71。

⑤ D. Magie, *Roman Rule in Asia Minor*, Princeton, 1950, 第1532—1533; B. M. Levick, *Roman Colonies in Southern Asia Minor*, 第169页; G. Molisani, "Il governo della Licia-Panfilia nell' età di Marco Aurelio", *Rivista di Filologia* 105, 1977, 第166—178页(在 *AE* 1978. 713 中有更多相关讨论)。

⑥ 尽管肯定是在他统治时期贝提卡就脱离卢西塔尼亚而形成一个元老院行省,但无法进一步地指出准确日期:参见 G. Alföldy, *Fasti Hispanienses*, 第223—224页。狄奥(53. 12. 4)错误地指出贝提卡从公元前27年起就是元老院行省的一部分。

⑦ 狄奥 55. 28. 1。

提比略获得亚加亚及马其顿时也同样没有作出补偿,这两个行省在反对重负时被皇帝接管。公元 44 年,克劳狄乌斯将这些地区归还给元老院。① 正如我们已提到的,在维斯帕先的统治下,撒丁岛与科西嘉回到皇帝行省的阵营。然而,到了图拉真时期,铭文显示撒丁岛与科西嘉由行省总督来管理,在哈德良统治下明显又转移到皇帝的总管;不过,到了马可·奥略留统治时期,行省总督再度出现,直到康茂德统治时期,[皇帝的]总管才重新出现。②

这些变化对撒丁岛人来说可能区别不大,但变化之频繁使得 395
试图理解元老院与其行省之间的关系时会陷入困惑。其他元老院行省也明显交由皇帝控制,并于公元 2 世纪重回元老院手中;不过,我们只能说,这些举动从来都只是暂时性的。因此,这当然可能暗示了元老院行省与岛屿地位变化之间的关系,尤其当后者的情况难以被解释时。但如果真的有这样一种联系,后续问题就是,为什么皇帝会不厌其烦地为暂时所失去的[行省]作出补偿。他的用意是安抚元老院并保持传统吗?或者说,前副执政官之间是否竞争激烈?他们争夺任期有限的总督职位以及声望,认为有必要因行省暂时脱离元老院控制而进行补偿。(治理元老院行省的皇帝公使会在如 3 年内撤换 3 名行省总督——对两个人来说乃是职位的净"损失"。因为相同时期内也无需财务官。)由于缺乏证据,所有这些问题必须保持开放性,尽管我们可以注意到,萨呑尼国库官员的职位相当重要,前副执政官们一度非常热烈地进行争夺——甚至从公元前 23 年开始,据说奥古斯都为了消除过分的拉

---

① 塔西佗,《编年史》1.76; Suet. *Claud*. 25; 狄奥 60.24.1; cf. 58.25.4—5。

② 关于变化的讨论,参见 A. E. Astin,"公元 2 世纪撒丁岛的地位",*Latomus* 18,1959,第 150—153 页;W. Eck,"Zum Rechtsstatus von Sardinien im 2 Jh. n. Chr.",*Historia* 20,1971,第 510—512 页;B. E. Thomasson,"Zur Verwaltungsgeschichte der Provinz Sardinia",*Eranos* 70,1972,第 72—81 页。

票行为，以两名抽签产生的副执政官取代两名由元老院选出的禁卫军长官(praetorian praefecti)。① 除此之外，已知的还有获取私利的特别机会，如此激烈的竞争似乎非同寻常。但也许真的存在具有类似性质的对行省总督一职的竞争，更不必说能获取私利的类似机会。②

我们探究元老院与其行省关系的另一路径是考察他们在特殊
396 情况下的管理措施。不过，这里同样缺乏清晰的模式。当因元老院行省总督无法度过其任期而须作出补救措施时，我们预料元老院会有所行动——在适当情况下与皇帝进行协商。然而，亚加亚和克里特与昔兰尼的行省总督在任期内相继于公元 6 年及 15 年去世时，狄奥通常不具体说明这些元老院行省被暂时划分到公使[一方]或财务官[一方]是依赖何种权威。③ 米尼修斯·伊塔卢斯(C. Minicius Italus)被描述为"亚细亚行省的总管，按照皇帝的指示代替已去世的元老院行省总督进行管理"，④这个例子很难表明图密善在行动之前征询过元老院的意见。同样，3 世纪初委派[皇帝的]总管代替元老院行省总督的其他个案——阿非利加及马其顿各一名，亚细亚共两名⑤——是否有征询过元老院的意见，这一问题仍具有开放性。如果我们接受阿尔佛迪(Alföldy)的揣测，⑥即公元 122/123 年

① 塔西佗，《编年史》13. 29。

② G. Clemente："La presunta politica di scambio dei governi provinciali fra imperatore e senato nel I e II secolo"，*Parola del Passato* 20，1965，第 195—206 页，恰当地提醒不要采取一种过于机械的方式。

③ 55. 27. 6；57. 14. 4.

④ *ILS* 1374："proc(urator) provinciae Asiae quam mandate principis vice defuncti procos. rexit"；详见 R. Syme，《塔西佗》，第 55—56 页。

⑤ 在阿非利加，希拉利亚努斯，参见 B. E. Thomasson，*Die Statthalter* II，第 104 页；在马其顿，奥略留·阿波里拿留，*IG* X. 2. 1 no. 140，由 H.-G. Pflau 进行评论，*Ecole Pratique des Hautes Etudes* (*IVe section*)：*Annuaire*，1973/1974，第 269—270 页；在亚细亚，埃利乌斯·阿格拉俄斯(*PIR*^{2} A 133)以及福利乌斯·萨比努斯·阿奎拉·提梅西修斯(*PIR*^{2} F 581)。

⑥ *Fasti Hispanienses*，pp. 166—167.

正当皇帝访问西班牙，哈德良的同僚尤利乌斯·普罗库鲁斯(C. Iulius Proculus)在紧急状况下被请求担任贝提卡的临时总督，则可以理解在这种情况下是无法提前征询元老院意见的。

可以事先看到，当某个行省临时需要特殊处理，1 世纪的惯常做法是挑选或任命一名总督(而非通过抽签随机选出)，或延长当前总督的任期。在最早记录下来有关前一种安排的例子中，元老院根据皇帝的主动措施来行事，所以帕基乌斯·斯卡瓦(P. Paquius Scaeva)能将自己描述为“再次成为非抽签产生的行省总督，奥古斯都恺撒以他的权威进行派遣，且元老院法令使塞浦路斯从此恢复国家身份”。① 公元 21 年，作为执政官的提比略适时地请求元老院为阿非利加任命一名有兵力和能力征服塔法利纳斯(Tacfarinas)的行省总督；当选择权又回到他手上，他不太满意。② 我们可以相当肯定(尽管不能证实)，公元 44 年到 46/45 年，再到 47 年，在加尔巴皇帝成为阿非利加总督被派遣出去之前，元老院同样有被征询过意见：“没有经过抽签，他获得阿非利加两年：该行省曾因内部纠纷及当地叛乱而动荡不安，他的任务是要恢复秩序。”③ 克劳狄乌斯将亚加亚交还给元老院没多久，马尔提乌斯·梅瑟(Martius Macer)在任期内(citra sortem)被任命为该行省的总督， 397
元老院大概也被征询过意见。④ 至于尤利乌斯·罗穆鲁斯(M. Iu-

① *ILS* 915：“procos. iterum extra sortem auctoritate Aug. Caesaris et s. c. misso [for missus] ad componendum statum in reliquum provinciae Cypri.” 同见阿基利乌斯·弗洛鲁斯·图尔奇亚努斯·加卢斯，他曾担任奥古斯都的财务官(*quaestor Augusti*)及后据“皇帝奥古斯都的权威”(ex auctoritate Augusti)为塞浦路斯的续任财务官(proquaestor)：*ILS* 928；*AE* 1919. 1；PIR^2 A 993。

② 塔西佗，《编年史》3. 32 及 35。

③ Suet. *Galba* 7：“Africam pro consule biennio optinuit extra sortem electus ad ordinandam provinciam et intestina dissensione et barbarorum tumultu inquietam.” 关于日期，参见 B. E. Thomasson, *Die Statthalter* II，第 32—33 页。

④ *ILS* 969；E. Groag, *Die Reichsbeamten*, col. 32. 某些人甚至会把梅瑟当作变更后的首任元老院行省总督。

lius Romulus，于公元 50 年晚期?）在任期外（extra sortem）被任命为马其顿总督，我们或能作出同样的揣测。[①]

狄奥没有进行解释，在奥古斯都和提比略统治时期内的各种危机面前，是何种权威让财务官和元老院行省总督的任期得以延长。[②] 但特别是在后者的统治时期内，关于延长元老院行省总督任期的碑文证据确认了该皇帝统治下危机频繁的文献资料，[③]可以肯定他对部署元老院行省总督也表示出兴趣。我们知道奥古斯都和提比略统治时期内多达 11 名总督的任期被延长。此后在 1 世纪，除已提到的加尔巴的例子外，我们知道任期被延长的有（克劳狄乌斯和尼禄统治时期）阿非利加的两名行省总督、（维斯帕先统治时期）亚细亚的至少一名行省总督、（维斯帕先统治时期）比提尼亚/本都的一名行省总督、（较有可能是维斯帕先，也有可能是克劳狄乌斯统治时期）克里特与昔兰尼的一名或很可能是两名行省总督。[④] 元老院本身无疑也延长了尤尼乌斯·布雷苏斯（Q. Iunius Blaesus）在阿非利加的任期。[⑤] 尽管我们无法证明，但可以猜测，在所有其他例子中，元老院有被征询过意见。维斯帕先统治时期作出特殊安排的一个重大原因必定是内战后进行重建的迫切需要。然而，其后没有找到行省总督任期被延长的确切例子——如果我们把阿尼西乌斯·浮士德（Anicius Faustus）的例子排除在外，对他来说，公元 217 年所剩下的事情已不多了，可以理解为什么他被委派到亚细亚的任期终结后被允许来

---

① *AE* 1925. 85；*PIR*² I 523. 尼禄统治后期塔姆皮乌斯·弗拉维安努斯（Tampius Flavianus）在阿非利加担任任期外的行省总督，这种揣测高度含糊：cf. G. W. Houston，*ZPE* 20，1976，第 27—28 页。

② 54. 30. 3；55. 28. 2；57. 16. 1；58. 23. 5. 但可参见 Q. Coelius "pr.，aed. Pl. Cer.，pro pr. ex s. c.，q."（*ILS* 153）。

③ 塔西佗，《编年史》1. 80；6. 27；狄奥 58. 23. 5。

④ 参见附录 8。

⑤ 塔西佗，《编年史》3. 58。

年继续留有该职位。[①] 另外,仅有证据含糊的可能例子如(公元211—213年)尤利乌斯·思卡普拉·特尔突罗(P. Iulius Scapula Tertullus)在阿非利加的例子。[②]

相反,在2世纪及3世纪早期,当预料有需要进行特殊处理时,新措施会取代旧措施;此时行省似乎暂时由皇帝来接管,又或者是由皇帝委托的管理人(curator)或整顿人(corrector)来接管。对于是否接受行省返还,在前一安排已知的最早例子中,元老院明显有被征询过意见;大约在公元110年,普林尼被派往比提尼亚/本都:"[他作为]比提尼亚和本都的全权公使(legatus pro prae- 398
tore)具有执政官权力,由图拉真皇帝根据元老院的一条法令进行派遣。"[③]相反,科尔努图斯·特尔突罗(Cornutus Tertullus),被认为是接替普林尼成为总督,纪念他的铭文中仅将其称为"神圣皇帝图拉真在比提尼亚和本都的行省总督",[④]而没有提到元老院,也没有提到象征行省总督权威的执政官权力(consularis potestas)。

《奥古斯都史》表明,马可·奥略留顾及元老院的利益并努力保持元老院行省阵营的规模,这解释了"他[如何]根据战争的需要来任命行省执政官而非行省总督,又或者任命行省总督或副执政官而非执政官"。[⑤] 我们确实发现,近西班牙行省(Hispania Cite-

---

① 狄奥 78. 22. 2—4。

② B. E. Thomasson, *Die Statthalter* II, pp. 112—113. 当狄奥(78. 21. 5)说,在卡拉卡拉 παρὰ τὸ χαθηχον 统治下,卢西留斯·普里西廉努斯成为亚加亚的总督,他大概指的是任期外(*extra sortem*)。但仍有其他可能性,Groag 进行过讨论,*Die Reichsbeamten*, col. 84。

③ *ILS* 2927:"legat. pro pr. provinciae Pon[ti et Bithyniae] consulari potesta[t.] in eam provinciam e[x s. c. missus ab] imp. Caesar. Nerva Traiano"; cf. *CIL* XI. 5272.

④ *ILS* 1024:"legato pro praetore divi Traiani [Parthici] provinciae Ponti et Bith[yniae]."

⑤ HA, *Marcus* 22. 9 写道:"provincias ex proconsularibus consulares aut ex consularibus proconsulares aut praetorias pro belli necessitate fecit"。

rior)和贝提卡(分别为皇帝行省和元老院行省)在公元170年摩尔人入侵的紧急情况下均隶属于一个皇帝公使,而授予马其顿总督执政官而非副执政官级别的官职或同样暗示了约公元170年对峙期间皇帝对该区[事务]的介入。我们或可猜测,按马可·奥略留的性格,他应该会就这些变动征询过元老院的意见,但大概如此礼节不会见于作为我们仅有证据的任职履历(cursus honorum)。[①] 塞维鲁·亚历山大是又一位皇帝,他在特别任命一名驻亚细亚的骑士总督前同样征询过元老院的意见。因此,相关的阿芙罗迪西亚斯石碑还没有记叙这些措施如何生效就已经断裂,实在令人感到沮丧。[②] 最后,普夫劳姆(Pflaum)针对此点作出猜想,塞普蒂米乌斯·塞维鲁将克里特岛与昔兰尼拆分,将前者分配给一名行省总督,后者给一名[皇帝的]总管。[③] 后来,塞维鲁·亚历山大更受元老院欢迎,他将整个地区归还给元老院;但这种返还仅
399 限于他的统治时期内。这种复杂的演变尽管能容许相矛盾的碑文证据同时存在,但在更多资料被发现之前无法得到证实。

埃比克提图(Epictetus)让管理人马克西姆斯(Maximus)宣明他由皇帝亲自任命。[④] 此外,我们缺乏这些官员如何被正式委派到元老院行省的相关信息。在许多情况下,我们甚至不能确定他们是否完全接管了总督的职位,或他们的职能是否限于某些城市。

---

① Spain: G. Alföldy, *Fasti Hispanienses*, pp. 38—42, s. v. C. Aufidius Victorinus, with M. Rachet, *Rome et les berbères*, *Collection Latomus* 110, Brussels, 1970, pp. 203—211; and J. M. Blázquez, "Hispania desde el año 138 al 235", *Hispania* 132, 1976, pp. 5—87 at pp. 70—77. Macedonia: *ILS* 1102 with PIR^2 I 340.

② J. Reynolds,《爱欲和罗马》, no. 47, 以及早期 P. Veyne 的讨论,"Un gouverneur impérial en Asie", in R. Chevallier(ed.), Mélanges d' archéologie et d' histoire offerts à *A. Piganiol*, Paris, 1966, III, 第1395—1396页。

③ *Ecole Pratique des Hautes Etudes*, *IVe section*: *Annuaire* 1973/1974, 第271—276页。留意 J. Reynolds 的评论, *JRS* 68, 1978, 第120页;也需要同时考虑她在 *PBSR* 20, 1965, 第52页的评论。

④ 3.7.30.

在比提尼亚/本都，普林尼明显统一[承担]了总督和整顿人的职能，尤利乌斯·塞维鲁(C. Julius Severus)或也如此，他在哈德良统治将结束时被派往该行省。① 从2世纪晚期开始，我们也发现有元老似乎已经同时成为亚加亚的奥古斯都全权公使(legatus Augusti pro praetore)及自由国家整顿人(corrector liberarum civitatium)。② 另一方面，从普林尼写给马克西穆斯的信中可知，一个世纪前必需相信后者的任务仅限于调整亚加亚的自由国家(civitates liberae)事务。③ 碑文证据显示，哈德良统治时期，埃米利乌斯·尤库斯(L. Aemilius Iuncus)在那里的职能同样受到限制，这不禁让人相信图拉真统治时期，亚加亚的皇帝公使阿维狄乌斯·尼格里努斯(C. Avidius Nigrinus)也同样受到限制。④

我们的确听说有两名负责特别任务的公使由元老院来任命——公元17年，协助亚细亚遭遇地震灾害的城市，还有公元26年，到士麦那(Smyrna)视察为提比略、莉维亚和元老院而新建的神庙。⑤ 不过，在元老院行省处理特殊任务的皇帝公使更常见，但我们还是缺乏其如何被正式任命的信息。维斯帕先至哈德良统治时期，在阿非利加分配土地的[公使]组成了已知的最大一个群体，尽管至少有部分无论如何也是留驻此地的奥古斯都三世的公使，而非被特殊派遣的土地委员。⑥ 关于他们的工作，碑文证据没有提示元老院是否事先被征询过意见。克劳狄乌斯任

---

① 狄奥 69.14.4；*PIR*² I 573。

② 参见 J. H. Oliver，“在亚加亚的皇帝特派官员”，*GRBS* 14，1973，第389—405页。

③ 《书信集》8.24.2：“missum ad ordinandum statum liberarum civitatum”。

④ E. Groag. *Die Reichsbeamten*，cols. 54—56，64—65；*Fouilles de Delphes* III. 4，p. 39；H. Halfmann，《元老》，no. 55。

⑤ 塔西佗，《编年史》2.47；4.56；狄奥 57.17.7。

⑥ 关于列表及讨论，参见 H.-G. Pflaum，“Légats impériaux à l'intérieur de provinces sénatoriales”，in *Hommages à Albert Grenier*，*Collection Latomus* 58，Brussels，1962，pp. 1232—1242 at pp. 1234—1235；以及 *AE* 1969/1970.696。

命阿奇利乌斯·斯特拉博(L. Acilius Strabo)为委员去决定阿皮安(Apion)国王留给罗马的昔兰尼土地权属问题，元老院事先的确没有被征询过意见，对此进行特别确认是有益的。① 当阿奇利
400 乌斯作出了对土地占有者不利的决定时，他们于公元 59 年向元老院提起公诉。然而，塔西佗交待了元老院如何不得不表现谦卑，承认其因不了解克劳狄乌斯的指令，而无法就阿奇利乌斯的决定提出公诉，所以该问题必须交由皇帝来处理。② 碑文证据还是没有提示维斯帕先派帕格尼乌斯·阿格里皮努斯(Q. Paconius Agrippinus)前往昔兰尼担任土地委员之前，元老院是否有被征询过意见。③

普夫劳姆认为，这些来到昔兰尼的皇帝官员是由皇帝进行任命的元老院行省总督公使，而非额外公使。④ 尤利乌斯·塞维鲁可能也是这种身份，据一份铭文显示，他“由神圣哈德良的一封信及遗嘱附件(codicilli)被派遣为公使(legatus)”。⑤ 还有后来在塞普蒂米乌斯·塞维鲁和卡拉卡拉统治下被派往亚细亚的海迪乌斯·洛利亚努斯·普劳裘斯·阿维特斯(Q. Hedius Lollianus Plautius Avitus)，⑥或许还有被派往阿非利加的埃格纳提乌斯·普罗库鲁斯(A. Egnatius Proculus)。⑦ 我们还注意到，一名高级

---

① 关于克劳狄乌斯及尼禄在位时期阿奇利乌斯的行动的碑文证据，参见 *SEG* 9. 352；*AE* 1974. 677. 682，684。

② 《编年史》14. 18。

③ *AE* 1919，91—93； 1974，683； cf. Hyginus in *Gromatici Veteres* I，p. 122 Lachmann.

④ Op. cit. in note 57， p. 1237.

⑤ *ILS* 8826；关于他有权进行的定界，参见 *MAMA* V. 60(Dorylaeum)，以及 Pflaum 的讨论，op. cit. in note 57，第 1236 页。

⑥ *ILS* 1155：“leg. Augg. prov. Asiae”； *PIR*[2] H 36， with Pflaum， op. cit. in note 57， p. 1240.

⑦ *ILS* 1167：“leg. Aug. prov. Afr. dioeces. Numid. ”，with Pflaum，op. cit. in note 57， pp. 1240—1241.

执政官尤利乌斯(?)·阿维特斯(Julius[?]Avitus),他管理完亚细亚后又被卡拉卡拉派去为塞浦路斯的行省总督出谋献策。① 无论这类特别官员的确切身份为何,毫无疑问是皇帝首先采取行动使他们获得任命。他们担任皇帝公使,元老院很有可能在任一阶段都没有被征询过意见。

皇帝如何从元首制起就向个别元老院行省总督发布直接指令,这点几乎无需多述。② 大概在公元 16 年,即使是提比略也可以命令如阿非利加行省总督埃利乌斯·拉米亚(L. Aelius Lamia)这样的高级人物去修路,后者在石碑上公开了这件事。③ 我们于是惊讶地发现公元 64/65 年的行省总督图比留斯·德克斯特(L. Turpilius Dexter)"据尼禄皇帝的权威及元老院的法令"在克里特岛为土地划定边界。④ 但皇帝征询元老院意见这个明显不寻常的例子或可以上文提到的窘境来说明——公元 59 年,元老院由于不知晓克劳狄乌斯的指令,不得不承认其无法对其公使在同一行省
另一边的决策提起公诉。同样,根据传统的判断,公元 64 年尼禄 401
在此事上对待元老院的圆滑态度也许在[人们的]意料之外。更有可能的是,公元 88/89 年,元老院行省总督蓬波尼乌斯·加卢斯·狄第乌斯·鲁弗斯(C. Pomponius Gallus Didius Rufus)在昔兰尼进行类似的工作仅仅是因为收到图密善的直接命令。⑤

---

① 狄奥 78. 30. 4;关于这位阿维特斯的身份的讨论,参见 *PIR*² I 190。

② F. Millar, *JRS* 56, 1996, 第 161, 164 页。

③ *IRT* 930 = EJ 291: "Imp. Ti. Caesaris Aug. iussu L. Aelius Lamia pro cos. ab oppido in mediterraneum direxsit m. p. XLIV."关于他的行省总督职位任期,参见 B. E. Thomasson, *Statthalter* II, 第 21 页。

④ M. Guarducci, *Inscriptiones Creticae* I. Rome, 1935, XXVI. 2; cf. 3 and XXVIII. 29.

⑤ *AE* 1954. 188. 关于其他根据皇帝命令(没有提及元老院)来分配土地或划分边界的行省总督,参见 J. Keil 和 A. von Premerstein, *Bericht über eine dritte Reise in Lydien*, Vienna, 1914, no. 146(在克劳狄乌斯统治下,在亚细亚);或还有 no. 137; AE 1933. 123(在图密善统治下,都在亚细亚);1963, 197(在维斯帕先统治下,在纳庞西斯)。

我们了解到皇帝的行动，相比之下，我们缺乏元老院采取主动，向任何总督（行省总督或皇帝公使）发出命令的证据。[①] 不过，要同时强调，这是意料中事。即使是来自皇帝，自发的通信也极少见。一般来说，他只限于施行正义以及回应质疑或请愿。罗马人认为这些职能是政府的主要作用，元老院的职能亦如此。然而，通过相关的例子可以肯定元老院发挥职能时没有遇到障碍，例如公元 177 年前后，发言人提出要降低角斗竞技支出的主要意见（sententia prima）。在仅有的一段中，他很可能设计出独立于皇帝谕令（oratio）的计划，[②]他主张所有总督应采取的措施并总结道："让不久前被派遣为元老院行省总督的上层公民（viri clarissimi）知道，他们每个人都应该在一年[的任期]内完成这个任务；让那些非抽签选举出来的行省管理者也在一年内完成任务。"[③]要是这个计划被采纳，则元老院下一步将准备通知总督。公元 238 年，元老院肯定有将其罢免马克西米努斯的决定告知全体总督。[④]

除了向个别元老院行省总督发出直接命令，我们必须考虑那些经常性训示（mandata）——发给就职官员的"指令"。从一开始，皇帝阵营的行省总督以及由皇帝进行任命的其他各类官员似乎都收到过这些[训示]。狄奥更进一步，他明确说明从公元前 27 年起，元老院的总督也收到来自皇帝的训示。[⑤] 他这种说法为不
402 同学者所接受或拒绝，但直到最近，一贯的难题仍是接到训示的元

① 可以揣测，2/3 世纪塞浦路斯萨拉米斯的一份韵文残篇提到元老院就其所发起的在澡堂内进行的建筑工作表示谢意，但根据这份损毁严重的铭文无法得出稳当的结论，甚至连其中是否有提及罗马元老院也受到质疑。参见 T. B. Mitford 及 J. K. Nicolaou，*Salamis*，vol. 6，Nicosia，1974，no. 32。

② 相关讨论，参见第八章。

③ *Aes Ital*，lines 53—55，*Hesperia* 24，1955，p. 333.

④ Herodian 7. 7. 5；HA，*Maximin.* 15. 2—3. 同见公元 7 世纪吩咐执政官发信（第十五章，第五节，列表第 12 条）的不完整法令，以及公元 68 年元老院与加尔巴的通讯（Plut. *Galba* 8）。

⑤ 53. 15. 4.

老院行省总督的最早例子，这似乎是公元 134/135 年担任亚细亚总督、后来成为皇帝的安东尼·庇乌斯[①]——换言之，公元前 27 年后的一个半世纪后。不过，波顿(Burton)[②]现在把注意力引向亚细亚最早的两位行省总督，他们在发给城市的信中引用过“指令”——克劳狄乌斯统治时期内，多米提乌斯·科尔布罗(Cn. Domitius Corbulo)写给执政官的信；约公元 111/112 年，法比乌斯·波斯图米努斯(Q. Fabius Postuminus)写给埃赞尼(Aezani)的信。

元老院行省总督收到这些“指令”的证据是毋庸置疑的。不过，这些证据可能无法为进一步的说法提供同样坚实的[论证]基础，第一种说法是自公元前 27 年他们经常收到训示，第二种说法是这些训令由皇帝直接发出。这两种说法都值得我们停下来认真思考。在第一点上我们没有证据，尽管可以考虑到两个负面印象。第一个印象与图拉真统治时期普林尼在比提尼亚/本都所揭露的情况有关。在他的《书信集》(*Letters*)第十卷，我们得到这样一个大概印象：行省的前任总督始终不是由任何权威来指挥行动，或至少完全无法将指令转化为行动。更具体地说，如果这些行省总督定期收到皇帝的训示，则这个例子似乎令人诧异，即图拉真本应等到普林尼就任总督才引入社团禁令。[③] 第二，浏览截至 2 世纪初已知的索贿罪审判(repetundae trials)清单(尽管无疑是不完整的)，可以看出皇帝公使比元老院行省总督受到的指控次数更少。这种差别可用多个原因来解释，尤其是任何针对皇帝公使的攻击

---

① *Dig*. 48. 3. 6. 1；至于日期，参见 W. Eck, *Senatoren von Vespasian bis Hadrian*，第 210 页。

② “向行省总督发出训示(mandata)及执政官的刻字”，*ZPE* 21，1976，第 63—68 页。正如他所说(第 64 页)，塔西佗，《历史》4. 48 肯定表明了阿非利加的行省总督也在 1 世纪收到训示。

③ 普林尼，《书信集》10. 96. 7。

都会被谨慎对待，而行省的人或不觉得行省总督与皇帝也同样关系密切。① 确实，部分原因可能是缺乏如此紧密合作的惯例，所以图拉真在把比提尼亚/本都转到自己的行省阵营时决定偏离1世纪的做法，并任命一名执政官为总督，让他直接向自己负责。狄奥评论道，元老院行省的总督渐渐由皇帝决定而非抽签决定，这是由于后一种方法选出的某些人治理不善，这也暗示了其与皇帝之间没有密切的合作关系，所以最多只有非经常性的训示。②

403 第二种说法——训令由皇帝直接向元老院行省总督发出——更微妙。已提及的3个例子中均没有具体指出权威来源，而众所周知，狄奥很少关注程序及政制细节，这又是奥古斯都与他的某些同代人非常重视的部分。对狄奥来说，公元前27年标志着彻底君主制的创立。③ 从字面上看，有种说法认为此后奥古斯都定期向他的行省总督发出训示，这使得同时将皇帝行省和元老院行省进行区分变得毫无意义，似乎还会和他那时想在执政官同僚之间保持平等关系的意图有所冲突。④ 行省总督如此接受指令，自那一刻起元老院在事实上失去了对其行省阵营总督的控制，且行省总督与皇帝公使唯一的差别是任命方法及任期长短。我们可以相信这是狄奥生活时期的状况，甚至是更早期的状况。然而，我们很难认为公元前27年这种新安排是奥古斯都从一开始就计划的一个明目张胆的骗局。同样，他的那些在管治中寻求元老院合作的继承人不可能想拒绝元老院对其行省阵营的某些控制。正如我们所注意到的，确实从一开始皇帝可以不时就某些事务与元老院行省

---

① 参见 P. A. Brunt，*Historia* 10，1961，第211页及下文附录9。

② 53.14.3.

③ Cf. 53.11.5.

④ “普莱马斯的审判”（狄奥 54.3）许又成为一个更大的难题，特别是倘若它发生在公元前23年：关于这个棘手事件，参见如 S. Jameson，“22 或 23?”，*Historia* 18，1969，第204—229页。

总督进行沟通。但倘若他们还定期向其发出训示，这似乎会让人摸不着头脑，即奥古斯都与提比略同时仍不辞劳苦地争取元老院的授权，例如为了阿古利巴[1]和日尔曼尼库斯[2]的东方代表团。又或者是克劳狄乌斯在统治初期要联合元老院向吕西亚的公使(Q. Veranius)发出指令。[3]

在考虑训示的权威来源时，也许已经有现成的假定认为没有一个训示发自元老院，理由是据说缺乏所有相关的证据。[4] 事实上，在这方面有两段话值得留意。公元1、2世纪初，尤韦纳尔(Juvenal)在警告一名未来总督时所暗示的似乎是元老院的训示，“注意法律规定及元老院的指令……”[5]第二，塞维鲁法学家卡利斯特拉托斯(Callistratus)在他的著作《关于审理》(*De Cognitionibus*) 404
中题为“关于公共建筑”的摘录里特别提到某个未知日期的元老院训示：

> 任何人若想由别人以大理石或其他方式修建的建筑物来显示权威，并承诺根据人民的意愿来操作，则元老院决定同意此举，让他本人的名字刻在建筑物上，尽管原来的负责人名字应被保留。然而，同样的训示也警告说，个人若有花费金钱于

---

① *P. Colon.* 4701, col. I, lines 10—11 in *ZPE* 5, 1970, p. 226.

② 塔西佗，《编年史》2. 43；3. 12；Josephus，*AJ* 18. 54. 留意日尔曼尼库斯如何在亚历山大的一个也许是即席演讲中只说自己先前是被父亲派遣的(*Ox. Pap.* XXV. no. 2435 recto lines 9—10)。

③ 这个联合行动的异常例子取决于 *IGRR* IV. 902 的修复情况。有关它的标点符号，参见 Robert, *Etudes anatoliennes*, Paris, 1937, 第 89 页, n. 2；以及 A. E. Gordon, *Quintus Veranius Consul* A. D. 49，第 240 页。

④ F. Millar, *JRS* 56, 1966，第 159 页。

⑤ *Sat.* 8. 91, “Respice quid moneant leges, quid curia mandet.” 提及马吕斯·普利斯库斯管理阿非利加(8. 120)的事为确定日期提供了一条线索：众所周知，他的审判是在公元 100 年 1 月(cf. 1. 48—50)。详见 E. Courtney, *A Commentary on the Satires of Juvenal*, London, 1980，第 1—10 页。

以公款修建的建筑物上的，要刻上他们的名字时，应提及其为该建筑物所贡献的金额。①

卡利斯特拉托斯的时代，对新建公共建筑的竣工情况作出正式监督，这长期以来都是总督职责的一个明显组成部分，②所以我们很自然地发现元老院发出过这方面的指令。

根据上述所有证据，应该考虑这样一种可能，即元老院确实向行省总督发出过“指令”，最常见的也许是针对皇帝的动议。[指令的]发出单位和后者[皇帝]自行发出指令在实践上几乎没有不同。不过，这些微妙差别不仅在政制术语上意义重大；尤其针对经常性的皇帝指令还能避免对阿非利加和亚细亚的行省总督造成冒犯，他们因官职而得到元老院成员的高度尊重。元老院也被提供必要程度的有节制的主动权，许多皇帝也热衷于助长这种主动权。我们至少可以合理地认为，1 世纪，元老院在向行省总督发出指令时发挥了某种作用，即使只是一种形式上的作用，正如我们已经了解到的，这些行省总督被委派到有特殊需求的地区——如帕基乌斯·斯卡瓦被派往塞浦路斯，或加尔巴被派往阿非利加。此外，在朱里亚-克劳狄王朝时期，假定元老院愿意接受返还的行省，则肯
405 定是[由于]其批准一位普罗库鲁斯三度担任纳庞西斯的公使。③

① *Dig*. 50. 10. 7. 1："si quis opus ab alio factum adornare marmoribus vel alio quo mode ex voluntate populi facturum se pollicitus sit, nominis proprii titulo scribendo: manentibus priorum titulis, qui ea opera fecissent, id fieri debere senatus censuit. Quod si privati in opera, quae publica pecunia fiant, aliquam de suo adiecerint summam, ita titulo inscriptionis uti eos debere isdem mandatis cavetur, ut quantam summam contulerint in id opus, inscribant."关于非结论性的讨论，参见 R. Bonini, I "*Libri de Cognitionibus*" *di Callistrato*, Milan, 1964, pp. 152—153；关于日期，A. M. Honoré, *SDHI* 28, 1962, pp. 215—216。

② 参见比如乌尔比安，*Dig*. 1. 16. 7. 1。

③ *CIL* XI. 5173(Vettona)由 G. Alföldy 进行修订，*Fasti Hispanienses*，第 154—155 页＝ H.-G. Pflaum, *Les fastes de la province de Narbonnaise*，第 60 页。

要确定元老院在指挥行省总督及与其进行沟通时可能发挥的作用,就会遇到大量难题。但当我们反过来去考虑他们是否有向元老院或皇帝征询意见及程度如何,不确定的因素就更多了。波顿恰当地强调了对后者进行咨询在证据上的不平衡。主要的证据来自法学家,且只能追溯至2世纪初期。缺乏1世纪的文献证据,1、2世纪的铭文也不多。尽管如此,贫乏的碑文材料至少清晰表明,即便在1世纪,元老院行省总督可能有征询过皇帝的意见。① 他们有否征询过元老院的意见?对此,我们没有证据。就2世纪来说,我们很难期待会有。至于1世纪,还有一些疑点。若将发掘出一个例子,我们对此亦不会感到惊讶。既然如此,我们不能从沉默中得出结论,尤其当征询皇帝意见的证据仍如此少,且我们对于总督向罗马报告事务的频繁性(最重要的一件事)也毫无概念。更何况他们所遇到的各种不同情况,其中很大一部分必定取决于他们的个别经历和性情以及对皇帝或元老院的评价。此外,元老院行省总督的任期很短,以至于至少在较远的行省,似乎每年在离任前的最后几个月里内询问的意义不大。②

在关于作为立法团体的元老院及其职能的任何研究中,元老院对其行省[事务]的介入必被论及,但当尝试对这种介入的性质进行概括时,可看出能确定的部分如此之少。至少自2世纪初期,元老院行省与皇帝行省之间没有明显区别,除了对总督进行任命并决定其任期长短的方法外。此前,由皇帝向元老院行省总督发出训示并接受其对某些问题的咨询。直到2世纪晚期,仍有努力

---

① Cf. 克劳狄乌斯的信件发现于德尔斐,*Fouilles de Delphes* III. 4. no. 286 及以下注释;可能也是普林尼,《书信集》10. 65. 3 引述过的图密善的信件。

② 很自然地,针对元老院行省总督疑问的回复仍被送至其继任者。参见 Eusebius, *Hist. Eccl.* 4. 8. 6 及 9. 1—3;Justin, I *Apol.* 68—69。据其最新的编辑 A. Plassart 的意见,克劳狄乌斯至德尔斐的信件亦如此(出处同前注释),J. H. Oliver 让讨论变得复杂,“克劳狄乌斯那份提到元老院行省总督尤尼乌斯·加里奥的书信”, *Hesperia* 40,1971,第239—240页。

保持元老院行省数目的尝试,或因此使元老院感到满意且能保持元老院成员的总席位数。在更早期,皇帝确实可以行使权力向元老院行省总督发出命令,反过来他们也可以向他请求意见。然而,最不确定的一点是,这个时期,皇帝的[权力]侵占行为是否使元老院失去介入其阵营的所有权力。在我看来,并不如此。相反,正如在其他领域,皇帝的侵占行为是个渐进的过程。在1世纪,元老院
406 如在其行省一样,确实在监督工作上发挥了一定作用,即便这主要是在形式上。在这方面,克劳狄乌斯·提马克斯(Claudius Timarchus)说过无礼的话,他说自己对离任的行省总督是否应得鼓掌致谢一事有重大的影响力。[①] 有人认为这是对元老院的冒犯,这表明,公元62年,克里特岛和昔兰尼仍被看作“它的[元老院的]”行省。[②] 当有特殊需求时,确实经常是由皇帝采取主动;不过,在1世纪,可以看到他继续就其意向征询元老院的意见。

总而言之,尽管元首制时期元老院在行省管理及其他事务上明显失去了主动权,应记住元老一直忙于行省事务且必定在大会上继续保持显著地位。许多元老在意大利以外必定也享有广泛的私人利益。更多的元老院议员本身来自行省。且不论背景如何,其中只有少数人通过晋升很快获得或多或少的行省经验。也正如我们所见,直到2世纪,诸团体在帝国范围内提出的事务或直接上报给元老院或通过皇帝提交至元老院。此外,元老院继续为整个帝国立法,且听取控告总督管理不善的案件。最后,如下一章所示,我们惊讶地发现,皇帝始终把皇帝行省及帝国边界以外的事态
407 发展告知元老院。

---

① 塔西佗,《编年史》15.20。

② 可以说,提比略不愿意接待来自阿非利加的使节也是由于同样的想法(Suet. *Tib.* 31)。

第十四章　外交、军队及对外事务

第一节　元老院使团

在元首制时期，如同共和国时期，使团仍由元老院来派遣，尽管派遣原因通常不一且频率或比现时少，至少从少量幸存证据判断出来是如此。元老担任使节的主要原因似乎是迎接新上任的皇帝。尤其是皇帝登基时若远离罗马，则要第一时间派遣元老院代表团。且在所有情况下(除元首制时期结束前某些皇帝从不到[罗马]城的情况外)，或早或迟会有一个抵达(adventus)或到达罗马的正式仪式。在后一种情况下，必需严格区分正式与非正式仪式，尽管两者间的实际差异或许轻微。

在共和国晚期，各级别元老会在某些重大场合不拘礼节地迎接返回罗马的杰出公民。公元前 57 年，西塞罗结束流放返回时，受到如此荣耀；公元前 45 年，尤利乌斯・恺撒从西班牙返回时，亦受到如此荣耀。[1] 屋大维于公元前 31/30 年冬登录布林迪西(Brundisium)时，几乎所有元老院议员都到那里迎接他，且在公元前 30 年，他们正式决定当他[屋大维]进入罗马时，维斯塔贞女、元

① Cic. *Ad Att*. 4. 1. 5 = SB 73; *Phil*. 2. 78; Plut. *Anton*. 11.

老院及携同妻儿的人民应出门迎接。然而，他明确要求不要实施此项法令。①

然而，我们听说元老院于公元前19年第一次正式派遣使节去迎接奥古斯都——一项前所未有的荣誉，正如他在《功业录》所声称："在元老院的命令下，一些副执政官、平民保民官，还有执政官卢克逑斯(Q. Lucretius)，以及城邦的领头人都被派往坎帕尼亚(Cam-
408 pania)迎接我，这项荣誉迄今为止只为我而立。"②奥古斯都在此暗示使节仅仅是派来迎接他。然而，狄奥的解释或更准确，他说那些人第一时间被派去将罗马的不安局势告知皇帝，因为他本人不愿担任执政官，试图填补他职位的行动引发了暴乱。③ 我们再没听说有这样向奥古斯都派遣的使团。相反，他明确说明自己不喜欢在罗马或其他城市举行正式的到达及离开仪式，并尽其所能去回避。④

在元首制时期的其他日子，我们只知道元老院同意在赛扬努斯和提比略进入罗马时都能得到正式迎接；⑤几乎可以肯定的是公元128年夏，克鲁维乌斯·马克西姆斯·保利努斯(P. Cluvius Maximus Paullinus)或作为前副执政官，担任了"元老院派去迎接返自阿非利加的哈德良皇帝的使节"。⑥ 据《奥古斯都史》记载，马克西米努斯于公元238年去世后，由20名元老组成的使团以相似方式去迎接从阿奎莱亚(Aquileia)返回罗马的普皮恩努斯(Pupienus)。⑦ 部分肯定是出于偶然的原因，我们并不知晓元老院为到

① 狄奥 51.4.4；19.2；20.4。

② *RG* 12.1. 据狄奥记载，公元前29年执政官代表元老院及人民为屋大维归来而准备的供品同样是史无前例(51.21.2)。

③ 54.10.2.

④ Suet. *Aug.* 53；狄奥 54.10.4 及 25.4；cf. 56.41.5。

⑤ 狄奥 58.4.4。

⑥ *AE* 1940.99："legato misso a senatu ad imp. Hadrianum cum ex Africa reverteretur."

⑦ Max. *Balb.* 12.4.

达罗马的皇帝实际派出使团的更多例子。不管怎样，这样的需求变得不那么迫切了，[因为]城里每位符合资格的元老重视的是在类似场合进行迎接的非正式义务，正如我们在前述章节所见。①

新皇帝登基时若远离罗马，则元老院要立刻派遣使团。公元68年，加尔巴(在西班牙)得到了这种荣耀，②次年，维特里乌斯也如此，正如我们将看到的。公元69年晚期，一项要求使团前往亚历山大(Alexandria)迎接维斯帕先的建议引发了海维迪乌斯·普利斯库斯与伊普里乌斯·马塞勒斯之间的激烈争论，前者要求由宣过誓的元老官员个别挑选使节，后者支持执政官代表的动议，即遵循传统的抽签办法。最后传统[方法]获胜。③

同样，提比略统治初期，据安排元老院应就奥古斯都的离世派出由公元13年的执政官穆拉衮斯·普兰库斯(L. Munatius Plancus)带领的使团向日尔曼尼库斯表示慰问，并代为授予其行省总督治权(imperium proconsulare)，此乃提比略先前的请求。该代 409
表团抵达阿拉·乌比奥鲁(Ara Ubiorum)与日尔曼尼库斯碰面后，随即卷入日耳曼军团的叛乱中。④ 公元69年1月初，由加尔巴在"令人可耻的犹豫不决"中选出的元老院使团，⑤原本旨在调停发起兵变的日耳曼军队，后被奥索(Otho)召回。据塔西佗记载，表面上是由元老院重新挑选的代表团及后被派往日耳曼接近两方军队，即意大利军团和卢迪楠(Lugdunum)军队。⑥ 然而，这

① 参见第二章，第四节。

② Plut. *Galba* 11；狄奥 63.29.6。

③ 塔西佗，《历史》4.6.-8。

④ 塔西佗，《编年史》1.14及39；狄奥 57.5.4—6。普兰库斯只不过是前一年的执政官，且毫无疑问是执政官当中最不可能被委派的一位，这自然表明他实在不可能如阿拉·乌比奥鲁士兵所声称的是叛乱处理法令的最先提出者。塔西佗在此处的用词(《编年史》1.39)为元首制提供了个人而非皇帝被元老院法令称之为"发起者"(auctor)的一个罕见例子(cf. Mommsen, *St. R.* II.2，第899页，注释4)。

⑤ 塔西佗，《历史》1.19："foeda inconstantia"。

⑥ 《历史》1.74；cf. Suet. *Otho* 8。

些使节自愿改旗易帜并依附维特里乌斯。4 月中,奥索死讯在罗马公布,元老院向日耳曼军队派出第三个使团,且在提西努姆(Ticinum)与维特里乌斯会面。数月后,在其统治期结束前数日内,后者反过来请求元老院派出使节与弗拉维领袖们议和。[1]

马提亚尔(Martial)的话暗指公元 97 年,由抽签产生且可能包含元老在内的使团,被派往日耳曼南部(Upper Germany)向图拉真传达其被过继给涅尔瓦的消息。[2] 差不多一个世纪后,即公元 193 年,一元老代表团原被派往塞普蒂米乌斯·塞维鲁的军队,以阻止其推翻狄第乌斯·朱利安的计划;但这些使节投靠了塞维鲁。[3] 及后,朱利安建议元老院、维斯塔贞女及祭司们出来迎接塞维鲁并向其进行恳求,元老院以其徒劳无功加以拒绝。[4] 最后,元老院命令处死朱利安,后派出代表团向塞维鲁授予权力。据说,该代表团成员有 100 人,在因特兰纳(Interamna)进行迎接。[5]

当统治期内的皇帝不在罗马或意大利时,元老院使团亦可与其联系。我们听说,公元前 16 至前 13 年奥古斯都在西部时,由元老院及人民组成的使团请求他返回罗马。[6] 公元 29 年,元老院向退隐至卡普里岛(Capri)的提比略派出代表团(同年,赛扬努斯亦得到同样荣誉);公元 31 年,赛扬努斯去世时亦如此。[7] 公元 39/
410 40 年,盖乌斯在日耳曼及高卢出征时,当他发出盖图里库斯已被处决的消息,[8]一元老院使团(包括被直接任命而非抽签选出的克劳狄乌斯)被派去向其传达祝贺;及后,另一规模稍大的使团被派

---

① 塔西佗,《历史》2.55,69;3.80;Suet. *Vitell.* 16;狄奥 65.18.3。

② 10.6.1—4.

③ HA,*Did. Jul.* 5.5 及 6.3;*Sev.* 5.6。

④ HA,*Did. Jul.* 6.5—6.

⑤ Herodian 2.12.6;HA,*Sev.* 6.1—2.

⑥ 波非里奥(Porphyrio)评论贺拉斯,*Odes* 4.5(p.129 Meyer)。

⑦ 狄奥 58.2.7;3.2;13.2。

⑧ Suet. *Claud.* 9;狄奥 59.23.1—2,5。

去请求他立即返回罗马。[①] 据奥略留·维克托(Aurelius Victor),[②]公元117年,正是元老院提出——尽管是转达的——请求让图拉真从东部前往罗马。在这点上,最后波修斯·欧普塔图斯·弗拉玛(Porcius Optatus Flamma)于公元197年担任"使节,由最尊贵的元老院派往在日耳曼的同一位君主皇帝[塞普蒂米乌斯·塞维鲁]及在潘诺尼亚(Pannonia)的命中注定为皇帝的安东尼·恺撒(Antoninus Caesar)"。[③]

我们发现了元老院主动接近皇帝以外的人的一个罕见事例。公元24年,在与塔法利纳斯作战结束后,一元老院成员被派去向毛里塔尼亚(Mauretania)的托勒密(Ptolemy)转赠传统礼品,如象牙权杖及刺绣长袍,并称其为王、盟友及同伴。[④] 许久以后,公元238年,马克西米努斯被剥夺权力后,戈尔迪安(Gordian)一世和二世共同被宣布为王时,元老院肯定再次主动派出被选中的元老院成员及著名骑士去争取行政总督的支持。[⑤] 然而,这些都是例外情况。更确切地说,这反映了皇帝对国家所有事务的控制,如我们所见,元首制时期,元老院大多只限于向皇帝或皇室成员派遣使团。

---

① Suet. *Calig.* 49; 狄奥 59. 23. 6。

② 13. 11.

③ *ILS* 1143: "legati ab amplissimo s[enatu] ad eundem dominum [i]mp. in Germaniam et[ad] Antoninum Caes. [im]p. destinatum in Pannoni[am] missi." Cf. A. R. Birley, *Septimius Severus*,第193,200页;G. Winkler, *PW* Suppl. 14 s. v. Porcius no. 38a, col. 446。Mommsen认为(*St. R.* II.,第680页)军事保民官(military tribune)拉贝里乌斯·尤斯图斯·科齐乌斯·雷比达·普罗库鲁斯为元老院"派遣的使节"("l[egatus missus ad principem]"),相比之下,这似乎不可能。有理由认为这发生在公元89年早期安东尼·萨图宁乌斯叛变时,更有可能是拉贝里乌斯从军团被派往图密善处,参见 *PIR*[2] L 7; *AE* 1975. 835; M. Dondin, *Latomus* 37, 1978,第156—157页(following Mommsen)。

④ 塔西佗,《编年史》4. 26; cf. Dion. Hal. 3. 61. 3,相关讨论参见 E. Rawson, *JRS* 65, 1975,第155页。

⑤ Herodian 7. 7. 5 with Whittaker ad loc.

第二节 使团接待及其他外交事务[①]

正如波利比阿斯(Polybius)在公元前2世纪中期所承认的,共
411 和国时期,使团接待是元老院一项重大且专有的特权。[②] 事实上,在[元首制]晚期,由此而来的公事压力极大,以至于元老院需要依据《加比尼亚法》(*Lex Gabinia*),在每年整个2月里,天天只为此事开会。[③] 可以理解的是,公元22年,在希腊城邦进行的庇护权调查激发了塔西佗的想象:"那天,真是奇象,元老院调查前人曾授予的特权、与盟友达成的协议以及帝国时期前统治过罗马的国王曾颁发的法令,乃至神的祭仪;一如既往,它可以自由承认或修改。"[④]

正如共和国晚期使团要伺候如尤利乌斯·恺撒那样的强力个人,元首制时期到来时,使团也要如此与皇帝和元老院打交道。随着后者的权力被皇帝比下去,其在外交上的作用也因此慢慢减退。狄奥提醒他的读者,在奥古斯都统治时期,元老院处于皇帝阴影的笼罩下,如何在某些场合中继续与国王及各民族派出的使团和传令官进行谈判。[⑤] 一种诠释是,公元前27年,作为执政官的奥古斯都和阿古利巴在发出有关占有公众地方的命令前,或遵循了元老院在行省的处理办法,后者还授权执政官执行其裁定。[⑥] 然而,与奥古斯都打交道的使团越来越多,于是,自公元8年,年老患病

① 关于这部分的主题,亦可参见 F. Millar,《皇帝》,第六章7。

② 6.13.7.

③ Cf. Cic. *Ad. Q. Fr.* 2.12.3 = SB 16;一般参见 T. Büttner-Wobst, *De legationibus reipublicae liberae temporibus Romam missis*, Leipzig, 1876。

④ 《编年史》3.60。

⑤ 53.21.6.

⑥ Sherk,《罗马档案》, no. 31 及详见 N. Charbonnel, "A propos de l' inscription de Kymé et des pouvoirs d'Auguste dans les provinces au lendemain du règlement de 27 av. n. è.", *Rev. Int. Droits Ant.*, 1979, pp. 177—225。

的他便委托 3 名执政官负责接待。据狄奥记载，这 3 名执政官可以发表回应，“除了在需要元老院和奥古斯都作出最后决定的事情外”。① 这种特权明显限于意大利及元老院行省，尼禄在登基演说中对此进行了确认，据塔西佗所言：“元老院要保留其古老职能。[这项特权]适用于执政官，意大利和元老院行省[的官员]可以享有。我本人会看管交托给我的军队。”②

尽管元老院接待的使团数目明显下降，但我们仍无法从细节
上去了解这种趋势的发展速度及严重程度。至少可以认为，奥古
斯都统治时期过后，随着普遍和平时期的到来，外交活动有所减
少；并且，共和国时期过后，确实再没有听说整个 2 月都开会的特 412
殊需要。不过，元老院或发现其在奥古斯都的朱里亚-克劳狄王朝
继承者们的统治下仍异常忙于接待使团。因此，除了仅仅在辩论
中刁难对手的特别请求外，阿西琉斯·加卢斯(Asinius Gallus)可
以声称，公元 16 年，元老院本处于春假期间，大量从意大利和行省
过来的代表团在等候一场审讯。③ 塔西佗在《编年史》中的记录呈
现了某两年外交事务特别多。我们无法说清，到底这个数量是否
真的不寻常，或事实上在别的年份是否有相当数量的使团因某种
原因而未被记录。至少，我们可以合理地揣测，公元 25 年，前元老
院行省总督(proconsul)弗隆提乌斯·卡皮托(Fonteius Capito)的
审判让亚细亚某些代表过来了，且塞西卡斯人(Cyzicenes)努力回
应对其的控告。同年，来自贝提卡、斯巴达和迈锡尼、赛杰斯塔及
马西利亚(Massilia)的代表团也来了。④ 同样，公元 53 年，斯塔提

---

① 55. 33. 5; cf. 56. 25. 7.

② 《编年史》13. 4; cf. 14. 11，其中关于尼禄在报告母亲死讯以及谴责其[过往]行为时，提及自己只好花很大力气才能阻止她“闯入元老院并向外族发放批文”。尚不确定是否应将这两个目标结合起来或独立进行考察。

③ 塔西佗，《编年史》2. 35。

④ 塔西佗，《编年史》4. 36—37，43。

留·陶鲁斯(Statilius Taurus)的审判大概也让阿非利加的代表们过来了,而很有可能科恩(Coan)使团本该露面来支持克劳狄乌斯免除岛上税负的提议。① 据说,同年提出申请的有一同得到尼禄支持的伊里昂(Ilium)和博洛尼亚(Bononia),还有罗兹岛(Rhodes)、阿帕米亚(Apamea)及拜占庭。② 来罗马使团的惊人数字进一步反映在塞内加③和塔西佗的一般评论中,④再是在2世纪早期普鲁塔克(Plutarch)⑤的一般评论中,尽管这些作者没有特别指出使节寻求的是皇帝,还是元老院。

据我们所知,相关的幸存证据较不完整,以至于我们无法准确估计元老院在外交活动上的活跃程度。举例说,在朱里亚-克劳狄王朝时期,因恶政而受审的情况很普遍,且必定涉及行省的代表团;然而,我们难以声称已掌握提交至元老院的所有案件的完整清
413 单。⑥ 若不是塔西佗记录了公元62年克劳狄乌斯·提马克斯受审时特拉塞亚·培图斯(Thrasea Paetus)的言论以及由此通过的法令,我们则不会理解行省的调解人(concilia)向元老院派遣使节以向总督致谢,这于那时显然是一个常见惯例。⑦ 对后者[总督]来说,若被控告,此类言论将成为重要证词;相反,若致谢理由仅仅是众多证词以外的又一条,元老院在通常情况下也许只会感到厌烦。⑧ 或在元首制早期,来自亚加亚、曾两度向元老院致谢的某人

---

① 塔西佗,《编年史》12. 59 及 61。Cf. A. Maiuri, *Nuova silloge epigrafica di Rodi e di Cos*, Florence, 1925, no. 462,第 13—16 行。

② 塔西佗,《编年史》12. 58, 62—63; cf. Callistratus, *Dig*. 27. 1. 17. 1。

③ *Ad Helv. Matr. De Cons*. 6. 2.

④ 《编年史》16. 5。

⑤ *Quaest. Rom*. 43 = *Mor*. 275 C. 关于这部著作的日期,参见 C. P. Jones, *JRS* 56, 1966,第 73 页。关于在罗马的使团施加的压力,详见 F. Millar,《皇帝》,第 364—365 页。

⑥ 已知的例子见附录 9。

⑦ 《编年史》15. 21—22。关于公元 11 年奥古斯都推行的相关限制措施,参见狄奥 56. 25. 6。

⑧ 参见第七章,第五节。

在曼提尼亚(Mantinea)得到荣耀;他的骄傲之处在于他是赞扬而非控告行省总督。① 完好保留在阿非利加的吉格修斯(Gigthis)、用以纪念凯基利乌斯·克洛狄亚努斯(?)·埃利亚努斯(Caecilius Clodianus(?)Aelianus)的铭文显示了他也在担任使节时投入了很多精力,"上层公民执政官"(clarissimi viri consulares)[的称号]因此为他的"虔敬"(pietas)与"热诚"(studium)作证。② 若这种优良美德具有重要意义,则我们乐于推测,他或许也在元老院面前赞扬了行省总督。但遗憾的是,我们未被告知他作为使节去往何处,但不应忘记他本可将此类赞扬传达给皇帝。我们发现,一名来自亚细亚的斯特拉托尼斯-哈德良堡(Stratonicea-Hadrianopolis)使节在提出请求时向哈德良传达了赞扬。③

此外,我们或能比较确定的是,锡拉库扎于公元58年请求增加可参加角斗表演的人数(大概经由使团提出),这绝不是元首制时期城市申请小项特权的唯一个案。事实上,塔西佗向我们保证,他本来也会略过这个例子,要不是它遭到特拉塞亚·培图斯的激烈反对。④ 对此,普林尼也不感兴趣,⑤他于公元100年援引申请个案时谈到这类表演在元老院事务中明显是微不足道的。值得注意的是,另外一些通常需要使团参与的事务。因此,若我们相信位于尼西亚(Nicaea)的哈德良拱门两旁、经修复的受损铭文,⑥则可见在如授予城市首府(metropolis)地位一事上,元老院与皇帝一同发挥了作

① *SIG*³ 783 B,第28—30行。至于日期,比较 E. Groag, *Die Reichsbeamten*, col. 17; U. Kahrstedt, *Das wirtschaftliche Gesicht Griechenlands in der Kaiserzeit*, Berne, 1954,第133页,注释3。公元15—44年,皇帝的使节对亚加亚进行管治。

② *CIL* VIII. 11032.

③ *IGRR* IV. 1156 由 L. Robert 进行修订, *Hellenica* 6, 1948,第81页, col. II,第20—32行。Cf. 普林尼,《颂词》70.3。

④ 《编年史》13.49。

⑤ 《颂词》54.4。

⑥ S. Sahin, *Bithynische Studien* (*Inschriften griechischer Städte aus Kleinasien* 7, Bonn, 1978) no. I. 5 = *SEG* 27, 1977, 820—821.

用。这来自一封估计不早于 3 世纪、被鉴定为行省总督所写的
414 信，①在某个阶段，元老院也必曾授予以弗所(Ephesus)优先权，尽管除了有关的一般资料外，我们并不了解详情。同样，塞维鲁·亚历山大统治时期，②一行省总督写信给阿芙罗迪西亚斯，信中笼统地提到免除总督来访的又一特权，这或许早已得到元老院法令的承认，但我们恰好再没有元首制时期的例子可提供。同样的事情也适用于元老院可能授予行会的各项特权，塞普蒂米乌斯·塞维鲁与卡拉卡拉于公元 205 年向诺里库姆的皇帝行省殖民地发出的法令中有过笼统引述。③ 更重要的可以说是社团(葬仪团体除外)的组建，因需要得到元老院的许可，大概也需要代表团的参与。尽管并不是所有社团都充分遵守要求，④但有关要求显然并非形同虚设，因为普林尼在上述一段话中可把相关事务说得同样微不足道，但就在 3 世纪中期，社团拟定的文献确实提及集会权获得元老院法令承认。⑤ 尽管如此，除了安东尼·庇乌斯统治时期基齐库斯(Cyzicus)获准组建一个新人(neoi)(“青年”)团外，没有迹象表明向元老院派遣代表团的惯例继续存在。⑥ 然而，罕见的是，公元 136 年，成立于拉努维乌(Lanuvium)的一个葬仪团体竟不怕麻烦，在其规则中引用元老院法令的相关条款来显示其无需请求许可。⑦

关于城市在自然灾害后请求获得援助的重要申请，我们确实没有掌握到完整信息；狄奥说，完整的列表将无穷无尽。⑧ 垄断

---

① *AE* 1966. 436.

② J. Reynolds,《爱欲和罗马》, no. 48, lines 19—22。

③ *FIRA*^{2} I no. 87，由 G. Alföldy 进行修订，*Noricum*，第 269 页。

④ 参见塔西佗，《编年史》14. 17，及一般如 J. -P. Waltzing, *Etude historique sur les corporations professionnelles chez les Romains*, Louvain, 1895, vol. I, 第 132—140 页。

⑤ *ILS* 335, 1164, 3399, 4174, 7266; *CIL* VI. 29691(A. D. 206); X. 1647, 3700, 5198; XIV. 168, 256, 4548, 4572, 4573(A. D. 232).

⑥ *FIRA*^{2} I no. 48.

⑦ *CIL* XIV. 2112. I. lines 10—13 = *FIRA*^{2} I no. 46.

⑧ 54. 23. 8.

[问题]乃我们几乎一无所知之事的最后一例,但此事要求元老院进行讨论并与行省人民打交道。弗拉维时期,大普林尼在解释刺猬皮如何被用来制衣时,评论道:"即便在此,骗子也发现垄断乃一大利润来源,没有比这更频繁地成为元老院法令的主题了,每位皇帝无一例外地收到来自行省的抱怨。"[①]幸运的是,与此段或有关 415
的两份证据残篇对我们当前的研究均有重大意义。苏维托尼乌斯提到,垄断问题是提比略与元老院仔细相讨的众多事项之一,且此事也是皇帝热衷于仅使用拉丁词的一个例子,其中提到他在使用"monopolium"[垄断]一词前会先请求原谅。[②] 既然如此,我们不妨推测,提比略(不提别的皇帝)曾邀请行省代表团一同讨论该事。

元老院在接待使团上所发挥的作用降低,部分原因是所有这类事务也可由皇帝来完成,完成情况或更好——且他的反应或许更迅速和果断,相比起一个特权比他过去还更不确定的立法团体来说。恰好在期望不能被满足时,从阿非利加元老院行省被派往提比略的使节采取了不寻常的权宜之计,他们放弃他[皇帝]而转向执政官们。[③] 同样有趣的是,我们发现有一罗兹岛人因代表他的城市向维斯帕先"以及他的全部家人、神圣元老院,还有罗马人民"传达忠诚和友好而被授予荣耀,仍不清楚的是他实际上是否有在元老院以及皇帝面前出现。但可推测,他因完成了使命而据说获得的待遇是由后者[皇帝]授予。[④] 尽管如此,元老院行省和皇帝行省[的人]先是与元老院打交道,另一继续与使团有关的一般问题(究竟和谁打交道)反映在一份未标日期的元老院法令中,其中规定受城市委任的使节在完成任务前不得处理其事务或私事。[⑤]

---

① *NH* 8.135.

② *Tib*. 30 and 71.

③ Suet. *Tib*. 31.

④ *IG* XII. 1.58.

⑤ 参见第十五章,第五节,列表第168条。

我们无法发现尼禄首次将元老院的外交角色限制在其[元老院]行省范围内的做法是否有效，但也许这样的限制很快便被忽略，正如许多其他的一般命令。我们可以注意到，正是及后尼禄于公元 62 年发出的一个动议禁止了来自元老院行省及皇帝行省的使节为赞扬他们的总督而接近元老院。[1] 确实，自公元 54 年，我们无法找到皇帝行省[的人]因非审判事务而前来的具体例子，但我们所掌握的朱里亚-克劳狄王朝时期以外的证据如此贫乏，为偶然事件赋予过分意义也许是不恰当的。

416 与宗教有关的请求也是提交给元老院的众多事项之一，至少在朱里亚-克劳狄王朝时期是如此。举例说，公元 15 年，西班牙人申请在塔拉戈(Tarraco，一皇帝行省)修建奥古斯都神庙。类似的还有公元 23 年来自亚细亚的城市申请修建一座纪念提比略、莉维亚和元老院的神庙，接着是公元 26 年请求元老院决定神庙位置。[2] 公元 25 年，贝提卡为了以同样方式纪念提比略和莉维亚而向元老院告假。[3]

我们发现，意大利的一些使团发出的请求更多样。因此，提比略统治时期，我们听说特雷比亚(Trebiae)请求使用遗产来建设道路而非剧场。[4] 结果，该城也许会后悔在此[向元老院]而非向皇帝发出请求，当时他准备迎接请求被通过，却意外地遭遇元老院大部分人的否决。在克劳狄乌斯统治下，博洛尼亚在公元 53 年一场大火后寻求救助，5 年后，普托利的委员会和公民因相互指责而请求裁决。[5] 公元 105 年，维塞提亚(Vicetia)因一元老申请在他的庄园上办市集而提出抗辩。[6] 此外，铭文上的许多例子可表明，意

---

① 塔西佗，《编年史》15.22。

② 塔西佗，《编年史》1.78；4.15，55—56；Ael. Aristid. *Or*. 19.13 Keil。

③ 塔西佗，《编年史》4.37—38。

④ Suet. *Tib*. 30.

⑤ 塔西佗，《编年史》12.58；13.48。

⑥ 普林尼，《书信集》5.4. 和 13。

大利社区内的其他纠纷也被提交至元老院解决。[①] 遗憾的是，当前无法获知这些事情的深入见解及事情发生的具体日期。至于由皇帝解决的纠纷，似乎缺乏可作比较的残存的铭文证据，我们仍无法确定这是否只属于偶然现象。

同样，救助请求也来自行省。公元前 20 年、[②]公元 17 及 23 年，东部城市在地震过后发出请求，接着是阿帕米亚的佛里吉亚(Phrygian Apamea)于公元 53 年发出请求。[③] 公元 161 年，马可·奥略留针对基齐库斯抗震救灾一事再次在元老院进行讨论。[④] 公元 15 年，亚加亚和马其顿请求减轻负担。塔西佗并没有具体说明叙利亚和犹太于公元 17 年向哪方发出类似请求，尽管我们确实知道提比略将此事交给了元老院。[⑤] 公元 53 年，伊里昂(Ilium)和拜占庭获得救助；其后一年罗兹岛重获自由。[⑥] 公元 25 417
年，赛杰斯塔在厄律克斯重建维纳斯神庙一事上寻求帮助。除了请求与纠纷，同年，马西利亚(Massilia)就接收某罗马流放犯遗产一事寻求许可，元老院还在斯巴达和迈锡尼(在亚加亚的皇帝行省)之间裁定黛安娜·林纳提斯神庙的所有权。[⑦]

在某些情况下，元老院会自行邀请或要求使团出面。例如，公元 15 年，被委托处理台伯河泛滥的官员大概有让涉事城镇的代表团出面。[⑧] 公元 25 年，基齐库斯肯定也被邀请去回应城市受到的

---

① W. Eck. *Die Staatliche Organisation Italiens in der hohen Kaiserzeit*, p. 14 n. 24; cf. *Ephem. Epig*. 8. 120; *CIL* XI. 6167; *ILS* 2689; *Inscr. Ital*. III. 1. 51(Buccino).

② Suet. *Tib*. 8. 关于年表的讨论，参见 B. M. Levick，“提比略仕途的开端”，*CQ* 21，1971，第 478—486 页。

③ 塔西佗，《编年史》2. 47; 4. 13; 12. 58，注意，公元 23 年的其中一则请求来自亚加亚皇帝行省的埃吉翁。

④ Fronto, *Ant. Imp*. 1. 2. 6 = p. 91 H，以及 E. J. Champlin，《弗朗图和安东尼时期的罗马》，第 93 页。

⑤ 塔西佗，《编年史》1. 76; 2. 42—43。

⑥ 塔西佗，《编年史》12. 58, 62—63。

⑦ 塔西佗，《编年史》4. 43；关于赛杰斯塔，cf. Suet. *Claud*. 25。

⑧ 塔西佗，《编年史》1. 76 和 79。

控告，①同样的事情也许发生在公元 44 年元老院审理针对罗兹岛的类似案件时。② 我们可以揣测，公元 27 年，费德内的代表团在调查当地角斗表演事故上发挥了作用。③ 毫无疑问，公元 70 年，塞纳(Sena)当局被传唤来为其对曼留斯·帕楚因努斯(Manlius Patruinus)乃至整个元老院的侮辱行为负责。④

我们的证据大多关于各个立法团体和民族的使团，然而，不应忘记单独个人仍有与元老院接触。共和国晚期，元老院于公元前 78 年及屋大维于公元前 41 年让具有特权的异邦人(peregrini)及其子嗣(不论是否是罗马公民)有权就私人事务亲自或由使节前来提出请求。⑤ 公元前 4 年，行省普遍被授予提出勒索钱财指控的类似特权；⑥我们甚至听说，此后相关安排经过调整，有单独个人联合提出这类指控。⑦ 我们发现，元首制早期，奥古斯都和盖乌斯皇帝为个人能被豁免遗产法律的管辖而与元老院接触；⑧公元 44 年的一条元老院法令禁止因谋利而拆毁建筑物，公元 56 年 3 月 2 日，阿利亚托利亚·塞尔西拉(Alliatoria Celsilla)的亲属为她取得
418 免除遵守该法令的权利。⑨ 相比之下，据塞维鲁·亚历山大，⑩元

① 塔西佗，《编年史》4.36。

② Cf. 狄奥 60.2.4。

③ 塔西佗，《编年史》4.62—63。

④ 塔西佗，《历史》4.45。无法再推测元首制早期特莱昂和拉丽莎争论的日期，这场争论只有在双方被叫到元老院面前才能解决(cf. *Diz. Epig.* IV，第 411 页)。现在可以确定共和国的一个日期，参见 *IG* IX.2.520(尤其第 10—13 行)，以及 H. Kramolisch，*Die strategen des Thessalischen Bundes vom Jahr* 196 *v. Chr. bis zum Ausgang der römischen Republik*，Bonn，1978，E7，第 90 页。

⑤ *FIRA*^{2} I no. 35 lines 8—9；no. 55 lines 61—63 = Sherk，《罗马档案》，nos. 22 和 58。

⑥ *FIRA*^{2} I no. 68 V lines 97—103；cf. 140—141.

⑦ 普林尼，《书信集》3.9.4。

⑧ 狄奥 56.32.1；59.15.1。

⑨ *FIRA*^{2} I no. 45 I and II.

⑩ *CJ* 9.23.3.

老院或皇帝极少赦免那些因把自己名字写进他人遗嘱而受罚的人。塔西佗解释道，公元60年，在尼禄的鼓动下，规定了市民法庭的上诉人向元老院上诉时，须支付的保证金与皇帝上诉时所需的金额相当。及后，他提到名义上收养了孩子的父亲们于公元62年提出请求，以及一名尚未成为元老院成员的元老阶级青年于公元70年向元老院提出请求。① 我们更常听到的是如何向元老院请求委派守护人，以及取代那些已变成聋子、哑巴或疯子的旧守护人。② 最后，昆体良至少设想，个人向元老院寻求自杀许可在理论上行得通——尽管没有可援引的例子。③

我们已经注意到元老院是如何走向衰落，因个人或诸团体提交的各类外交事务均没有超出皇帝的能力范围，并确实由皇帝来接手处理。他同样可以委派守护人、④向社团发放许可、⑤允许角斗士超过核定人数、⑥授予三子法特权（ius trium liberorum）、⑦批准在公共用地修建各类建筑物、⑧禁止从公共河流提水，⑨甚至授予上述所有权利与特权。结果，似乎到了2世纪中期，元老院在外交圈的作用基本消退。总的来说，正如我们所预期的，元首制时期的铭文所提到的使团，加起来不过是众多据说派往皇帝的使团中的一小部分。⑩ 确实，某些荣誉法令（提到这些代表团的最常见文献）说得还是含糊，仅仅提到使团“前往

---

① 《编年史》14.28；15.19；《历史》4.42。

② Ulpian, *Reg*. 11.2; *Dig*. 26.1.6.2; Paulus, ibid., 4.5.7 pr.; 26.1.17.

③ *Inst. Or*. 7.4.39; 11.1.56.

④ *Dig*. 26.1.6.2.

⑤ *Dig*. 3.4.1 pr.; 47.22.3.1; cf. *ILS* 4966.

⑥ 留意如 *AE* 1971.431。

⑦ 狄奥 55.2.5—6；普林尼，《书信集》10.95 及 Sherwin-White 关于此处的讨论。

⑧ *Dig*. 43.8.2 pr.

⑨ Pomponius, *Dig*. 43.12.2.

⑩ 尽管不够完整，最齐全的整套相关材料也许是 G. Iacopi, *Diz. Epig*. IV. s. v. legatus，第500—548页。

419 罗马”。[1] 然而，这种趋势不会错。元老院行省只有在恶政控诉上似乎还能免除皇帝的干预。否则，皇帝就如元老院一样可能要面对来自帝国各地的请求，而不仅仅是皇帝行省的请求。我们已经知道有人在皇帝而非元老院面前赞扬行省总督。同样，早在公元前 20 年，劳迪希亚(Laodicea)、推雅推喇(Thyatira)和希俄斯(Chios)在地震后向元老院寻求援助，塔拉勒(Tralles)却直接向皇帝提出请求。[2] 公元前 15 年，在另一次地震过后，奥古斯都本人再次帮助塞浦路斯元老院行省的帕福斯(Paphos)。[3] 及后，公元前 2 年，卢修斯·恺撒(Lucius Caesar)刚去世，比萨(Pisa)的城镇委员会希望严格按照罗马元老院的规定来执行纪念仪式——却还是向奥古斯都派遣使节以请求许可。[4] 同样是从奥古斯都统治时期起，与帝王祭仪相关的所有申请几乎都是向皇帝发出，而向元老院发出的上述申请却渐渐变成例外。在提比略统治下，克里特岛人(Cretans)是向皇帝而非向元老院传达他们对行省总督随从俄西乌斯·弗拉玛(Occius Flamma)的不满。[5]

不仅个人和团体可自行选择主动接触哪个官方，连皇帝也可自行决定保留哪些外交事务，我们本也期待他在这些事务上征询元老院意见。例如，克劳狄乌斯于公元 48/49 年、哈德良于公元 119/120 年确认前任皇帝和元老院分别向酒神节艺术家[6]和阿芙

① 一个突出的变体是 1 世纪中叶，尤利亚·戈多(亚细亚)的西奥菲勒斯因参加过去往“罗马及日耳曼及恺撒”的使团而获得荣誉(*AE* 1977,808,第 15 行)。

② Suet. *Tib.* 8; Strabo 12. 8. 18. 详见 F. Millar,《皇帝》,第 422—423 页。

③ 狄奥 54. 23. 7。

④ *ILS* 139 lines 31ff.

⑤ Seneca, *Controv.* 9. 4. 20. W. Orth 对这段插曲进行了讨论,“Ein vernachlässigtes Zeugnis zur Geschichte der römischen Provinz Creta et Cyrenae”, *Chiron* 3, 1973, 第 255—263 页。

⑥ *Milet* 1. 3 no. 156 = Smallwood, *Documents of Gaius etc.*, no. 373(b). 详见 M. Amelotti,“La posizione degli atleti di fronte al diritto romano”, *SDHI* 21, 1955, 第 123—156 页，特别是第 137—140 页。

罗迪西亚斯[1]授予的特权时,明显省去了向元老院征询意见。但总的来说,正如将看到的立法问题,我们无法捉摸皇帝为什么把某些而不是另一些议题提交给元老院。

我们可以举例说明,直到马可·奥略留时期,在某些情况下,皇帝仍旧征询元老院的意见。例如,早在公元前 23 年,提里达提斯(Tiridates)和弗拉特斯(Phraates)使节让奥古斯都解决争端时,他把他们带到元老院面前,及后,元老院将此事交回皇帝进行裁决。[2]我们从塔西佗关于提比略统治情况的记录得知,元老院于公元 22 年针对亚细亚、克里特和塞浦路斯滥用庇护权一事作出裁决。[3] 不过,他的措辞暗示了这个问题移交自皇帝,若这段插曲与米利都的 420
一段铭文之间有直接联系,则此事大有可能,该铭文纪念的是一位“为狄迪马(Didyma)的阿波罗[庇护]神庙以及该城权利而被派往皇帝处的”人物。[4] 我们可以无法说明次年萨摩斯(Samos)和科斯(Cos)作出相同请求时首先接触哪方。[5] 然而,我们可以确定公元 59 年庞贝人(Pompeians)和努凯里亚人(Nuccrians)之间的斗争首先引起了尼禄的注意,接着由他提交至元老院。[6] 哈德良在那里讨论了他家乡意大利加(Italica)还有其他地方(包括乌提卡[Utica])成为殖民地(colonia)的请求。[7] 尽管在相关铭文被完全公布前,我们无法进一步探讨这个问题,但他有可能主动向元老院出示了一封

① J. Reynolds,《爱欲和罗马》, no. 15。在其他确认阿芙罗迪西亚斯特权的文献中,塞普蒂米乌斯·塞维鲁和卡拉卡拉(ibid. ,17, 18),戈尔迪安三世(20)或德西乌斯与赫伦尼乌斯(25)完全没有提及元老院;然而,戈尔迪安三世在另一场合表现得更为小心谨慎。

② 狄奥 53. 33. 1—2。

③ 《编年史》3. 60—63。

④ R. Harder, *Didyma* II, no. 107,第 9—13 行。比较,希罗恺撒利亚大概在此时修建元老院雕像(参见第 250 页,注释③)。

⑤ 塔西佗,《编年史》4. 14。

⑥ 塔西佗,《编年史》14. 17。

⑦ Gell. 16. 13. 4; cf. *Dig*. 50. 15. 1. 1 及 F. Millar,《皇帝》,第 408 页。

自德尔斐致他的信。[1] 我们已经知道安东尼·庇乌斯是如何协助基齐库斯让其获得组建新人团的权利。[2] 到了下一统治时期，尽管有关的石碑非常残破不全，但我们仍有理由推测，马可·奥略留和维鲁斯(L. Verus)同样在某件他们为此先后致信德尔斐的事上征询了元老院的意见。[3] 可以肯定的是，公元 177 年，一米利都使团就举行运动会一事与共治皇帝马可和康茂德接触，正是他们主动将此事提交至元老院。此处所附的皇帝谕令残篇中提到“我们甚至免去了其他团体”，[4]这句话也许暗示了将事务移交至元老院其实是马可这边的经常做法。很可能同样是在公元 177 年，他希望元老院同意为需要震后重建的士麦那提供资金。[5]

更值得注意的是，一直到较晚期，皇帝显然继续让元老院处理某些看守城市称号(neocorate)的申请。因此，劳迪希亚(Laodicea ad Lycum)的独特钱币显示这是在康茂德统治下“据元老院法令”纪念
421 该城的方式，[6]及后，在埃拉加巴鲁斯和塞维鲁·亚历山大[7]的统治下，那里制造并发行的钱币保留了提及后者[元老院]地位的特色。狄奥顺带提到，由于康茂德的宫廷大臣(cubicularius)绍特鲁(Saoterus)很有影响力，他家乡尼科米迪亚(Nicomedia)获得从元老院手上得到举行某些运动会和为皇帝建庙的特权。[8] 向罗马提出申请(否

---

① 关于哈德良于公元 125 年 9 月的回复，参见 E. Bourguet, *De rebus Delphicis imperatoriae aetatis capita duo*, Montpellier, 1905, 第 82 页，及 *Fouilles de Delphes* III. 4, 第 82—83 行。

② *Fouilles de Delphes* III. 4 no. 314 lines IV and IX; note also no. 317 line III.

③ *Istanb. Mitt.* 25, 1975, p. 150 = *AE* 1977, 801.

④ Loc. cit. 在前一注释，第 32 行，“excusavimus sane civitatibus aliis”。第一人称复数似乎最有可能指的是皇帝(们)以及元老院。

⑤ Ael. Aristid. *Or.* 20. 10 Keil; 详见 F. Millar,《皇帝》，第 423 页。

⑥ L. Robert in J. Des Gagniers and others, *Laodicée du Lycos*, Université Laval, Recherches Archéologiques, série I, Québec and Paris, 1969, pp. 284—285.

⑦ 参见 *BMC Phrygia*，第 319—322 页。

⑧ 72. 12. 2.

则几乎没有必要)以及钱币刻字的证据证实了该请求同样为了看守城市称号(neocorate)。[①] 这类请求有可能先向康茂德提出，然后他把事情移交至元老院。绍特鲁肯定有向他[康茂德]而非元老院施加压力。从 2 世纪晚期起，萨迪斯(Sardis)也宣布“该城据神圣元老院法令二度成为看守城市(neocoros)”。[②] 士麦那的一份文献详细解释了元老院法令如何再次授予该城[这个称号]，其第二个看守城市称号(neocorate)是在哈德良的要求下通过的，[③]大量铭文公开表明，第三个看守城市称号(在卡拉卡拉时期)也是这样授予的。[④] 后者的一封信——发现于以弗所，但也许是写给亚细亚的城邦(koinon)——并没有提到他授予同样荣誉的事与元老院有关，除非(正如罗伯特以引人注目的方式指出)该立法团体出现在同意请求的“(?)罗马当局”文献中。[⑤] 这种猜想似乎可从当时的铭文得到证实，上面显示以弗所“据神圣元老院法令三度”被冠以“奥古斯都看守城市(neocoros)”的称号。[⑥] 于是，这与其他较早的铭文[⑦]和某些钱币[⑧]相吻合，两者依

---

① B. Pick，“Die tempeltragenden Gottheiten und die Darstellung der Neokorie auf den Münzen”，*JÖAI* 7，1904，pp. 1—41 at pp. 7 and 26；L. Robert，“La titulature de Nicée et de Nicomédie：la gloire et la haine”，*HSCP* 81，1977，pp. 1—39 at p. 34.

② W. H. Buckler and D. M. Robinson（eds.），*Sardis* VII. 1，nos. 63—70，with L. Robert，*Rev. Phil.* 41.，1967，p. 48 n. 6.

③ *IGRR* IV. 1431 lines 31—37.

④ *IGRR* IV. 1419—1421，1424—1426.

⑤ *AE* 1966. 430，以及 L. Robert，*Rev. Phil.* 41，1967，第 46，49—50 页；W. Williams，*Latomus* 38，1979，第 86—87 页。

⑥ H. Engelmann 和 D. Knibbe，*JÖAI*，1978—1980，Hauptblatt 52，第 25 页，no. 15，第 7—10 行。

⑦ *Forschungen in Ephesos* II. no. 40（公元 200—210 年间修建）；cf. ibid. III.，第 118 页，no. 30，第 3　5 行（残篇）。因此，要了解卡拉卡拉统治下作为[τοῖς ἐπὶ Ῥώ]μης ἡγουμένοις的元老院，这显然是个有趣的称号！

⑧ J. Keil，“Die dritte Neokorie von Ephesos”，*Num. Zeitschr.* 48，1915，第 125—130 页中的第 129—130 页。有关以弗所看守城市称号（neocorates）的证据（截至 1970 年）由 D. Knibbe 和 S. Karwiese 进行整理，*PW* Suppl. 12 s. v. Ephesos，cols. 248—364 sects. A III. 5 和 C II. B。

次将元老院与该城第二次和第四次获得看守城市称号联系起来，后者的授予时间为埃拉加巴鲁斯统治时期。更广泛而言，仍不清楚为什么只有对该项荣誉的某些申请被提交至元老院。已知的所
422 有申请来自亚细亚元老院行省的城市，除当时属于皇帝行省、位于比提尼亚/本都的尼科米迪亚外。

在皇帝就外交事务征询元老院意见的例子中，最明显的是后者依赖前者的主动行为。同时，尤其值得注意的是从皇帝角度进行意见咨询具有非凡意义。向元老院提交外交事务是个无与伦比的机会，表示对该立法团体的尊重及与其发展重要的伙伴关系。这种合作关系似乎已在元首制早期为来自米蒂利尼(Mytilene)的使节们清楚了解。公元前 25 年，为了与罗马正式结盟，他们与当局[皇帝及元老院]接触(不确定顺序如何)。① 他们的城市大概为了此事同意派遣使团，在元老院面前感谢奥古斯都，并在奥古斯都面前感谢元老院。② 在其统治后期，昔兰尼使团向其抱怨公元前 7/6 年罗马公民遭到司法迫害，他发出的一条法令"在元老院讨论完此事或我本人找到一个更好的解决方法前"保持有效。③ 在第三个昔兰尼法令中，他提到"那些据法律、元老院法令或我的父亲[尤利乌斯·恺撒]或我本人授予了免税权和公民权的人"，再此暗示皇帝和元老院平起平坐。④ 无论如何，公元前 4 年第五个昔兰尼法令成为元老院和皇帝联手处理外交事务的突出例子，因为奥古斯都在其中提出了一种据皇帝和他的元老院顾问团(consili-

---

① 参见 R. K. Sherk,《罗马档案》, no. 26, col. b, lines 36—43 和所有执政官，以及有关讨论。

② *OGIS* 456 b.

③ *FIRA*^{2} I, no. 68 I, lines 12—13."更好的解决方案"或在第四个法令中被提出，这实际上是由奥古斯都自己宣布的。

④ *FIRA*^{2} I, no. 68 III, lines 58—60. 毫不意外的是，据发现，元首制时期实际上只有皇帝才授予公民权。拉丁公民权(*Latii ius*)亦如此，盖乌斯(*Inst.* 1. 96)说："quibusdam peregrinis civitatibus datum est vel a populo vel a senatu vel a Caesare"。

um)的建议而制定的元老院法令。

在元老院策划对吕西亚(Lycian)事务进行调查时，克劳狄乌斯提倡更多的联合行动，并介绍了向他提出请求的帕提亚(Parthian)代表团。① 他明显乐于向其发表回复，正如他发言支持科斯和拜占庭并回应其他希腊使团。② 也许在元首制早期，来自黑海北岸科索涅苏斯(Chersonesus)的代表团就该城的自由问题与皇 423
帝和元老院接触。③ 公元2世纪，图拉真与元老院共同回应帕加蒙(Pergamum)关于开展第二组五年运动会的申请。④ 我们也听说高洛斯(Gaulos)戈佐(Gozo)有人或为了收回地方收益而出现在哈德良和元老院面前。⑤

公元3世纪早期，狄奥仍觉得为装门面而在元老院面前介绍使节会让其印象深刻。他让米西纳斯(Maecenas)对奥古斯都说：

> 在我看来，你的最佳策略是首先在元老院面前介绍来自敌国和协约国的使团，不论他们国家是国王制还是民主制；作为众多的考虑因素之一，这样做可以引起敬畏与重视，并让人觉得元老院在所有事务上享有全权，且使节处理不公将树敌众多。⑥

然而，在狄奥生活的时期，元老院其实不再继续担当这样的角色。大约从2世纪中期起，极少迹象表明使团继续与其接触。无疑，这部分地反映了该时期证据普遍较少，但同时可以肯定，元老

① 狄奥 60.17.4；塔西佗，《编年史》12.10—11。
② 塔西佗，《编年史》12.61—63；Suet. *Claud.* 42。
③ *IOSPE*^{2} I 355，残缺不全及严重损毁，第29—31行，比较 Plin. *NH* 4.85。
④ *IGRR* IV.336.
⑤ *ILS* 6772. “*apud*”一词的重复使用意味着在每个官方面前会有独立的听审。
⑥ 52.31.1.

院的外交职能最后几乎全由皇帝来接手。无可否认，我们知道大约在该时期有两名以弗所人(Ephesians)据说是被派往皇帝及元老院的使节。① 也在那时，城市广场在火灾后的修复工作得到了援助，弗朗图在《支持迦太基人的元老院》(*senatu pro Carthaginiensibus*)中发表了感谢辞(gratiarum actio)，其中只有一些残句幸存了下来。② 但没有进一步的证据。

特别的是，即使到了3世纪早期，行省代表团或因审判程序继
424 续与元老院接触。至少，晚至公元205年，我们听说诺里库姆以管理不当的罪名控告公使。③ 不过，如稍后的章节显示，因证据不足，我们无法把图拉真统治过后元老院审判或行省的参与情况串联起来。同样不确定的还有安东尼统治时期，弗朗图提到的这句话，即“元老院作出出色的判断，不仅保护了行省，还轻轻地责备了被告方”，④是否包含了行省[官员]的表述。

最后，公元2世纪中期以前，元老院在外交事务上的职能也许并未完全取消。尽管如此，重要的是要承认这点，即元老院也许曾作为罗马世界的卫士与恩主对帝国人民发号施令，但其地位已长久地转移至皇帝。因此，如米勒(Millar)所说，公元17年，元老院或讨论过为遭遇地震的亚细亚城市提供援助，⑤但铭文证据显示

---

① 直到奥略留统治时期，仍有克劳狄乌斯·维迪乌斯·安东尼·萨比努斯(H. Halfmann，《元老》，no. 84a；C. Börker 和 R. Merkelbach，*Die Inschriften von Ephesos*，III. no. 728)及庞培·赫尔米普斯(ibid.，VI. no. 2069；比较 III. no. 710 的家谱)的代表团。很可能于2世纪早期，上述第一人的养父维迪乌斯·安东尼(ibid.，III. no. 725；H. Halfmann，《元老》，no. 84b)进行过类似访问。

② 参见第241—242页(按：原书页码)。

③ 参见附录9，no. 36。由于公元220年初某些高卢人要处死他们的前总督克劳狄乌斯·保利努斯的企图失败，我们只可以揣测这个案件可能的听审场所。参见 H.-G. Pflaum，*Le Marbre de Thorigny*，Paris，1948，第8页 II.，第14—26行。

④ *Ad M. Caes.* 3. 21. 1 = p. 52 H. Dating，E. J. Champlin，*JRS* 64，1974，p. 143.

⑤ 《皇帝》，第423页。

接受援助的人始终把皇帝(且只有他)作为他们的恩主。① 亚细亚是否是元老院行省，以及亚细亚是否在祭仪和钱币上对元老院表示普遍崇拜，这些都关系不大。苏维托尼乌斯以类似方式将关于外交问题的三个决定全部归功于皇帝，我们碰巧从塔西佗较准确的记录中得知这些决定是由元老院作出的。② 当然，在皇帝生平资料上有疏漏是可以理解的，并可以说无论如何也关系不大，但其中反映出元老院在外交圈上失势却是重要的。因此，也许真正令人惊讶的是这种职能竟要如此长的时间才逐渐消失。

第三节　军队及对外事务

自元首制起，皇帝控制军队，元老院便被剥夺了一项主要特权。如上章所见，公元前 27 年，当权的双方对行省进行划分，一些军团确实留在元老院阵营内，但公元 14 年，奥古斯都去世时，这些军团减至一个——阿非利加的奥古斯塔第三军团——且从公元 39 年起，由皇帝直接控制。其时，军团的唯一任务是对付塔法利纳斯。从严格意义上来说，尽管他们在元老院的指挥下作战，提比略肯定有对此事进行密切关注。③ 另外，在没有皇帝的情况下，元 425
老院仅在危急时刻指挥军队。例如，元老院在盖乌斯被刺后发号施令，④约瑟夫斯(Josephus)则解释说，他惊讶于那时的执政官竟要回答暗号。⑤

毫无疑问的是，所有皇帝都会把某种军事情报告知元老院，但我们只有奥古斯都和提比略如此操作的具体证据。公元前 13

---

① *OGIS* 471；*CIL* III. 7096；*ILS* 156.

② *Tib*. 37；*Claud*. 25；*Nero* 7.

③ Cf. 塔西佗，《编年史》2. 52。

④ Josephus，*BJ* 2. 205；*AJ* 19. 160.

⑤ *AJ* 19. 186—187.

年，奥古斯都让人把士兵的服役条款规定在元老院法令内，及后（尽管这被公认为财政问题而非军事问题），他向元老院成员询问军队财库的收入来源。① 据称，公元前 20 年，他还就帝国是否应扩张发表过意见，且于公元 6 年潘诺尼亚爆发动乱后，与元老院讨论应对措施。② 我们或许可以在某种程度上把这次动乱与关于军队和船的元老院法令残篇联系起来；该元老院法令被刻在铜牌上，发现于波拉（Pola）（恰好在意大利境内），且可追溯至公元 7 年。③ 公元 14 年，奥古斯都去世后遗留下来让人在元老院宣读的其中一份献祭证书（libelli）上有讲到这支军队的实力。④

苏维托尼乌斯在解释提比略如何认真征询元老院意见时，列举的例子包括“军队和军团的征集以及解散和从属人员的驻扎；最后是指挥区域的扩张和战役的特别任命，还有他回复国王信件的形式与内容”。⑤ 提比略统治初期，在给潘诺尼亚的反叛者的一封信中，提比略确实负责把这些人的不满传达给元老院以让其作出决定。塔西佗以挖苦的方式把这个约定与皇帝就惩罚或战役问题勉为其难地征询[元老院]意见进行了对照。⑥ 公元 19 年，阿甘德斯特里乌斯（Adgandestrius）大概是向提比略提议毒死阿米尼乌斯（Arminius），其后在他的鼓动下，该建议于会议上被宣读。公元 23 年，他确实有向元老院汇报军团的实力与部署，⑦实际上，他还
426 于两年后邀请元老院成员去观看了禁卫军的阅兵仪式，但他竟从

---

① 狄奥 54. 25. 5—6；55. 25. 4—6。

② 狄奥 54. 9. 1；Vell. 2. 111. 1。

③ *Inscr. Ital.* X. 1, no. 64, with A. Degrassi, *Il confine nord-orientale dell' Italia romana*, Berne, 1954, p. 59, n. 37.

④ 塔西佗，《编年史》1. 11；Suet. *Aug.* 101。

⑤ Tib. 30.

⑥ 《编年史》1. 25—26；cf. 27. 39。

⑦ 塔西佗，《编年史》2. 88；4. 4。

不假装分享军队控制权。[①] 尽管苏维托尼乌如此宣称，显然在他和其他人的统治时期，征兵事宜一直由皇帝专门负责。[②] 据塔西佗记载，奥古斯都去世后，提比略在所有的事务上都踌躇不决，但对军队的指挥方面却非常果断。[③] 此外，在公元 32 年，他仍因赛扬努斯阵亡一事而崩溃，却强烈批评了尤利乌斯・加里奥(Junius Gallio)的建议，即让禁卫军退伍人员享有在表演中坐前座的荣誉，他写道："仿佛面对面质问加里奥，他问那些有资格只从皇帝处接收命令和奖励的士兵与他又有何干。"[④]我们已经知道尼禄的登基演说如何以类似方式反映了皇帝对军团的照管负有个人责任。[⑤]

奥古斯都规定，战争问题应总是由元老院于战神庙(建于公元前 2 年)进行讨论，展望了此类事项将继续成为议程上的重要问题。及后，元老中的佼佼者塞内加除别的行动之外，"就战争与和平问题发表了意见"。[⑥] 且在公元 58 年，特拉塞亚・培图斯拒绝锡拉库扎请求增加表演中核定角斗士人数的申请，他的对手们问他为何不把注意力转到更为重要的问题上，如"战争或和平、间接税或法律"。[⑦] 正式宣战的仪式至少保留至图拉真时期。[⑧]

确实且明显的是，皇帝的确一贯保持将当前或即将进行的战

---

① 狄奥 57.24.5；cf. ibid.，59.2.1 因为盖乌斯在统治初期亦如此。

② P. A. Brunt, "C. Fabricius Tuscus and an Augustan dilectus", *ZPE* 13, 1974, pp. 161—185.

③ 《编年史》1.7。

④ 塔西佗，《编年史》6.3；cf. 狄奥 58.18.3—4 认为在一个不同的场合下，元老院因从萨吞尼国库拨款来支付禁卫军的俸禄而获得提比略的称赞。但似乎更有可能的是，狄奥在此处混淆了资料来源，或是对提比略的口吻有误解。

⑤ 塔西佗，《编年史》13.4。

⑥ *De Tranq. Anim.* 3.3.

⑦ 塔西佗，《编年史》13.49。

⑧ 参见第十一章，第一节。

争行动告知元老院的传统。起先，指挥官或许需要直接向元老院进行汇报，所以阿古利巴因省去这步而突出，及后，提比略也认为有必要因同样的松懈懒散行为而对总督及其属下的军团进行谴责。① 但从早期起，报告只有可能是由皇帝来转述。例如，提比略于公元 14 年讲到日尔曼尼库斯和德鲁苏斯的功绩，他于 3 年后还谈论了东部局势不稳。② 值得注意的是，公元 21 年，他只写了一
427 封关于弗洛鲁斯和高卢的萨克罗维造反的信——在其被镇压后。③ 纳桑门斯(Nasamones)的叛乱及镇压活动明显是由图密善来报告，④而马可·奥略留则寻求元老院的同意以派出维鲁斯作为在帕提亚的指挥官，并在稍后提及迫在眉睫的马克曼尼战争会构成威胁。⑤ 鉴于狄奥认为卡拉卡拉是最无条理的统治者，他对元老态度傲慢，这位皇帝就战争活动或外部事务给元老院写了许多信，他[狄奥]关于这些信件的记录似乎较为特别。⑥ 我们已经注意到有多处地方提到在整个元首制时期皇帝就这方面发出的信件，⑦而一连串经忠实投票的凯旋荣誉及其他奖赏⑧同样可以证实元老院收到了捷报。可是，斯克里波尼亚努斯(Scribonianus)造反后，克劳狄乌斯请求元老院将第七和第九军团命名为“忠诚”(pia fidelis)却是前所未有的事。⑨

因此，从理论上来说，元老院会被告知有关消息，可见于上文所引述的塞内加和塔西佗的话，元老院成员甚至还保有提出战争

---

① 狄奥 54. 24. 7；Suet. *Tib.* 32。

② 塔西佗，《编年史》1. 52；2. 42—43。

③ 塔西佗，《编年史》3. 47。

④ 狄奥 67. 4. 6；Ael. Aristid. *Or.* 19. 9 Keil。

⑤ HA，*Marcus* 8. 9；12. 14.

⑥ 77. 7. 2；12. 3；13. 6；18. 2；20. 1—2；22. 3；23. 2；78. 8. 3.

⑦ 参见第七章，第六节。

⑧ 参见第十一章，第四节，以及补充注释 J。

⑨ 狄奥 60. 15. 4。

与和平问题的权利。但毫无疑问，在实践上，从元首制起，这项特权已全部让与皇帝。① 公元 24 年成功征服塔法利纳斯后，若严格按照正确程序，加拉曼特人(Garamantes)应主动与元老院议和。公元 70 年，尽管维斯帕先有请求帕提亚的沃格加西斯(Vologeses)向那里[元老院]派遣使节，但这不过是要展示自己处事老练及渴望得到公众认可。② 无疑是出于同样原因，德塞巴鲁斯首次获胜后，一达契亚(Dacian)使团来到此地。当时的一个金币显示左边的图拉真将一名下跪着的达契亚人带到右边的元老面前。③

奥古斯都的希腊同代人斯特拉博可以形容他"终生都是战争与和平的君王"，④而据狄奥记载，元老院于公元 44 年正式投票决定让克劳狄乌斯享有缔结条约的权力。⑤ 这项权力在《维斯帕先皇权法》(*Lex de Imperio Vespasiani*)中得到确认，不仅克劳狄乌斯，还有奥古斯都和提比略都被引述为享有如此权力的先帝。⑥ 同样，元首制末期，狄奥认为皇帝有权宣战与议和，⑦而在对《关于叛逆罪的尤利亚法》(*Lex Julia maiestatis*)的释义中，塞维鲁法官 428
马尔西安(Marcianus)解释说，任何人若没有得到元首(Princeps)命令而发动战争的，将会被判以死刑。⑧ 因此，仅仅是由于后者的缘故，元老院总牵涉到此类问题。

---

① 塔西佗，《编年史》4. 26。

② 塔西佗，《历史》4. 51；cf. Suet. *Nero* 57。

③ 狄奥 68. 9. 7—10. 1；*BMC* III. ，p. 65，no. 244。

④ 17. 3. 25.

⑤ 60. 23. 6.

⑥ *FIRA*^{2} I，no. 15，lines 1—2.

⑦ 53. 17. 5.

⑧ *Dig*. 48. 4. 3. 显然，尤利乌斯或奥古斯都时期通过的一条法律本身不会以这种措辞呈交至元首，有关讨论参见 J. E. Allison 和 J. D. Cloud，"关于叛逆罪的尤利亚法"，*Latomus* 21，1962，第 711—731 页；R. A. Bauman，*Impietas in Principem*，第 96—97 页。

然而,这类意见征询的例子,除上文已列举外,亦可见于2世纪。于是,公元3年,奥古斯都联合元老院,先是把阿美尼亚(Armenia)授予给阿里奥巴尔赞(Ariobarzanes),及后将其授予给他的儿子阿塔巴兹(Artabazus)。[①] 公元18年,提比略经元老院同意获得卡帕多西亚(Cappadocia);[②]公元38年,盖乌斯也经元老院同意将领土授予给东部国王。及后,他在广场(Forum)通过仪式进行授予。[③] 公元41年,克劳狄乌斯也在那里庆祝他与巴勒斯坦的阿古利巴结盟。[④] 阿古利巴为纪念这次协议发行了特色钱币,上面的刻字有提及元老院及罗马人民,却没有提及皇帝,所以让人觉得奇怪。[⑤] 塔西佗暗指,公元49年,就以土利亚(Ituraea)和犹太行省(Judaea)与叙利亚合并一事,元老院有被征询过意见。[⑥] 克劳狄乌斯肯定有在元老院面前提起帕提亚代表团向他提出需要一位国王的事。[⑦] 公元2世纪,哈德良或安东尼介绍了来自敌国沃格加西斯的使团和雅泽格斯人(Iazyges),但元老院随便答复了皇帝。[⑧] 最后,狄奥宣称马可·奥略留定期把他已订立条约的具体细节告知了元老院,[⑨]只是省去了他因阿维迪乌斯·卡西乌斯在叙利亚造反的惊人消息,而被迫与雅泽格斯人达成的屈辱性和解。

然而,这件奇事可能是个例外,"元老院及其人民"不知为何促

---

① 狄奥 55.10a.7。

② Strabo 12.1.4; cf. 塔西佗,《编年史》2.42及56; 狄奥 57.17.7。

③ 狄奥 59.12.2。

④ Josephus, *AJ* 19.275.

⑤ 参见 J. Meyshan,"阿古利巴一世的币制",*Israel Exploration Journal* 4,1954,第186—200页中的第191页(i)和图表17.14。

⑥ 《编年史》12.23。

⑦ 塔西佗,《编年史》11.10; 12.10—11。他只是出于礼节,才让帕提亚人说他们可以此请求请示"元首"(princeps patresque)。

⑧ 狄奥 69.15.2—3。

⑨ 71.17.1.

使康茂德不去发动第三次北征；[①]众所周知，战争或和平问题以往会被提交至元老院来讨论，2 世纪早期的这些行动似乎代表着如此操作的最后机会。此后，皇帝的确保持惯例，让元老院了解战争 429
活动或外部事务，这是出于礼节和对传统的尊重；他们或许也牢记着元老院是个方便发布消息的地方，且它负责就荣誉[的授予]进行表决，但目的只是为了传达消息，而不再是为了征询意见。 430

① HA, *Commod*. 12. 8.

第十五章　元老院立法

若对元首制时期通过的元老院法令和谕令(orationes)没有完整概观,则无法产生对元老院职能的清晰印象。本章旨在提供这样的回顾,乃是前所未有的尝试。[①] 某些重点内容或有未及之处,要首先强调的是,下文列表仅向史学家们阐明元老院立法的人物和范围。只涉及得到充分证实且广泛应用的立法或行政措施。不包含荣誉或纪念性的元老院法令,同样不关注如渡槽和里程碑上的引文。也省略仅适用于个人、有限团体或群体的元老院法令。某些法令不免难以归类,在是否将其包含在内的问题上,我承认我的决定或无法始终如一。无论如何,可以从别处找到被省略措施的相关资料。[②] 尤其是,留存下来的与元老院法令和谕令有关的原文均援引在此(asterisked,原文援引)。由于只是概观,仅作简要描述。甚至不会承担对(已知)法令条款进行具体阐述及从法律

---

① E. Volterra 的清单为后续研究迈出了非常重要的第一步,尽管其仅拟为选样(*Novissimo Digesto Italiano* XVI, Turin, 1969, s. v. senatusconsulta,第 1047—1078 页)。对研究有重大推动的有 O. Gradenwitz, *Vocabularium iurisprudentiae romanae*, Berlin, 1903—(关于元老院法令,参见 s. v. consultum, vol. I cols. 966—974); R. Mayr, *Vocabularium codicis Iustiniani*, Prague, 1923—1925; 以及 A. M. Honoré 与 J. Menner, *Concordance to the Digest Jurists*, Oxford, 1980(缩影胶片)。

② 尤见第十一至第十四章。

角度进行讨论的艰巨任务。不过，首先可从一般手册中查询到这些话题的指引和参考书目。①

按时间顺序首先列出可归入某个特定统治时期的元老院法令和谕令。接着是日期不明的措施，分三组：部分显示日期的、最先被 2 世纪法学家援引的、②最先被 3 世纪或及后的法学家和帝国 431
宪法援引的。要明白的是，后两组的许多元老院法令中，某些在事实上或属于共和国时期。显然，除非发现更多证据，否则将无法核实。③ 自始至终，更普遍的难题在于要确定就那些性质大致相似事务所定的条款，是源自同一抑或不同法令。在可疑的例子中，为了阐述清楚，通常会将条款分开处理；新近的证据或会使这种方式显得过于小心。④

共和国时期，元老院严格来说只是个咨询机构，元老官员与其商议事务，它[元老院]执行决议时需先得到他[元老官员]的同意且待他有所行动。这些决议越来越重要，但缺少只能由人民大会来授予的法律权威。⑤ 元首制时期，这类大会的作用很快便消失得几乎无影无踪。因此，正如法学家所说，元老院法令几乎被默认为具有法律效力，⑥元老院在某种意义上被认为代表着

---

① 除见如 E. Volterra，op. cit. 外，参见 M. Kaser，*Das römische Zivilprozessrecht*，Munich，1966；同上，*Das römische Privatrecht* I(ed. 2)，Munich，1971；以及 L. Caes 的优秀丛书 *Collectio bibliographica operum ad ius romanum pertinentium*(Brussels)。

② 关于个别法学家，参见 A. M. Honoré，*Gaius*，Oxford，1962；同上，“塞维鲁的法学家：一份初步调查”，*SDHI* 28，1962，第 162—232 页；W. Kunkel，*Herkunft und soziale Stellung der römischen Juristen*。

③ 但我设想在意大利，元老院针对采矿的“古老”禁令发生在共和国时期(Plin. *NH* 3. 138；33. 78；37. 202)。

④ 例如，可以想象下列的每个配对来源于同样的元老院法令：nos. 15 与 16；22 与 140；58 与 65；159 与 194。

⑤ A. Watson，*Law Making in the Later Roman Republic*，*Oxford*，1974，第二章。

⑥ 参见蓬波尼乌斯提及的不同法律形式：“... aut senatus consultum，quod solum senatu constituente inducitur sine lege ... ”(*Dig*. 1. 2. 12)。

人民。[1] 从所列的立法方式可见，其法令在当时充分发挥重要作用。[2] 然而，根据罗马的典型做法，从未公布过为元老院法令正式授予法律权威的措施。相反，如2世纪中期盖乌斯稍稍提到的，一条元老院法令只“具备法律效力”，[3]他立刻补充说，这种说法已经受到质疑。

我们没有关于争议或任一方理据的更多资料。但在公民领域，现代学者长久以来都在热议元老院何时首次以及为何能够从制定长官法（ius honorarium，即效力取决于元老官员行动的法律）转移到制定市民法（ius civile，即效力不取决于官员行动的法
432 律）。[4] 我搁置这项争议并将其归入理论问题，对此，我深表歉意。它与研究元老院的实际职能无关。任何会极大推迟市民法制定（即使晚至哈德良时期）的假设，暗示着元老院法令的性质和范围发生了显著变化，我想这些不能从现存证据中辨别出来。相反，需要重视某些基本的实际要点。严格来说，元老院决议或缺乏法律权威，实际上，到了共和国晚期，针对某些事务（尤其是在财政、外交和公共秩序领域）的元老院法令本身就具有约束性，这样的惯例已建立了一段时间。[5] 因此，这可能是个自然的发展过程而非突变，皇帝让元老院继续负责（形式变换后的）行政工作且将其重要

---

① Cf. Pomponius, *Dig*. 1. 2. 2. 9; Just. *Inst*. 1. 2. 5.

② 例如，参见 *Digest* Pomponius(43. 12. 2), Papinian(1. 1. 7 pr.), Ulpian(37. 1. 12. 1)。Cf. praetor's edict, quoted *Dig*. 43. 8. 2 pr.

③ *Inst*. 1. 4: “senatus consultum est quod senatus iubet atque constituit; idque legis vicem optinet, quamvis fuerit quaesitum.” Cf. Ulpian, *Dig*. 1. 3. 9, “non ambigitur senatum ius facere posse.”

④ 关于参考文献以及所持意见指引，参见 A. A. Schiller，“元首制时期的元老院法令”，*Tulane Law Review* 33，1958/1959，第491—508页 = *An American Experience in Roman Law*，Göttingen，1971，第161—178页。

⑤ G. Crifò, “Attività normativa del senato in età repubblicana”, *Boll. 1st. Dir. Rom.* 71, 1968, pp. 31—115; C. Nicolet, *Rome et la conquête du monde Méditerranéen* I, pp. 373—384.

性延伸至民事立法。从元首制起，所有元老院法令彻底享有充分的法律效力，这是由于皇帝本人认可其权威。因此，当学者停下来质疑其合法性（如盖乌斯所暗示），实干家几乎没有为此而烦恼。或许，如某些现代学者所提议，①我们应按元老院法令的新角色将其描述为新法（ius novum）——但标签也无关重要。

元首制时期，各类元老院法令明显继续提交给人民来确认。有关事务多半属于形式上的，尤其是向皇帝授予权力及荣誉。② 但元老院与人民显然对塞克斯提里斯月进行了重新命名；③屋大维也被授予奥古斯都的新名字；④我们还听说，马提亚斯节（Ludi Martiales）被加上了"元老院法令及法律"（s. c. et lege）［的字样］。⑤ 及后，元老院把为日尔曼尼库斯和德鲁苏斯追授荣誉一事提交给人民来审批。⑥ 当然，常见的有给罗马元老院及人民（senatus populusque Romanus）的献辞。然而，尚不清楚的是，元老院是否同样讨论及通过所有那些措施（不晚于 1 世纪末），即据我们所知仅获得人民大会认可的法律（leges）。⑦ 李维的《简述》（*Epitome*）⑧确实表
明，奥古斯都必定早就在元老院提过与公元前 18 年《关于正式婚姻 433
的尤利亚法》（*Lex Julia de maritandis ordinibus*）相关的问题。我们可从另一个较早的例子进行揣测，元老院同样有被征询过意见：公元前 11 年，元老院通过了 6 条与新设立的水务官职责有关的元老院法令，很可能它还讨论了公元前 9 年那条与之相关且同样具

---

① 参见如 A. A. Schiller, op. cit. pp. 505—508 = 175—178；为 M. Kaser 所称许，*Das römische Privatrecht* I.，第 199 页。

② 参见第十一章，第一节。

③ Macrobius, *Sat*. 1. 12. 35.

④ Vell. 2. 91. 1；狄奥 53. 16. 6。

⑤ *RG* 22. 2.

⑥ *EJ* 94 a 和 b。

⑦ 完整的法律清单，参见 G. Rotondi, *Leges publicae populi Romani*, Milan, 1912。

⑧ *Epit*. 59；cf. RG 6. 2.

体的法律。不过，令人困惑的是，弗朗提努斯援引时竟把公元前 11 年的 6 条元老院法令称为元老院法令，而只称后一条即公元前 9 年那条为法律(leges)。[①] 总的来说，尤其是在奥古斯都和提比略统治时期，针对普遍关注的问题实施了大量具有革新意义的法律(leges)。[②] 严格来说，尽管在[人民]大会着手处理前无需经过元老院的同意，常规性的提交显然得体且保持了传统。所以，总的来说，了解皇帝所偏好的做法是有益的，尤其是为了揭示元老院的职能。

遗憾的是，无法得到可靠证据。[③] 狄奥的两段话涉及奥古斯都的做法，却因没有注重术语而使我们无法据其作出重要推论。第一段关于公元前 27 年，狄奥大致描述了奥古斯都如何“并不总是只为自己的职责立法，而是公开提出若干事务，当发现任何引起不满的重要内容时，他可以提前得知并进行修改。他一视同仁，鼓励每个人都给他意见，人们或可想出可改善之处：他非常乐于让他们畅所欲言，甚至还会修改某些条款。”[④]既然在人民大会中不存在讨论，此处的提交指的是在元老院中的争论。第二段关于公元前 9 年，对我们的[论述]作用较不显著。它出现在《关于元老院会议程序的尤利亚法》(*Lex Julia de senatu habendo*)之后：“在对他当时颁布的这些或其他措施作出相应的任何行动之前，奥古斯都让人将其公布在元老院的石碑上，且让元老院成员成对进入并进行阅读，所以，若任何一项使其不悦或他们另有更好的建议，都可以提出。”[⑤]也许奥古斯都认为这些措施很可能会激起异常的激烈争论，所以在呈交给元老院大会前小心谨慎地向个别成员披露细

---

① *Aqued.* 108，125—127，129.

② Cf. A. Watson，*Law Making in the Later Roman Republic*，pp. 13—15.

③ 确实有一份瓦莱留及加利努斯的法令写道：“decretum patrum et lex Petronia”，但无法确定两份法令的日期(*CJ* 9. 9. 16. 2；下表中的 no. 201)。

④ 53. 21. 3.

⑤ 55. 4. 1.

节。同样，这段话可能意味着，他寻求成员的个人意见，却从不打
算在大会上介绍这些建议前，将其正式呈交至元老院。总之，很有 434
可能他确实曾在至少某些法律上得到元老院的同意，但关于他的做法，[我们]缺乏更有力的证据。及后，关于公元 23 年，塔西佗举了一个例子：提比略向元老院提出根据民决法（lex rogata）修改第亚里祭司一职的监管条例。[①] 经讨论，该法令在元老院的意愿下适时得到通过；尽管如塔西佗所说，显然单凭一条元老院法令也能有同样效果。我们没有关于提比略或其后皇帝做法的更多资料。

1. 法律著作中带有[皇帝]名称的元老院法令

克劳狄安（Claudianum）	列表号 44
克劳狄安（Claudianum）	47
立波尼安（Libonianum）（标题为“关于侵权的科奈留法”[Lex Cornelia de falsis]）	20
马其顿尼安（Macedonianum）	70
奥尔菲提安（Orphitianum）	128
佩嘉西安（Pegasianum）	68
西拉尼安（Silanianum）	13
德尔图良（Tertullianum）	82
特雷贝连（Trebellianum）	56
图比连（Turpillianum）	60

注：还有 *Dig*. 1. 3 关于元老院法令和决议及长期用法（De legibus senatusque consultis et longa consuetudine）。

2. 对元老院法令和皇帝谕令的古注

留存下来的只有单一文献，（在个别情况下）引自（《文摘》

① 《编年史》4. 16。

(*Digest*)。在其他情况下,若要查看有关段落的完整文本,参见勒内尔(O. Lenel)编《市民法还原》(*Palingenesia iuris civilis*,莱比
435 锡,1889)的参考资料。

列表号	**盖乌斯(Gaius)**	
128	奥尔菲提安单卷本(Ad SC Orphitianum liber singularis)	*Dig*. 38. 17. 9
82	德尔图良单卷本(Ad SC Tertullianum lib. sing.)	38. 17. 8
	马尔西安(Marcianus)	
60	图比连单卷本(Ad SC Turpillianum lib. sing.)	48. 16. 1
	保罗(Paulus)	
	关于元老院决议单卷本(De senatus consultis lib. ing.)	36. 1. 27
44	克劳狄安单卷本(Ad SC Claudianum lib. sing.)	40. 13. 5
20	立波尼安单卷本(Ad SC Libonianum lib. sing.)	48. 10. 22
128	奥尔菲提安单卷本(Ad SC Orphitianum lib. sing.)	Lenel I col. 1295
13	西拉尼安单卷本(Ad SC Silanianum lib. sing.)	Lenel I col. 1295
82	德尔图良单卷本(Ad SC Tertullianum lib. sing.)	Lenel I col. 1296
60	图比连单卷本(Ad SC Turpillianum lib. sing.)	Lenel I col. 1296
53	韦勒雅单卷本(Ad SC Velleianum lib. sing.)	16. 1. 23
130	神圣安东尼和康茂德[或神圣马可?]谕令(Ad orationem divi Antonini et Commodi [or divi Marci?])	Lenel I col. 1145
134	神圣塞维鲁谕令(Ad orationem divi Severi)	Lenel I col. 1146
	蓬波尼乌斯(Pomponius)	
	元老院法令五卷(Senatusconsultorum libri quinque)	Lenel II col. 148

3. 名称被法律著作援引过的元老院法令

第一部分以外的元老院法令。仅列出使用了名字的文献名称：至于详细信息，请查阅“援引过的元老院法令”（SCC）列表。

列表号		
63	阿非尼亚（Afinianum）（正确拼法？）	*CJ* 8. 47. 10. 3
95	阿波尼亚（Apronianum）	*Dig*. 36. 1. 27
156	阿尔蒂库勒安（Articuleianum）	*Dig*. 40. 5. 51. 7
144	卡尔维西安（Calvisianum）	Ulpian, *Reg*. 16. 4
50	克劳狄安（Claudianum）	Ulpian, *Reg*. 16. 3
154	大苏米安（Dasumianum）	*Dig*. 40. 5. 36 pr.
165	盖图里西安（Gaetulicianum）	*Frag. Berol*. 3 = *FIRA*^{2} II p. 427
79	尤西亚（Iuncianum）①	*Dig*. 40. 5. 51. 8
36	拉吉亚（Largianum）	*CJ* 7. 6. 1. 1a
65	尼罗连（Neronianum）	*Sent. Paul*. 3. 5. 5
66	尼罗连（Neronianum）	*Frag. Vat*. 85
72	尼尼安（Ninnianum）	*CJ* 7. 20. 2
127	奥尔菲提安（Orfitianum）	*Sent. Paul*. 4. 14. 1
33	佩尼仙安（Pernicianum）	*Ulpian*, *Reg*. 16. 3
202	庇索念（Pisonianum）	*Dig*. 29. 5. 8 pr.
84	普兰仙（Plancianum）	*Dig*. 35. 2. 59
85	普兰仙（Plancianum）	*Dig*. 25. 3. 1. 10
74	卢布里安（Rubrianum）	*Dig*. 26. 4. 3. 3
155	维特拉先（Vitrasianum）	*Dig*. 40. 5. 30. 6
162	沃卢西安（Volusianum）	*Dig*. 48. 7. 6

注：还有希多尼乌斯（Sidonius）提到的“前元老院提比留法令”（vetus senatus consultum Tiberianum），《书信集》1. 7. 12（no. 26）。 436

① 据一份中世纪资料显示，以执政官名字来命名，又名元老院法令埃米利安（SC Aemilianum）（*Script. Anecdot. Gloss*. I, p . 174 Palmerius）。

4. 法律著作援引过的皇帝谕令

(1) 法学家们的援引。曾在元老院发表的谕令特别附有"+"标记。有一则明显不在元老院发表的谕令附有注解。在其他情况下,并未提及发表场所,元老院[作为场所]只是一种合理的揣测(在某些例子中较为可靠——如盖乌斯,*Inst*. 2. 285;*Dig*. 23. 2. 16 pr. ;49. 2. 1. 2)。

(i) 原文:

哈德良:+*Dig*. 5. 3. 22

M. 奥略留:*Dig*. 49. 4. 1. 7

塞普蒂米乌斯·塞维鲁:+*Frag*. Vat. 158;+*Dig*. 27. 9. 1. 2

卡拉卡拉:*Dig*. 24. 1. 3 pr. 及 32. 2

(ii) 其他:

哈德良:盖乌斯 *Inst*. 2. 285;*Dig*. 5. 3. 40 pr. ;49. 2. 1. 2;50. 15. 1. 1,"在某些谕令中"(in quadam oratione)

M. 奥略留和 L. 维鲁斯:*Frag*. Vat. 224;*Dig*. 26. 2. 19. 1

M. 奥略留:*Vat*. 195,"在禁卫军军营"(in castris praetoris);220;+*Dig*. 2. 12. 1 pr. -2 及 7;+2. 15. 8 pr. -20;+11. 4. 3;17. 2. 52. 10;23. 2. 16 pr;23. 2. 67. 3;26. 5. 1. 1;27. 1. 1. 4;ὀρατίων;27. 1. 44 pr. ;28. 3. 6. 9;38. 17. 9;40. 15. 1. 3;40. 16. 2. 4;42. 1. 56;42. 2. 6. 2;47. 19. 1

M. 奥略留和康茂德:+乌尔比安,*Reg*. 26. 7; *Dig*. 23. 1. 16;23. 2. 20 及 60 pr. -8

佩蒂纳克斯:Just. *Inst*. 2. 17. 7—8

塞普蒂米乌斯·塞维鲁:*Sent*. Paul. 2. 30;*Frag*. *Vat*. 213—214;276;*Dig*. 24. 1. 23

塞维鲁和卡拉卡拉:*Frag*. *Vat*. 294. 2;*Dig*. +24. 1. 32 pr. -

27 及 32.2;27.9.14

未知皇帝:*Dig*. 40.14.4

与同僚分享权力的皇帝,其谕令归属的差异明显可见。帕皮尼安(Papinian)把乌尔比安单独归于 M. 奥略留的谕令归于 M. 奥略留和 L. 维鲁斯(*Frag. Vat*. 220,224)。同样,乌尔比安(*Dig*. 23.1.16 pr.)把保罗单独归于 M. 奥略留的谕令归于 M. 奥略留和康茂德(*Dig*. 23.2.16 pr.)。另外,对于保罗(*Dig*. 23.2.60)归于特里弗宁(Tryphoninus)(*Dig*. 23.2.67.3)和康茂德的谕令,特里弗宁只提到 M. 奥略留。保罗(*Dig*. 27.9.14)错误地将第四个谕令归于塞维鲁和卡拉卡拉(神圣元首,divi principes),而非只是前者(cf. *Dig*. 27.9.1.2)。

(2) 皇帝们在查士丁尼《法典》(*Codex*)援引过的谕令(非原文):

安东尼・庇乌斯的谕令:10.53.4

M. 奥略留的谕令:5.62.17;6.35.11;7.2.15

塞普蒂米乌斯・塞维鲁的谕令:5.16.10;5.70.2 及 71.9

在查士丁尼《法学总论》(*Institutes*):

佩蒂纳克斯的谕令:2.17.7—8

注:*Cod*. 6.35.11 及 7.2.15 同一段落中 M. 奥略留的措施可同时被称作"敕令"(constitutio)和"谕令"(oratio)(cf. Ulpian, *Frag. Vat*. 212—213)。 437

5. 元老院法令和皇帝谕令

"原文援引"(Asterisk)指有逐字逐句的引用留存下来。

A. 时间可确定为某个统治时期内

奥古斯都(至公元 14 年)

1. 按照* SC,塞克斯提里斯月于公元前 27 年被重新命名为奥古斯都(Macrobius,*Sat*. 1. 12. 35 = *FIRA*^{2} I no. 42;关于日期,详见第十一章,第三节)。

2. 公元前 27 年初通过的 SC,授予禁卫军双倍薪水(狄奥 53. 11. 5)。

3. 公元前 25 年(5 月或 6 月)的执政官提出的* SC,涉及与米蒂利尼的协议(Sherk, 罗马档案,no. 26 col. b 第 36—43 行及 col. c 第 1—8 行)。

4. 公元前 25 年(5 月 29 日或 6 月 29 日)的执政官提出的* SC,涉及与米蒂利尼的协议(Sherk,罗马档案,no. 26 col. c 第 9—28 行)。

5. 公元前 23 年与财务官秘书(scribae quaestorii)记录有关的* SC(*CIL* VI. 32272)。

6. 公元前 17 年的执政官提出的* 3 份 SCC 涉及塞库拉尔节(*Ludi Saeculares*)(*FIRA*^{2} I no. 40 = G. B. Pighi, *De Ludis Saecularibus*, pp. 107ff.)。

7. 公元前 13 年由奥古斯都提出的 SC,规定兵役条款(狄奥 54. 25. 5—6)。

8. 公元前 12 年通过的 SC,允许未婚男女参加纪念皇帝诞辰的演出及宴会(狄奥 54. 30. 5)。

9. 公元前 11 年的执政官提出的 SC,明确规定第亚里祭司妻子的法律地位(Gaius, *Inst*. 1. 136,文本得到某程度的修复)。

10. 公元前 11 年的执政官提出的* 6 份 SCC,涉及水务官以及渡槽管理(Front. *Aqued*. 100—101, 104, 106—108, 125, 127)。

11. 公元前 4 年的常任执政官提出的* SC,为索贿罪审判作出新的安排(*FIRA*^{2} I no. 68 V)。

12. 公元 7 年的* SC 涉及船舶及军队(*Inscr. Ital*. X. 1 no. 64)。

13. SC 西拉尼安[以公元 10 年的常任执政官(尤尼乌斯 · 西

拉努斯 C. Iunius Silanus)的名字来命名?]旨在强力阻止奴隶谋杀主人。若发生这样的事,后者中的大多数会遭受拷打,在捕获犯人之前,不会公开遗嘱(奴隶或能从中获益)(标题见 *Sent. Paul*. 3. 5;*Dig*. 29. 5;*CJ* 6. 35,由保罗评论,盖乌斯援引,*Dig*. 49. 14. 14)。

14. 公元 11 年的常任执政官主持下通过的 SC 规定,若有人 438
声称遗嘱被公开时违反了 SC 西拉尼安的条款,则须在 5 年内提出诉讼(Venuleius Saturninus,*Dig*. 29. 5. 13)。

15. 公元 11 年的常任执政官提出的*(?)SC,规定年轻自由民在演出中的形象(引自下文的 no. 22;见该处的参考文献)。

16. 在奥古斯都主持下通过的 SC,禁止骑士出现在表演中及舞台上(Suet. *Aug*. 43)。

17. 在奥古斯都主持下通过的 SC,为元老保留每个公演的第一排座位(Suet. *Aug*. 44)。

18. 奥古斯都关于自治市(municipia)地位的谕令(Frontinus, *de Controv*. p. 7 Thulin)。提比略(14—37)。

19. 公元 15 年通过的 SC,扣押演员及其追随者(塔西佗,《编年史》1. 77)。

20. SC 立波尼安根据"关于侵权的科奈留法"(公元前 81 年)来惩罚那些将自己名字写进他人遗嘱的人。这项措施同样适用于士兵的遗嘱:cf. *Dig*. 29. 1. 15. 3;48. 10. 1. 7. 标题见 *Dig*. 48. 10。由保罗评论,被帕皮尼安(*Dig*. 26. 2. 29)、朱利安(ibid. ,34. 8. 1)、卡拉卡拉、塞维鲁·亚历山大,还有戴克里先和马克西米安(*CJ* 9. 23. 2,3 及 6)援引;参见 Marcellus,*Dig*. 37. 4. 8. 6? 若[这项法令]先于克劳狄乌斯就同样事务发布的法令,则其极有可能是以公元 16 年的常任执政官斯克里波尼乌斯·立波(L. Scribonius Libo)的名字来命名;不过,公元前 15 年的执政官名字亦为立波。

21. 公元 16 年通过的 SC,限制奢侈品的使用(塔西佗,《编年史》2. 33)。公元 22 年,遏制铺张浪费的问题再度被提出,但毫无效果(ibid.,3. 52—54)。

22. 公元19年的常任执政官提出的* SC,禁止上层阶级成员参与演出或嫖娼,或在此类事情上自愿沉沦(M. Malavolta,"A proposito del nuovo *S. C.* da Larino",*Sesta miscellanea greca e romana*,Studi pubblicati dall' Istituto Italiano per la storia antica,27,Rome;1978,第347—382页= *AE* 1978,145,with 塔西佗,《编年史》2. 85;Suet. *Tib.* 35;Tertullian,*De Spect*. 22;Papinian,*Dig*. 48. 5. 11. 2;cf. 下文第140条)。

23. 公元20年的执政官主持下通过的SC,根据"关于侵权的科奈留法"(公元前81年)来惩罚那些控告无辜者的人(*Coll*. 8. 7. 2;cf. Macer,*Dig*. 47. 13. 2;Ulpian,ibid.,48. 10. 1. 1)。

24. 公元20年或24年的执政官主持下通过的SC,规定官员有妻子作伴时,要对其妻的任何犯罪行为负责(塔西佗,《编年史》4. 20日期较晚;cf. 3. 33—34;Ulpian,*Dig*. 1. 16. 4. 2日期较早)。

25. 公元20年的执政官主持下通过的SC规定,奴隶若被指控,则应按照适用于自由民被告的同等程序及原则进行处理(Venuleius Saturninus,*Dig*. 48. 2. 12. 3)。

439 26. 公元21年的SC要求,通过元老院法令[或只是死刑?]与存款至萨吞尼国库之间要相隔10天(塔西佗,《编年史》3. 51,其中要求恢复天数;狄奥 57. 20. 4;cf. Suet. *Tib.* 75)。及后,间隔的天数延长至30天?(cf. Quintilian,*Declam.* argum. 313;Sidonius,《书信集》1. 7. 12;下文附录10)。

27. 苏比修斯·加尔巴(C. Sulpicius Galba,公元22年的执政官?)提出的SC(?),禁止或限制小吃店(Plin. *NH* 33. 32)。

28. 公元23年的执政官主持下通过的SC(?),规定佩戴骑士阶级金指环的资格(Plin. *NH* 33. 32)。

29. 公元27年通过的SC,规定露天剧场的座位安排及角斗士表演的装备(塔西佗,《编年史》4. 63)。

30. 公元 29 年的常任执政官主持下通过的 SC 扩充了“关于侵权的科奈留法”(公元前 81 年),旨在惩罚任何因接受贿赂而作出虚假供词的人(*Coll*. 8. 7. 2;cf. Macer, *Dig*. 47. 13. 2;Ulpian, ibid., 47. 15. 7;Marcianus, ibid., 48. 10. 1. 1;阿皮尼安, ibid. 48. 19. 34. 1)。

31. 浮士德·科尔尼利乌斯·苏拉(Faustus Cornelius Sulla)与福斯尼乌斯·特里奥(L. Fulcinius Trio)担任执政官时(7 月至 9 月 30 日),在科苏斯·科尔尼利乌斯·兰图鲁斯(Cossus Cornelius Lentulus)(cf. R. S. Rogers, *Class. Phil*. 26, 1931, 第 40 页, 注释 2)的动议下,禁止对某位皇帝使节提出控告(Venuleius Saturninus, *Dig*. 48. 2. 12 pr.)。

32. 公元 33 年财政危机时通过的 SC,要求债权人将其资本的三分之二投入到意大利土地上,且债务人应归还其所亏欠的同等金额(塔西佗,《编年史》6. 17;Suet. *Tib*. 48)。

33. SC 佩尼仙安(“佩西仙安”据公元 34 年的常任执政官保卢斯·法比乌斯·佩尔西库斯[Paullus Fabius Persicus]的名字来命名,这种说法更准确? 总之,日期先于下文克劳狄乌斯时期的第 50 条)规定,若男性不遵守“帕皮亚·波比亚法”(公元 9 年)直到其 60 岁(女性到 50 岁),则要继续缴纳罚款(Ulpian, *Reg*. 16. 3;cf. Suet. *Claud*. 23;Sozomen, *Hist. Eccl*. 1. 9. 16)。

34. 提比略主持下通过的 SC,准备以“公库”款项支付给禁卫军(狄奥 58. 18. 3)。

克劳狄乌斯(41—54)

35. 苏依留(而非维莱里乌斯)·鲁弗斯和奥斯托留斯·思卡普拉(Ostorius Scapula)担任执政官期间(一年内最后两个月,很可能是公元 41 年。参见 P. A. Gallivan, *CQ* 28, 1978, 第 419 页)通过的 * SC,准许恩主(以遗嘱或其他方式)指定某名儿童或孙子获得自由民的继承权(*Dig*. 38. 4;Just. *Inst*. 3. 8. 3;cf. Terentius Clemens,*Dig*. 23. 2. 48. 2)。

36. SC 拉吉亚,通过了"Lupo et Largo consulibus"(公元 42 年稍后月份),制定了继承"尤利亚罗马人"(Junian Latins)财产的规定(Gaius,*Inst*. 3. 63—65;Just. *Inst*. 3. 7. 4; *Cod*. 7. 6. 1. 1a 及 12a)。

440 37. 克劳狄乌斯于公元 44 年 9 月 22 日提出的*SC 禁止为营利目的而拆除建筑物(*FIRA*^{2} I no. 45 I,cf. II;保罗援引,*Dig*. 18. 1. 52;塞维鲁·亚历山大,*CJ* 8. 10. 2,年份参见 P. A. Gallivan,*CQ* 28,1978,第 420 页)。

38. SC,通过了"Licinio V et Tauro cons"(正确写法应为公元 45 年常任执政官的"Vinicio II et Tauro?"),扩充了"关于侵权的科奈留法"(公元前 81 年)以惩罚伪造遗嘱行为或与遗嘱相关的作伪证行为(Ulpian,*Coll*. 8. 7. 1;cf. *Dig*. 48. 10. 9. 3 及下文的第 143 条)。

39. 公元 45 和 46 年的 SCC 授权皇帝处理元老请求离开意大利的所有申请(Suet. *Claud*. 23; 狄奥 60. 25. 6—7)。

40. 公元 47 年的 SC(或皇帝敕令?)规定,辩护人的最高收费为 1 万赛斯特斯(塔西佗,《编年史》11. 5—7;cf. 13. 42;详见下文第 54 条)。

41. 公元 47 年的执政官提出的*SC 涉及塞库拉尔节(G. B. Pighi,*De Ludis Saecularibus*,第 131—132 页)。

42. 克劳狄乌斯*谕令及公元 48 年的 SC 在某种程度上放宽了高卢人首领进入元老院的规定(*FIRA*^{2} I no. 43;塔西佗,《编年史》11. 23—25)。

43. 公元 49 年的 SC 准许一名男子与其兄弟的女儿结婚(塔西佗,《编年史》12. 6—7;Suet. *Claud*. 26;Scholia on Juvenal 2. 29 Valla;cf. Gaius,*Inst*. 1. 62;Ulpian,*Reg*. 5. 6)。

(关于 SC 马其顿尼安,日期大概可确定为公元 51 年,见下文第 70 条。)

44. 公元 52 年或临近该年通过的 SC 克劳狄安,对决定与他人的奴隶进行同居的自由民女子进行罚款;若她在奴隶主的反对下依然保持这种关系,则她会令自己沦为奴隶。由保罗评论。标题见 *Sent. Paul.* 2. 21a; *Cod. Theod.* 4. 12。亦见塔西佗,《编年史》12. 53;Gaius, *Inst.* 1. 84,91,160;Ulpian, *Reg.* 11. 11; *Sent. Paul.* 4. 10. 2; *Cod. Theod.* 10. 20. 10. 4;12. 1. 179;Just. *Inst.* 3. 12. 1; *Cod.* 7. 24。

45. 公元 52 年 1 月 23 日及随后一次会议通过的* SCC,为帝国自由民帕拉斯提供副执政官徽章(praetoria insignia)及钱财(普林尼, *NH* 35. 201;《书信集》7. 29;8. 6;塔西佗,《编年史》12. 53)。

46. 公元 53 年的 SC 为皇帝的总管的司法裁决赋予正式地位(塔西佗,《编年史》12. 60;Suet. *Claud.* 12)。

47. SC 克劳狄安(以皇帝名字来命名?)在某程度上加强了 SC 西拉尼安(上文第 13 条)的效果。标题见 *Dig.* 29. 5,详见下文 nos. 58 及 65。

48. 克劳狄乌斯提出的 SC,禁止士兵出席元老的清晨问候礼(salutatio)(Suet. *Claud.* 25)。

49. 克劳狄乌斯主持下通过的 SC 宣布,从失事船上偷窃一个或一个以上舵柄的犯人要承担一切责任("... omnium rerum nomine teneatur";Ulpian, *Dig.* 47. 9. 3. 8;cf. 下文 nos. 159 及 194)。

50. SC 克劳狄安(以皇帝的名字命名?)准许年过 60 的男子 441
若与 50 岁以下的女子结婚,则可免除 SC 佩尼仙安(上文第 33 条)规定的罚款(Ulpian, *Reg.* 16. 3;cf. Suet. *Claud.* 23 及下文第 144 条)。

51. 某位元老(克劳狄乌斯? 详见附录 4)的* 谕令(oratio)关于陪审团(decuriae iudicum)和判还官(reciperatores)的年龄。日期在公元 37 年(或 41 年)与 61 年之间(*FIRA*[2] I no. 44 col. I)。

52. 某位元老(克劳狄乌斯？详见附录 4)的* 谕令(oratio)关于遏制起诉人的欺诈行为(*FIRA*[2] I,no. 44,cols. II, III)。

53.(在克劳狄乌斯或尼禄主持下？参见 M. Kaser, *Das römische Privatrecht* I,第 667 页及参考文献)由执政官西拉努斯和维莱里乌斯·图托提出的* SC 维拉雅/韦勒雅,禁止妇女为他人承担债务。标题见 *Sent. Paul*. 2. 11;*Dig*. 16. 1;*CJ* 4. 29,被保罗评论、马尔西安援引,*Dig*. 12. 6. 40 pr. ;Diocletian 和 Maximian,*CJ* 4. 12. 1。

尼禄(54—68)

54. 公元 54 年通过的* SC 要求诉讼人在案件审判前宣誓,表明其并未向辩护人支付、承诺支付和保证支付钱财;但之后,可支付高达 1 万赛斯特斯(参见上文第 40 条;塔西佗,《编年史》13. 5;普林尼,《书信集》5. 9. 4;cf. ibid. ,5. 4. 2 及 13. 6—7;Suet. *Nero* 17)。

55. 公元 56 年 3 月 2 日由执政官们提出的* SC 同意某位个人免除上文第 37 条 SC(*FIRA*[2] I no. 45 II)。

56. 公元 56 年 8 月 25 日通过的* SC 特雷贝连管理遗赠制度(*fideicommissa*)。尤其规定了若继承人已接受且根据遗嘱将财产转交至受益人,则继承人将受到保护,可免除死者的债权人因索债而提出的控告。标题见 *Sent. Paul*. 4. 2;*Dig*. 36. 1(有引文);*CJ* 6. 49,亦见 Gaius, *Inst*. 2. 253—258;Just. *Inst*. 2. 23. 3ff. ;*Cod*. 1. 17. 2. 6a,常被多位法学家援引:参见 *Vocabularium iurisprudentiae romanae* I. ,col. 968。

57. 公元 56 年通过的 SC,限制保民官与市政官的司法特权(塔西佗,《编年史》13. 28)。

58. 公元 57 年的 SC 扩充了 SC 西拉尼安(上文第 13 条),规定若奴隶(即便根据遗嘱获得自由的奴隶)杀害了主人,将受到拷问及处罚(塔西佗,《编年史》13.32;cf. *Sent. Paul*. 3.5.6;Ulpian, *Dig*. 29.5.3.16)。

59. 公元60年的SC(或帝国宪法?)规定,从民事法庭转向元老院的上诉人,需支付的保证金要与向皇帝提出上诉所需的金额相当(塔西佗,《编年史》14.28)。

60. 以公元61年的常任执政官彼得罗纽斯·图比连努斯(P. Petronius Turpilianus)的名字命名的SC图比连(sic)对没有合理原因而撤销刑事诉讼的控告人处以罚金。标题见*Dig*. 48.16;*CJ* 9.45,由保罗及马尔西安进行评论;后者的讨论清楚表明帕皮尼安在某处也详细记录过本条SC。亦见于塔西佗(《编年史》14.41)、乌尔比安(*Dig*. 3.1.1.6)、梅瑟(47.15.3.3)、尤尼乌斯·莫里西安努斯(49.14.15 pr.)。在《文摘》中被特里弗宁(34.9.22)、帕皮尼安(50.2.6.3)、乌尔比安(38.2.14.2;48.19.5.1),和瓦莱留及加利努斯援引,*CJ* 9.9.16。 442

61. 大概于公元61年通过的SC规定了制定文件的方式(*Sent. Paul*. 5.25.6;cf. Suet. *Nero* 17;Just. *Inst*. 2.10.3)。日期乃从发现于庞贝的文件的格式进行推算,格式大概于此时发生变化,参见C. Zangemeister, *CIL* IV., Suppl. 1.,第278页;更多参见K. R. Bradley, *Suetonius' Life of Nero: An Historical Commentary*, *Collection Latomus* 157, Brussels, 1978,第105—106页。

62. 公元62年的SC规定,名义上过继将不能在竞争公职或继承遗产上享有优先权(塔西佗,《编年史》15.19)。

63. SC阿非尼亚(正确拼法?若是,则大概以公元62年的常任执政官阿非尼乌斯·加卢斯的名字来命名)规定,任何人若收养了三兄弟中的一人则须为其留下不少于自己财产的四分之一,即便他已还其自由。参见Just. *Cod*. 8.47.10.3;*Inst*. 3.1.14。

64. 公元62年或其后由尼禄提出的SC禁止向行省总督致谢

(塔西佗,《编年史》15.22;cf. *Sent. Paul. Frag. Leidense* 2)。

65. SC尼罗连扩充了SC西拉尼安(见上文第13条),规定若丈夫为奴隶所杀,则妻子的奴隶应受到拷打,反之亦然(*Sent. Paul.* 3.5.5)。

66. SC尼罗连,通过"auctore Nerone Caesare",规定若遗赠不是以恰当的方式作出,则应以对预期受益人最有利的方式进行诠释(Gaius, *Inst.* 2.197—198, 212—222; *Frag. Vat.* 85; Ulpian, *Reg.* 24.11a)。

维斯帕先(69—79)

67. 公元69年晚期通过的* Lex/SC为维斯帕先授予权力(*FIRA*² I no.15)。

68. 帕加索斯和普斯奥担任执政官期间(公元70年早期:参见P. A. Gallivan, *CQ* 31, 1981, 第207页)通过的SC佩嘉西安,尝试解决SC特雷贝连(见上文第56条)未能解决的难题,即若继承人不积极接受财产并履行遗赠制度。帕加索斯的这项措施让其有权保留据遗嘱所得财产的四分之一。标题见 *Sent. Paul.* 4.3.,亦见 ibid.,4.4.4; Gaius, *Inst.* 2.254—259, 286a; Ulpian, *Reg.* 25.14—16; *Dig.* 24.1.5.15; Just. *Inst.* 2.23.5ff; *Cod.* 1.17.2.6a。

69. 帕加索斯和普斯奥担任执政官期间(日期见上文, no.68)通过的SC,授予年届30被释放时成为拉丁人的奴隶以获得罗马公民身份的权利(Gaius *Inst.* 1.31; cf. Ulpian, *Reg.* 3.4)。

70. * SC马其顿尼安禁止贷款给处于家长(paterfamilias)管理下的个人。标题见 *Sent. Paul.* 2.10; *Codex Gregorianus* 3.10; *Dig.* 14.6(有引文); Just. *Cod.* 4.28(cf. 2.22.1和4.13.1; *Inst.* 4.7.7)。常被多位法学家援引:参见 *Vocabularium iurisprudentiae romanae* I, col.967。据苏维托尼乌斯,普遍认为日期可追溯至维斯帕先统治时期(*Vesp.* 11);但在公元47年,塔西佗(《编年

史》11.13）提到克劳狄乌斯通过的一条具有类似条款的法律。道贝（D. Daube）（*ZSS* 65，1947，第308—310页）于公元51年末指出
维斯帕先担任执政官时提出的单一措施，这也许有点极端，但他对 443
这个问题的讨论是有价值的。

71. 维斯帕先的*谕令提议向普劳裘斯·西瓦努斯·埃利劳斯（Tib. Plautius Silvanus Aelianus）授予凯旋荣誉（*ILS* 986）。

图密善（81—96）

72. 图密善统治时期通过的SC尼尼安，以公元88年5月至8月的补任执政官宁纽斯·哈斯塔（Q. Ninnius Hasta）的名字来命名，对试图证明自由民生来自由的任何串通舞弊行为进行处罚（Gaius，*Dig*. 40.16.1；Diocletian和Maximian，*CJ* 7.20.2）。

注：对犹太人不利的SC，大概可追溯至公元90年且只存在于《大密德拉什》（*Midrash Rabbah*）的记录，见附录10。

涅尔瓦（96—98）

73. 尼拉修斯·普利斯库斯和安尼乌斯·维鲁斯担任执政官期间（公元97年5、6月）通过的SC，对任何将其奴隶阉割的人进行罚款（Venuleius Saturninus，*Dig*. 48.8.6；日期参见*Fast. Ost.* with F. Zevi. *List. Fil.* 96，1973，第125—137页）。

图拉真（98—117）

74. 卢布里乌斯·加卢斯和凯皮欧·希斯普担任执政官期间（图拉真统治初期的其中一对补任执政官：参见F. Zevi的讨论，*La Parola del Passato* 34，1979，第198—199页，详见下文第154—157条）通过的*SC卢布里安规定，若遗嘱中有嘱咐要释放奴隶（fideicommissary manumission）的，且受益人没有履行或回应副执政官的号召（praetorian summons），则副执政官可执行释

放。乌尔比安进行过讨论，*Dig*. 26. 4. 3. 3；40. 5. 26. 7—11（有引文）及 28 pr.-3. 被帕皮尼安援引，*Dig*. 40. 5. 22. 2；保罗，ibid.，40. 5. 33. 1；米西阿努斯，ibid.，40. 5. 36 pr.。

75. 公元 105 年通过的 SC，管理求职人员的行为（普林尼，《书信集》6. 19. 1—4）。

76. 公元 113—116 年的* SC 关于帕加蒙举行运动会的请求（*IGRR* IV. 336）。

77. 图拉真提出的 SC 规定，若城市官员所任命的护卫在任期结束时仍无法收回受保护人的所有财产，则后者可对官员提出诉讼（Ulpian，*Dig*. 27. 8. 2；Diocletian 和 Maximian，*CJ* 5. 75. 5）。

哈德良（117—138）

78. 阿维奥拉和潘萨（公元 122 年的常任执政官）担任执政官期间通过的 SC，禁止将建筑物的附属部分及构成部分作为遗产单独赠送。乌尔比安进行过讨论，*Dig*. 30. 41 及 43；cf. *Sent. Paul*. 4. 1. 20 = *Dig*. 32. 21. 2。

444 79. 埃米利乌斯·尤库斯和尤利乌斯·塞维鲁担任执政官期间（公元 127 年 10 月至 12 月）通过的* SC 尤西亚，准许副执政官在受托释放奴隶案（fiduciary manumission）中采取行动，若被要求释放的人因故不现身，且奴隶不属于立约方（Ulpian，*Dig*. 40. 5. 28. 4 有引文；40. 5. 51. 8 及 10；cf. Julianus，ibid.，40. 5. 47. 1）。

80. 公元 129 年从 1 月 1 日（最晚）到 2 月 17 日期间（即尤文求斯·塞赫斯二世和尼拉修斯·马塞勒斯二世担任执政官期间；据说，后者的继任者于 2 月 18 日就职）通过的 SC，将《维迪·李比希法》（*Lex Vetti Libici*?）延伸至行省，这条法律显然关于授予刚被释放的公奴（*servi publici*）罗马公民身份（Diocletian 和 Maximian，*CJ* 7. 9. 3. 1；cf. G. Rotondi，*Leges publicae populi Romani*，第 471 页）。

81. 哈德良的* 谕令及执政官们于公元 129 年 3 月 14 日提出的* SC,处理了萨吞尼国库让私人归还未被使用的遗产的请求。主要由乌尔比安和保罗进行讨论,*Dig*. 5. 3. 20. 6ff. passim. 被保罗援引,*Dig*. 6. 1. 27. 3;cf. M. Aurelius,*CJ* 3. 31. 1。

82. 在哈德良主持下通过的 SC 德尔图良,准许一名拥有子女权(*ius liberorum*)的女子享有继承已故孩子未立遗嘱的所有物的权利(尽管其他特定亲戚仍享有继承的优先权)。盖乌斯和保罗进行过评论。标题见 *Sent. Paul*. 4. 9;*Dig*. 38. 17;Just. *Inst*. 3. 3;*Cod*. 6. 56,亦可参见乌尔比安,*Reg*. 26. 8;Just. *Cod*. 1. 17. 2. 7,以公元 133 年? 补任执政官名字弗拉维乌斯·特尔突罗来命名(*PIR*² F 376)。

83. 哈德良时期的 SC 允许皇帝有权在必要时增补《永久法令》(*edictum perpetuum*)(*CJ* 1. 17. 2. 18 = *Const. Tanta* 18)。统治时期稍后的日子? 参见 H. F. Jolowics 和 B. Nicholas,*Historical Introduction to the Study of Roman Law*,第 356 页,注释 3 及所引文献。

84. SC 普兰仙,极有可能以哈德良属下西利西亚的公使(C. Julius Plancius Varus Cornutus)的名字来命名,大概是副执政官(praetorius)(R. Syme,*Historia* 18,1969,第 365—366 页=《罗马文论》II,第 788—789 页;H. Halfmann,《元老》,no. 31),及后为执政官(cf. 下文第 86 条,被称为"哈德良"),本条 SC 对以欺骗手段履行遗赠制度(*fideicommissa*)的继承者处以罚款(Ulpian,*Reg*. 25. 17;Papinian,*Dig*. 34. 9. 11;Gaius,ibid.,34. 9. 23;Modestinus,ibid.,35. 2. 59)。据安东尼·庇乌斯的解答复文,关于日期,亦见在众多处罚方式之中也有没收 SC 佩嘉西安(上文第 68 条)所允许保留的四分之一。

85. SC 普兰仙(日期见上文第 84 条)承认妇女在离婚后数月所生的孩子。所制定的规则保护妇女与其前夫相对的权利,也在孩子非后者亲生的情况下保护其权利(*Dig*. 25. 3 及 4. 1)。

86. 哈德良主持下通过的 SC 把上文第 85 条 SC 普兰仙的承认范围延伸至婚内生育(Ulpian, *Dig*. 25. 3. 3. 1)。

87. 哈德良主持下通过的 SC 规定要将落空遗产(*bona caduca*)上报(*delatio*)至萨吞尼国库(Iunius Mauricianus,*Dig*. 49. 14.
445 15. 3;cf. 5—6;Valens,ibid. ,49. 14. 42. 1)。

88. 哈德良主持下通过的 SC 规定,在据遗嘱释放奴隶(fideicommissary manumission)的案件中,副执政官要先行动,即便嗣子去世时并没有继承者,奴隶的自由亦不受影响(Paulus,*Dig*. 40. 5. 5)。

89. 哈德良提出的 SC 规定,遗赠(fideicommissum)如遗产及继承物,不能留给未指定的个人或及后出生的外人(Gaius,*Inst*. 2. 287)。

90. 哈德良提出的 SC 准许妇女立遗嘱而无需遵循先前必须遵循的《受托买卖婚姻》(*coemptio fiduciaria*)的程序(Gaius,*Inst*. 1. 115a;2. 112)。

91. 哈德良主持下通过的 SC,规定嗣子要遵循程序,以继承留给两名以上奴隶的、不足以偿还债务的财产(Scaevola,*Dig*. 28. 5. 84. 1)。

92. 哈德良提出的 SC 规定撤销“继承人的时效取得”(*usucapio pro herede*)(Gaius,*Inst*. 2. 57)。

93. 哈德良提出的 SC,关于父亲的遗嘱在认定为下文第 158 条 SC 提及的误会下如何受到影响(Gaius,*Inst*. 2. 143;3. 5)。

94. 哈德良提出的 SC,沿袭涅尔瓦的宪法,批准遗产可留给帝国中的任一城市(Ulpian,*Reg*. 24. 28)。

95. SC 阿波尼亚批准遗赠制度(*fideicommissa*)被授予帝国范围内的所有城市(Ulpian,*Reg*. 22. 5;Paulus,*Dig*. 36. 1. 27)。若本条 SC 非与上文第 94 条同时通过,即可回溯至公元 117 年、123 年或145年，则可归属于担任执政官的具体某位阿波尼亚尼（或阿波尼）（G. Alföldy, *Konsulat und Senatorenstand*，第150页）。

96. 哈德良提出的SC规定，父亲为拉丁人且母亲为罗马公民的孩子自出生起为罗马公民（Gaius, *Inst.* 1. 30, 80—81；Ulpian, *Reg.* 3. 3）。

97. 哈德良提出的SC规定，罗马公民女人与异邦人（*peregrinus*）所生的孩子在法律上属于后者的孩子，即便父母双方之间并不具有通婚权（*conubium*）。当且仅当父亲也获得公民权时，该名孩子才算是罗马公民（Gaius, *Inst.* 1. 77及92）。

98. 哈德良主持下通过的SC，将《埃里·森迪亚法》（*Lex Aelia Sentia*，公元4年）的条款延伸至异邦人，即债权人若有欺骗行为，则解除行为无效（Gaius, *Inst.* 1. 47；某些编辑会省去引用SC）。

99. 哈德良提出的SC，免除了那些在恩主不知情或不同意的情况下获得皇帝授予的罗马公民权的人的公民权，丧失资格意味着他们去世时仍不是公民（Gaius, *Inst.* 3. 73）。

100. 哈德良谕令（oratio）及SC要求向私库（*fiscus*）申报留给异邦人的遗赠（*fideicommissa*）（Gaius, *Inst.* 2. 285）。

101. 哈德良谕令（oratio）禁止针对元老院的判决向皇帝提出 446
上诉（Ulpian, *Dig.* 49. 2. 1. 2）。

102. 哈德良*谕令（oratio）涉及为奥古斯都而设的荣誉（Charisius, *Art. Gramm.* II.，第287页Barwick）。

103. 哈德良谕令（oratio）涉及一件未指明的事，其中他提到贝里特斯（Berytus）作为享有意大利权（*ius Italicum*）的奥古斯都殖民地（Ulpian, *Dig.* 50. 15. 1. 1；cf. perhaps Gell. *Noct. Att.* 16. 13. 4）。

安东尼·庇乌斯（138—161）

104. 公元138年10月15日的*SC批准萨图斯·伯根西斯

(*saltus Beguensis*)(阿非利加)建立一个市集(*FIRA*[2] I no. 47)。

105. 安东尼·庇乌斯主持下通过的* SC,承认基齐库斯的新人团(*FIRA*[2] I no. 48)。

106. 安东尼·庇乌斯谕令(oratio)明确规定了豁免进贡(*munera*)的资格(Diocletian 和 Maximian,*CJ* 10. 53. 4)。

马可·奥略留与维鲁斯(161—169)

107. "神圣兄弟"(*divi fratres*)谕令将提供安全保障的义务延伸至元老官员任命的护卫(Ulpian,*Dig*. 26. 2. 19. 1)。

108. "神圣兄弟"(*divi fratres*)谕令(只限于帕皮尼安)或奥略留和 SC 裁定,即使自由民享有豁免守卫责任(*tutelae*)的权利,他仍可被委任为男女恩主孩子们的保护人(Ulpian,*Frag. Vat*. 220;Papinian,ibid. ,224;cf. *Dig*. 26. 5. 14;Sev. Alexander,*CJ* 5. 62. 5)。

马可·奥略留(169—177)

109. 奥略留提出的 SC,禁止奴隶主在演出中将任何奴隶放到属于他本人或他人的表演者当中(Sev. Alexander,*CJ* 7. 11. 3; cf. 狄奥 69. 16. 3;Paulus,*Dig*. 40. 9. 17 pr.)。

110. 奥略留统治时期的 SC 准许向社团提供遗赠(Paulus,*Dig*. 34. 5. 20)。

111. 奥略留谕令和* SC 对总督向皇帝征询[如何]判决的案件作出规定。即便没有提出上诉,在后者[皇帝]作出回复前,不得进行处罚。判决只有在罗马宣告时生效,所以已故被告的遗嘱一直有效(Ulpian,*Dig*. 28. 3. 6. 9;Macer,ibid. ,48. 21. 2. 1 有援引SC)。

112. 奥略留谕令和 SC 明确规定了因房屋维修产生贷款时债权人和债务人的责任(Ulpian,*Dig*. 17. 2. 52. 10;Papinian, ibid. ,

20. 2. 1;Gaius,ibid. ,20. 3. 2;cf. Philippi,*CJ* 8. 10. 4)。

113. 奥略留谕令和 SC 巩固了追寻逃奴者的权利,特别允许其未经批准进入他人土地。同时规定对私藏逃奴者处以罚金(除非其让步,并在 20 天内交出逃奴)(Ulpian,*Dig*. 11. 4. 1 和 3;cf. 下文第 161 条)。

114. 奥略留谕令强烈表示(尽管并未具体声明),男子在婚后有正当理由以礼节为据,免除对儿媳妇的监护责任(Valerian 和 Gallienus,*CJ* 5. 62. 17)。 447

115. 奥略留谕令规定,在他人合法嗣子进入前掠夺他人土地的,将受到惩罚(Marcianus,*Dig*. 47. 19. 1;cf. *CJ* 9. 32. 关于这个问题,cf. Fronto, *Ad M. Caes*. 1. 6. 2—5 ＝ 第 11—13 页 H)。

116. 奥略留谕令准许元老院行省总督(proconsul)的公使任命一名护卫(Ulpian,*Dig*. 26. 5. 1. 1)。

117. 奥略留谕令规定,只有来自同一地区的自由民可被任命为护卫,保护具有自由民资格的人。因此,自由民有正当理由拒绝成为其他自由民的导师(Modestinus,*Dig*. 27. 1. 14;Tryphoninus,ibid. ,27. 1. 44 pr.)。

118. 奥略留谕令规定,被宣布为自由人(*ingenuus*)的男子一旦去世,其身份在此后不得被质疑,且即便其去世时仍在进行中的调查也应自动失效(Marcianus,*Dig*. 40. 15. 1. 3)。

119. 奥略留谕令允许外国人(*extraneus*)为证明自由民生来自由提供串通舞弊的证据(Ulpian,*Dig*. 40. 16. 2. 4;cf. SC 尼尼安,上文第 72 条)。

120. 奥略留谕令制定了一般规定,在收成期或葡萄收获期,诉讼人不得催促案件的审理。然而,若有合理原因,则允许在该时期及在假日进行例外处理(乌尔比安进行过讨论,*Dig*. 2. 12. 1. 2 and 7)。

121. 奥略留谕令,并未被充分理解,将在法庭认罪(*confessus*

in iure)的被告等同于被裁决的(*iudicatus*)被告(Ulpian,*Dig*. 42. 1. 56 和 2. 6. 2,被严重篡改)。

122. 奥略留谕令规定,除非得到副执政官的授权,否则不得在遗嘱规定的生活费用(补助金)(*alimenta*)条款上作出让步(乌尔比安进行过讨论,*Dig*. 2. 15. 8)。

123. 奥略留谕令调整了 SC 西拉尼安(上文第 13 条)以保护奴隶的某些利益,即那些经调查被宣布与主人被杀一事无关、且据主人遗嘱获得释放或在其他方面受益的奴隶。在调查中,其后代应被看作生而自由,且得到赠与他们的累计遗产的收益(*CJ* 6. 35. 11)。

124. 奥略留谕令规定,提出上诉的期限应据法庭开庭期(*dies utiles*)计算(Ulpian,*Dig*. 49. 4. 1. 7)。

马可·奥略留与康茂德(177—180)

125. 奥略留和康茂德的* 谕令与 SC 于公元 177 年晚期通过,(其中)涉及米利都提出的与运动会相关的请求。参见 P. Herrmann,"Eine Kaiserurkunde der Zeit Marc Aurels aus Milet",
448 *Istanb. Mitt*. 25,1975,第 149—166 页=*AE* 1977. 801。

126. 奥略留和康茂德的* 谕令与* 主要意见(*sententia prima*)于公元 177/178 年(或于该年较早时候:见附录 3)发布,关于降低角斗竞技支出的措施。参见 J. H. Oliver 和 R. E. A. Palmer,"Minutes of an Act of the Roman Senate",*Hesperia* 24,1955,第 320—349 页。

127. SC 奥尔菲提安(以公元 178 年的执政官塞尔维乌斯·[科尔尼利乌斯]·西皮阿·[萨维迪恩努斯]·奥尔菲的名字来命名)调整了《福菲亚·卡尼尼亚法》(*Lex Fufia Caninia*,公元前 2 年),承认依据遗嘱获得释放的奴隶,尽管其姓名并未在遗嘱中被提及,但其身份无疑已通过其他方式被阐明(*Sent. Paul*. 4. 14. 1)。

128. 皇帝谕令与* SC 奥尔菲提安或奥尔菲提安(公元 178

年;名字见上文第127条)授予妇人的孩子们优先继承权,倘若妇人在去世时并未订立遗嘱。标题见 *Dig*. 38. 17(1. 12 简要援引了 SC,9 援引了谕令);Just. *Inst*. 3. 4;*Cod*. 6. 57,由盖乌斯和保罗进行评论。亦见 Ulpian,*Reg*. 26. 7;*Dig*. 29. 2. 6. 2;38. 7. 2. 4 和 8. 1. 9;HA,*Marcus* 11. 8;Just. *Cod*. 1. 17. 2. 7。

129. 奥略留(和康茂德)的谕令与 SC 禁止元老阶层成员与其他特定阶层成员进行通婚(Ulpian,*Dig*. 23. 1. 16;24. 1. 3. 1;Paulus,ibid.,23. 2. 16 pr.)。

130. 奥略留和康茂德的谕令与 SC 禁止护卫与其所保护的人结婚或让其与自己的儿子或孙子结婚。由保罗进行评论及讨论,*Dig*. 23. 2. 59 和 60,亦见 Ulpian,*Frag. Vat*. 201;Callistratus,*Dig*. 23. 2. 64 pr. -1;Tryphoninus,ibid.,23. 2. 67. 1,3(谕令单独归于奥略留),4;Marcianus,ibid.,30. 128;48. 5. 7;Severus 和 Caracalla,*CJ* 5. 6. 1;Caracalla,ibid.,5. 62. 4;Philippus,ibid.,5. 6. 4。

佩蒂纳克斯(193)

131. 佩蒂纳克斯要求的 SC,让元老选的副执政官比直接任命(adlected)的副执政官享有更高地位(HA,*Pert*. 6. 10)。

132. 佩蒂纳克斯谕令涉及遗嘱的有效性。他断言自己将拒绝承认那些为了诉讼而任命皇帝嗣子的人的遗产(HA,*Pert*. 7. 2;Just. *Inst*. 2. 17. 7—8)。

塞普蒂米乌斯·塞维鲁(193—211)与卡拉卡拉(198—217)

133. * SC 涉及塞库拉尔节(*Ludi Saeculares*),公元204年(G. B. Pighi,*De Ludis Saecularibus*,第140—144页;关于该节的讨论,参见本书第246页,注释④)。

134. 公元195年6月13日发布的塞普蒂米乌斯·塞维鲁*谕令与 SC,因监护人对其所监护的未成年人有欺诈行为而对其处以惩罚。特别是对[监护人]胜任证明(*nominatio potioris*)有所限制,属于被监护人的财产只有在副执政官或总督同意下才能出售。标题见 *Sent. Paul.* 2.30,由保罗进行评论。讨论参见 *Frag. Vat.* 158;*Dig.* 27.9(均有援引谕令)。亦见 *Frag. Vat.* 212—214;*CJ*
449 5.70.2;71;73.2—4。

135. 塞维鲁和卡拉卡拉的* 谕令与 SC,于福尔维乌斯·埃米利亚努斯和南缪斯·阿尔比努斯担任常任执政官时(公元 206 年)通过,承认夫妻之间互赠礼品在赠送方先行去世、且届时双方仍保持婚姻关系的情况下,仍具有法律效力。讨论参见 *Frag. Vat.* 276;294.2;*Dig.* 24.1(3 pr. 及 32.2 处有援引谕令);cf. Ulpian, *Dig.* 33.4.1.3;Gordian,*CJ* 5.16.10。

塞维鲁·亚历山大(222—235)

136. 公元 222 年通过的 SC(据称为埃拉加巴鲁斯去世后的首个),禁止任何妇女进入或被带入元老院(HA,*Elagab.* 18.3)。

瓦莱留(253—260)

137. 公元 258 年夏发出的瓦莱留谕令(亦称"批复"*rescriptum*)关于加强处死基督徒力度的措施(Cyprian,《书信集》80.1.2—3)。

B. 日期不明的措施

(i) 部分显示日期的元老院法令和谕令

138. * SC 要求除殡葬行会外的所有社团要取得许可。奥古斯都时代?(*FIRA*^{2} I no. 46)。比较元老院及皇帝向社团发出许可和禁止不法社团(*collegia illicita*)的文献(塔西佗,《编年史》14.17;普林尼,《颂词》54.4;Gaius, *Dig.* 3.4.1 pr.;Marcianus, ibid.,47.22.1.1 和 3 pr.-1.)。

139. SC(奥古斯都统治晚期通过?)对诽谤性出版物的作者处以惩罚。参见 *Sent. Paul.* 5. 4. 15; Ulpian, *Dig.* 28. 1. 18. 1; 47. 10. 5. 10—11; Paulus, ibid., 47. 10. 6,由 R. A. Bauman 进行讨论, *Impietas in Principem*, *Münchener Beiträge* 67, 1974,第二章。

140. SC 禁止元老院议员与被判有刑事罪的人结婚或拥有被判有刑事罪的妻子。被乌尔比安援引, *Dig.* 23. 2. 43. 10,或是上文第 22 条即公元 19 年 SC 的一个条款。

141. 元首制早期通过的(?)SC 允许把个人财产的全部用益权(usufruct)遗赠,条件是受益人在特定情形下要提供担保。讨论参见 *Dig.* 7. 5,亦见 Ulpian, *Reg.* 24. 27; *Dig.* 7. 9. 12; Paulus, ibid., 33. 2. 1 及 24 pr.; Pomponius, ibid., 35. 2. 69; Just. *Inst.* 2. 4. 2。已知是为了针对 M. 科齐乌斯·涅尔瓦(死于公元 33 年),但显然不是针对西塞罗(*Pro Caecina* 11; *Topica* 17)。

142. SC,或者是两个,很可能在元首制早期通过,申明了不能因出示皇帝肖像而获得庇护,不管犯人已逃至某个庇护所或已受到庇护。参见 Scaevola, *Dig.* 47. 10. 38 及 Callistratus, ibid., 48. 19. 28. 7,由 R. A. Bauman 讨论, *Impietas in Principem*,第 85— 450
92 页。

143. SC,由执政官斯塔提里奥与陶罗("Statilio et Tauro consulibus")通过,规定根据《关于侵权的科奈留法》(公元前 81 年)对伪造各类文书的行为处以惩罚(*Coll.* 8. 7. 1; cf. Ulpian, *Dig.* 48. 10. 9. 3)。日期不明。编辑建议修改为"斯塔提里奥·陶罗与斯克里波尼奥·立波尼"("Statilio Tauro et Scribonio Libone")以将日期定为公元 16 年。但已知斯塔提里奥·陶罗(Statilio Tauro)至少是公元前 26 年、公元 11 年、44 年及 45 年的执政官。这项措施大概应在上文第 38 条之后,而非在其之前。

144. SC 卡尔维西安将 60 岁以下男子与 50 岁以上女子的婚姻关系宣布为"劣等"(*impar*),双方的继承资格会受到严重限制(Ul-

pian,*Reg*. 16. 4)。或可归因于公元 1 世纪或 2 世纪早期担任执政官的其中某位卡尔维西(Calvisii)。但如果这项措施与两条相关措施(上文第 33 条和第 50 条)的通过时间相同,则有可能属于公元 44 年或 53 年(P. A. Gallivan,*CQ* 28,1978,第 424—425 页)。

145. 一直到维斯帕先统治时期,多个 SCC 都涉及垄断权(Plin. *NH* 8. 135;cf. Suet. *Tib*. 30)。

146. 不晚于维斯帕先统治时期(更有可能是共和国时期,而非元首制时期?)的 SC 为希尔皮人免除兵役并同意赠送其他礼物(munera)以认可其对阿波罗的供奉行为(Plin. *NH* 7. 19;Solinus 2. 26,第 38 页,Mommsen)。

147. SC 规定,将会被释放的奴隶若获得遗赠,则当且仅有人将遗产以及自由留给他时,才适用于《法尔奇第亚法》(*Lex Falcidia*,公元前 40 年)。被保罗及乌尔比安援引,*Dig*. 35. 2. 33 and 35(或是上文第 68 条 SC 佩嘉西安的条款)。

148. SC 将违法遗赠(*donationes mortis causa*)的接受人与将法律禁止接受的遗产进行遗赠的人置于相同情况下。该措施显然带来了许多问题,某些问题由保罗进行讨论,*Dig*. 39. 6. 35。日期在维斯帕先和哈德良统治时期之间,或更接近于后者,参见 S. di Paola,*Donatio mortis causa*,Catania,1950,第 193—197 页。

149. 不晚于图密善统治时期的 SC 涉及对指控的正式撤销(Papinian,*Dig*. 48. 3. 2. 1)。

150. SC 关于承认孩童的权利以及为前奴隶授予自由民的权利(不能等同于范围更有限的上文第 85 条 SC 普兰仙)。图拉真时期前得到充分通过,其参谋部并未将其撤销(普林尼,《书信集》10. 72—73)。

151. SC 批准了涅尔瓦法令,这是首项禁止调查已故超过 5 年者的身份的措施(Sev. Alexander,*CJ* 7. 21. 4 pr.;Diocletian,ibid.,7;8;cf. Suet. *Tit*. 8;*Dom*. 9;普林尼,《颂词》35. 4;Callistra-

tus,*Dig*. 40. 15. 4)。日期先于上文第 118 条的奥略留谕令?

152. 未知皇帝的谕令(大概不早于涅尔瓦:见上文第 151 条)
规定,任何自由民无一例外地要在被释放后的 5 年内向执政官或 451
总督作出生而自由的声明(Papinian,*Dig*. 40. 14. 4)。

153. 不晚于公元 100 年通过的 SC,要求执政官向皇帝发表感谢辞(*gratiarum actio*)(普林尼,《颂词》4. 1 与上文第七章,第五节)。

154. SC 大苏米安规定,若遗嘱中要求释放奴隶(fideicommissary manumission),且受益人或因太年轻而无法履行遗嘱或由于合理原因而缺席,则副执政官可以执行释放(Maecianus,*Dig*. 40. 5. 36 pr. ;Marcianus,ibid. ,40. 5. 51. 4—6;或亦可见缺少标题的 *Sent. Paul*. 4. 13. 3;Ulpian,*Dig*. 40. 5. 30. 4)。若这项措施与其他具有类似目的的措施(见上文第 74 条;下文第 155—157 条)几乎同时通过,则可能以分别于公元 90 年(?)、119 年及 152 年担任执政官的其中一名大苏米(Dasumii)的名字来命名。

155. SC 维特拉先在孩子作为共同继承人的案件中,加快履行据遗嘱释放奴隶(fideicommissary manumission)的条款(Ulpian,*Dig*. 40. 5. 30. 6)。若这项措施与其他具有类似目的的措施(见上文第 74 条、第 154 条;下文第 156 条、第 157 条)几乎同时通过,则可能以分别于公元 123 年、137 年及 151 年(?)担任执政官的其中一名维特拉斯(Vitrasii)的名字来命名(G. Alföldy,*Konsulat und Senatorenstand unter den Antoninen*,pp. 151—152)。

156. SC 阿尔蒂库勒安准许总督审理据遗嘱释放奴隶(fideicommissary manumission)的案件,即便继承人来自不同的行省(Marcianus,*Dig*. 40. 5. 51. 7)。若这项措施与其他具有类似目的的措施(见上文第 74 条、第 154 条、第 155 条;下文第 157 条)几乎同时通过,则可能以公元 101 年的常任执政官 Q. 阿尔蒂库勒乌斯·培图斯或公元 123 年的常任执政官 Q. 阿尔蒂库勒乌斯·佩提努斯的名字来命名。

157. SC 准许副执政官在以遗嘱释放奴隶（fideicommissary manumission）的案件中采取行动，倘若余下的人当中无人符合资格或愿意授予自由（Ulpian, *Dig*. 40. 5. 30. 9—14）。这项措施与其他具有类似目的的措施可一同追溯至 2 世纪上半叶（见上文第 74 条、第 154—156 条）。

158. 不晚于哈德良统治时期通过的 SC（见上文第 93 条），为任一性别、因误以为较低阶层的配偶与其处于同等阶层的罗马公民提供帮助。若能证明这是误会，则因这段婚姻关系而出生的孩子以及（通常来说）处于较低阶层的配偶可获得罗马公民权（Gaius, *Inst*. 1. 67—75；2. 142；3. 73；cf. *Frag. Berol*. 2 = *FIRA*^{2} II，第 427 页）。

159. 或不晚于哈德良统治时期通过的 SC，禁止任何士兵、个人、自由民或皇帝的奴隶对收集失事船物品的行为进行干涉（Callistratus, *Dig*. 47. 9. 7；cf. 上文第 49 条；下文第 194 条）。

160. 据帕皮尼安（*Dig*. 34. 9. 12），（"iampridem"）很久以前通过的 SC 似乎已经规定，若男子连续订立了两份遗嘱，他在后一份遗嘱中让事实上被禁止继承的嗣子具有继承资格，则财产不会自动转到第一份遗嘱的继承人，即便这份遗嘱从未被撤销。日期可追溯至安东尼·庇乌斯，据 M. Kaser, *Das römische Privatrecht* I.，第 692 页注释 15 和第 726 页注释 49。

161. 摩德斯图斯担任执政官期间通过的 SC，要求地区元老官员以及所有财产拥有者帮助任何正在追寻逃奴且已经出示正式证明的人，不配合者将会被处以罚款（Ulpian, *Dig*. 11. 4. 1. 2）。这项措施明显先于奥略留谕令和涉及同样问题的 SC（见上文第 113 条），且与公元 152 年中期的补任执政官 L. 阿里纽斯·摩德
452 斯图斯或公元 167 年（*AE* 1958. 234）后的同名补任执政官有关，由于我们知道先前并未有执政官使用那个名字。

162. SC 沃卢西安将《关于侵害私人的尤利亚法》(*Lex Julia de vi privata*,公元前 17 年)扩充至惩罚那些在案件中密谋勾结并分享收益的人(Modestinus,*Dig.* 48. 7. 6)。不可能归于 1、2 世纪中几位名为沃卢斯的执政官中的其中一位。

163. 不晚于康茂德统治时期的 SC,命令"不能有基督徒"。参见 H. A. Musurillo,*The Acts of the Christian Martyrs*, no. 7 sects. 13—14 及 23;cf. Eusebius,*Hist. Eccl.* 5. 21. 4。

164. SC 豁免罗马元老接待政府贵宾的强制义务。公元 204 年 5 月 31 日援引在塞维鲁和卡拉卡拉的一封信中(T. Drew-Bear, W. Eck, P. Herrmann, "Sacrae Litterae", *Chiron* 7, 1977, 第 355—383 页; L. Robert, "Documents d'Asie Mineure, VIII. Règlement impérial gréco-latin sur les hôtes imposes", *BCH* 102, 1978, 第 432—437 页 with *BE* 1978. 468; D. Knibbe, R. Merkelbach, "Allerhöchste Schelte", *ZPE* 31, 1978, 第 229—232 页; *AE* 1977. 807)。

165. SC 盖图里西安在某些方面限制了夫权下的妻子(*uxor in manu*)继承其丈夫的权利(*Frag. Berol.* 3 = *FIRA*² II,第 427 页)。沃尔泰拉(E. Volterra)(*Atti Accad. Lincei*, Memorie ser. 8, vol. 12. 4. , 1966, 第 351—353 页)据其内容认为这项措施肯定晚于 SC 奥尔菲提安(见上文第 128 条)。或可将法学家(保罗?)援引的风格,即"hodie autem ... propter SC",与乌尔比安的进行比较,*Dig.* 33. 4. 1. 3,即"hodie post SC",[后者]明显与较近的一条措施有关(上文第 135 条)。若 SC 盖图里西安的日期准确,则唯一已知的以其名字来命名的执政官可能是尤利乌斯·盖图里库斯,为塞维鲁·亚历山大统治时期(或为早期;*PIR*² I 332)下莫西亚(Lower Moesia)的公使。

注:塔西佗在《历史》4. 42 提及一条 SC,纯粹源自有误的文本,因而可忽略(cf. H. Heubner ad loc.)。

(ii) 最早由2世纪法学家援引的元老院法令

166. SC 规定,与证人提供的证据相比,应更重视户籍登记以及公共档案的证据(Marcellus,*Dig*. 22. 3. 10)。

167. SC 主要为元老及其妻子规定了财产变卖(*distractio bonorum*)的程序(Gaius and Neratius,*Dig*. 27. 10. 5 and 9;cf. Papirius Justus,*Dig*. 42. 7. 4)。

168. SC 规定被任命的公使在其使命结束前不得处理私人事务(Scaevola,*Dig*. 50. 7. 13)。

169. SC 规定,遗赠给城市以作演出或猎杀野兽用的钱财不应被用于此目的,而应用在该城最需要的地方。要纪念捐赠者的名字(Valens,*Dig*. 50. 8. 6;cf. Suet. *Tib*. 31;由 R. Duncan-Jones
453 进行评论,《经济》,第137页)。

170. SC 明确规定妇女可提出诉讼的情形(Papinian,*Dig*. 48. 2. 2 pr. ;Sev. Alexander,*CJ* 9. 1. 5 及 46. 2;cf. Gaius,*Dig*. 4. 4. 12)。

171. SC 关于为遗产选择替代性的继承人(*substitutio*)(Celsus,*Dig*. 28. 5. 26)。

172. SC 申明,熔解不合格的(即粗制滥做的?)皇帝雕像不属谋反行为。由 Scaevola 援引,*Dig*. 48. 4. 4. 1(否则,该项行为属于谋反行为:cf. *Dig*. 48. 4. 6)。

173. SC 准许向未来继承人提供救济,倘若该继承人已诚实地偿还了遗赠,因继承人若被证实为不合法,则基本上不能重获这份遗赠。被盖乌斯援引,*Dig*. 5. 3. 17(加插?)。

174. SC 明确规定了能进入主管机构(*captatoriae institutiones*)的条件(Papinian 和 Paulus,*Dig*. 28. 5. 71—72. 1)。沃卢特拉(Voltera)(op. cit. 该章节导言,note 1,no. 169)注意到这类 SC 从未为公元21年去世的 M. 安提斯提乌斯·拉贝奥(*Dig*. 28.

7. 20. 2)所知(塔西佗,《编年史》3. 75;W. Kunkel,*Herkunft und soziable Stellung der römischen Juristen*,第 114 页),但提出,相比之下,盖乌斯援引的一段话,即 *Ad edictum provinciale XV*,确实显示出规限意识(*Dig*. 30. 64)。

175. SC 禁止贩卖或购买逃奴,违者会被处以罚款(*Frag. de Iure Fisci* I. 9;*Sent. Paul*. 1. 6a. 2;*Dig*. 10. 3. 19. 3)。沃尔泰拉(op. cit. 该章导言,note 1,no. 170)合理地表明本条 SC 被盖乌斯援引,*Ad edictum provinciale* X(*Dig*. 18. 1. 35. 3)。

176. SC 修改了《维萨利亚法》(*Lex Visellia*,公元 24 年),担任看守人(Vigiles)的拉丁人被授予罗马公民权年限,从被释放后的 6 年改为 3 年(Gaius, *Inst*. 1. 32^{b};Ulpian, *Reg*. 3. 5;G. Rotondi,*Leges publicae populi Romani*,第 464—465 页)。

177. “特定元老院法令”(Specialia senatus consulta)同《福菲亚·卡尼尼亚法》(*Lex Fufia Caninia*,公元前 2 年)一起,使《埃里·森迪亚法》(*Lex Aelia Sentia*,公元前 4 年)确立的主导奴隶释放的规则变得无法规避(Gaius,*Inst*. 1. 46)。

178. SC 禁止立遗嘱者释放 30 岁以下的奴隶,以使其成为自己的继承人(Gaius,*Inst*. 2. 276)。

179. SC 禁止释放那些蓄意让自己被贩卖成奴隶的人(Pomponius,*Dig*. 40. 13. 3)。

180. SC 使 20 岁以下的人无法向较年长者赠送礼物以让其释放奴隶。被塞维鲁·亚历山大援引,*CJ* 7. 11. 4. Cf. Marcellus, *Dig*. 18. 7. 4;Julianus,ibid. ,40. 9. 7. 1。

181. * SC 涉及奴隶或被法庭宣布为生来自由(*ingenui*)的自由民的财产权(Paulus 和 Pomponius,*Dig*. 40. 12. 32 and 14. 3,后者援引了三个问题;Sev. Alexander,*CJ* 7. 14. 1)。

182. 一个或以上的 SCC 明确规定妇女可申请要求另一名监护人的条件(Gaius,*Inst*. 1. 173—183;Upian,*Reg*. 11. 20—23;cf. 454

下文第217条)。

183. SC涉及这样的案件:丈夫为妻子蓄意安排通奸者以通过当场揭发来玷污其名誉(Scaevola,*Dig*. 48.5.15.1)。

184. SC规定,私库(*fiscus*)索取款项时,任何人除了要向通知人出示与此案具体相关的文件外,无需出示其他文件(Mauricianus,*Dig*. 2.13.3)。

185. SCC涉及被私库(*fiscus*)和个人索取财产时应遵循的程序。蓬波尼乌斯援引自尤利安,*Dig*. 49.14.35。

(iii) 最早由3世纪或其后的法学家及帝国宪法援引的元老院法令

186. SC要求根据《关于渎职罪的尤利亚法》(*Lex Julia peculatus*,cf. G. Rotondi,*Leges publicae populi Romani*,第453—454页),对未经主管人员许可[擅自]准许检查并抄录公共档案的人处以惩罚(Paulus,*Dig*. 48.13.11.5)。

187. SC规定,根据《关于侵害私人的尤利亚法》(*Lex Julia de vi privata*,公元前17年?)被定罪的人应被撤销所有荣誉,正如被剥夺公民权的人(*infamis*)(Marcianus,*Dig*. 48.7.1 pr.)。

188. SC对寻求城市官职或祭司身份时违反《关于(选举)舞弊的尤利亚法》(*Lex Julia de ambitu*,公元前18年)的人处于罚款并宣布其为无耻(*infamia*)(Modestinus,*Dig*. 48.14.1.1)。

189. SC向为恩主管理事务的元老的自由民豁免监护义务(Papinian,*Dig*. 50.1.17)。

190. SC规定,对设置新的间接税(*vectigal*)的人处以惩罚(Modestinus,*Dig*. 48.14.1.3)。

191. SC规定,根据《关于刺杀和投毒的科奈留法》(*Lex Cornelia de sicariis et veneficiis*,公元前81年),对不负责任地出售危险药品的商人处以惩罚(Marcianus,*Dig*. 48.8.3.3)。

192. SC规定,以驱逐来惩罚出于善意为人配发生育药却造成致命后果的妇人(Marcianus,*Dig*. 48. 8. 3. 2)。

193. SC 规定,根据《关于刺杀和投毒的科奈留法》(*Lex Cornelia de sicariis et veneficiis*,公元前 81 年),对为贩卖或性虐待而阉割他人者处以惩罚(Marcianus,*Dig*. 48. 8. 3. 4)。

194. SC 对企图对失事船的救援进行阻碍、掠夺或欺骗[失事船]船员的人,处以《关于刺杀和投毒的科奈留法》(*Lex Cornelia de sicariis et veneficiis*,公元前 81 年)所规定的罚款(Ulpian,*Dig*. 47. 9. 3. 8,cf. 见上文第 49 条和第 159 条;及 *Dig*. 48. 7. 1. 12)。 455

195. SC 限制对"为争夺美德"(*virtutis causa*)的体育竞赛进行打赌(Paulus,*Dig*. 11. 5. 2. 1)。

196. SC 放宽了主管寡妇服丧的某些规定,但保持了丈夫去世后在惯常的时间间隔内不得再婚的禁令。戈尔迪安于公元 239 年援引(*CJ* 2. 11. 15)。

197. SC 规定,非法修建的房子应被拆毁,不得留作遗产或作为遗赠(fideicommissum)。然而,显然并不反对将房子的材料进行遗赠。参见 Marcianus, *Dig*. 30. 114. 9; Ulpian, ibid., 32. 11. 14。

198. SC 要求根据《关于刺杀和投毒的科奈留法》(*Lex Cornelia de sicariis et veneficiis*,公元前 81 年),对怀有恶意来献祭的人进行定罪(Modestinus, *Dig*. 48. 8. 13)。

199. 对儿童进行正式承认的 SCC 禁止男子拒绝承认自己的孩子。被戴克里先和马克西米安共同援引,*CJ* 8. 46. 9.

200. SC 禁止将墓地移作他用(Ulpian,*Dig*. 11. 7. 12. 1)。

201. 涉及《比托尼亚法》(*Lex Petronia*)(日期不明:参见 K. F. C. Rose, *The Date and Author of the Satyricon*, Mnemosyne Suppl. 16,Leiden,1971,第 35—37 页)的 SC 使奴隶主没有权利因一时兴致而将奴隶派到斗兽表演去角斗。[对待奴隶的]这种方式只能由法庭来批准(Modestinus,*Dig*. 48. 8. 11. 2;cf. Valerian 和

Gallienus,*CJ* 9.9.16.2)。

202. SC 庇索念规定,若仍要接受罪罚的奴隶被出售,则卖方应按售价向买方退款(Paulus,*Dig*. 29.5.8 pr.)。不可能归因于名为庇索尼斯的执政官中的其中一位。

203. SC 对贩卖逃奴的奴隶主处以罚款,但允许奴隶主发出捕捉并贩卖逃奴的指令(Ulpian,*Dig*. 48.15.2.2—3)。

204. SC 指导执政官听取某些释放奴隶的申请(Ulpian,*Dig*. 1.10.1.2,解读带有争议性)。

205. SC 允许执政官释放名字已交给其同事的奴隶,倘若后者[其同事]意外地显然无法执行[释放行为](Ulpian,*Dig*. 1.10.1.1)。

206. SC 规定,若获得释放的奴隶蓄意欺骗城市,则不能获得自由(Marcianus,*Dig*. 40.9.11 pr.)。

207. SC 向生育了 3 个孩子的拉丁妇女颁发罗马公民权(Ulpian,*Reg*. 3.1;cf. *Sent. Paul*. 4.9.8)。

208. SC 准许 20 岁以下的奴隶主释放一名女奴,倘若他本人
456 在 6 个月内首先发誓要与其结婚(Ulpian 和 Modestinus,*Dig*. 40.2.13 和 9.21)。

209. SC 根据"自由诉讼"(causa liberalis)规定,若多人声称对一名奴隶拥有所有权,则应将其全部带到同一法官面前(Ulpian,*Dig*. 40.12.8)。

210. SC 授予奴隶自由,若其为被谋杀的主人报复或告发犯人(Ulpian,*Dig*. 38.16.3.4;Diocletian 和 Maximian,*CJ* 7.13.1;cf. Paulus,*Dig*. 38.2.4 pr.)。

211. SC 要求副执政官亲自审判奴隶杀害奴隶主的控诉(Papinian,*Dig*. 1.21.1 pr.)。

212. SC 让被控重罪的被告失去释放奴隶的能力(Marcianus,*Dig*. 40.1.8.1)。

213. SC 规定，当一座自治城市（*municipium*）的其中一名自由民已为其安排好继承人，则该城可以要求财产权（Ulpian，*Dig.* 38. 3. 1. 1）。

214. SC 禁止立遗嘱者指定应按次序由其嗣子安排的人[为继承人]（Marcianus，*Dig.* 30. 114. 6）。

215. SC 涉及遗产及遗赠（*fideicommissa*）（Ulpian，*Dig.* 31. 60）。

216. SC 禁止男子被委任为已与其订婚的妇女的监护人（Modestinus，*Dig.* 27. 1. 1. 5；cf. Ulpian，Frag. *Vat.* 201）。

217. 数条 SCC 为委任新监护人作准备，以取代那些精神失常、失去听力或说话能力的监护人（Paulus，*Dig.* 26. 1. 17；cf. 上文第 182 条）。

218. SC 在某程度上调整了据遗嘱委任监护人的规定（Ulpian，*Dig.* 26. 2. 11. 3）。

219. SC 规定了法庭应采取的行动，倘若告发者与其所告发的被告均不回应传召（Callistratus，*Dig.* 49. 14. 2. 3）。

220. SC 确立了应遵循的流程，倘若一名以上的控告人根据《关于惩治通奸的尤利亚法》（*Lex Julia de adulteriis coercendis*，公元前 18 年）对同一被告提出指控（Ulpian，*Dig.* 48. 5. 30. 8）。

221. SC 规定，可以要求副执政官在通奸案中作证（Arcadius Charisius，*Dig.* 22. 5. 21. 1）。

222. SC 规定，当财政管理部门的同一分支既索取款项，又有未偿付款项，则两项可互相抵消。被卡拉卡拉援引，*CJ* 4. 31. 1。

223. SC 规定，针对总督及其参谋人员未进入其行省前书面约定履行的义务，只有在特殊情形下才能在其任期内提起相关的司法诉讼（Macer，*Dig.* 1. 18. 16）。

224. SC 允许刑事审判延期，倘若有关一方向法官提供其无法出庭的合理理由（Papinian，*Dig.* 48. 1. 13. 1）。

457 225. SC 加强了《关于侵害人的尤利亚法》(*Lex Julia de vi*，公元前 17 年?)，被告若去世则准许其案件被正式撤销，或在其他情形下，阻止控告人提出起诉。但新的检察官可在法庭开庭期(*dies utiles*)的 30 天内受理这一案件(Paulus，*Dig*. 48. 2. 3. 4)。

226. SC 规定因某个案件被传召到法庭的人，无需在同一场合为其先前犯罪所受的指控进行辩护(Papinian，*Dig*. 48. 3. 2. 2)。

227. SC 禁止据不同法律对任何人的同一罪行进行控告(Paulus，*Dig*. 48. 2. 14)。

228. SC 把从立遗嘱者死后算起的财产的所有利润或收益分给继承人(Papinian，*Dig*. 49. 14. 38 pr.)。

229. SC 涉及用益权(usufruct)，其他的无法识别。被援引在残篇中，*Frag*. *Vat*. 67。

230. SC 禁止预审遗嘱约定的自由权的诉求，倘若该遗嘱仍有待证实(Ulpian，*Dig*. 5. 3. 7 pr.)。

231. SCC 与《关于其他杂项的尤利亚法》(*Lex Julia miscella*，即《关于正式婚姻的尤利亚法》(*Lex Julia de maritandis ordinibus*)：cf. G. Rotondi，*Leges publicae populi Romani*，第 458 页)相联系，通常被查士丁尼援引，*Cod*. 6. 40. 3. 1。

232. SCC 与公元 9 年的《帕皮亚 · 波比亚法》(*Lex Papia* [*Poppaea*])相关，通常被查士丁尼援引，*Cod*. 6. 51. 1. 1c。

233. SCC 有关《新施工告令》(*operis novi nuntiatio*)，与相关法律及帝国宪法一起，通常被乌尔比安援引(*Dig*. 39. 1. 5. 9)，引自佩狄尤斯(S. Pedius)。

234. 无法识别的 SC，与戴克里先和马克西米安有关，*CJ* 9. 9. 23. 2。

注：瓜杜契(M. Guarducci)的《克里特岛铭文》(*Inscriptiones Creticae*)III. IX. 10 无疑仅仅是对皇帝及元老院的一般献辞。马利亚尼(Mariani)(*Mon. Ant*. 6，1895，第 311 页)错误地猜想里面

提到了元老院的一个法令。详见 *Inscr. Cret.* I. VII. 9 及 A. M. Woodward, *JHS* 56, 1936, 第 95 页评论; L. Robert, *Rev. Phil.* 10, 1936, 第 169 页 = *Opera Min. Sel.* II, 第 1248 页。

6. 一般结论

篇幅虽长,要知道上述条目具有某些局限性。首先,显然这些法令的证据得以保留只是出于偶然,要从中就元老院立法的一般性质、范围及发展作出结论时,应保持最谨慎的态度。就我们所知,留存下来的材料也许并不典型。其次,它本身无助于回答元老 458
院法令与皇帝单独立法有何关系这个重要问题。[1] 除了承认政策明显随个别统治者(朱里亚-克劳狄、哈德良及马可·奥略留特别求助于元老院)不同而不同,我们只能揣测皇帝为何决定根据宪法解决一个问题而通过元老院解决另一个问题。但皇帝在把事务引向元老院上所发挥的角色如此重要,以至于在彻底了解此事之前,我们仍不知道元老院法令在罗马立法的整个语境下的完整意义。

尽管了解到这些局限性,但这些条目或在许多方面都令历史学家有所启发。让人立即印象深刻的是这些法令的纯粹数目,及其继续保持至 3 世纪早期。另外,某些受到持续关注的方面尤其突出:身份(尤其是有关奴隶及自由民的措施);遗传(有关遗嘱、遗赠、继承人、监护人的措施);以及各种维持良好公共秩序的措施。在后一种联系上,正如下章将提出的,某些法令很可能出自元老院对丑闻的调查和庭审。总的来说,元老院是个比普遍认为的更严肃、涵盖面更广的立法机构,且持续时间更长。因此,正如其他领

---

① 关于帝国宪法,参见 G. Gualandi, *Legislazione imperiale e giurisprudenza* I, with P. de Francisci, "Per la storia della legislazione imperiale durante il Principato", *Annali della storia del diritto* 12/13, 1968/1969, 第 1—41 页。

域,在这方面对其角色进行重新评估确实有理。最后结果是,被委任为如行省总督或公使的元老院成员经常会发现他们在元老院的立法经验是其行使管辖权(这些官员职责的重要组成部分)的有益
459 准备。

第十六章　元老院法庭

第一节　元老院司法的性质与范围

相对于其他各种被忽略的职能，元老院作为法庭的起源、性质与发展大大地吸引了某些现代学者的注意，本章必须特别归功于他们。①

此处只以数言交待元老院司法的来源。共和国时期，元老院显然不是定期开庭。这类具有司法性质的小型活动得以作为奥古斯都时期的记录，似乎代表着一个过渡阶段。早至公元前 43 年以及前 40 年，据说元老院已经有份对两名男子进行判决，据称他们密谋反对屋大维、副执政官盖利乌斯（Q. Gallius）②以及执政官萨维迪恩努斯·鲁弗斯（Salvidienus Rufus）③——据狄奥记

---

① 特别留意 J. Bleicken, *Senatsgericht und Kaisergericht*, *Abhandlungen der Akademie der Wissenschaften in Göttingen*, phil. -hist. Klasse, 3rd series, no. 53, 1962; W. Kunkel, *Über die Entstehung des Senatsgerichts*, *Sitzungsberichte der Bayerischen Akademie der Wissenschaften*, phil. -hist. Klasse, Heft 2, Munich, 1969 = *Kleine Schriften*, 第 267—323 页; P. Garnsey, *Social Status and Legal Privilege in the Roman Empire*, 第一、二章，这部近作尤具价值，尽管其把朱里亚-克劳狄王朝及其后元老院法庭性质的界限划得过于分明。

② Appian, *Bell. Civ.* 3. 95; cf. Suet. *Aug.* 27.

③ Suet. *Aug.* 66; 狄奥 48. 33. 3。

载，后一例实际上是由屋大维本人在元老院进行指控。公元前26年，针对声名狼藉的埃及总督（Prefect）科尔尼利乌斯·加卢斯（Cornelius Gallus），通过了判罪投票，却特别将他留给法庭（大概是定期庭讯）来定罪。[1] 同样，公元前23/22年，在庭讯上审理了针对普莱马斯、法尼乌斯·凯皮欧（Fannius Caepio）以及瓦罗·穆雷那（Varro Murena）的叛国罪指控。[2] 公元前2年，尽管奥古斯都将其女儿尤利娅的不道德行为报告给元老院，但他却没有委托元老院处罚她与她的情人们。[3] 然而，他于公元7年放
460 逐了阿古利巴·波斯图穆斯（Agrippa Postumus）后，确实有请求元老院批准这项判决。[4] 不过，诗人奥维德却于次年向奥古斯都抱怨自己被放逐的事，这似乎表明了这个立法团体具有更广泛的职能："你不是通过元老院的法令来对我的行为进行定罪，放逐我的命令也不是由选定的陪审团（iudex selectus）[即通过庭讯（quaestio）]发出的"。[5]

言下之意是元老院可以审理案件以及作出流放判决。也在同年（公元8年），狄奥碰巧作出了一般说明而没有进行详述，即年迈的奥古斯都"让元老院在他不在场的情况下审理大多数案件"。[6] 我们确实只能从他统治后期才能证实这一发展。公元8年或12年，元老院经投票正式决定以诽谤罪放逐卡西乌斯·塞维鲁至克里特岛；[7]约在公元13年，元老院以勒索钱财罪（repetundae）、残

---

① 狄奥 53.23.7；cf. Suet. *Aug.* 66。

② Suet. *Tib.* 8；狄奥 54.3。

③ Vell. 2.100.3—5；Seneca，*De Clem.* 1.10.3；塔西佗，《编年史》3.24；Suet. *Aug.* 65；狄奥 55.10.12—16。

④ 塔西佗，《编年史》1.6；Suet. *Aug.* 65。

⑤ *Tristia* 2.131—132，"Nec mea decreto damnasti facta senatus,
Nec mea selecto iudice iussa fuga est."

⑥ 55.34.2.

⑦ 塔西佗，《编年史》1.72；4.21；cf. Suet. *Calig.* 16；狄奥 56.27.1。关于日期的讨论，参见 R. A. Bauman，*Impietas in Principem*，第28—31页。

暴罪(saevitia),大概还有叛逆罪(maiestas)对亚细亚前总督沃来苏斯·梅萨拉(Volesus Messalla)进行定罪。① 我们以这两个例子为元老院定期开庭的最早证据。即便此后几年,人们才认为元老院执行这项职能是正常不过的事。据塔西佗记载,公元 19 年,卡尔普尼乌斯·庇索(Cn. Calpurnius Piso)仍以为针对他杀害日尔曼尼库斯的所有指控会在投毒法庭(quaestio de veneficiis)进行审理。② 及后,庇索受审,塔西佗让提比略首先强调:"通过在元老院而非在广场、在元老院[成员]而非在[法庭(quaestio)中的]陪审团(iudices)面前探讨日尔曼尼库斯的死因,单凭这点我们确实将他提至高于法律的地位"。③

不过,元老院法庭自公元 20 年已经确立起来。过了约 10 年,只有针对有势力个人的著名审判能激发卡利古拉的夸张想象,④而公元 44 年的元老院法令特别规定违反条款者不仅要交罚款,还会被上报至元老院。⑤ 公元 2 世纪初,普林尼受友人邀请宣读了一段特别讲话,他的回复反映了一次重要审讯的氛围:

> 我清楚知道,被宣读的言语失去了所有热情与灵气,和几乎所有个性,发言一般从陪审团与支持的人群中、凭着结果的 461
> 悬念、各位律师的名气以及听众的不同偏好获得活力与感染力;同样,言语也从演讲人来回迈步的姿势中获得活力与感染力,他的身体动作与变化着的情感保持一致。⑥

---

① 参见附录 9,no. 1。

② 《编年史》2. 79。

③ 《编年史》3. 12:"Id solum Germanico super leges praestiterimus, quod in curia potius quam in foro, apud senatum quam apud iudices de morte eius anquiritur"。关于较早期元老被控谋杀的庭讯,参见 Suet. *Aug.* 56;狄奥 56. 24. 7。

④ Suet. *Calig.* 53.

⑤ *FIRA*[2] I, no. 45 I, lines 13—14.

⑥ 《书信集》2. 19. 2。

确实，这仍是概括性描述，但几乎可以肯定的是，普林尼受友人邀请于公元 100 年 1 月元老院审判吕斯·普利斯库斯时进行发言；因此，普林尼很自然地想到了元老院审讯。① 有明显意义的事经常有争议，诉讼总可吸引到公众兴趣——程度之热烈，据说连皇帝都要禁止人们进入某些审讯。② 对这个立法团体［元老院］来说，担当法庭是其在元首制时期最重要且最耗时的一项新职能。尽管随着皇帝更多地单独进行审判，审讯的频繁程度肯定有所下降，但毫无疑问的是，直到元首制结束甚至在此以后，元老院确实继续保有这项职能。③

令人沮丧的是，我们无法追溯元老院逐步演变成法庭的各个阶段，或这项新职能明确的法律基础。缺乏有关证据。有人试图声称（对此我们感到不满意），元首制时期，元老院司法源自共和国时期约最后一个世纪的一段元老院紧急法令（senatus consultum ultimum，SCU），也源于其后将某些个人宣布为公敌（hostes publici）的做法。然而，SCU 是个特殊的权宜之计，其范围及合法性均受到热议。这难以作为元首制时期元老院司法成为公认的经常性制度的基础。至于宣布公敌一事，我们掌握详情的一个例子——参与喀提林阴谋者——似乎同样无法作为后续实践的基础。在此，一个经常性审讯的所有标准构件都缺失，且负责主持的执政官西塞罗执行判决时的情形也会引起激烈争论。

琼斯强调，重大审判只有由元老院（以及皇帝）根据新的法律
462 来执行。④ 但对于元老院司法的演变过程，也许没有系统或正式

① 参见《书信集》2.19.8 及 Sherwin-White 关于此处的讨论。

② 参见第六章，第三节。

③ 留意狄奥(54.15.2)如何暗示 3 世纪早期，皇帝仍将叛逆罪交给元老院处理。关于 4 世纪，cf. Firmicus Maternus，*Math.* 2.29.13，附有 T. D. Barnes 的评论，*JRS* 65，1975，第 47 页。

④ A. H. M. Jones，“元首制早期皇帝及元老院司法”，*Historia* 3，1955，第 464—488 页＝ *Studies in Roman Government and Law*，第 67—98 页。

的解释是恰如其分的。应将其他主要因素考虑在内。首先，重要的是要想到当代人并没有就元老院的司法与非司法事务作出严格区分。其次，在元老院成为定期法庭之前及之后，尤其是使团和个别元老院成员都会将半司法性质的事务提交至元老院讨论。有时需要举行审讯。[①] 毫无疑问，针对个人的定期、正式审判是这类事务的一个重要延伸，但鉴于有适当的鼓励措施，这种演变是可以理解的。

可以说，奥古斯都有进行过鼓励。确实，他并不旨在让元老院参与刑事审判的一般程序。这是法庭（questiones）的作用，他没有加以改变。相反，他全面调整了审讯程序，为通奸行为增加了一项新调查（quaestio），并为其他相关犯罪颁布了新法令。[②] 元老院陪审员从原来的 3 个陪审团中选出，公元 4 年，他又加设了第四个陪审团。元老继续担任陪审员，尽管我们并不了解被征募的人数。[③] 同样，缺乏他们其后的参与情况以及持续时长的有关信息，除了重要的一点，即他们在 2 世纪初仍要担当这样的职责。[④]

出于必要及案件超出常规时，奥古斯都才求助于元老院。除我们已留意到的他让元老院关注的其他案件，早至公元前 29 年，我们发现他把被控谋杀的康马革纳的安条克（Antiochus of Comma-

① 关于共和国时期这类活动的简要回顾，参见 C. Nicolet，*Rome et la conquête du monde Méditerranéen* I.，第 377—378 页。

② W. Kunkel，*PW* 24 s. v. quaestio IX，cols. 769—779.

③ 加上骑士和国库保民官（*tribuni aerarii*），［三者］被召来组成 3 个十人委员会（*decuriae*），每个含有近 1000 名陪审员（Plin. *NH* 33. 30）。元老官员大部分（如果不是全部的话）持有高级官职（关于水务官，参见 Frontinus，*Aqued.* 101），且长者大概可被豁免，因此，若元老院议员代议不只是象征性的，则很可能其余合资格的元老院成员中有一大部分会被征募。这个结论由《关于元老院会议程序的儿利亚法》来证明，其中规定需要元老院议员出席的法庭在元老院规定的会议日不得开庭，若后者的出席率受到严重影响的话（狄奥 55. 3. 2）。

④ A. H. M. Jones，*The Criminal Courts of the Roman Republic and Principate*，Oxford，1972，第 88—90 页；普林尼，《书信集》4. 29 及 Sherwin-White 关于此处的讨论；另见狄奥 52. 20. 5。

gene)带到元老院面前，并让元老院将其定罪。[1] 6 年后，他亲自带上提里达提斯和来自弗拉特斯的使节，企图解决两人之间的口角。[2] 据说，他还与他的元老院顾问团(consilium)共同审理案
463 件，[3]委托大量执政官(consulares)处理外省人的上诉，一人负责一个行省。这些说法均无法被进一步证实。[4] 但正如我们将会看到的更多细节，他肯定有委托元老院负责[执行]索贿案中的新程序，以避免庭讯(quaestio)延期的窘迫。这种变化或会让元老院成员感到满意，因它意味着这类针对他们的指控将由他们的同僚元老专门审理。更一般的情况是，也有可能是因为在审判普莱马斯的庭讯(quaestio)上奥古斯都的不愉快经历，使得他把个别特殊案件移交给元老院，特别是那些牵涉到他威信与利益的案件——首先是广义上的叛逆案(maiestas)。另外，他肯定已经充分意识到案件所带来的问题，庭讯(quaestio)无法在任何情况下都能圆满解决案件，即那些根据好几个[法律]条目来进行举报的案件，[5]或是看上去有必要就如何应用法律进行诠释的案件，如审判卡西乌斯·塞维鲁和沃来苏斯·梅萨拉时的情况。一旦元老院司法[的惯例]在这种情况下逐渐形成，当代人就不会特意去为其寻求严格意义上的法律基础。这种不关注仅仅反映了该时期宪法在更大范围内具有不确定性。罗马人接受这种特殊的创新，同样是由于他们承认元老院法令的法律效力：这些发展均得到了皇帝的同意与认可。

我们如果要接着讨论元老院作为法庭的性质与范围，则可以

---

① 狄奥 52.43.1。

② 狄奥 53.33.1—2。

③ 狄奥 53.21.5。

④ Suet. *Aug*. 33："appellationes quot annis urbanorum quidem litigatorum praetori delegebat urbano, ac provincialium consularibus viris, quos singulos cuiusque provinciae negotiis praeposuisset." 严格来说，使用"诉讼当事人"(*litigatores*)一词指的是民事案件。

⑤ 昆体良，*Inst. Or*. 3.10.1；cf. 7.2.20。

首先考虑其所审理案件的种类。此处，幸存证据的不完整再次造成了困难。控告人可以从几个法庭当中选择[一个]来提起诉讼，元老院只是其中之一，所以无法确定具体类型的多数案件是否通常被提交至元老院，抑或控告人是否也把这类诉讼提交至其他法庭。

当考虑到外省人为了索回被勒索的钱财(repetundae)而控告前罗马官员的行为，这种不确定就更加突出。虽然我们无法引述具体案例，但可以保守揣测，所有这类案件继续在设立已久的索贿罪法庭(quaestio de repetundis)上进行审理，直到公元前 4 年奥古斯都本人发起的一条元老院法令引进了新程序为止。① 简言之，在新的安排下，想索回被勒索钱财(但并不打算追究重罪)的外省人可以让元老院立即指派一个由 5 名元老组成的委员小组，该小 464
组在 30 天内审理案件并作出裁决。然而，我们并不了解若指控重罪要遵守哪些流程。有着各种各样的可能。例如，有可能是被委托的元老院委员小组及时处理索贿罪指控，而重罪则在相应的谋杀罪庭讯上进行处理。于是，以前的索贿罪法庭(quaestio de repetundis)将消失。又或者，若除索贿罪外还指控重罪，外省人可能需要把整个案件提交给索贿罪法庭(quaestio de repetundis)。就这点来说，只有当他们打算放弃追究重罪时，才能享受更有效率的新流程，通过元老委员小组来恢复财产。同样，元老院可能把所有这类重罪审判留给自己处理。

就我们的意图而言，深究这点并无益处，因为可以很清楚看到，公元前 4 年，元老院法令引进的这种新安排很快就被修改。不过，普林尼的一般引述以及某些具体例子表明，元老委员小组或仍评估应付给受损害的外省人的赔偿。② 我们从公元 15 年格拉尼

---

① *FIRA*[2] I. no. 68 V，参考文献及讨论见 R. K. Sherk，《罗马档案》，no. 31。

② 《书信集》3. 20. 9。

乌斯·马塞勒斯(Granius Marcellus)以及公元103年尤利乌斯·巴苏斯的案件中有听说过这种程序。① 据说，一名保民官在图密善的鼓动下，对一名市政官提起诉讼，这宗索贿案可能也要遵守这种程序。② 公元100年，被告马吕斯·普利斯库斯请求立即指派一个这样的委员小组以防止对其不利的最严重指控，未果；③也许庞培·西瓦努斯和巴比乌斯·马萨也分别于公元58年和93年使用了同样的诡计。④ 然而，与索贿罪相关的指控变得越来越常见——尤其是残暴罪(saevitia)和叛逆罪(maiestas)。在我们已知的所有例子当中，这些指控从提比略统治时期起就与索贿罪指控一起由元老院进行审理，但在别处没被援引。⑤ 未知是否正式更改了法律以准许这种发展。

虽然没有证据，但有可能从提比略统治开始(或更早)，案件不再被提交至索贿罪法庭(quaestio de repetundis)，这个法庭甚至变得形同虚设。相反，兴起了这样的惯例：针对元老级别的前
465 官员的指控交给元老院，针对皇帝的总管以及自由民的指控则交给皇帝。⑥ 例外的是，朱里亚-克劳狄王朝期间有一名骑士阶级的总管在元老院面前受审，但我们并未听说有元老因被控索贿罪而在皇帝面前受审。然而，我们要承认的是，截至图拉真统治时期的证据并不完整，此后的证据更是少得可怜。对于前一个时期，我们知道有约30个案件是在元老院面前审理，几乎可以肯定的是，索贿案也在其中；至于后一个时期，我们知道最多只有3个

---

① 参见附录9，nos. 2及32。

② Suet. *Dom.* 8.

③ 普林尼，《书信集》2. 11. 2—6。

④ 塔西佗，《编年史》13. 52；普林尼，《书信集》6. 29. 8。

⑤ 元老院将公元24年的副执政官普劳裘斯·西瓦努斯被控谋杀一案提交至委员会的例子是绝无仅有的(塔西佗，《编年史》4. 22，其中“datisque iudicibus”的解释仍不确定)。

⑥ 参见 Tac. *Dial.* 7 以及 P. Garnsey 的讨论，*Social Status and Legal Privilege*，第85—87页。

案件。[①]

根据幸存资料，在元老院面前进行审判的最常见指控似乎是叛逆罪(maiestas)，这也常与其他罪名联系在一起。此处再次由于缺乏相关证据，令我们难以确定其他法庭在多大程度上也处理过这类案件。[②] 不过，若叛逆罪法庭(quaestio de maiestate)仍在执行，则我们并未了解其在公元15年以后的详细情况，而且某些学者倾向于认为它变得悄无声息其实是一个标志，即庭讯(quaestio)与索贿罪法庭(quaestio de repetundis)一样，很快就变得形同虚设。[③] 已知许多皇帝有在自己的法庭受理叛逆罪的案件；因此，如塔西佗所指，正是由于对贩卖皇帝所授予职务进行的指控形成特殊窘境，才令尼禄于公元62年审判法布里修斯·威恩托(Fabricius Veiento)。[④] 但皇帝将叛逆罪案件留给自己审理的理由并不总是明确的，亦无法确定他们在多大程度上决定如此。[⑤]

我们听说，在朱里亚-克劳狄王朝期间，有许多通奸罪是由元老院进行审理的。多数(若不是全部)案件都牵涉到社会地位高的人，而且也许还涉及相连的指控以及微妙的政治涵义。但我们很少听说这段时期通奸罪法庭(quaestio de adulteriis)的情况，便也不了解其于同一时期内在多大程度上受理牵涉到社会地位高的人的审判。[⑥] 朱里亚-克劳狄王朝时期过后，我们知道庭讯(quaes-

---

① 参见附录9。

② Cf. 塔西佗，《编年史》3.38。

③ 据塔西佗(《编年史》1.72)的记录，公元15年那次改变大概是由负责叛逆罪法庭的副执政官与提比略进行接触。只可想象的是，公元21年，马其顿人安提斯提乌斯·维特斯在那处接受审判(同上，3.38)。

④ 《编年史》14.50。

⑤ 最明显的是，我们对于克劳狄乌斯的小卧室审判所知较少(被P. Garnsey贸然质疑，参见*Social Status and Legal Privilege*，第44页)。

⑥ 塔西佗，《编年史》3.38及狄奥54.30.4为仅有的出处。大概是老练的提比略感到愤怒，他亲自处理这件由约瑟夫斯进行重叙的可耻案件(*AJ* 18.65—80)，而非将其移交别处。

tio)仍在执行,[①]且皇帝也来审理通奸案。[②] 然而,碰巧没有更多的证据来证明元老院对通奸案进行审理。

466 至于其他犯罪行为,我们也同样不确定指控在多大程度上向元老院和向其他法庭提出。塔西佗关于公元 61 年一宗伪造案(falsum)的记述在这点上至为重要。[③] 首先,它指出当时负责处理这类指控的是城市长官(Urban Prefect)的习惯法庭(customary court)。在这个案例中,似乎公诉人瓦列里乌斯·彭提库斯(Valerius Ponticus)故意选择通过伪造案法庭(quaestio de falsis)而非长官(Prefect)来处理此事。但鉴于他被发现与被告进行讨价还价,案件被转交至能够审理伪造案(falsum)的元老院(另外两个法庭亦然),但这似乎不是当时的通常做法。其次,塔西佗的记录表明,元老与社会地位较低的其他人在这个案件中都是被告。[④] 显然,让前者出席庭讯(quaestio)并不难,(案件转移后)让后者出席元老院[审讯]也不难。我们确实知道,在朱里亚-克劳狄王朝时期,还有另一宗伪造案(falsum)是由元老院进行审理的,其后却再也没有。公元 20 年,受到指控的正是先前与恺撒(L. Caesar)有婚约、地位极为显赫的埃米利亚·莱皮达(Aemilia Lepida),后续还有大量[针对她的]指控。显然,牵涉到社会地位最高的个人使这个案例变得非典型。它难以支撑元老院定期审理伪造案的观点,而是也许与其他相关证据联系起来,提出了相反意见。[⑤]

我们所掌握的这些关于其他指控的信息表明,这些指控也只有在广义上的特定情况下才提交至元老院:牵涉到社会地位高的

---

① 狄奥 76.16.4。

② 普林尼,《书信集》6.31.4—6; Papinian, *Dig*. 48.18.17 pr.。

③ 《编年史》14.40—41。

④ 塔西佗,《编年史》3.22—23; Suet. *Tib*. 49。

⑤ 盖乌斯统治时期的这件由克劳狄乌斯作证、涉及伪造遗嘱的案件可能已提交给至元老院,但从苏维托尼乌斯的叙述来看,审判地点仍不清晰(*Claud*. 9)。

个人；情节严重或涉及丑闻的；或特别吸引公众关注的事件。这些理由或可充分说明如元老院于公元 23 年对远西班牙行省(Hispania Ulterior，即贝提卡)的行省总督维比乌斯·塞利努斯(Vibius Serenus)被控非法使用武力(vis publica)的审判。① 同样可以理解的是(尽管也是异常情况)，同年，提比略让他在亚细亚的公诉人卢西留斯·卡皮托(Lucilius Capito)在元老院面前接受关于非法使用武力的审判，②且在某个未知的时候让一名被控暴力掠夺(vis et rapinae)的骑兵部队指挥官(praefectus alae)在元老院面前受审。③ 很自然地，元老院法庭在处理诉讼时也会作 467
出关于诬告(calumnia)的判决。④ 公元 62 年，克里特岛富豪克劳狄乌斯·提马克斯之所以受到元老院的审判是因为他在言语上表达了对元老院的轻蔑。⑤ 公元 21 年，安尼亚·鲁菲拉(Annia Rufilla)因威胁性的辱骂(若这的确是审判的主要理由)而被审判是由于受害人具有元老身份，他能激起其他元老院成员的同情。⑥

安尼亚·鲁菲拉的案件引向一系列其他例子，元老院作出具有司法性质的决策或制定刑罚，即便有时或并未进行正式审判。针对被认为威胁到公共秩序的群体或团体的法令或被归入这种广义的类别。这已在别处援引过，⑦但一个更有价值的例子是，元老院调查了公元 27 年费德内的危险露天剧场崩塌的原因，接着驱逐了剧场的自由民建筑工阿提留斯，并起草了防止再发生同

---

① 塔西佗，《编年史》4.13。审判维比乌斯的方式，与被控索贿罪及相关罪行的总督相同，这也是很自然的事。

② 塔西佗，《编年史》4.15；狄奥 57.23.4。

③ Suet. *Tib.* 30.

④ 留意塔西佗，《编年史》3.37；4.31；6.7；12.42；13.33。

⑤ 塔西佗，《编年史》15.20。

⑥ 塔西佗，《编年史》3.36。

⑦ 参见第十二章，第四节。

类事故的规定。[①] 可以合理地揣测，大量的元老院法令是在对丑闻进行类似的调查后才通过的，人们在引述时却没有指出其通过的背景——例如，企图妨碍对失事船的救援，或企图掠夺、诈骗船主，或偷窃舵柄的人都会被判刑，[②]同样，与阉割有关以及销售并派发毒药的人都会被判刑。[③] 因此，凭着这项职能，且自从元老院成为法庭，[④]它被认为是对法律的发展作出了重大贡献。相比之下，我们知道元老院讨论过两项请求——于公元 61 年和 105 年——针对被杀奴隶主的奴隶及自由民，请求免除或减轻既有的严厉处罚。[⑤]

辩方在元老院法庭的地位自然是下一问题。要进行回答，我们首先要再次留意先前通过塔西佗就公元 61 年伪造罪（falsum）诉讼的记录作出的推论，这表明，让元老出席庭讯（quaestio）并不难，将社会地位较低的被告带到元老院面前也不难。所以，元老院级别的成员可以在其他法庭接受检控，尽管我们实在不确定这种情形的发生频率。同样，社会地位较低的被告可以在元老院受审。但在实践中，我们发现这大多发生在朱里亚-克劳狄王朝时期，且于特定的条件下：案件牵涉元老（作为公诉人或同谋）的；特别影响到元老院利益的；或有值得调查的重大丑闻的。如我们所见，安尼
468 亚·鲁菲拉、克劳狄乌斯·提马克斯以及阿提留斯（若他有被审判）正是由于这些原因才被带到元老院面前。此外，我们可以合理地揣测，向元老院提出上诉的民事案件肯定也偶尔涉及元老院成员以外的被告。但关于这类上诉的幸存文献只有一条，公元 60 年

① 塔西佗，《编年史》4.62—63。

② 第十五章，第五节，列表第 49，159，194 条。

③ 列表第 191—193 条。

④ 例如，留意列表第 64 条，更多可能的例子由 F. de Marini Avonzo 提出，*La funzione giurisdizionale del senato romano*，Milan，1957，第 44—52 页。

⑤ 塔西佗，《编年史》14.42—45；普林尼，《书信集》8.14。

塔西佗解释了尼禄如何“要求那些从私人法官(privati iudices)处向元老院提出上诉的人承担与向皇帝提出上诉的人金额相同的罚款,从而提高元老院尊严”。[1] 这类向元老院提出的上诉,其性质与频率及持续时间均不可知。我们无法进一步阐明《奥古斯都史》的证言,即马可·奥略留“让元老院对执政官提出的上诉享有审判权”。[2]

朱里亚-克劳狄王朝过后,非元老被告实际上已从元老院法庭上消失,这或许在很大程度上反映了我们证据不足。普林尼暗示说,弗拉维王朝时期,某些非元老也在那里受审。[3] 更具体地说,我们可以料想,图密善统治下被控冒犯维斯塔贞女的众人当中,某些并非元老。[4] 无疑,后来也确实继续出现[非元老被告],原因与上述相同。[5] 然而,鉴于我们所知的较有限,尤其是我们没有关于叛逆罪(maiestas)审判的具体记录,我们难以讲述更多;一般来说,非元老被告在审判场合中出现较早。与之相反,既然皇帝执行经常性的刑事司法权(他在朱里亚-克劳狄王朝时期并不如此),也许这类人反而会被带到他面前。可以肯定的是,据说马可·奥略留将阿维迪乌斯·卡西乌斯在元老院的同谋送往元老院处受审,但他决定在他自己的法庭处理社会地位较低者的案件。[6] 实际上,我们甚至听说,在朱里亚-克劳狄王朝过后,元老院处理的案件

---

① 《编年史》14.28:“auxitque patrum honorem statuendo ut, qui a privatis iudicibus ad senatum provocavissent, eiusdem pecuniae periculum facerent cuius si qui imperatorem appellarent”,Cf. Suet. *Nero* 17。该处罚仅另从提图斯发给穆尼瓜镇的一封信上所知,其中针对贝提卡行省总督就一个民事案件作出的裁决向他提出上诉。在此例中,至少是5万赛斯特斯(*AE* 1962.288)。

② *Marcus* 10.9:“senatum appellationibus a consule factis iudicem dedit.”

③ 《书信集》9.13.21。

④ 狄奥 67.3.3²。

⑤ 但要注意,普林尼记录的两个涉及非议员的审判(《书信集》4.12;5.13)并非严格意义上的审判。

⑥ 狄奥 71.28.2—3。

几乎只剩下索贿罪或叛逆罪或针对控告人的指控。极有可能[元老院]继续处理更多类别的案件，但这大多不为我们所知。[1] 某些
469 涉及元老的案件会呈交给皇帝，例如有名总督与其随从（comes）进行恶意的互相控告，处理这个特殊案例的图拉真大概也老练圆滑。[2] 其他人可能还要进行庭讯（quaestiones），如普林尼提到的图密善统治时期的那宗诬告案。[3] 然而，至少[我们]没有理由认为皇帝有时间或倾向于处理所有牵涉到元老的案件。这种演变也会对元老院的尊严造成不必要的冒犯。

实际上，元老院在某事上的态度也明显硬化，即在元老院面前处死未经审判的元老院成员。这种不满或因克劳狄乌斯发出执行死刑的命令而变得尤为明显，尽管尼禄在登基演讲中表示要结束这种专制行为并弃用小卧室（intra cubiculum）审判，[4]但他于公元65年庇索尼安（Pisonian）阴谋后违背了诺言。在这方面，元老院为保护自身利益而采取的下一明确措施以及执行的具体条件并不为我们所知。尽管如此，至少维斯帕先和提图斯肯定有通过拒绝审理叛逆罪（maiestas）来减少冲突。[5] 据说，图密善统治时期，元老院因已受打击或担心被打击，在通过重复的法令时，一反常态地采取了挑衅性的主动措施，皇帝因而无法合法地处死任何与其等级相当的人，因为他忽略了这些限制措施。[6] 涅尔瓦为指出自己与他所继承的“暴君”不同，发誓说他不会处死任何元老。[7] 我们

---

① 哈德良谕令禁止就元老院作出的裁决向皇帝提出上诉，这至少表明法庭的积极作用（*Dig*. 49. 2. 1. 2）。对于据说是康茂德统治时期，在元老院进行的两次审判的证词的评价，参见补充注释 L。

② 普林尼，《书信集》6. 22，其他可能的例子见乌尔比安，*Dig*. 48. 5. 2. 6；Marcianus，同上，48. 13. 12. 1。

③ 《书信集》3. 9. 33。

④ 塔西佗，《编年史》13. 4。

⑤ 狄奥 66. 9. 1 及 19. 1—2.；cf. Suet. *Tit*. 9。

⑥ 狄奥 67. 2. 4；cf. 11. 3。

⑦ 狄奥 68. 2. 3。

知道在其后的皇帝当中，图拉真[1]、哈德良[2]、佩蒂纳克斯[3]和塞普蒂米乌斯·塞维鲁[4]也有过类似誓言。据说，图拉真和塞普蒂米乌斯·塞维鲁的誓言里分别包含了进一步的保证，即不剥夺元老的特权、不没收他们的财产。幸存的文献没有记录誓言，显然，同样的政策得到了安东尼·庇乌斯、[5]马可·奥略留[6]、马克里努 470
斯[7]和塞维鲁·亚历山大[8]的尊重。在元老当中，狄奥于3世纪早期支持继续保留这项政策。在那段针对奥古斯都的虚拟演讲中，他让米西纳斯作出倡议：无论何时，当针对元老阶层成员的指控牵涉到剥夺特权、流放或处死的刑罚，皇帝应让元老院处理案件，不得单方面进行预先调查或干涉裁决。[9]

最好是在更广范围内，通过思考被告在元老院法庭上受到的对待以及皇帝进行干涉的情况来讨论誓言的价值以及发过誓的皇帝对誓言的遵守情况。从理论上来说，元老院根据法律裁决案件，且免受外界干涉：尼禄于公元62年提醒说，元老院可以随心作决定。[10]这些原则在实践上均没被遵守。首先，与庭讯(quaestio)不同，作为立法团体的元老院本身声称有权“增减法律的严厉程度”。[11] 异常

---

① 狄奥68.5.2。

② 狄奥69.2.4；HA，*Hadr.* 7.4。

③ 狄奥74.5.2。

④ 狄奥75.2.1—2；HA，*Sev.* 7.5；cf. Herod. 2.14.3. A. R. Birley认为宣誓可追溯至维斯帕先时期（“发誓不处死议员”，*CR* 12，1962，第197—199页），Garnsey的反对是正确的（*Social Status and Legal Privilege*，第44—45页）。

⑤ HA，*Antoninus* 7.3—4；cf. 8.10；*Fast. Ost.* A. D. 145. 遗憾的是，*Fast. Ost.* A. D. 151太过碎片化，以至于无法表明该年是哪个法庭及为何逐出两或三名元老(?)：cf. *PIR*^{2} E 104，I 717，L 2。

⑥ 狄奥71.28.2及30.1—3；HA，*Marcus* 25.6；26.13；29.4；*Avidius* 8.7。

⑦ 狄奥78.12.2。

⑧ HA，*Sev. Alex.* 52.2；cf. Herod. 6.1.7及9.8。

⑨ 狄奥52.31.3—4。

⑩ 塔西佗，《编年史》14.49；cf. *Agr.* 2。

⑪ 普林尼，《书信集》4.9.17：“et mitigare leges et intendere”；关于元老院让个人豁免法律的限定，参见Gell. *Noct. Att.* 1.12.12；*FIRA*^{2} I no. 45 II。

的是，即使是在公元100年，某些元老院成员也可支持相反的要求，即元老院受到法律的约束。[1] 但毫无意外的是，他们的请求失败了，因为早在提比略统治时期，元老院已经在审判行为以及处罚决定上行使自由裁量权。1世纪或2世纪初期的某个时候，因通奸罪而被审判的贵族青年莱托留斯(C. Laetorius)很自然地以他的年龄、阶层和对奥古斯都出生地的所有权为由来请求减刑。[2] 其次，理论上，元老院在司法领域(如在所有其他领域)所享有的独立地位受到皇帝利益的影响。上文提到的尼禄的暗示带有严重的讽刺色彩。

元老院如何执行自由裁量权？如元老院经常对受审的非元老有偏见那样的观点是否有根据？这种观点或能从普林尼的评论得到一般支持："元老院引起[人们的]憎恶，由于它对他人苛刻，却通过某种互相纵容只姑息自己的成员。"[3]如果我们转向具体案例，则确实可以找到例子说明非元老被告受到非应得的更无
471 礼的对待：例如，安尼亚·鲁菲拉因威胁性辱骂而被控告；克鲁托里乌斯·普利斯库斯(Clutorius Priscus)因愚蠢地吹嘘他的一份作品而被控告；诺尔巴努斯·利希尼亚努斯(Norbanus Licinianus)因勾结一宗索贿案的被告而被控告。[4] 然而，我们还有元老受到同样严厉对待的类似例子。安提斯提乌斯·苏西亚努斯(Antistius Sosianus)因在一次晚宴上朗读了讽刺尼禄的诗篇而被一致同意判决死刑，这是个明显的例子，[5]他因对亚细亚前总督尤尼乌斯·西拉努斯(C. Junius Silanus)进行恶意攻击而被控

① 普林尼，《书信集》2.11.4；另见他的辩护4.9.17。

② Suet. *Aug*. 5. 当然，我们不了解对这种请求的反应如何(如有)，但对建筑物的拥有权(莱托留斯似乎最强调这种情况)是一个要点，任何拥有者不论社会地位如何，均可在这种情况下提出[请求]。

③ 普林尼，《书信集》9.13.21。

④ 塔西佗，《编年史》3.36及49—51；普林尼，《书信集》3.9.29—33。

⑤ 塔西佗，《编年史》14.48—49。

索贿罪和叛逆罪，又被认为是另一个例子（即便他在前一法庭已被判有罪）。[①] 塔西佗宣称，公元23年，元老院猛烈攻击塞姆普朗纽斯·格拉古（C. Sempronius Gracchus），他肯定准确地描写了公元58年元老院对苏依留·鲁弗斯（P. Suillius Rufus）的强烈敌意。[②] 但难以确定的是，对待上述7名被告的态度是否主要由其社会地位而定。在克鲁托里乌斯身上执行的死刑，最初是针对西拉努斯[③]和苏西亚努斯的，主要源于对皇帝的恐惧以及一种实现所谓他的意愿的渴望。[④] [人们对]格拉古（Gracchus）有强烈成见，鉴于他的父亲是尤利娅的其中一位爱人而被放逐。[⑤] 克劳狄乌斯统治期间，鲁弗斯曾是一名恶名昭彰的控告人（delator）。安尼亚·鲁菲拉的煽动性行为激起了多位元老院成员对一个敏感问题的暴怒，利希尼亚努斯垮台的主要原因则是他先前与图密善有往来。因此，在提出元老院对非元老被告有成见仅仅是由于后者阶层较低时，我们必须保持谨慎。其他影响元老院态度的因素也许同等重要，甚至更为重要。遗憾的是，非元老被告很可能只有在上述特殊情况下才来这个法庭，这或在这类定罪中占了很高的比例。

我们可以较有把握地指出，当元老被告被社会阶层较低的人控告，元老院会倾向于支持前者而反对后者。非元老被告的辩护人图西留斯·诺米纳图斯同意为维塞提亚人发声，以反对一名打算在其靠近市镇的庄园开设周末市场的副执政官（praetorius），他当时可能低估了这种成见。在最后一刻，诺米纳图斯惊慌了，正如他后来解释说的，因为他的朋友们“建议他不要过分执着反对元老 472

① 塔西佗，《编年史》3. 66—69。

② 塔西佗，《编年史》4. 13；13. 42—43。

③ 即流放到伊亚洛斯岛。

④ Cf. 狄奥讲述了具有可比性但官阶不明的埃利乌斯·萨图宁乌斯案（57. 22. 5）。

⑤ 塔西佗，《编年史》1. 53。

的意愿(尤其是在元老院内),对方已不再为拟设立的市场而打官司,而是因为这与他的势力、名誉与地位攸关”。[1]

索贿罪是社会阶层较低的公诉人最常呈交给元老院的针对元老的指控。在这类案件中,元老院成员众所知周地会支持与他们是同类的被告。此处不宜具体讨论这个话题。[2] 不过,简言之,显然是有成见,例如,[他们]乐意把一般的有利证词置于不端行为的具体证据之上(如公元103年尤利乌斯·巴苏斯的审判);并倾向于施行相对来说较轻的处罚。这种成见不可否认,却不应被认为压倒一切。我们即使从不完整的证据也可清晰看到,至少一直到2世纪早期,数量显著的索贿案被呈交,且有相当比例的定罪,这似乎让人感到意外。当时还未开始让被告免遭在公众注目下的窘迫。实际上,这些审讯如所有的元老院事务一样,受到了广泛关注。[3] 施加于被定罪官员身上的处罚对个人来说一般较轻,但与此同时,元老院可以通过对损害进行赔偿,为外省人提供积极的帮助。因此,尤利乌斯·巴苏斯承受的处罚比法律规定的还轻,但他在比提尼亚-本都[颁布的]法令也被废除,且被他判刑的被告可以在两年内申请重审。[4]

为审理这样一个案件,元老院让一名或一名以上的元老院成员担任外省人的辩护人,若他们有提出相关请求。自然地,元老不喜欢委员会攻击他们的任何一位同伴,也不希望借此赢得名声。普林尼这样告诉我们。[5] 但再一次地,他的证言——关于仅有的

---

① 普林尼,《书信集》5. 13. 2。

② 参见 P. A. Brunt,“元首制早期对行省管理不善的控告”, *Historia* 10,1961,第189—227页;P. Garnsey, *Social Status and Legal Privilege*,第103页。

③ 参见普林尼,《书信集》4. 9. 22,以及他对马吕斯·普利斯库斯案休庭的后果进行的评论(同上,2. 11. 10—11)。

④ 普林尼,《书信集》10. 56. 4. Cf. Fronto, *Ad M. Caes*. 3. 21. 1 = p. 52 H。

⑤ 《书信集》3. 4. 7—8,至于弗朗图有何相同观点,参见 *Ad Am*. 1. 15. 3=p. 174H,以及 E. J. Champlin,《弗朗图和安东尼时期的罗马》,第68页。

这类辩护人,我们可以深入了解他们的态度——这提醒了我们不要过早地假设被指派负责这项任务的元老院成员通常只向外省人提供半心半意的服务。[①] 普林尼被批评在协助他的辩护人同伴赫伦尼乌斯·塞内西(Herennius Senecio)作出保证时明显缺乏热情,这项保证即公元 93 年他们对巴比乌斯·马萨(Baebius Massa)进行定罪后,他在按时给贝提卡人支付赔偿前,不能恢复自己 473
的财产。[②] 再也无法准确评价这个例子中紧急联系执政官的真实需要,以及元老院指派采取这项措施的辩护人所应遵守的礼节;显然,可以对两者进行质疑。或可证明普林尼的犹豫是合理的,但赫伦尼乌斯的主动行为也许既源自他对同胞的特别关爱,也是对这宗案件的需求进行冷静评估后的结果。

无论如何,若没有更彻底地审阅相关证据,则绝对不应判断受元老院所托担任辩护人的普林尼行为的总体特点。首先,应记住的是,他曾经愿意为贝提卡人争取调查(inquisitio)权,马萨(Massa)大概想省略这步,不对针对他的指控进行适当的审判,直接对损害进行评估。[③] 其次,更重要的是普林尼和塔西佗处理阿非利加针对马吕斯·普利斯库斯的案件的方式。他们被委托于公元 98 至 100 年间主导此案。由于普利斯库斯认罪,且请求立即对损害进行评估,这本可让中立的辩护人简单表示默许。然而,尽管肯定会引起各种特殊的困难,但普林尼和塔西佗坚持要听取更重罪行的指控,并说服了其他人,甚至获得了额外的时间来发言。[④] 约一年后,普林尼受托主导贝提卡人针对凯基利乌

---

① 另见公元 57 年为了将科苏提安努斯·卡皮托定罪,特拉塞亚·培图斯给予西利西亚人(即便他没有正式被任命为他们的辩护人)的特别帮助(塔西佗,《编年史》13.33;16.21)。

② P. Garnsey, *Social Status and Legal Privilege*,第 50—52 页。

③ 普林尼,《书信集》6.29.8。

④ 普林尼,《书信集》2.11.2—6,14;cf. 2.19.8 及 Sherwin-White 关于此处的讨论。

斯·卡尔西库斯(已去世)及其同谋的案件时,不辞劳苦地打破了被告本以为坚不可摧的“上级命令”的抗辩。① 总言之,可以合理地推断,有人以为元老院特别优待被外省人指控索贿罪的元老院成员,但与此同时,元老院确实有致力于保证诉讼程序让人满意,且它不太可能在进行评估时带有盲目成见。对于行省检举人来说,主要障碍从来都不是元老院受理的性质。相反,他们最大的困难出现得更早,首先在于收集证据、证人、金钱以及支持,以提起诉讼。

正如元首制时期其他所有活动,作为法庭的元老院极大地受到皇帝的影响,故重要的是要确定皇帝的角色以及他介入这个领域的程度。尽管要考虑到个别统治者会有不同态度,但大概可以
474 就皇帝对待元老院负责审理的两类案件(即索贿罪与叛逆罪)的态度进行普遍有效的区分。

大多数皇帝或多或少感到自己对臣民的生活福利负有责任,索贿案不太可能威胁到他们的个人利益。所以,至少不是由于这个原因,皇帝极少干涉元老院对这类案件的审理。无可否认,当索贿罪的指控被呈交至元老院时,提比略出席了四个场合并发表了意见,但每次都伴有叛逆罪的指控,且他主要关注的是后者[叛逆罪]。确实,在公元15年格拉尼乌斯·马塞勒斯的审判上,他默许了一项安排,即索贿罪一事应单独交给一个委员小组;②并且,他在公元21年减轻了拟惩罚尤尼乌斯·西拉努斯的重刑。③

尼禄是另一位据说影响过索贿案的皇帝,但声称他这样做属于行为失当则难以自圆其说。显然,他倾向于赦免公元58

① 《书信集》3.9.15—16及Sherwin-White关于此处的讨论。

② 塔西佗,《编年史》1.74。

③ 塔西佗,《编年史》3.68—69.其他例子有卡尔普尼乌斯·庇索、希利乌斯、凯西纳·拉格斯:参见附录9,nos.3及6。

年受审的两名阿非利加前行省总督。① 这被认为是在他与元老院关系极好的时期发生的，塔西佗并没有指出他的行为不是根据两宗案件中的功过来作出。同样，公元59年，当事情被呈交至他，他赦免了阿奇利乌斯·斯特拉博，一名由克劳狄乌斯派去昔兰尼以裁定托勒密·阿皮安（Ptolemy Apion）遗赠给罗马的土地契约问题。几乎可以肯定的是，这是恶意指控，源于阿奇利乌斯决定不作出有利于外省人的裁决，故再一次地，尼禄的裁定没有受到质疑。② 3年前，尼禄故意推迟对亚细亚总管塞勒尔（P. Celer，大概是在皇帝法庭被控告）作出任何裁决，但他却没有费力干涉元老院对西利西亚（Cilicia）使节科苏提安努斯·卡皮托（Cossutianus Capito）的定罪。与此同时，显然只借着他本人的诡计而非皇帝的偏爱，吕西亚的公使伊普里乌斯·马塞勒斯才能逃过同样的命运。③ 诚然，尼禄后来确实恢复了卡皮托在元老院的地位，只不过是在约5年后，且后者的亲戚提格利努斯（Tigellinus）对其施加了压力。④ 总之，这类复职也绝不异常。⑤

普林尼于公元97年抨击控告人普布利西乌斯·塞尔图斯 475
（Publicius Certus），他在描述人们对此的反应时作了个声明，这反映了弗拉维（Flavian）时期元老院在索贿案审判上的作为："由于元老院对他人苛刻却通过某种互相纵容只姑息自己的成员。我实际上是将他们从[人们的]憎恶中解放出来"。⑥ 这段话几乎不涉及叛逆罪审判，不论之于涅尔瓦统治初期（即我们已知的有元老被

① 塔西佗，《编年史》13.52。我们未知尼禄出席元老院会议，是为了发表意见，抑或反转元老院的相反裁决。

② 参见附录9，no.21。

③ 参见附录9，no.16。

④ 塔西佗，《编年史》14.48。

⑤ 参见第一章，第三节。

⑥ 《书信集》9.13.21。

定罪的时期)，[1]还是图密善统治时期，皇帝当时显然有进行定罪且对此带有强烈兴趣。同样，这在某种意义上也许可以解释施加于两名被控冒犯维斯塔贞女的人身上的刑罚——科奈留因是元老而被驱逐，利希尼亚努斯因是骑士(eques)而被鞭打，塞勒尔——不确定其中一名还是两名均在元老院面前受审；认为利希尼亚努斯逃过一劫是由于他的同伴互相纵容，这样的想法也不完全准确。[2] 相反，可以合理地认为，这段话指向了索贿罪审判或其他较不常见的指控。尽管我们缺乏具体证据以检验这种说法，[3]它却意外地印证了元老院法庭在弗拉维(Flavian)时期的独立性。尤其是在图密善统治时期，我们很难指望会有这种自由，因为他尤其出名地热衷于以严格规定治理行省。

普林尼记录的这些例子似乎表明，元老院在图拉真统治下继续裁定索贿案而不受皇帝干涉。公元 100 年 1 月马吕斯·普利斯库斯受审时，[4]尽管他[图拉真]以执政官身份偶然出席，但据说他并没有影响这场诉讼。我们并不了解他[图拉真]与他[普林尼]讨论尤利乌斯·巴苏斯案时的具体情况；不过，万一后者试图谋求皇帝的协助，则结果显然是失败的。[5] 及后，公元 107 年，控辩双方争论着在审判比提尼亚行省总督(proconsul)瓦伦努斯·鲁弗斯前是否应传召证人，图拉真直截了当地拒绝被卷入这样的冲突之中。最后，当比提尼亚的代表们进一步争论是否应放弃检控，他才
476 介入。[6]

---

① 普林尼，《书信集》9.13.4，我将“级别较低”(minores)理解成“危害性较小”，而非像 Sherwin-White 所认为的“非元老”；cf. 塔西佗，《历史》2.10。

② 普林尼，《书信集》4.11；cf. Suet. *Dom.* 8。

③ 巴比乌斯·马萨被控索贿罪的审判之所以无助，肯定是由于他已被定罪。但普林尼从未暗示图密善影响过裁决或其后的动议(《书信集》7.33)。

④ 普林尼，《书信集》2.11.10。关于他可能根本不打算到此的讨论，参见第 212 页，注释⑦。

⑤ 普林尼，《书信集》4.9.7。

⑥ 普林尼，《书信集》6.13；7.6 及 10。

我们对于上述统治时期有关索贿案的了解可能也不完整，这将妨碍我们针对元老院在多大程度上不受皇帝干预而进行审判作出乐观的评估。相关的重要问题也无法解决。例如，是否有些案件的裁决是元老院故意作出以迎合想象中的皇帝意愿，即便皇帝并未表达任何意见？在审判前是否曾有放弃检控皇帝公使的计划，原因是潜在的公诉人期待皇帝保护他的下属？无论我们如何质疑，这两种情况都很难清楚辨明。然而，撇开这些问题，我们可以推断，幸存的证据确实始终表明，元老院在判决以索贿罪为主的案件时，享有明显的自由，而不受皇帝的干预。

尽管如此，元老院的叛逆罪审判却呈现出一种不同的模式。这很大程度上取决于皇帝的态度，其中存在多种变化。因此，普林尼可以如此谈论图拉真统治时期去世了的前控告人阿基利乌斯·雷古勒斯(M. Aquillius Regulus)："既然有皇帝阻止他进行破坏，他如今肯定可以不再作为公害而活着。"[①]在所有的叛逆罪案件中，皇帝可以感受到自己的安全与利益处于危险当中，所以他认为重要的是公开自己的看法。因此，我们发现，他期待自己的意见被采纳，这条原则无一例外地适用于所有其他类型的元老院事务。否则，他肯定有权否决或推翻元老院的任何裁决。极可悲的是，提比略在位时更看重自己的意愿是否能在政治敏感的案件中被满足，这超过了他支持元老院保持独立的意愿。[②] 他因积极纠缠某些被告而名誉受损至无可挽回的地步，但他的这种看法与他许多继承者有些许不同，所以元老院很少可以自由裁决呈交至此的叛逆罪案件。确实，皇帝进行干预的性质及程度也许差异较大，但某些干预几乎无可避免，许多叛逆罪指控首先被提交至他，且只有在他主动下才移交至元老院。这同样适用于在那里进

---

① 《书信集》6.2.4及Sherwin-White关于此处的讨论。

② 当然，他的兴趣延伸至庭讯(quaestiones)：塔西佗，《编年史》1.75；cf. 3.38。

行审理的其他严重指控。那些决定就元老院的定罪向皇帝提出上诉的被告自然也把皇帝看成是更高权威，后来哈德良禁止了这种做法。①

477 一方面，元老院会发现自己仅仅需要根据皇帝的指示进行定罪；这是如提比略和尼禄晚年常有的状况。② 人们可能会承认，在后来的皇帝中，图密善、图拉真以及塞普蒂米乌斯·塞维鲁至少有时会亲自抨击他们以叛逆罪指控的人。于是，如后两者作出的未经审判不处死元老的誓言在形式上得到遵守。但正如当代人所意识到的，他们对誓言的履行是一种嘲弄，鉴于元老院除判罪外别无选择，③且同一皇帝也许同样会选择在其他场合无视自己的誓言。另一方面，我们听说提图斯、安东尼、马可·奥略留和佩蒂纳克斯均拒绝处死元老，为防止元老院判其成员死刑而有所行动。④ 涅尔瓦根据同样原则决定不对叛徒卡尔普尼乌斯·克拉苏(Calpurnius Crassus)处以比流放还更严厉的惩罚，因而明显激起了元老院的抗议。⑤

皇帝可试图保持中立。例如，在审判中，克劳狄乌斯打算坐在长椅上，而非与执政官一同进行裁决，给人的印象可能是他在审判中的角色只不过是普通议员(privatus)。⑥ 干预同样可以由最公平合理的意图来推动。特别是皇帝可以发挥作用，直接解决显然是微不足道⑦

① 塔西佗，《编年史》6.5及9；16.8；狄奥59.18.2；Ulpian，*Dig*. 49.2.1.2。

② 留意狄奥58.21.3；cf. 58.3.3；79.5.1—2。

③ Tac. *Agr*. 45；Suet. *Dom*. 11；狄奥67.4.5；68.16.2；HA，*Sev*. 8.3；关于图拉真对待其他人提出的叛逆罪指控的态度，参见普林尼，《书信集》10.82。

④ Aur. Vict. 10.3—4以及Suet. *Tit*. 9；HA，*Antoninus* 7.3；*Marcus* 25.6；狄奥74.8.5。若相信《奥古斯都史》(*Marcus* 10.6)，则奥略留处理元老院议员重大罪行的方式是先私下审查证据，只在其后才对案件进行公审。

⑤ 《书信集》*de Caes*. 12.6.

⑥ 狄奥60.16.3. 比较维莱里乌斯对提比略审理立波·德鲁苏斯案的赞扬："ut senator et iudex，non ut princeps"(2.129.2)。

⑦ 塔西佗，《编年史》3.70；4.29；狄奥57.24.8；cf. Suet. *Nero* 39。

或报复性的指控。[①] 同样，元老院于公元 21 年过分草率地处置了克鲁托里乌斯・普利斯库斯后，提比略为了维持正义，在定罪与执行之间推行了 10 天的法定间隔期。[②]

皇帝经常从仁慈的角度进行干预。可以理解的是，当被告在接受判决前自杀，皇帝会断言说他们本可请求宽恕，当代人对此保
持质疑——也许是恰当的。[③] 但有很多例子是皇帝为被告彻底打 478
动，以至于让人放弃审理这个案件[④]或为其减轻刑罚。塞内加非常感谢克劳狄乌斯为他带来明显好处，因他[克劳狄乌斯]曾为被元老院判有通奸罪的他请求宽恕。[⑤] 皇帝选择仁慈的原因并不总是清晰可见。他们或常因[被告的]社会地位高而动摇，正如克劳狄乌斯和尼禄分别在洛丽娅・宝琳娜(Lollia Paulina)和阿西坑斯・马塞勒斯(Asinius Marcellus)的案件上的表现，也许提比略在阿普雷亚・瓦里拉(Appuleia Varilla)案上也如此。[⑥] 另一方面，应记住社会地位高本身会成为尼禄对某些个人进行抨击的原因。[⑦]

毫不意外的是，对于皇帝已发表意见的案件，我们很少发现元老院法庭进行审判时保持独立的痕迹。元老院有时设法休会，以推迟判决提比略移交过来的案件，[⑧]提比略统治时期结束前，我们也不指望元老院在处理他移交过来的某些被告时会更决断，[⑨]正如狄奥(在佐纳拉斯，Zonaras)评论说，针对盖乌斯指

---

① 塔西佗，《编年史》13. 43。

② 参见第十五章，第五节，列表 26 条。

③ 塔西佗，《编年史》2. 31；3. 50；15. 35。

④ 狄奥 57. 21. 2；59. 19. 3—6。

⑤ *Cons. Polyb.* 13. 2 以及 M. Griffin，《塞内加：政治中的哲学家》，第 59—60 页。

⑥ 塔西佗，《编年史》12. 22；14. 40；2. 50，更多参见 P. Garnsey，*Social Status and Legal Privilege*，第 37—38 页。

⑦ 塔西佗，《编年史》13. 1；15. 35；16. 7；cf. [Seneca]，*Octavia* 495—498。

⑧ 参见下文第二节。

⑨ Suet. *Tib.* 73；cf. 狄奥 58. 27. 3。

控的其他人，元老院“没有进行定罪”。[①] 及后，经过庇索尼安(Pisonian)阴谋，[②]元老院拒绝让任何针对塞内加兄弟的仇杀发生，并且在尼禄垮台后，它不愿意支持[人们]对尼禄在位时担任过控告人(delatores)的人进行恶意追究，这均可见一种理性态度。[③]

但总的来说，元老院在裁决叛逆罪和其他重罪时符合皇帝的意愿——当然，经常是首先由他把案件移交过来。因此，他的态度至为重要，元老院很少独立作出裁决。审判结束前被告自杀的发生频率表明，他们在这种情况下感到绝望。例外的是，特拉塞亚·培图斯成功说服了元老院不要重罚安提斯提乌斯·苏西亚努斯，[这种]重刑被认为是尼禄所支持的。[④] 克鲁托里乌斯·普利斯库斯同样因为一件小过失而立即被处死，这更能体现元老院行为的特点。总之，审判叛逆罪时，这个立法团体一般乐于默认它的一个
479 功能，即保护皇帝的利益并支持他的意愿。元老在这种环境下承受压力，这或可解释为什么他们在皇帝很少干预的索贿案中对同伴成员进行宽大处理。

第二节 审判程序

上文已强调，元老院经召集进行的庭审与元老院认定为非司法性质事务的会议，在形式上并无区别。第七章已探讨了有关流程的多个方面，故本部分只探讨审判的特点。[⑤]

---

① 59.26.1.

② 塔西佗，《编年史》15.73。

③ 塔西佗，《历史》2.10；4.42。

④ 留意执政官对表决的惊愕反应(塔西佗，《编年史》14.49)。

⑤ F. de Marini Avonzo 对该话题进行了广泛探讨，*La funzione giurisdizionale del senato romano*；A. H. M. Jones 也对此进行过简述，*The Criminal Courts of the Roman Republic and Principate*，第110—113页。

由于罗马不设公诉人，要由个人或私人团体提出指控。似乎只有在首先通过常规方法提出指控的特殊情况下，元老院整体才透过主持人有所行动。于是，公元100年，尚未上任的执政官想传召马吕斯·普利斯库斯的公使霍斯提留斯·菲米努斯在阿非利加对其行为加以解释，这条意见(sententia)得到了许可。他从未被正式控告，尽管在普利斯库斯的审判上，他被揭发紧密地参与了行省总督的罪行。[1] 公元103年，瓦列里乌斯·保利努斯(Valerius Paulinus)控告尤利乌斯·巴苏斯的主要控告人塞奥法尼斯(Theophanes)的请求遇到了有利结果，即执政官出人意料地不回应。[2] 但两年后，他们确实回应了副执政官利希尼乌斯·尼波斯(Licinius Nepos)的意见，即传召图西留斯·诺米纳图斯(Tuscilius Nominatus)以解释其不按约定代表维塞提亚人(Vicetians)履行职责的原因。[3] 可是，若狄奥的叙述准确，则公元217年控告人普里西廉努斯(L. Priscillianus)的审判可能是个不寻常的例子，即初审时元老院自行决定提出指控。[4]

元老官员被禁止独立提出控告，[5]尽管皇帝可对例外情况进行授权甚至鼓励。[6] 但在正常情况下，控告人可首先找到有权召唤元老院的官员，且可以为了提起公诉而请求准假(*postulatio*)许可，[7]指出被告人名字。

控告人可以联合一个或一个以上的支持者(*subscriptor*)。[8] 480
实际上，这正是皇帝，或者是一位或两位执政官——在索贿罪审判

① 普林尼，《书信集》2.11.23—24及12.1。

② 普林尼，《书信集》4.9.20。

③ 普林尼，《书信集》5.4.2—4及13.1。

④ 78.21.3—5.

⑤ 关于哈德良的统治，参见 *Dig*. 5.1.48。

⑥ 塔西佗，《编年史》3.66；4.19；Suet. *Dom*. 8。

⑦ Cf. 塔西佗，《编年史》13.44；普林尼，《书信集》5.13.1。

⑧ 塔西佗，《编年史》1.74；cf. 2.29："libellos et auctores recitat Caesar"。

中，一般为后者。这些人若认为情况合适，[①]有权拒绝请求，则皇帝要进一步决定是否愿意把事情移交至元老院。严格来说，不允许对官员、官职持有人或被委任官职的人提出控告，除非能事先说服或迫使被告辞职。[②] 然而，已知也有例外情况。[③]

获准提起索贿罪审判后，下一步就是让执政官在元老院面前介绍检察官。接下来一般会要求有一段时间来收集证据以及传唤证人（调查，*inquisitio*），[④]还会分配一位或一位以上的元老来主导这个案件。似乎法律要求批准调查行为，但实际上被告的总督或通过马上认罪来试图让人越过调查，并请求立刻指定一个专门小组来确定有关赔偿。正如我们所注意到的，庞培·西瓦努斯（Pompeius Silvanus）在公元 58 年的辩解中显然成功了，[⑤]但当巴比乌斯·马萨（Baebius Massa）于公元 93 年被控告时，普林尼能够阻止他的相似做法。[⑥] 这无疑是为了防止任何“误会”，几年后，来自同一行省的检察官在控告凯基利乌斯·卡尔西库斯的案件中特别提出调查请求，以将行省总督及其同谋一网打尽。[⑦] 我们听说多达一整年的时间被用来进行调查。[⑧]

选派一名或一名以上的元老为检控作辩护人（如有需求），同样是强制性的。普林尼说到被采用的抽签法，但显然也可由元老

---

① 塔西佗，《编年史》4.21；13.10。

② Venuleius Saturninus, *Dig*. 48.2.12；狄奥 58.8.3；59.23.8；60.15.4；cf. 塔西佗，《编年史》13.44；狄奥 55.10.15。

③ 塔西佗，《编年史》4.22；14.48（但注意处罚前要免除被告副执政官一职的提议）；Suet. *Dom*. 8；狄奥 56.24.7；57.21.2；76.8.1。

④ 普林尼，《书信集》6.5.2。

⑤ 塔西佗，《编年史》13.52。

⑥ 《书信集》6.29.8。

⑦ 普林尼，《书信集》3.9.6。

⑧ 塔西佗，《编年史》13.43。公元 21 年，凯西乌斯·科尔都斯被控告，注意该案如何直到次年才审理（同上，3.38 及 70）。

院直接任命，特别是外省人指出其偏好时。① 除法律豁免外，元老不能拒绝任命。例外的是，在比提尼亚人（Bithynians）控告瓦伦努斯·鲁弗斯（Varenus Rufus）的案件中，普林尼被任命为辩护人。据我们所知，这次协助是绝无仅有的，尽管普林尼本人提及其任务时并未多加评论。② 若他与瓦伦努斯本是朋友，则或许能充 481
分解释这次的任命。③

明显不寻常的是，被告在与元老院见面前或期间被拘留。鉴于大部分人都具有社会地位，这肯定也不足为奇。可以充分理解的也许是，维比乌斯·塞利努斯因策划于公元 24 年进行谋反，他从放逐中被召回受审时应戴着镣铐，④且塞扬努斯的支持者在其恩主沦落后也被监禁。但不寻常且未被解释的是，阿西利乌斯·萨比努斯（Asilius Sabinus）于同一时间被监禁，先于接受审判的时间，针对的是他跟随克里特与昔兰尼的行省总督时有过的不端行为。⑤ 塔西佗提到有两位因支持塞扬努斯而被控告的元老在等候审判时得到兄弟们的保释。⑥

一旦控告被批准在元老院进行审理，正常程序是要确定日期以及告知被告有关指控。我们发现，公元 69 年在要立即处死一名恶意控告人的紧急场合中，大部分人都支持彻底遵守这些程序，⑦但元老院并不总是小心谨慎。那时，针对凯基利乌斯·卡尔西库斯及其同谋的案件还有待处理，它不仅同意就串通舞弊罪审判令

---

① 《书信集》10. 3A. 2。

② 《书信集》7. 6. 3。

③ 普林尼记录这一事件时，肯定把瓦伦努作为朋友来描述（《书信集》6. 13. 1，“Varenus meus”；cf. 7. 6. 3）。但无论他们的早期交情如何，也不可能更了解是普林尼首先为其大费周章，抑或瓦伦努直接寻得普林尼的协助。

④ 塔西佗，《编年史》4. 28。

⑤ Seneca，*Controv.* 9. 4. 19—21；cf. 狄奥 58. 15. 2；塔西佗，《编年史》6. 19。

⑥ 《编年史》5. 8。

⑦ 塔西佗，《历史》2. 10。

人讨厌的贝提卡人诺尔巴努斯·利希尼亚努斯(Norbanus Licinianus),还拒绝提前向他发出任何通知或起诉书。[1] 公元66年,似乎特拉塞亚·培图斯要向尼禄询问自己被指控的罪名。[2] 安排审判以及传唤证人至少需要几天时间,所以被告通常可以利用这段通知时间。[3] 但我们不了解个别案件的实际细节,也不能说在告知被控罪名以及审判过程之间是否有普遍接受的最短时间间隔。共和国时期允许有9天或10天的庭讯(quaestiones)。[4]

一旦控告人或他的辩护人提起案件,就不许销案。这类事件与有关事项被写进公元61年的SC图比连中。[5] 另一方面,被告
482 收到传唤时,并不一定要出席审讯以推进此事。因此,公元66年,特拉塞亚·培图斯与帕格尼乌斯·阿格里皮努斯选择不出席审理他们案件的庭讯。[6] 相反,公元99年晚期,马吕斯·普利斯库斯不出现在庭讯上,有人支持执政官请求延期审理案件以等待其出席。[7] 在作出裁决前,其他被告离开了,[8]他们当中有些人自杀。在某些例外情况下,被告没有获得露面及辩护的机会。[9] 勒索罪和叛逆罪甚至可以针对已去世者的财产。[10] 于是,公元65年,不过是有通知说要以叛逆罪起诉安提斯提乌斯·维特斯(Antistius Vetus),尽管其时他已自杀,案件仍要审理。[11] 同样,凯基利乌

---

① 普林尼,《书信集》3.9.29—33。

② 塔西佗,《编年史》16.24。

③ Cf. 塔西佗,《历史》2.10。

④ Cf. Cic. *Ad Q. Fr.* 2.12.2 = SB 16; Asconius, *In Cornelian*. p. 59 C; Plut. *Cic.* 9.

⑤ 参见第十五章,第五节,列表第60条;Cf. 塔西佗,《编年史》4.29;《历史》4.44; 普林尼,《书信集》5.4.及13。

⑥ 塔西佗,《编年史》16.34; Epictet. 1.1.28—31。

⑦ 普林尼,《书信集》2.11.9。

⑧ 狄奥 58.4.6。

⑨ 狄奥 58.3.3; 67.4.5; 76.8.1。

⑩ Modestinus, *Dig.* 48.2.20; Paulus and Marcianus, *CJ* 9.8.6 pr.-2;仅在去世后一年内,据 Scaevola, *Dig.* 48.11.2。

⑪ 塔西佗,《编年史》16.11。

斯·卡尔西库斯去世时，他被起诉的案件仍只处于初级阶段；但贝提卡人坚持他们的控告，据普林尼记载，这项权利在先前很长一段时间内并未行使。①

似乎并未有管理审判行为的综合法规。实际上，常要遵守各式各样的法律条文，但它们同样有可能会被践踏。审讯开始时会宣读被指控的罪名。② 接着，主持人或皇帝或作出与案件相关的评论，正如提比略和尼禄各自在审理庇索和特拉塞亚时所做的。③ 当被指控的罪名超过一项，开庭时要再决定是统一还是分开进行审理。④ 例如，公元 17 年，审理阿普雷亚·瓦里拉时，提比略要求分开处理通奸罪与叛逆罪。至少对于索赔审判来说，可以猜想法律允许的控辩时间限制有被遵守，尽管要搁置控辩也不难。我们知道，在马吕斯·普利斯库斯的案件中，控告时间得到延长，似乎审判尤利乌斯·巴苏斯时，双方得到双倍时间，但普林尼却说这是法律规定。⑤ 其他案件中的惯例较模糊，但我们确实发现，在审判庇索时，提比略作为主持人为双方设定了[时间]限制。⑥ 483

元老院审理案件的公认办法来自庭讯(quaestiones)：控方与辩方依次陈述他们的全部情况，仅在其后口头与书面证据才被听取。许多控告无疑是由进行起诉的专职控告人负责提出。其他时候一般由双方来聘请辩护人，但这并非强制性。尤利乌斯·巴苏斯甚至聘请了 3 名执政官(如果不是 4 名的话)为他进行辩护，这反映出他的忧虑。⑦ 相比之下，公元 16 年立波·德鲁苏斯以及公

---

① 《书信集》3.9.6。

② 塔西佗，《编年史》2.29；狄奥 60.16.3。

③ 塔西佗，《编年史》3.12；16.27。

④ 塔西佗，《编年史》2.50。

⑤ 《书信集》2.11.14；4.9.9。

⑥ 塔西佗，《编年史》3.13。

⑦ 参见普林尼，《书信集》4.9 及 Sherwin-White 关于此处的讨论。未知卢卡乌斯·阿尔比努斯的官阶，尽管可以足够合理地猜测其时他是执政官(*PIR*^{2} L 355；F. Zevi，*La Parola del Passato* 34，1979，第 200 页)。

元22年西拉努斯(C. Silanus)[受审时]均没有人为其辩护,因而值得同情,[1]而瓦伦努斯·鲁弗斯如我们所见,显然只是由于元老院委托普林尼为其代理人,才能获得一名辩护人。普林尼暗示,当霍斯提留斯·菲米努斯被传唤,以对其担任马吕斯·普利斯库斯的公使时的行为进行解释,也是自辩。[2] 在塔西佗的大量记述中,并没有记录代表特拉塞亚·培图斯进行辩护的任何尝试(他甚至不为自己辩护),与此同时,巴里亚·索拉努斯与他的女儿似乎最多只是以恳切的请求来打断控方。[3] 在公元20年的审判上,普兰西纳(Plancina)又是一位有意选择不进行辩护的人;而科苏提安努斯·卡皮托于公元57年被控勒索钱财时,仅在坚决的控告人面前才放弃了请求。[4]

控方那边,提出索贿罪控告的行省代表团中有若干希腊人热衷于与元老院指派的辩护人一同亲自进行陈述。[5] 在职官员可能不愿意担任辩护人,且他们在索贿罪案件中可以豁免这项义务。然而,在辩护方面并没有正式禁令。普林尼对保民官职能持有保留意见,这似乎源于该官职传统角色的特殊性质。几乎可以肯定,
484 他本人[也]接受了委托,对公元93年仍为副执政官的巴比乌斯·马萨进行检控。[6]

---

① 塔西佗,《编年史》2. 29; 3. 67。

② 《书信集》2. 12. 1。

③ 《编年史》16. 31—32。

④ 塔西佗,《编年史》3. 17; 13. 33。

⑤ 昆体良,*Inst. Or.* 6. 1. 14;普林尼,《书信集》4. 9. 3 及 14(塞奥法尼斯); 5. 20. 4。H. Halfmann(《元老》, no. 44)指出塞奥法尼斯为元老以及比提尼亚/本都的前财务官M. 庞培·马克里努斯·尼奥斯·塞奥法尼斯。但即便容许偏见,普林尼在写到他时所用的侮辱及敌对语气使这种对等关系显得可疑。

⑥ 参见《书信集》1. 23, 7. 33 及 Sherwin-White 关于此处的讨论,还有附录4。总的来说,R. A. Bauman 在"提比略与穆雷那",*Historia* 15, 1996, 第420—431页中断言,任何在职官员均不许在法庭上充当原告,这话过于僵化,正如 S. Jameson 所理解的,"22 or 23?", *Historia* 18, 1969, 第204—229页。

据我们在这点上的少量证据，似乎各方为了陈述案件可以随意划分可分配的时间。主动权在控方，理所当然地由控方来展开诉讼。辩护人若有需要，可依次发言，把分配给他们这方的全部时间一次用完。塔西佗指出，这是公元 20 年审理庇索案时所采取的模式。① 公元 103 年审判尤利乌斯·巴苏斯时肯定也有类似安排。尽管普林尼并未陈述此点，主持人显然对此进行指挥，应首先就针对巴苏斯的主要控告（即收取“礼品”）②进行抗辩，然后才处理其他被控罪名。每个环节连续有两次控方发言，接着是两次辩方发言。在审理凯基利乌斯·卡尔西库斯与他的同谋一案时，普林尼与卢卡乌斯·阿尔比努斯(Lucceius Albinus)似乎也考虑了类似安排，即每人可以发表囊括所有被告的长篇讲话。但鉴于案件复杂且涉及多名被告，他们明智地放弃了为被告进行逐个辩护的安排。③ [我们]缺乏他们如何操作的更准确的细节记录。不过，我们确实知道在审理立波·德鲁苏斯时采取了类似方法——对检控进行逐项处理——在他的控告人无法商定谁来领导这项审判活动时。④ 审判马吕斯·普利斯库斯案又有不同安排。⑤ 在此，普林尼主导控方，接着是辩方的两次发言。然后塔西佗为控方发言，再有一次辩方的最后发言。公元 107 年早期，双方再次轮流发言，那时，比提尼亚人反对瓦伦努斯首度申请额外的法律权利以传唤来自行省的辩方证人，元老院于是下令立即审理此事。普林尼首先为瓦伦努斯辩护。接着是代表比提尼亚人的发言；然后是代表瓦伦努斯的又一发言；最后是代表比提尼亚人的第二次发言。⑥

---

① 《编年史》3.13。

② 《书信集》4.9.5。

③ 普林尼，《书信集》3.9.9—11。

④ 塔西佗，《编年史》2.30。

⑤ 普林尼，《书信集》2.11.14—18。

⑥ 普林尼，《书信集》5.20；6.29.11。重要的是，要理解这种询问(*cognitio*)只关乎瓦伦努斯是否被准许从行省传唤证人。

各方陈述完毕后，接着是呈示证据的举证行为（probatio）。[1] 485 可接受书面证据，例如凯基利乌斯·卡尔西库斯的账目以及信件，[2]或者是提比略与庇索本可在后者被审时呈示的信件，尽管双方都没有这样做。[3] 同样可以接受不出庭证人的书面声明，即便证言来自严刑逼供。[4] 然而，莉维亚的友人乌古兰尼娅（Urgulania）被认为是惊人地放肆，因她只向被派往她家的副执政官作证，而她本可亲自出席元老院的审判。[5] 当面作证的证人要接受双方盘问，她肯定对此感到紧张。[6] 在索贿罪审判中，控方有权传召来自行省的证人，[7]但辩方却不可以。瓦伦努斯·鲁弗斯于公元107年争取此项特权，这完全是个新突破，所以毫不意外的是，他的请求结果成为争论核心。[8]

认为诉讼程序总不间断进行的想法具有误导性，我们的幸存证据足够清晰地表明，诉讼程序如何因假日[9]或因某种原因延期而中断。例如，可以申请时间以收集更多证据，[10]或让疲倦的被告去思考自己的处境。[11] 当马吕斯·普利斯库斯被“告知”他有必要进行辩护时，他的审判被延期。[12] 针对尤利乌斯·巴苏斯的审判

---

① 普林尼，《书信集》2.11.18；4.9.15；cf. 塔西佗，《编年史》16.32。

② 普林尼，《书信集》3.9.13。

③ 塔西佗，《编年史》3.14及16。

④ 塔西佗，《编年史》2.30；3.14及67；4.29；6.47；cf. 3.22；狄奥76.8.2；以及一般参见P. Garnsey, *Social Status and Legal Privilege*，第213—216页。

⑤ 塔西佗，《编年史》2.34。

⑥ 普林尼，《书信集》3.9.24：“tam multi testes interrogandi sublevandi refutandi”；7.19.5，仍不清楚范尼亚是以证人，抑或共犯的身份被询问。

⑦ Cf. 普林尼，《书信集》2.11.5及8；3.9.29。

⑧ 普林尼，《书信集》5.20；6.5及13；6.29.11。

⑨ 塔西佗，《编年史》3.23；《历史》4.10及40；普林尼，《书信集》2.11.10。

⑩ 或普林尼，《书信集》5.4.1。

⑪ 塔西佗，《编年史》3.67；cf. 6.48；狄奥57.18.10。

⑫ 普林尼，《书信集》2.11.9—10。Sherwin-White（《普林尼》，第166页）暗指，普利斯库斯被委员会判刑后无法在没有传唤令的情况下参加元老院会议。但就这次审问，肯定有个传唤令。更可能的是，普利斯库斯故意缺席。

在维斯帕先统治时期进行，其漫长的延期原因不明。[①] 皇帝本人可请求延期；[②]同样，主持人可提出延期以推迟不可避免的刑罚。[③]

各方陈述完毕且听取证词后，主持人如第七章所述，依据惯例 486
寻求元老院成员的意见。单条意见（sententia）包括裁定与判决。最后，根据所达成的决定，控告人通常会获得奖赏或被罚款。[④] 据普林尼的描述，在针对凯基利乌斯·卡尔西库斯及他的同谋一案中，仍不确定裁定是在审判每组被告后马上作出，还是推迟到最后才作出的。普林尼分别描述头两次审判后，立刻提到了裁定与判决，这暗示着前一种安排。然而，这种安排相应地会是个协助读者理解复杂案件的自然选择。相反，他及后援引的不是一系列，而是单一的元老院法令，其中通过了各种各样的判决，且控方为其功绩而感到欣喜。[⑤]

哈德良承认，元老院作出的裁定具有终局性。不能向皇帝上诉。[⑥]

简言之，显然审判是根据许多罗马司法实践中公认的惯例在元老院面前进行的。然而，元老院更广泛的权力与职能确实在某些情况下带有灵活性，且这种灵活性有被运用，尽管它并不总是对
被告有利。 487

---

① 普林尼，《书信集》4.9.1。

② 塔西佗，《编年史》6.9。

③ 塔西佗，《编年史》4.66；或5.8；Suet. *Tib.* 61，比较狄奥 58.27.3—5。

④ 有关于奖赏的法律规定（塔西佗，《编年史》4.20及30；Suet. *Nero* 10），当然，这些规定不一定被遵循：cf. 塔西佗，《编年史》6.47；16.33；《历史》4.42。

⑤ 《书信集》3.9.22—23。

⑥ *Dig.* 49.2.1.2.

第十七章　总结:元老院角色的转变

尽管正如本书尝试做的,对程序及职能等个别方面进行考察是有价值的,但我们仍觉得有需要从更宽广的角度来察看元老院角色及其总体发展情况。结尾部分可进行一次简要回顾,把这项研究的某些重要主题串连成线。

虽然奥古斯都努力恢复元老院的尊严,将其塑造成一个新的社会领导阶层以提升元老院成员及其亲属的地位,但同代人可以合乎情理地担忧,他在其他方面的措施无疑来得过早,使这个立法团体处于无足轻重的地位。对元老院来说,奥古斯都的统治也许代表着一个令人不快、且在多方面带来不受欢迎的变化的时期,这构成了更广范围内宪制过渡的一部分。皇帝不仅三度对元老院名册进行复核(*lectiones senatus*);期间还就程序编纂了《关于元老院会议程序的尤利亚法》(*Lex Julia de senatu habendo*),并且成立了顾问团(*consilium*)来进行事务安排。最重要的是,皇帝本人凭影响力进行侵占,正如塔西佗所概括的:"[皇帝]一步步地挤着向前,将元老院、官员以及法律的职能攫在自己手里。"[1]元老院确实被永久夺去某些重要职能,最明显的是对外交政策的监管,还有对

① 《编年史》1.2。

军事及财务的监管。然后,最大的打击发生在公元 13 年,改革后的元老院顾问团(*consilium*)的所有决议获得了与[元老院]团体本身的决议同等的权威。

因此,奥古斯都去世后,后者的前景似乎更黯淡。顾问团轻易就能把致敬年老患病皇帝的临时安排无限期地保持下去。然而,奥古斯都的继承者提比略出人意表地,为元老院的未来引进了一项决定性的改良措施,正因如此他应得到全面认可,只有塔西佗会否认他。[①] 他登基不久后,顾问团就被废除,且元老院团体的主导 488
地位得到了重申,尽管奥古斯都的心腹萨鲁斯特·克里斯普斯(C. Sallustius Crispus)有对这种开放政策作出了审慎告诫。[②] 最初 12 年的统治——在提比略退隐至卡普里岛前——没有统治者曾像他那样坚持不懈地出席元老院会议并进行意见征询。同一时期,无疑是他同意将元老官员的选举活动转移至此,且规定司法会议定期举行。这并非要否认最高权威紧紧地保持在提比略手中,或否认他与[元老院]团体之间在多个方面关系紧张,因为伴随着公元 26 年后皇帝远离罗马及其统治的最后几年有些危机发生,[双方关系]已明显恶化。所有这一切都无可争议。尽管如此,提比略鼓动元老院担任的角色的性质为后来确立了模式,那并不是要让他的任一位继承者在之后一个半世纪进行彻底改良。特别是,在那期间并不存在满席的元老院再度将特权托付给一个更小群体或委员会的问题。相反,元老院继续就荣誉[授予]进行表决且继续定期执行广义上的立法、宗教、外交以及司法职能。因而避免了迅速落入无足轻重的地位。虽然许多事务都枯燥或无可争议,但[元老院]仍保持高层次的共同行动,使得会议既频繁,又耗时。虽然如此,会议依然有很高的出席率。元老院的工作经常关

---

① 他的称赞(《编年史》4.6)仅限于[提比略]统治初期。

② 塔西佗,《编年史》1.6。

系到皇帝利益或受到皇帝干涉，在某些情形下，这种干涉难以抵抗，在另一些情形下带来不幸后果，但它[元老院]在整个时期都继续参与了上文所概括的领域。作为超越个别统治者的国家重要制度，它仍被承认为共和国(*respublica*)的象征。每位皇帝登基时都寻求它的认可与支持。另外，皇帝的顾问有一大部分仍是元老，帝国范围内只有一些最高级官职——军团指挥官、行省总督、最高级地方官——照旧只指派给他们。所以，作为个人，元老的主导地位以及重要性得到了保证。

[元老院]团体要处理的事务或范围缩小且性质改变，可以说，
那时提比略扭转了这种黯淡前景。如此，更遗憾的是同期正形成
针对元老院活力的另一种威胁，这通过减少元老院成员身份的世
袭制因素来实现。有相当一部分家庭的父亲将不能把子嗣带进元
老院。元老院成员数仅由从较远引进来的意大利人以及外省人来
489 保持。克劳狄乌斯特别鼓励引进西部人，弗拉维家族则引进东部
人。其后，来自行省的元老[人数]比例持续增加。然而，就[元老
院]团体的未来而言，比起数目本身，所有这些新引进的人对待其
地位及职责的态度更值得关注。粗心或是冷漠足以造成严重损
害。事实上，这种顾虑被证明是毫无根据的，新引进的人巩固而非
弱化了[元老院]团体的地位。他们自豪地保持着元老院的尊严、
传统以及办事程序。也可以说，他们在重大措施上的热情奉献使
元老院能保持其在1世纪上半叶似乎濒临丧失的活力。

只有在2世纪才看到[元老院]团体活动明显减少。即便到了那时，变化带来的影响仍分布不均，因此，当试图在任一特定领域只追溯这种变化如何发生以及原因为何，会因证据不足而不断产生困惑，但从外交手腕看来，确实大约从2世纪中期开始变弱，显然司法活动也开始减少。相比之下，直到3世纪早期，某些具体的民法继续被通过。一般来说，除皇帝外，很少有人提出事务。法学家把从哈德良统治时期起的皇帝谕令本身援引为法律，这也许反

映了那种趋势，尽管这种特殊做法的意义本身也许没有引起过分紧张，鉴于所有皇帝的意愿通常得到认可，而且全部元老院法令确实至少还在某些这类场合订立。令人担忧的也许是在另一类场合，对皇帝提案的讨论大幅减少，又或是一系列的皇帝提案只根据一个简短的法令就能通过。另外，尽管皇帝确实继续这样提出事务，但两个新发展让他与[元老院]团体的分歧更大。首先，他更多的时候不在罗马，距离遥远使他要用信件进行联系而非当面沟通。其次，更一般的情况是，当时倾向于将皇帝形象提升至一个崇高、神圣的人物，元老院及其他机构也受到这种[印象的]影响，所以要理性考虑他[提出]的事务的障碍比以往更大。

试图确定国家或公共机构发展过程中单一的“转折点”，也许在许多情况下都恰好被视为一项徒劳的工作，这样做刻意掩盖了变化的缓慢与复杂。要以十足的谨慎态度对待元首制时期元老院的衰落史。但据我们的后见之明，公元 180 年马可·奥略留的逝世在此显然是个重大事件。因为自那以后，正如时间所展现的，元老院无法再恢复一个半世纪以前自提比略进行统治起它几乎一直 490
保持的角色。尤其是在那段时期的后半段，每位皇帝都努力争取获得元老院的尊敬及其管治协作。结果马可的儿子及继承者康茂德却马虎管治，对[元老院]团体及其成员怀有敌意，显然没有像他父亲那样特别注重征询他们的意见。① 及后，塞普蒂米乌斯·塞维鲁只有经历了被多名元老反对的 4 年动乱后才变得稳重，他既缺乏理性，又不打算重建古老模式。无疑，他与他的继承者们确实向元老院提交过某些事务，把自己的措施告知元老院并寻求支持。但总的来说，元老院的活动明显继续减少。轮到个别元老院成员像社会上的其他人一样，承受动荡时期的战争及经济压力，与此同

① 比较第十五章，第五节，列表第 125 条与 J. Reynolds，《爱欲和罗马》，no. 16，后者是康茂德单独对一项请求的决定，这项请求本应由他父亲提交至元老院。

时，他们只好见证帝国管理中越来越多重要的部分被托付给骑士。
这样，被分配到大多数新建职位的元老院议员总首先需要增加[元
老院]团体的总人数，这个数字自奥古斯都时期就保持不变。果
然，塞普蒂皇帝们似乎讨厌对那种主动性进行深思。公元 238 年
的事件确实表明元老院仍能在危机中展示出胆量与崇高理想，尽
管它先前已承受了一切。但这年标志着一个时代的终结。前面将
是一个全新的晦暗时代，冲突达到前所未有的规模，罗马元老院庄
491 重、礼貌的集会将变得无足轻重。

附　录

附录 1　元老院和元老的拉丁语和希腊语说法

拉丁语中元老通常称为 senator，而立法团体称为 senatus，元老院的等级可以简单地称为 ordo senatorius(元老阶层)，但也会特别用最高级 amplissimus ordo(最高阶层)来表示。[①] 后面的叫法用得更泛，可以作为 senatus 的替换词；图拉真甚至在同一句话中用了这两个说法，但意思相同。[②] 塔西佗用 ordo senatorius，[③]但从未用过 amplissimus ordo；然而，61 年，在他描述卡西乌斯·朗吉努斯发言的时候，却使用了“in hoc ordine”(即在元老院)来指他出席。[④]

当然，各种褒义的最高级的词一直都会用来形容元老，并且无法确定具体用某个词是否不再是偶然的选择，而是特意、标准的说法。但到 2 世纪早期，如果不是在那之前的话，clarissimus(最尊贵的)/clarissima(vir[男人]，femina[女人]，puer[男孩]等等)通

① 比如，普林尼《书信集》10.4.2；特别是苏维托尼乌斯(《维斯帕先》9)将元老和骑士称为“amplissimi ordines”。

② 普林尼《书信集》10.95；亦可参见 8.6.13(52 年元老院法令)；10.3A 和 B；苏维托尼乌斯《维斯帕先》2。

③ 比如，《编年史》13.25。

④ 《编年史》14.43。

常用来指元老阶级的成员,不管是男的,还是女的,年龄多大。①这个头衔使用时并非一成不变,可以用全称或缩写。

公元 2 世纪进程中,consularis(ὑπατικός执政官)本身成了帝
493 国行省执政总督的头衔。② 更普遍的是,与此同时,因为势利,那些获得执政官头衔的人的妻子被特别时髦地称为 consularis femina(女执政)(ὑπατική)。毫不奇怪,当埃拉加巴鲁斯情人希罗克勒斯的母亲,一个奴隶被带到罗马并授予这个头衔的时候,③众人感到受到了严重的冒犯。——此例更是如此,因为据乌尔比安说,④执政官的妻子可以有这样的头衔,但大家认为这种荣誉不该给他们的母亲。我们可以料想,这样的头衔在西方碑刻中很少见到,⑤但在小亚细亚的碑刻中却很常见。⑥ 没有例子证明较低等级元老的亲戚有这种做法。级别的排序仍然是个问题。乌尔比安提了个

---

① 关于帝国时期早期的例子,参见 *FIRA*[2] I,no. 45 II,line 24(56 年);同上 no. 59,第 13—14 行(69 年);*ILS* 6106, 第 9 行和 18—19 行(101 年);同上,2487 末;9134,第 7 行(128 年);Martial. Book9 pref.;普林尼,《颂词》90. 3;《书信集》3. 8. 1;7. 33. 8;9. 13. 19;10. 56. 2,61. 5,77. 1,87. 3;Vindolanda tablet inventory nos. 29+31 quoted in A. R. Birley, *The Fasti of Roman Britain*,第 87 页。16 年,Asinius Gallus 的一篇演讲中,塔西佗(《编年史》2. 33)用了元老和骑士的"clarissimus quisque"称呼。关于讨论,参见 O. Hirschfeld,"Die Rangtitel der romischen Kaiserzeit",in *Kleine Schriften*,第 646—681 页;M. Bang, Appendix 8 in L. Friedländer, *Darstellungen aus der Sittengeschichte Roms*, Vol. 4, 9/10 ed. , Leipzig, 1921; H. U. Instinsky, "Formalien im Briefwechsel des Plinius mit Kaiser Trajan", Akad. Der Wiss. Und Lit. , Mainz, *Abhandlungen geistes-und sozialwiss. Klasse*, 1969, no. 12,第 12—22 页(limited value); A. Chastagnol,"Les femmes dans l' ordre sénatorial: titulature et rang social à Rome",*Rev. Hist.* 262,1979,第 3—28 页。

② H. J. Mason, *Greek Terms for Roman Institutions*, pp. 169—171; A. R. Birley, loc. Cit. in previous note.

③ 狄奥 79. 15. 2。

④ *Dig*. 1. 9. 1. 1.

⑤ 参见 *ILS* 1166(Asculum, Italy);1200(Taksebt, Mauretania);*CIL* II. 1174(Hispalis, Baetica);II. 4129 = G. Alföldy, *Die römischen Inschriften von Tarraco*,柏林,1975,no. 137。

⑥ 比如,参见 *IGRR*, indices, s. v. ὑπατική。

微妙的问题，Vir praefectorius（男的副执政）是否比 consularis femina（女执政）级别要高呢？还是反过来？[1] 他在别处描述过偶尔有女子以前嫁过 consularis，但后来改嫁给级别较低的人，她会向皇帝请求保留原来的头衔：卡拉卡拉允许了尤莉亚·马梅亚的这种请求。[2] 其他例子中，执政官夫妇不会结束他们的婚姻，即使已经长时间分居；[3]也许是做妻子的不愿意放弃她的头衔。帝国末期，我们发现塞维鲁·亚历山大安抚塞维琳娜，不然我们也不知道这位女人，说她的祖父曾经是 consularis，她的父亲是 praetorius（副执政），她自己也嫁入了元老等级的家庭，毫无疑问她仍然是 clarissima（最尊贵的阶层）。[4]

开会的时候主持人会用名字叫元老，就像元老们互相之间也用名字称呼。[5] 不然的话，发言就不仅是面对主持人一个人（我们可能会这么想），而是面对元老院全体。古代的称呼 patres conscripti（元老们）还经常使用（缩略为 p. c.），[6]除非可能偶尔有外国人使用。[7] 塔西佗说到，69 年 4 月，皇帝自杀后，奥索的元老们陷于困境，对将来感到害怕，市委会的穆蒂那对他们这群人说话的 494
时候，很不合时宜地用了上面拘谨的称呼。[8] 在阿普列乌斯的《变形记》(*Metamorphoses*)中，[9]他回顾了元老院的一次会议，观点尖锐，除了别的叫法，他还让主持人朱庇特称呼召集在一起的众神为

---

① *Dig*. 1. 9. 1 pr. 那个人是高级别的，他想。

② *Dig*. 1. 9. 12 pr.

③ Ulpian, *Dig*. 24. 1. 32. 13.

④ CJ 12. 1. 1.

⑤ 普林尼，《书信集》9. 13. 9 和 19。注意这里的两位成员都是以他们的 *cognomen*（姓）来称呼的，而不是 *praenomen*（第一个名字）和 *cognomen*，那是共和时期正式的称呼；关于后者，参见 J. N. Adams, "Conventions of naming in Cicero", *CQ* 28, 1978，第 145—166 页，尤其第 154 页和第 157—158 页。

⑥ 见昆体良反对在头衔上玩的聪明游戏（*Inst. Or*. 8. 5. 20）。

⑦ 注意 Josephus（*AJ* 19. 242）在 41 中让希律称呼元老院为 ὦ βουλή。

⑧ 《历史》2. 52。

⑨ 6. 23.

“dei conscripti(元老院)”。作家,特别是诗人会将元老称为 patres(长老),但单数的 pater conscriptus 似乎没用过。

希腊语中 senatus(元老院)正式、官方的翻译是σύγκλητος。① 虽然这个词起初是个形容词,但经常单独使用,除了 2 世纪和 3 世纪的作家(尤其是希律),可能会选用σύγκλητος βουλή。② 帝国时期其他作家用来称呼元老院的词还有βουλή, συνέδριον, γερουσία。这些词对那些试图重现文雅文体和词汇的作家特别有吸引力。③ 最值得注意的是,狄奥使用这 3 个词的时候毫无差别,但他却严格地避免使用σύγκλητος一词。④ 在他的文本保留完整的章节,后面那个词只出现过一次,写成σύγκλητος βουλή,虽然συγκλητικός也使用过一次,在一篇(他告诉我们)特地将拉丁文的评述逐字翻译过来的文章中。⑤

名词 senator(元老)和形容词 senatorius 最常翻译成συγκλητικός。⑥ 作为替换,其他提到的希腊名词的衍生词也会使用。约瑟夫(Josephus)用εὐπατρίδαι来指所有元老,而不只是贵族,这肯定是不准确的。⑦

---

① 关于这个称呼和其他的引用,更完整的参见 D. Magie,*De vocabulis sollemnibus*,第 4—6,43ff 页;H. J. Mason,*Greek Terms for Roman Instituions*,第 121—124 页。

② 关于档案里偶尔出现这个词,参见 *AE* 1977. 801 line 13(M. Aurelius and Commodus);Ulpian,*Dig*. 16. 1. 2. 3(塞普蒂米乌斯·塞维鲁);J. Reynolds,《爱欲和罗马》,no. 22,line 5(Gordian III)。

③ 比如,亦可参见 Aristid,选用γερονσία。

④ G. Vrind,*De Cassii Dionis vocabulis quae ad ius publicum pertinent*,The Hague,1923,esp. p. 5;关于狄奥的整体风格,参见 F. Millar,*A Study of Cassius Dio*,第 40—46 页。

⑤ 78. 16. 5;63. 15. 1. 但在狄奥的摘要中,Xiphilinus 没有那么挑剔:参见 77. 3. 3 中的σύγκλητος;相反 Petrus Patricius 用了βουλευτήριον。

⑥ 提比略早期皮西迪亚的撒加拉苏提出的关于官用交通的法规用了双语,希腊的文本在好几处漏了拉丁文本里有的短语。当中有意思的是τοῖς συνκλητικοῖς被认为是“senatori populi Romani”的准确翻译(S. Mitchell,JRS 66,1976,pp. 107—108=SEG 26,1976/1977,no. 1392,lines 17 and 41)。

⑦ 比如 BJ 2. 212—213。

附录 2　元老的合适资产

根据邓肯-琼斯的观点,800 万塞斯特斯(HS)是"当时的资料有时认为一位元老该有的合适资产"。① 虽然纯粹是偶然,但沃克纽斯·罗马努斯,普林尼为他谋求紫色宽纹的人,拥有的资产确实 495
大概在这个数:他的母亲给了他 400 万塞斯特斯,还继承了他父亲的地产,而且被他的继父收养。② 但要从尼禄和维斯帕先给元老的年收入去计算元老该拥有的资产,就像邓肯-琼斯那样,可能不是个合理的办法。确实有资料提到过 50 万 HS 这个数目的拨款,那就意味着约 800 万的 6%——合理的估计,但 50 万 HS 可能是给最尊崇的元老,而不是邓肯-琼斯认为的适当足量金额。这接近年收入 60 万 HS,在西塞罗看来,足以过奢侈的生活。③ 苏维托尼乌斯说尼禄:"……给最尊崇的元老年薪,他们没有其他的收入来源,有些甚至达到 50 万 HS"。④ 更具体一点,塔西佗说,尼禄 58 年给他的常任执政官同事瓦列里乌斯·梅萨拉——来自显赫的家族——50 万 HS 年薪。⑤ 相反,同时没有提到给没那么尊崇的两人奥略留·科塔和哈特利乌斯·安东尼钱财的数目。关于维斯帕先的慷慨,苏维托尼乌斯说:"他为资格审核的元老补充够金额,每年支助贫穷的前执政官 50 万 HS。"⑥

从所知的数字来看,奥古斯都和提比略的赠金远达不到收入的数目。奥古斯都只补偿了资格审核的最低标准,慷慨的时候会

① 《经济》,第 18 页;第 242 页。

② 《书信集》10.4。

③ *Stoic Paradoxes* 49.

④ 《尼禄》10。

⑤ 《编年史》13.34。

⑥ 《维斯帕先》17。

额外给 20 万 HS。[①] 他赠给年轻的霍尔塔勒斯 100 万 HS；[②]提比略 15 年也给了一位副执政同样的数额。[③] 据维莱里乌斯说，提比略的政策是“提高元老的资格审核标准……但要用不鼓励奢侈生活，也不会让元老因为真正的贫困而丢掉头衔的办法”。[④]

毫无疑问，有 800 万 HS 资产的元老会生活得很舒服，可能要让一位执政官生活得气派必须要这么多的财富，但没有理由认为同等的资产对于任何一位元老只是“最低”的合适标准。第二章第
496 三节提到很多证据表明许多成员无法满足义务的要求，如果有这笔钱的话谁都不会有问题了。另外，如果维持一位元老所需的资产确实是 800 万 HS，大多数有家庭的成员将会面临难以支撑的负担，那么跟随父亲加入元老院的儿子的数目会比实际上的还要少。一位父亲维持在元老院职位的平凡愿望，比如，让一个儿子继承父业，[⑤]为一个女儿准备嫁妆可能最少都要 1800 万 HS，如果一般的嫁妆只是 200 万 HS 的话。[⑥] 即使对于帝国时期最高等级的人来说，这些数据作为最低标准的话非常不现实。虽然很多成员以任何标准衡量都很富有，还有很多仅将近资格审核的标准。不幸的是，我们的资料从没明示元老“合适”的资产是多少，尤其是也许这主要取决于个人的品味和情况。我们只能注意到阿基利乌斯·雷古勒斯在尼禄时期的最后几年作为告密者从他的行动中获取了 700 万 HS，资料暗示作为财务官，从他父亲那里什么也没继

---

① 苏维托尼乌斯，《奥古斯都》41；狄奥 54. 17. 3；55. 13. 6。

② 塔西佗，《编年史》2. 37。

③ 塔西佗，《编年史》1. 75。

④ 2. 129. 3.

⑤ 当然，只要当父亲的仍在元老院工作，儿子就会经常到元老院，比如，参见普林尼，《书信集》6. 26. 1；7. 24. 3；*ILS* 1061，第 10—13 行。关于父亲资助儿子成为元老，参见 Scaevola，*Dig*. 5. 3. 58。

⑥ 我们没有元老女儿嫁妆数目的资料，但可参照提比略给 Domitius Pollio 的女儿 100 万 HS 的资助（塔西佗，《编年史》2. 86）。同样，Martial（11. 23. 3—4；12. 75. 8）和 Juvenal（Sat. 6. 137；10. 335—336）期待富有的新娘给她的丈夫带来这笔数目的钱。

承的人，这是一笔极大的财富。[①]

附录 3　总督开始任职的时间

普林尼说到，105 年第三季度的时候，一位财务官从国外回来出
席元老院。[②] 同样，舍温-怀特提到普林尼自己离开罗马，还有消息
说一位财务官死在了回来的路上，虽然没有证明，但都表明是在夏
末的某天，《书信集》5.21 有记载——因此，仲夏是总督换职的时候。
不然，关于他们上任的时间没有更多明确的资料。我们不知道所有
元老行省是否有个固定的上任时间，还是根据行程的长短来定。大
约 177 年说到削减角斗表演费用的时候，第一发言人的意见暗示了
有固定上任的时间，根据记载的文章可以说会议是在那年的早期而
不是晚期召开的。他是这么说的："要通知刚去担任总督的德高望
重的人(viri clarissimi)……"[③]同时，考虑到古代的交通条件，每 12 497
个月一次的顺利交接很难时日不差，起码就较偏远的地方而言。不
时还会有延误。无疑像萨维乌斯·利贝拉里斯[④]和弗朗图那样是
因为在当选亚细亚总督后想放弃或推延，造成就职延迟，而维努雷
乌斯说，更常见的是很多因素会影响航程上花的时间，比如，从罗马
到以弗所。[⑤] 我们也应该记住，总督并不是一成不变地用最短的时
间或最短的路线出发到行省，或从行省回来。因此，我们知道 107
年卡雷斯特里乌斯·提洛，在出发到贝提卡任总督之前，先去了提
西努姆和米迪奥拉姆，显然是趁机顺便走了一条迂回的陆路。[⑥] 因

---

① 塔西佗，《历史》4.42。

② 《书信集》4.12 和 Sherwin-White 关于这点的论述。

③ *Hesperia* 24，1955，第 333 页，第 53—54 行。

④ *ILS* 1011.

⑤ *Dig.* 45.1.137.2.

⑥ 普林尼，《书信集》7.16，23，32。

此，他会比绝对需要的时间离开罗马更久些。

贝尔认为，2 世纪亚细亚总督任职的时间是 9 月 1 日，[1]巴尔内斯对他的观点表示怀疑，[2]巴尔内斯是对的。逻辑上来说，这么晚的月份不太可能，那时是航行季末期，卸任返回罗马的总督在旅途上会有风险。但如克拉克[3]随后指出，巴尔内斯自己将 7 月份定为阿非利加总督上任的时间还是不太可靠，因为，像他那样，从约 193 年推论任何时候的情况是很冒险的。同样，普林尼 9 月 17 日到比提尼亚的例子也不能得出什么结论，因为他是特任总督。[4] 但可以合理推测那时前任总督已经离开了，虽然看起来有点不同寻常；至少在《书信集》第十卷中根本没提他的上一任是谁，在什么时候离开的。

总的来说，可以合理地得出结论：总督是在仲夏的时候开始上任，不管是去上任，还是离任，这是一年中最好的季节。但要强调的
498 是证明这个结论的资料还是很少，我们对此事的细节缺乏了解。[5]

附录 4　莎草纸记录的两篇属于元老院的无名演讲词

米勒质疑过莎草纸记录的两篇在元老院的演讲词是克劳狄乌斯发表的，[6]从主题内容可推测其来自 37 年(或者 41 年)到 61 年间。[7]

① Tertullian，*A Historical and Literary Study*，第 260—261 页。

② *Aelius Aristides and the Sacred Tales*，第 79 页，注释 2。

③ Latomus 31，1972，第 1053 页，注释 3。

④ 《书信集》10. 17A. 2。

⑤ 事实上，Agricola 到不列颠去担任最高总督“media iam aestate”不过表明季节上的合适，参见塔西佗，《阿格里可拉传》9. 6 和 18. 1；关于日期(可能是 78 年，在 77 年末担任补任执政官后)，参见 R. M. Ogilvie 和 I. Richmond，*Cornelii Taciti de Vita Agricolae*，牛津，1967，附录 I；A. R. Birley，*The Fasti of Roman Britain*，第 73—81 页；还有 P. A. Gallivan，*CQ* 31，1981，第 189 页，注释 23。

⑥ 《皇帝》，第 350 页，注释 59。

⑦ R. Cavenaile，*Corp. Pap. Lat.* 236＝*FIRA*^{2} I no. 44(和参考书目)。

两篇演讲都没标明发言人，但如果演讲是一个人发表的，而且是皇帝，那么克劳狄乌斯仍然是那个时期的最佳选择，这点很有说服力。不过，凭（比如）演讲词的风格和语气就断定是他的或不是他的演讲，而将其他人排除在外，这还是很勉强，因为我们知道克劳狄乌斯在风格和语气上很不稳定。在元老中，比如特拉塞亚·培图斯就可能会向他的同事发表充满激情的讲话，正如某些篇章所表明的那样。① 但皇帝发言的副本更可能被保存下来。② 糟糕的是，我们不知道是谁抄录的副本，理由是什么，也不知道两篇演讲是在会上辩论哪个阶段发表的。

就后面那一点，第二篇发言稿当然更有意思，因为保存得更完整。有可能是在第一发言人发表意见后作的演讲，当中最大的指责是说会上发表的意见缺乏原创性："因为，元老们，对于这里地位崇高的人来说很不得体，只有一位成员——指定执政官发表了意见，而且还是从执政官议题中逐字引用的话。"③这么解读这些话显然有道理，但同样这些话也可能是提出议题后的解释，或者就是第一发言人的意见，指责那个时期元老院普遍的风气。④

要了解发言是在会上哪个阶段发表的确实很有意思，虽然这样的细节也很难帮助辨别发言人是谁，因为皇帝和元老院官员都可能在辩论任何阶段插话。⑤ 但是由于不够重视额外给予时间考虑提议，⑥按照规矩，除了皇帝或主持人自己能在提出议题后给予解释，别人很难得到如此的特许这样做。总的来说，米勒警告不能想当然地将 499

---

① 特别参照卷 II，第 11—18 行；卷 III，第 10—22 行。

② 参见第九章，第三节。

③ 卷 III，第 18—21 行，"Mini[me] enim dec[o]r[um] est, p. c., ma[iestati] huius or[di]nis hic un[um ta]ntummodo consule[m] designatum [de]scriptam ex relatio[n]e consulum a[dver]bum dicere senten[tia]m"。

④ 参见塔西佗，《编年史》6.2（32 年）。

⑤ 参见第七章，第十九节。

⑥ 卷 III，第 13—14 行。

演说词归到克劳狄乌斯名下,他是对的。另一方面,也许鉴别很准确,超出他所料,那么还是可信的。

附录5 马吕斯·普利斯库斯案和尤利乌斯·巴苏斯案的听审时长

我们从普林尼[①]的描述中得知,马吕斯·普利斯库斯的审判在99年秋开始,在第二年1月继续,并且很有可能延续到后半月,那时白天的时间大概有9.5到10小时。[②] 至少这种观点符合普林尼的描述,根据他的记录,那两天,元老不必一直坐到最晚的会议结束时间。第一天,他先发表了大概5小时的起诉演讲,[③]包括额外批准给他的1小时。总时数的计算包括允许6小时起诉时间的一半,和额外批准的1小时,那么水钟就要装得特别满,或者让它流得比平常慢一些。[④] 接下来是3个辩护律师中第一个发言。普林尼没有告诉我们时长,但他解释后面还剩了些时间,虽然不够另一位律师在黄昏前完成发言。据推测,3小时的发言时长是比较合理的(所以元老院一共坐满9小时或9.5小时),而且与之相符的可能是留给辩护的9小时平均分给了3个律师。在此基础

---

① 《书信集》2.11;更多参见第十六章概述。

② 参见附录6。

③ 他一直说用水钟来测量"时间",我认为他说的小时是我们今天所用的概念,时长和现在的标准一样,而不是罗马的时辰,随着季节的长短而改变。参见J. Marquardt,*Das Privatleben de Römer*, ed. 2, Leipzig, 1886,第257页;概述参见O. Neugebauer,*A History of Ancient Mathematical Astronomy*, Berlin/Heidelberg/New York, 1975, Part 3 Book VIA。

④ 普林尼的形容词"spatiosissimus"(《书信集》2.11.4)可以解释为两种含义,但结果都一样。我们认为有4个水钟计时,而不是3个。3个的话不够用。普林尼的"12水钟"肯定是指起诉6小时中的4小时,"4水钟"共1小时20分钟,是得到允许但没有完全使用的时数。另外,不太可能起诉时给了普林尼4小时,而他的长辈塔西佗只有两小时。关于他们的关系,参见R. Syme,《塔西佗》,第112—114页。

上，我们可以推测，剩下的两位辩护律师在第二天的会上共花了6小时，中间塔西佗用了3小时发言（用完了起诉的6小时）。当然，这意味着元老院第二天又坐了超过9小时和普林尼所说的没有发 500
言人需要缩短演讲相符，但证人的审讯还没开始，一直等到第三天。

尤利乌斯·巴苏斯的案子提交后，[①]巴比乌斯·梅瑟，103年4月1日开始担任补任执政官，[②]作为指定执政官发言。因为他不可能早于那年的1月份当选，审讯肯定是在其限定的时间内进行的。事实上，我们可以更准确地确定日期。针对巴苏斯的指控显然有两桩，而给指控和辩护的时间是按照标准的定额——指控6小时，辩护9小时——分配给每一项指控。第一天，两位指控律师全力陈述第一项指控。普林尼开始为被告辩护，但在3.5小时后因黄昏来临而被打断。因此加上预备时间和发言人之间的间隔时间，白天用了10到10.5小时。第二天，我们知道普林尼和另一位辩护律师开场发言分别用了1.5小时和4小时，第一项指控允许辩护的时间圆满结束。之后，两位起诉律师在那天陈述第二项指控时显然用满了给他们的6小时，虽然是在得到批准后继续在日落后发言——也许超出会议时间1小时或多一点，如果那个季节白天有10到10.5小时的话。然后，在第三天，辩护律师为第二项指控用完了允许的9小时，只剩下1到1.5小时的白天时间。至少照此看来，很容易明白为什么证人的审问要放到第四天。因此，总的来说，这次听审元老院连续3天分别坐了10到10.5小时，11.5小时和9小时，还加上一天，或者两天听证人的证词并得出判决。难怪普林尼在第二天开始的时候对元老注意力的集中感到很满意！白天有10到10.5小时的假设将审判日期追溯至1月末或2月份的前3个星期。

---

① 普林尼，《书信集》4.9。

② *Fast. Ost.*

附录6 罗马[①]日出和日落的时间及白天的时数

501 这些数据在古代和今天都一样。日出和日落的时间分别指太阳光线刚出现的时候和最后隐没的时候。地理位置会造成几分钟的差异，这点不计算在内。

下面用格里高里历(Gregorian calendar)来表示。在公元1世纪，儒略历(Julian calendar)会早两天(因此，比如儒略历3月21日＝格里高里历3月19日)；在公元2世纪，是早一天；在公元3世纪，两者没什么差别。第六章和附录5中的计算忽略了日历的差别。

Date		*Sunrise*	*Sunset*	*Daylight (hours and minutes)*
Jan.	5	7:28	16:43	9:15
Jan.	10	7:28	16:48	9:20
Jan.	15	7:26	16:53	9:27
Jan.	20	7:23	16:59	9:36
Jan.	25	7:20	17:05	9:45
Jan.	30	7:16	17:11	9:55
Feb.	4	7:10	17:18	10:08
Feb.	9	7:04	17:25	10:21
Feb.	14	6:58	17:31	10:33
Feb.	19	6:51	17:37	10:36
Feb.	24	6:44	17:44	11:00
March	1	6:36	17:49	11:13
March	6	6:28	17:55	11:27
March	11	6:20	18:01	11:41
March	16	6:11	18:07	11:56
March	21	6:03	18:13	12:10
March	26	5:54	18:18	12:24
March	31	5:46	18:24	12:38
April	5	5:37	18:30	12:53
April	10	5:29	18:35	13:06
April	15	5:20	18:41	13:21
April	20	5:13	18:46	13:33

① 北纬41度55分19.2秒。

（续表）

Date		*Sunrise*	*Sunset*	*Daylight (hours and minutes)*	
April	25	5:06	18:51	13:45	
April	30	4:58	18:57	13:59	
May	5	4:51	19:03	14:12	
May	10	4:45	19:08	14:23	
May	15	4:40	19:13	14:33	
May	20	4:35	19:18	14:43	
May	25	4:31	19:23	14:52	
May	30	4:28	19:27	14:59	
June	4	4:25	19:31	15:06	502
June	9	4:24	19:34	15:10	
June	14	4:23	19:37	15:14	
June	19	4:23	19:39	15:16	
June	24	4:25	19:40	15:15	
June	29	4:27	19:40	15:13	
July	4	4:29	19:39	15:10	
July	9	4:32	19:38	15:06	
July	14	4:36	19:35	14:59	
July	19	4:40	19:32	14:52	
July	24	4:45	19:27	14:42	
July	29	4:50	19:22	14:32	
Aug.	3	4:54	19:17	14:23	
Aug.	8	5:00	19:11	14:11	
Aug.	13	5:05	19:04	13:59	
Aug.	18	5:10	18:56	13:46	
Aug.	23	5:16	18:49	13:33	
Aug.	28	5:20	18:41	13:21	
Sept.	2	5:26	18:33	13:07	
Sept.	7	5:31	18:25	12:54	
Sept.	12	5:36	18:16	12:40	
Sept.	17	5:41	18:07	12:26	
Sept.	22	5:47	17:58	12:12	
Sept.	27	5:52	17:50	11:50	
Oct.	2	5:58	17:41	11:43	
Oct.	7	6:03	17:32	11:29	
Oct.	12	6:09	17:24	11:15	
Oct.	17	6:14	17:16	11:02	
Oct.	22	6:20	17:08	10:48	
Oct.	27	6:26	17:02	10:36	
Nov.	1	6:32	16:55	10:23	

（续表）

	Date	*Sunrise*	*Sunset*	*Daylight (hours and minutes)*
	Nov. 6	6:38	16:49	10:11
	Nov. 11	6:44	16:43	9:59
	Nov. 16	6:51	16:38	9:47
	Nov. 21	6:56	16:35	9:39
	Nov. 26	7:02	16:32	9:30
	Dec. 1	7:08	16:29	9:21
	Dec. 6	7:13	16:29	9:16
	Dec. 11	7:18	16:28	9:10
	Dec. 16	7:22	16:29	9:07
	Dec. 21	7:25	16:31	9:06
	Dec. 26	7:27	16:34	9:07
503	Dec. 31	7:28	16:38	9:10

附录 7 审判马吕斯·普利斯库斯时阿基利乌斯·雷古勒斯的行为

审判马吕斯·普利斯库斯时，征询意见的环节发生了一件让人困惑的事：[①]执政官庞培·科勒格发表了自己的意见和几位元老对他的建议，主要是阿基利乌斯·雷古勒斯（M. Aruillius Regulus）的建议，但在投票的时候，这些同僚并没有支持他，让他很不高兴。[②] 雷古勒斯为什么要通过别人来表达意见，而不是自己说出来呢？要知道准确的答案不容易，特别是他的地位不肯定，其他同事的身份和动机也都不清楚。雷古勒斯的身份在公元 70 年时从未可靠地证实过超过财务官的头衔。[③] 如果到公元 100 年为止，他没再晋级过，[④]那么他在审判中的表现就合乎情理，假如我们相信普林尼在《颂词》76. 2 中所说的，即使作为一位初级元老，雷古勒斯也肯

① 普林尼，《书信集》2. 11. 20—22。

② M. Lambertz, *PW* 21 s. v. Pompeius no. 73, col. 2269.

③ 塔西佗，《历史》4. 42。

④ 如 Sherwin-White，《普林尼》，第 171 页，所认为的。

定会在那次审讯中被要求发表意见，但我们很自然会想到在征询意见快结束时提出足以影响元老院的新意见已经太晚了。因此，为了达到目的，雷古勒斯、庞培和他们的同伙也许觉得最好的办法是让他们中官阶最高的人代言——恰好是庞培(93 年常任执政官)。这个观点很好地解释了他为什么答应替雷古勒斯发表意见，也说明了帝国时期不然不会提到的策略，即一位初级元老可以用这种办法让大家更好地倾听他的意见，比他自己说的效果要好。

但是，糟糕的是，我们先前对元老职业和所有回避晋升[1]的元老的考察让我们无法相信像雷古勒斯那样有才华、有抱负、出身高贵[2]的人没有登上执政官的位子——而且无疑他的晋升会比庞培还快。[3] 如果雷古勒斯因此在两人中先被叫到发言，那么奇怪的是，他竟然让庞培替他陈述意见，而后者还答应了。可以想象，雷 504
古勒斯可能担心自己会冒犯别人，但这些担心显然没让他在其他会议上怯步，而且不管怎样，他这次提出的意见比起指定执政官的意见还没那么偏激，所以困惑还是没有解开。虽然应该再次强调普林尼没有告诉我们完整的故事，至少我们还是能理解为什么雷古勒斯同代的人经常觉得他不可思议。

附录 8　已知延任过的总督

在奥古斯都和提比略统治时期

阿非利加：

Cossus Cornelius Lentulus，procos.　　II(公元 5—7 或 6—8 年)

---

① 参见第一章，第二节。

② 关于可能性，参见 R. Syme，《塔西佗》，第 101 页。

③ R. Syme(《塔西佗》，第 102 页)对雷古勒斯的对手公元 70 年提出的问题很看重，认为是预言："et quem adhuc quaestorium offendere non audemus，praetorium et consularem ausuri sumus?"(塔西佗，《历史》4. 42)。但没有必要。关于具体推测雷古勒斯在公元 93 年是执政官的明智否定，参见 R. Syme，《罗马文论》I.，第 259 页。

L. Nonius Asprenas	III（公元 12—15 或 13—16 年）
L. Apronius	III（公元 18—21 年）
Q. Iunius Blaesus	II（公元 21—23 年）
C. Vibius Marsus	III（公元 27—30 年）
亚细亚：	
Potitus Valerius Messalla	II（公元前 20 年代）
C. Vibius Postumus	III（约公元 13—16 年）
M. Aemilius Lepidus	II（公元 26—28 年）
P. Petronius	VI（公元 28—34 或 29—35 年）
克里特(Crete)和昔兰尼(Cyrene)：	
P. Viriasius Naso	III（在提比略统治时期，赛雅努斯[Sejanus]的倒台：*ILS* 158）
未知省份：	
Fulvius(?)	III（可能位于提比略统治之下：*AE* 1976. 121）

1 世纪晚期

阿非利加：	
Q. Marcius Barea Soranus，procos.	II（公元 41—43 年）
Ser. Sulpicius Galba	II（公元 44—46 或 45—47 年）
M. Pompeius Silvanus Staberius Flavinus	III（公元 53—56 年：*AE* 1968. 549）

亚细亚:

T. Clodius Eprius Marcellus III(公元 70—73 年)

如果 M. Griffin(*Seneca: A Philosopher in Politics*,第 91 页,注释 2)怀疑无首领的 CIL XIV. 2612 属于伊庇鲁斯是对的,那么就有另一位克劳狄乌斯同代的人管理亚细亚达三年之久。 505

比提尼亚(Bithynia)/本都(Pontus):

M. Plancius Varus II(韦帕芗[Vespasian]统治之下:H. Halfmann, *Die Senatoren*, no. 80)

克里特和昔兰尼:

C. Arinius Modestus II(公元 73—75 年?)

可能也是 Caesernius Veiento II(公元 46—47 年:参见 W. Eck, Zephyrus 23/24, 1972/1973,第 246 页,推测自 AE 1951. 270)

关于更多文献,见参考目录 2 所列总督清单。

附录 9　索贿罪案例表

第 507 页(按:原书页码)起的表格列举了元老院听审案件的汇总,当中包括索贿罪(虽然不一定是最重要的)。在资料没有交代清楚哪个法庭的情况下,我们会假定元老是在元老院审判,较低官衔的人在皇帝面前审判。关于之前类似的列表,参见 P. A. Brunt, *Historia* 10, 1961,第 224—227 页;J. Bleicken, *Senatsgericht und Kaisergericht*,第 158—166 页。 506

附录 9

No.	*Province from which charge was made*	*Defendant(s)*	*His office*	*Date of trial*	*Source*	*Verdict on charge of repetundae*	*Notes*	*On defendant see further*
1	Asia	L. Valerius Messalla Volesus	Proconsul	c. 13	Tac. *Ann.* 3.68; cf. Seneca, *De Ira* 2.5.5	Condemned		R. Hanslik, *PW* 7A s.v. Valerius no. 270 cols. 170-171
2	Bithynia	M. Granius Marcellus	Proconsul	15	Tac. *Ann.* 1.74	Unknown		*PIR*² G 211
3a	Tarraconensis	Cn. Calpurnius Piso	Legate	20	ibid. 3.13	Committed suicide before sentence	"Ancient, pointless" charge, says Tacitus	*PIR*² C 287
b	Syria	Cn. Calpurnius Piso	Legate	20	ibid. 3.14		Uncertain whether *repetundae* relating to Syria was made one of the charges	
4	Asia	C. Junius Silanus	Proconsul	22	ibid. 3.66-69	Condemned		*PIR*² I 825
5	Crete/Cyrene	Caesius Cordus	Proconsul	22	ibid. 3.38 and 70	Condemned		*PIR*² C 193
6	Upper Germany	C. Silius A. Caecina Largus and wife	Legate	24	ibid. 4.18-20	Condemned		A. Nagl, *PW* 5A s.v. Silius no. 12 cols. 74-77
7	Asia	C. Fonteius Capito	Proconsul	25	ibid. 4.36	Acquitted	Charge uncertain	*PIR*² F 470
8	Moesia	Pomponius Labeo and wife	Legate	34	ibid. 6.29; Dio 58.24.3	Committed suicide before trial		R. Hanslik, *PW* 21 s.v. Pomponius no. 51 col. 2340
9	Crete/Cyrene	Asilius Sabinus and Turdus	Comites proconsulis	In Tiberius' reign, after fall of Sejanus	Seneca, *Controv.* 9.4.19-21	Unknown	Charge uncertain	*PIR*² A 1213

No.	Province from which charge was made	Defendant(s)	His office	Date of trial	Source	Verdict on charge of *repetundae*	Notes	On defendant see further
10	Pannonia	C. Calvisius Sabinus	Legate	39	Dio 59.18.4	Committed suicide before trial	Charge uncertain	*PIR*² C 354
11	Bithynia	C. Cadius Rufus	Proconsul	49	Tac. *Ann.* 12.22; *Hist.* 1.77	Condemned		*PIR*² C 6
12	Africa	T. Statilius Taurus	Proconsul	53	Tac. *Ann.* 12.59	Committed suicide before verdict		A. Nagl, *PW* 6A s.v. Statilius no. 37 cols. 2205-2207
13	Unknown	Lurius Varus	Consular post	Well before 57	ibid. 13.32; perhaps Suet. *Otho* 2	Condemned	Charge uncertain	*PIR*² L 428
14	Crete/Cyrene	Cestius Proculus	Proconsul	56	Tac. *Ann.* 13.30	Acquitted		*PIR*² C 695
15	Cilicia	Cossutianus Capito and Numitor (or Tutor?)	Legate	57	Tac. *Ann.* 13.33; 14.48; 16.21; Quintil. *Inst. Or.* 6.1.14; Juvenal, *Sat.* 8.92–94	Condemned		*PIR*² C 1543
16	Lycia	T. Clodius Eprius Marcellus	Legate	57	Tac. *Ann.* 13.33	Acquitted		*PIR*² E 84 with *AE* 1956. 186
17	Asia	P. Suillius Rufus.	Proconsul	58	ibid. 13.43	Condemned		M. Fluss, *PW* 7A s.v. Suillius no. 4 cols. 719-722
		A subsequent attempt to prosecute Suillius' son on the same charge was vetoed by Nero.)						
18	Africa	Q. Sulpicius Camerinus	Proconsul	58	ibid. 13.52	Acquitted	Charge uncertain	F. Miltner, *PW* 7A s.v. Sulpicius no. 30 cols. 745-746

19	Africa	M. Pompeius Silvanus Staberius Flavinus	Proconsul	58	ibid. 13.52	Acquitted		B. E. Thomasson, *PW* Suppl. 9, s.v. Pompeius no. 116a cols. 862-863, and W. Eck, Suppl. 14 cols. 437-438
20	Crete/Cyrene	Pedius Blaesus	Proconsul	59	ibid. 14.18; *Hist*. 1.77	Condemned		W. Eck, *PW* Suppl. 14, s.v. Pedius no. 3a col. 375
21	Cyrene	L. Acilius Strabo	Special legate	59	Tac. *Ann*. 14.18	Acquitted	Charge uncertain	*PIR*² A 82
22	Bithynia	M. Tarquitius Priscus	Proconsul	61	ibid. 14.46	Condemned		M. Fluss, *PW* 8A s.v Tarquitius no. 9 cols. 2394-2395
23	Unknown	Paquius Scaevinus	Unknown	Before 69	Tac. *Hist*. 1.77	Condemned	Name uncertain	
24	Crete/Cyrene	(M.?) Antonius Flamma	Proconsul	70	ibid. 4.45	Condemned		H. Halfmann, *Die Senatoren*, no. 7
25	Bithynia	C. Julius Bassus	Quaestor	Under Vespasian	Plin. *Ep*. 4.9.1	Acquitted	Charge uncertain	*PIR*² I 205 = H. Halfmann, *Die Senatoren*, no. 19
26	—	Aedile charged by tribune		Under Domitian	Suet. *Dom*. 8	Unknown		
27	Baetica	Baebius Massa	Proconsul	93	Plin. *Ep*. 6.29.8; 7.33	Condemned		*PIR*² B 26
28	Baetica	Gallus?	?	97-98?	ibid. 1.7 with Sherwin-White ad loc.	Unknown	Name and charge uncertain	Cf. *PIR*² G 59

No.	Province from which charge was made	Defendant(s)	His office	Date of trial	Source	Verdict on charge of *repetundae*	Notes	On defendant see further
29	Africa	Marius Priscus	Proconsul	100	ibid. 2.11 and 19.8; 6.29.9; 10.3A.2	Condemned		F. Miltner, *PW* 14 s.v. Marius no. 59 cols. 1836-1837
30	Africa	Hostilius Firminus	Legate of proconsul	100	ibid. 2.11. 23-24 and 12	Condemned		*PIR*² H 225
31	Baetica	Caecilius Classicus and accomplices	Proconsul	100 or 101	ibid. 3.4 and 9; 6.29.8	Condemned posthumously; accomplices variously treated		*PIR*² C 32
32	Bithynia	C. Julius Bassus	Proconsul	103	ibid. 4.9; 6.29.10; 10.56.4	Condemned	Charged with *repetundae* and other crime(s) not clarified by Pliny (see esp. *Ep*. 4.9.5 and chap. 16 sect. 2 note 50 above)	No. 25 above
33	Bithynia	Varenus Rufus	Proconsul	107	ibid. 5.20; 6.5, 13 and 29.11; 7.6 and 10	Uncertain whether case ever proceeded beyond preliminary stages		R. Hanslik, *PW* 7A s.v. Varenus no. 7 cols. 375-376
34	Spanish province	Cornelius Priscianus	Governor	145	*Fast. Ost.*	Unknown	Charge uncertain	*PIR*² C 1418
35	Bithynia	Unknown	Proconsul?	Under Antoninus Pius	Fronto, *Ad Am*. 1.14. 2-1.15 = pp. 173-174 H	Condemned?		E. J. Champlin, *Fronto and Antonine Rome*, pp. 67-68
36	Noricum	Pollenius Sebennus	Legate	c. 205	Dio 76.9.2-3	Condemned		C. Wolff, *PW* 21 s.v. Pollenius no. 5 col. 1409

附录 10　希伯来语文献中的罗马元老院

希伯来语不仅博大,它的价值和可靠性通常很难估计,但它却包括很多罗马元老院的资料引用,要谨慎评价。细查之下,有些作品似乎不过是出于迂腐,想卖弄学问,使用专业用语σύγκλητος,而其他的只是玩文字游戏。[①] 至少在巴比伦犹太法典的一个例子中具体提到了元老院,结果证明不过是个现代注解。[②] 因此,皇帝"安东尼"要让他的儿子"阿斯维鲁斯"在他所辖的地方去统治的"那个"难以解释的地点可能是元老院,但无法肯定。

虽然有很多难点,提到元老院最有价值的希伯来语引用出自《米德拉什拉巴》(*Midrash Rabbah*)[③],值得一提:

> 我们的拉比(Rabbis)约书亚(R. Joshua)和甘梅利尔(R. Gamaliel)有一次在罗马,元老院颁布了一条法令规定 30 天内犹太人要从这个世上消失。有一位皇帝的元老是敬畏上帝的人,他找到甘梅利尔,将这条法令透露给他。我们的拉比很苦恼,但那位敬畏上帝的人对他们说:"不要烦恼,30 天内犹太的神就会出现来拯救他们。"25 天后,他将这条法令告诉了他妻子,她对他说:"你看,已经过了 25 天了。"他答道:"还有 5 天。"他的妻子比他更正直,对他说:"你不是有指环吗?[④] 把它吞下去死掉,元老院的会议就会延迟 30 天,法令就不会

---

① 比如,在米德拉什拉巴中"senators(元老)"和"enemies(敌人)"是同一个词,*Genesis* 67. 8。

② Abodah Zarah 10a. 关于皇帝和他儿子身份的辨别讨论,参见 E. M. Smallwood, *The Jews under Roman Rule*,第 485—486,490 页,注释 14。

③ *Deuteronomy* II. 24. 这里和下面按 Soncino 的翻译。

④ 也就是里面有毒药。

实施了。”他听从了她的劝告,将指环吞下,死了。

拜访罗马的4位拉比,大家都知道他们活跃在1世纪晚期和2世纪早期,经常在希伯来文献中提到。现代的权威将日期更准确地追溯到图密善时期,即90年代对犹太人怀有敌意那时,似乎是合理的。① 虽然元老院反对他们的做法在别处没有提到,还是可信的。可以肯定,元老院几乎不可能采取极端的做法通过法令
将犹太人整批驱逐出罗马,像传统那样表现出敌意;②但是,比如 511
说,强加给犹太人的一些禁令确实史无前例。③

认为一位元老的去世会导致元老院的举措自动推延30天,让即将实施的法令延迟或失效这点让人奇怪,但在巴比伦犹太法典中,这点有详述:④

> 法典教导:当邪恶的图努斯·鲁弗斯⑤摧毁神殿的时候,甘梅利尔被判死刑。一位高级长官过来站在贝斯哈米德拉什上,大声叫道:“捉拿头领,捉拿头领。”甘梅利尔听到呼喊,将自己藏了起来。那位长官偷偷走到他跟前说:“如果我救你,你会带我到即将到来的世界吗?”他回答:“是的。”他又问他:“你敢发誓?”甘梅利尔发了誓。然后,长官爬上屋顶,从上面跳了下来,死了。现在的(罗马)⑥传统是当制定了一条法规,但他们中有一位(领袖)死了,那么法规就会宣布无效。⑦

---

① E. M. Smallwood, *The Jews under Roman Rule*,第383—384页。

② 比较基督的传统中关于这一传说的法令,第十五章,第五节,列表第163条。

③ 参见本书第465页,注释⑥。

④ Ta'anith 29a.

⑤ 即 Q. Tineius Rufus,在130's Bar Cochba的反叛时犹太的使节:参见E. M. Smallwood, *The Jews under Roman Rule*,第449,550页。

⑥ 现代注释,但完全和文章内容相符。

⑦ 由中世纪著名注疏家Rashi注解:“他们将死亡当成罪恶法规的惩罚。”

事实上，这两篇希伯来文中提到的做法不是罗马元老院的程序，难以知道这是怎么想象出来的，但可能在通过某些或所有元老院法令和存入萨吞尼国库（开始实施）之间必须有 10 天的间隔，造成了混乱。《伪昆体良》确实记录了间隔时间为 30 天，而不是 10 天。不管这种义务的间隔适用于具体哪些法案，死刑肯定是其中之一，①因此给希伯来语的作者造成了混淆。然而，不管怎么解释，反犹太的元老院法令可信度不受影响，正是这法令成了两篇文
512 中最有价值的引用资料。②

① 更多参见本书第 363 页，注释①和第十五章，第五节，列表第 26 条。

② 关于这个附录我应该感谢我的同事 D. R. G. Beattie 和 D. W. Gooding 提供专业意见。

补 充 注 释

A(第一章,第一节)

我在这里大量采用了沙塔奥尔(A. Chastagnol, *Rev. Hist. Droit* 53,1975,第 375—394 页)所描述的奥古斯都对穿紫色宽纹服装的禁令,描述参考了狄奥 59. 9. 5 和苏维托尼乌斯,《奥古斯都》38。为了反驳沙塔奥尔的观点,萨勒(R. P. Saller, *Patronage under the Early Empire*,第 51 页,注释 58)让我们注意到,狄奥暗示的不确定性和更宽泛解释苏维托尼乌斯的资料的可能。他说也有可能狄奥在某方面误解了他的资料。不管怎样,我没有被完全说服立即拒绝他在元老职业这方面的证据,对他来说,这绝不是个晦涩或无趣的主题。事实上,禁止穿紫色宽纹符合奥古斯都想定义和拔高元老阶层更宏大的努力,也可以鼓励元老的儿子追随他们父亲的脚步加入元老院。这个办法最终没持续多久,可以跟比如向缺席会议的元老征收罚款的失败举措相比,或者将元老成员削减到 300 人的失败计划相比:但禁令是我们所知的奥古斯都展开的实验和改变之一。还有一些方面,沙塔奥尔(*Historia* 25,1976,第 253—256 页)和萨勒达成了共识,即苏维托尼乌斯记载的(《维斯帕先》2)维斯帕先早期的生涯弄错了年代,但这并不表明奥古斯都没有实行过禁令。可以相信，到 30 年代为止，禁令实际上早被忽视，即使盖乌斯到 38 年才为它的最终放弃盖上了印章，允许大批的骑士穿紫色宽纹服装。

B(第三章，第二节)

德沃尼克(F. Dvornik)说，在位置安排和会议程序方面，还有其他的安排，教堂议会都会仿照罗马元老院的做法。因此，虽然我们不知道教堂的安排，比如位置的排列等，但相信后面基督教会的
513 做法会给我们一些启发。这会引出一个大的论题，在这里不适合讨论。但在几个地方需要谨慎对待。首先，糟糕的是，德沃尼克没有用具体的事例证明他的论点。第二，虽然教堂肯定反映了罗马的总体影响，但在细节上的模仿还是值得怀疑，要记住教堂议会和元老院议会之间很多显著的差别。最后，即使教堂议会的记录确实告诉我们准确的座位安排，以此推断罗马元老院的安排仍然值得高度怀疑。参见德沃尼克，"公会议中的国家权力"(The authority of the state in the oecumenical councils)，《基督的东方》(*The Christian East*)14，1933，第 95—108 页，sect. III；德沃尼克，"Emperors, popes, and general councils"，*Dumbarton Oaks Papers* 6，1951，第 3—23 页，特别是第 4，18 页＝ *Photian and Byzantine Ecclesiastical Studies*，London，1974，XV。

C(第三章，第二节)

希律(7.11.3)描述 238 年的一次会议时，提到胜利女神的祭坛在门里面，而门边挤满了人，让人困惑。只有那些勇敢的人绕过祭坛才能清楚地看到会议情况。如果祭坛一直那样放，令人好奇的是，早期的作家没有提过它挡住了站在元老院门口的观众的视

线，特别是按照传统，允许他们站在那里观看会议。希律指的这些门实际上是后门吗，如果它们是朱利亚元老院的结构特征，就像戴克里先重建后的构造一样？（这些门肯定会很方便，但不可能是必须的。因为从我们在塔西佗《编年史》13.5 中阿格里皮娜命令改造的资料来看，帕拉蒂尼的会厅就没有后门，而元老院在朱里亚-克劳狄王朝时期经常在那开会。）可以想象，在任何一扇后门的外人都要绕过胜利女神像下方的祭坛，但在这里旁观者已经在靠近主席台的位子——会场的焦点所在，视线根本不会被祭坛遮挡。虽然没有古代的资料区分过元老院的前门和后门，我们自然还是会猜想希律指的是前门，面朝公共会场，那是公众聚集的地方，而不是后门，那就会朝着卡尔基迪库姆（Chalcidicum）了。总的来说，希律不是历史学家，在细节的问题上不能太过相信他，因此有关胜利女神像的位置和祭坛的位置，他说的话都得打个折扣。关于他属于哪个社会阶层的更多问题，他对朱利亚元老院结构的了解很可疑，以此用来证明他至少从来不是元老院的一员，这在多大程度上具有合理性很难确定。更多参见 C. R. Whittaker, Loeb 514
ed., Vol. I, 第 xixi—xxiv 页；G. Alfoldy, "Herodians Person", *Ancient Society* 2, 1971, 第 204—233 页，特别是第 231—233 页。

D（第四章，第二节）

舍温-怀特在《普林尼》第 378 页认为（总体上得到了 A. hastagnol 的赞同，参见 *Melanges offerts a Leopold S. Senghor*, Dakar, 1977, 第 48 页），约束元老行为的规矩"显然在实际上没有遵守"，但也不能用狄奥在坎帕尼亚有一栋别墅、在比提尼亚有地产的例子来证明这个观点。狄奥是非意大利籍相当数量元老中的一个典型，地产分别位于两地。从我们对他职业生涯的了解，其实很难知道他什么时候回去比提尼亚待上很长一段时间。229 年担任第二任执政官后，他确实退休回去那里定居了，但那时，他至少有60多岁，已经超过了让元老回去参会的年龄（参见第四章，第三节），还有生病请假的合理借口（参见 F. Millar, *A Study of Cassius Dio*，第13—27页及狄奥 80.5.2—3）。他对自己所见事情的评述，还有他说在佩蒂纳克斯统治前后都没见克劳狄乌斯·庞佩亚努斯进过元老院，都说明他还会在力所能及的范围内经常参会（参见 72.4.2；74.3.2 和 12.2—3；75.1.4；80.1.2）。确实，他的生涯甚至和舍温-怀特试图描述的形象相反，即一位自觉、有雄心向上的元老的确不太情愿经常参加乏味的会议，而在会上的角色又无足轻重，而且还经常感到害怕。不过，话虽如此，应该明白狄奥的生涯（不管怎么理解）只反映了一位成员的经历和态度。要以单个例子作总体概括是错误的。

E（第七章，第十一节）

指定财务官不参加元老院会议的事实否定了 G. Alföldy 和 H. Halfmann 的观点（"Iunius Maximus und die Victoria Parthica"，*ZPE* 35，1979，第195—212页＝C. Börker and R. Merkelbach, *Die Inschriften von Ephesos III*，no. 811），即 Iunius Maximus，据以弗所的一块碑刻说，是"quaestor(em) extr[a] s[e]n[t]entias des[i]gnatum, suscipien[tem] munus laureatar[um] victoriae Parthicae"，具体目的是将166年在帕提亚胜利的消息告诉元老院。事实上，指定官员的身份并不能赋予他参会的资格，他可能只是得到执政官的引见，像其他大使一样。而且，如果弗朗图在 Iunius 传达了消息后（看起来有可能），才写他的信 Ad Amicos 1.6（＝第168—
515 169页 H），他同 Avidius Cassius 说"dingus est quem diligas et suffragiis tuis ornes"就有点多余了。"extra sententias"的含义仍然不清楚。它可以用来指 Iunius 得到快速提拔，比如，像 C.

Vesnius Vindex一样(*CIL* XI. 6053 with W. Eck, *PW* Suppl. 15 s. v. Vesnius, cols. 901—902),虽然这个短语明显不该是这个意思。但负责题词的希腊人误解了术语也是有可能的(参见C. Habicht, *Istanb. Mitt.* 9/10, 1959/1960,第110页,第10—12行;*SIG*^{3} 858,每个例子中误解的可能性,A. B. Bosworth都忽略了,参见*ZPE* 39, 516
1980,第269页)。

F(第七章,第十二节)

塔西佗和弗朗提努斯,两位都是1世纪晚期和2世纪早期的作家元老,他们都很自然地用pedarius一词来指还没有晋升到副执政的元老——《编年史》3. 65和*Aqued.* 99的内容分别清楚地说明了这点。但除了这两个作者的个例,这个词在帝国时期只于2世纪晚期Aulus Gellius(3. 18)的文中出现过,而他显然不熟悉这个词。更多参见L. R. Taylor和R. T. Scott, *TAPA* 100, 1969,第548—557页。别的地方塔西佗提过*consulares*(执政官), *praetorii*(副执政)和"元老院其他人"(《编年史》3. 28;参见*FIRA*^{2} I no. 68 V,第107—111行)。

没有证据证明A. Chastagnol的观点(*Miscellanea in onore di Eugenio Manni II*,第473—475页)和之前L. Cantarelli的观点,他们认为pedarii指的是有权参会和投票的骑士,但无权发言,他们不过是来凑够规定的出席的总人数,直到克劳狄乌斯开始直接选拔。除了其他反驳意见,这种理解预设了准确保持出席人数的重视,总的来说,让人难以置信。弗朗图和塔西佗都以高度专业的含义使用了这个词,而不仅仅是随随便便;而且上面的理解完全忽略了后者清楚表明pedarii确实可以发言。

J. Korpanty还忽略了最后一点("Przyczynek do problem tzw. 'sentores pedarii'", *Meander* 34, 1979,第415—418页),他

根据第 418 页拉丁语的总结争辩说，pedarii 可以投票，但不能发言。L. T. Blaszczyk 写的一篇更早的波兰语文章（*Ze Studiów nad senatem rzymskim w okreste schylku republiki*，Lódź，1965，第二章和第 94—96 页）的法语总结，得到 A. Deman 的评论，很有帮助，Latomus 26，1967，第 271 页。

G（第七章，第十二节）

有必要考察朱里亚-克劳狄时期两位长寿的执政官提出的类似说法——L. Volusius Saturninus（公元 3 年执政官，56 年去世，享年 93 岁：R. Hanslik，*PW* Suppl. 9，cols. 1861—1862；W. Eck，*PW* Suppl. 14，col. 963），他比担任执政时在辩论中询问过意见的人活得都久；L. Calpurnius Piso（27 年执政官：*PIR*^{2} C 293）担任执政时叫到发言的那些人在元老院都看不到了（普林尼，《自然史》7. 156；普林尼，《书信集》3. 7. 12）。两人的说法都不一定能证明会让初级元老发表意见，但同样，他们的说法也没有受到反驳。公元 3 年最初级的财务官（即在公元 2 年担任元老院官员，在最低年龄限制 25 岁的时候）到公元 56 年将是 79 岁，所以很可能 Volusius 活得比他久。据推测，庇索（Piso）肯定至少活到了维斯帕先时期：在一封不会早于 99 年写的信中，普林尼说他“最近（nuper）”发了言，但我们没有更多的资料证明他是什么时候去世的，也无法知道他发言的措辞是否有什么重要意义。也许 27 年同时代的人有些还活着，但不再参加元老院会议。我们知道，比如 C. Cassius
517 Longinus（30 年执政官：*PIR*^{2} C 501）在流放中度过了大半余生。

H（第八章）

皇帝引用了元老院决议，而不是谕令（all in CJ）：

奥略留引用了列表第 81 条(第十五章,第五节),在哈德良时期通过(3.31.1)。

塞维鲁·亚历山大引用了列表第 108 条,在奥略留和维鲁斯时期通过(5.62.5)。

塞维鲁·亚历山大引用了列表第 128 条,在奥略留和康茂德时期通过(6.57.1)。(在这个例子中,《元老院继承法》当然是经常引用的来源,但也有相关的谕令可引。)

塞维鲁和卡拉卡拉(5.6.1),卡拉卡拉(5.62.4),以及菲利普斯(5.6.4)都引用了列表第 130 条,在奥略留和康茂德时期通过。

卡拉卡拉(5.71.1),戈尔迪安(5.73.2),瓦莱留和加利努斯(Gallienus)(5.71.5),Carus,Carinus 和 Numerian(5.71.7),戴克里先和马克西米安(5.71.8,11,15—17;73.3—4)都引用了列表第 134 条,在塞维鲁时期通过。

皇帝引用了谕令,而不是元老院决议(all in CJ):

戈尔迪安(5.70.2),戴克里先和马克西米安(5.71.9)引用了列表第 134 条,在塞维鲁时期通过。

戈尔迪安(5.16.10)引用了列表第 135 条,在塞维鲁和卡拉卡拉时期通过。

J(第十一章,第四节)

已明确知道经元老院投票、献给皇帝及其近亲的凯旋及小凯旋式,参见:

RG 4.1;狄奥 51.25.2(克拉苏及屋大维);53.26.5(奥古斯都);54.11.6 及 24.7(阿古利巴);54.31.4(提比略);56.17.1—2(奥古斯都及提比略)。

塔西佗,《编年史》2.64,cf. 3.11(日尔曼尼库斯及德鲁苏斯);ibid.,3.47(纪念提比略的计划流产)。

狄奥 59.16.11 及 23.2(盖乌斯);亦可参见 Suet. *Calig*. 48。

狄奥 60.22.1(克劳狄乌斯)。

塔西佗,《编年史》13.8(尼禄)。

Josephus,*BJ* 7.121(维斯帕先及提图斯);cf. 狄奥 66.7.2。

狄奥 68.28.3 及 29.2(图拉真)。

HA,*Hadr*. 6.3(哈德良为图拉真庆功)。

HA,*Commod*. 2.4—5(马库斯及康茂德)。

HA,*Sev*. 9.10(塞维鲁);16.6—7(塞维鲁及卡拉卡拉)。

K(第十二章,第五节)

元老院表决:

运动会:

RG 22.2;塔西佗,《编年史》3.64;Suet. *Vesp*. 2. 狄奥 58.12.4—5;HA,*Antonin*. 5.5;*ILS* 88,95,8894.

节庆:

塔西佗,《编年史》15.74;Suet. *Calig*. 16;狄奥 51.19;54.10.3;34.2;59.26.3;60.23.6;cf. G. K. Boyce,*Corpus of the Lararia of Pompeii*, *MAAR* 14.1937. no. 466.

Feriae ex s.c.: see *Inscr. Ital*. XIII. 2,第 559—560 页;一般参见 Ulpian,*Dig*. 4.6.26.7。

祭司:

塔西佗,《编年史》3.29;4.4;13.2;狄奥 56.46.1.

祭祀:

Martial 8.15;塔西佗,《编年史》6.25;狄奥 51.20.3;57.6.4;59.4.4;16.10;61.16.4;77.1.4.

圣坛以及其他献辞:

RG 11;12.2;34;35;塔西佗,《编年史》4.74;Suet. *Claud*.

11；狄奥 54.10.3；25.3；27.2.

献辞的碑文证据 ex. s. c.(除另外说明外，仅来自罗马)：

屋大维/奥古斯都：*ILS* 81，82(帕提亚)，83，84(亚里米伦)；*CIL* V. 7817(阿尔卑斯)；

X. 1619(那不勒斯)；*AE* 1952. 165(阿尔勒)；关于公元前 27 年 1 月 13 日进行投票的荣誉，参见 *Inscr. Ital.* XIII. 2，第 396 页。 518

莉维亚：*ILS* 202.

C. 及/或 L. 恺撒：*ILS* 136(?)；*CIL* VI. 3748(?)，36908；*AE* 1973. 34.

日尔曼尼库斯：*CIL* VI. 894 = 31194(?).

德鲁苏斯：*CIL* VI. 31200.

尼禄·恺撒：*ILS* 182.

克劳狄乌斯：*ILS* 216.

维斯帕先：*ILS* 245.

提图斯：*ILS* 264，265.

涅尔瓦：*ILS* 274.

图拉真：*ILS* 282(特腊契纳)，283，292，294，296(贝尼劳顿)，302(阿尔巴 钦斯)；*CIL* VI. 30958，31215；*NSc* 1.，1947，第 98 页。

图拉真，普罗蒂娜及神圣马尔恰那：*ILS* 298(安科纳)。

哈德良：*ILS* 309；*CIL* VI. 974，36915.

安东尼：*ILS* 341.

奥略留：*ILS* 374.

塞普蒂米乌斯·塞维鲁及卡拉卡拉：*ILS* 425.

L(第十六章，第一节)

对于康茂德统治时期元老院参与以下两个案件的看法，最好保持怀疑态度：

（1）据受过教育的基督徒尤西比乌斯（Eusebius，*Hist. Eccl.* 5.21）所说，阿波罗尼奥斯首先被带到佩仁尼斯面前（禁卫军长官，183—185），然后被要求在判[他]死刑的元老院面前为自己辩护。后来，在基督徒烈士行为中留存着关于此事的一个极为混乱的版本：参见 H. A. Musurillo，*The Acts of the Christian Martyrs*，no. 7。佩仁尼斯对元老院有明显敌意，不太可能将此事移交至元老院（除非出于愚弄），但在别处未知其他元老院参与审判基督徒的例子（cf. 第十二章，第四节，第 468 页注释⑥）。实际上，哲罗姆（*De viris illust.* 42）称阿波罗尼奥斯为元老，也许只是为了解释所谓的审判地点。更多的讨论，参见 *PIR*^{2} A 931；T. D. Barnes，*JRS* 58，1968，第 46—48 页；及 R. Freudenberger，"Die Überlieferung vom Martyrium des römischen Christen Apollonius"，*ZNTW* 60，1969，第 111—130 页。

（2）据一对纸莎草残篇，来自亚历山大的体育官阿皮安因控
519 告康茂德在埃及粮食的销售上享有利益而被判死刑。正当他被带
离皇帝面前，又被召回，并被问到谁负责这条命令——元老院或康
茂德本人。自然地，这个问题表明这样的可能，即元老院在此案的
判决上发挥过某种作用。不过，总的来说，似乎不可能，且没有听
说过元老院独立于皇帝准许缓期行刑的例子。更可能的是，阿皮
安只是随便提到，"元老院"在罗马是作为皇帝以外的另一权威。
参见 H. A. Musurillo，*The Acts of the Pagan Martyrs*，no. 11；J.
520 Crook，*Consilium Principis*，第 77—78 页。

非专业读者指引

1. 罗马皇帝(从奥古斯都到戈尔迪安三世)

下文所列为每位皇帝登基后正式采用的名字。楷体字部分为世人普遍知晓的名字。括号中为非正式名字。

朱里亚-克劳狄	
大将军 恺撒·奥古斯都	公元 14 年去世
提比略·尤利乌斯·恺撒·奥古斯都	14—37
盖乌斯·恺撒·奥古斯都·日尔曼尼库斯(卡利古拉)	37—41
提比略·克劳狄乌斯·恺撒·奥古斯都·日尔曼尼库斯	41—54
大将军 尼禄·克劳狄乌斯·恺撒·奥古斯都·日尔曼尼库斯	54—68
塞尔维乌斯·加尔巴·大将军 恺撒·奥古斯都	68—69
大将军 马可·奥索·恺撒·奥古斯都	69
奥卢斯·维特里乌斯 大将军 日尔曼尼库斯·奥古斯都	69
弗拉维安	
大将军 恺撒·维斯帕先·奥古斯都	69—79
大将军 提图斯·恺撒·维斯帕先·奥古斯都	79—81

（续表）

弗拉维安	
大将军 恺撒·图密善·奥古斯都·日尔曼尼库斯	81—96
大将军 涅尔瓦·恺撒·奥古斯都·日尔曼尼库斯	96—98
大将军 恺撒·涅尔瓦·图拉真·奥提穆斯·奥古斯都·日尔曼尼库斯·达西库斯	98—117
大将军 恺撒·图拉真·哈德良·奥古斯都	117—138
安东尼	
大将军 恺撒·提图斯·埃利乌斯·哈德良·安东尼·奥古斯都·庇乌斯	138—161
大将军 恺撒·马可·奥略留·安东尼·奥古斯都	161—180
大将军 恺撒·卢修斯·奥略留·维鲁斯·奥古斯都	161—169
大将军 恺撒·马可·奥略留·康茂德·安东尼·奥古斯都	177—192
大将军 恺撒·普利乌斯·赫利维乌斯·佩蒂纳克斯·奥古斯都	193
521 大将军 恺撒·马可·狄第乌斯·塞维鲁·朱利安·奥古斯都	193
塞维鲁	
大将军 恺撒·卢修斯·塞普蒂米乌斯·塞维鲁·佩蒂纳克·奥古斯都	193—211
大将军 恺撒·马可·奥略留·安东尼·奥古斯都(卡拉卡拉)	198—217
大将军 恺撒·普利乌斯·塞普蒂米乌斯·格塔·奥古斯都	209—212
大将军 恺撒·马可·欧佩里乌斯·马克里努斯·奥古斯都	217—218
大将军 恺撒·马可·奥略留·安东尼·奥古斯都(埃拉加巴鲁斯)	218—222

（续表）

塞维鲁	
大将军 恺撒·马可·奥略留·塞维鲁·亚历山大·奥古斯都	222—235
大将军 恺撒·盖乌斯·尤里乌斯·维鲁斯·马克西米努斯·奥古斯都	235—238
大将军 恺撒·马可·安东尼·戈尔迪安(I)塞姆普朗纽斯·罗马努斯·阿弗利肯努斯·大奥古斯都	238
大将军 恺撒·马可·安东尼·戈尔迪安(II)塞姆普朗纽斯·阿弗利肯努斯·小奥古斯都	
大将军 恺撒·迪西穆斯·凯利乌斯·卡尔维努斯·巴尔比努斯·奥古斯都	
大将军 恺撒·马可·克罗狄乌斯·普皮恩努斯·奥古斯都	238 244
大将军 恺撒·马可·安东尼·戈尔迪安(III)·奥古斯都	

2. 元老院官职(职阶):简明总结

皇帝(为那些尚未成为元老院阶级成员的人)授予紫色条纹袍(latus clavus)。

二十人委员会(每年20名)。军团中的军事保民官(tribunus militum)在其之前或之后,尽管(不像二十人委员会),仍是可选的。

财务官(20名)任期不少于25年。当选者可进入元老院,并

被授予终身会员身份。

⬇

保民官(10 名)或市政官(6 名)。贵族被排除在该职阶以外。

⬇

副执政官(直到 1 世纪晚期,职位数目仍在变化,此后为 18 个),任期不少于 30 年。

⬇

执政官(始终是两名执政官同时在任,在其他情况下,每年的人数以及任期长短均会变化)。杰出的元老院议员或两次甚至三次当选。

共和国时期,监察官比执政官职阶要高,但在元首制时期,该职位实际上已不存在。

3. 术 语 表

旨在对文中重复出现的主要术语作出简要定义。将不会详细解释,亦不会关注只在注释中使用过的术语。定义针对的是这些术语在本书中的用法,因而并不一定是普遍意义。

522 *Acta senatus*(pl.) 元老院纪事(复数),元老院会议的官方记录。

Adlectus(sing.)/*-ti*(pl.) 直接获得任命的人,皇帝引荐或“直接任命”至元老院特定官阶的非元老院成员(内部财务官、保民官等);以及从较低官阶被提拔至较高官阶的元老院成员。

Adventus 抵达,皇帝正式抵达罗马。

Aedilicius/*-cii* 市政官,曾任市政官一职的元老,但未任更高官职。

Aerarium militare 军队财库,罗马的“军队”财库由奥古斯都于公元 6 年建立,为的是向退伍军人支付应付的奖励金。

Aerarium Saturni 萨吞尼国库，罗马的国库及官方储藏所，坐落在农神庙，接受元老院的一般监督。

Album senatorium 元老院名录，根据年资进行排列的元老院成员名单，公开展示，并每年更新。

Alimenta(pl.) 补助金，意大利的儿童抚养计划。罗马政府设立的补助金由政府及本地土地所有者联合提供资金。

Altercatio 口角，元老院会议上两个或两个以上的成员就一个有争议性的话题作出的一连串正反言论（经常违反正常秩序）。

Apocolocyntosis 塞内加写的讽刺文，里面讲到皇帝克劳狄乌斯死后想加入神的行列，却没有被神化，而是——经天上的元老院讨论后——被变成了南瓜（pumpkinification）（希腊语标题）。

Arval Acta(pl.) 载有罗马祭司团体阿多朗达兄弟（Fratres Arvales）会议详细记录的石碑（大部分罕见地幸存）。12 名成员均为元老，包括皇帝。大部分内容讲述他们的仕途与活动。

Auctoritas 权力，(1)任何人所拥有的非正式影响力（相对于法律权威）：可以理解的是，皇帝的权力尤其大；(2)元老院通过的决议，但由于某种原因仍为无效（例如，由于及后被否决，或相关会议只是非正式地进行）。

Auxilia(pl.) 辅助军，罗马军队的辅助军团，主要为非公民。

Clarissimus 显赫者，用来描述或称呼元老院阶级任一成员的敬称（字面义为“最尊贵的”）。

Codicillus/-li 批复，皇帝发出的信函（故相当于指令）。

Collegium/-ia 社团，会社、协会、组织的统称。

Colonia /-iae 殖民地，享有罗马授予的最优待地位的社区， 523
尤其是相当大的地方自主性及重大的税收优惠。

Comitia(pl.) 大会，罗马的人民大会的统称。

Concilium/-ia 平民大会，（在希腊语行省为 *koinon*/-na，城

邦),每个行省的代表大会,设立目的主要是监督皇帝崇拜的情况,尽管其活动或进一步扩展,尤其负责感谢某些离任总督及检控另一些总督。

Consularis/-res 曾任执政官的元老。

Corrector/-res,*curator/-res* 整顿人,由罗马派遣、负责整顿一个或一个以上区域秩序的官员,尤其是整顿财政。

Curator/-res 管理人,(1)=整顿人;(2)负责监督公共事务的元老院官员,如罗马的水务(水务官),意大利的主要道路(道路管理人)。

Curia 朱利亚元老院,元老院的主要会议场所;但该词也可指元老院会面的任何地方。

Delator/-res 控告人,告密者。

Designatus/-ti 未上任官员,当选某一官职,但尚未上任的元老院成员。

Discessio 表决,元老院会议过程中的某个特定环节:元老院成员要就某事进行表决,但未被个别咨询意见;不严格来说,也用于已被咨询意见的表决。

Discessus senatus,s. v. *Res prolatae*. 元老院年度休会期。

Ab epistulis 通信秘书,负责整理呈交给皇帝的信件以及发放批复的法庭官员。

Eques/equites 字面意思为"骑士"。在罗马两个上层阶级中排第二。尽管以一般标准来看仍非常排外,但与元老院阶级相比,群体更大且[成分]更多样。准入大多为非正式,且对公共生活不承担义务,某些效劳于皇帝的高级职位和军官职位会保留给该阶级的成员。

EX S(enatus)C(onsulto) "据元老院决议"。

Falsum 伪造,欺诈。

Fasti(pl.) 节庆表,(1)重要事件的年历;(2)一个或多个职

位持有人的年度列表。

Fideicommissum/-sa 字面意思为“遗赠”。立遗嘱者提出的向一个或一个以上受益人执行决定的请求。

Fiscus 私库，即皇帝财库在概念上的统称。 524

Gratiarum actio 感谢词，尤指执政官就职时向元老院中的皇帝发表的致词。

Historia Augusta 《奥古斯都史》，从哈德良到3世纪晚期的皇帝传记集。质量及可靠程度不能一概而论。编写人及编写日期饱受争议；尽管如此，至少可以肯定编写日期在所论及的皇朝结束很久以后。

Horti(pl.) 字面意思为“花园；田庄”。

Hostis/-tes 敌人；显然，元老院可宣布任何个人为私敌或国家公敌，有可能立即处决。

Imperator 字面意思为“将军”。原本是授予给杰出司令的尊称。元首制时期亦如此，但该项殊荣很快便为皇帝及其家族成员保留。还发展出皇帝将其用作称号的惯例。

Imperium 统治权，授予给罗马高级元老院官员的（行政、司法、军事）权力及权威。

Infamia 无耻，名声损毁；尤其是取消特定案件中罪名成立的被告的各种资格。

Interrogatio 元老院会议过程中的一个环节：主持人就其所提出的事项依次征询成员的意见。

Ius trium liberorum 三子法特权，授予给3个或3个以上子女的父母，且皇帝可随心授予给其他人的一套法律及财务特权。

Iustitium 紧急情况下，公务（尤其是庭审）中止。尽管元老院有权宣布中止，但仍可继续进行内部会议。

Koinon(Greek)，s. v. *concilium* 希腊语“城邦”，相对于“平民大会”。

Latus clavus 丘尼卡袍上的紫色宽条纹，表明元老院阶级成员身份；故有形容词“laticlavius”（深红色宽边的）。亦可参见上文第二部分。

Lectio senatus 复核元老院名册（由皇帝进行）。

Legatus/-ti 行省总督的行政助手。

Legatus Augusti propraetore 皇帝行省总督，由皇帝进行任命。

Legatus legionis 军团指挥官。

Legitimus/-mi, senatus/-tūs 元老院定期会议（相对于立刻召集的会议）。

Lex/leges 人民大会通过的法律，一般先行征询过元老院意见，并已获得批准。

525 *Lex de imperio Vespasiani* 维斯帕先皇权法，公元 69 年末维斯帕先登基时通过的法律，其中授予了一系列皇室特权。一部分文本留存下来。

Lex Julia de senatu habendo 关于元老院会议程序的尤利亚法，公元前 9 年通过的法律，管理元老院议事程序。

Lex Papia Poppaea 帕皮亚·波比亚法，公元 9 年通过的法律，提供各种激励政策来鼓励婚育，并取消不响应政策者的某些资格。

A libellis 法庭官员（*libellus/-li*），整理呈示给皇帝的请愿以及发放皇帝批复。

Ludi Saeculares 百年节，庆祝一个世纪或百年完结及下一世纪或百年开端的特备运动会，由十五人祭司团在元老院的一般监督下进行安排。实际上，元首制时期的运动会分别于公元前 17 年、公元 47 年、88 年及 204 年举行。

Maiestas 叛国罪。元首制时期，任何被视为损害皇帝或其利益的行为或会被控此罪名。

Mandata(pl.)　皇帝给官员的指令。

Munus/*-nera*　公共或私人责任或义务的统称。

Notarius/-ii　速记员。

Novus/-vi,*homo/-mines*　字面意思为“新人”,一个家族中首名进入元老院的成员。

Oratio/-ones　字面意思为“演讲”。在元老院的语境下,主要指皇帝的信函,不论传达方式如何,也被认为具有法律效力。

Ordinarius/-rii(*consul/-les*)　执政官,其任期从 1 月 1 日开始,因而比其后的补任执政官(*suffecti*)享有更高威望。

Ornamenta(pl.)　字面意思为“装饰物、奖章”,该词尤指光荣胜利的奖赏(凯旋荣誉),或荣誉性的元老院官阶(如财务官、副执政官荣誉等)。

Ovatio　较小型的凯旋式。

Panegyricus　常以此标题指留存下来的、普林尼于公元 100 年 9 月就任执政官时向皇帝发表的致谢词。

Pater patriae　字面意思为“国父”,元首制时期只授予给皇帝的特殊称号。

Patricians　原指处于特权地位的罗马公民,相对于一般人(平民)。帝国时期,两者几乎没有实际差别,但由于宗教及传统原因,皇帝确实保留并提拔了一小群贵族。

Pedarius/-ii(*senator/-res*)　副执政官级别以下元老的非正 526
式说法。

Peregrinus/-ni　异邦人;严格来说,指任何不具有罗马公民身份的人。

Plebeians, *s. v. patricians.*　“平民”相对于“贵族”。

Pomerium　罗马城的神圣疆界。元老院仅能在此范围内或离此不超过 1 英里的地方举行会议。

Pontifex Maximus　罗马国教的大祭司职位,总是由皇帝来

担任。

Populi diurnal acta(pl.)　字面意思为“人民的日常行为”，创立于公元前59年的公告。从罗马发往整个帝国。主题多样，甚至包括元老院事务。

Praefectus frumenti dandi　在罗马负责分发免费粮食的元老院官员(4名)。

Praefectus Urbi　在罗马负责维持法律及秩序的元老院高级官员。

Praefectus Vigilum　在罗马负责指挥值夜队伍及防火人员的骑士阶级官员。

Praetorian Guard　组成皇帝卫队的特权军团。一般由一对骑士长官来指挥，后住进罗马边缘的兵舍。

Praetorius/-rii　曾任副执政官的元老，但未担任更高官职。

Prima sententia　元老院会议上首个被主持人点名的成员所发表的意见，受到特别重视。

Princeps/principes　字面意思为“首领”，不严格来说，用来指共和国晚期的领导人物。此后却变成只有皇帝才使用的非正式称号。参见下一条。

Princeps senatus　(区别于单独使用的“Princeps”)共和国时期，由监察官在元老院名册前附加的元老称号。及后，尽管每位皇帝在统治期间也为名册增加称号，但只有少数采用实际称号。

Privatus/-ti(*senator/-res*)　当前没有官职的元老。

Proconsul　元老院受托负责的行省的总督，由抽签产生，任期为一年。

Procurator/-res　为皇帝效劳的骑士官员。

Profectio　皇帝正式离开罗马。

Quaestio/-ones　由副执政官主持的罗马陪审法庭，其设立目
527 的为审理特殊类型(如通奸或投毒)的指控。

Quaestorius/-rii 担任财务官的元老院议员，但未担任更高官职。

Quindecimviri sacris faciundis（pl.） 罗马的大祭司团之一；职责包括保管作为神谕的西卜林圣书，以及庆祝百年节。

A rationibus 负责监督皇帝财务状况的朝廷官员。

Relatio/-ones 元老院会议过程中的一个环节：主持人提出一个或多个事项以寻求指导意见。

Relegatio 罗马法庭可判决的其中一种流放罪。法律规定一系列限制条件，但显然不够严厉。

Repetundae（pl.） 针对官员管治不善的指控，尤指勒索罪的指控。

Res Gestae（*divi Augusti*） 《功业录》（神圣奥古斯都），发表于奥古斯都去世后的（残存）文献，其中他总结了自己的成就以及对国家的付出。

Res prolatae（pl.）＝ *Discessus senatus*（sing.） 元老院年度休会期，为 4 月多数时候及 5 月初。

Saevigtia 严酷，残忍。

Salutatio 清晨举办的正式仪式，期间受养人及相关人士向尊贵者致敬。

Senatus consultum/-ta （简称 SC，SCC）元老院决议。

Sententia/-ae 元老院会议上成员表达的意见；在其他语境中亦指决议。

Suffectus/-ti（*consul/-les*） 补任执政官（参见上文第二部分），在一年中的第二个阶段或较后期上任，因而较常任执政官（*ordinarii*）享有较小敬意。

Supplicatio/-ones 大胜利或大灾难时向某些或全部神灵作出的特殊召唤。

Tribunicia potestas 授予奥古斯都及其后皇帝的权力之一，

本身权力不大但由于保民官作为人民保护者的通俗形象而得到标榜。

Tribunicius/-cii 曾任保民官的元老院议员，但未担任更高官职。

Tribunus/-ni militum 军团中的官员，具有元老或骑士身份（每团 6 人）。

Triumph 罗马的庆祝游行，作为伟大荣耀授予给打胜仗的将军。

528 *Tutor/-res* 监护人。

Vectigal/-lia 间接税的统称。

Verba facere 短语（没有名词形式），指元老院会议过程中的一个环节：主持人解释或讨论其提出的事项。

Vigintivir/-ri 在元老院仕途上踏出必要的第一步的初级
529 官员。

参考文献

1. 元　老

长久以来，关于个别元老的背景、家庭、仕途以及其他相关话题吸引了众多学者的注意。此处列出的只是非常有限的研究资料，重点放在近著，试图呈现不同时期元老院成员资格的概况。省略了尽管有价值、目前却大多被取替——如 Stech，Lambrechts 和 Garzetti 的著作。对于进一步的研究，*PW*（尤其是及后的 *Supplementbande*）和 *PIR*[2] 均不可或缺；新进展特别参见 *AE*。其他多个相关标题将出现在下文的“一般性文献”。

G. Alföldy，“Senatroen in der römischen Provinz Dalmatia”，Epig. Stud. 5. 1986. pp. 99—144.

G. Alföldy，“Septimium Severus und der Senat”，Bonn. Jahrb. 168. 1986. pp. 112—160.

G. Alföldy，*Konsulat und Senatorenstand unter den Antoninen*：*prosopographische Untersuchungen zur senatorischen Führungsschicht*，*Antiquitas* 1. 27，Bonn，1977.

G. Barbieri，*L'albo senatorio da Settimio Severo a Carino* (193—285)，Rome，1952.

A. Chastagnol, "Les sénateurs d'origine provincial sous le règne d'Auguste", in *Mélanges de philosophie, de literature et d' histoire ancienne offerts à Pierre Boyancé, Collection de l'Ecole Française de Rome* 22. 1974. pp. 163—171.

J. -P. Coriat, "Les homes nouveaux *à* l'époque des Sévères", *Rev. Hist. Droit* 56. 1978. pp. 5—27.

K. Dietz, *Senatus contra principem: Untersuchungen zur senatorischen Opposition gegen Kaiser Maximinus Thrax, Vestigia* 29, Munich, 1980.

W. Eck, *Senatoren von Vespasian bis Hadrian. Prosopographische Untersuchungen mit Einschluss der Jahres- und Provinzialfasten der Statthalter, Vestigia* 13, Munich, 1970.

W. Eck, "Die Präsenz senatorischer Familien in den Städten des Imperium Romanum bis zum späten 3. Jahrhundert", in *Studien zur antiken Sozialgeschichte: Festschrift F. Vittinghoff*, ed. W. Eck, H. Galsterer, H. Wolff, Cologne/Vienna, 1980. pp. 283—322.

H. Halfmann, *Die Senatoren aus dem östlichen Teil des Imperium Romanum bis zum Ende des 2. Jahrhunderts n. Chr.*, *Hypomnemata* 58, Göttingen, 1979.

B. W. Jones, *Domitian and the Senatorial Order: A Prosopographical Study of Domitian's Relationship with the Senate, A. D.* 81—96, *Memoirs of the American Philosophical Society* 132. 1979.

S. J. de Laet, *De Samenstelling van den romeinschen Senaat gedurende de eerste Eeuw van het Principaat* (28 *vóór Chr.* -68 *na Chr.*), Antwerp, 1941.

M. W. H. Lewis, *The Official Priests of Rome under the*

Julio-Claudians, *Papers and Monographs of the American Academy in Rome* 16. 1955.

H. -H. Pistor,"Prinzeps und Patriziat in der Zeit von Augustus bis Commodus", diss. Freiburg, 1965.

L. Schumacher, " Prosopographische Untersuchungen zur Besetzung der vier hohen römischen Priesterkollegien im Zeitalter der Antonine und der Severer(96—235 n. Chr.)", diss. Mainz, 1973.

2. 行省总督及皇帝公使

本表所列为新近出版的文献。不管怎样,新发现要求不断更新,特别参见*AE*。大部分行省目前已得到充分研究,但仍非常欢迎关于亚细亚行省总督的综合研究。

行省总督

阿非利加:B. E. Thomasson, *PW* Suppl. 13 s. v. Africa(2), cols. 1—11.

亚细亚:D. Magie, *Roman Rule in Asia Minor*, *Princeton*, 1950, pp. 1580—1585; W. Eck, "Prokonsuln von Asia in der Flavisch-Traianischen Zeit", *ZPE* 45. 1983. pp. 139—153.

贝提卡:G. Alföldy, *Fasti Hispanienses*, Wiesbaden, 1969 (summary on pp. 308—309).

比提尼亚/本都:D. Magie, op. cit. p. 1591.

克里特及昔兰尼:W. Eck, *Zephyrus* 23/24. 1972/1973. pp. 244—251; I. F. Sandars, *Roman Crete*, Warminster, 1982, Appendix I.

塞浦路斯：W. Eck，loc. cit. pp. 250—253.

吕西亚及潘菲利亚：D. Magie，op. cit. p. 1600.

马其顿：(公元前 27 年—公元 15 年)R. Szramkiewicz，*Les gouverneurs de province à l'époque augustéenne*，Paris，1976，vol. 2，p. 514；(公元 44 年以后)W. Eck，loc. cit. pp. 240—243.

纳庞西斯：H. -G. Pflaum，*Les fastes de la province de Narbonnaise*(*Gallia*，Supplement 30，Paris，1978)，chap. 1.

撒丁岛及科西嘉：P. Meloni，*L'amministrazione della Sardegna da Augusto all'invasion Vandalica*，Rome，1958.

西西里：W. Eck，loc. cit. pp. 238—241.

公元 69—138 年间的所有行省情况，亦可参见 W. Eck，*Senatoren von Vespasian bis Hadrian*，pp. 112ff；以及(至 96 年)B. Kreiler，"Die Satthalter Kleinasiens unter den Flaviern"，diss. Munich，1975。

同一时期的行省总督及其他官员列表可参见 B. E. Thomasson，*Laterculi Praesidum*，Lund，1972。

皇帝公使

关于所有行省情况，参见 W. Eck，"Zu den prokonsularen Legationen in der Kaiserzeit"，*Epig. Stud.* 9，1972，pp. 24—36 at pp. 32—36。

3. 一般性文献

本部分仅列出文本及脚注中引用过的著作。省略所有百科全书式的文章和少数次要文章。已列在"略语表"及参考文献第一、二部分的著作不在此重复出现。或对事件有充分记录的新近资料可追溯至 1981 年中;然而,数月后,或有机会将有限的资料和某些更新的出版物进行整合。

J. N. Adams, "Conventions of naming in Cicero," *CQ* 28. 1978. pp. 145-166.

G. Alföldy, "Ein senatorischer Cursus Honorum aus Bracara Augusta," *Madrider Mitteilungen* 8. 1967. pp. 185-195.

G. Alföldy, "Die Legionslegaten der römischen Rheinarmeen," *Epig. Stud.* 3. 1967.

G. Alföldy, "Herodians Person," *Ancient Society* 2. 1971. pp. 204-233.

G. Alföldy, *Noricum*, London, 1974.

G. Alföldy, *Die römischen Inschriften von Tarraco*, Berlin, 197 .

G. Alföldy, "Consuls and Consulars under the Antonines: Prosopography and History," *Ancient Society* 7. 1976. pp. 263-299.

G. Alföldy, review of P. Setälä, *Private domini*, cited below, *Erasmvs* 30. 1978. cols. 297-302.

G. Alföldy and H. Halfmann, "Iunius Maximus und die Victoria Parthica," *ZPE* 35. 1979. pp. 195-212.

G. Alföldy, "Ein Senator aus Vicetia," *ZPE* 39. 1980. pp. 255-266.

J. E. Allison and J. D. Cloud, "The Lex Julia maiestatis," *Latomus* 21. 1962. pp. 711-731.

J. M. Alvarez Martínez, "Una escultura en bronce del *genius senatus*, hallada en Merida," *Archivo Español de Arqueologia* 48. 1975. pp. 141-151.

M. Amelotti, "La posizione degli atleti di fronte al diritto romano," *SDHI* 21. 1955. pp. 123-156.

J. C. Anderson, Jr., "Domitian, the Argiletum and the Temple of Peace," *AJA* 86. 1982. pp. 101-110.

J. H. d'Arms, *Romans on the Bay of Naples*, Harvard, 1970.

J. H. d'Arms, "Senators' involvement in commerce in the late Republic: some Ciceronian evidence," *MAAR* 36. 1980. pp. 77-89.

J. H. d'Arms, *Commerce and Social Standing in Ancient Rome*, Harvard, 1981.

T. Ashby, *The Aqueducts of Ancient Rome*, Oxford, 1935.

B. Ashmole, "A lost statue once in Thasos," in *Fritz Saxl 1890-1948: A Volume of Memorial Essays*, ed. D. J. Gordon, London, 1957, pp. 195-198.

A. E. Astin, "The status of Sardinia in the second century A.D.," *Latomus* 18. 1959. pp. 150-153.

A. E. Astin, "Augustus and 'Censoria Potestas,' " *Latomus* 22. 1963. pp. 226-235.

A. E. Astin, " 'Nominare' in accounts of elections in the early Principate," *Latomus* 28. 1969. pp. 863-874.

H. R. Baldus, *Uranius Antoninus: Münzprägung und Geschichte, Antiquitas* 11, Bonn, 1971.

H. R. Baldus, "Zum Rechtsstatus syrischer Prägungen der 1. Hälfte des 3. Jahrhunderts n. Chr.," *Chiron* 3. 1973. pp. 441-450.

B. Baldwin, "The *acta diurna*," *Chiron* 9. 1979. pp. 189-203.

B. Baldwin, "Acclamations in the *Historia Augusta*," *Athenaeum* 59. 1981. pp. 138-149.

J.P.V.D. Balsdon, "Roman History, 58-56 B.C.: three Ciceronian problems," *JRS* 47. 1957. pp. 15-20.

J.P.V.D. Balsdon, *Life and Leisure in Ancient Rome*, London, 1969.

T. D. Barnes, "Legislation against the Christians," *JRS* 58. 1968. pp. 32-50.

T. D. Barnes, "A senator from Hadrumetum, and three others," *BHAC* 1968/9. pp. 47-58.

T. D. Barnes, "The first African consul," *CR* 21. 1971. p. 332.

T. D. Barnes, *Tertullian: A Historical and Literary Study*, Oxford, 1971.

T. D. Barnes, "Who were the nobility of the Roman empire?" *Phoenix* 28. 1974. pp. 444-449.

T. D. Barnes, "Two senators under Constantine," *JRS* 65. 1975. pp. 40-49.

A. A. Barrett, "The career of Tiberius Claudius Cogidubnus," *Britannia* 10. 1979. pp. 227-242.

A. Bartoli, "La statua porfiretica della curia (Roma)," *NSc* 1. 1947. pp. 85-100.

A. Bartoli, "Il monumento della perpetuità del senato," *Studi Romani* 2. 1954. pp. 129-137.

A. Bartoli, *Curia Senatus, lo scavo e il restauro*, Rome, 1963.

R. A. Bauman, "Tiberius and Murena," *Historia* 15. 1966. pp. 420-431.

R. A. Bauman, *Impietas in Principem, Münchener Beiträge* 67. 1974.

A. Bay, "The letters *SC* on Augustan *aes* coinage," *JRS* 62. 1972. pp. 111-122.

C. A. Behr, *Aelius Aristides and the Sacred Tales*, Amsterdam, 1968.

F. Benoit, "Le sanctuaire d'Auguste et les cryptoportiques d'Arles," *Rev. Arch.* 39. 1952. pp. 31-67.

D. van Berchem, "Un banquier chez les Helvètes," *Ktema* 3. 1978. pp. 267-274.

A. Beschaouch, "Éléments celtiques dans la population du pays de Carthage," *CRAI* 1979. pp. 394-409.

A. R. Birley, "The oath not to put senators to death," *CR* 12. 1962. pp. 197-199.

A. R. Birley, "The duration of military commands under Antoninus Pius," in *Corolla memoriae Erich Swoboda dedicata, Römische Forschungen in Niederösterreich* 5. 1966. pp. 43-53.

A. R. Birley, *Septimius Severus*, London, 1971.

A. R. Birley, *The* Fasti *of Roman Britain*, Oxford, 1981.

E. Birley, "Senators in the emperors' service," *Proc. Brit. Acad.* 39. 1953. pp. 197-214.

B. Bischoff, "Der Fronto-Palimpsest der Mauriner," *Sitzungsberichte der Bayerischen Akademie der Wissenschaften*, phil.-hist. Klasse, Heft 2, Munich, 1958.

L. T. Błaszczyk, *Ze studiów nad senatem rzymskim w okresie schyłku republiki*, Łódź, 1965 (with review by A. Deman, *Latomus* 26. 1967. p. 271).

J. M. Blázquez, "Hispania desde el año 138 al 235," *Hispania* 132. 1976. pp. 5-87.

J. Bleicken, *Senatsgericht und Kaisergericht, Abhandlungen der Akademie der Wissenschaften in Göttingen*, phil.-hist. Klasse, 3rd series, no. 53, 1962.

C. Börker and R. Merkelbach, *Die Inschriften von Ephesos*, Bonn, 1979-

H. Boge, *Griechische Tachygraphie und Tironische Noten*, Berlin, 1973.

R. Bonini, *I "Libri de Cognitionibus" di Callistrato*, Milan, 1964.

A. B. Bosworth, *A Historical Commentary on Arrian's History of Alexander* I, Oxford, 1980.

A. B. Bosworth, "Firmus of Arretium," *ZPE* 39. 1980. pp. 267-277.

E. Bourguet, *De rebus Delphicis imperatoriae aetatis capita duo*, Montpellier, 1905.

G. W. Bowersock, *Augustus and the Greek World*, Oxford, 1965.

G. W. Bowersock, "Suetonius and Trajan," in *Hommages à Marcel Renard*, ed. J. Bibauw, *Collection Latomus* 101, Brussels, 1969, vol. 1 pp. 119-125.

G. W. Bowersock, *Greek Sophists in the Roman Empire*, Oxford, 1969.

G. W. Bowersock, "Syria under Vespasian," *JRS* 63. 1973. pp. 133-140.

A. A. Boyce, "The origin of *ornamenta triumphalia*," *Class. Phil.* 37. 1942. pp. 130-141.

G. K. Boyce, *Corpus of the Lararia of Pompeii*, *MAAR* 14. 1937.

K. R. Bradley, *Suetonius'* Life of Nero: *An Historical Commentary*, *Collection Latomus* 157, Brussels, 1978.

H. Braunert, "Das Athenaeum zu Rom bei den Scriptores Historiae Augustae," *BHAC* 2. 1963. pp. 9-41.

R. Brilliant, *Gesture and Rank in Roman Art, Memoirs of the Connecticut Academy of Arts and Sciences* 14. 1963.

P. A. Brunt, "Charges of provincial maladministration under the early Principate," *Historia* 10. 1961. pp. 189-227.

P. A. Brunt, "The Lex Valeria Cornelia," *JRS* 51. 1961. pp. 71-83.

P. A. Brunt, "The 'fiscus' and its development," *JRS* 56. 1966. pp. 75-91.

P. A. Brunt, "Conscription and volunteering in the Roman imperial army," *Scripta Classica Israelica* 1. 1974. pp. 90-115.

P. A. Brunt, "C. Fabricius Tuscus and an Augustan dilectus," *ZPE* 13. 1974. pp. 161-185.

P. A. Brunt, "Stoicism and the Principate," *PBSR* 43. 1975. pp. 7-35.

P. A. Brunt, "Lex de imperio Vespasiani," *JRS* 67. 1977. pp. 95-116.

P. A. Brunt, "From Epictetus to Arrian," *Athenaeum* 55. 1977. pp. 19-48.

W. H. Buckler and D. M. Robinson (eds.), *Sardis* VII.1, *Greek and Latin Inscriptions*, Leiden, 1932.

T. Büttner-Wobst, *De legationibus reipublicae liberae temporibus Romam missis*, Leipzig, 1876.

A. M. Burnett, "The authority to coin in the late Republic and early Empire," *NC* 17. 1977. pp. 37-63.

G. P. Burton, "Proconsuls, assizes and the administration of justice under the empire," *JRS* 65. 1975. pp. 92-106.

G. P. Burton, "The issuing of *mandata* to proconsuls and a new inscription from Cos," *ZPE* 21. 1976. pp. 63-68.

G. P. Burton, "The Curator Rei Publicae: towards a reappraisal," *Chiron* 9. 1979. pp. 465-487.

G. Calza, "Una statua di porfido trovata nel foro," *Atti della Pontificia Accademia Romana di Archeologia* (serie III) Rendiconti 22. 1946/7. pp. 185-191.

A. Cameron, *Circus Factions: Blues and Greens at Rome and Byzantium*, Oxford, 1976.

G. Camodeca, "La carriera di L. Publilius Probatus e un inesistente proconsole d' Africa, Q. Volateius," *Atti dell' Accademia di scienze morali e politiche, Napoli*, 85. 1974. pp. 250-268.

B. Campbell, "Who were the 'viri militares'?" *JRS* 65. 1975. pp. 11-31.

G. P. Carratelli, "Tabulae Herculanenses," *La Parola del Passato* 3. 1948. pp. 165-184.

F. Castagnoli, "Sulla biblioteca del tempio di Apollo Palatino," *Accademia dei Lincei* (Classe di scienze morali), *Rendiconti* Ser. 8. 4. 1949. pp. 380-382.

F. Castagnoli, "Note sulla topografia del Palatino e del Foro Romano," *Arch. Class.* 16. 1964. pp. 173-199.

R. Cavenaile, *Corpus papyrorum latinarum*, Wiesbaden, 1958.

M. Cébeillac, *Les 'Quaestores Principis et Candidati' aux Ier et IIème Siècles de l'Empire*, Milan, 1972.

E. J. Champlin, "The chronology of Fronto," *JRS* 64. 1974. pp. 136-159.

E. J. Champlin, "The life and times of Calpurnius Siculus," *JRS* 68. 1978. pp. 95-110.

E. J. Champlin, "Notes on the heirs of Commodus," *AJP* 100. 1979. pp. 288-306.

E. J. Champlin, *Fronto and Antonine Rome*, Harvard, 1980.

N. Charbonnel, "A propos de l'inscription de Kymé et des pouvoirs d'Auguste dans les provinces au lendemain du règlement de 27 av. n. è.," *Rev. Int. Droits Ant.* 1979. pp. 177-225.

A. Chastagnol, "Les modes d'accèss au sénat romain au début de l'empire: remarques à propos de la table Claudienne de Lyon," *Bulletin de la société nationale des antiquaires de France* 1971. pp. 282-310.

A. Chastagnol, "La naissance de l'*Ordo Senatorius*," *MEFR* 85. 1973. pp. 583-607.

A. Chastagnol, " 'Latus Clavus' et 'Adlectio': l'accès des hommes nouveaux au sénat romain sous le haut-empire," *Rev. Hist. Droit* 53. 1975. pp. 375-394.

A. Chastagnol, "*Latus clavus* et *Adlectio* dans l'Histoire Auguste," *BHAC* 1975/6. pp. 107-131.

A. Chastagnol, "Le laticlave de Vespasien," *Historia* 25. 1976. pp. 253-256.

A. Chastagnol, "Le problème du domicile légal des sénateurs romains à l'époque impériale," in *Mélanges offerts à Léopold S. Senghor*, Dakar, 1977, pp. 43-54.

A. Chastagnol, "Les femmes dans l'ordre sénatorial: titulature et rang social à Rome," *Rev. Hist.* 262. 1979. pp. 3-28.

A. Chastagnol, "La crise de recrutement sénatorial des années 16-11 av. J.-C.," in *Miscellanea di studi classici in onore di Eugenio Manni* II, Rome, 1979, pp. 465-476.

A. Chastagnol, "Les homines novi entrés au sénat sous le règne de Domitien," in *Studien zur antiken Sozialgeschichte: Festschrift F. Vittinghoff*, ed. W. Eck, H. Galsterer, H. Wolff, Cologne/Vienna, 1980, pp. 269-281.

G.E.F. Chilver, *A Historical Commentary on Tacitus'* Histories *I and II*, Oxford, 1979.

G. W. Clarke, "Prosopographical notes on the Epistles of Cyprian, II. The Proconsul of Africa in 250 A.D.," *Latomus* 31. 1972. pp. 1053-1057.

G. Clemente, "La presunta politica di scambio dei governi provinciali fra imperatore e senato nel I e II secolo," *Parola del Passato* 20. 1965. pp. 195-206.

G. Clemente, "Il patronato nei collegia dell' impero romano," *Studi classici e orientali* 21. 1972. pp. 142-229.

R. A. Coles, *Reports of Proceedings in Papyri* (*Papyrologica Bruxellensia* 4), Brussels, 1966.

G. Colonna, "Viterbo—Calendari romani dai Bagni Communali e da Riello," *NSc* 29. 1975. pp. 37-42.

M. Corbier, *L' Aerarium Saturni et l'Aerarium Militare: administration et prosopographie sénatoriale*, Rome, 1974.

E. Courtney, *A Commentary on the Satires of Juvenal*, London, 1980.

F. H. Cramer, *Astrology in Roman Law and Politics*, American Philosophical Society, Philadelphia, 1954.

G. Crifò, "Attività normativa del senato in età repubblicana," *Boll. Ist. Dir. Rom.* 71. 1968. pp. 31-115.

J. Crook, *Consilium Principis*, Cambridge, 1955.

J. Crook, *Law and Life of Rome*, London, 1967.

D. Daube, "Did Macedo murder his father?" *ZSS* 65. 1947. pp. 261-311.

D. Daube, *Forms of Roman Legislation*, Oxford, 1956.

A. Degrassi, *I fasti consolari dell' impero romano (30 a.c.-613 d.c.)*, Rome, 1952.

A. Degrassi, *Il confine nord-orientale dell' Italia romana*, Berne, 1954.

N. Degrassi, "La dimora di Augusto sul Palatino e la base di Sorrento," *Atti della Pontificia Accademia Romana di Archeologia* (serie III) Rendiconti 39. 1966/7. pp. 77-116.

J. Desanges, "Un drame africain sous Auguste," in *Hommages à Marcel Renard, Collection Latomus* 102, Brussels, 1969, vol. 2 pp. 197-213.

J. DesGagniers and others, *Laodicée du Lycos. Le nymphée: campagnes 1961-1963*, Université Laval, Recherches Archéologiques, série I: fouilles, Québec and Paris, 1969.

J. Devreker, "L'*adlectio in senatum* de Vespasien," *Latomus* 39. 1980. pp. 70-87.

F. K. Dörner, "Der Erlass des Statthalters von Asia Paullus Fabius Persicus," diss. Greifswald, 1935.

M. A. de Dominicis, "Il 'ius sententiae' nel senato romano," *Annali*, Facoltà di giurisprudenza, Perugia, 44. 1932. pp. 243-300.

M. Dondin, "Une anomalie du *cursus* sénatorial sous l'empire: les legations provinciales préquestoriennes," *Latomus* 37. 1978. pp. 148-172.

G. Dossin, "La 'lunule' des sénateurs romains," in *Hommages à Marcel Renard, Collection Latomus* 102, Brussels, 1969, vol. 2 pp. 240-243.

T. Drew-Bear, W. Eck, P. Herrmann, "Sacrae Litterae," *Chiron* 7. 1977. pp. 355-383.

R. Duncan-Jones, *The Economy of the Roman Empire: Quantitative Studies*, Cambridge, 1974.

F. Dvornik, "The authority of the state in the oecumenical councils," *The Christian East* 14. 1933. pp. 95-108.

F. Dvornik, "Emperors, popes and general councils," *Dumbarton Oaks Papers* 6. 1951. pp. 3-23.

F. Dvornik, *Photian and Byzantine Ecclesiastical Studies*, London, 1974.

W. Eck, "Zum Rechtsstatus von Sardinien im 2 Jh. n. Chr.," *Historia* 20. 1971. pp. 510-512.

W. Eck, "Die Familie der Volusii Saturnini in neuen Inschriften aus Lucus Feroniae," *Hermes* 100. 1972. pp. 461-484.

W. Eck, "Bemerkungen zum Militärkommando in den Senatsprovinzen der Kaiserzeit," *Chiron* 2. 1972. pp. 429-436.

W. Eck, "Sozialstruktur des römischen Senatorenstandes der hohen Kaiserzeit und statistische Methode," *Chiron* 3. 1973. pp. 375-394.

W. Eck, "Beförderungskriterien innerhalb der senatorischen Laufbahn, dargestellt an der Zeit von 69 bis 138 n. Chr.," *ANRW* II.i. 1974. pp. 158-228.

W. Eck, *Die staatliche Organisation Italiens in der hohen Kaiserzeit, Vestigia* 28, Munich, 1979.

W. Eck, "Traian als Stifter der Alimenta auf einer Basis aus Terracina," *Archäologischer Anzeiger* 1980. pp. 266-270.

W. Eck, "Miscellanea prosopographica," *ZPE* 42. 1981. pp. 227-256.

D. E. Eichholz, "How long did Vespasian serve in Britain?" *Britannia* 3. 1972. pp. 149-163.

H. Engelmann and D. Knibbe, "Aus ephesichen Skizzenbüchern," *JÖAI* 1978-80 Hauptblatt 52. pp. 19-61.

P. Fabia, *Les sources de Tacite dans les Histoires et les Annales*, Paris, 1893.

J.-C. Faur, "Un discours de l'empereur Caligula au Sénat (Dion, Hist. rom. LIX, 16)," *Klio* 60. 1978. pp. 439-447.

E.W.B. Fentress, *Numidia and the Roman Army: Social, Military and Economic Aspects of the Frontier Zone* (*B.A.R.*, International Series 53), Oxford, 1979.

J. Fitz, "Prosopographica Pannonica," *Epigraphica* 23. 1961. pp. 66-94.

G. Forni, "ΙΕΡΑ e ΘΕΟΣ ΣΥΝΚΛΗΤΟΣ: un capitolo dimenticato nella storia del

Senato Romano," *Atti Accad. Naz. Lincei*, Memorie (Classe sc. mor., stor., fil.) VIII. V. 3 (1953).

P. de Francisci, "Per la storia della legislazione imperiale durante il Principato," *Annali della storia del diritto* 12/13. 1968/9. pp. 1-41.

R. Frei-Stolba, *Untersuchungen zu den Wahlen in der römischen Kaiserzeit*, Zurich, 1967.

R. Freudenberger, "Die Überlieferung vom Martyrium des römischen Christen Apollonius," *ZNTW* 60. 1969. pp. 111-130.

G. Freyburger, "La supplication d'action de grâces sous le Haut-Empire," *ANRW* 16.2. 1978. pp. 1418-1439.

L. Friedländer, *Darstellungen aus der Sittengeschichte Roms* (ed. 9/10), Leipzig, 1921.

B. W. Frier, *Landlords and Tenants in Imperial Rome*, Princeton, 1980.

H. Furneaux, *The Annals of Tacitus* (ed. 2), Oxford, 1896.

E. Gabba, *Appiano e la storia delle guerre civili*, Florence, 1956.

E. Gabba, "Senati in esilio," *Boll. Ist. Dir. Rom.* 63. 1960. pp. 221-232.

M. J. le Gall, *Le Tibre, fleuve de Rome dans l'antiquité*, Paris, 1953

P. A. Gallivan, "Some comments on the *Fasti* for the reign of Nero," *CQ* 24. 1974. pp. 290-311.

P. A. Gallivan, "The *Fasti* for the reign of Claudius," *CQ* 28. 1978. pp. 407-426.

P. A. Gallivan, "The Fasti for the reign of Gaius," *Antichthon* 13. 1979. pp. 66-69.

P. A. Gallivan, "The Fasti for A.D. 70-96," *CQ* 31. 1981. pp. 186-220.

P.D.A. Garnsey, *Social Status and Legal Privilege in the Roman Empire*, Oxford, 1970.

P.D.A. Garnsey, "Rome's African empire under the Principate," in *Imperialism in the Ancient World*, ed. P.D.A. Garnsey and C. R. Whittaker, Cambridge, 1978, pp. 223-254.

J. Gascou, "Le décret municipal de Tergeste en l'honneur de Lucius Fabius Severus," *Annuaire de l'école pratique des hautes études* (IVe section, sciences historiques et philologiques) 99. 1966/7. pp. 511-520.

J. Geiger, "M. Hortensius M. f. Q. n. Hortalus," *CR* 20. 1970. pp. 132-134.

H. Gerstinger, "Neue Texte aus der Sammlung Papyrus Erzherzog Rainer in Wien," *Anzeiger der phil.-hist. Kl. d. öst. Akad. d. Wiss.* 1958. no. 15.

F.R.D. Goodyear, *The Annals of Tacitus*, Cambridge, 1972-

F.R.D. Goodyear, "Tacitus," in *The Cambridge History of Latin Literature* 2, ed. E. J. Kenney, Cambridge, 1982, pp. 642-655.

A. E. Gordon, *Quintus Veranius Consul A.D. 49*, California, 1952.

O. Gradenwitz, *Vocabularium iurisprudentiae romanae*, Berlin, 1903-

M. Griffin, "The Elder Seneca and Spain," *JRS* 62. 1972. pp. 1-19.

M. Griffin, *Seneca: A Philosopher in Politics*, Oxford, 1976.

A. Grilli, *Il problema della vita contemplativa nel mondo greco-romano*, Milan and Rome, 1953.

P. Groebe, "Die Obstruktion im römischen Senat," *Klio* 5. 1905. pp. 229-235.

G. Gualandi, *Legislazione imperiale e giurisprudenza*, Milan, 1963.
M. Guarducci, *Inscriptiones Creticae*, 4 vols., Rome, 1935-1950.
A. Guarino, "Il mestiere di senatore," *Labeo* 24. 1978. pp. 20-36.
A. Gudeman, *P. Cornelii Taciti Dialogus de Oratoribus*, Leipzig and Berlin, 1914.
R. Güngerich, *Kommentar zum Dialogus des Tacitus*, Göttingen, 1980.
C. Habicht, "Zwei neue Inschriften aus Pergamon," *Istanb. Mitt*. 9/10. 1959/60. pp. 109-127.
C. Habicht, *Altertümer von Pergamon, VIII. 3: Die Inschriften des Asklepieions* (Deutsches Archäologisches Institut, Berlin, 1969).
C. Habicht, "Zwei römische Senatoren aus Kleinasien," *ZPE* 13. 1974. pp. 1-6.
M. Hammond, "Curatores Tabularum Publicarum," in *Classical and Mediaeval Studies in Honor of E. K. Rand*, ed. L. W. Jones, New York, 1938, pp. 123-131.
M. Hammond, "A statue of Trajan represented on the 'Anaglypha Traiani,' " *MAAR* 21. 1953. pp. 127-183.
M. Hammond, "The transmission of the powers of the Roman emperor from the death of Nero in A.D. 68 to that of Alexander Severus in A.D. 235," *MAAR* 24. 1956. pp. 61-133.
M. Hammond, "Composition of the senate A.D. 68-235," *JRS* 47. 1957. pp. 74-81.
M. Hammond, *The Antonine Monarchy, Papers and Monographs of the American Academy in Rome* 19. 1959.
R. Harder, *Didyma* II, Berlin, 1958.
L. Harmand, *Le patronat sur les collectivités publiques des origines au bas-empire*, Paris, 1957.
W. V. Harris, *War and Imperialism in Republican Rome, 327-70 B.C.*, Oxford, 1979.
A. Henrichs, "Vespasian's visit to Alexandria," *ZPE* 3. 1968. pp. 51-80.
P. Herrmann, "Die Inschriften römischer Zeit aus dem Heraion von Samos," *Ath. Mitt*. 75. 1960. pp. 68-183.
P. Herrmann, *Der römische Kaisereid, Hypomnemata* 20, Göttingen, 1968.
P. Herrmann, "Eine Kaiserurkunde der Zeit Marc Aurels aus Milet," *Istanb. Mitt*. 25. 1975. pp. 149-166.
H. Heubner, *P. Cornelius Tacitus, Die Historien*, 4 vols., Heidelberg, 1963-1976.
G. F. Hill, "Some coins of southern Asia Minor," in *Anatolian Studies presented to Sir William Mitchell Ramsay*, ed. W. H. Buckler and W. M. Calder, Manchester, 1923, pp. 207-224.
O. Hirschfeld, "Die Rangtitel der römischen Kaiserzeit," in *Kleine Schriften*, Berlin, 1913, pp. 646-681.
O. Hirschfeld, "Die römische Staatszeitung und die Akklamationen im Senat," ibid. pp. 682-702.
O. Hirschfeld, "Die Abfassungszeit der MAKPOBIOI," ibid. pp. 881-884.
R. Hodot, "La grande inscription de M. Pompeius Macrinus a Mytilène," *ZPE* 34. 1979. pp. 221-237.
T. Hölscher, *Victoria Romana*, Mainz, 1967.

A. J. Holladay, "The election of magistrates in the early Principate," *Latomus* 37. 1978. pp. 874-893.

A. M. Honoré, *Gaius*, Oxford, 1962.

A. M. Honoré, "The Severan lawyers: a preliminary survey," *SDHI* 28. 1962. pp. 162-232.

A. M. Honoré, " 'Imperial' rescripts A.D. 193-305: authorship and authenticity," *JRS* 69. 1979. pp. 51-64.

A. M. Honoré and J. Menner, *Concordance to the Digest Jurists*, Oxford, 1980 (microfiche).

K. Hopkins, "Economic growth and towns in classical antiquity," in *Towns in Societies*, ed. P. Abrams and E. A. Wrigley, Cambridge, 1978, pp. 35-77.

K. Hopkins, *Conquerors and Slaves*, Cambridge, 1978.

N. Horsfall, "The Ides of March: some new problems," *Greece and Rome* 21. 1974. pp. 191-199.

G. W. Houston, "Notes on some documents pertaining to Flavian administrative personnel," *ZPE* 20. 1976. pp. 25-34.

G. W. Houston, "Vespasian's adlection of men *in senatum*," *AJP* 98. 1977. pp. 35-63.

M.P.J. van den Hout, *M. Cornelii Frontonis Epistulae*, Leiden, 1954.

H. U. Instinsky, "Formalien im Briefwechsel des Plinius mit Kaiser Trajan," Akad. der Wiss. und Lit., Mainz, *Abhandlungen geistes- und sozialwiss. Klasse*, 1969. no. 12.

S. Jameson, "22 or 23?" *Historia* 18. 1969. pp. 204-229.

A. C. Johnson, P. R. Coleman-Norton, F. C. Bourne, *Ancient Roman Statutes*, Austin, 1961.

H. F. Jolowicz and B. Nicholas, *Historical Introduction to the Study of Roman Law* (ed. 3), Cambridge, 1972.

A.H.M. Jones, "Imperial and senatorial jurisdiction in the early Principate," *Historia* 3. 1955. pp. 464-488.

A.H.M. Jones, *Studies in Roman Government and Law*, Oxford, 1960.

A.H.M. Jones, *The Later Roman Empire*, Oxford, 1964.

A.H.M. Jones, *The Criminal Courts of the Roman Republic and Principate*, Oxford, 1972.

C. P. Jones, "Towards a chronology of Plutarch's works," *JRS* 56. 1966. pp. 61-74.

C. P. Jones, *Plutarch and Rome*, Oxford, 1971.

C. P. Jones, "The date of Dio of Prusa's Alexandrian oration," *Historia* 22. 1973. pp. 302-309.

J. R. Jones, "Mint magistrates in the early Roman empire," *BICS* 17. 1970. pp. 70-77.

U. Kahrstedt, *Das wirtschaftliche Gesicht Griechenlands in der Kaiserzeit*, Berne, 1954.

M. Kaser, *Das römische Zivilprozessrecht*, Munich, 1966.

M. Kaser, *Das römische Privatrecht* I (ed. 2), Munich, 1971.

J. Keil and A. von Premerstein, *Bericht über eine dritte Reise in Lydien*, Vienna, 1914.

J. Keil, "Die dritte Neokorie von Ephesos," *Num. Zeitschr*. 48. 1915. pp. 125-130.

J. Keil, "Die erste Kaiserneokorie von Ephesos," *Num. Zeitschr*. 52. 1919. pp. 115-120.

P. Kneissl, *Die Siegestitulatur der römischen Kaiser, Hypomnemata* 23, Göttingen, 1969.

D. Knibbe, R. Merkelbach, "Allerhöchste Schelte," *ZPE* 31. 1978. pp. 229-232.

L. Koenen, "Die 'Laudatio Funebris' des Augustus für Agrippa auf einem neuen Papyrus," *ZPE* 5. 1970. pp. 217-283.

G. Koeppel, "Profectio und Adventus," *Bonn. Jahrb*. 169. 1969. pp. 139-194.

E. Koestermann, *Cornelius Tacitus, Annalen*, 4 vols., Heidelberg, 1963-1968.

J. Korpanty, "Przyczynek do problemu tzw. 'senatores pedarii,' " *Meander* 34. 1979. pp. 415-418.

K. Kraft, "S(enatus) C(onsulto)," *JNG* 12. 1962. pp. 7-49.

K. Kraft, *Das System der kaiserzeitlichen Münzprägung in Kleinasien, Istanbuler Forschungen* 29, Berlin, 1972.

H. Kramolisch, *Die Strategen des Thessalischen Bundes vom Jahr 196 v. Chr. bis zum Ausgang der römischen Republik*, Bonn, 1978.

H. Kunckel, *Der römische Genius, Mitteilungen des deutschen Archaeologischen Instituts*, Roemische Abteilung, Ergänzungsheft 20, Heidelberg, 1974.

A. Kunisz, *Recherches sur le monnayage et la circulation monétaire sous le règne d'Auguste*, Wrocław, 1976.

W. Kunkel, *Herkunft und soziale Stellung der römischen Juristen* (ed. 2), Graz, Vienna, Cologne, 1967.

W. Kunkel, *Über die Entstehung des Senatsgerichts, Sitzungsberichte der Bayerischen Akademie der Wissenschaften*, phil.-hist. Klasse, Heft 2, Munich, 1969.

W. Kunkel, *Kleine Schriften*, Weimar, 1974.

W. K. Lacey, "Octavian in the senate, January 27 B.C.," *JRS* 64. 1974. pp. 176-184.

P. Lambrechts, *La composition du sénat romain de l'accession au trône d'Hadrien à la mort de Commode*, Antwerp, 1936.

S. Lancel, *Actes de la conférence de Carthage en 411*, vol. 1 (Sources Chrétiennes no. 194, Paris, 1972).

O. Lenel, *Palingenesia iuris civilis*, Leipzig, 1889.

B. M. Levick and S. Jameson, "C. Crepereius Gallus and his *gens*," *JRS* 54. 1964. pp. 98-106.

B. M. Levick, "The coinage of Pisidian Antioch in the third century A.D.," *NC* 6. 1966. pp. 47-59.

B. M. Levick, *Roman Colonies in Southern Asia Minor*, Oxford, 1967.

B. M. Levick, "Imperial control of the elections under the early Principate: commendatio, suffragatio and 'nominatio,' " *Historia* 16. 1967. pp. 207-230.

B. M. Levick, "The beginning of Tiberius' career," *CQ* 21. 1971. pp. 478-486.

B. M. Levick, *Tiberius the Politician*, London, 1976.

B. M. Levick, "Antiquarian or Revolutionary? Claudius Caesar's Conception of his Principate," *AJP* 99. 1978. pp. 79-105.

N. Lewis and M. Reinhold, *Roman Civilization* II, New York, 1955.
A. W. Lintott, "Popular justice in a letter of Cicero to Quintus," *Rhein. Mus.* 110. 1967. pp. 65-69.
G. Lugli (ed.), *Fontes ad topographiam veteris urbis Romae pertinentes*, Rome, 1952-
S. MacCormack, "Latin Prose Panegyrics," in *Empire and Aftermath: Silver Latin II*, ed. T. A. Dorey, London, 1975, pp. 143-205.
D. Mack, *Senatsreden und Volksreden bei Cicero*, Würzburg, 1937.
R. Macmullen, "Romans in tears," *Class. Phil.* 75. 1980. pp. 254-255.
F. Magi, *I rilievi Flavi del Palazzo della Cancellaria*, Rome, 1945.
F. Magi, "Il calendario dipinto sotto Santa Maria Maggiore," *Pontificia Accademia Romana di Archeologia: Memorie* 11. 1972.
D. Magie, *De Romanorum iuris publici sacrique vocabulis sollemnibus in Graecum sermonem conversis*, Leipzig, 1905.
A. Maiuri, *Nuova silloge epigrafica di Rodi e di Cos*, Florence, 1925.
M. Malavolta, "A proposito del nuovo *S.C.* da Larino," *Sesta miscellanea greca e romana* (Studi pubblicati dall' Istituto Italiano per la storia antica, 27, Rome, 1978), pp. 347-382.
F. de Marini Avonzo, *La funzione giurisdizionale del senato romano*, Milan, 1957.
J. Marquardt, *Das Privatleben der Römer* (ed. 2), Leipzig, 1886.
F. B. Marsh, *The Reign of Tiberius*, Oxford, 1931.
H. J. Mason, *Greek Terms for Roman Institutions: A Lexicon and Analysis* (American Studies in Papyrology 13), Toronto, 1974.
V. A. Maxfield, *The Military Decorations of the Roman Army*, London, 1981.
R. Mayer, "Calpurnius Siculus: technique and date," *JRS* 70. 1980. pp. 175-176.
R. Mayr, *Vocabularium codicis Iustiniani*, Prague, 1923-1925.
D. McAlindon, "The senator's retiring age: 65 or 60?" *CR* 7. 1957. p. 108.
R. Meiggs, *Roman Ostia* (ed. 2), Oxford, 1973.
R. Mellor, ΘΕΑ ΡΩΜΗ, *The worship of the goddess Roma in the Greek world, Hypomnemata* 42, Göttingen, 1975.
A. Mentz, "Die Entstehungsgeschichte der römischen Stenographie," *Hermes* 66. 1931. pp. 369-386.
M. Meslin, *La Fête des kalendes de janvier dans l'empire romain, Collection Latomus* 115, Brussels, 1970.
P. M. Meyer, *Griechische Papyri im Museum der oberhessischen Geschichtsvereins zu Giessen*, Leipzig and Berlin, 1910.
J. Meyshan, "The coinage of Agrippa the First," *Israel Exploration Journal* 4. 1954. pp. 186-200.
A. K. Michels, *The Calendar of the Roman Republic*, Princeton, 1967.
F. Millar, *A Study of Cassius Dio*, Oxford, 1964.
F. Millar, "The aerarium and its officials under the Empire," *JRS* 54. 1964. pp. 33-40.
F. Millar, "Epictetus and the imperial court," *JRS* 55. 1965. pp. 141-148.
F. Millar, "The emperor, the senate and the provinces," *JRS* 56. 1966. pp. 156-166.

F. Millar, "Triumvirate and Principate," *JRS* 63. 1973. pp. 50-67.

F. Millar, *The Emperor in the Roman World*, London, 1977.

S. Mitchell, "Requisitioned transport in the Roman empire: a new inscription from Pisidia," *JRS* 66. 1976. pp. 106-131.

T. B. Mitford and I. K. Nicolaou, *Salamis* vol. 6, Nicosia, 1974.

L. Mitteis and U. Wilcken, *Grundzüge und Chrestomathie der Papyruskunde*, Leipzig/Berlin, 1912.

A. Mocsy, "Tampius Flavianus Pannoniában," *Archaeologiai Értesitö* 93. 1966. pp. 203-207.

G. Molisani, "Un nuovo curator operum publicorum in un' iscrizione inedita dei Musei Capitolini," *ZPE* 13. 1974. pp. 7-17.

G. Molisani, "Il governo della Licia-Panfilia nell' età di Marco Aurelio," *Rivista di Filologia* 105. 1977. pp. 166-178.

A. D. Momigliano, "Historiography on written tradition and historiography on oral tradition," in *Studies in Historiography*, London, 1966, pp. 211-220.

T. Mommsen, "Sui modi usati da' Romani nel conservare e pubblicare le leggi ed i senatusconsulti," in *Gesammelte Schriften* (8 vols., Berlin, 1904-1913), III. pp. 290-313.

T. Mommsen, "Das Verhältniss des Tacitus zu den Acten des Senates," ibid. VII. pp. 253-263.

T. Mommsen, "Senatus consultum de sumptibus ludorum gladiatorum minuendis factum a. p. c. 176/7," ibid. VIII. pp. 499-531.

T. Mommsen, "Commentaria ludorum saecularium quintorum et septimorum," ibid. VIII. pp. 567-626.

J. Morris, "The Roman Senate 69-193 A. D.," unpublished Ph.D. thesis (London, 1953).

J. Morris, "Senate and Emperor," in *Geras, Studies Presented to George Thomson on the Occasion of His 60th Birthday*, Prague, 1963, pp. 149-161.

J. Morris, "Leges Annales under the Principate, I. Legal and Constitutional," *List. Fil.* 87. 1964. pp. 316-337; "II. Political Effects," ibid. 88. 1965. pp. 22-31.

H. A. Musurillo, *The Acts of the Pagan Martyrs*: Acta Alexandrinorum, Oxford, 1954.

H. A. Musurillo, *The Acts of the Christian Martyrs*, Oxford, 1972.

O. Neugebauer, *A History of Ancient Mathematical Astronomy*, Berlin/Heidelberg/New York, 1975.

R. F. Newbold, "The spectacles as an issue between Gaius and the senate," *Proceedings of the African Classical Associations* 13. 1975. pp. 30-35.

C. Nicolet, "Le cens senatorial sous la République et sous Auguste," *JRS* 66. 1976. pp. 20-38.

C. Nicolet, *Rome et la conquête du monde Méditerranéen 264-27 avant J.-C., 1. Les structures de l' Italie romaine* (ed. 2), Paris, 1979.

J. Nicols, "Pliny and the patronage of communities," *Hermes* 108. 1980. pp. 365-385.

K. L. Nipperdey, *Tacitus*, Annals I-VI, ed. 11, revised G. Andresen, Berlin, 1915.

D. Nörr, "Drei Miszellen zur Lebensgeschichte des Juristen Salvius Julianus," in *Daube Noster: Essays in Legal History for David Daube*, ed. A. Watson, Edinburgh and London, 1974, pp. 233-252.

A. F. Norman, "The book trade in fourth-century Antioch," *JHS* 80. 1960. pp. 122-126.

R. M. Ogilvie and I. Richmond, *Cornelii Taciti de Vita Agricolae*, Oxford, 1967.

J. H. Oliver and R.E.A. Palmer, "Minutes of an Act of the Roman Senate," *Hesperia* 24. 1955. pp. 329-349.

J. H. Oliver, "The epistle of Claudius which mentions the proconsul Iunius Gallio," *Hesperia* 40. 1971. pp. 239-240.

J. H. Oliver, "Imperial commissioners in Achaia," *GRBS* 14. 1973. pp. 389-405.

J. H. Oliver, "Minutes of a trial conducted by Caracalla at Antioch in A.D. 216," in *Mélanges Helléniques offerts à Georges Daux*, Paris, 1974, pp. 289-294.

A. Ormanni, *Saggi sul "regolamento interno" del senato romano*, Milan, 1971.

W. Orth, "Ein vernachlässigtes Zeugnis zur Geschichte der römischen Provinz Creta et Cyrenae," *Chiron* 3. 1973. pp. 255-263.

M. L. Paladini, "Le votazioni del senato romano nell' età di Traiano," *Athenaeum* 37. 1959. pp. 3-133.

M. L. Paladini, "La 'gratiarum actio' dei consoli in Roma attraverso la testimonianza di Plinio il Giovane," *Historia* 10. 1961. pp. 356-374.

S. Panciera, "L. Pomponius L. F. Horatia Bassus Cascus Scribonianus," *Atti della Pontificia Accademia Romana di Archeologia*, Rendiconti 45. 1972/3. pp. 105-131.

S. di Paola, *Donatio mortis causa*, Catania, 1950.

B. Parsi, *Désignation et investiture de l'empereur romain*, Paris, 1963.

H. Pavis d'Escurac, *La préfecture de l'annone: service administratif impérial d'Auguste à Constantin*, Rome, 1976.

H. Pavis d'Escurac, "Aristocratie sénatoriale et profits commerciaux," *Ktema* 2. 1977. pp. 339-355.

T.E.V. Pearce, "Notes on Cicero, *In Pisonem*," *CQ* 20. 1970. pp. 309-321.

H.-G. Pflaum, *Le Marbre de Thorigny*, Paris, 1948.

H.-G. Pflaum, "Légats impériaux à l'intérieur de provinces sénatoriales," in *Hommages à Albert Grenier, Collection Latomus* 58, Brussels, 1962, pp. 1232-1242.

H.-G. Pflaum, "De nouveau sur les *agri decumates* à la lumière d'un fragment de Capoue, CIL X. 3872," *Bonn. Jahrb.* 163. 1963. pp. 224-237.

H.-G. Pflaum, "Augustanius Alpinus Bellicus Sollers, membres de la gens Cassia," *Archivo Español de Arqueologia* 39. 1966. pp. 3-23.

H.-G. Pflaum, "Epigraphie latine impériale," *Ecole Pratique des Hautes Etudes (IVe section): Annuaire* 1973/4. pp. 269-277.

H.-G. Pflaum, "Les progrès des recherches prosopographiques concernant l'époque du Haut-Empire durant le dernier quart de siècle (1945-1970)," *ANRW* II.i. 1974. pp. 113-135.

H.-G. Pflaum, *Abrégé des procurateurs équestres*, Paris, 1974.

H.-G. Pflaum, "La carrière de C. Iulius Avitus Alexianus, grand'père de deux empereurs," *Rev. Et. Lat.* 57. 1979. pp. 298-314.

H.-G. Pflaum, *Gaule et l'empire romain: scripta varia* II, Paris, 1981.

B. Pick, "Die tempeltragenden Gottheiten und die Darstellung der Neokorie auf den Münzen," *JÖAI* 7. 1904. pp. 1-41.

A. Piganiol, "Les *trinci* Gaulois, gladiateurs consacrés," *Rev. Et. Anc.* 22. 1920. pp. 283-290.

G. B. Pighi, *De Ludis Saecularibus Populi Romani Quiritium* (ed. 2), Amsterdam, 1965.

A. Plassart, *Fouilles de Delphes* III. 4, Paris, 1970.

S. B. Platner and T. Ashby, *A Topographical Dictionary of Ancient Rome*, Oxford, 1929.

H. A. Pohlsander, "Victory: the story of a statue," *Historia* 18. 1969. pp. 588-597.

F. Preisigke and others (eds.), *Sammelbuch griechischer Urkunden aus Ägypten*, Stuttgart and elsewhere, 1915- .

M. Rachet, *Rome et les berbères, Collection Latomus* 110, Brussels, 1970.

B. Radice, "Pliny and the *Panegyricus*," *Greece and Rome* 15. 1968. pp. 166-172.

P. Ramondetti, "La terminologia relativa alla procedura del *senatum habere* in Svetonio," *Atti Accad. Sc. di Torino*, Classe Sc. Mor., Stor. e Filol. 111. 1977. pp. 135-168.

W. M. Ramsay, "Inscriptions de la Galatie et du Pont," *BCH* 7. 1883. pp. 15-28.

E. Rawson, "Caesar's heritage," *JRS* 65. 1975. pp. 148-159.

E. Rawson, "The Ciceronian aristocracy and its properties," in *Studies in Roman Property*, ed. M. I. Finley, Cambridge, 1976, pp. 85-102.

M. Reinhold, "Usurpation of status and status symbols in the Roman Empire," *Historia* 20. 1971. pp. 275-302.

B. Rémy, "Ornati et ornamenta quaestoria praetoria et consularia sous le haut empire romain," *Rev. Et. Anc.* 78-79. 1976/7. pp. 160-198.

J. M. Reynolds, "Notes on Cyrenaican inscriptions," *PBSR* 20. 1965. pp. 52-54.

J. M. Reynolds, "Inscriptions from south Etruria," *PBSR* 21. 1966. pp. 56-67.

J. M. Reynolds, "Hadrian, Antoninus Pius and the Cyrenaican Cities," *JRS* 68. 1978. pp. 111-121.

J. M. Reynolds, *Aphrodisias and Rome*, London, 1982.

L. Richardson, Jr., "The Curia Julia and the Janus Geminus," *Röm. Mitt.* 85. 1978. pp. 359-369.

G. E. Rickman, *The Corn Supply of Ancient Rome*, Oxford, 1980.

E. Ritterling, "Ein Offizier des Rheinheeres aus der Zeit des Caligula," *Germania* 1. 1917. pp. 170-173.

E. Ritterling, "Military forces in the senatorial provinces," *JRS* 17. 1927. pp. 28-32.

L. Robert, *Etudes anatoliennes*, Paris, 1937.

L. Robert, *Monnaies grecques*, Geneva and Paris, 1967.

L. Robert, "Sur des inscriptions d'Éphèse: fêtes, athlètes, empereurs, épigrammes," *Rev. Phil.* 41. 1967. pp. 7-84.

L. Robert, *Opera Minora Selecta*, 4 vols., Amsterdam, 1969-1974.

L. Robert, "La titulature de Nicée et de Nicomédie: la gloire et la haine," *HSCP* 81. 1977. pp. 1-39.

L. Robert, "Documents d'Asie Mineure, VIII. Règlement impérial gréco-latin sur les hôtes imposés," *BCH* 102. 1978. pp. 432-437.

C. Rodewald, *Money in the Age of Tiberius*, Manchester, 1976.

A. Rodger, "A note on A. Cascellius," *CQ* 22. 1972. pp. 135-138.

R. S. Rogers, "Lucius Arruntius," *Class. Phil.* 26. 1931. pp. 31-45.

R. S. Rogers, "The emperor's displeasure—*amicitiam renuntiare*," *TAPA* 90. 1959. pp. 224-237.

K.F.C. Rose, *The Date and Author of the Satyricon*, *Mnemosyne* Suppl. 16, Leiden, 1971.

G. Rotondi, *Leges publicae populi Romani*, Milan, 1912.

I. S. Ryberg, *Rites of the State Religion in Roman Art*, *MAAR* 22. 1955.

S. Şahin, *Bithynische Studien* (*Inschriften griechischer Städte aus Kleinasien* 7, Bonn, 1978).

R. P. Saller, *Personal Patronage Under the Early Empire*, Cambridge, 1982.

P. Salway, *Roman Britain*, Oxford, 1981.

J. Scheid and H. Broise, "Deux nouveaux fragments des actes des frères Arvales de l'année 38 ap. J.-C.," *MEFR* 92. 1980. pp. 215-248.

A. Schenk Graf von Stauffenberg, *Die römische Geschichte bei Malalas*, Stuttgart, 1931.

A. A. Schiller, "Senatus consulta in the Principate," *Tulane Law Review* 33. 1958/9. pp. 491-508.

A. A. Schiller, *An American Experience in Roman Law*, Göttingen, 1971.

L. Schumacher, "Das Ehrendekret für M. Nonius Balbus aus Herculaneum (AE 1947, 53)," *Chiron* 6. 1976. pp. 165-184.

E. Schwartz, *Acta Conciliorum Oecumenicorum* I and II, Berlin and Leipzig.

K. Scott, "Greek and Roman honorific months," *Yale Class. Stud.* 2. 1931. pp. 201-278.

P. Setälä, "Private Domini in Roman Brick Stamps of the Empire: A Historical and Prosopographical Study of Landowners in the District of Rome," Ann. Acad. Scient. Fenn., Diss. Hum. Litt. 10, Helsinki, 1977.

J. N. Settle, "The trial of Milo and the other *Pro Milone*," *TAPA* 94. 1963. pp. 268-280.

D. R. Shackleton Bailey, *Cicero's Letters to Atticus*, 6 vols. and indices, Cambridge, 1965-1970; *Epistulae ad Familiares*, 2 vols., ibid. 1977; *Epistulae ad Quintum Fratrem et M. Brutum*, ibid. 1980.

I. Shatzman, *Senatorial Wealth and Roman Politics*, *Collection Latomus* 142, Brussels, 1975.

R. K. Sherk, "The *inermes provinciae* of Asia Minor," *AJP* 76. 1955. pp. 400-413.

R. K. Sherk, "Roman imperial troops in Macedonia and Achaea," *AJP* 78. 1957. pp. 52-62.

R. K. Sherk, *Roman Documents from the Greek East*: Senatus Consulta *and* Epistulae *to the Age of Augustus*, Baltimore, 1969.

R. K. Sherk, *The Municipal Decrees of the Roman West* (Arethusa Monographs II), Buffalo, 1970.

A. N. Sherwin-White, *The Letters of Pliny: A Historical and Social Commentary*, Oxford, 1966.

S. M. Sherwin-White, *Ancient Cos, Hypomnemata* 51, Göttingen, 1978.

C. E. van Sickle, "Headings of rescripts of the Severi," *Class. Phil.* 23. 1928. pp. 270-277.

E. M. Smallwood, *Documents Illustrating the Principates of Gaius, Claudius and Nero*, Cambridge, 1967.

E. M. Smallwood, *The Jews under Roman Rule* (corrected ed.), Leiden, 1981.

P. A. Stadter, *Arrian of Nicomedia*, Chapel Hill, 1980.

C. G. Starr, Jr., "Epictetus and the tyrant," *Class. Phil.* 44. 1949. pp. 20-29.

A. Stein, "Die Protokolle des römischen Senates und ihre Bedeutung als Geschichtsquelle für Tacitus," *Jahresberichte der I. deutschen Staatsrealschule in Prag* 43. 1904. pp. 5-33.

A. Stein, "Die Stenographie im römischen Senat," *Archiv für Stenographie* 56. 1905. pp. 177-186.

A. Stein, *Der römische Ritterstand*, Munich, 1927.

P. Stein, "Die Senatssitzungen der Ciceronischen Zeit (68-43)," diss. Münster, 1930.

H. Stern, "Le calendrier de Sainte-Marie-Majeure," *Rev. Et. Lat.* 51. 1973. pp. 41-48.

J. Straub, "Senaculum, id est mulierum senatus," *BHAC* 1964/5. pp. 221-240.

G. V. Sumner, "Germanicus and Drusus Caesar," *Latomus* 26. 1967. pp. 413-435.

J. Suolahti, "Princeps Senatus," *Arctos* 7. 1972. pp. 207-218.

L. A. Sussman, *The Elder Seneca*, Leiden, 1978.

C.H.V. Sutherland, *The Emperor and the Coinage: Julio-Claudian Studies*, London, 1976.

R. Syme, "The colony of Cornelius Fuscus: an episode in the *Bellum Neronis*," *AJP* 58. 1937. pp. 7-18.

R. Syme, "Tacfarinas, the Musulamii and Thubursicu," in *Studies in Roman Economic and Social History in Honor of A. C. Johnson*, ed. P. R. Coleman-Norton, Princeton, 1951, pp. 113-130.

R. Syme, "Marcus Lepidus, *Capax Imperii*," *JRS* 45. 1955. pp. 22-33.

R. Syme, "The senator as historian," Fondation Hardt, *Entretiens*, Geneva, 1956, pp. 187-201.

R. Syme, "Some Pisones in Tacitus," *JRS* 46. 1956. pp. 17-21.

R. Syme, *Tacitus*, Oxford, 1958.

R. Syme, "Consulates in absence," *JRS* 48. 1958. pp. 1-9.

R. Syme, "Pliny's less successful friends," *Historia* 9. 1960. pp. 362-379.

R. Syme, *Sallust*, California, 1964.

R. Syme, "The historian Servilius Nonianus," *Hermes* 92. 1964. pp. 408-414.

R. Syme, "People in Pliny," *JRS* 58. 1968. pp. 135-151.

R. Syme, "Pliny the Procurator," *HSCP* 73. 1969. pp. 201-236.

R. Syme, "Legates of Cilicia under Trajan," *Historia* 18. 1969. pp. 352-366.
R. Syme, *Ten Studies in Tacitus*, Oxford, 1970.
R. Syme, *Danubian Papers*, Bucharest, 1971.
R. Syme, "The enigmatic Sospes," *JRS* 67. 1977. pp. 38-49.
R. Syme, "How Tacitus wrote *Annals* I-III," in *Historiographia Antiqua, Symb. Fac. Lit. Phil. Lovaniensis* Ser. A Vol. 6, 1977, pp. 231-263.
R. Syme, "Antonius Saturninus," *JRS* 68. 1978. pp. 12-21.
R. Syme, *Roman Papers*, Oxford, 1979.
R. Syme, "Juvenal, Pliny, Tacitus," *AJP* 100. 1979. pp. 250-278.
R. Syme, "An eccentric patrician," *Chiron* 10. 1980. pp. 427-448.
R.J.A. Talbert, "Some causes of disorder in 68-69 A.D.," *AJAH* 2. 1977. pp. 69-85.
R.J.A. Talbert, "Pliny the Younger as governor of Bithynia-Pontus," in *Studies in Latin Literature and Roman History* II, ed. C. Deroux, *Collection Latomus* 168, Brussels, 1980, pp. 412-435.
L. R. Taylor, *Roman Voting Assemblies*, Ann Arbor, 1966.
L. R. Taylor and R. T. Scott, "Seating space in the Roman senate and the *senatores pedarii*," *TAPA* 100. 1969. pp. 529-582.
E. Tengström, *Die Protokollierung der Collatio Carthaginiensis*, Göteborg, 1962.
B. E. Thomasson, *Die Statthalter der römischen Provinzen Nordafrikas von Augustus bis Diocletianus*, Lund, 1960.
B. E. Thomasson, "Zur Verwaltungsgeschichte der Provinz Sardinia," *Eranos* 70. 1972. pp. 72-81.
D. L. Thompson, "The meetings of the Roman senate on the Palatine," *AJA* 85. 1981. pp. 335-339.
G. B. Townend, "The consuls of A.D. 69/70," *AJP* 83. 1962. pp. 113-129.
G. B. Townend, "Calpurnius Siculus and the *Munus Neronis*," *JRS* 70. 1980. pp. 166-174.
J.M.C. Toynbee, *Roman Medallions*, A.N.S. Numismatic Studies 5, New York, 1944.
J.M.C. Toynbee, "The Ara Pacis re-considered and historical art in Roman Italy," *Proc. Brit. Acad.* 39. 1953. pp. 67-95.
J.M.C. Toynbee, *The Flavian Reliefs from the Palazzo della Cancellaria in Rome*, Oxford, 1957.
S. Treggiari, *Roman Freedmen During the Late Republic*, Oxford, 1969.
S. Treggiari, "Jobs in the household of Livia," *PBSR* 43. 1975. pp. 48-77.
B. L. Trell and M. J. Price, *Coins and Their Cities*, London, 1972.
B. L. Trell, "Architectura Numismatica," *NC* 12. 1972. pp. 45-59.
P. Veyne, "Un gouverneur impérial en Asie," in *Mélanges d'archéologie et d'histoire offerts à A. Piganiol*, ed. R. Chevallier, Paris, 1966, III, pp. 1395-1396.
F. Vittinghoff, *Der Staatsfeind in der römischen Kaiserzeit: Untersuchungen zur "damnatio memoriae,"* Berlin, 1936.
A. Voirol, "Die Darstellung eines Keltentempels auf einem Denar von Kaiser Augustus," *Jahrbuch der Schweizerischen Gesellschaft für Urgeschichte* 31. 1939. pp. 150-157.

E. Volterra, "Nuove ricerche sulla conventio in manum," *Atti Accad. Lincei*, Memorie ser. 8 vol. 12.4. 1966. pp. 251-355.

G. Vrind, *De Cassii Dionis vocabulis quae ad ius publicum pertinent*, The Hague, 1923.

J.-P. Waltzing, *Etude historique sur les corporations professionnelles chez les Romains*, Louvain, 1895.

K. H. Waters, "Traianus Domitiani Continuator," *AJP* 90. 1969. pp. 385-405.

A. Watson, *Law Making in the Later Roman Republic*, Oxford, 1974.

K. Wellesley, "The *dies imperii* of Tiberius," *JRS* 57. 1967. pp. 23-30.

A. B. West (ed.), *Corinth* VIII.2, Harvard, 1931.

C. R. Whittaker, *Herodian* (Loeb edition), 2 vols., 1969-1970.

T. Wiegand and others, *Milet*, Berlin, 1906- .

W. Williams, "Individuality in the imperial constitutions: Hadrian and the Antonines," *JRS* 66. 1976. pp. 67-83.

W. Williams, "Caracalla and the authorship of imperial edicts and epistles," *Latomus* 38. 1979. pp. 67-89.

L. M. Wilson, *The Clothing of the Ancient Romans*, Baltimore, 1938.

T. N. Winter, "The publication of Apuleius' *Apology*," *TAPA* 100. 1969. pp. 607-612.

T. P. Wiseman, *New Men in the Roman Senate 139 B.C.-A.D. 14*, Oxford, 1971.

Z. Yavetz, *Plebs and Princeps*, Oxford, 1969.

F. Zevi, "Il calcidico della *Curia Julia*," *Atti Accad. Lincei* (Classe sc. mor., storiche e filologiche) 26. 1971. pp. 237-251.

F. Zevi, "I consoli del 97 d. Cr. in due framenti già editi dei Fasti Ostienses," *List. Fil.* 96. 1973. pp. 125-137.

F. Zevi, "Un frammento dei *Fasti Ostienses* e i consolati dei primi anni di Traiano," *La Parola del Passato* 34. 1979. pp. 179-201.

古代资料索引

这份索引大多限于在文本及注释中援引、讨论或强调过的段落。对于主要作者(如狄奥和塔西佗)的作品,则采取严格筛选的方式。相比之下,在铭文及法律文献来源方面,相关资料因分散而使列表[显得]更全面。然而,第十五章第一至第四节和补充注释列过的所有资料均被排除在本索引以外。

LITERARY SOURCES

PAPYRI

略 语 表

AE: *L' Année Epigraphique*
AJA: *American Journal of Archaeology*
AJAH: *American Journal of Ancient History*
AJP: *American Journal of Philology*
ANRW: *Aufstieg und Niedergang der römischen Welt*, ed. H. Temporini, Berlin and New York, 1972-
Arval Acta: A. Pasoli, *Acta Fratrum Arvalium*, Bologna, 1951 (note the comments by R. Syme, *Some Arval Brethren*, Oxford, 1980, p. 1)
B.A.R.: *British Archaeological Reports*
BCH: *Bulletin de Correspondance Hellénique*
BE: *Bulletin Epigraphique*
BGU: *Berliner griechische Urkunden*
BHAC: *Bonner-Historia-Augusta-Colloquium*
BICS: *Bulletin of the Institute of Classical Studies of the University of London*
BMC: H. Mattingly and R.A.G. Carson, *Coins of the Roman Empire in the British Museum*, 6 vols., London, 1923-1962
BMC followed by place name(s): *Catalogue of Greek Coins of . . . in the British Museum*
CIL: *Corpus Inscriptionum Latinarum*
CJ: *Codex Iustinianus*
CQ: *Classical Quarterly*
CR: *Classical Review*
CRAI: *Comptes rendus de l' Académie des Inscriptions et Belles-Lettres*
Diz. Epig.: E. de Ruggiero and others, *Dizionario epigrafico di antichità romane*, Rome, 1895-
EJ: V. Ehrenberg and A.H.M. Jones, *Documents illustrating the reigns of Augustus and Tiberius* (ed. 2 with addenda), Oxford, 1976
Fast. Ost.: L. Vidman, *Fasti Ostienses, Rozpravy Československé Akademie Věd*, vol. 67, sect. 6, 1957
FGrH: F. Jacoby, *Die Fragmente der griechischen Historiker*, Berlin and Leiden, 1923-
FIRA^{2}: S. Riccobono and others, *Fontes Iuris Romani Antejustiniani*, 3 vols., Florence, 1940-1943
GRBS: *Greek, Roman and Byzantine Studies*
HA: *Historia Augusta*
HS: Sestertii
HSCP: *Harvard Studies in Classical Philology*
IG: *Inscriptiones Graecae*

IGRR: R. Cagnat and others, *Inscriptiones Graecae ad res Romanas pertinentes*, 4 vols., Paris, 1911-1927

ILAlg.: S. Gsell and others, *Inscriptions latines de l' Algérie*, 2 vols., Paris, 1922 and 1957

ILS: H. Dessau, *Inscriptiones Latinae Selectae*, 3 vols., Berlin, 1892-1916

Inscr. Ital.: *Inscriptiones Italiae*, Rome, 1931-

IOSPE²: B. Latyschev, *Inscriptiones Orae Septentrionalis Ponti Euxini* I (ed. 2), St. Petersburg, 1916

IRT: J. M. Reynolds and J. B. Ward Perkins, *The Inscriptions of Roman Tripolitania*, Rome, 1952

JHS: *Journal of Hellenic Studies*

JNG: *Jahrbuch für Numismatik und Geldgeschichte*

JÖAI: *Jahreshefte der Österreichischen Archäologischen Instituts*

JRS: *Journal of Roman Studies*

List. Fil.: *Listy Filologické*

MAAR: *Memoirs of the American Academy in Rome*

MAMA: W. M. Calder and others, *Monumenta Asiae Minoris Antiqua*, 8 vols., Manchester, 1928-1962

MEFR: *Mélanges d'Archéologie et d'Histoire de l'Ecole Française de Rome*

MGH: *Monumenta Germaniae Historica* (Auctores antiquissimi)

NC: *Numismatic Chronicle*

NSc: *Notizie degli Scavi di Antichità*

OGIS: W. Dittenberger, *Orientis Graecae Inscriptiones Selectae*, 2 vols., Leipzig, 1903-1905

Ox. Lat. Dict.: *Oxford Latin Dictionary*, Oxford, 1968-1982

Ox. Pap.: *Oxyrhynchus Papyri*

PBSR: *Papers of the British School at Rome*

PIR²: E. Groag, A. Stein, and others, *Prosopographia Imperii Romani saec. I. II. III* (ed. 2), Berlin and Leipzig, 1933- (supersedes ed. 1 by E. Klebs, H. Dessau, P. de Rohden, 3 vols., Berlin, 1897-1898)

PLRE: A.H.M. Jones and others, *The Prosopography of the Later Roman Empire* 1, Cambridge, 1971

P. Ryl.: A. S. Hunt and others, *Catalogue of the Greek Papyri in the John Rylands Library Manchester*, Manchester, 1911-

PW: Pauly-Wissowa-Kroll, *Real Encyclopädie der classischen Altertumswissenschaft*

RG: *Res Gestae Divi Augusti*

RIB: R. G. Collingwood and R. P. Wright, *The Roman Inscriptions of Britain*, Oxford, 1965

RIC: H. Mattingly, E. A. Sydenham, and others, *The Roman Imperial Coinage*, 9 vols., London, 1923-1951

SDHI: *Studia et Documenta Historiae et Iuris*

SEG: *Supplementum Epigraphicum Graecum*

SIG³: W. Dittenberger, *Sylloge Inscriptionum Graecarum* (ed. 3), 4 vols., Leipzig, 1915-1921

St. R.: T. Mommsen, *Römisches Staatsrecht* (ed. 3), Leipzig, 1887-1888
TAPA: *Transactions and Proceedings of the American Philological Association*
ZNTW: *Zeitschrift für die Neutestamentliche Wissenschaft und die Kunde der älteren Kirche*
ZPE: *Zeitschrift für Papyrologie und Epigraphik*
ZSS: *Zeitschrift der Savigny-Stiftung für Rechtsgeschichte (Romanistische Abteilung)*

简要提到的更多著作,其标题可不言自明,将完整地出现在参考文献中。

为了简便,仅用 *ILS*, *Inscr. Ital.*, *AE* 或 *SEG* 来指大部分出现在其中的铭文,可由此追溯较早的出版物。然而,对于具有特殊意义的某些材料,则会直接列出相关的出版物。

除另行说明外,所有日期均为公历纪元。

索　引

（本索引所注页码为原书页码）

大部分罗马人名以姓氏列出（多数情况下为姓名中的第二个词），皇帝、作家及其他少数人则以其常见名列出。

A

B

C

D

E

F

G

H

I

J

K

L

M

N

O

P

Q

R

S

T

U

V

W

图书在版编目(CIP)数据

罗马帝国的元老院/(美)理查德·J. A. 塔尔伯特著;梁鸣雁、陈燕怡译.
--上海:华东师范大学出版社,2018

ISBN 978-7-5675-7478-6

Ⅰ.①罗… Ⅱ.①理… ②梁… Ⅲ.①罗马帝国—治制度史—研究
Ⅳ.①D754.69

中国版本图书馆 CIP 数据核字(2018)第 030049 号

华东师范大学出版社六点分社
企划人 倪为国

罗马帝国的元老院

著　　者　理查德·J. A. 塔尔伯特(Richard J. A. Talbert)
译　　者　梁鸣雁　陈燕怡
责任编辑　徐海晴
封面设计　卢晓红

出版发行　华东师范大学出版社
社　　址　上海市中山北路 3663 号　邮编　200062
网　　址　www.ecnupress.com.cn
电　　话　021-60821666　行政传真　021-62572105
客服电话　021-62865537
门市(邮购)电话　021-62869887
地　　址　上海市中山北路 3663 号华东师范大学校内先锋路口
网　　店　http://hdsdcbs.tmall.com

印 刷 者　上海盛隆印务有限公司
开　　本　890×1240　1/32
印　　张　23.75
字　　数　450 千字
版　　次　2018 年 5 月第 1 版
印　　次　2018 年 5 月第 1 次
书　　号　ISBN 978-7-5675-7478-6/K·500
定　　价　88.00 元

出 版 人　王　焰

(如发现本版图书有印订质量问题,请寄回本社客服中心调换或电话 021-62865537 联系)

THE SENATE OF IMPERIAL ROME
By Richard J. A. Talbert

Published by arrangement with Princeton University Press through Bardon Chinese Media Agency

上海市版权局著作权合同登记　图字:09－2015－644 号